クリエイティヴィティ

フロー体験と創造性の心理学

M.チクセントミハイ 著
Mihaly Csikszentmihalyi
浅川希洋志 監訳
Kiyoshi Asakawa
須藤祐二 訳
Yuji Suto
石村郁夫 訳
Ikuo Ishimura

CREATIVITY

Flow and the psychology of discovery and invention

世界思想社

CREATIVITY

by Mihaly Csikszentmihalyi.

第II部　人　生　167

第III部　創造性の領域　265

【凡　例】

1　原書のイタリック体は、傍点で示す。ただし、書名には『　』を用い、見出しには太字を用いた。
2　原書のダブルクォーテーション（“　”）は「　」で示す。
3　（　）は（　）のまま、［　］は［　］のままとした。
4　訳注は〔　〕でくくって示した。

謝辞

本書のアイデアは、当時スペンサー財団の会長であったラリー・クレミンとの会話から生まれた。私たちは、創造性《クリエイティヴィティ》を生涯にわたって展開される一つのプロセスとして研究することが重要であり、現代の創造的な人々を対象とした系統的な研究が存在していないという点で意見が一致した。そして、スペンサー財団は通例の未来構想《ビジョン》に従い、理解の空白を埋めるための研究プロジェクトに資金を提供してくれた。それは四年間に及ぶものであった。この助成金がなければ、長時間のインタヴューを集め、それらを文章に書き直し、分析するといったやっかいな仕事は不可能であっただろう。

本書がそれなしには執筆され得なかったもう一つの貢献に、本書の大部分を構成するインタヴューに答えてくれた九十一人の研究協力者の助力がある。皆きわめて多忙な人々であり、彼らの時間は文字通り非常に貴重なものであった――したがって、長時間のインタヴューに応じてくれたことに深く感謝している。実際、彼らの助力に対して感謝の気持ちを表すことは困難であり、本書がみずからの費やした時間に値するものであったと彼らが感じてくれることを願うばかりである。

多くの大学院生がこのプロジェクトに助力し、創造的に貢献してくれた。何人かは専門の雑誌に、このプロジェクトに関する論文を単独であるいは共同で執筆した。当初からプロジェクトにかかわり、その後博士号を取得した四人の学生、ケビン・ラサンド、キース・ソーヤー、ジーン・ナカムラ、キャロル・モクロスは特に重要である。積極的な役割を担った他の学生たちは、インタヴューの聞き手として調査を記述した付録Aにその名前が挙げられている。

私たちがデータを収集し、それらを分析していたとき、私は創造性を専門とする学者仲間に助言を求める多くの機会を得た。少なくとも、ハワード・ガードナー、デイヴィッド・フェルドマン、ハワード・グルーバー、イシュトヴァーン・マジャーリ＝ベック、ヴェラ・ジョン＝シュタイナー、ディーン・サイモントン、ロバート・スタインバーグ、マーク・ルンコの名前を挙げて感謝したい――彼らは、それに気づいていたかどうかはわからないが、本書のアイデアの発展に大きく貢献してくれた。

何人かの同僚が本書の草稿に助言を与えてくれた。特に、私の古くからの友人、ハーバード大学のハワード・ガードナーの激励と批評には、心から感謝の意を表する。常にそうであるように、彼のコメントはまさに問題の核心を突くものであった。ブラウン大学のウィリアム・デイモンは本書の内容を再編成するのに役立ついくつかの優れた提案をしてくれた。ハンガリーにあるセゲド大学のベノ・チャポは異なる文化的視点を本書にもたらしてくれた。

本書の三章は、私がベッラージョにあるロックフェラー財団のイタリアセンターにゲストとして滞在していたときに執筆したものである。他の章は、私がマッカーサー基金の助成八九〇〇〇七八号およびアメリカ国立科学財団の助成ＳＢＲ―九〇二二一九二号により、パロアルトにある行動科学高等研究センターにフェローとして滞在していたときに執筆したものである。通常であれば強いられる中断なしに――そしてあのようなすばらしい環境のなかで――原稿に集中する機会を与えてもらえたことを感謝する。

三十年あまり前に私との結婚を快く受け入れてくれたイザベラ・セレガは、本書の最終段階において、原稿の編集と他の多くの重要な詳細に目配りをしてくれた。一九六五年に同じテーマで博士論文を書いたときも、同様であった。これらの年月の間に私が成し遂げたことのどれほどが、ときには批判を含む、彼女の愛情あふれる助力に負うているのかを明示することは、私にとって難しいことである。

本書の不備は、私自身以外、本文で言及された人々の誰ひとりとして負うべきものではない。しかし、本書の評価されるべき事柄に関しては、私は彼らに深く感謝している。

第一章　舞台設定

本書は創造性《クリエイティヴィティ》に関する本であり、創造性とは何かをみずからがよく知っている現代の人々の人生に基づいて書かれている。創造性とは何かという描写に始まり、創造的な人々がどのように仕事や生活をしているかを検討し、最後に読者の生活を私が調査した創造的な人々の生活にもっと近づけるためのアイデアを提示する。本書に書かれていることは、創造的になるための簡単な方法ではなく、あまり知られていないいくつかのアイデアである。創造性についての現実的な説明は、過度に主張されてきた楽観的な多くの記述と比べるとわかりにくく馴染みのないものである。本書で示したいことの一つは、「創造的」という評価に値するアイデアや成果は、多くの源泉の相乗作用から生じるものであり、決して一人の人間の精神から生まれるものではない、ということである。創造性を高めるためには、人々がより創造的に考えるよう策を講ずるよりも、周囲の環境を変えたほうが簡単である。そして、真に創造的な業績とは、ほとんどの場合、暗闇で電球が点灯するような突然のひらめきによってもたらされるものではなく、長年の努力の結果なのである。

創造性は、いくつかの理由で、私たちが人生の意味を形成する際の主要な源泉である。ここでは、もっとも重要なものを二つだけ紹介したい。第一に、興味深く、重要で、人間らしいものの大部分は、創造性によってもたらされているということである。私たちはチンパンジーと遺伝子構造の九八%を共有している。チンパンジーと私たちを区別するもの――言語、価値観、芸術表現、科学の理解、科学技術――は、人々によって認知され、評価され、学習によって伝達された個人の創意の結果である。実際、創造性がなければ人間とチンパンジーの区別は困難であろう。

創造性がなぜそれほど魅力的なのかという二つ目の理由は、創造的に物事にかかわっているとき、日常生活のその他の時間よりも充実した生を生きていると実感できることにある。イーゼルの前に立つ画家や研究室の科学者の興奮は、誰もが人生から得たいと願いながらも稀にしか得ることのない理想的な充足感に近い。おそらく、セックス、スポーツ、音楽、あるいは宗教的恍惚感だけが――たとえ束《つか》の間で、その痕跡を残さないとしても――、自分自身がより大きな存在の一部になったという強烈な感覚をもたらしてくれる。しかし、創造性も同じように、未来の豊かさや複雑さを高めるような結果を残してくれるのである。

本書が議論の根拠としているインタヴューからの抜粋を一つ挙げれば、創造的な試みにともなうリスクや困難とともに、それにともなう喜びの具体的な概念像を示してくれるだろう。話し手は、銀河の動力学に関する私たちの知識に大きく貢献してきた天文学者、ヴェラ・ルビンである。彼女は、一つの銀河に属する星がすべて同じ方向に回転してはいないこと、つまり、星の軌道は同じ銀河面上を時計回りか反時計回りのいずれかの方向で回転しうる、という最近の発見について述べている。多くの発見がそうであるように、この発見もあらかじめ計画されたものではなかった。一年を隔てて撮影された同じ銀河のスペクトル分析に用いる二枚の写真を偶然見比べたことによって見出された。二枚の写真の星の位置を示す微かなスペクトル線を見比べた際に、ルビンは一年の間にある星はある方向に動き、またある星はそれとは反対方向に動いていることに気づいた。幸運だったのは、彼女が近くの銀河に対する非常に明瞭なスペクトル分析に参加できる最初の天文学者の一人であったということである。もし数年早ければ、そのような細部は見えなかったかもしれない。しかし、彼女がこの幸運を利用できたのは、何年もの間、星の動きの細部を研究することに没頭してきたからであった。この発見が可能となったのは、理論を証明したり、名声を博したりすることを意図していたからではなく、一人の天文学者として、銀河それ自体に興味を持っていたからである。彼女は次のように語る。

研究を専門とする科学者になるにはとても勇気が要ります。自分自身、自分の人生、自分の時間の多くを注ぎ込んでも、何も得られないかもしれませんから。一つの問題に五年間も取り組んで、それが終わる前にそれが間違いだとわかることがあります。あるいは、終盤に差し掛かろうとしているまさにそのときに、誰かがその研究はすべて間違いであることを発見するかもしれません。こうしたことが本当に起こり得ます。私は運が良かったのだと思います。最初、一人の天文学者、一人の観察者としての私の役割はただ単に良いデータを集めることだと強く感じながら、これ［この仕事］に就きました。単純に天文学界にとって価値のあるデータを集めることが天文学者としての役割だと考えていましたが、たいていの場合、私の役割はそれ以上のものでした。たとえ私の役割がそれだけのものだったとしても、落胆はしなかったと思います。しかし、発見はいつもすてきです。ちょうどこの春に心を奪われるような発見をしたのですが、それがどんなに楽しかったかを思い出します。

私は博士研究員で若手研究者の一人とおとめ座銀河団のなかにある銀河の研究をしていました。これが私たちの近くにあるもっとも大きな銀河団です。そして、近くにあるこれらの銀河団を観察することから気づいたのは、実際、それぞれの銀河の細部を知ることがとても楽しいということです。

私が言いたいのは、これらの銀河が私たちに近いという理由で、――近いと言っても、それは宇宙的規模において近いのですが――私はまさにこれらの銀河［の個別的な特徴］に、より興味を持ったということです。たくさんの細部を観察できるほどの近い銀河を大規模なサンプルとして扱うのはこれが初めてでした。多くの銀河の中心付近でとても不思議なことが起こっていることに気づきました――非常に速い回転、小さな円盤状態、といったありとあらゆる種類の興味深い事柄です――こうした小さなものに、何かはまり込んでしまいました。そこで私は、すべてを厳密に調べ、測定し、何をすべきかを決めようとしました。なぜなら、それがあまりに膨大な量の興味深いデータだったからです。そしてその過程で、ここでは触れませんが、あらゆる理由において、そのいくつかが他のものよりも興味深いと実感しました。そこでまず、（なぜ私がこの計画を始めたのかということとは実際には関係のない）もっとも興味深い重要な特性を持つ銀河について論文を書こうと決めました。そして、本当に興味深い銀河が二十あるいは三十あることに気づき、そこから十四の銀河を選びました。そして、これら十四の銀河に関する論文を書くことにしました。これらの銀河にはすべて、非常に速く回転する核と大量のガスがあります。

ところで、それらのなかの一つの銀河は特に興味深いものでした。一九八九年にその銀河の最初のスペクトルを撮り、その後、一九九〇年にもう一度撮りました。ですから、これらの物体の二つのスペクトルを持っていましたが、おそらく一九九〇年あるいは一九九一年までそれらを測定せずにいたと思います。最初のうちはそれがなぜそれほどまでに興味深く映ったのかあまり理解していませんでしたが、その銀河はそれまで見てきたものと異なっていたということは言えると思います。銀河では、つまり渦巻銀河や円盤銀河といった銀河では、ほとんどすべての星が一つの平面上で軌道を描いて回っています。最後に、この銀河ではある星がある方向に動いており、ある星がその反対方向に動いている、つまり時計回りに動く星もあれば、反時計回りに動いている星もあるという結論に私は至りました。しかし、たった二つのスペクトルしか持っておらず、そのうちの一つがあまり良いものではなかったので、その結論への信頼は揺れました。つまりこういうことです。こうしたことについて一人で論文に書こうと思い、その後すぐに、これらのスペクトルでは十分ではないと考え、それを今度は同僚に示したところ、彼らは信じてくれましたが、彼らにも二本の線が見えたり、見えなかったりという具合です。私は、宇宙で何か奇妙なことが起こっているのかそうではないのかについてとても気をもみました。一九九一年の主力望遠鏡の使用申し込み期間はすでに過ぎていたので、一九九二年の春にもう一つのスペクトルを新たに撮ろうと決めました。しかしそのとき、私はあることを思いつきました。それらのスペクトルにはいくつかとても独特なところがあったので……よくわからないのですが……自分が見ているものを理解しようとして何カ月もかかってしまいました。私はもう一つの部屋で考察を行います。コンピューターが隣に置いてあるこの非常に変わったテレビ画面の前に座るのですが、それはスペクトルのイメージを非常に細かく伝えてくれて、私はそれらのイメージで遊ぶことができます。そして、よくわからないのですが、ある日、この複雑さが何なのか、そのときに見ていたものが何なのかを理解しなければいけないと決心し、一枚の紙にスケッチをしていたのですが、そのとき、突然、すべてを理解したのです。他に言いようがありません。それはきわめて明白なことでした。どうしてこれがその二年前に理解できなかったのか、私にはわかりません。

そしてその年の春、観測に出掛けました。ここの同僚の一人に一緒に観測に来てくれるように頼みました。彼とは時々一緒に研究しています。私たちは三晩、観測をしましたが、そのうちの二晩は望遠鏡をまったく使いませんでした。三日目の晩はひどい天候の夜でしたが、それでもわずかなデータを得ることができました。仮説を立証できそうなこの銀河に関するデータを十分に得たのです。しかしその一方で、そのときまでに、すでに私にはすべてが正しいことがわかっていましたので、そのことはさほど重要ではありませんでした。

この話は以上です。何か新しいものを見つけることは、楽しいこと、本当に楽しいことです。今年の春にハーバード大学で講演をしなければなりませんでした。そしてもちろん私はこの研究のことを講演に組み込んでいましたが、実際にその二日後、この銀河のスペクトルを持っていながら［それらを分析］していなかった天文学者によって、私たちの仮説が立証されたのです。

この話は長年の努力、疑念、困惑を集約している。すべてがうまくいくとき、退屈で骨の折れる仕事は成功によって報われる。人々に記憶されるのは、激しく燃えるような好奇心、一つの謎が今まさに明らかになろうとしているときの驚嘆の念、偶然答えに遭遇し、思いもよらなかった秩序が明らかになるときの喜び、といった高揚状態である。長年にわたる退屈な計算は新たな知識の突然の噴出によってその正当性が立証される。しかし、たとえ成功しなくても、創造的な人々は満足に行われた仕事に喜びを見出す。それ自体に価値を見出して学ぶことは、社会に役立つような発見に結びつかなくても、人々にとってのやりがいになる。なぜ、そしてどのようにしてこうしたことが起こるのか。これが、本書が探究しようとするもっとも重要な問いの一つである。

生物学と文化における進化

人類の歴史の大半において、創造性は神々の特権と考えられてきた。世界中のあらゆる宗教は、一人あるいは複数の神々が天と地と海を創造したという創世神話に基づいている。そして、その延長線上のある時点で、神々は男性と女性も創造した――弱々しく、神々の怒りにさらされる無力な存在。この構図が逆転したのは人類史においてごく最近のことである。現在では、人間が創造者となり、神々は人間による想像の産物となった。このような逆転が二千五百年前のギリシャで始まったのか、中国で始まったのか、あるいはその二千年後にフィレンツェで始まったのかはたいして重要なことではない。事実は、それが人類数百万年の歴史のなかでごく最近起こったということである。

つまり、私たちは神々と人間との関係に関する考え方を入れ替えた。こうしたことが起こった理由を理解するのはそれほど難しいことではない。最初の創世神話が生まれたころ、人間は実際、次々に襲ってくる寒さや飢え、野生動物に対してなす術のない無力な存在であった。周りに見られる強大な力――日の出や日の入り、天空を回る星、四季の変化――をどう説明すべきかまったくわからなかった。畏怖の念がこの不思議な世界で拠り所を模索する彼らを覆い尽くしていた。それから、最初はゆっくりと、そしてこの数千年ほどはそのスピードを加速させながら、私たちは物事——微生物から惑星まで、そして血液の循環から潮の満ち引きまで——がどのように機能しているのかを理解しはじめた。そして、人類はもはや無力な存在ではなくなったように見えた。巨大な機械が作られ、エネルギーが利用され、地球全体の様相は人間の技術と欲求によって変化した。進化の頂点に登り詰めるにつれて、創造主の肩書を私たちが引き継いできたことに驚きはない。

この変化が人類に役立つのか、それとも、人類の破滅をもたらすのかはまだ明らかではない。もし私たちがこの新たな役割に付随する畏怖すべき責任を理解すれば、この変化は役立つであろう。シヴァやエホヴァのような古代の神々は、創造者であると同時に破壊者でもあった。宇宙は彼らの慈悲と激しい怒りの間の不安定なバランスのなかを耐えてきた。私たちが今日住む世界も、私たちの相反する衝動がもたらそうとするすばらしい楽園と不毛な砂漠の間で揺れ動いている。もし私たちが、給仕役としての役割に破壊の可能性が含まれていることを無視し、新たに獲得した力を盲目的に乱用しつづけたなら、おそらく砂漠が広がる可能性が高いだろう。

創造性が最終的にもたらすもの——私たちの欲望を現実に対して押しつけたり、この惑星のすべての生命体の運命を決定する主要な力になろうとする試み——を予見することはできないが、少なくとも、この力がどのようなものであり、どのように働くのかをさらに理解しようと努力することは可能である。なぜなら、私たちの未来は今や、良い方向に向かおうと、悪い方向に向かおうと、人間の創造性に密接に結びついているからである。そして、その結果は、私たちの夢とそれを実現させるための懸命の努力によってその大半が決まるだろう。

創造的な人々の人生と仕事についての三十年にわたる調査のまとめを意図した本書は、人々が新しいアイデアや物を生み出す不思議なプロセスをより理解しやすくするための試みである。この領野における私の仕事から、私は創造性を発揮させているように見える人々だけを見つめても創造性を理解し得ないことを確信した。森林の木が倒れる音は、もしそこにそれを聞く人がいなければ聞かれることがないように、創造的なアイデアも、それを記録し、実行する感受性に富んだ聞き役がいなければ消え失せてしまう。そして、有能な第三者の評価がなければ、創造的と自称する人の主張が妥当か否かを評価するための、信頼に足る方法が存在しないことになってしまう。

この観点によれば創造性とは三つの要素から成る体系の相互作用の結果である――記号体系の諸規則を含んだ文化、斬新さを記号体系の領域《ドメイン》に導入する人、そして、革新を見分け、それを正当と認める専門家たちの分野の場《フィールド》。これら三つすべての要素が創造的なアイデアや成果、発見が起こるためには不可欠なのである。たとえば、ヴェラ・ルビンの天文学における自身の発見についての叙述では、数世紀にわたって収集されてきた天体運動についての膨大な情報を利用できる機会、最新の大型望遠鏡を管理する研究施設を利用できる機会、そして他の天文学者からの批判的懐疑や最終的な支援といったものなしには、その発見を想像することはできない。私の考えでは、これらは個人の独創性に対して偶発的に寄与したものではなく、個人みずからの貢献と組み合わさった、創造のプロセスに欠くことのできない重要な構成要素なのである。したがって本書では、創造的な個人へ向けるのとほとんど同等の注意を領域や分野の場に対しても向けている。

創造性は、結果的に生物学的進化へと至る遺伝子変化のプロセスを文化の観点から置き換えたものである。生物学的進化では、無原則な変形体が私たちの染色体の化学変化のなかで起こり、そうしたことが識閾〔意識作用の生起と消失の境界〕下で進行する。こうした変化は、新たな身体的特徴を持った子どもが突然出現することにつながり、そして、もしその特質がそれ以前に存在していたものよりも改善されたものであれば、その子の子孫に遺伝していく可能性がきわめて高くなる。たいていの新しい特質は生存の可能性を高めることにはつながらず、数世代後に消えてしまう。しかし、いくつかは生存の可能性を高め、生物学的進化を説明するのはこうした特質なのである。

文化的進化においては、遺伝子や染色体に相当するメカニズムは存在しない。したがって、新しいアイデアや発明が次世代へと自動的に受け継がれるわけではない。どのように火や車、原子力を使うかという知識は、そうした発見の後に生まれた子どもたちの神経系には、生まれながらにして組み込まれてはいない。個々の子どもたちがそうした知識を最初から学ぶ必要がある。文化的進化において遺伝子に相当するのがミーム、つまり文化を継承していくために学ばなければならない情報のまとまりである。言語、数字、理論、歌、料理法、法律、価値観といったものはすべて、忘れられることのないように、子どもたちに伝えていくミームである。創造的な人が変えるのはまさにこれらのミームであり、もし十分な数の正当に評価できる人々がその変化を進歩とみなせば、その変化は文化の一部となる。

したがって、創造性を理解するためには、新たなアイデアや新たな物の形成にもっとも寄与したと思われる個人を研究しても十分とは言えない。彼らの貢献は、欠くことのできない重要性を有しているが、その一方で、鎖における一つの輪に過ぎず、一つのプロセスにおけるある一つの段階でしかない。トーマス・エジソンが電球を発明し、アルバート・アインシュタインが相対性理論を発見したと言うのは都合のよい単純化である。それは、理解がしやすい、超人的なヒーローが登場する物語を好む、という古代からの私たちの好みを満足させてくれる。しかし、エジソンとアインシュタインの発見は、それ以前の知識や彼らの思考を刺激した知的および社会的ネットワーク、彼らの革新的な考えを評価し、それを広げた社会の仕組みといったものなしには考えられない。相対性理論はアインシュタインが生み出したと言うのは、その火の原因はその火花であると言うのと同じである。火花は必要だが、空気と火口《ほくち》がなければ炎になることはないのである。

本書は、子どもたちがしばしば口にする気の利いた事柄についての本ではなく、知性があり思考ができるというだけで誰もが共有する創造性についての本でもない。ビジネスの取引をまとめるための優れた発想や詰め物をしたアーティチョークを焼くための新しい方法、あるいはパーティのための独創的なリビングルームの飾りつけ方のための偉大なアイデアを扱った本でもない。こうしたものは、日常生活における重要な要素であり、明らかにその質を高めるよう努力すべき小さな創造性の実例ではある。しかしこれらにうまく対処するためには、まず歴史に刻まれる創造性を理解する必要がある。そしてこれが、本書が達成しようとしていることである。

注意と創造性

少なくとも、私が本書で取り上げる創造性は、文化の記号体系の領域に変化をもたらすプロセスである。新しい歌、新しいアイデア、新しい機械が、創造性とは何かを物語っている。しかし、これらの変化は生物学的進化のように自動的に起こるものではないので、創造性が発揮されるために私たちがどの程度の代価を払う必要があるのかを考える必要がある。伝統を変えるには努力が必要である。たとえば、伝統を変えるためにはミームを習得しなければならない。つまり、音楽家は新しい曲を書くことを考える前に、音楽の伝統、表記法、楽器の演奏法を学ばなければならない。発明家は、飛行機のデザインを改善できるようになるまでに、物理学、航空力学、そしてなぜ鳥たちが空から落ちてこないのかを学ぶ必要がある。

もし何かを学びたいと思ったら、学ぶべき情報に注意を払わなければならない。注意とは限られた資源である。どのような瞬間でも、私たちが処理できる情報はきわめて多量に存在する。どのくらいの情報が存在するのか正確にはわからないが、たとえば、物理学と音楽を同時には学べないことは明らかである。する必要があり、しかも、注意を必要とする他のこと、たとえば、シャワーを浴びること、服を着ること、朝食を作ること、車を運転すること、配偶者と会話をすること、などをしながらでは、十分に学ぶことができない。ここで重要なことは、限られた注意の大半は、その日を生きるための仕事に充てられているということである。一生のうちで、記号体系の領域――音楽や物理学のような――を学ぶために残される注意の量は、このすでにわずかになった量のさらにほんの一部でしかないのである。

これらの単純な前提からいくつかの重要な結論が導かれる。まず、ある既存の領域で創造性を達成するためには、利用できる剰余の注意［つまり、心理的エネルギー］が必要だということである。これが、紀元前五世紀のギリシャ、十五世紀のフィレンツェ、十九世紀のパリといった創造的活動の中心地が、生存に必要なこと以上の学習や実験を人々に許す豊かな場所であった理由である。また、異なる文化の交差点、つまり、信念やライフスタイル、知識が混ざりあう場所であり、人々に発想の新たな結合の可能性を容易に感じさせる場所が、創造的活動の中心地となる傾向にあるということも真実のように思われる。画一的で厳格な文化で新しい思考方法を生み出すには、多大な注意を注ぐ必要がある。言い換えれば、創造性は、新しいアイデアがさほど努力することなく理解される場所で生まれる可能性が高いということである。

文化の進化にともない、一つ以上の領域の知識を習得することが次第に困難になる。最後の真のルネサンス的教養人が誰なのかはわからないが、レオナルド・ダ・ヴィンチ以降いつ頃からか、いくつかの分野に精通した専門家になろうとしても、あらゆる芸術や科学について十分に学ぶことが不可能になってしまった。領域は下位領域へと細分化され、代数学を修得した数学者が整数論、組み合わせ論、位相幾何学について多くを知らない――あるいはその逆が起こりうる状況である。過去においては、一人の芸術家が絵を描き、彫刻を彫り、金を鋳造し、建物を設計することが普通であったが、今日では、これらの特殊技能はそれぞれ、別の人々によって習得される傾向にある。

したがって、文化が進化するにつれて、一般的な知識よりも専門的な知識が重視されるようになる。こうしたことの必然性を理解するために、物理学を勉強している人、音楽を勉強している人、その両方を勉強している人の三人がいると仮定しよう。他のことはすべて同じとして、音楽と物理学の両方を勉強している人は注意を二つの記号体系の領域に分散させる必要があるが、他の二人は注意をもっぱら一つの領域だけに集中させることができる。その結果、専門的に特化した二人は自分の領域をより深くまで学ぶことができ、彼らの専門知識は二つの領域を専門とする人の専門知識よりも好まれることになる。そして、時間とともに、専門家たちは文化におけるさまざまな組織の指揮権や管理権を引き継ぐことになる。

もちろん、この専門化への傾向は必ずしも良いことではない。それは、聖書におけるバベルの塔の建築の物語のように、文化の分裂状態に容易に至ってしまう。また、本書が残りの部分で詳細に示すように、創造性は一般的に領域の境界を越えることをともなう。それによってたとえば、物理学から量子力学を取り入れ、それを分子の化学結合に応用する化学者は、化学の領域にのみ留まっている化学者よりも、化学に対するより実質的な貢献ができるだろう。しかし同時に、私たちがいかにわずかな注意をもって仕事にあたらなければならないかを考え、領域に絶えず追加され、増えつづける情報量を考えるとき、専門化は不可避であると認識することも重要である。この傾向を反転させることは可能かもしれないが、しかしそれは、代替手段を見つけるための意識的な努力をすればということであり、そのままの状態にしてあれば、専門化は続く運命にある。

限られた注意のもたらす別の結果は、創造的な人々がしばしば風変わり――時には傲慢で、自己中心的で、無慈悲――とさえみなされていることである。心に留めておくべき重要なことは、これらは創造的な人々に特有の特性ではなく、他の人々が自分たちの認識に基づいて創造的な人々のものとした特性だということである。注意のすべてを物理学や音楽に集中し、私たちを無視したり、私たちの名前を忘れてしまう人に会ったとき、没頭している対象からほんのわずかでも注意を割くことができたらきわめて謙虚で親しみやすい人であったとしても、私たちはその人を「傲慢」と呼んでしまう。もしその人が、あまりに自分の領域に没頭していて私たちの要望を考慮に入れ損なうと、たとえそのような態度はその人の本意とはかけ離れたものであったとしても、私たちはその人を「鈍感」あるいは「利己的」と呼ぶ。同様に、もし彼が、他の人々の計画に構わず自分の仕事を推し進めたとしたら、私たちは彼を「無慈悲」と呼ぶだろう。しかし、すべての注意をある領域にささげることなく、そしてその結果、創造的な人の注意を引きつける権利があると自負する人々の目に、傲慢で自己中心的で無慈悲な人物として映ることなしに、領域に変化をもたらすほど深くその領域を学ぶことは実質上不可能なのである。

実のところ、創造的な人々は一つのことにひたむきなのでも、専門に特化しているわけでも、利己的なのでもない。実際は、その逆のように思える。隣接する知識の領野と関連づけて考えることを好む。傾向として、――原則的には――思いやりのある、感受性の鋭い人々である。しかし、彼らの役割が必然的に彼らを専門化と利己的行動へと押しやる。創造性にまつわる多くの矛盾のなかで、おそらくこれがもっとも避けがたいものである。

創造性を学ぶ効用とは何か

創造的な人々の人生と彼らの業績の背景を細かく見ることが有用である理由は主に二つある。一つ目はもっとも明白なことである。それは、創造性の結果が文化を豊かにし、したがって、間接的に私たちの生活全般の質を向上させるということである。しかし、この知識から、私たち自身も人生をより興味深く、生産的にする方法を直接的に学べるかもしれない。本書の最終章で、あらゆる人々の日々の生活を豊かにするために、この研究が何を提案できるのかをまとめている。

ある人々は、創造性について学ぶことを、直面しているもっと切実な問題から目を背けるための、エリート階級の気晴らし的行為であると主張する。そんなことをする代わりに、人口過剰、貧困、あるいは知的障害といった問題と闘うことにすべてのエネルギーを集中すべきだ、というわけである。この議論によれば、創造性への関心は無用の贅沢である。しかし、この見解にはいささか先見の明が欠けている。まず第一に、貧困や人口過剰に対する実行可能な解決法は魔法のように出現してくるわけではない。多大な注意を創造的な方法でそれらに向けたときに初めて問題が解決される。第二に、良い人生を送るためには、間違ったものを取り除くだけでは十分ではない。積極的な目標も必要なのである。さもなければ、どうして先に進みつづけることができるのか。創造性はこの問題に対する一つの答えである。言い換えれば、創造性は生き方のもっとも刺激的なモデルの一つを提供してくれる。心理学者は病理的な事例を研究することから健康な人間がどのように考え、どのように感じるかについて多くを学んできた。脳に損傷を受けた患者、神経症患者、非行少年少女は比較の対象となり、彼らが提供するものと比較することで人間の正常な機能がよりよく理解できるようになった。しかしながら、その連続体の対極にあるもの、つまり、肯定的な意味で並外れた人々からはほとんど何も学んでこなかった。もし自分の人生に何が欠けているのかを理解するつもりならば、豊かで充実した人生について研究することは理にかなっている。これが本書を執筆した大きな理由の一つである。つまり、ほとんどの人が送っている典型的な人生よりも、より満足感に満ちた生き方を理解しようという試みである。

私たちは一人ひとり、二つの矛盾した指令を内部に抱えて生まれてくる。一つは、自己保存、自己強化、エネルギー節約などの本能から構成された保守的な傾向であり、もう一つは、探究の本能、つまり斬新なものや危険を楽しむ本能で構成された拡張的な傾向である——そして、創造性につながる好奇心はこの後者の傾向に属している。私たちはこれら二つの組み込まれた指令を必要とする。しかし、前者の傾向が行動を動機づけるために外部からの奨励や援助をほとんど必要としないのに対し、後者の傾向は、教化されることがなければ衰えていく。もし好奇心を刺激するような機会があまりに少なく、リスクを負うことや探究を妨げる障害物があまりにも多く存在する場合には、創造的な行動への動機づけは簡単に消滅してしまう。

その重要性を考えた場合、創造性は私たちの関心事のなかで優先順位の高いものであると誰もが考えるであろう。そして、実際、それに対する口先だけの合意も多く聞かれる。しかし、現実を見ると、別の状況が見て取れる。科学における基礎研究は即効的な実用化研究のために縮小されている。芸術はますます、非人間的な巨大市場でその価値を証明しなければならない不要な贅沢品とみなされている。企業は間断なく次々と規模の縮小を続け、人々は、今は革新者の時代ではなく帳簿係の時代である、今は新しいものを築いてリスクを負う環境ではなく経費を削減する環境である、と言うCEOたちの報告を耳にする。しかし、世界中で経済競争が加熱するにつれ、まさに正反対の戦略が必要とされているのである。

そして、科学、芸術、経済に当てはまることが、そのまま教育にも当てはまる。学校予算が制限され、テストの成績が低迷しはじめると、ますます多くの学校が余分と思われるもの――一般に芸術や教科外活動など――を省き、いわゆる基礎科目に集中する。この選択は、もし独創性と創造的な思考を育成する方法で「読み・書き・計算」が教えられるならば、それほど悪くはないだろう。しかし残念なことに、そうなることは稀である。生徒たちは一般に、学校の基礎教科を脅威、あるいは退屈なものと感じている。知性を創造的に使う機会は、学生新聞、演劇クラブ、あるいはオーケストラといった活動に取り組むことから生じてくる。したがって、もし次の世代が熱意と自信を持って未来と向き合わなければならないのなら、私たちに求められるのは、有能であると同時に独創的であるように育てることである。

どのように研究を実施したか

一九九〇年から一九九五年にかけて、私とシカゴ大学の学生たちは、九十一名の非凡な人々のインタヴューをビデオ録画した。これらのインタヴューの徹底した分析は、創造的な人々とはどのような人々なのか、創造性のプロセスはどのように進むのか、そして、独創的なアイデアの生成を促進あるいは阻害する条件とはどのようなものか、といったことの解明に役立っている。

研究協力者を選ぶうえで三つの主要な条件があった。第一に、その人は主要な文化領域――科学、芸術、ビジネス、行政、あるいは人間の幸福一般――に大きな変化をもたらした人物でなければならない。第二に、その人はその時点においても専門の領域（あるいは他の領域）に積極的にかかわっていなければならない。最後に、その人は少なくとも六十歳以上でなければならない（正当な理由が認められた場合には、ごく稀に私たちは少し若い研究協力者にインタヴューした）。これまでインタヴューを行った人々のリストは付録Aに記載されている。

選定のプロセスにはゆっくりと長い時間をかけた。そして、私は選定基準を満たす同数の男女をインタヴューすることに決めた。さらに望まれることとして、広範な文化的背景をもつ代表者たちを可能な限り取り入れることがあった。これらの条件を念頭に、私はこれらの属性を満たしている人々のリスト作成に取り掛かった。この作業では、同僚や異なる学問分野の専門家からの貴重なアドバイスを参考にした。しばらくしてから、このプロジェクトに参加していた大学院生たちからも研究協力者の名前が提案され、さらに、インタヴューに協力してくれた人々が、それぞれのインタヴュー後に他の潜在的な協力者を推薦してくれた。これによって、時に「雪だるま式サンプル」と呼ばれるものができあがった。

研究協力者として推薦された人の業績を検討し、研究チームがその人を調査対象に含めることに合意すると、研究の内容を説明し、参加を依頼する手紙が候補者に送られた。三週間ほど経っても返答がない場合には、再度その人に依頼の手紙を送り、その後は電話で連絡をとるようにした。最初に連絡をとった二七五名のうち、三分の一強の人々が研究への参加を辞退し、それと同数の人々が依頼を承諾、四分の一の人々は返答がなかったか、居場所がわからなかった。依頼を承諾した人々のなかには、創造性が広く認められた数多くの人々が含まれていた。これまでに十四のノーベル賞が研究協力者たちによって獲得されてきた（物理学賞が四つ、化学賞が四つ、文学賞が二つ、生理学・医学賞が二つ、平和賞と経済学賞が一つずつ）。他の人々の業績の多くも、たとえノーベル賞ほどは広く認知されていないとしても、それと同レベルのものであった。

何人かの人々は健康を理由に依頼を辞退し、もっと多くの人々は多忙を辞退の理由として挙げた。小説家のソール・ベローの秘書からは「ベロー氏が私にお知らせくださった内容によりますと、彼が人生の後半においても依然として創造的でいられる理由の少なくとも一部に、自分自身を他者の『研究』対象にしてこなかったことがあるそうです。いずれにしても、彼はすでに夏の休暇中です」という手紙を受け取った。写真家のリチャード・アヴェドンからは「申し訳ない――残された時間があまりにも少な過ぎる」と殴り書きされた手紙が送られてきた。作曲家、ジェルジュ・リゲティの秘書は次のように回答してきた。

彼は創造的ですが、そのために完全に働き過ぎています。したがって、あなたが彼の創造性のプロセスを研究したいというまさにその理由が、残念ながら、彼がこの研究であなたのお手伝いをする時間がないという理由でもあるのです。また、個人的にあなたの手紙にお答えできないのは、秋に初演するヴァイオリン・コンチェルトを完成させようと必死に取り組んでいるからであるということを、付け加えておきたいとのことです。彼はあなたにご理解いただけることを願っております。

リゲティ氏は、あなたのプロジェクトに大変興味を持ち、その結果をぜひとも知りたいともおっしゃっています。

研究への参加辞退は、時折、創造性について研究することが時間の無駄であるという考えに基づいていた。詩人で小説家のチェスワフ・ミウォシュからは次のような返信があった。「私は創造性についての研究に懐疑的で、そうした課題でのインタヴューに応じる気にはなれません。『創造性』についてのすべての議論の根底に方法論的な誤りがあるように思えてなりません」。また、小説家のノーマン・メイラーは、「申し訳ありませんが、私は仕事のプロセスに関するインタヴューにはいっさい応じないことにしています。創造性にはハイゼンベルクの不確定性原理が当てはまります」と返答してきた。そして、経営管理の専門家で、東洋美術の教授であるピーター・ドラッカーは、次のような言葉で研究への参加を辞退した。

二月十四日付けのあなたの寛大なお手紙に対し、大変光栄で、また大変嬉しく思っています——なぜなら、私は長年、あなたとあなたの仕事に称賛の念を抱き、そこから多くを学んできたからです。しかしながら、親愛なるチクセントミハイ教授、私はきっとあなたを落胆させることになるでしょう。なぜなら、おそらく私は、あなたの質問に答えることができないからです。私は創造的だと言われますが——私にはその意味がよくわかりません。……ただ単にこつこつと働いているだけなのです。

……私を無遠慮だとか無礼だとか思わないでいただきたいのですが、生産性（つまり、創造性の代わりに私が信じているもの）

の秘密の一つは、あなたからいただいたような招待状のすべてを引き受けてくれる巨大なごみ箱を持っていることです――私の経験では、生産性とは他人の仕事を手伝うために何かをすることで成り立つものではなく、神がそれをするために与えてくれた仕事、それをうまくやるように与えてくれた仕事に、自分のすべての時間を使うことなのです。

研究を引き受けてくれた人々の比率は専門分野によって異なっていた。年齢や忙しさにかかわらず、自然科学者の半数以上が参加に同意してくれた。一方、芸術家、作家、音楽家は私たちからの依頼の手紙を無視するか、あるいは協力を辞退する傾向にあり、研究に参加することを承諾してくれたのは私たちが働きかけた人々の三分の一弱であった。専門分野により違いを示す人数減の原因を探るのも興味深いだろう。

同じ割合の男性と女性が研究への協力を受諾したが、特定の領域では、創造性が高く著名な女性が少ないため、期待していた五対五の男女比を達成することはできなかった。結果として、男女比は七対三で男性優位となった。

通常、心理学の調査では、対象となる人々が問題の「母集団」の「代表」であることを確実なものとしなければならない――この場合の「母集団」とは創造的な人々である。もしサンプルが母集団を代表していなければ、得られた結果を母集団に一般化することはできない。しかし、私はここにおいて、創造的な人々すべてに当てはまると想定される一般論を提示しようとさえ思っていない。折に触れて試みることは、疑問の余地がないとされている広く普及した前提の誤りを証明することである。科学において反証が証明に勝る点は、たとえ世界中のすべての事例をもってしても一つの確証を導くのに不十分なことがあるのに対し、たった一つの事例が一般論の誤りを証明しうるということである。もし私が白いカラスを見つけられるとしたら、それは「すべてのカラスは黒い」という命題の誤りを証明するのに十分だろう。しかし、すべてのカラスは黒いという命題を立証しなくても、何百万羽の黒いカラスを指差すことが可能である。どこかに一羽の白いカラスが隠れている可能性もあるにはあるのだが。同じように、反証と呼ばれることと証明の間に存在する均等性の欠如は物理学のもっとも神聖な法則にさえ当てはまる。

本書の目的を達成するために、反証の方法は十分にその役目を果たす。たとえば、すべての研究協力者が幼少期は幸福であったと言ったとしても、私たちの集めた情報では、創造的な人々がすべて幸福な幼少期を過ごしたということとを証明できない。しかし、たとえ一人でも不幸な子どもがいれば、その仮説の反証になる――それは、一人の幸福な子どもの存在が反対の仮説、つまり、創造的な人々は不幸な幼少期を過ごしたという仮説の反証になるのと同じことである。したがって、サンプルが比較的小さいことやそれが母集団を十分に代表していないことは、データから信頼性の高い結論を導き出すことにおいてたいした障害にはならないと言えるだろう。

社会科学においてはたいていの場合、たしかに命題は真でも偽でもなく、単に一つの仮説のもう一つの仮説に対する統計学的優位性を主張しているに過ぎない。黒いカラスは白いカラスよりもはるかに多いのだから、偶然だけでそうしたことは説明できないと言いたくなる。その結果、私たちは「ほとんどのカラスは黒い」と結論づけ、ここまで言えたことに満足する。本書では、さまざまな理由から、報告されるであろう比較を検証するために、統計学を用いることはしない。第一に、深く信じられてきた創造性に関するいくつかの想定の反証だけで私には十分であるように思えるからである。ここにおいて、私の基盤は強固である。第二に、この特異なサンプルが持つ特徴は、統計学的検定の実施が問題なく可能になるためのほとんどの前提に抵触するからである。第三に、このサンプルで見出された傾向を検証するための意味ある「比較群」が存在しないからである。

わずかな例外を除いて、インタヴューは研究協力者のオフィスや自宅で行われた。インタヴューはビデオテープに録画され、その後、逐語的に文字に起こされた。短いインタヴューも少数あれば、かなり長いものもあったが、通常は約二時間程度であった。しかしながら、このサンプルの情報ということで言えば、これらのインタヴューは氷山のほんの一角に過ぎない。大部分の研究協力者は本や論文を書いているし、ある人々は詳しく調べることのできる自伝やその他の作品を執筆している。実際のところ、各々にとても長い執筆歴があるので、それをすべて追うには数回分の人生が必要だろう。しかしそうした資料は、それぞれの人物やその人生を理解するうえできわめて有用なものである。

インタヴューの計画表には、私たちが各々の研究協力者に聞きたいと考えていたいくつかの共通した質問があった（質問の内容は付録Bを参照のこと）。しかし、必ずしもそれらの質問を同じ順番で尋ねたり、いつでもまったく同じ表現を用いたりはしなかった。私が優先させたのは、インタヴューを可能な限り自然な会話に近づけることであった。

もちろん、どちらのインタヴュー方法にも長所と短所がある。しかし私は、これらの研究協力者に機械的に構造化された一連の質問をすることが無礼にあたり、したがって、目標の達成を妨げてしまうのではないかと感じた。心からの内省的な回答が得られることを望んでいたので、彼らを型に押し込める代わりに、私が興味を持っているテーマとかかわる話題へ会話を発展させていった。インタヴューは豊かで包括的なものになっている——その大部分はそれらを集めてくれた優秀な大学院生グループのおかげである。

本書の執筆を始めるとき、私はあまりの豊かさに当惑した。何千ページもの資料が私の注目を求めて騒ぎ立てていたが、正当に扱うことができたのはそれらのほんのわずかな部分でしかなかった。資料の選択にはしばしば痛みがともなった——非常に多くのすばらしい物語を除外し、かなり短縮する必要があったからだ。広範囲にわたって引用したインタヴューは、必ずしももっとも有名な人々やもっとも創造的な人々からのものではないが、それらは私が重要な理論的問題と考えていることをもっとも明確に述べてくれている。したがって、その選択は個人的なものである。しかし私には研究協力者の誰ひとりの意図も、またグループ全体としての総意も歪曲していないという自信がある。研究協力者のなかには、言葉が一回も引用されずに表現されていないこともあるが、彼らが報告してくれた内容は折に触れて提示される一般論に、言葉や数字のかたちで内包されている。そしていつの日か、私か私の学生、あるいは他の研究者が、この豊富な資料のなかで私が省略を余儀なくされた部分を利用することを願っている。

嘘のような真実

創造的な人々の一般的なイメージに反して、インタヴューでは、創造性や創造的な人々の陽気で肯定的な実態が明らかとなった。こうした話を自己弁護的な作り話と疑うのではなく、私はそうした話を額面どおり受け取っている——その人について知られた他の事実や内的証拠と矛盾しないという限りにおいて。

過去百年の間、多くの社会科学者たちは、十九世紀の終わりまで科学的に問われることのなかった人間の行動特性に潜む偽善、自己欺瞞、利己主義の暴露を使命としてきた。当然ながら、ダンテやチョーサーといった詩人も人間性のささいな欠点には深く精通していた。しかし、フロイトが抑圧の可能性を示唆し、マルクスが虚偽意識の力について議論し、社会生物学者が人間の行動がいかに選択圧から影響を受けているかを実証するまで、私たちは自分自身に対する言及がなぜそれほどまで欺瞞的なのかについて、体系的な洞察を持っていなかった。

残念ながら、フロイトをはじめとするこれらの偉大な思想家たちから、計り知れないほどの知的恩恵を受けている自己欺瞞についての理解は、彼らの考え方を行動のあらゆる面に無差別に応用したために、ある程度まで損なわれてしまっている。その結果、哲学者ハンナ・アーレントの言葉にあるように、私たちの専門分野は、証拠よりもイデオロギーに基づいた「正体を暴く活動」へと退廃するリスクを負っている。人間性研究のかけ出しの研究者でさえ外観を疑うことを学ぶ——これは優れた科学者が支持する方法論的な予防措置としてではなく、何事も額面では信じられないとする定説への確信によるものである。私は、高い学識をもった同僚のうちの何人かが研究協力者の次のような主張にどう反応するかを想像することができる。「敬愛する人と結婚して四十四年経ちます。夫は物理学者で、私たちには四人の子どもがいます。子どもたちは全員が科学の博士号を持ち、それぞれが幸せな人生を送っています」。

おそらくその同僚たちは、洗練された皮肉を込めて微笑み、これらの文章のなかに、話し手の不幸な家族生活の否定の企てを見出すであろう。この文章が聞き手に感銘を与えるために述べられたものであると捉える人もいるだろう。また、この人の楽観的な感情の噴出を、それが誇張のない真実であるからということではなく、会話はそれ自体の論理とそれ自体の真実を持つという理由から、インタヴューの文脈において生じた、単なる物語装置として考える人もいるかもしれない。あるいは、学位と快適な中流階級の地位を幸福と同等視するブルジョア的イデオロギーの表現とみなすかもしれない。

しかし、この女性が四十四年間の結婚生活を送り、一流の科学者としての多忙な職務にもかかわらず、厳しい専門的キャリアに身を投じた四人の子どもを育て上げ、プライベートな時間の大部分を夫とともに家で過ごし、旅行に出掛けている、という実際の証拠があったらどうだろうか。そして、彼女の子どもたちが自分たちの人生に満足し、彼女を頻繁に訪ね、両親と頻繁に連絡を取りあっているという証拠があったとしたらどうだろうか。私たちは態度を軟化させて、たとえしぶしぶではあっても、その一節の意味するものが、架空の批評家が抱くだろうと考えたまったく別の意味よりも、話し手が意図したことに近いと認めるべきではないだろうか。

こうした叙述に特有の楽観性を例証する一節を、別のインタヴューから紹介しよう。これは、有名な学者を夫に持つ（彼もまた創造的であるが）、彫刻家のニーナ・ホルトンのインタヴューからの抜粋である。

「それが魂を歌わせる」という表現が好きなので、とてもよく使います。岬の上の私の家の外にはこのくらいの高さの草が生えていて、それを見て、「この草は歌っているわ。歌っているのが聞こえる」と言います。私のなかには、ある種の喜びを求める欲求があります。わかりますか。喜びの表出を。それを感じるのです。私は生きていることが嬉しいのだと思います。愛する男性がいて、楽しむ人生があって、時には私の魂を歌わせてくれることに取り組むのが嬉しいのです。そして、誰もがそのような感情を内に持ってほしいと願っています。自分のなかに、よく歌う魂があることに感謝しています。

何か変化をもたらしてくれると思えること、大きな満足感を与えてくれることに取り組んでいると感じています。いつでも夫と議論することができるのですが、彼が何かに取り組んでいてあることを思いついたとき、そして私たちが一緒になって日々の出来事やどんな仕事をしているのかについて話し合っているとき、私たちは多くの類似点を見出します。いつもではないですが、時々は。それは私たち二人の強い絆ですね。そして、彼は私がしていることに大変興味も持ってくれて、私の仕事の世界にも深くかかわっています。彼は私の作品を写真に撮りますが、私の仕事に本当に興味津々です。彼とはどんなことでも議論できます。暗闇のなかで仕事をしているという感じではありません。いつでも彼のところに行くことができますし、助言をしてくれます。その助言を毎回聞き入れるわけではありませんが、その助言がたしかにそこにあることが大事です。その助言のおかげで人生が豊かに感じます。実際、私の人生は豊かです。

ここでふたたび冷笑的な読み方をすれば、たしかに、専門職に就く夫婦が創造的でありながら楽しい時間を過ごすことは快いに違いないという結論になるだろう。しかし、特に芸術の分野で新しく卓越したことを成し遂げるためには、人は貧しく、苦難を経験し、この世界にうんざりしていなければならないというのが一般的な通念ではないのか、と人は同じ結論の続きとして述べるかもしれない。このような冷笑的な読み方に立つと、結果として、こうした人々の人生は創造的な人々という母集団のなかのほんの少数を代表しているに過ぎない、あるいは、たとえすべての証拠がそれらを真実であると示唆していたとしても、そのような人々の人生を額面どおりに受け取るべきではない、ということになる。

私は創造的な人々のすべてが裕福で幸福だと言っているのではない。家庭内の緊張、仕事上の妬み、挫折した野心は、時折、インタヴューで明らかとなった。さらに、選択バイアスが私の集めたサンプルに影響している可能性がある。六十歳を超えた人々を対象にしたことで、リスクの高い人生を生き、そのために早世した人々を排除してしまう結果となった。研究への参加を依頼し、それに返答をしないか拒絶した人々のなかには、それほど幸福ではなく、社会にあまり適応していない人々がいたのかもしれない。インタヴューに当初は同意していた人々のうち、数人は体調を崩して非常に気分が優れなかったため、研究協力者を正式に依頼すると、辞退を申し入れてきた。したがって、最終的にこの研究のサンプルとなった人々は、精神的にも肉体的にも、より健康な方向に偏っていると言える。

しかし、数年にわたって徹底的にインタヴューを聞き、資料を読んだ結果、私は次のような結論に至った。すなわち、苦悩する天才という現在の固定観念は、かなりの程度、ロマン主義的なイデオロギーによって創られた神話であり、その神話は、孤立した——人によってはそうしたものを願うだろうが——特異な歴史状況から生じた証拠によって支えられているということである。言い換えれば、もしドストエフスキーやトルストイが想定以上に多くの病理を示したのなら、それが彼らの創造的な仕事の必須要件であるからではなく、崩壊を目前にしたロシア社会の不健全な状態に起因する個人的な苦悩によるものだったということである。また、もし多くのアメリカの詩人や劇作家が自殺をし、ドラッグやアルコール依存に陥っているとしたら、彼らの創造性のためではなく、多くを約束しながらもわずかな報酬しか与えず、十人中九人の芸術家を無視しないまでも軽視する芸術界がそうさせているということである。

これらのことを考慮した結果、こうした人々が見せる幸福への傾向と、私たちがこれまで学んできた、現実を覆い隠し粉飾しようとする人間の傾向とを念頭に置き、偏見のない懐疑心をもってこれらのインタヴューに臨むことが、たとえそれがより難しいことであっても、より現実的であることに気がついた。しかし同時に、妥当だと思われる肯定的なシナリオが出てきたときには、それを受け入れる覚悟もある。私にはそれが引き受けるに値するリスクであると思える。なぜなら、次のようなカナダ人小説家、ロバートソン・デイヴィスの心情に同感するからである。

悲観主義は人生の本当の姿を考える際のきわめて簡単な解決法です。なぜならそれは、人生を短絡的に見ることだからです。もし今日私たちの周りで起こっていることや生まれてから起こったことを考えてみたら、人生とはさまざまな問題や病気がひどく複雑に絡み合ったものと感ぜざるを得ないでしょう。しかし、もし数千年前を振り返ってみたら、最初のアメーバが軟泥から這い出し、陸上で冒険を始めた日から、私たちは信じがたいほどの進化を遂げていることが理解できると思います。もし長期的な視点で見るならば、どうすれば人類の未来や地球の未来に対して悲観的になどなれるのか、私には理解できません。短絡的な視点を採用して、あらゆることが混乱している、人生は欺瞞と虚偽で満ちていると考えることもできますが、そうすれば、もちろん惨めな気持ちになります。私は何人かの同僚、特に文学の分野の同僚たちをみるととても滑稽な気分になります。彼らは悲観主義、つまり、悲劇的な視点だけが人生の真の鍵であると主張するのです——私にはそれが放縦なたわ言にしか思えません。悲劇的になることのほうが喜劇的になることよりもいたって簡単です。これまで人生に悲劇的な見解をもつ人々を見てきましたが、それは一つの責任回避です。単に物事すべてに不快な思いを抱いているだけです。それはとても簡単なことです。物事をもう少し公平に見るように心がけたら、そのなかに喜劇性、曖昧さ、皮肉といった要素が絡み合った複雑さが見えてくることに驚くでしょう。そして、私にはそれが小説家にとってきわめて重要なことだと思われるのです。単に悲観的な小説を書くというのは、むしろ簡単なことなのです。

デイヴィスの批判は小説の分野だけではなく、より広範な領域にも当てはまる。創造的な人々の人生が内包する偽りのない喜びと充実感に目を向けることなく、彼らの行為を衆目にさらし、その根底にあるものを暴き、単純な要素に分解し、脱構築し、合理的説明を加えるという方法で創造性を説明することも、同様に簡単なことである。しかしそうすることで、創造的な人々から学ぶことのできるもっとも重要なメッセージを見失ってしまう。人間存在の混沌のなかでどのように目的や喜びを見出すかという方法を。

しかし、私は自説の立証のために本書を書いたのではない。本書で議論する知見はデータから浮かび上がってきたものである。それは、私が繰り返し述べてきた先入観でもなければ、他者が繰り返し述べてきた先入観でもない。これらのページに満ちているのは非凡な才能を持った人々の声であり、創造性を明らかにする物語を語ったのは彼らである。その物語の筋はうわべだけの定義や浅薄な技法などに還元できるものではない。それは精神の豊かさと複雑さのなかに存在する深遠なる潜在能力を明らかにする物語である。次章以降で展開するテーマのいくつかをこうして紹介したことで、ようやくショーを始められる時間がきたようだ。

第Ⅰ部

創造性のプロセス

THE CREATIVE PROCESS

第二章 創造性はどこにあるのか

この問いに対する答えは明らかである。創造性《クリエイティヴィティ》とはある種の精神活動であり、ある特別な人々の頭のなかで起こる洞察のことである。しかし、この短い想定は誤解を招きやすい。仮に私たちが創造性という言葉で新たな価値あるアイデアや行動を意味したとしても、ある個人の、その人自身による説明をもってして、創造性の存在の基準とすることはできない。なぜなら、なんらかの基準を参照しなければ、ある考えが新しいかどうかを知りえないし、社会的評価を受けるまでは、それに価値があるか否かを判断できないからである。したがって、創造性とは人々の頭のなかで生まれるものではなく、個人の思考と社会文化的な文脈の相互作用のなかで生じるものと言える。それは個人的な現象というよりは、体系的な現象なのである。このことをいくつかの例を用いて説明しよう。

大学院生のころ、数年間、私はシカゴのある出版社でアルバイトの編集者として働いていた。そこには、なんらかのすばらしい発見をしたと主張する無名の著者から、少なくとも週に一度は原稿が送られてきた。おそらくそれは、八百ページにも及ぶ大冊であったと思うが、そこには、定説に反し、ユリシーズは地中海を航海していないということを、著者による『オデュッセイア』のテキスト分析がどのように証明したかが、詳細に述べられていた。代わりに、著者の計算によれば、陸標や航海した距離、ホメロスによって語られた星の位置に注目すると、ユリシーズは実際にはフロリダ沿岸を航海したということであった。

また、きわめて精密な青写真つきの空飛ぶ円盤を作るためのテキストもあったかもしれない——そのテキストを詳しく調べてわかったことだが、それは家庭用器具の取り扱い説明書からのコピーであった。これらの原稿を読んでいて気が滅入ったのは、これらの著者たちが、実際に自分たちは新しく重大なことを発見したと信じていることであった。彼らの創造的な努力が正当に評価されないのは、私や他の出版社の編集者たちのような凡俗な人間による陰謀のせいだと頑なに信じていた。

数年前、二人の化学者が実験室内での常温核融合に成功したというニュースで、科学界は騒然となった。もしそれが事実ならば、それは永久機関——人類最古の夢の一つ——にきわめて近いものが今まさに実現しつつあることを意味していた。世界中の研究所が当初の主張を再現しようと試みた——試みのなかには明白な成功を主張するものもあったが、そのほとんどは失敗に終わった——熱狂の数カ月間が過ぎると、当初の主張が拠り所とした実験に不備があることが次第に明らかとなってきた。その結果、当初、今世紀のもっとも偉大で創造的な科学者と称賛された研究者たちは、その学問の体制にいくらかの困惑を引き起こした。しかし、私たちの知る限り、その研究者たちは、自分たちの主張が正しく、彼らの名声は嫉妬深い同僚たちによって台なしにされたと固く信じていた。

彼自身が発明家であり、ワシントンDCのアメリカ国立標準技術研究所で発明評価委員もしているジェイコブ・ラビノウは、永久機関を発明したと主張する人々について、同じような多くの逸話を知っている。

これまで、機能するはずのない、理論的に不可能なものを発明する多くの発明家に会ってきました。しかし、彼らはモーターの回転に電気ではなく、磁石を使おうとして、その開発に三年も費やすのです。そんなことは無理だと伝えます。なぜなら熱力学の第二法則に反しているからです。すると彼らは、「ワシントンの法則なんて聞きたくもない」と語気を荒げて言ってきます。

いったい、誰が正しいのだろう。自分の創造性を信じる個人なのか。あるいはそれを否定する社会環境なのか。もし個人の側に立つとしたら、創造性とは主観的な現象ということになる。つまり、創造的であるために必要なのは、私の思考や行為が新しく、そして、それには価値があるという内的な確信だけになってしまう。これが創造性という言葉が本来意味すること――つまり、既存の文化に加えるに足る価値をもった、純粋に新しいものを生み出すこと――とはまったく違うと私たちが認識している限り、創造性をこのように定義づけてもまったく問題はない。その一方で、もし社会的な確認が創造性と呼ばれるものにとって不可欠であると判断すれば、その定義には個人を超えたものが含まれなければならない。そのときに重要なのは、個人の内的な確信の正当性が、それをするにふさわしい専門家――あの奇抜な原稿の事例における出版社の編集者や常温核融合の事例における他の科学者のような人々――によって妥当であると評価されるか否か、ということである。ここにおいて中立的な立場をとることは不可能であり、ある場合には内的な確信で十分であると言い、他の場合には外的な確証が必要であると言うことはできない。そのような妥協は大きな抜け道を残し、あることが創造的か否かについての意見の一致を不可能にする。

問題は一般的に用いられている「創造性」という言葉が、あまりに広範な見解を包含していることにある。この言葉は非常に多様な物事を指し示し、それが多くの混乱を引き起こす。論点を明確にするために、その言葉で正当に呼ぶことのできる異なる現象を、私は少なくとも三つに区別する。

創造性という言葉の第一の用法は、日常会話に広く用いられ、奇抜な考えを表現する人々や興味深く、刺激的な人々――要するに非常に賢そうに見える人々――を指し示す。すばらしく話のうまい人、興味の範囲が広く頭の回転が速い人は、この意味での創造的な人と言えよう。しかし、永続的な重要性を帯びた貢献をしていなければ、私はこのタイプの人々に対して、創造的というよりはむしろ「才能あふれた」という言葉を用いる――そして本書では、このタイプの人々については全般的にあまり言及しない。

創造性という言葉の第二の用法は、斬新かつ独創的な方法で世界を経験する人々を指す言い方である。物事の捉え方が新鮮で、判断は洞察力に富み、彼らだけにしかわからない重大な発見をする人々である。私はこのような人々を「個人レベルにおいて創造的」と呼び、可能な限り彼らについて論じたいと考えている（特に第十四章は全体がこのテーマに充てられている）。しかし、この種の創造性の主観的な特性を考えれば、その創造性を経験する本人にとっていかにそれが重要であったとしても、それを論じるのは難しい。

創造性という言葉の最後の用法は、ダ・ヴィンチ、エジソン、ピカソ、あるいはアインシュタインなど、文化のある面に重要な変化をもたらした人々を指す言い方である。無条件で「創造的」な人々である。彼らの業績は明らかに公共のものなので、彼らについて書くことは比較的容易である。そして、私の研究に協力してくれた人々もこのグループに属している。

これら三つの意味の差異は単に程度の問題ではない。最後の種類の創造性は、単に最初の二つの創造性がさらに発達した形態ではない。それらは、実際には創造的であることの異なる在り方であり、互いにほとんど関連性がない。たとえば、誰もが並外れて創造的だと思うような才能にあふれた人物が、何の業績も、あるいは、存在したという痕跡さえも残さない——おそらく彼らを知る人々の記憶のなかを除いて——といったことがよくある。その一方で、歴史にきわめて大きな影響を与えた人々のなかには、みずからが残した業績以外に、その独創性や非凡な才能を行動のなかにほとんど示さなかった人々もいる。

たとえば、レオナルド・ダ・ヴィンチは「創造性」という言葉の第三の意味においてもっとも創造的な人々の一人であることは確かだが、明らかに孤独を好み、そうした行動はほとんど強迫的なものであった。もしあなたがカクテルパーティで彼に出会っていたら、うんざりするほど退屈な人間だと思い、部屋の隅に立ち尽くす彼を残してすぐにその場を立ち去るだろう。同様に、アイザック・ニュートンやトーマス・エジソンもパーティにおいて貴重な存在だとは思われなかっただろうし、科学的な関心事の枠外では、彼らはおもしろみを欠いた、何かに追い立てられた感じの人々だった。傑出した創造者を描く伝記作家たちは、対象の人々を興味深く、才能あふれた人物にしようと果敢に取り組むが、たいていの場合、努力は徒労に終わる。ミケランジェロ、ベートーヴェン、ピカソ、アインシュタインのような人々の業績は、それぞれの分野の場において畏怖の念を抱かせる——しかし、もし彼らの専門的な業績によって彼らの言動のすべてがおもしろいものに感じられなければ、彼らの私生活、言い換えれば、日常の考えや行動を捉え直す必要はほとんどなくなることが予想される。

ここで用いている定義に従うならば、ジョン・バーディーンは本研究におけるもっとも創造的な人々の一人である。ノーベル物理学賞を二度受賞した世界で最初の人物である。一度目の受賞はトランジスターの開発に対して、二度目の受賞は超伝導に関する研究に対してであった。固体物理学の領域で、彼ほど広範で深い研究を行い、このような重要な洞察を発表した人はほとんどいない。しかし、バーディーンと研究以外の話をするのは容易なことではなかった。「現実の生活」の話題には非常に表面的に答えるか、興味を示さず、ゆっくりと、たどたどしい口調で話しながら、彼の思考は抽象的な小道をたどっていった。

個人的に創造的な人が文化に対して何ひとつ貢献しないということがあり得るように——その可能性は高いのだが——、明敏な頭脳をもっていなくても、あるいは、個人的に創造的でなくても、文化に対して創造的な貢献を行うことは十分に可能である。三つの種類の創造性はどれも、人生をより興味深くやりがいのあるものにすることによって、人生を豊かにしてくれる。しかしこの文脈において、主にこの言葉の三番目の用法に着目し、文化の基盤に痕跡を残すこの種の創造性が何をその要件として含んでいるのかを探る。

議論をより複雑にしてしまうが、時折、創造性と互換的に用いられている言葉をさらに二つ考えてみよう。最初の言葉は才能である。才能は、何かを非常にうまくこなす生得的な能力に焦点を当てているという点で創造性とは異なる。このような理由から、マイケル・ジョーダンは才能あるスポーツ選手であり、モーツァルトは才能あるピアニストであると言えるかもしれないが、そう言ったとしても、それは彼らが創造的であることを暗示してはいない。私たちのサンプルにおいて、数学や音楽の才能に恵まれている人も何人かいたが、大半の人々は、衆目を集める優れた才能を持たずに創造的な結果を成し遂げていた。もちろん、才能は相対的な言葉である。そのため、創造的な人々は「平均的」な人々との比較において才能があると言えるかもしれない。

「創造性」という言葉の類義語としてしばしば用いられるもう一つの言葉は、天才である。ここにもまた、言葉の意味において重複がある。おそらく私たちは、天才をすばらしい才能と創造性を兼ね備えた人と考えるであろう。しかし、天才でなくても、たしかに人は意義ある方法で文化に変容を引き起こすことができる。私たちのサンプルのなかの何人かは、これまでメディアによって天才と呼ばれてきたが、彼ら——そして、私たちがインタヴューをした創造的な人々の大半——は、このような称号を拒絶している。

創造性のシステムモデル

これまで、歴史に刻まれる創造性、つまり、文化のある面に変化をもたらす創造性は一人の人間の頭のなかにのみ存在するわけではない、ということを確認してきた。それは当然のことながら、文化的創造性に当てはまらない。なんらかの影響力を発揮するためには、アイデアは他者に理解できる言葉で表現されなければならず、さらにそれは、その分野の専門家たちによって承認され、そして最終的に、それが属する文化領域に組み込まれなければならない。したがって、創造性について最初に問う問題は、創造性とは何かではなく、それがどこに存在するのかということである。

そのもっとも合理的な答えは、創造性は三つの主要な要素から構成されたシステムの相互関係のなかでのみ観察されるというものである。そのシステムを構成する第一の要素は、記号体系の諸規則や手続きのまとまりから成る領域（*domain*）である。数学は領域であり、もっと細かく分解すれば、代数学や数論も領域とみなすことができる。さらに領域は、私たちが通常文化と呼んでいるもの、つまり、特定の社会や人類全体によって共有されている記号体系の知識に組み込まれている。

創造性を構成する第二の要素は分野の場（*field*）であり、ここには領域の門番としての役割を担うすべての人々が含まれる。彼らの仕事は領域に新しい考えや成果を加えるべきか否かを決定することである。視覚芸術において、分野の場は、美術教師、美術館の学芸員、美術品収集家、批評家、文化事業にかかわる財団や政府担当者などによって構成される。新しい作品のなかでどんなものが認知や保存、記憶に値するかを選ぶのがこの分野の場である。

最後に、創造性のシステムを構成する第三の要素は個々の人（*person*）である。音楽、工学、ビジネス、あるいは数学といった特定の領域の記号体系を用いて、ある人が新しいアイデアを出し、新しいパターンを見出したりするとき、そして、適切な分野の場によってその斬新さが選ばれて当該領域に組み込まれるとき、創造性が発生する。次の世代の人々は彼らが触れることになる領域の一部としてその斬新さに遭遇するが、もし彼らが創造的であれば、さらにそれらを発展させるだろう。時として創造性は新しい領域の確立をともなう。ガリレオが実験物理学を創始し、フロイトが既存の神経病理学から精神分析学を創出したという主張も可能かもしれない。しかし、もしガリレオやフロイトが、それぞれ領域を発展させるために、個々の分野の場に集まった信奉者たちに協力を要請できなかったなら、彼らのアイデアの影響力ははるかに小さかっただろうし、あるいはまったく影響力を持たなかったかもしれない。

したがって、この観点に従えば、定義は次のようになる。歴史に刻まれる創造性とは既存の領域を変化させ、新しい領域へと変容させる行為、思想、あるいは成果である。そして創造的な人とは、その思考や行為によって領域を変化させ、新たな領域を確立する人物である。しかし、領域の変化は、明確なものであれ暗示的なものであれ、その領域の変化に対して責任を負う分野の場の同意がなければ起こり得ないということも、心に留めておかなければならない。

物事のこのような捉え方からいくつかの結論が導き出される。たとえば、創造的な人は常に他の人々と異なるなどと考える必要はない。言い換えれば、「創造性」という個人的特質は、将来、その人が創造的になり得るか否かを決定するものではない。重要なのは、その人が生み出した斬新さが、その領域に含まれることを認めてもらえるか否かである。それは、機会、忍耐、あるいは適切な時に適切な場所に居ることの結果なのかもしれない。創造性は、領域、分野の場、人という三つの要素の協同的な相互作用によって成立するので、個人的創造性という特質が一つの領域を変えるような斬新さの生成を促すこともあり得るが、それは創造性の十分条件でも必要条件でもない。

人は知らない領域において創造的にはなり得ない。ある子どもがどんなに数学的に優れた才能を持っていたとしても、その子が数学の諸規則を学ばない限り、将来、数学に貢献することは不可能だろう。しかし、諸規則を習得したとしても、斬新な貢献を評価し、その妥当性を認める分野の場が存在しなければ、創造性が表出することはない。適切な本と良き指導者を見つけられれば、子どもは独力で数学を学べるかもしれない。しかし、貢献の妥当性を証言してくれる教師や雑誌編集者によって評価されなければ、その領域に変化をもたらすことはできないのである。

またさらに、創造性は既存の領域と分野の場の内部においてのみ表出するということも言える。たとえば、「この女性は子育てにおいて非常に創造的だ」とか「この女性は見識の面で非常に創造的だ」と述べるのは非常に難しい。なぜなら、育児や見識は人間の生存にとってきわめて重要だが、ゆるやかに系統立てられた領域であり、一般的に受け入れられた諸規則や優先事項をほとんどともなわず、主張の妥当性について判断を下せる専門家たちの分野の場が存在しないからである。したがって、しばしば相対的に重要性は乏しくても計測しやすい領域では斬新さがより際立つ一方で、より本質的な領域においては斬新さの判断が非常に難しくなるという逆説的な状況に私たちは置かれている。新しいコンピューターゲーム、ロック音楽、あるいは経済手法がまさに斬新であり、したがって創造的である、という合意は簡単に形成され得るが、同情的行為や人間性への洞察における斬新さについて、人々の間で同意を得るのはそれほど簡単なことではない。

さらにこの創造性のモデルは、長い年月の間にたびたび見られる創造性の帰属に関する不思議な変動も射程に収める。たとえば、ラファエロの画家としての評価は、ローマ教皇ユリウス二世の宮殿で活躍した彼の全盛期から何度も変動を繰り返してきた。グレゴール・メンデルは、死後半世紀が過ぎるまで、実験遺伝学の創始者としてあまり名を知られていなかった。ヨハン・セバスティアン・バッハの音楽は時代遅れだとして、数世紀にわたり忘れ去られていた。ラファエロ、メンデル、バッハは常に創造的であり、彼らの評価は単に社会的な認識の気まぐれによって変化したに過ぎないというのが、従来の解釈である。しかしこのシステムモデルは、創造性はその認知から分離できないという事実を認めている。比較的無名であった時代のメンデルは創造的ではなかった。なぜなら、彼が実験によって見出したことは、十九世紀末、イギリスの遺伝子学者グループが進化に対してそれが持つ意味あいを認識するまで、さほど重要ではなかったからである。

ラファエロの創造性も、芸術の歴史認識、芸術批評理論、美学的感性の時代的な変化にともなって変動している。創造性のシステムモデルに従えば、ラファエロが創造的なのは十六世紀と十九世紀であり、その間とそれ以降はそうではないと述べることは完全に道理にかなっている。ラファエロが創造的とみなされるのは、地域社会で生きる人々が彼の作品に感動し、彼の絵画のなかに新たな可能性を見出す時である。しかし、彼の絵画が芸術を知る人々にとって型にはまった単調なものに見えるとき、彼は単に偉大な工芸家、繊細な色彩師――おそらくは、個人のレベルでは創造的ではあろうが――と呼ばれるに過ぎず、歴史に刻まれる創造性の持ち主とは呼ばれないだろう。もし創造性が個人的な洞察以上のものであり、領域、分野の場、人々によって協同的に生み出されるものであれば、それは長い歴史のなかで何度も構築され、脱構築され、再構築されても不思議ではない。研究協力者の一人である詩人アンソニー・ヘクトは、この点に関して次のように述べている。

文学の評価は常に変化します。時としてそれは、軽薄でくだらない方向に向かうこともあります。最近の英語学科の会議で、シェイクスピアはとりわけ女性の捉え方が弱いので、彼について教えることはもはや重要ではないと主張した同僚がいました。私にはそれが考えられる限りでもっともくだらない意見に思えましたが、しかし、もしこの意見を真面目に受け取れば、その出来事は、正典《カノン》〔ここでは文学史において中心的な地位を占めるとされる作品群〕全体において地位が安泰な作家などいないこと、つまり、人の立場は常に変化するということを意味しています。そして、これには良い面と悪い面があります。十九世紀において、ジョン・ダンの地位はほとんど無に等しいものでした。『オックスフォード英詩選集』には、彼の詩はたった一篇しか収録されていません。そして今、言うまでもなくハーバート・グリアソンとT・S・エリオットによって彼は復活し、十七世紀の詩においては、巨人の一人として評価されています。しかし、常に詩の巨人だったわけではありません。これは音楽の世界についても言えることです。バッハは二百年もの間、影の薄い存在でしたが、メンデルスゾーンによって再発見されました。これが意味しているのは、私たちが絶えず過去を再評価しているということです。そして、これは良いことであり、価値あることであり、実際にすべきことなのです。

ある人々にとっては、このような物事の捉え方はまったく馬鹿げているように思えるかもしれない。この問題についての通常の考え方は、ヴァン・ゴッホのような人は偉大な創造的天才であったが、同時代の人々がそれを認識しなかったというものであろう。幸運にも、今日、私たちは彼が結局のところいかに偉大な画家だったかを理解しており、彼の創造性は立証されている、ということである。こうした見解のなかにある暗黙の前提を、ほとんどの人は尻込みせずに受け取っている。ここで述べているのは、私たちは偉大な芸術がどのようなものかを、ヴァン・ゴッホの時代の人々――中産階級の無教養な人々――よりもよく知っているということである。何が――無意識のうぬぼれ以外の何が――このような確信を正当化するのだろうか。ヴァン・ゴッホの貢献に関するより客観的な記述は、十分な数の芸術の専門家たちが、芸術領域に貢献し得る何か重要なものが彼の絵に存在すると感じたとき、彼の創造性は出現した、というものである。専門家たちのそうした反応がなければ、ヴァン・ゴッホはそれまでと同様に、怪しげな油絵を描く錯乱した精神の持ち主のままであっただろう。

おそらく、創造性のシステムモデルが意味するもっとも重要なことは、ある特定の場所と時間における創造性のレベルが、個人の持つ創造性の量にだけ依存しているわけではないということである。創造性のレベルは、それぞれの領域や分野の場が斬新なアイデアの評価と普及にいかに適しているかということにも、同程度依存しているのである。そして、このことが、創造性促進のための試みに、実質上、大きな相違をもたらす可能性を生じさせている。今日、多くのアメリカ企業が従業員の独創性を向上させ、それによって市場での競争力を獲得しようと莫大な資金と時間を費やしている。しかし、経営者側が同様に、多くの斬新なアイデアのなかから有益なものの見分け方を学び、それを実行に移す方法を見出さない限り、そのようなプログラムにはほとんど意味がない。

たとえば、モトローラ社のロバート・ガルビンは、市場拡大に飢えた環太平洋地域の電子機器製造業者のなかで生き残るため、生産プロセスを計画的に創造的なものに変えなければならないという現実を、当然のことながら憂慮している。また、そうするために、まず会社で働いている何千人というエンジニアに、可能な限り多くの斬新なアイデアを生み出すよう奨励しなければならないと考えており、この点に関する認識においても彼は正しいと言える。モトローラ社では、さまざまな形態のブレインストーミングが実施されており、従業員たちは現実性がなさ過ぎて馬鹿にされるという不安を抱くことなく、自由な連想を行っている。しかし、次の段階がやや不透明である。ここにおける分野の場（この場合、経営側のことを言う）は、多くの新しいアイデアのなかからいったいどのようにして実行に値するものを選ぶのだろうか。そして、選ばれたアイデアは、どのようにして領域（この場合、モトローラ社の生産スケジュールを言う）に組み込まれるのだろうか。私たちは創造性が個人から始まり、個人で完結するという思考に慣れているため、創造性へと駆り立てる最大の刺激が個人の外側の変化によってもたらされることもあり得るという事実を簡単に見過ごしてしまう。

ルネサンスの創造性

その一つの良い例が、一四〇〇年から一四二五年にかけてフィレンツェで起こった芸術的創造性の突然の噴出である。一般的な合意では、この時期はルネサンスの黄金期であり、ヨーロッパでもっとも影響力が大きい新しい芸術作品のいくつかが、この四半世紀の間に創作されている。ブルネレスキによって建てられた大聖堂のドーム、ギベルティによって作られた洗礼堂の「天国の門」、ドナテロがオルサンミケール礼拝堂のために作った彫像、ブランカッチ礼拝堂にあるマサッチオが描いたフレスコ画の連作、ジェンティーレ・ダ・ファブリアーノが描いたトリニティ教会の「東方三博士の礼拝」は、芸術の最高傑作を集めたいかなるリストにも含まれるだろう。

こうした偉大な芸術の開花をどのように説明できるだろうか。もし創造性が完全に個人の内部にあるならば、十四世紀の終わりの数十年間にフィレンツェで、異常なほど多くの創造的芸術家がなんらかの理由で生まれたことを議論しなければならない。おそらく、ある種の異常な遺伝子突然変異が起こったか、あるいは、フィレンツェの子どもたちの教育に劇的な変化が起こり、それが彼らを突然より創造的な人間にした、ということになるだろう。しかし、領域と分野の場を含めた解釈のほうがはるかに道理にかなっている。

領域に関して言えば、ルネサンスが可能になった理由の一部には、「暗黒の時代」と呼ばれる数世紀の間に失われていた古代ローマの建築方法や彫刻法が再発見されたことが含まれる。ローマやそれ以外の場所で、十三世紀の終わりまでに意欲的な学者たちが古代の遺跡を発掘し、そこから古典時代の様式や技術を写し取り、それらを分析していた。この地道な準備段階の仕事が十五世紀の変わり目に結実し、長年忘れられていた知識が当時の職人や熟練工にもたらされたのである。

フィレンツェの大聖堂、サンタ・マリア・ノヴェッラは、その巨大な後陣を覆うドームの建築方法を発見する者がいなかったため、八十年間ずっと空に開かれたままであった。ドームの湾曲がある一定の高さを超えたとき、壁が内側に崩壊するのを防ぐ方法は知られていなかった。毎年、意欲的な若い芸術家や世に認められた建築家が大聖堂の建設を監督する評議会、オペラ・デル・デュオモに計画案を提出したが、計画は説得力に欠けるものばかりであった。

オペラは市の政財界のリーダーたちで構成されており、彼らの個人的な名声もまたこの選択に懸かっていた。八十年もの間、ドーム完成のために提案された解決策のどれ一つとして、市と彼ら自身にとって価値があると感じられるものはなかったのである。

しかしやがて、人文主義の学者たちがローマのパンテオンに興味を抱き、その巨大なドームを測定し、それがどのように建てられたかを分析した。パンテオンは二世紀に皇帝ハドリアヌスによって再建された。高さ七一フィートのそのドームは直径が一四一二フィートにも及んだ。千年を優に超える長い年月、このような規模の建造物はその後一度も造られることはなかった。そして、このようにしっかりと立ちつづけ、崩壊しない建造物を作ることをローマ人に可能にした建築法は、異邦人による侵略が続いた暗黒の数世紀の間、長く忘れ去られていた。しかし、平和と商業の発達により、イタリアの都市が復興しはじめると、これらの知識も元の状態へとふたたびゆっくりとつなぎあわされていった。

一四〇一年に古代遺跡を研究するためにローマを訪れたとされるブルネレスキは、パンテオンの研究の重要性を理解していた。フィレンツェのドームを完成させるための彼のアイデアは、押圧力を保持する内部の石アーチ枠とそれらの間の矢筈積みレンガ構造を基本としていた。しかし、彼の設計はローマ様式の単なる踏襲ではなかった――それまでのあらゆる時代の建築、とりわけゴシック様式に強く影響を受けていたのである。彼が設計案を提出したとき、オペラはそれが実現可能で見事な解決法であることを認めた。ドームが完成すると、それは彼の後に続く多くの建築家を鼓舞する、解放的で新しい建築様式になった。そのような建築家の一人であったミケランジェロは、この様式をローマにある聖ペテロ大聖堂のキューポラをデザインする際の基礎とした。

しかし、古典的な芸術様式の再発見がたとえどれほど強い影響力をもっていたとしても、知識が突然利用可能になっただけで、フィレンツェのルネサンスを説明することは不可能である。そうでなければ、古典時代の様式に触れたフィレンツェ以外のすべての都市で、新しい芸術様式が同様に開花していただろう。こうしたことは実際にある程度起こったが、芸術的到達度の強烈さと深さという点において、フィレンツェに匹敵する場所はどこにも存在しなかった。それはいったいなぜだったのか。

その理由は、芸術の古典的領域が再発見されたのとほぼ同時期に、芸術という分野の場が新しい作品の創造にとって、とりわけ好都合なものへと変化したということである。最初は貿易を通して、続いて羊毛やその他の織物の生産を通して、そして最後は裕福な商人たちによる金融の専門知識を通して、フィレンツェはヨーロッパでもっとも裕福な都市の一つに変貌していた。十四世紀末までには、十人あまりの有力な銀行家——当時のメディチ家はまだ二流の銀行家の一つでしかなかった——が現れ、金を貸した諸外国の王や有力者から毎年多額の利子を得ていたのである。

しかし、銀行家の金庫が膨らむ一方で、都市自体は混乱に陥っていった。資産を持たない人々が無慈悲に搾取され、経済的な不平等によって煽られた政治的緊張が、いつ目に見えるかたちの闘争へと爆発してもおかしくなかった。大陸全土を二分したローマ教皇と皇帝の争いは、都市の内部でグエルフィ派とギベリーニ派の争いとして再現された。事態をさらに深刻にしたのは、フィレンツェの富と野心に対して嫉妬心を抱き、フィレンツェの貿易や領土から奪えるものは何でも奪おうと常に備えていたシエナ、ピサ、アレッツォといった都市に、フィレンツェが取り囲まれていたことであった。

都市の指導者たちがフィレンツェをキリスト教国のなかでもっとも美しい都市——彼らの言葉で「新しいアテネ」——にしようと投資を決断したのは、このように富と不確実性が満ちた状況においてであった。荘厳な教会、堂々とした橋、豪華な宮殿の建設によって、そして、巨大なフレスコ壁画や威厳ある彫像を依頼することによって、自分たちの家々や家業の周囲に防護の呪文を織り込んでいると感じていたに違いない。そして、ある意味で、彼らは間違ってはいなかった。それから五百年以上後、ヒトラーが、退却しつつあるドイツ軍部隊にアルノ川に架かる橋の爆破と周囲の都市の破壊を命じたとき、前線指揮官は、あまりにも多くの美が世界から失われてしまうことを理由に、その命令を拒否したのであった。こうしてフィレンツェは救われたのである。

ここで明確に理解しておくべき重要なことは、フィレンツェの銀行家や聖職者、大きなギルドの親方たちが都市を威圧的なほどに美しくしようと決めたとき、単に芸術家に金を投げ与え、事の推移を見守っていただけではなかったということである。彼らは、完成させたいと思う作品を奨励し、評価し、選定する過程に熱心にかかわった。芸術家たちに限界以上の仕事をさせたのは、一般の人々に加えて、有力な市民たちが真剣に彼らの仕事の結果に関心を寄せていたからである。オペラのメンバーによる継続的な奨励と厳密な吟味がなければ、大聖堂を覆うドームはおそらく最終的に完成されたものほど美しいものにはならなかったであろう。

この時代のフィレンツェにおいて、芸術という分野の場の作用を物語るもう一つの例は、洗礼堂の北門と、特に、当時の比類なき最高傑作の一つである東門の作成に関するものである。ミケランジェロはその門に漂っている心が痛むほどの圧倒的な美しさを目にしたとき、まさにそれは「天国の門」にふさわしいと述べた。そしてこの場合も、この公共の大建造物に付随する門の建築を監督するために、特別な委員会が組織された。著名な人々で構成され、多くはこの事業に出資した毛織物ギルドの親方たちであった。委員会は、各々の扉をブロンズ製とすること、そして、旧約聖書を題材に描いた十枚のパネルで構成することを決定した。次いで、ヨーロッパでもっとも著名な哲学者、作家、聖職者の何人かに手紙を送り、聖書のどの場面をそのパネルに含めるべきか、また、それらをどのように表現すべきかについて意見を求めた。回答を得た後、扉を建造するための細かな仕様をまとめた一覧表を作成し、一四〇一年にこれらの扉のデザインを決定するコンクールの実施を宣言した。

委員会は提出された数多くの素描のなかから五作品を最終候補として選出した——それにはブルネレスキとギベルティのものも含まれていた。この短いリストに名を連ねた最終候補者には、扉のパネル一枚のブロンズ製実物大模型を作るために、一年の期間が与えられた。製作の課題は「イサクの犠牲」であり、そこにはアブラハムと彼の息子の他に、少なくとも一人の天使と一匹の羊を含めなければならなかった。委員会からは、最終選考に残った五人全員に対して一年間、彼らが費やした時間と材料の対価として多額の報酬が支払われた。そして翌一四〇二年、新たに出品された作品を審査する委員会がふたたび招集され、驚くほどに自然でかつ古典的な構成と技術的な卓越さを兼ね備えたギベルティのパネルが選出された。

ロレンツォ・ギベルティは当時二十一歳であった。その後、二十年をかけて北門の扉を完成させ、さらに二十七年をかけて有名な東門の扉を完成させた。つまり、一四〇二年から一四五二年の半世紀にわたって、洗礼堂の扉を完成させることに携わったのである。もちろんその間にも、メディチ家やパッツィ家、商業銀行家のギルド、あるいはその他の名士のために多くの依頼をこなし、彫像を製作したが、彼の評価は常に西欧社会における装飾芸術の概念を変えた「天国の門」に基づくものであった。

ブルネレスキがローマの建築に影響されたとすれば、ギベルティはローマの彫刻を研究し、模倣し、それを凌ごうとしたのである。彼はブロンズの鋳造によって大規模なものを制作する技術を学び直さねばならなかった。そして、ローマの墓石に刻まれた古典時代の人々の人物像を研究し、それらを扉のパネルに浮かび上がらせた登場人物たちの表現の手本としたのである。つまり、ギベルティは、ブルネレスキと同じように、再発見されたこれらの古典的彫刻とシエナで生まれた新しいゴシック彫刻を結合させたのであった。しかし、「天国の門」をきわめて美しくしているものは、共同体全体がみせた配慮、関心、支援であり、そうした共同体は、建築を監督した審査員たちで構成される分野の場によって代表される、と主張しても、さほど誇張の危険を冒したことにはならないであろう。もしギベルティと仲間たちが自分たちを乗り越えるように駆り立てられたのであれば、それは苛烈な競争とその仕事に対して強烈に向けられた彼らの集中力によるものであった。したがって、芸術社会学者アーノルド・ハウザーが「ルネサンス初期の芸術では……多くの場合、創作の出発点は芸術家の創造的な衝動や主観的な自己表現、あるいは、自発的なインスピレーションといったもののなかにはなく、顧客によって設定された仕事のなかに見出される」と述べたのは、この時代の適切な評価と言えよう。

もちろん、単に古典芸術の領域が再発見されたという理由や、都市の支配者たちが都市を美しくする決定を行ったという理由だけでは、フィレンツェ芸術の偉大な作品は創られなかったであろう。個人としての芸術家の存在なしに、ルネサンスは起こり得なかった。結局のところ、サンタ・マリア・ノヴェッラの上にドームを造ったのはブルネレスキであり、生涯をかけて「天国の門」を鋳造したのはギベルティであった。しかし、それと同時に、それ以前の模範や都市からの支援がなければ、ブルネレスキとギベルティが成し遂げたことを、彼ら自身も成し遂げることはできなかったことを理解しなければならない。そして、同様に理解しなければならないことは、分野の場と領域の好ましい連携がともなえば、仮にこの二人の芸術家が生まれていなかったとしても、他の誰かが彼らの代役となり、彼らが造り上げたドームと扉を完成させたであろうということである。最後の分析で見てきたように、創造性をある個人の内部に生じるものとして捉えるのではなく、一つのシステムにおける諸関係において生じるものとして捉えなければならないのは、こうした不可分の関係が存在するからである。

知識と行動の領域

人間を除いたすべての生物種は、特定の種類の感覚に対して多かれ少なかれ生得的に反応しながら世界を理解しているようである。植物は太陽の方を向く。アメーバのなかには、磁力に敏感で体を北極点に向けるものがいる。ルリノジコの幼鳥は巣から外を眺めて星のパターンを覚え、成鳥になると、迷うことなく夜空でも長距離を飛べるようになる。コウモリは音に反応し、サメは匂いに反応し、猛禽類は信じがたいほど視力を発達させてきた。各々の種は、みずからの感覚装置が処理するようにプログラムされた情報を通して、環境を経験し、理解するのである。

同じことが人間にも当てはまる。しかし、この遺伝子によって付与された世界理解のための狭い窓に加えて、私たちは記号体系を媒体とする情報に基づいて、現実に対する新たな視点を切り開いてきた。自然界には完全な平行線は存在しないが、ユークリッドと弟子たちはその存在を仮定することによって、肉眼と脳で知覚できる以上に厳密な空間関係を表すための体系を作り上げた。叙情詩と磁気共鳴分光法は互いに異なるが、そのどちらも、他の状況では決して知り得なかったであろう情報へのアクセスを可能にする方法である。

記号体系によって媒介された知識は、身体領域の外に存在する。したがって、染色体に刻み込まれた化学的暗号で伝達されるものではなく、意思に基づいて伝達され、学習される必要がある。文化と呼ぶものを構成しているのが、この身体の外にある情報である。そして、記号体系によって伝達される知識は個別の領域――幾何学、音楽、宗教、法体系など――にまとめ上げられている。それぞれの領域はその領域自体の記号体系が持つ諸要素や規則によって成り立っており、一般的に、それ自体の表記体系を持っている。したがって、さまざまな意味において、それぞれの領域は小さな孤立した世界の記述を行い、その世界のなかで、人は明確さと集中力を持って思考し、行動することが可能になる。

おそらく、領域の存在は人間に創造性が存在することの最良の証拠であろう。微積分学やグレゴリオ聖歌の存在が意味しているのは、生物学的進化によって遺伝子にプログラムされたものではない秩序のパターンを、私たちが経験できるということである。ある領域のルールを学ぶことによって、私たちはただちに生物学の境界を越え、文化的進化の世界に足を踏み入れる。それぞれの領域は個人の限界を拡張し、世界とかかわるための感受性や能力を拡大してくれる。誰もが、ルールを学ぼうとする者に新たな世界を開き、新しい力を与えてくれる、ほとんど無限と言っていい数の領域に囲まれているのである。したがって、心理的エネルギーを投資し、たった一つであっても領域のルールを自分から学ぼうとする人の数が少ないのは驚きであるし、その代わりに、多くの人がひたすら生物学的な存在の制約内で生きていることは、きわめて驚くべきことである。

多くの人々にとって、領域は生計を立てるための第一の手段である。私たちは自分の能力や給料の良い仕事を得る可能性に照らし合わせて、看護や配管業、あるいは、医療や経営管理、といった職業を選択する。しかしその一方で、それをしたいという強い衝動のために、特定の領域を選択する人々もいる――創造的な人々はたいていこのグループに属している。そして、彼らにとっては、その領域との相性が完璧であるため、そのルールのなかで行動すること自体が彼らにとっての報酬となる。つまり、たとえ報酬が与えられなくても、その活動をすること自体のために、それを継続するのである。

多様な領域があるにもかかわらず、それ自体を目的として領域の追求をしつづけることにはある共通の理由が存在している。原子物理学、微生物学、詩、作曲には共通の記号体系やルールはほとんど存在しないが、これらの異なる領域へと向かわせる衝動はしばしば驚くほど類似している。経験に秩序を与えること、みずからの死後も存在しつづける何かを作ること、人類が現在の能力を超えられるような何かを作ること、これらが領域の追求に共通してみられるテーマである。

ゲオルク・ファルディィは、七歳で詩人になる決意をした理由を問われたとき、「死ぬのが怖かったから」と答えた。言葉のパターンを創造すること、つまり、それが持つ真実と美しさによって詩人の肉体よりも長く存続する可能性を持った言葉のパターンを創造することは、反抗と希望の営為であり、それらがその後の七十三年の人生に意味と方向性を与えてくれたとファルディは述べている。彼のこの衝動は、摩擦から解放された世界を可能にし得る超伝導研究についての物理学者ジョン・バーディーンの叙述や、原子力が無限のエネルギーを供給するようになるという物理学者ハインツ・マイヤー=ライプニッツの希望、生物がどのように進化したのかを理解しようとする生化学物理学者マンフレート・アイゲンの試みなどと、それほど異なるものではない。驚くほど多様な領域が存在するが、それらが表す人間の探求はいくつかのテーマに収束するのである。絶対的な存在を理解しようとするマックス・プランクの執念の背後には、多くの意味で、短い歳月が過ぎれば死にゆく運命にある肉体の限界を超えようとする、人間たちのほとんどの試みが存在している。

領域が創造性を促進したり、あるいは阻害したりする場合がいくつかある。特に三つの主要な次元がこの問題に関係している。それは、領域の持つ構造の明確さ、文化の内部における領域の重要性、そして、領域の利用しやすさ、である。たとえば、Aという製薬会社とBという製薬会社が同じ市場で競合しているとしよう。研究開発に投じる資金規模や研究者の創造的潜在能力は両社ともに等しい。ここで、領域の特徴だけに基づいて、AとBのどちらの会社がもっとも効果的な新薬を作り出せるかを予想したい。質問は次のようなものになる。すなわち、どちらの会社のほうが製薬についてより詳細なデータを持っているか。どちらの会社がより系統的にデータを整理しているか。生産やマーケティングといった他の領域と比べ、どちらの会社が社内文化として研究に力を注いでいるか。製薬の知識がより重要視されるのはどこか。どちらの会社が従業員たちに多くの知識を浸透させているか。仮説の検証がよりやりやすいのはどちらか。知識がより体系化され、より重視され、より利用しやすい会社のほうが——たとえ他の条件は同じであっても——創造的革新の発生確率は高くなる。

これまで、いくつかの領域——数学や音楽などのような——における優れた才能は、その他の領域——絵画や哲学のような——におけるそれよりも、人生のより早い時期に現れるとされてきた。同様に、もっとも創造的な業績が若い人々の仕事になる領域がある一方で、年配の人々のほうが創造的に優位になる領域も存在すると言われてきた。もっとも創造的な叙情詩は若者によって書かれると信じられているが、その一方で叙事詩は成熟を果たした詩人によって書かれる傾向にある。数学の天才は二十代で、また、物理学の天才は三十代でそのピークを迎えるが、偉大な哲学的業績は、通常、晩年に成し遂げられる。

このような違いが生じる理由としてもっとも妥当なのは、おそらく、これらの領域が構造化される様式に違いがあるということだろう。数学の記号体系は比較的しっかりと構造化されている。内在する論理は厳密で、その体系は明確さを最大限に高め、冗長性を最小限に留めている。したがって、ルールを短期間で理解し、数年で領域の最先端へと飛躍することは、若者にとってそれほど難しいことではない。同様の構造的理由から、斬新なものが提案されると——一九九三年に長く待ち望まれていたフェルマーの最終定理の証明が比較的若い数学者によってなされたように——それはただちに評価され、それが実行可能であれば、ただちに正当なものとして認められる。対照的に、社会科学者や哲学者がそれぞれの領域を修めるには、何十年という歳月が必要になる。そして、たとえ新しいアイデアを生み出したとしても、それが「共有知識」に加えるに値する進歩か否かを分野の場が評価するためには、さらに長い年月が必要とされる。

ハインツ・マイヤー=ライプニッツは、彼がミュンヘンで教えた小さな物理学セミナーについて述べている。ある日、そのセミナーは亜原子粒子の挙動を表現する新しい方法を黒板に提示した一人の大学院生によって中断されることとなった。教授は、その新しい公式化がひとつの進歩であることを認め、それを考えついた学生を讃えた。そしてその週末までに、ドイツの他の大学の物理学者から、「あなたの学生の一人が、これこれについての新しいアイデアを思いついたというのは本当ですか」という問い合わせの電話がかかってくるようになった、とマイヤー=ライプニッツは述懐する。翌週には、同様の電話がアメリカの東海岸の大学からかかってくるようになり、二週間のうちに、カリフォルニア工科大学、UCバークレー校、スタンフォード大学の仲間たちが、同じ質問をしてきたのであった。

このような話は、私が専門とする心理学においては、未だかつて一度も聞いたことがない。世界のある大学のある心理学のセミナーで、一人の学生が立ち上がり、非常に意味深い考えを述べたとしても、その学生が、教室の壁を越えた人々のざわめきを作り出すことはおそらくないだろう。それは、心理学の学生が物理学の学生よりも、知性面で劣っているからでもなければ、独創性に欠けているからでもない。あるいは、私の同僚や私自身が学生の新しい着想にそれほど注意を払っていないからでもない。高度に構造化されたいくつかの下位領域を除いて、心理学という思考のシステムがきわめて散漫なものであり、他の人々が新しく重要なものとして認める物事を主張するためには、どんな人でも数年に及ぶ懸命な執筆が必要になるからである。マイヤー＝ライプニッツのクラスにいたその若い学生は最終的にノーベル物理学賞を受賞したが、このような出来事は心理学者には決して起こり得ないことである。

これは、構造化が進んだ領域――創造性の決定がより容易な場所――が、散漫に構成されている領域に比べてある意味で「優れて」いる、ということを意味しているのだろうか？　あるいは、そうした領域のほうがより重要で、より高度で、より厳格であることを意味しているのだろうか？　決してそうではない。もしそうだとすれば、非常に明確に構造化されたチェスやミクロ経済学、あるいはコンピューター・プログラミングといった領域を、道徳や英知といったものよりも高度なものとみなさなくてはならなくなる。

しかし、今日においては、明瞭な境界と明確に定義されたルールを持つ数量化可能な領域のほうが、より真剣に受け止められていることは事実である。一般的な大学では、そのような領域を扱う学部が資金提供を受けることは比較的容易である。また、細かく定義された領域においては、教員の昇進を正当化することもそれほど難しいことではない。X教授がカンガルーネズミの生殖行動やドラヴィダ語の仮定法の用法に関する世界的権威であれば、十人の同僚たちは、彼女を昇進させるべきであるという推薦状を喜んで書くだろう。しかし、パーソナリティの発達に関する世界的な権威者が誰なのかについて、十人の学者が同一の意見を持つことなどほとんどありえない。こうしたことから、パーソナリティの発達はカンガルーネズミの生殖行動を研究する領域に比べて科学的に評価できない領域である、と推論するような、残念な誤解が容易に生じてしまうのである。

現在の歴史的風潮では、定量的な測定が可能な領域はそれが不可能な領域に優先する。私たちは測定できるものを現実と信じ、測定方法のわからないものは取り上げようとしない。したがって、人々は知能をとても真剣に捉えている。なぜなら、私たちがこの名で呼ぶ心的能力はテストによって測定することが可能だからである。一方、ある人がいかに繊細であるか、愛他的であるか、面倒見が良いかといったことを気にかける人はほとんどいない。なぜならそれは、そうした特性を測定する良い方法が未だに存在していないからである。時には、この偏向は重大な結果をもたらす――たとえば、社会的な進歩や達成をどのように定義するかといったときにである。未来派の芸術家、ヘイゼル・ヘンダーソンの人生における目標の一つは、測定することが難しい傾向を算出し、それらを国民総生産のなかに組み込むように世界中の政府を説得することである。彼女の主張によれば、大気汚染、天然資源の略奪、生活の質の低下といった犠牲、そして、その他のさまざまな人的犠牲が国民総生産の算出から除外されている限り、結果として算出されるのは完全に歪められた現実でしかない。つまり、結果として生ずる自動車の排気ガスによって人々の間に肺気腫が拡大しているにもかかわらず、ある国は新しく建設した高速道路のすべてをその国の誇りとするかもしれないのである。

成果をもたらす分野の場とは

人が革新を起こすために記号体系から成り立つ領域が必要だとすれば、その革新が注目に値するか否かを決定するために分野の場が必要となる。新しく生み出される数多くの斬新なもののうち、最終的に文化の一部になるものはほんのわずかでしかない。たとえば、アメリカ合衆国では、毎年約十万冊もの本が出版されている。これらの本のいったい何冊がこれから十年先まで人々の記憶に残るだろうか？　同様に、この国には国勢調査で自分を芸術家であると述べる人々が約五十万人いる。もし彼らの一人ひとりが一年に一枚ずつ絵を描いたとしたら、一世代で約一五〇〇万枚もの新しい絵が完成することになる。これらの絵のうち、いったい何枚が博物館に展示されたり、芸術の教科書に掲載されるだろうか？　一〇〇万枚に一枚だろうか？　一〇〇万枚に一〇枚だろうか？　一万枚に一枚だろうか？　あるいは全体のなかのたった一枚だけなのだろうか？

ノーベル経済学賞を受賞したジョージ・スティグラーは、彼の領域で生み出される新しいアイデアについて同様のことを指摘している。そして、彼の主張は他のどの分野の場にも当てはまるだろう。

この職業は忙し過ぎて、読書にそれほど多くの時間を費やすことができません。私は『政治経済学研究』を編集している同僚たちに、この分野の専門家たち、つまり、七〇〇〇人いる購読者のうち一五人がある論文を精読したとすれば、その論文はその年のきわめて重要な論文の一つに違いないと言いつづけています。

これらの数は、文化情報の単位であるミーム間の競争が、私たちが遺伝子と呼ぶ化学情報の単位間の競争と同じくらいに凄まじいことを示している。生き残るために、諸文化はその構成員が生み出す新しいアイデアのほとんどを排除しなければならない。文化は保守的であり、それには正当な理由がある。混乱状態に陥ることなく、人々が生み出す斬新なすべてのものを取り込める文化などないのである。たとえば、一五〇〇万枚の絵画に均等に注意を払わなければならないとしよう――いったいどのくらいの時間が、食事や睡眠、仕事、音楽鑑賞のために残るだろうか？言い換えれば、人は新しく生み出されたもののほんの一部にしか注意を払う余裕はない。しかし、構成員のすべてが同じ物事の少なくともいくつかに注意を向けなければ、文化は長く存続できないだろう。実際、絵画Xは絵画Yよりも注目に値する、あるいは、アイデアXはアイデアYよりも考慮に値する、ということに大多数の人々が賛同したとき、そこに文化が存在すると言えるのである。

心理的エネルギーとしての注意は限られているので、私たちは選択的でなければならない。私たちは生み出されただけを記憶し、認識する。そして、新たに執筆された本のほんのわずかなものだけを読み、頻繁に発明される新しい家電製品のほんのわずかなものだけを買う。たいていの場合、新しい情報の洪水のなかから、注意を向けるに値するそうしたミームを選択するのを手助けするフィルターとして働くのが、さまざまな分野の場なのである。分野の場は特定の領域の専門家から構成され、彼らの役割はその領域の成果を評価することである。つまり、分野の場の構成員たちは、数ある斬新なもののなかから、その領域の正典《カノン》に含めるべきものを選択する。

さらにこの競争は、創造的な人間ならば、重要な革新をみずからが成し遂げたことを分野の場に納得させなければならない、ということも意味している。これは決して容易なことではない。スティグラーは、認知を求めるこの困難な戦いの必要性を強調する。

私は他者の評価は受け入れなければならないと思っています。なぜなら、もし人が自分自身の立場を評価することを許されたら、誰もがアメリカ合衆国の大統領になろうとし、あらゆる賞を獲得しようとするからです。だから、私は自分が成し遂げたことで他の人々に感銘を与えることができたものを、もっとも誇りに思っています。それは、私がノーベル賞を受賞した二つの専門分野における研究のようなものだと言えます。だから、私の職業人生が続く限り、専門分野の仲間たちが好感を持ってくれたそうした仕事やその他の仕事が、私がもっとも誇りを感じることでありつづけるでしょう。

これまで私は、科学者の仕事とは自分の考えの適切さや妥当性を同時代人に説得する責任を負うことだと常に考えてきました。科学者には温かく受け入れてもらう権利などないのです。説明の技術によってであれ、アイデアの斬新さによってであれ、あるいは他のどのようなものによってであれ、とにかく科学者はそれをみずから獲得しなければいけません。私は、将来有望だと思ったテーマについて論文を書いてきましたが、あまり評価されなかったものもあります。それでいいと思います。それは私の判断がまずかったことを意味しているのでしょう。なぜなら、たとえどのような人であれ、たった一人の人間の判断が優れた同僚集団の判断ほど優れているなどとはとうてい思えないからです。

分野の場は、それがいかに専門に特化しているか、あるいは、いかに包括的であるかによって大きく異なっている。いくつかの領域においては、分野の場は社会そのものと同じくらい広範なものになる。ニュー・コークのレシピ〔コカ・コーラは過去に一度だけ、その味を改革したが、失敗した。その時のレシピ〕は守りつづけるのに値する発明なのか否かを決めるために、アメリカ合衆国の全国民の意見が必要であった。一方、当初、アインシュタインの相対性理論を理解したのは世界でわずか四、五人であったと言われているが、彼らの意見はアインシュタインの名前を誰もが知るものとするのに十分な影響力を持っていたのである。しかし、より広範な社会が発言権を持っていた。たとえば、アインシュタインの場合でさえ、彼の業績が文化で中心的な位置を占める価値があると決定する際には、ハリウッドのセントラルキャスティング社に所属する科学者に似ていたという事実は、どの程度、彼の名声に影響したのだろうか？　彼が私たちの敵、ナチスに迫害されたという事実はどうだろうか？　多くの人々は、彼の発見は価値の相対性を支持し、したがって、社会的規範と信念の結びつきに対してひとつの新鮮な代替案を提供していると解釈したが、この事実はどうだろうか？　そしてさらに、私たちは古い信念を覆すことを願いつつ、新しく確実な信念を渇望している。そうしたときに、アインシュタインが重要で新しい真実を見出したと言われたことは、どの程度、彼の名声に影響したのだろうか？　これらの考察はいずれも相対性理論とは関係のないものだが、しかし、これらはどれも、メディアがアインシュタインについて行った描写の非常に大きな部分を占めている――そして、アインシュタインは文化の殿堂に加えるに値する人物である、と多くの人々に確信させたのは、彼の理論の深遠さなのではなく、おそらくは、こうした彼の特質なのである。

分野の場は少なくとも三つの方法で創造的なものの発生確率に影響を与える。第一の方法は、分野の場自体が反応的であるか、主体的であるかということによる。反応的な分野の場は、斬新なものを求めたり刺激したりしないのに対し、主体的な分野の場はそうしたことを行う。フィレンツェのルネサンスがあれほどまでに実り多く、豊かだった主な理由の一つは、パトロンたちが積極的に芸術家に斬新さを求めたことにある。また、アメリカでは、若者たちの科学的創造性を刺激するという観点から、主体的な取り組みを行っている。科学博覧会や、高校生のもっとも優れた科学プロジェクトを一〇〇選び、それらに毎年授与するウェスティングハウスのような権威ある賞は、そうした例である。もちろん、科学の斬新な思考を早い時期から刺激する方法は他にもたくさんあるだろう。モトローラ社をはじめとするいくつかの会社は、ここでの例と同様に、主体的な分野の場になることが創造性を促進する一つの方法であるという考えを真剣に受け止めている。

斬新なものの発生確率に分野の場が影響を与える第二の方法は、斬新なものを選別する際に、狭いフィルターを用いるか、あるいは広いフィルターを用いるかということである。分野の場のなかには保守的なものもあり、そこでは、どんな時代にも、領域に加えることが許されるものはほんのわずかしかない。このような分野の場は、大部分の斬新なものを拒絶し、最高と思われるもののみを選択する。一方、新たなアイデアをそれらの領域に取り入れることに、より寛容で、その結果、領域が急速に変化する分野の場もある。しかし、これらの傾向が極端になると、いずれの方策も危険をともなうことになる。なぜなら、斬新なものに対して領域を飢餓状態にしてしまうことで、あるいは、あまりに多くの同化されない斬新さを領域に受け入れてしまうことで、領域自体が崩壊してしまう可能性があるからである。

最後に、もし分野の場が社会システムの他の部分と密接に結びつき、そこからの支援をみずからの領域に向けることができれば、分野の場は斬新なものを促進することができるようになる。たとえば、第二次世界大戦以降、原子物理学者たちは新しい研究所、研究センター、実験用原子炉の建造や若手の物理学者の育成のために、あらゆる種類の資金を簡単に集めることができた。なぜなら、政治家や有権者たちは、その時点においてもなお、原子爆弾やそれが示した将来の可能性に強烈な印象を持っていたからである。ローマ大学では、理論物理学を専攻する学生数が、一九五〇年代の数年間で七人から二〇〇人に膨れ上がった。その比率は世界の他の地域においてもそれほどかけ離れたものではなかった。

領域と分野の場はいくつかの方法でお互いに影響しあっている。時として、領域は分野の場に何ができ、何ができないかを、かなりの程度まで決定してしまう。このような状況は、おそらく、専門家集団が何を主張でき、何を主張することができないのかを共有知識が厳しく制限するような自然科学の領域において、より一般的であろう。ある科学者グループがたとえどんなに自分たちの理論の受け入れを願ったとしても、もしそれがこれまでに蓄積された科学上の合意に反していれば、その理論は受け入れられない。他方で、芸術においては優位に立つのはしばしば分野の場である。芸術の専門家集団は、過去に基づく厳格な基準なしに、どの新しい芸術作品が領域に加えられるべきかを決定する。

的確さを欠いた分野の場が領域の主導権を握ってしまうこともある。教会はガリレオの天文学上の発見に干渉し、共産党は一時、ソビエト遺伝学に留まらず、芸術や音楽をも先導した。アメリカ合衆国でも、原理主義者たちが進化史教育において発言権を持とうとしている。それが意図的なものであろうとなかろうと、経済的・政治的な力が、より巧妙な方法で絶えず領域の発達に影響を及ぼしているのである。もしアメリカ合衆国政府が連邦政府学生援助プログラム、いわゆるタイトルⅣへの援助を止めたら、私たちの外国語の知識はさらに乏しいものになってしまうだろう。また、外部からの多額の支援がなければ、オペラやバレエは事実上消滅してしまう。超小型回路に関する新しいアイデアや応用を促進するために日本政府は莫大な投資を行い、オランダ政府は、当然のことながら、ダムや水圧式装置の建設にかかわる先駆的な仕事を奨励している。ルーマニア政府は、ダキア文化の純粋性を維持するために、少数民族の芸術様式の破壊に積極的に関与し、ナチスは彼らが「退廃した」ユダヤ芸術とみなしたものの破壊を試みた。

時には、分野の場はある特定の領域を十分に代表できなくなることがある。研究に協力してくれた第一線のある哲学者は、今日、もし若者が哲学を学びたいと思ったら、その若者には、領域に直接没頭し、分野の場を完全に避けるよう勧めたほうが良いだろうと主張する。「偉大な哲学書を読め、とその若者に助言するでしょう。そして、どの大学であっても、大学院で研究などすべきではないと言います。どこの哲学の学部も良いとは思えません。どれもひどいものです」。しかしながら、特定の領域の管轄権は、概して、分野の場を構成する専門家の手に公式上委ねられている。それらの専門家は小学校の教員から大学教授にまで及び、新しい発想や成果が「良い」か「悪い」かを決定する資格を有する者であれば、誰もがそこに含まれる可能性を持つ。したがって、分野の場がどのように機能するのか、言い換えれば、分野の場がどのようにして新しいものを領域に加えるべきか否かを決定しているかを理解しなければ、創造性を理解することは不可能なのである。

個人の貢献

いよいよ私たちは、斬新なものを生み出す個人について考察するところまでやってきた。多くの研究は、創造的な人がどのように思考するのかを理解すれば創造性への鍵が見出せるだろうという信念のもとに、創造的な個人に焦点を当てる。しかし、事実は必ずしもそうではない。すべての新しいアイデアや成果の背後に人間が存在することは確かであるが、そのような人々が斬新なものを生み出す単一の特性を持っているとは限らないのである。

創造的であるということは、おそらく、自動車事故に巻き込まれるようなものである。事故に巻き込まれやすい特性——たとえば、若い男性——はいくつか存在するが、通常は運転手の特性だけで自動車事故を説明することなどできない。なぜなら、道路の状態、他の運転手、交通状況、天候など、あまりに多くの他の変数が存在しているからである。つまり、事故は、創造性と同じように、個人の属性というよりはむしろシステムの属性なのである。

さらに、創造的なプロセスを始動させるのは人間であると断言することも私たちにはできない。なぜなら、フィレンツェのルネサンスの場合、創造性のプロセスはローマ芸術の再発見によって始まった、あるいは、都市銀行家たちの奨励によって始まったとも言えるからである。ブルネレスキと友人たちは、彼らが生まれる以前に始まった思想と行動の流れのなかに自分たちを見出し、その流れの真っただ中に歩みを進めた。一見すると、彼らがその時代を有名にした偉大な仕事に着手したかのように見えるが、実際には、彼らは多くの参加者と多くの資本投入を内包したきわめて複雑なプロセスの単なる触媒に過ぎなかったのである。

創造的な人々に何が成功の理由になったのかを尋ねたとき、もっとも多かった回答のひとつ——おそらくもっとも多い回答——は、幸運であったということである。適切な時期に適切な場所にいることがほとんど普遍的とも言える理由である。一九二〇年代の末、あるいは、一九三〇年代に大学院にいた数人の科学者は、彼らが量子論に接することのできた最初の集団だったことを思い出す。マックス・プランクやニールス・ボーアの仕事に感化された彼らは、量子力学を化学へ、生物学へ、天体物理学へ、そして電気力学へと応用していった。ライナス・ポーリング、ジョン・バーディーン、マンフレート・アイゲン、スブラマニアン・チャンドラセカールなど、彼らのなかの何人かは、量子論を新しい領域に拡張したことにより、ノーベル賞を受賞している。一九四〇年代に大学院に入学した多くの女性科学者は、男子学生の大部分が戦場に送られ、競争する男子学生がほとんど残っていなかったという事実がなければ、大学院への入学は認められなかっただろうし、おそらく研究奨学金は与えられず、指導教官からの特別な配慮も得られなかっただろうと述べている。

創造的発見において、運が重要な要素であることは疑う余地がない。作品がよく売れ、一流の美術館に作品が展示され、馬がいてプールのある広大な地所を所有するほどの成功を収めた一人の芸術家は、かつて彼と同等のすばらしい芸術家が少なくとも千人はいるだろうと悲しそうに語ったことがあった——しかし、彼らは無名で、その作品は評価されていないのである。その芸術家が言うには、彼と他の芸術家たちとの唯一の違いは、何年か前のあるパーティで彼が一人の男性と知り合い、その人物と何杯か酒を酌み交わしたことにある。彼らは意気投合し、友人となった。その男性は後に美術商として成功を収めたが、友人の作品を売り込むために最善を尽くしてくれたのがその男性であった。その後、事態が次々に進展しはじめた。ある裕福な美術収集家がその芸術家の作品を買い求めはじめ、批評家たちが彼の作品に注目するようになり、ある大きな美術館が彼の作品を永久コレクションに加えた。そして、いったんこの芸術家が成功を収めると、分野の場が彼の創造性を認めるようになったのである。

創造性に対する個人の貢献が小さいことを指摘しておくことは重要である。なぜなら、たいてい、それは過大評価されるからである。しかし、人は逆の誤謬に陥って、個人の功績をまったく認めないこともあり得る。ある特定の社会学者や社会心理学者は、創造性とはすべて帰属の問題であると主張する。私たちは創造的な人とは、社会の総意が優れた才能を映し出す真っ白なスクリーンのようなものなのである。そして、創造的な人々の存在を信じる必要があるため、一部の個人にこのような実体のない才能が付与されていると考えるのである。こうした考えもまた過度な単純化である。なぜなら、個人は一般的に考えられているほど重要ではないにしても、斬新なものは個人の貢献なしには生まれ得ないし、すべての人間が斬新なものを生み出す同様の可能性を持っているというのも真実ではないからである。

幸運は創造的な人々が好む説明ではあるが、これもまた簡単に誇張されてしまう。ライナス・ポーリングと同世代の多くの若い科学者たちは、ヨーロッパからもたらされた量子論に触れる機会に恵まれていた。しかし、なぜ彼らはこの理論が化学に対してもっていた意味、つまり、ポーリングがその理論を理解したのと同様の方法を理解できなかったのだろうか？　一九四〇年代、多くの女性が科学者になりたいと願っていたであろう。しかし、大学院教育への門戸が開かれていたのにもかかわらず、なぜほんのわずかな数の女性しかその機会を活かさなかったのだろうか？適切な時期に適切な場所にいることは明らかに重要である。しかし、多くの人々は自分が幸運な場所と時間の収束点にいることにまったく気づかず、仮に気づいたとしても、そこで何をすべきかを理解している人はさらに少ないのである。

創造性のシステムの内面化

創造的な貢献をしたいと思う人は、創造性のシステムのなかで活動するだけでなく、自身の思考のなかにそのシステムを再現しなければならない。言い換えれば、その人は領域のルールや内容だけでなく、分野の場における選択の基準、つまり、分野の場の好みを学ばなければならないのである。科学においては、領域の基礎知識を内面化しなければ、創造的な貢献をすることは実質的に不可能である。すべての科学者は、みずからが科学者であり発明家であるフランク・オフナーの「重要なことは、理解を深めるための前提として、自然科学の十分でしっかりとした基礎を身につけなければならないということだ」という言葉に賛同するだろう。同様の結論が他のあらゆる学問分野においても表明されている。芸術家たちは、それ以前の芸術を、何度も何度も繰り返し鑑賞しなければ、そして、他の芸術家や批評家が何を優れた芸術とし、何を劣悪な芸術とするかを知らなければ、画家としての創造的貢献はできない、ということに賛同する。作家たちは、創造的な作品を書くために、多くの書物を何度も何度も繰り返して読み込み、評論家たちの良い作品に対する基準がどのようなものかを知る必要がある、と述べる。

発明家であるジェイコブ・ラビノウは、創造性のシステムの内面化がどのように機能するのかについて、きわめて明快な例を提示している。彼はまず、私が領域と呼ぶものの重要性について以下のように述べている。

だから、独創的な思想家であるためには三つのことが必要です。第一に、膨大な量の情報を持っていなければなりません――洒落た言い方をするならば、大きなデータベースと言ってもいいでしょう。もしあなたが音楽家ならば、音楽について多くのことを知らなければなりません。音楽を聴いた経験があり、音楽を記憶していて、必要なときにその曲を繰り返すことができなければならないのです。別の言い方をすれば、もしあなたが孤島に生まれ、一度も音楽を聴いたことがなかったとしたら、おそらくベートーヴェンのような人にはなれないということです。もしかしたらあり得るかもしれませんが、その見込みはほとんどないでしょうね。鳥の鳴き声を真似ることはできるかもしれませんが、交響曲第五番〔「運命」〕を作曲することはないでしょう。つまり、こういうことです。人というものは環境のなかで育ちますが、その環境のなかで多くの情報を蓄積していくということです。
だから、自分がやりたいと思うことに必要な種類の記憶を持っていなければなりません。そして、簡単なことをして、難しいことはしないでいるとしましょう。そうすると、自分がうまくできることを行うことで、それがどんどん上達していって、最終的には偉大なテニス選手やすばらしい発明家、あるいは、その他のどんなものにでもなれるでしょう。なぜなら、私たちには自分がうまくできることを行う傾向がありますが、それを続ければ続けるほど、もっと簡単にできるようになり、それが簡単にできるようになればなるほど、それがさらにうまくなるからです。最終的には非常に偏ってしまいます。うまくできることが得意なものへと変化しますが、その他のあらゆることがうまくできず、ひどい状態になります。これはエンジニアがポジティブ・フィードバックと呼ぶものです。つまり、人生の最初の小さな違いが、私がそうだったように、それを四十年、五十年、八十年とやっているうちに、大きな違いになるのです。したがって、いずれにしても、まずは大きなデータベースを持っていなければならないのです。

ラビノウが次に取り上げたのは、個人が生み出さなければならないものについてである。それは主にモチベーションの問題であり、言い換えれば、領域の内容で遊んでいる（あるいは仕事をしている？）時に私たちが感じる楽しさの問題である。

するとと今度は、そういったアイデアを自発的に集めざるを得なくなります。なぜならそれがおもしろいからです。ところで、そうできるのに、あえてそれをしようとしない人々がいます。彼らの興味は他のことにあるのです。だから彼らに頼んでみれば、好意から「そうですね。何か考えつくと思いますよ」と言うでしょう。しかし他方で、私のようにそうすることが好きな人たちもいます。アイデアを考えつくことは楽しいことですし、誰ひとり評価してくれなくてもまったく気にすることはありません。奇妙で風変わりなことを思いつくのは本当に楽しいです。

最後に、ラビノウは分野の場が用いる判断基準を思考のなかに再現することがいかに重要であるかに焦点を当てる。

そして次に、思いつくくだらない考えを捨て去る能力を身につけなければなりません。人というものは良いアイデアだけを思いついたり、美しい音楽だけを作ることはできないのです。たくさんの音楽、たくさんのアイデア、たくさんの詩、その他なんであれ、たくさんのことを考えつかなければならない。そして能力があれば、くだらないものをくだらないと言わなくても、すぐにそれを捨て去ることができます。つまり、たくさんのアイデアが浮かんできますが、十分に訓練されていれば、それらを捨て、「それはくだらない」と言えるのです。そして、良いアイデアを見つけたときには、「おっ、これはおもしろそうだな。もう少しやってみよう」と思って、それを発展させはじめることになります。しかし、人々はこのような説明を好みません。「え？　あなたはくだらないことを考えつくのですか？」と聞きます。私は「そうです。そうしなければいけません」と答えます。人はアプリオリに良いアイデアだけを考えつくことはできません。すばらしい交響曲だけを思いつくことはできないのです。ある人々はそうしたことをとても素早くこなしますが、それは訓練の問題です。そしてついでながら、もし十分に訓練を受けていないとして、しかし、アイデアを思いついたとしましょう。その善し悪しがわからなかったら、そうした人々はそのアイデアを私の働く標準局、アメリカ商務省標準局へ送ってきます。私たちがそのアイデアを評価します。そして、私たちがそれらを却下するのです。

何が「くだらないもの」を構成するのかをラビノウに尋ねた。それは何かうまく機能しないものをいうのか、あるいは……

「くだらないもの」とは、機能しないものや古いもの、あるいは、明らかにうまくいくはずがないものです。人はそれが良くないものだと突然気づきます。複雑過ぎるものも「くだらない」ですね。数学者が「優雅さ」と呼ぶようなものではありません。これは良い詩ではない、といったことはわかるでしょう。そういうことです。それは訓練の問題です。もし科学技術の訓練を十分に積んでいれば、あるアイデアを見たときに「ああ、これはひどい」と言うでしょう。第一に、それは複雑過ぎるからです。第二に、それはすでに試みられたものだからです。第三に、その人には、それをもっと簡単になし得る方法が他に三つもあったからです。別の言い方をすれば、そのアイデアを評価できるのです。こうしたことは、その人が独創的でなかったということを意味してはいません。ただ単に、彼には力が足りなかったということです。もしその人が十分に訓練を受けていて、もし私と同じ経験を積み、良い上司に恵まれ、優秀な人々と仕事をしていたら、彼もこれはそれほど良いアイデアではないと言えたでしょう。それはひとつのアイデアには違いありませんが、良いアイデアではないのです。そこで人々と議論になります。「いいですか、これは良い方法ではありません。あなたが連結させようとしている部品の数を考えてみてください。それに必要な労力を考えてみてください。これはまったく良い方法ではありません」と言います。すると相手は「でも、私にとっては新しいアイデアです」と言うでしょう。そこで私は「そうですね。あなたには新しい。そして世界にとっても新しいのかもしれない。それでもそれは良くないのです」と答えます。

何が美しいかを述べるためには、特定の芸術を熟知し、その芸術をこれまでたくさん見てきた、洗練された集団を採用しなければなりません。そうすることで、これはすばらしい芸術である、あるいは、すばらしい音楽である、あるいは、すばらしい発明である、と言わなくてはいけないのです。それは、すべての人に賛成、反対の投票権があるなどということを意味してはいません。なぜなら、彼らは十分に理解していないからです。しかし、もし新しいものを研究しているエンジニアの集団がそれを見て、「なかなか良いね」と言ったとしたら、それは、彼らにその良さがわかるからそう言うのです。科学技術の訓練を積んできたからこそ、彼らにはそれがわかります。

そして、すばらしく創造的な人というのは十分に訓練を積んでいます。ですから、第一に、その人は分野の場における膨大な量の知識を持っています。第二に、その人はアイデアを組み合わせようとします。なぜなら、音楽の作曲や発明が楽しいからです。そして最後に、その人は「これはいい。これをもう少しやってみよう」と言える判断力を持ち合わせているのです。

創造性のシステムモデルが内面化された後、それがどのように機能するのかを説明したこの言述に、さらなる改良を加えるのはきわめて難しいだろう。ラビノウは、八十年以上にわたるさまざまな経験から、創造的な発明家であることに何が関係しているのかを、優れた洞察力で導き出してきた。そして、彼の言葉が示唆するように、それが詩であれ、音楽であれ、物理学であれ、同様のプロセスが他の領域にも当てはまるのである。

第三章　創造的な性格

創造的であるためには、創造性《クリエイティヴィティ》を可能にするシステム全体の内面化が必要になる。では、そうしたことができそうなのは、どのような人だろうか？　この質問に答えるのは非常に難しい。創造的な人々が際立っている点は、ほとんどどのような状況にも適応し、手元にあるものがどのようなものであっても、目的を達成するためにそれで間に合わせる能力があるということである。もし他にないとしても、少なくともこの能力が彼らと他の人々をはっきりと区別する。しかし、価値のある斬新さを思いつくために個人が持っていなければならない特別な特質といったものは、やはり見当たらないようにみえる。シティコープのCEOジョン・リードは、こうしたことにずっと思考をめぐらせてきた人物だが、彼が実業家について述べていることは、その他の領域の創造的な人々にも同じように当てはまるだろう。

そうですね。仕事柄、この国〔アメリカ合衆国〕の上位五〇社とか、上位一〇〇社の経営者たちと知り合いですが、いろいろな人がいますね。業種はあまり関係がないようです。おもしろいですよ。一般の人たちが実業家に見ているものには共通性がありますが、彼らのスタイルやアプローチ、性格などに共通性はありません。業績に関すること以外には、共通した基準がありません。

たとえば、性格のタイプ、スタイルですが、お酒を飲み過ぎてしまう人もいれば、いつも女性を追いかけている人もいます。

保守的な人もいれば、今挙げたことをひとつもしない人もいます。とても真面目な仕事中毒の人もいます。他にも——とにかく、彼らに見られるスタイルの多様さには本当に驚かされます。会社を経営することで給料をもらい、経営成績に関してはきわめて慎重にその動向を見守っています。しかし、それ以外の面では驚くほど共通性がありません。会社の経営というのは、変動の余地が大きく開かれた変数なのです。明確な一つのパターンといったものはなく、あるのは非常にさまざまな性格のタイプです。業界においてもそうした明確なパターンはないように見えます。

同じことが科学者にも当てはまる。規則に従って行動する限り、何が重大な発見につながったかは問題ではない。芸術家に関しても同様である。ラファエロのような楽しい外交的な人間であっても、ミケランジェロのように無愛想で内向的な人間であっても構わない——唯一問題となるのは、描いた絵がどれほど良いと判断されるかである。これはまったく正しいし、紛れもない事実だが、同時に何か期待はずれな感覚が残る。結局のところ、「人を創造的にするのはその人の創造性である」と言うのは無駄な同語反復、つまり、トートロジーである。もっとまともな考察ができないのだろうか？　たしかに、証明はおろか、証明するための確固とした証拠もない。しかし、多少頑強で説得力のあるいくつかの提案をあえてしてみることはできそうである。

創造性を促進する第一の特質は、おそらく、ある特定の領域に対する遺伝的素因であろう。色彩や光により敏感な神経系をもつ人が画家になる有利さを持ち合わせているように、絶対音感を持って生まれた人が音楽の才能を発揮することは、道理にかなっている。そして、それぞれの領域で優れていれば、音や色により深い興味を持ち、それらについてより多くを学んでいくだろう。したがって、彼らは音楽あるいは芸術の領域をきわめて容易に変革できる立場にある。

その一方で、感覚の優位性は必ずしも不可欠なものではない。エル・グレコは視神経の疾患に苦しんでいたようであり、ベートーヴェンはもっとも優れた作品のいくつかを作曲した当時、機能的に耳が不自由であった。偉大な科学者の多くは、幼少期に数字や実験に引きつけられていたようだが、最終的にどれほど創造的になったかということと、子どもとしてどれほど才能にあふれていたのかということとは、ほとんど関係がない。

しかし、ある特別な感覚の優位性は、幼少期における領域への興味という、明らかに創造性の重要な要素を発達させる要因になるかもしれない。物理学者のジョン・ホイーラーは「輪ゴムを撃つ玩具、組立ブロック玩具《ティンカートイ》、鉄道模型、電球、スイッチ、ブザーなどのおもちゃの仕組み」に興味を持っていたことを記憶している。図書館司書であった彼の父親は、よくジョンをニューヨーク州立大学に連れて行き、講義の間、図書館の事務所に預けていた。ジョンはそこでタイプライターやその他の機械、特に携帯用の手動計算機に魅了された。「ボタンを押してクランクを回転させます。それで、その装置がどう機能するのか、それにすぐに虜になりました」と述懐する。そして十二歳になると、木を削ってギアを作り、それを取りつけた単純な計算機を組み立ててしまったのである。

適度な好奇心、驚き、そして物事の様子やそれがどう機能するのかということに対する興味がなければ、興味深い課題を見分けることは難しい。経験に対し開かれていること、言い換えれば、環境のなかで発生する出来事を絶えず処理する、流れるような注意が、潜在的な新奇性を見出すための大きな利点となる。そして、創造的な人は誰もが、このような特質を十二分に備えている。以下は、歴史家ナタリ・デイヴィスが、どの歴史プロジェクトに集中すべきかの選択をどのように行うかについて述べたものである。

そうですね、ある問題に本当に興味が湧いてくるのです。それがただ心に深く引っ掛かってくるのです。その時点では、自分がどうしてそれほどの好奇心や生の本能をそのプロジェクトに注ぎ込んでしまうのか、必ずしもわかりません。そのときには、それが自分の分野にとって、非常に興味深く、重要に思えるのです。好奇心と喜びという以外に、個人的に何をそこに注ぎ込んでいるのかうまく言えそうにありません。

このような興味がなければ、領域の限界まで到達し、さらにそれを押し広げるほど、深くその領域にかかわることは難しい。たしかに、偶然に、そのテーマに大きな関心を持たなくても、創造的な発見をすることは可能である。そしてそれが、非常に重要な発見であることさえある。しかし、生涯にわたる懸命な努力を必要とするような貢献は、そのテーマに対する好奇心や愛情がなければ不可能なのである。

また、人には領域へのアクセス〔領域に接近できること〕も必要となる。これは運に負うところが非常に大きい。裕福な家庭に生まれる、あるいは良い学校、良き師、良い指導者が身近に存在することは、その人の立場を、明らかにきわめて有利にする。もし特定の記号体系のなかで効果的に機能するために何が必要であるかを学ぶことができなければ、非常に賢いことや好奇心が旺盛であることは何の役にも立たない。社会学者、ピエール・ブルデューが「文化資本」と呼ぶものを所有することは、一つの重要な資質である。それを持つ人々は、興味深い本、刺激的な会話、学業に対する期待、模範的な人々、家庭教師、有用な人間関係などで満ちあふれた、環境の優位性を子どもたちに提供する。

しかし、ここでもまた、運がすべてではない。友達が後に残る一方で、一部の子どもたちは奮闘して適切な学校へと進む。マンフレート・アイゲンは、十七歳のとき、ロシア軍部隊に捕えられ、第二次世界大戦の終わりに捕虜収容所に送られた。その二年前に対空砲部隊に所属すべく徴兵されたことが理由だった。十五歳で高校を離れ、学業を終えることはできなかったが、科学の勉強に戻ろうと固く心に決めていた。そして、捕虜収容所を脱走し、ヨーロッパ大陸の半分を歩いて渡って、ゲッティンゲンへと真っすぐに向かった。なぜなら、戦禍の後、そこに物理学の最高の教授陣が再結集していると聞いたからであった。実際、彼は大学の再開前にその街にたどり着き、高校の卒業資格を持っていなかったにもかかわらず、後に第一期生として入学を許可されたのである。戦後の学問に対する禁欲的な献身の気運に巻き込まれ、もっとも優れた教授陣に導かれ、他の同様に熱心な学生に囲まれながら、すぐに頭角を現していった。数年後、博士号を授与され、一九六七年にはノーベル賞を受賞した。アイゲンが幼少期に多くの文化資本を利用することができたことは真実である。なぜなら彼の家系は音楽の才能に恵まれ、知性に関しても野心的だったからである。それでもやはり、運命によって知識圏のはるか外へ放り出されながらも、彼のように素早く、確実に、その中心に戻る方法を見出した人々はほとんどいない。

同様に、分野の場へのアクセスも重要である。とても豊かな知識を持ちながら、仲間のなかの重要な人々とうまくコミュニケーションがとれないため、キャリア形成期に無視されたり、避けられたりする人々もいる。ミケランジェロは隠遁者であったが、若いころにはメディチ家の宮廷で指導的立場にある人々と交流を持つことができた。そしてそれは、みずからの技能と献身的な態度を彼らに印象づけるのに十分な長さであった。アイザック・ニュートンも同様に孤独でつきあいにくい人物であったが、ケンブリッジ大学の指導教官に対し、自分が終身在職権を持つ特別研究員にふさわしいことをなんとか説得し、それによって、長年にわたり、他者との接触に煩わされることなく自分の研究を続けることができたのである。関連領域の人々に知られていなかったり、評価されていない人は、創造的とみなされることを成し遂げるために大変な思いをする。そのような人には、最新の情報を得る機会がないかもしれないし、働く機会が与えられないかもしれない。そして、もしそのような人が何か新しいことを成し遂げても、それは無視されるか、嘲笑の的になる可能性が高い。

自然科学においては、適切な大学――最先端の研究が、最高の設備を備えた研究所で、その活躍が非常によく知られた科学者によって行われているような大学――に在籍していることが非常に重要となる。ジョージ・スティグラーは、傑出した科学者が刺激的な研究を行うために資金の助成を受け、他の研究者や最高の学生を引きつけるという一連の過程を雪だるま式プロセスと呼んでいる――そして最終的に、その分野に参入した若者にとって圧倒的な魅力を持つ、研究のために必要不可欠な人々の集団が形成されるのである。芸術の世界においては、流通の中心地がより大きな吸引力を持ち、現在、それは主に主要なギャラリーや収集家が集中するニューヨークになっている。ちょうど一〇〇年ほど前に、野心に燃える若い芸術家たちが、自分が認められたいのであればパリに行かなければならないと感じていたように、今の若く野心的な芸術家たちは、マンハッタンの手厳しい批評を受けなければ成功するチャンスがないと感じている。アラバマ州やノースダコタ州で美しい絵を描くことはできるだろうが、批評家や収集家、あるいはその分野の場における他の門番の承認を得なければ、それらの作品は間違った場所に置かれ、無視され、忘れ去られる可能性が高いであろう。エヴァ・ザイゼルの作品は、彼女の陶器がニューヨーク近代美術館で展示されて初めて、確立された芸術として認められた。同じことが他の芸術においても言える。マイケル・スノウはジャズ音楽という分野の場の動向を学ぶためにニューヨークで十年間を過ごしたし、作家たちもそこでエージェントや出版社との関係を築かなければならないのである。

分野の場へのアクセスは一般的に厳しく制限されている。分野の場につながる門はたくさんあるが、それらの前には隘路、つまり、ボトルネックが形成されているのである。作品を最後まで読んでもらうために十分な長さの注意を編集者から引きつけたいと思う作家は、自分と同じように希望を抱き、原稿を提出した数千の作家たちと競いあわなければならない。提出されたそのときに、編集者が少し目をやることは考えられるが、一般に、編集者がそれぞれの作家の作品に費やすことのできる時間はほんのわずかでしかない。原稿を売るために著作権エージェントを雇うというのも問題の解決にはならない。なぜなら、優秀なエージェントの注意を引くことは、編集者の注意を引くのと同じくらい難しいからである。

このような隘路のため、分野の場へのアクセスは、運や有力な人との良好な関係といった無関係な要因によってしばしば決定されてしまう。いくつかの分野の場で優れているとされる大学を志望する生徒は非常に多いが、皆がすばらしい成績証明書を持っているため、意味のあるどのような方法を用いても、彼らに順位をつけることは困難である。しかしその一方で、定員はわずかであり、選別を行わなくてはならない。それゆえ、入学審査委員会がすべての願書フォルダを長い階段の上から投げ下ろし、もっとも遠くまで飛んだファイルの生徒が入学を許可されるという冗談もあるほどである。

複雑さの十の側面

領域や分野の場へのアクセスもいいが、いつになったら創造的な人々の「本当」の特徴を論じることになるのだろうか？　興味深い部分——悩める魂、あり得ない夢、創造の苦悩や恍惚——に、いつになったらたどり着けるのだろうか？　創造的な人々の奥深く、測り知れない性格特性について書くことをためらう理由は、創造性が複雑なシステムの所産であり、構成要素のどれ一つとして単独で創造性を説明できないため、それについて書くことがどれほどあるのか確信が持てないからである。何か創造的なことをすることになる人の性格特性は、特定の領域に、そして領域ごとに時代によって変化していく分野の場の諸条件に、その特性自体を適応させるものでなければならない。

一五五〇年にジョルジョ・ヴァザーリは、新しい世代のイタリアの画家や彫刻家たちがルネサンス初期の先人たちに比べて大きく変わったようだと無念を綴っている。善良なヴァザーリが述べるところによれば、新しい世代は野蛮さと狂気の傾向を持つのに対し、先人たちには素直さと分別があった。おそらく、ヴァザーリはマニエリスムのイデオロギー、つまり、晩年のミケランジェロによって導入された、興味深い歪曲と威厳のある身振りを特徴とするスタイルを受け入れた芸術家に反応したのだろう。もし一〇〇年早ければ、このスタイルは醜いものとみなされ、それを用いた画家は孤立することになったと思われる。しかし、数百年後のロマン主義の全盛期において、野蛮さと狂気を持たない芸術家は真剣に評価されなかった。なぜなら、これらは創造的な魂にとって必要な特性であると考えられたからである。

抽象表現主義が主流なスタイルだった一九六〇年代、無愛想で陰鬱で反社会的な傾向にある芸大生が、教師から創造的であるとみなされていた。彼らは激励され、賞や奨学金を獲得した。しかし残念なことに、これらの学生たちが学校を出て、芸術の世界でキャリアを確立しようとしたとき、反社会的であることが足かせとなり、それほど大きな成功は収められないことを彼らは悟ったのであった。美術商や批評家の注意を引くために、過激なパーティを開き、絶えず見られ、話題に上らなければならなかった。そして、それゆえ、多数の内向的な芸術家の犠牲が確実となった。彼らのほとんどはその才能を見出されることなく、中西部の美術教師やニュージャージー州の自動車セールスマンで終わったのである。それからすぐに、ウォーホルに続く人々が抽象表現主義の画家に取って代わった。彼らは、創造的な雰囲気を放ち、冷静で賢く、小生意気な性格の若い芸術家グループであった。しかし、これもまた一時的な仮面に過ぎなかった。重要なのは、ただ単にある特定の性格特性を身にまとうだけでは創造性の衣鉢を受け継ぐことはできないということである。人は僧侶のように生きても、身体を酷使して無理をして生きても、創造的であり得る。ミケランジェロは女性にそれほど興味を示さなかったが、ピカソは常に女性を求めていた。彼らの性格に共通点はほとんどないが、しかし、両者は絵画の領域を変えたのである。

では、創造的な人々を特徴づける特性はまったくないのだろうか？　もし創造的な人々の性格と他の人々の性格を分け隔てるのは何かを一言で言わなければならないとすれば、私は複雑さを挙げるだろう。このことによって言おうとしていることは、創造的な人々は、ほぼすべての人々のなかで隔離されている思考や行動の傾向のすべてを合わせ持っているということである。彼らには矛盾する両極端の特性が存在している――「個人」である代わりに、彼ら一人ひとりが「群衆」なのである。白がスペクトルの色相をすべて含むように、彼らは人間のあらゆる可能性をみずからの内に共存させる傾向を持っているのである。

これらの特性は私たち全員に存在するが、通常、弁証法的対立の一方の極のみを発達させるように教育される。たとえば、みずからの本質の競争的で積極的な側面を発達させながら成長し、慈しみ、協調的な側面を軽視し、抑圧しているのかもしれない。創造的な人は状況に応じて、同時に積極的かつ協調的であったり、あるいは、あるときには積極的で、あるときには協調的であったりする。複雑な性格を持つということは、人間の能力の全範囲に潜在的に存在しながらも、通常は、私たちがどちらか一方の極が「良く」、もう一方の端の極が「悪い」と考えるために退化してしまうような、多様な特性すべてを表現できるということを意味している。

このような人は、スイスの分析心理学者、カール・ユングが考えた「成熟した人格《パーソナリティ》」と共通する多くの特性を持っている。さらにユングは、長所の各々すべてが、私たちのほとんどが認めることを拒むような抑圧された影の部分を持つと考えた。非常に規則正しい人は自発的になりたいと切望し、服従的な人は支配的になりたいと望んでいるのかもしれない。そして、これらの影を自分のものとして認めない限り、決して完全ではありえないし、満たされない。しかし、これが通常私たちがすることであり、したがって、みずからの本質を歪めたイメージに沿って行動しようとすることで、自分自身と争いつづけることになるのである。

複雑な性格とは中立的な状態、あるいは平均的な状態を意味してはいない。二つの極の中間に存在するある特定の位置ということではないのである。たとえば、それは、あまり競争的でもあまり協調的でもないといった、優柔不断さを意味するものではない。むしろ、複雑な性格とは、状況に応じて一つの極からもう一方の極へと移動する能力とかかわっている。おそらく、中央の位置、つまり、中庸とはそこから選択が下される場所でしかなく、ソフトウェアのプログラマーがデフォルト条件と呼ぶようなものであろう。しかし、創造的な人々は間違いなく両極端を知っており、それらを同等の強さで、内的な葛藤なしに経験するのである。この結論は、創造的な人々のなかにたいてい存在し、それぞれが弁証法的緊張のなかで統合されている、十組の明らかに対極的な特性を用いて説明すると、わかりやすいかもしれない。

一．創造的な人々にはかなりの身体的エネルギーがあるが、しばしば、物静かで落ち着いている。彼らは快活さと情熱のオーラを放ちながら、高い集中力を保って長時間働くことができる。これは、身体的に優れた資質を授かっていること、そして、遺伝的な優位性を示唆している。しかし、七十代、八十代においてもなお健康で活力にあふれた人々の多くが、幼少期に頻繁に病気で苦しんでいたことを記憶していることは意外である。ハインツ・マイヤー＝ライプニッツは、肺の病気療養のため、スイスの山中で数カ月間ベッドから出られなかった。ゲオルク・ファルディは病気がちな子どもであったし、心理学者のドナルド・キャンベルもまた同様であった。世論分析者、エリザベス・ノエル＝ノイマンは、担当医に生存の見込みがないと伝えられたが、ホメオパシー療法〔同種療法〕によって健康を回復し、三十年後の今では、年齢が彼女の半分のどんな人を四人集めたとしても、彼女のほうが懸命に働いている。これらの人々のエネルギーは彼らの内部から生じ、そのエネルギーは遺伝子の優位性よりも、集中した精神状態に起因しているように思われる（ただし、成功の理由について尋ねられた際、ライナス・ポーリングをはじめとする何人かの回答者は「優れた遺伝子」と答えたことをここで述べておかなければならない）。

このことは、創造的な人々が異常なほど活動的であり、いつも「オン」の状態で、常に忙しく動き回っていることを意味してはいない。実際、彼らは頻繁に休みをとり、よく眠る。重要なことはエネルギーが彼らの制御下にあるということであるーーカレンダー、時計、あるいは、外的なスケジュールによって制御されることなく。必要なときに、レーザービームのようにエネルギーを集中できる。その必要がないときには、ただちにバッテリーの充電を始める。彼らは、怠惰な時間や内省の時間の後に起こる活動のリズムが、仕事の成功にとってきわめて重要だと考えている。そしてこれは、遺伝子とともに受け継いだ生体的リズムではなく、目標を達成するための一つの方策として、試行錯誤を通して彼らが身につけたリズムなのである。これに関連して、ロバートソン・デイヴィスがおもしろい例を紹介している。

そうですね。それは人生でとても重要だと思ってきたことに私を導いてくれます。それは馬鹿げていて、かなりどうでもよいことに聞こえるかもしれません。しかし、私はこれまでいつも昼食の後に仮眠をとることを頑に主張してきました。

私はそれを父から受け継ぎました。あるとき、父にこう言いました。「父さんはこの社会で本当に成功したよね。移民の少年として、裸一貫でカナダにやって来て、本当に成功した。何が原因だったと思う？」すると、父はこう答えました。「そうだな。一国一城の主であるために私自身を駆り立てたのは、私がもっとも欲したものが毎日昼食の後に仮眠をとれるということだったんだ」。一人の男性を駆り立てるものとしては、何と風変わりな衝動だろうと思いました。しかし、実際にそれは父を動機づけ、父は昼食後にいつも二十分の仮眠をとっていました。そして私も同様なのです。これはとても重要だと思います。人生を通して何かに追い立てられ、鞭で打たれながら生きることを「良し」としなくなれば、おそらく、人生をより楽しめるでしょう。

エネルギーの発現の一つのあり方はセクシュアリティ〔性行動の対象の選択や性に関連する行動・傾向の総称〕である。創造的な人々はこの点に関しても逆説的である。彼らはかなり強いエロス、つまり、一般化した性衝動のエネルギーを持っているようだが、ある人々はそれを直接セクシュアリティとして表現する。同時に、ある種のスパルタ的な禁欲主義も彼らの特質の一つである。欲望の節制には優れた業績がついてくる傾向がある。エロスなしでは活力に満ちた人生を送ることは難しいが、抑制を欠いてしまうと、エネルギーは簡単に消失してしまうだろう。

二．傾向として、創造的な人々は頭脳明晰でありながら、同時に単純な側面も持っている。しかし、彼らが実際にどれほど賢いのかに関しては疑問の余地がある。おそらく、重要な創造的貢献をする人たちにおいては、心理学者が*g*因子と呼ぶもの――一般知能の中核――が高いのは事実であろう。しかし、私たちは、かつて心理学の教科書のページの端によく印刷されていたリストを真剣に受け取るべきではない。それによれば、ジョン・スチュアート・ミルはＩＱが一七〇、モーツァルトは一三五であったということになる。もし当時、彼らが実際にＩＱテストを受けていたら、高い得点を示したかもしれない。あるいは、そうではないかもしれない。付け加えるなら、十八世紀の子どもたちのうち、いったい何人が、彼ら以上の高いＩＱの持ち主であったにもかかわらず、なんら記憶に残るものを残せなかったことだろうか？

心理学者、ルイス・ターマンによって一九二一年にスタンフォード大学で開始された「優れた知能」についての最初の縦断的調査は、非常に高いＩＱの子どもたちは人生で成功するが、ある特定の段階を過ぎると、ＩＱはもはや実生活における優れた業績と相関関係を示さなくなるらしいことを、かなり決定的に示した。その後の研究は、ＩＱ一二〇あたりにその限界点があることを示唆している。つまり、一二〇より低いＩＱでは創造的な仕事は難しいかもしれないが、ＩＱが一二〇を超えても、その数値の増加がより高度な創造性をともなうとは限らないということなのである。

低い知能が創造的な業績を妨げる理由はきわめて明白である。しかし、知性面での卓越さが創造性に不利となることもある。高いＩＱを持つ人々のなかには、自己に満足し、みずからの知能の優位性を確信して、新しいことを達成するために必要不可欠な好奇心を失ってしまう人々がいる。高いＩＱを持つ人にとっては、真実を学ぶこと、あるいは領域に存在するルールに従って振る舞うことはあまりに容易なことなので、既存の知識に疑問を抱き、疑い、それを改善しようとする意欲がまったく湧かないのかもしれない。他の人々もそうであるが、ゲーテが天才のもっとも重要な特質は「無邪気さ」であると述べたのは、おそらくこのためであったと思われる。

この弁証法的議論を表現するもう一つの方法は、「賢さ」と「幼稚さ」という二つの極の比較である。ハワード・ガードナーが今世紀の偉大な創造的天才に関する研究のなかで述べているように、感情面と精神面でのある種の未熟さがきわめて深い洞察と密接な関連を持ち得るのである。その例としてすぐに頭に浮かぶのが、モーツァルトである。

さらに、許容できる斬新さを領域にもたらす人々は、正反対の二つの思考方法——収束的思考と拡散的思考——をうまく使いこなせるようである。収束的思考はＩＱテストで測定され、正解が一つだけ、という明確で合理的な問題解決と関係している。その一方で、拡散的思考は決まった答えが存在しない解決策に至る。それは、流暢性という、膨大な量のアイデアを生み出す能力、そして、柔軟性という、一つの視点から別の視点へと切り替える能力、そして、独創性という、アイデアのユニークなつながりを見出す能力と関係している。これらは、多くの創造性テストが測定し、多くのワークショップが促進をめざす思考の次元である。

創造性を促すシステムにおいて、思考が流れるようで、柔軟で、独創性に富んだ人が斬新なアイデアを思いつきやすいというのは、おそらく事実であろう。したがって、研究所や企業において、拡散的思考を育成することは理にかなっている——特に、生み出された多くのアイデアから、経営者側が適切なアイデアを選び出し、それを実行する場合にはなおさらである。しかし、創造的業績の最高のレベルにおいては、斬新なものの発生は主要な問題ではないという、私たちにつきまとう疑問がまだ残っている。ガリレオ、あるいは、ダーウィンのような人はそれほど多くの新しいアイデアを持っていたわけではないが、着目したものがきわめて重要だったため、文化全体を変えることになったのである。同様に、私たちの研究協力者たちはしばしば、自分の経歴全体を通してほんの二つか三つしか良いアイデアを持っていなかったと主張したが、それぞれのアイデアがとても生成力のあるものであったため、それらを検証し、足りないところを補い、綿密さを増して応用することで、忙しく生涯を過ごしたのである。

良いアイデアと悪いアイデアを見分ける能力がなければ、拡散的思考はそれほど役には立たない――そして、この選択能力には収束的思考がかかわっている。マンフレート・アイゲンは、彼らとそれほど創造的でない同僚たちとの唯一の違いは問題を解決可能か否かの判断能力にある、と主張する科学者の一人である。そして、この違いが膨大な時間を節約し、かなりの数の、すべきではない出発をなくしてくれるのである。ジョージ・スティグラーは流動性という特性、つまり、拡散的思考の重要性を一方に置き、実現可能な問題を見分ける優れた判断力を他方に置くことの重要性を次のように強調している。

私には、どんな問題が追求に値するのか、どんな仕事が取り組む価値があるのかについての優れた直感と判断力が備わっていると思います。かつて（自慢話だったと思いますが）よく言っていたものです。多くの学者は、たとえば、そのうちの四％うまくいけばいいようなアイデアしか持っていないけれど、私のアイデアなら、おそらく八〇％はうまくいくよ、と。

三．三つ目の逆説的な特性は、遊び心と自制心、あるいは、責任と無責任といった相互に対応する組み合わせである。遊び心のある軽妙な態度が創造的な個人の典型であるということに疑問の余地はない。ジョン・ホイーラーは、若い物理学者にもっとも重要なことは、「あれこれと議論しているときに、いつも科学の楽しさと結びつける、この生き生きとした活気です。それは冗談ではないのですが、それには冗談が持つ軽さがあります。それこそアイデアの探求なのです」と述べている。デイヴィッド・リースマンは、社会的に重要な局面において彼を明敏な観察者にする「距離を置いた愛着」の態度を説明する際に、常に「責任を負いたくなかったが、同時に責任を負いたかった」という事実を強調している。

しかし、この遊び心はそれに対立するもの、つまり、頑固さ、忍耐力、粘り強さといった特性がなければそれほど役には立たない。斬新なアイデアを完成に至らせ、創造的な人に必ずやってくる障害を克服するためには、懸命な努力が必要となる。

ハンス・ベーテは、彼を有名にした物理学の問題解明がなぜできたのかと尋ねられたとき、笑顔でこう答えた。「二つのことが必要です。一つは頭脳。そして、二つ目は、何も得られないかもしれない可能性が明らかでも、喜んで長い時間を思索に費やす意欲です」。

ニーナ・ホルトンは、その遊び心のある野性的なアイデアの芽生えを彫刻の生成力にしているが、彼女は懸命に働くことの重要性についてきわめて確固とした考えを持っている。

自分は彫刻家ですと誰かに言ってみてください。「わあ、すごい。何てすてきなのでしょう」と言ってくれます。それに対して私は、「何がそんなにすてきなのですか?」と言ってしまいます。だって、彫刻家であるということは、その時間の半分くらいが石工であったり、大工であったりするようなものですから。しかし、彼らはそんなことは聞きたくないわけです。なぜなら、実際には、最初の部分、つまり、ワクワクする部分を想像するだけです。しかし、フルシチョフがかつて言ったように、それだけではパンケーキは作れません。そうでしょう。アイデアの芽生えは実際に直立する彫像を作り上げることではありません。アイデアはただそこにあるだけ。だから、当然ですが、次の段階が大変になります。その芽生えたアイデアを本当に一つの彫刻にすることができるのか? あるいは、それは途方もないもので、たった一人でアトリエに座っているときに興奮させてくれるに過ぎないのか? それは何かに似たものになるのか? そもそも、それは物理的に作れるのか? 個人でそれを物理的に作り上げられるのか? 材料として何を持っているのか? だから、次の段階には大変な仕事がたくさんあります。そして、おわかりのように、それが彫刻です。彫刻とは、すばらしく刺激的なアイデアとその後の重労働の組み合わせなのです。

ジェイコブ・ラビノウは、発明の仕事が直観よりも忍耐を必要とするとき、自分を落ち着かせるために興味深い精神的なテクニックを使う。

ええ。それにはちょっとしたトリックがあります。ゆっくりとした、労力を必要とするような、そんな仕事をしなければならないとき、自分が刑務所のなかにいるつもりになるんです。笑わないでください。もし刑務所のなかにいれば、時間は重要ではなくなります。言い換えれば、これを切るのに一週間かかるとすれば、それには一週間かかります。他に何かすることがありますか？　私はここに二十年間いるのです。わかりますか？　これが一種の精神的なトリックです。なぜなら、そうしないと「ああ困った、うまくいかない」と言い、そして失敗してしまいますから。しかし、反対の場合、時間はまったく重要でない。そうすると、人々は、時間的にみて、どのくらいの費用をかけるのかと問いはじめるでしょう。私が他の人と働けば、一時間に五〇ドル、あるいは、一〇〇ドルになります。まったくナンセンスです。それを作られなければならないということ以外、ただ単純にすべてを忘れてしまえばいいのです。そうしても、私にはまったく問題がありません。通常は、私は仕事が早い人間です。しかし、もし糊付けする仕事に一日かかり、次の日にも別の面を糊付けする――それに二日かかる――としても、私にはまったく気になりません。

多くの創造的な人々は呑気な態度を装っているが、彼らの多くは、意欲の低い人々がそうしないときにでも、夜遅くまで辛抱強く仕事を続けている。ヴァザーリは一五五〇年に、ルネサンス期の画家、パオロ・ウッチェロが遠近法を懸命に理解しようとしていたとき、妻がベッドに戻るように促してもそれを聞かず、「この遠近法というものは何て美しいのだ！」と一人つぶやきながら、一晩中、同じ場所を繰り返し歩きまわっていた、と書いている。それから五〇〇年ほど後に、物理学者であり、発明家でもあるフランク・オフナーは、耳の膜組織の機能の仕組みを理解しようとしていたときのことを、次のように述べている。

そうそう、答えは真夜中にやってくるかもしれません。初めて膜組織の研究に取り組みはじめたころ、妻は真夜中に私を蹴飛ばして、「膜のことはもう忘れて、早く寝なさい」とよく言ったものです。

四．創造的な人々は、一方に想像や空想を置き、もう一方にしっかりと根づいた現実感覚を置いて、その間を行き来する。この両者は、過去との接触を失うことなく現在から脱け出すために必要とされるのである。かつて、アルバート・アインシュタインは、芸術と科学が、人間が考案した、現実からのもっとも偉大な脱出方法の二つであると書いている。ある意味で彼は正しかった。偉大な芸術と科学は、現在とは異なる世界への想像力の飛躍を含んでいるからである。社会の他の人々は、多くの場合、これらの新しい考え方を現在の現実世界とは関係がない空想とみなす。そして、彼らは正しい。しかし、芸術と科学の大局的な目的は、現在、私たちが現実として考えていることを超え、新たな現実を作り出すことにある。それと同時に、この「脱出」はおとぎの国に入り込むことではない。創造性につながるアイデアは、一度見れば、そのアイデアが真実であることを、私たちは遅かれ早かれ認識する。まったく不思議なことであるが、新奇なアイデアを創造的なものへ変貌させることとはそういったものなのである。

この弁証法的事象は、何年も前に、私たちの研究対象であった芸術家たちが、ロールシャッハテストや主題統覚検査（TAT）といった、いわゆる投影法検査に対して示した反応に反映されている。これらの検査では、インクのシミや絵など、ほとんど何にでも見える曖昧な刺激について、ひとつの物語を作ることが要求される。より創造的な芸術家たちは、まったく独創的な回答を返し、その回答は、非日常的で、色彩豊かな細かい要素で彩られていた。しかし、一般の人々が時々するような「奇異」な回答は決してしなかった。奇異な回答とは、どう好意的に見ても、その刺激のなかに決して見出せないようなものである。たとえば、インクのシミがぼんやりと蝶のように見えたとして、インクのシミの何がそう言わせたのかについて道理にかなう手がかりを示せずに、それが潜水艦のように見えると言ったとすれば、その反応は奇異なものとして評価されるであろう。「普通」の人々が独創的であることは稀だが、彼らは時として奇異な行動をとる。その一方で、創造的な人々は、奇異ではなく、独創的であるようにみえる。彼らが見出す斬新さは、現実に根ざしているのである。

私たちの多くは、音楽家、作家、詩人、画家といった芸術家たちは空想的な側面が強く、科学者、政治家、経営者たちは現実主義者であると、当然のように思っている。日常的な活動に関しては、これが真実なのかもしれない。しかし、人が創造的な仕事を始めると、すべてが白紙に戻ってしまう――芸術家は物理学者と同じくらい現実主義者になり、物理学者は芸術家と同じくらい想像的になり得るのである。

たとえば、私たちはきっと、銀行家を、何が本物で何がそうでないかについて、比較的平凡で常識的な見方をする人々だと考えているだろう。しかし、ジョン・リードのような金融業界のリーダーは、そのような考えを払拭する、語るべき多くのことを持っている。インタヴューのなかでリードは、現実は相対的なもので、絶えず変化している、というテーマに何度も立ち戻る。そして、その考えは、彼が未来に対して創造的に立ち向かうために欠くことのできないとみなしている視点なのである。

現実などというものが存在しているとは思いません。存在するのは現実についての多様に変化するいくつもの描写です。そして、それらがいつ変化し、実際に何が起こっているのかに注意していなければなりません。それを真に把握することは誰にもできませんが、その変化が起こっているところでは、まさに頭を働かせておかなければならないのです。それは、多面的な視点を持っていなければならないことを意味しています。

時間上のいついかなるときにも多様な現実がひとまとまりになって存在しています。私は、世界で起こっていると思うことについて、ある種のモデルを頭のなかに常に置いています。物事を見るとき、いつもそのモデルを調整し、異なる洞察を得ようとします。そして、そのモデルが私たちのビジネスにとって、あるいは、人々がそう望めばですが、人の振る舞い方にとって持つ意味と、そのモデルを関係づけようとしています。

現実の中心には何もないと言っているのではありません。ただ、とても多くの異なる方法で現実を見ることができると思っているのです。現在、私の業界のことですが、銀行は資本比率に基づいて成功を評価されています。しかし、十年前には「資本比率」という概念は存在していませんでした。私は、貯蓄貸付組合の危機がアメリカ連邦議会や規制当局、そして、産業へ及ぼす影響をまったく理解していませんでした。重要と考えられていることに関して、私が現在生きている世界は、十年前の世界とほとんど類似するところがありません。だからこれまで、私たちは現実を当面のものとして定義してきました。そしてそれは、私が言うように、決して実質のないものではないのですが、実質のない状態に近いものです。

他の誰もがそうであるように、私は新しい現実を認識するのに時間がかかりました。こうしたことを知っておくことが恐ろしいほど妥当なことだとわかりました。なぜなら、もしまったくの見当違いをしてしまうと、自由度が損なわれてしまいますから。私は、以前見たものとは違うゲームをするために、大きな調整を経験してきました。しかし、そのゲームは変化しつづける現実でもあります。私には、これらの資本比率が適切な長期的景気先行指標としてはそれほど強固なものではないとわかっています。そして、銀行株に値をつける方法を心配している人々は、今から五年後には、誰もその指標に注意を向けなくなっているでしょう。だから私は、成功を進化をともなう成功として表現しています。

アインシュタインが芸術と科学について示唆したことが、銀行業に関するこの叙述のなかにふたたび現れている。それは進化的なプロセスのことであり、そこでは目の前の現実が急速に古いものになり、人はこれから出現してくる物事の状態に注意を払っていなければならない。同時に、出現してくる現実は、空想的かつ奇抜な思いつきではなく、今、この場所に内在するものなのである。リードの洞察に富んだ見解を、これまであまりに多くの現実とかかわり過ぎてきたビジネスマンの作り話として退けるのは簡単である。しかし、彼の型破りなアプローチは明らかに機能している。最近発売された『ニューズウィーク』は、次のように公表した。「ジョン・リードは、多少ほくそ笑んでも許されるであろう。……三年前のもっとも暗い時期から、彼は声高に叫ぶこともなく、シティコープの株を買った投資家のために四二五％という驚異的なリターンを生み出したのだから」。そして、ある解説者は、リードが行った海外投資は五年前にはその価値がないと考えられていたが、それらは今、注目株とみなされている、と付け加えている。その金融専門家は、さらに、リードの市場の現実に関する考え方を繰り返しながら、「変わったのは認識だけである」とも述べている。

五．創造的な人々は、外向性と内向性の間に横たわる連続体の両極端を漂っているように見える。通常、私たち一人ひとりは、群衆の真っただ中にいることを好むか、あるいは束の間のショーを傍観者として座ってみるかの、どちらか一方の傾向を示す。実際、現在の心理学の研究では、外向性と内向性は、人々を互いに区別し、確実に測定できるもっとも安定した性格特性であると考えられている。しかし一方で、創造的な人々は両方の特性を同時に表すように見えるのである。

「孤独な天才」という固定観念は根強く、私たちのインタヴューからも、十分な数の支持が得られている。結局のところ、執筆し、絵を描き、研究室で実験を行うためには、通常、人は一人にならなければならない。才能ある若者たちについての研究ですでに判明しているように、一人でいることに耐えられない十代の若者たちは、みずからの技能を発展させられない傾向にある。なぜなら、音楽の練習や数学の勉強には、彼らが恐れる孤独が必要だからである。一人でいることに耐えられる十代の若者たちだけが、領域がもつ記号体系の内容を習得できるのである。

しかし、創造的な人々は、人に会い、人の話を聞き、アイデアを交換し、他者の仕事や考えを知ることの重要性を何度も繰り返し強調する。物理学者のジョン・ホイーラーは、いつもそうであるように、率直にこの点を表現している。「もし物事を人々と議論しなければ、その人は孤立してしまいます。私がいつも言っているように、周りに誰もいなければ、人は何者にもなり得ません」。

物理学者、フリーマン・ダイソンは、彼の仕事に関して、この二項対立の正反対の側面を洗練されたニュアンスで表現している。彼は、オフィスのドアを指差し、次のように述べた。

科学はとても社交的な仕事です。それは、本質的には、このドアを開けておくことと閉めておくことの違いです。私は科学をしているとき、ドアを開けておきます。その行為はいくぶん象徴的なものですが、本当なのです。人はいつでも、他の人たちと話をしていたいと思っています。ある程度まで、邪魔されることを歓迎しているのです。なぜなら、他の人々とかかわることによってのみ、興味深いことができるのですから。科学とは、本質的に、共同事業です。常に新しいことが起こっているので、それに遅れないように、何が起こっているのかに常に気づいていなければなりません。だから、絶えず話をしていなければならない。しかしもちろん、書くことは別です。執筆をしているときには、私はドアを閉めておきます。しかし、そんな時でも、我慢できないほどの音が届いてきます。だから、執筆中は、頻繁に図書館に行き、そこに籠るのです。それは孤独なゲームです。それが主な違いだと思います。でも、もちろんその後、非常に大きな反響があり、結果として、非常に多くの人々からの連絡を受けることになります。単に一般の人々向けの本を書いただけなのですが、私のもとにはとても多くの人々からの手紙が届き、さらに広い交友関係の輪ができます。そして、そうした輪が私の視野を大きく広げてくれました。しかし、それが起こったのは執筆を終えた後であり、執筆の最中ではありません。

ジョン・リードは、日課のなかに、内面に向けられた反省と積極的な社会的かかわりを交互に組み込んでいる。

私は早朝型の人間です。いつでも五時に起き、だいたい五時半にはシャワーから出て、通常、家かオフィスで仕事をすることにしています。それは、長い時間、考えごとや優先順位を設定するときです。私はリストを作ることがうまい人間です。リストには片づけなければならないことが二十もあります。もし時間が五分でもあれば、椅子に座って、気にかけておく必要のあることやしなければならないことのリストを作ります。通常、だいたい六時半にはオフィスに着きます。それから九時半、あるいは十時くらいまで、十分に静かな時間を確保できるように努めます。多くの業務にかかわるのは、それからです。もし会社の会長であれば、それは部族の首長のようなものです。多くの人々がオフィスにやってきて、話をしていきます。

芸術というきわめて私的な領域においても、他者と接する能力は重要である。ニーナ・ホルトンは、芸術における社交性の役割をうまく表現している。

実際のところ、自分の家で完全に一人きりで仕事をするなど、なかなかできません。仲間の芸術家に来てもらって、その人と話をしたいと思います——「どんな印象を受けた？」って。なんらかのフィードバックが必要なのです。作品を誰にも見せることなく、まったく一人でそこに座っていることなど、なかなかできません。そして最終的には、作品を人に見せはじめたとき、きちんとしたネットワークを持たなければならなくなります。ギャラリーの人々、自分のかかわる分野の場で働いている人々、そこに関係する人々と知り合う必要が出てきます。そのネットワークの一員になりたいか、なりたくないかを、自分で決めたいと思うかもしれませんね。しかし、いずれにしても、人はあるグループの一員にならざるを得ないのです。

ジェイコブ・ラビノウは、ふたたび、多くの創造的な人々が直面するジレンマを次のような明確な言葉で表現する。

かつて大きなパーティを開いたとき、グラディス［彼の妻］に、時々、私が人と足並みを揃えないことがある、と言われたことを覚えています。言い換えれば、私は自分が取り組んでいるアイデアに夢中になり過ぎて、我を忘れてしまうため、完全に一人きりの状態になってしまうのです。人の言っていることを聞いていない、ということですね。こうしたことは時々起こります。新しいアイデアを思いつき、それがとてもすばらしいと感じるとき、あまりに夢中になってしまうので、他の人に注意を向けていないのです。そしてそんな時、人は他の人々から離れようとします。客観的になるというのは、私にはとても難しいことです。よくわからないのですが。私は社交的で、人が好きですし、冗談を言ったり、劇場に行ったりするのも好きです。しかし、彼女や家族にもっと注意を向けてほしい、とグラディスが思うときがあるというのは、おそらく事実でしょう。私は子どもたちを愛していますし、彼らも私を愛していて、私たちの関係はすばらしいものです。もし私が発明家ではなく、型にはまったありきたりの仕事をしていれば、家でもっと多くの時間を過ごし、家族にもっと多くの注意を向けるでしょうが、その仕事は私がしたいと思うものではないかもしれませんね。だから、自分の仕事が好きでない人々が、家庭をより大事にしているのかもしれません。大いにあり得ることです。

六．創造的な人々は非常に謙虚であると同時に傲慢である。顕著なこととして、尊大で横柄だろうと思われる有名人に会ってみると、遭遇するのはむしろ、自己卑下と内気さだけということがある。しかし、こうならざるを得ない正当な理由がいくつかある。第一に、これらの人々は、自分たちがニュートンの言葉で言う「巨人の肩の上に」立っていることを十分に自覚しているのである。自分たちが働く領域への敬意によって、領域にこれまでなされてきた数々の貢献の長い歴史を意識するようになり、それによって、みずからの貢献を俯瞰することになる。第二に、自分たちの業績における運の役割にも気づいているのである。そして第三に、たいていの場合、将来のプロジェクトや現在取り組んでいる課題に集中しているため、過去の業績は、それらがどれほど傑出したものであっても、彼らにとっては、もはやそれほど興味深いものではなくなっているのである。「これまで成し遂げてきたすべてを振り返ったとき、もっとも誇りに思うのはどれですか？」という問いに対するエリザベス・ノエル＝ノイマンの回答はその典型である。

何を誇りに思うかについて、考えたことはありません。間違いについての真相を知るとき以外、決して過去を振り返ったりしません。なぜなら、間違いは覚えていることが難しいですし、そこから結論を引き出すことも難しいからです。しかし、誇りに思っていることについて振り返るなんて、危険しか感じません。もし人々があることについて誇りに思っているかを尋ねてきたら、私はほんのちょっとだけ肩をすくめ、できるだけ早くそこを立ち去りたいと思います。私の人生の流儀はいつでも未来を見据えることで、楽しい思索はすべて将来についてのものだと説明するはずです。二十歳のときからずっとこうです。私は毎日をみずみずしく始めます。私にとってもっとも重要なことは、研究所を維持し、実証研究を継続することなのです。

神経心理学者、ブレンダ・ミルナーは、分野の場における偉大な業績と名声にもかかわらず、きわめて自己批判的で、自分が創造的であることにとても大きな疑念を抱いていると話す。カナダ人芸術家、マイケル・スノウは、多くの成功をもたらした絶え間のない実験へと彼を向かわせたものは、彼がこれまでずっと払い除けようとしてきた混乱と不安の感覚であると考えている。

創造的な人々の謙虚さを示すもう一つのものは、この質問がいかに頻繁に、その人を有名にした業績よりも家族に関する観点から答えられているかということにある。たとえば、フリーマン・ダイソンは「私が思うに、それは六人の子どもを育てたということです。そして、見る限り、六人とも皆おもしろい人間に育ったと思います。まさに、それがもっとも自慢できることだと思っています」と答えている。そしてジョン・リードも「そうですね。それは本当に……子どもの親であるということだと思います。私には四人の子どもがいます。何が驚きとたくさんの喜びの両方をもたらすかを言わなければならないとしたら、子どもたちととても仲が良く、彼らと一緒にいるのが楽しいことだと言うでしょう。こうしたことが、これほど楽しいことだとは思ってもみませんでした」と答えている。

もちろん、それと同時に、たとえどんなに謙虚であったとしても、これらの人々は、他者との比較において、自分たちがいかに多くのことを成し遂げてきたかを知っている。そしてこの認識が、安心感、そして、自尊感情さえももたらす。そして、これがしばしば自信として表現されるのである。たとえば、医学物理学者のロザリン・ヤローは、自分が始めたことの成功を、人生を通して一度も疑ったことがないと繰り返し話した。ジェイコブ・ラビノウはこの考えに対し、次のように同意する。「発明に取り組むとき、することがもう一つあります。それは、私が『存在の証明』と呼んでいるものです。これは、その発明は実現可能だということを前提にしなければならない、ということを意味しています。うまくいくことを前提にしなければ、人は挑戦さえしないでしょう。そしていつも、それがうまくいくということだけではなく、私はそれができる、ということを前提にしています」。ある人々は謙虚さを強調し、またある人々は自信を強調する。しかし、実際のところ、インタヴューを行った人々は、その両者を程良いバランスで兼ね備えているようであった。

この二重性を表現するもう一つの方法は、それを野心と無欲さ、あるいは、競争と協調性、という対照とみることである。創造的な人々は、時に野心的であり、攻撃的であることが求められる。それと同時に、しばしば、個人的な快適さや昇進よりも、取り組んでいるあらゆるプロジェクトの成功を喜んで優先させる。特に、競争の激しい分野の場や斬新さを導入することが難しい領域では攻撃性が要求される。ジョージ・スティグラーは次のように述べている。

あらゆる学者は、ある意味で、攻撃的だと思います。自分の属する学問分野を変えたいと思ったら、攻撃的でなければなりません。ここで、もしケインズやフリードマンのような人がいたら、彼らも世界を変えたいという点で攻撃的です。だからこそ、輝くような著名人になれるのです。しかし、それはとてもつらいゲームです。

ブレンダ・ミルナーは、自分がこれまで、言葉の面で、常に攻撃的であったと主張する。政治家で、全国的な草の根政治団体をいくつも創設したジョン・ガードナーは、同じ人間のなかに共存する穏やかな本能と攻撃的な本能の両者について的確に述べている。

私はカーネギー・コーポレーションの会長でした。とてもおもしろい人生を送ってきましたが、新たな挑戦が数多くあったわけではなく、波乱に満ちた人生というわけでもありません。私はしっかりと護《まも》られていたのです。ワシントンに行ったとき、自分自身についてそれまで知らなかったことを数多く発見しました。政治家が好きなのだと気づいたのです。私は彼らと仲良くなりました。これ以上ないというほどに、報道関係者への対応を楽しみました。そして、それから、自分が政治闘争を楽しんでいることに気づいたのです。それは、人々が抱くであろう私の自己イメージからまったくかけ離れたものでした。私はとても穏やかな人間です。しかし、こうしたことが起こるのです。人生はそういったものを人から引き出すのですね。今言ったように、私は学習に時間がかかる性質《たち》ですが、五十代半ばにして、いくつかの興味深いことを学びました。

数人の人々が言及したのは、キャリアの過程で、動機づけが自己中心的な目的から、より利他的な興味へと移行したということであった。たとえば、人類学者を経て小説家になったサラ・レヴァインは次のように語る。

つい最近まで、自分自身がもっと大きな名誉を勝ち取るためにのみ、創作があるのだと考えていました。本当に。今は、まったくそう思っていません。つまりこういうことです。もし自分のしたことが認められれば、それはすばらしいことです。しかし、もっとはるかに重要なことは、他の人々が学べるような何かを残すことです。そして、それは中年になってからできることだと思います。

七．あらゆる文化において、男性は「男性的」に育てられ、文化が「女性的」とみなす気質的な面を無視し、抑圧するように方向づけられる。一方、女性はその逆を期待される。創造的な人々は、いくぶん、こうした厳格な性役割の固定観念から自由である。若者たちに対して男性性／女性性のテストを実施すると、創造的で才能のある少女たちは他の少女たちよりも支配的でたくましく、創造的な少年たちは他の少年たちよりも繊細で攻撃性に乏しいことが、繰り返し見出される。

この両性具有的な傾向は、時折、純粋に性的な観点から理解され、その結果、同性愛と混同されてしまう。しかし、心理的な両性具有性はより広い概念であり、ジェンダーとは関係なく、攻撃的であると同時に慈しみ深く、繊細であると同時に厳格であり、支配的であると同時に従順であり得るという、一人の人間の能力を意味する。心理的に両性具有的な人は、事実上、自分の反応のレパートリーを倍増させ、世界との交流においては、より豊かで多様な見方で好機に対処できるのである。したがって、創造的な人々が自分のジェンダーの長所ばかりでなく、もう一方のジェンダーの長所を持つ傾向にあったとしても、それは驚くことではない。

私たちがインタヴューした人々のなかに、こうしたかたちの両性具有性を見出すことは困難であった――両性具有性の存在を測定するいかなる標準テストも実施しなかったことがその理由の一部である。にもかかわらず、女性の芸術家や科学者が、私たちの社会で育てられる一般的な女性たちよりも強い自己主張を示し、自信に満ちあふれ、あからさまに攻撃的であることは明らかであった。おそらく、私たちの研究協力者の男性に見られたもっとも際立った「女性らしさ」の証拠は、家族に対する気の遣い方と、他の男性であれば重要でないとして簡単に片づけてしまうような環境の微細な側面への感受性であろう。しかし、彼らは自分のジェンダーには一般的でないこれらの特質を持つ一方で、自分のジェンダーに一般的に特有とされる特質も保持していた。一般化すれば、性別を超えた特性に加えて、私たちの研究協力者の女性は完璧に「女性的」であり、男性は徹底的に「男性的」であった。

八．一般的に、創造的な人々は反逆的で独立心が強いと考えられている。しかし、まず、文化のある領域を内面化しなければ、創造的になることは不可能である。そして領域のルールを学ぶためには、人はそのような領域の重要性を信じていなければばならず、それゆえに、ある程度、伝統主義者でなければならない。したがって、人が、伝統的かつ保守的であると同時に反逆的かつ因習打破的であることなしに、どのようにして創造的であり得るかを考えることは困難である。伝統的でいるだけでは領域は変化しない。また、過去に評価されてきたものを無視し、絶えず危険を冒すことが、進歩として認められる斬新さに結びつくことはめったにない。芸術家、エヴァ・ザイゼルは、仕事の拠り所とする民族的伝統が「彼女の原点」であると語っているが、それにもかかわらず、彼女が生み出す陶器は、ニューヨーク近代美術館によって、現代デザインの傑作と評価されている。彼女は、革新をそれ自体のために行うことについて、次のように述べている。

> この何か異なったものを創り上げるという考えは、私の目標ではありませんし、そんなものは、誰の目標であってもならないでしょう。なぜなら、第一に、もしあなたがこうした工芸分野のいずれかのデザイナーだったり、あるいは遊び心をもった人であっても、長い期間にわたって仕事をしつづけなければならないのですから。それに、人と違ったことをしようとしても、常にそうしよう、なんて無理です。異なったものの後に、異なったもの、さらに異なったものが続きますからね。第二に、異なったことをしたいというのは、仕事の動機にはなり得ません。さらに——もし喋り過ぎていたら教えてください——、異なったことがしたいというのは否定的な動機であって、否定的な衝動からはどのような創造的発想も作品も生まれません。否定的な衝動は常にストレスを生み出します。異なるということは、こうでもないし、ああでもないということです。そして、この「何々のようではない」ということ——だからこそ「ポスト」という接頭辞を持つポストモダニズムは機能しなかったわけです。否定的な衝動が有効に作用することはありません。そして、どんな幸福な創作物も生み出しません。そうできるのは、肯定的な衝動だけなのです。

しかし、リスクを負おうとする意欲、伝統の無難さと袂を分かつ意欲も必要となる。経済学者、ジョージ・スティグラーは、この点を非常に強調する。

> 有能な人々にもっとも一般的に見られる欠点の一つは、勇気の欠如でしょう。彼らは安全なゲームをします。文献に書かれていることをそのまま受け取り、それにほんの少し何かを付け加える、といった具合です。たとえば、私たちの分野

の場では、二人の販売人がいる「二社独占」という状況を研究します。それではどうして、三人の販売人を想定し、それがどうなるか試してみないのでしょう。それは安全なゲームだからです。革新が生み出される際には、もしそれが興味深いものになるのであれば、あまり安全ではないゲームであっても、やってみなくてはなりません。それがうまくいくかどうかはわかりませんが。

九．多くの創造的な人々は自分の仕事にとても情熱的であるが、同時にきわめて客観的でもある。多くの人々は、この愛着と分離の矛盾から生じるエネルギーが、彼らの仕事の重要な一部であると述べている。なぜそうなのかという理由は、比較的明白であろう。情熱がなければ、すぐに難しい仕事に対する興味を失ってしまう。しかし、仕事に対して客観的でなければ、仕事はそれほど良いものにはならず、信頼性を欠いてしまう。それゆえ、創造のプロセスは、これら二つの極を交互に行き来する、何人かの回答者が陰陽交替と呼ぶ傾向を持っている。このことを、歴史家ナタリ・デイヴィスは次のように表現する。

時として私は、まるで過去を生き返らせようとしている母親のようです。私は自分のしていることが好きですし、書くことが好きです。私にあるのは、ある意味で、登場人物たちにふたたび生命を与えることに対する、かなり強い思い入れです。それは、物語の登場人物たち、過去に生きたこうした人たちを愛しているということを、必ずしも意味していません。でも、彼らについて発見をし、彼らや彼らの境遇を再現することは好きです。それから、自分の書くものから距離を置く方法を見つけることが、とても重要だと思っています。そうすれば、批判や反響を受け入れられなくなるほど、自分と仕事を同一化してしまうことがなくなるでしょう。これこそが、私と同じように、対象に対して強い思い入れの感情を持ってしまうことの危険性なのです。しかし、私はその危険性に気づいていますし、仕事から距離を置くことが特に重要だ、と思う瞬間にも気づくことができます。これはまさに、年齢の手助けがあってのことですね。

十．最後に、想像的な人々はしばしば、開放性と感受性によって苦悩と苦痛、そして、多くの楽しさにさらされる。彼らの苦悩は容易に理解できる。強い感受性は、私たちが通常感じない軽蔑や不安を引き起こす。多くの人々は、ラビノウの「発明家は苦痛の閾値が低いのです。いろいろなことが彼らを悩ませます」という言葉に同意するだろう。創造的な小説家がひどい散文を読んで傷つくように、ひどい設計の機械は創意に富んだ技術者に苦痛を与える。ある学問の最前線にたった一人でいることもまた、その人を批判にさらし、非難に対して無防備にしてしまう。名声は批判を招き、しばしば、悪意ある攻撃をも引き寄せる。長い年月をかけて、芸術家が彫刻を完成させ、また、科学者が理論を発展させたとしても、誰もそれに関心を示さなければ、それは悲惨としか言いようがないであろう。

数世紀前にロマン主義運動が興って以来、芸術家たちにはみずからの魂の感受性を示すために苦しむことが求められてきた。事実、これまでの調査では、芸術家と作家は精神障害や依存症の割合が著しく高いことが明らかとなっている。しかし、その原因はいったい何なのだろうか、何が影響しているのだろうか。詩人のマーク・ストランドは、次のように述べている。

憂うつやうつ病に悩み、みずから命を断った作家や画家たちの不運な事例がこれまでにたくさんあります。それが職業と関係しているとは思いません。たとえ作家でなかったとしても、彼らはうつか、アルコール依存症か、あるいは、強い自殺願望を持つ、といった感じだったでしょう。それはただ単に、性格学からみた特性なのだと思います。その性格学的な特性が、彼らをアルコールや自殺へと駆り立てたのと同じように、書くことや描くことに駆り立てたかどうかは、私にはわかりません。自殺願望を持たない、健康な作家や画家がたくさんいることはわかっています。一般的に言って、それは神話なのでしょう。それは、芸術家が死と隣り合わせのきわどい生き方をしていると言うにふさわしい、特別な雰囲気、性格的なもろさを彼の周りにつくり出します。そうした芸術家は、自分を取り巻く世界に対して、とても敏感で、感受性が強く、その世界に反応するよう強く駆り立てられるため、ほとんど耐えられなくなるのです。結果として、薬物かアルコールに逃避し、最終的に自殺するしかなくなってしまうのです。意識への負担はそれほど大きいのです。しかし、当然のことですが、意識への負担は――おわかりのように――自殺なんて思いもつかない人々にとっても同様に大きいのです。

人々に理解されづらい課題への深い関心や関与は、多くの場合、報われることがなく、嘲笑の的になることさえある。拡散的思考はしばしば、大多数の人々に規範からの逸脱と受け取られ、その結果として、創造的な人は孤立と誤解を感じることがあるかもしれない。こうした職業上の障害は、いわば、それがかかわる業界には必ずつきまとうものであり、どうすればある人が創造的でありつつ、同時にそうした障害に無関心でいられるかを理解することは難しい。

おそらく、創造的な人にとってもっとも耐えがたいことは、なんらかの理由で働くことができなくなったときに経験する喪失感と空虚感であろう。これは、自分の創造性が枯渇していくと感じるときに、特に辛いものとなる。そうしたときには、マーク・ストランドが暗示するように、自己概念のすべてが危機にさらされることになる。

> そうです。人が追求するに値すると感じるアイデアを思いついたときには、束の間の穏やかさ、満足感が存在します。このように感じる状態にはもう一つ別のものがあり、それは、完了したとき、つまり、取り組む価値があると思ったアイデアに可能な限り対応した状態のときにも起こります。そしておそらく、達成の高揚感に一日くらいは浸るでしょう。もう一段上に歩を進めて何かを考える必要はないと感じるわけですから、その日の夜には、いつもよりも一杯か二杯、多めにワインを飲んだりするでしょうね。
>
> そして、ふたたび仕事を始めます。始めたいと思うのです。しかし、時々、仕事の休止が一晩だけではなく、数週間、数カ月、あるいは数年も続くことがあります。書き上げるのに全力を傾ける本と本の間の休止期間が長くなれば長くなるほど、人生は辛く、もどかしいものになります。私が「辛い」と言うとき、おそらくそれは、人が感じるささいな落胆に対してはあまりに大げさな言葉でしょう。しかし、それがずっと続き、創作上の行き詰まり《ライターズ・ブロック》と呼ばれる、文章が書けない状態になると、痛々しく、辛い状態になります。自分のアイデンティティが脅かされますから。何も書いていなくて、でも、あなたは作家で、作家として知られているとすれば、いったい、あなたは何なのか、ということです。

しかし、その人が自分の専門領域で働いているときには、不安や心配事は消え失せ、それらは無上の喜びに変わる。おそらく、もっとも重要な特質、言い換えれば、創造的な人々すべてにもっとも恒常的に見られる特質とは、創造のプロセスそれ自体を楽しむ能力であろう。この特質がなければ、詩人は完璧を求めて努力することをあきらめ、営利本位の調子よく響く短い詩を書き、経済学者は大学の少なくとも二倍の給料が稼げる銀行で働き、物理学者は基礎研究をやめ、待遇が良く、多くの報酬が期待できる企業の研究所に加わるだろう。実際、楽しさは創造性の非常に重要な要素であり、その点については第五章で詳しく述べるつもりである。ここでは、この必要不可欠な構成要素を見失ってしまわないように、重要個所を示すマーカーとして一つの例を報告しておくことにする。
コンピューター科学者であり、数学者でもあるマーガレット・バトラーは、アメリカ原子力学会の特別会員《フェロー》に女性として初めて選出された人物である。自分の仕事について述べる際、私たちの多くの研究協力者と同じように、このおもしろさという要素、つまり、楽しさの要素を繰り返し強調した。「仕事において成し遂げてきたことで、もっとも誇りに思うことは何ですか？」という質問に対して、次のように答える。

そうですね、仕事として私が行ったことで、もっとも興味深く、心が躍ったことは、アルゴンヌ国立研究所でコンピューターを作っていた若いころのことだと思います。チームを組んで、世界初のコンピューターの一つを設計していました。染色体の走査や自動染色体分析を試みるために、生物学の分野の人々とイメージ分析のソフトウェアを開発しましたが、それが四十年以上の研究所生活のなかでもっとも楽しかったことです。

仕事でもっとも誇りに思うことは何かという質問に対し、このように楽しさや興奮を強調する答えが返ってきたことは興味深いことである。その後、彼女は以下のように述べている。

働いて、働いて、働きました。人というものは、一生懸命働きます。最善を尽くすものです。染色体のプロジェクトに取り組んでいるときには、ジム［彼女の夫］と私は、時々、そこで一晩中働くこともありました。朝、外に出てみると、よく太陽が昇ってきたものです。科学とはとても楽しいものですよ。そして、女性はもっと楽しむ機会を持つべきだと思います。

野心や金を儲けたいという願望がもとになれば、私もバトラーと同じくらい一生懸命に働くかもしれない。しかし、もしその仕事を楽しめないのなら、心がその仕事に完全に集中することはない。私の注意は時計に移るか、あるいはもっとおもしろいことをする空想に、またはその仕事に苛立ち、それが早く終われと願うことに絶えず向かいつづけるだろう。こうした注意の分散、つまり生半可な関与は、創造性とは相容れない。そして、たいていの場合において、創造的な人々は仕事だけではなく、人生の他の多くの活動も楽しんでいる。正式に退職した後に何をするかを語る際、マーガレット・バトラーは、彼女がするすべてのことに、楽しむという言葉を使っている。彼女の楽しみは、数学の研究を続ける夫の手助けや、アメリカ原子力学会向けの女性たちのキャリアガイドの執筆、女子学生が科学に興味を持てるようにするための教師たちとの協同、女性科学者のための支援グループの組織、読書、地域の政治活動への参加にある。

以上述べてきたように、十のペアからなる対照的な性格特性は、創造的な人々のもっとも顕著な特徴であろう。もちろん、このリストにはある程度の恣意性が含まれている。他の多くの重要な特性が除外されている、という議論も可能かもしれない。しかし、心に留めておくべき重要なことは、これらの矛盾する特性――あるいは、矛盾するどのような特性であっても――を、通常、同一人物のなかに見出すことは困難だということである。しかし、第二の極がなければ新しいアイデアは認識されないだろう。そして、第一の極がなければ、そうしたアイデアは人々に受け入れられる段階にまで発展することはないであろう。したがって、領域を変えるほどの持続性をもった斬新さは、たいていの場合、こうした両極性の両端で機能することのできる人の仕事なのである――そして、そのような人のことを、私たちは「創造的」と呼ぶのである。

第四章　創造性の働き

　ある領域に変化をもたらすような斬新さにつながる、単一の連続する心的段階といったものは存在するのだろうか？　別の言い方をすれば、すべての創造的産物は単一の「創造プロセス」の結果なのだろうか？　多くの人々、そして多くのビジネス・トレーニング・プログラムは、「創造的思考」が何から構成されているかを理解しており、それを教えることができると主張する。しかし、たいていの場合、創造的な人々は独自の理論をもっている――そして、それらはしばしば、互いに大きく異なっている。ロバート・ガルビンは、創造性《クリエイティヴィティ》は予測と関与から成り立っていると言う。予測とは、あるものが将来的に重要となるという洞察を、他の誰よりも先に抱くことを意味している。関与とは、疑念や落胆にもかかわらず、その洞察の実現に向けて人に努力をさせつづける信念のことである。

　他方で、経営学の権威、ピーター・ドラッカーは、この研究への参加を辞退する手紙のなかで、彼の業績を可能にした四つの理由を挙げている（五つ目の理由には、このような研究に決して参加しないことを挙げている）。

(a)これまで生産的でいられた理由は、いつも一人で仕事をしてきたからで、部下や助手、秘書、その他の時間の浪費をもたらす人々に時間を使う必要がなかったからです。それに(b)私は決して大学のオフィスを使いません。大学で講義をし、もし学生が私に会いたければ、彼らに昼食をごちそうしてあげます。それから(c)私は二十歳のときからずっと仕事中毒なのです。そして(d)ストレスが楽しいので、締め切りがないと元気がなくなってしまいます。もしそうでないと――うぬぼれているのかもしれませんが、私は生まれつきゲーテの『ファウスト』の第二部に登場する衛兵のようだったのです。

Zum Sehen geboren
Zum schen bestellt
（「見るために生まれ、
見るを勤めとする」）

〔岩波文庫『ドイツ名詩選』檜山哲彦訳より〕

しかしながら、領域が互いにいかに異なったものであるかということ、そして課題の多様さや個人には異なる強さや弱さがあるということを考えれば、人々がどのようにして斬新なアイデアや成果にたどり着くのかということに関して、多くの類似性を期待すべきではないであろう。しかし、ある共通の糸が領域の境界や個人の特異性を横切って走っているように思える。それらの糸は、分野の場が創造的だと認めるような結果につながりそうな方法で問題に取り組むために必要とされるものの、中心的な特徴を構成するだろう。このプロセスを、イタリアの作家、グラツィア・リビが、彼女の短篇小説のひとつをどのようにして書き上げたかという記述を例に説明しよう。

物語を書くこと

ある日、リビは彼女の投資ポートフォリオを管理しているファイナンシャル・アドバイザーに会うために銀行に出掛けた。そのアドバイザーはリビが以前会ったことのある女性であった。完璧に身だしなみを整え、冷静で、厳格で、せっかちで、成功すること以外にはほとんど興味を示さない、現代のキャリアウーマンの典型のように、リビには思えた。お金と出世以外に夢のない、私生活を欠いた人のように思えた。その日の約束はいつもの調子で始まった。アドバイザーはよそよそしく、無愛想に見え、そっけなく淡々とした声でリビに質問した。そのとき、電話のベルが二人の会話を中断した。リビにとっての驚きは、その女性が電話を取ろうと顔を向こうに向けた瞬間、彼女の顔つきが変わったことであった――彫りの深い顔立ちは和らぎ、固いヘルメットのような髪さえビロードのように柔らかくなった。姿勢はリラックスし、優しく撫でるような低い声に変わった。リビは電話の向こう側にいる人の姿をすぐにイメージすることができた。それは、マセラティに乗った、ハンサムで、日焼けした、くつろいだ感じの建築家であった。銀行から戻ると、リビはこうした目的のために手元に置いてある日誌を取り出し、自分自身に向けたメモをいくつか書き留め、その後すぐにその出来事を忘れてしまった。

数カ月後、日誌を読み返していたリビは、銀行でのエピソードの記載と、成功のために身を整えて美容院に何時間も座っていた一人の女性、そして過去数年間に出会った似たタイプの女性たちに関する記載に、ある関連性を見出した。感情についての発見をしたという強い感覚に襲われた。ここには女性たちの現代的な苦悩についての洞察があった――対立する要求の間で引き裂かれた女性たち――それは真実の物語を生み出し得るものであった。その洞察は見たものを表現するという意味では正しくはない――銀行の女性は実際には母親か子どもと話をしていたのかもしれなかった――が、しかし、多くの女性たちがビジネスの世界で戦っていくために攻撃的で冷淡でなければならない一方で、みずからが女性らしさとして考えているものをあきらめられないという、私たちの時代に広く行き渡った状況にとって正しい洞察であった。そして彼女は、決して実現することのないデートのために一日中身支度をするキャリアウーマンについて書きはじめた――それはすばらしい物語であった。そしてそれは、きわめて古い筋立てだからではなく、登場人物の感情の流れが現代における経験を心が痛むほど的確に描き出しているからすばらしいのであった。

リビの物語が文学の領域に変化をもたらすことはないであろう。そしてそれゆえに、それは最上級の創造性の例とは言えない。しかし、リビの作品は将来の短篇コレクションに含まれてもおかしくはないものである。なぜなら、それは現代的な類型のきわめて優れた一例だからである。そして、領域を拡張する限りにおいて、それは創造的な貢献としての資格を有している。では、リビが行ったことを分析する方法、言い換えれば、その物語を書いているときの彼女の心理的プロセスがどのようなものであったのかを、より明確に理解する方法はあるのだろうか？

従来、創造のプロセスは五つの段階で説明されてきた。最初の段階は準備の期間であり、意識的か否かにかかわらず、興味深く、好奇心を掻き立てられる、一連の扱いにくい問題に没頭する時期である。グラッツィア・リビの場合、現代女性の感情的なジレンマは、自分の作品に対する賞や論評、そして出版の機会を勝ち取ろうと懸命に戦う作家として、また、執筆活動と母親としての責任のバランスをとろうと懸命に生きる一人の女性として、個人的に経験したものであった。

創造のプロセスの第二段階は潜伏期である。この期間、識閾下でさまざまなアイデアが激しく動き回る。アイデアの独特な結びつきが生まれる可能性が高いのは、まさにこの時期においてである。ある問題を意識的に解決しようとするとき、私たちは直線的で論理的な仕方で情報を処理する。しかし、さまざまなアイデアを直線的で狭い経路へと導かず、アイデアどうしが勝手に互いを招きあうとき、予期しない組み合わせが生じてくることがある。

創造のプロセスの第三の構成要素は、時折、「アハー！」の瞬間と呼ばれる洞察である。浴槽に入ったアルキメデスが「ユリイカ！」〔ギリシャ語で「我発見せり」の意味〕と叫んだ瞬間やジグソーパズルのピースが一つになった瞬間などがそれにあたる。実生活では、いくつかの洞察は、潜伏、評価、仕上げの期間に散りばめられて存在しているかもしれない。たとえば、リビの短篇小説の場合、重要な洞察が訪れた瞬間が少なくとも二回ある。最初の洞察は電話によって態度を一変させた投資アドバイザーを見たとき、二つ目の洞察は日誌のなかの類似の記載に関連性を見出したときである。

創造のプロセスの第四の構成要素は評価である。つまり、その洞察が重要で、追究するに値するか否かを決定しなければならないときのことをいう。多くの場合、この段階はプロセスのなかでもっとも感情的に辛い部分であり、まったく確信がもてずに不安を感じる時期である。また、この段階は、多くの場合、その領域の内面化された基準やその分野で内面化された意見が優勢になる時期でもある。このアイデアは本当に斬新なのか、それは明白なのか？同僚たちはそれをどう思うだろうか？　それは自己批判、魂の探究の期間である。グラッツィア・リビにこうした変化の多くが起こったのは、日誌を読み通して、どのアイデアを発展させようか決めたときであった。

創造のプロセスの最後となる第五段階は仕上げである。もっとも時間を要し、もっとも苦労が必要になるのはおそらくこの段階である。エジソンが創造性は一%のひらめきと九九%の努力から成っていると言ったとき、彼が指し示していたのはまさにこの段階のことである。リビの場合、仕上げの段階は物語の登場人物を選び、物語の筋を決めて、直観で感じた感情を言葉の連続のなかに翻訳していくことにあった。

しかし、もしこの準備から仕上げに至る古典的なフレームワークが、あまりにも文字通りに受け取られてしまうと、それは創造のプロセスのきわめてねじ曲げられた構図を提供してしまうことになる。創造的な貢献をする人は、最後の長い仕上げの段階をただ単に苦労して進むわけではない。創造のプロセスのこの部分は、潜伏期のいくつもの期間によって継続的に中断され、突然のひらめきがその間に入ってくる。人が最初の洞察にちょうど区切りをつけようかというときに、多くの新鮮な洞察が現れるのである。グラツィア・リビが登場人物の描写のための言葉を見出そうと苦悩していたとき、彼女が創り出そうとしているパーソナリティにとって、最初に思い描いていた感情よりももっと「適切な」新たな感情が、言葉そのものから提示されることがあった。これらの新たな感情は、次に、行動、つまり彼女がそれ以前には考えもしなかった筋の展開を提案してきた。そして、創作が進むにつれて、その登場人物はさらに複雑で微細な差異に富むようになり、話の筋はさらに精巧で魅力あるものになっていった。

このように、創造のプロセスは直線的というよりは再帰的である。そのプロセスがどれほど多くの反復を経験し、どれほど多くの循環を含み、どれほど多くの洞察を必要とするかは、扱われている問題の奥深さや幅の広さによる。時には、潜伏期が数年間つづくことがある。その一方で、潜伏期が数時間の場合もある。時には、創造的なアイデアが一つの深遠な洞察と数えきれないほどの小さな洞察を含んでいることがある。ある場合においては、進化の理論に関するダーウィンの定式化のように、根本的な洞察が個別で無関係ないくつものひらめきのかたちでゆっくりと現れて、一貫したアイデアへと合体するまでに何年もかかることもある。ダーウィンが自分の理論の暗示するものをはっきりと理解するころになると、その理論はもはや洞察とはほとんど言えないものになっていた。なぜなら、その理論を構成するものは、過去のさまざまな時に彼の思考に現れて、時間をかけてゆっくりとお互いに結びついてきたからである。それは、小さな「ユリイカ」の連続から成り、人生を通じて築き上げられた稲妻のごとき「アハー!」であった。

科学界における名声をフリーマン・ダイソンにもたらした創造のプロセスについての彼自身の説明は、もっと直截的なものである。一九四〇年代の後半、ダイソンは量子力学の原理から電気力学を理解できるものにしようとしていたリチャード・ファインマンの学生であった。この課題の成功は、電気の法則の転換を意味しており、その結果、電気の法則が素粒子の挙動のより基本的な法則と一致することとなった。それは偉大なる単純化であり、物理学の領域における歓迎すべき秩序立てであった。不幸なことに、ほとんどの同僚が、ファインマンは何か深遠で重要なところに至っていると感じていたにもかかわらず、たいていの場合、中間部分を飛ばして初めから直接終わりに議論を展開してしまうため、彼が要点の証明のために使ったメモ書きやスケッチを理解できる者はきわめてわずかであった。同時期に、もう一人の物理学者、ジュリアン・シュウィンガーも、量子力学の原理と電気力学の原理の統一化に取り組んでいた。シュウィンガーは多くの点でファインマンの対極にあった。ゆっくりと几帳面に働く人物で、完璧主義者であったため、取り組んでいる問題の解を見つけたと安易に主張することはなかった。コーネル大学のファインマンのもとで働いていたフリーマン・ダイソンは、あるとき、シュウィンガーの連続講義を受ける機会に恵まれた。そしてその機会が彼にもたらしたものが、ファインマンの直観的飛躍とシュウィンガーの徹底的な計算を統合し、量子の挙動が電気的な現象とどのようにかかわっているのかという謎を、一気に解き明かすアイデアだったのである。ダイソンが著作を終えた後、ファインマンとシュウィンガーの理論は理解が可能となり、二人はノーベル物理学賞を受賞する。しかし、同僚たちのなかの何人かは、もしノーベル賞にふさわしい人物がいるとすれば、それはダイソンであると感じていたのであった。ダイソンはその功績へと至った過程を次のように表現している。

一九四八年の夏でしたから、当時二十四歳でした。事実上、物理学者たちの集団全体が集中している大きな問題がありました。物理学はたいていそのようなものです——すべての人が取り組んでいる、とりわけ魅力的なある問題があって、それは一つの時代に一つといった具合です。そして、その時代においての大きな問題は、放射線と原子の理論で、量子電気力学と呼ばれていました。その理論は混乱していて、それを使ってどう計算をすればいいかを理解している人は誰もいませんでした。それはあらゆる種類のさらなる発展を遮るようなものでした。だから、誰かがこの理論を使ってどう計算すればいいのかを習得する必要があったのです。理論が間違っているという問題ではありませんでした。どういうわけかきちんと組織立っていなかったために、人々が計算をしようとしても、ゼロや無限大といった馬鹿げた答えばかりが出てきていました。それはともかく、当時、シュウィンガーとファインマンという、どちらも私より五歳年上の人たちと関係する、二つの偉大なアイデアが登場しました。彼らのどちらもが放射線についての新たな理論を作り上げていましたが、その理論はうまくいくように見えるものの、どちらにも困難がともなっていました。私は彼ら二人と親交を持つという幸運な立場にいました。そして、彼ら二人をよく知るようになり、ともに働くようになりました。

私は六カ月の間、彼らのアイデアをしっかりと理解するために一生懸命に働きました。それは、単に、とにかく一生懸命に計算をするということを意味していました。よく、何日も何日も椅子に座り込み、分厚い紙の束を使って計算をしたものです。すると、ファインマンの言っていたことが正確に理解できるようになったのです。そして、六カ月が経とうとするころ、休暇をとることにしました。グレイハウンド・バスに乗ってカリフォルニアに行き、ただぶらぶらと数週間を過ごしました。この仕事はイギリスから着いてすぐに始まっていたので、それ以前にアメリカ西部に行ったことがなかったのです。仕事は何もせず、ただ観光をしてカリフォルニアで二週間を過ごした後、プリンストン大学に戻るためにバスに乗りました。カンザス州を通過していた真夜中、何か突然、全体が水晶のように鮮明になりました。それは私にとってある種の大きな啓示であり、ユリイカ体験と人が呼んでいるものでした。突然、全体像が鮮明になってシュウィンガーのアイデアが美しいほどぴったりとそこに当てはまり、そして、ファインマンのアイデアも美しいほどぴったりとそこに当てはまって、本当に有効な理論が生まれたのです。それは、私の人生の大きな創造的瞬間でした。その後、詳細を詰めるためにさらに六カ月を費やし、それらをすべて書き上げました。最終的に、それは『物理学評論《フィジカル・レヴュー》』の二本の長い論文になり、それが科学の世界への私のパスポートになったのです。

古典的な型の創造のプロセスで、これ以上わかりやすい実例を想像することは困難であろう。それはまず、物理学という分野に熱中し、その領域にとって重要な何かを付け加えるための次の機会が横たわる場所を、教師や同僚から感じ取っていたダイソンから始まる。彼はその領域と分野の両方に対して特権的につながっている——関係する二人の中心人物と個人的に知己の間柄である。彼は自分の問題を見出し――その領域における二つの主導的な理論に折り合いをつけること――、意識的に方向づけられた六カ月間の辛い準備期間を経験する。そして、次に彼が費やしたのが、二週間のリラックス期間であり、過去半年の間に集められたいろいろなアイデアが、その期間に孵化し、整理され、互いに共振する機会を得たのである。これに続いたのが深夜のバスで不意に生じた突然の洞察である。そして最終的に、その洞察を評価し、詳しく述べるための、さらなる六カ月の懸命な取り組みがある。アイデアは分野の場――この場合であれば、『物理学評論《フィジカル・レヴュー》』の編集者たち――に受け入れられ、ようやくその領域に加えられる。そして、しばしばそうであるように、その功績に対する称賛のほとんどは、それを書き記した著者には直接向けられず、その著者の功績の基になった人々の仕事に向けられるのである。

五つの段階で創造のプロセスを考えるのは、あまりに単純化し過ぎているかもしれないし、誤解を生じかねないが、それは、関連しあった複雑なものを体系化するための、比較的妥当でわかりやすい方法を提供してくれる。創造的な人々がどのように働いているのかを記述するために、最初の期間である準備の段階から始めて、これら五つのカテゴリーを用いるのは、そのためである。しかしながら、後に何が来るのかというときに、五つの段階は現実には排他的ではなく、そのプロセスが完了するまでに、多くの場合、重なりあい、何回か繰り返されるということを、覚えておくことが重要である。

問題の生起

時として、なんの準備もしていないのに創造的発見に到達することがあり得る。写真原版が腐食する理由を発見しようとして、その過程で放射線を発見したレントゲンがそうであったように、幸運な人はまったく予想できない状況へと単純に転がり込む。しかし、たいていの場合、準備を整えた精神、つまり解決の難しい所与の課題に長く懸命な思考を重ねた精神に対して洞察が生じてくる傾向にある。一般的に、問題が生じてくる主要な源泉には三つある。すなわちそれは、個人的経験、領域の必要要件、社会的圧力である。そして、ひらめきをもたらすこれら三つの源泉は、多くの場合、協働的で、互いに絡み合っている。しかしその一方で、現実はそうでないが、それらがまるで独立して作用しているかのように個別に考えるほうが簡単なのである。

問題の源泉としての人生

キャリアと女性であることが繰り広げる葛藤の物語についてのグラッツィア・リビのアイデアが、女性としての彼女自身の経験に影響を受けていたことはすでに見てきた通りである。グラッツィアが幼い少女だったころから、両親は二人の兄弟が教育を受けて成功することを期待する一方で、グラッツィアと妹には伝統的な主婦として育つことを期待していた。グラッツィアは生涯、彼女のために切り取られた役割に反抗しつづけた。結婚をして子どもをもっても、自分の力で成功しようと決意していた。日記に書き留めたキャリアウーマンを含め、さまざまなエピソードに彼女が敏感であったのは、彼女自身の人生におけるこうした直接的な経験があったためである。

問題をはらんだ要素が人生の経験から生じることは、芸術家、詩人、人文主義者の作品一般に、きわめて容易に見て取れる。二人のノーベル賞受賞者と他に多くの卓越した男性科学者を輩出した家族のなかで「お荷物」とみなされていたエヴァ・ザイゼルも、伝統的な家族の利害関係を打ち破り、独立した芸術家になることで、ゆくゆくは自分自身を証明しようと決心した人であった。彼女の陶芸の創造的アイデアは、そのほとんどが、二つの対照的な、自分自身に課せられた必須要件の間の緊張関係から生まれている。それは、人間の手にしっくりと馴染み、伝統に裏打ちされてはいるが、現代のテクノロジーによって安価で大量生産できるということである。

アンソニー・ヘクトやゲオルク・ファルディ、ヒルデ・ドミンのような詩人たちは、日々の印象や出来事、そして特に感情を、索引カードやノートに書き留める。これらの蓄積された経験が、作品が発展していく原材料になるのである。「ラッドノーティーという詩人の友人がいて、私には残酷と思われる詩を書いていました」とファルディは言う。「強制収容所で苦難を経験した後、その経験は彼を根本から変えました。そして、彼はすばらしい詩を書いたのです。苦難は悪いことではありません。それは大いに人を助けます。あなたは幸福について書かれた小説を知っていますか？　あるいは、幸せな人々についての映画はどうでしょうか？　私たちはあまのじゃくな種族で、苦しみのみが私たちの興味を引きつけるのです」。そして、彼が次に述べたのは、詩を書きはじめるのに必要なひらめきを得ようと、美しいバンクーバー島の小屋の中で座っていたときに、どうしてもおもしろいものが浮かばなかった状況についてであった。そのとき、最終的に、一連の強烈なイメージが彼の脳裏に浮かんだ。五人の秘密警察官がボートでやってきて、小屋に押し入り、窓から海へと彼の本を捨て去って、シベリアまで五千マイルも彼を連行し、容赦なく叩きのめす――詩としてはすばらしいシナリオだが、彼にとってそれは、不幸にして、非常に馴染みのあるシナリオでもあったのである。

また、歴史家、ナタリ・デイヴィスは、取り組んでいるプロジェクトを次のように説明している。それは、一人がユダヤ人、一人がカソリック教徒、一人がプロテスタント教徒という十七世紀の三人の女性たちが、「女性にとっての冒険の源泉」を探しに出る本である。

全員が中年の女性という意味では、彼女たちは私自身とも言うべき人々です。もっとも一つのケースではおばあさんですが――私もそうです――。だから、私がこのまったく特異なプロジェクトを始めたのは、決して偶然ではないとずっと考えています。

画家のエド・パシュケは、毎日、雑誌や新聞から興味を引かれた数十のイメージを切り取り、それらの風変わりでおもしろい切り抜きを箱の中に保管し、そして時々、ひらめきを求めてそれらに帰っていく。時代を映し出すこうしたイコンを引っ掻き回すことで、壁に投影する、皮肉たっぷりの絵画的批評の出発点として使えるイメージを見つけるのかもしれない。別の画家、リー・ナディングは、自然と科学技術の闘争に関係する新聞の見出し――「希少な魚を脅かしているダム」や「アイオワ州でゴミを満載した列車が脱線」など――を切り抜いて、カンバスをひらめきで満たすために、最終的にその一つを使う。なぜナディングがこうした出来事に敏感なのかを理解するのに、キャリアのうえで成功を収めつつあったときに自殺してしまった愛すべき兄の存在を知っておくことは役に立つ。この兄はもっとも権威のある科学研究所の一つで働いていたが、そこでの競争や身近で感じていた、人間への影響に対する関心の欠如に失望していった。ナディングは兄の死の一因となった科学を決して許すことができず、科学の果実によって引き起こされる脅威のなかに、芸術的問題意識の源を見出しているのである。

芸術家は「現実」の生活のなかにひらめきを見つける——愛や不安のような感情、生と死のような出来事、戦争の恐怖、そして、田舎での平和な午後などである。しかし、問題意識の選択において、芸術家は領域や分野の場の影響も受けているということを、後で少し確認しよう。すべての絵画は先行するあらゆる絵画の歴史を反映しており、そして、すべての詩は詩の歴史を反映していると言われてきた。しかし同時に、絵画と詩は、芸術家自身の経験からも、明らかにひらめきを得ているのである。

科学者たちの経験は、はるかにもっと一般的ではあるが、おそらく重要性では劣らぬあり方で、扱っている問題と関係している。こうした事情は、科学者たちが取り組む課題に持ち込む、根本的な興味や好奇心と関係している。アン・ロウによって実施された、創造的な科学者に関するもっとも初期の研究の一つは、研究協力者であった化学者と物理学者が子どものときに物質の属性に関心をもつようになったのは、子ども時代の普通の関心がそれらに触れることを許さなかったためであると結論づけている。彼らの両親は感情的に疎遠で、彼らは友達も少なく、運動面でそれほど優れているわけでもなかった。おそらく、この種の一般化は大雑把に過ぎるかもしれないが、しかしその根底にある基本的な概念——若者は幼年期の経験によってある範囲の問題に関心をもつようになる——は、おそらく信用できるものであろう。

たとえば、物理学者のビクター・ヴァイスコップは、かつて若いころ、友人とオーストリア・アルプスを登ったときに感じた畏怖と驚きの感覚を感情豊かに描写している。マックス・プランクやヴェルナー・ハイゼンベルク、ハンス・ベーテといった、彼の世代の偉大な物理学者たちの多くは、原子や星の動きの理解へと彼らを突き動かしてきたものが、高い山の頂や夜の空を見たときに感じた高揚感であると述べている。

ライナス・ポーリングが科学に興味を抱いたのは、二十世紀への変わり目のポーランドで薬剤師をしていた父親が、彼に薬局の奥で粉末状の薬や一服分の薬の混合を許したときであった。若いポーリングは、二つの異なった物質が完全に別の第三の物質へと変わる事実に魅了されていった。まったく新しいものを創り出せるという神のような感覚を経験したのであった。七歳までには、薬剤師が当然知っておくべき基本的な化学元素と配合情報が載っている分厚い薬局方を読み終え、実質上、これを記憶してしまった。物質がどのように変化し得るかに向けられたこの幼年期の好奇心が、その後の八十年間に及ぶポーリングのキャリアを突き動かしてきたのであった。心理学者のドナルド・キャンベルは、新たなアイデアを思いつく学者とそうではない学者の違いは、しばしば、好奇心の違いにあると主張する。

教授仲間には、研究を続けるべきだということがわかっているのに、周りを見渡しても、自分を魅了する研究対象を見つけることができない人々がたくさんいます。一方、私には取り組みたくて仕方がないけれど、解決には至らないだろうと感じている問題が、軽く手をつけたまま散乱して、積み上がっています。多くの才能あふれる人たちが、取り組む価値があると感じる課題を考えつかないでいます。私には興奮させてくれる小さな問題があるのですから、今のところ、私は恵まれていると思っています。

燃えるような好奇心や生き生きとした興味がなければ、重要で新しい貢献が行えるほどに長い間、辛抱することはできないようである。ほとんどの場合、この種の興味は知性にのみ関係しているわけではない。たいていの場合、深い感情やなんらかの解決を必要とする記憶に刻まれた経験に根差している――そして、その解決は新たな芸術表現や新たな理解方法によってのみ成し遂げられるのである。金持ちになり、有名になりたいという欲望によってのみ動機づけされる人は、前進するために懸命に奮闘するであろうが、しかし、必要とされるものを超えて働き、既知のものを超えて進み出る、という誘惑をほとんど感じないであろう。

過去の知識の影響

問題意識をもたらすもう一つの主要な源泉は領域それ自体である。個人的な経験が通常の解決法では解決できない緊張を生み出すように、ある記号体系のなかで働くことも緊張を生み出す。芸術と科学の両方において、創造的な解決方法のためのひらめきは、「領域の最先端のもの」が提起する葛藤から繰り返し生まれてくる。すべての領域には独自の内的な論理、つまり、発展のパターンが存在しており、その内部で働く人々はこの論理に反応しなくてはならない。一九六〇年代の若い画家たちには二つの選択肢があった。それは、流行していた抽象表現主義のスタイルをとるか、それに反抗し、成長できる方法を見出すかであった。二十世紀初期の自然科学者たちが直面したのは、物理学における量子論の発展であった。物理学に加え、化学、生物学、天文学におけるもっとも挑戦的な問題のほとんどが、これらの新しい領野に量子論を応用できるという可能性によって生まれた。フリーマン・ダイソンの量子電気力学への関心はそのほんの一例に過ぎないのである。

後に科学史へ目を向けた物理学者、ジェラルド・ホルトンは、領域において問題とされる課題が、個人的に感じられた葛藤とどのように融合し、それによってどのように個人のライフワークのテーマを提示してくれたのかを、明快に説明している。ハーバード大学の大学院生として、ホルトンは論理実証主義の目のくらむような雰囲気に浸っていた。彼の教師や学生仲間たちは、科学が絶対論理に従った活動に還元できることを証明しようと、躍起になっていた。直観的なものや形而上学的なものがこの領域に受け入れられることはなかった。しかし、ケプラーやアインシュタインの仕事の進め方についての本を読んだホルトンは、周囲の人たちが当然と考えている科学が、もっとも有名な科学的大発見のいくつかに適用されないと感じはじめていたのであった。

私はこうしたモデルが機能しないことに気づきました。つまり、実際には、こうした人々がとても好んでいたある種の前提が、科学的プロセスの一般的説明に組み込めないと気づいたのです。たとえば、科学について思考する方法とは、プロトコル命題や意味の証明理論など、彼らがとても大事にしていたすべてのもの、そういったものの観点から思考することではなかったのです。しかしこうした前提は、もっとも優秀な人たちが喜んでお金や評判、時間、人生そのものを注ぎ込む対象であり、彼らは反証が突きつけられても、しばらくの間それに固執しつづけました。実際のところ、何の証拠もない概念に取り憑かれていたのです。私はそれと本気で格闘する必要がありました。

そして、私が主題的命題という概念を思いついたのはまさにこのときです。つまり、ある人々は、それまで主題として中心的であった概念に浸りきってしまっているため、そうした概念が、反証にさらされる期間を経てもなお生き残ってしまうということに、私は気づいたのです。そうしたことは実証主義や経験主義の論理とは関係のないものでした。

ホルトンは、彼自身の知的な問題意識の発生を、知的環境のなかで何かが偏っているという感覚と個人の関心の結合体として表現している。

研究プロジェクトは、詳細には説明できない、ある内的に魅了された状態、つまり、その人の人生や運、反抗すべきものの存在で生まれてきた、独自の心構えによってある程度決まります。つまり、他の人々がやっている物事に不満をもっているという、そのことが、その心構えを生み出すのです。

知的な問題意識は特定の領域には限定されない。たしかに、もっとも創造的といえる大発見のいくつかは、一つの領域でうまく機能するアイデアを別の領域へと移植し、その領域を再活性化させるときに生まれている。物理学の量子論が化学や天文学などの隣接分野に広く応用されたことは、まさにこれに当てはまる。創造的な人々は、垣根を越えた領域の同僚たちが行っていることに、常に敏感なのである。近年、マンフレート・アイゲンは非有機的な進化を研究室で再現しようと試みているが、彼は物理学、化学、生物学から多くの概念や実験手法を寄せ集め、結びつけている。そうしたアイデアの集合は、部分的ではあるが、さまざまな分野の同僚たちとの長年にわたる会話から生じている——彼はスイスで行われる非公式の冬季会合にそうした人々を招待したのであった。

私たちの回答者の大多数は、みずからの領域に存在する緊張からひらめきを得ているが、その緊張は別の領域から眺めることによって明らかとなっている。みずからを学際的だと考えていない人たちでさえ、最高の業績はいくつかの理論的な領野を跨いでいる。彼らの歴史は、聡明な若者が一つの分野の排他的な専門家となり、幅広さを徹底的に避けるよう訓練を受けるといった、過度に専門化した学問知識に対し、疑問を投げかけるものである。

さらに、既存の領域の記号体系に収まりきらない問題を、「現実」の生活のなかで感じ取る人々がいる。バリー・コモナーは生物物理学者として訓練を受けたが、学問的な取り組みの形式主義から抜け出し、水質やごみの廃棄といった問題との対峙を決意した。彼の問題意識は学問分野ではなく、実際の生活上の不安によって明確にされる。

ええ、私は生化学や生物物理学においてとても良い評価を得ることができました。初期のころには、すべての論文が学術誌に掲載されました。しかし、さまざまな点で、そして、さまざまな理由で、現実世界が抱える問題に関係した仕事をするようになっていきました。時には、私の論文が学術誌に載ることもあるでしょうが、それはただの偶然ではありません。

第二次世界大戦世代の科学者たちが歳をとるにつれて、学問の世界は現実の世界からかなり分離してしまいました。学問的業績は学問分野に左右され、方向づけられていますが、私には、そうしたことがとてもつまらなく思えます。学問の世界に行き渡っている哲学は還元主義です。それは物事に対する私の取り組み方の正反対にあって、私はそうしたことに興味がありません。

これが、過度に制約的になりつつある領域、そして、自分たちが活動している記号体系が現実の一部でしかないにもかかわらず、現実を広く網羅していると誤解している領域のメンバーたちに対する典型的な反応である。コモナーの感情は、教会会議が留め針の頭の上で何人の天使が踊れるかを時間をかけて議論していたときに、ビザンティウムの若い学者たちが感じたであろう感情に似ているかもしれない。ある分野の場が自己言及性を強めて、現実から切り離されてしまうと、それは的外れなものとなるリスクを冒してしまう。領域の厳密さに対する不満こそが、しばしば、偉大な創造的進歩を可能にするのである。

もちろん、領域の規則を学ばなければ、人が領域によってひらめきを得ることはできない。芸術家であろうと科学者であろうと、インタヴューしたすべての人が、基本的知識の重要性、つまり、その学問の基本的手続きや記号体系が示す情報に徹底的に親しむことの重要性を繰り返し強調したのはそのためである。ゲオルク・ファルディは、六十年前にラテン語で暗記したカトゥルスの長い詩を暗唱することができる。彼はギリシャ、中国、アラビア、ヨーロッパの詩を、見つけられる限りすべて読んできた。彼自身の力強い詩は、簡素で、多方面にわたり、個人の経験に基づいているにもかかわらず、詩作の技術を磨くために、彼は世界中の千四百以上の詩を翻訳した。科学においても、基本となる記号体系のツールを使いこなすことがきわめて重要となる。実際のところ、マーガレット・バトラーが高校生に対して語っていることにすべての人が同意する。

私たちが伝えたいメッセージとは、たとえ何になりたいかわからないとしても、少なくとも、科学と数学だけは学んでおきなさいということです。特に数学を。大学に進んだときに、気が変わって数学か科学がより好きになったり、あるいはその世界に入りたいと思ったとき、そのために必要な予備知識を持っていることになりますから。多くの女性は早い時期にそれを投げ出してしまい、そのため、後になって自分が予備知識［数学］を持っていないと気づくのです。

領域がどのように機能するのかを初めに徹底して理解しなければ、領域を変えることはできない。それが意味するのは、数学というツールを手に入れ、物理学の基本原理を学び、知の現在の状態に意識を向けなければならない、ということである。しかし、ここに *Impara l'arte, e mettila da parte*（技術を学んだ後はその技術から離れなければならない）という古いイタリアのことわざが当てはまるように思える。他人が知っていることを学ばなければ創造的にはなれないが、その知識に不満を抱かず、そしてもっと良い方法を求めてその知識（の一部）を拒絶しなければ、創造的にはなれないのである。

人間環境の圧力

アイデアと問題意識の第三の源泉は人が働く分野の場である。人生を通じて、創造的な人は、教師たちや仲間の学生たち、同僚たちの影響にさらされ、後年には、自分の学生たちや門下生たちのアイデアに触れることになる。さらに、人が働く組織や生活を送るより大きな社会での出来事が、その人のキャリアの方向性に修正を加え、その人の思考を新たな方向に向ける強力な影響力を与えてくる。

実際、この観点から創造性を眺めた場合、人がどの問題に取り組むかを決定してしまう社会的文脈の寄与に比べ、個人の経験や領域についての知識などは取るに足りないものかもしれない。芸術家が描くものは、古典的な名作への反応というだけでなく、他の画家が今まさに描いているものに対する返答でもある。科学者たちは本や自分たちが行う実験から学ぶだけでなく、他の場所で何が起こっているのか、あるいは何が起こりつつあるかを報告してくれるセミナーや会議、ワークショップ、学術誌の論文からも知識を得ている。群衆の後についていこうと、違う道を選択しようと、その分野の場で起こることを無視することは、たいていの場合、不可能である。

多くの人々が教師によってある領域の驚異へと導かれる。子どもの好奇心や能力を正しく認知する特別な教師が時折存在するが、そうした教師は、その学問分野において、子どもの精神を育てることに着手する。創造的な人のなかには、そうした教師を多く記したリストをもっている人たちがいる。批評家で修辞学者のウェイン・ブースは、学校時代に、毎年別の教師を一人ずつ理想化し、その教師の期待に応えようと努めたと話す。他の数人と同じように、彼の場合、あるキャリアの方向性から他の方向性への変化——工学から英文学へ——は、出会った教師の質への反応のなかで起こったものであった。

領域への導きが遅くなる人もいる。ジョン・ガードナーは作家を志して大学に入ったが、バークレーや後に入ったスタンフォードの心理学科のなかに、気の合う仲間を求める彼の欲求と彼の好奇心を満足させてくれる知的共同体を見出したのであった。

組織での働きを第一とする人々にとっては、その職場がもっとも重要となる。シティコープのジョン・リードは、難しい決定に必要な情報を統合するために、常にいくつかのグループとやりとりをしなくてはならない。年に二度ほど、数日間かけて、ドイツや日本などの数人の中央銀行総裁と会い、世界経済の将来のトレンドについて意見交換をする。その間にもっと頻繁に、ゼネラル・モーターズやゼネラル・エレクトリック、IBMのCEOたちと同様の会合をもつ。自分の会社の重要な役員たちと会う回数はさらに多い。彼の親密なネットワークは三十人程度で構成されており、こうした人々が常に変化する時代のなかで数十億ドル規模の会社を運営していくために必要な情報を提供してくれる、と彼は信じている。リードは、少なくとも午前中の半分をこのネットワークのメンバーたちと電話で話したり、直接会って話すことに費やし、少なくとも彼らの数人に相談してからでないと、会社にかかわる重大な決定を下すことはない。

モトローラ社の社長、ロバート・ガルビンは、もうひとつ別の組織的な取り組み方法を代表する。ガルビンは自分の会社を、二万二千人のエンジニアたちがトレンドを予測し、そのトレンドに新たなアイデアで対応し、新製品や新たな措置を創出する一つの巨大な創造的事業とみなしている。こうしたすべての努力をまとめ上げること、そして、他のすべての人たちの模範となることを、自分自身の仕事だと考えている。人々の集団を先導し、新たな方向に導く責任を担っている場合、仕事は、通常、記号体系の領域によってではなく、組織それ自体が持つ必要要件によって決定される。マーシャル・マクルーハンの言葉を借りれば、リードとガルビンに対して、メディアはメッセージである、と言うことができるかもしれない。つまり、彼らが自分たちの組織という構造物のなかで達成することが、彼らの創造的業績なのである。

科学者たちも特定の研究機関の重要性について述べている。ベル研究所、ロックフェラー財団、アルゴンヌ国立研究所は、若い科学者たちが刺激的で充実した環境のなかでみずからの関心を追究することのできる場所である。彼らの多くが、そうした組織に強い忠誠心を持ち、その研究上のポリシーにみずから進んで従っていることは、驚くに値しない。そうした組織環境から生じた問題に取り組むことで、多くのノーベル賞が獲得されてきたのである。

誰かが新しい組織や新たな分野を創り出そうとするとき、新たなアイデアも生み出される。マンフレート・アイゲンはゲッティンゲンに学際的なマックス・プランク研究所を創設し、そこで進化の力を実験的に再現しようと試みた。ジョージ・クラインはストックホルムのカロリンスカ研究所に腫瘍生物学研究センターを設立し、博士号取得者たちからなる基幹集団を雇い入れた。こうした進取の精神によって、研究責任者が自分の研究を追究できるだけでなく、新たな分野の出現も可能となる。もしその研究所が成功すれば、研究のためのまったく新しい問題系が開かれ、時間の経過とともに、新たな記号体系——つまり領域——が発展することになるのである。

最後に、創造的な人のなかには、一般に受け入れられている科学的、学問的、もしくはビジネス上の組織の枠の外側に、まったく新しい組織を作ろうとする人がいる。ヘイゼル・ヘンダーソンは、彼女のヴィジョンをさらに推し進める集団を発展させることに、時間のほとんどを費やしている。彼女は、環境保護意識という点で結ばれている数多くの特定利益団体の先駆者として、自分自身を捉えている。同様に、バリー・コモナーは意図的に、自分のキャリアを学問的もしくは政治的順応主義の圧力の拘束を受けずに活動できる、中立地帯に置いている。ジョン・ガードナーがコモン・コーズ〔市民団体〕を設立したとき、大きな寄付金にともなう大きな影響力を避けるために、小さくて独立した寄付だけで財政的基盤を作り上げることに固執した。こうした人々は、新たな連携のかたちを創造することによって、新たな問題意識が生じ、結果として、古い思考方法では試みることができなかった解決策に至ることを、望んでいるのである。

しかし、組織というものは人間のより大きな集団やより広範な歴史的プロセスに取り囲まれている。経済不況や政治的優先事項の変更は、研究の一つの方向性を刺激し、別の方向性を忘却の彼方に追いやることもある。ジョージ・スティグラーによれば、彼や多くの同僚たちを大学院での経済学研究へと送り込んだのは世界大恐慌であった。第二次世界大戦での計画を支えるために建造された核反応炉が利用できるようになると、多くの聡明な学生たちが物理学を専攻するようになった。ゲオルク・ファルディはヨシフ・スターリン批判の詩を書いたために、強制収容所で何年も過ごした。

戦争は科学の方向性や、直接的にではないが、芸術の方向性にも影響を与えるということで、悪名をはせてきた。心理学を例にとってみよう。ＩＱテストという概念全体とその使用を含め、心理テストという領域が収めた成功の大部分は、アメリカ陸軍が第一次世界大戦の新兵を選抜する必要があったことに起因する。その後、そのテスト技術は教育分野に移転され、そこで多くの教育者たちが狼狽するほどの卓越性を示した。創造性のテストが生まれたのは第二次世界大戦が原因である。当時、アメリカ空軍は南カリフォルニア大学の心理学者、Ｊ・Ｐ・ギルフォードに委託し、その分野の研究にあたらせた。空軍は、緊急時において――ギアや機器の予期せぬ故障時に――適切で独創的な行動をとり、自分自身と飛行機を救うことができるパイロットの選抜を希望していたのである。通常のＩＱテストは創造性を引き出すようには設計されていなかったので、ギルフォードが資金援助を受け、後に拡散的思考テストとして知られるものを開発したのであった。

先にも述べたように、第二次世界大戦は女性科学者にとって、特に有利に働いた。何人かの回答者は、もしも多くの男性が徴兵されることなく、大学院が有能な学生を必死に求めることもなければ、おそらく女性たちは大学院への入学を許可されなかっただろう、と語った。卒業後、こうした女性たちは政府が財政援助をする研究所で職を得ているが、それらの研究所は、第二次世界大戦の遂行や、その後の冷戦に触発された科学分野での優位性を保とうとする試みにかかわっていた。マーガレット・バトラーは、コンピューター・サイエンスの誕生と揺籃期にかかわった、終戦直後のアルゴンヌ国立研究所での思い出を懐かしそうに振り返る。彼女にとってそれらは、歴史的な出来事に左右されることなく、懸命に働き、重要な問題に取り組むことで、技術的な発展と新たな科学的発見を一つの刺激へと融合させることのできた、刺激的な時代であった。

歴史的な出来事が芸術に与える影響は間接的であるが、その重要性においてはおそらく引けをとらない。たとえば、二十世紀的特徴である、文学、音楽、芸術における古典的様式からの離脱は、第一次世界大戦の悲劇を回避することができなかった西洋文明の無力さに対して、人々が感じていた幻滅への間接的な反応であると主張することもできる。アインシュタインの相対性理論やフロイトの無意識の理論、エリオットの自由律詩、ストラヴィンスキーの十二音階音楽、マーサ・グレアムの抽象的舞踊法、ピカソの風変わりな造形、ジェイムズ・ジョイスの意識の流れを用いた散文、これらすべてが創り出されたのが——そして大衆に受け入れられたのが——、帝国が崩壊し、信念体系が古い固定観念を拒絶したのと同じ時代であったことは偶然の一致ではない。

エジプトの作家、ナギーブ・マフフーズは、数十年にもわたって、古くから受け継がれた文化という織物を破壊していく力を、編年史として、想像力豊かに記録している。そこには、植民地主義や価値観の変遷、新たな富と貧困を生み出す社会的流動性、男女の役割の変化などが記録されている。彼のアイデアが生まれるのは、〔次のような状況においてであった。〕

生活のプロセスのなかにおいてです。生活について書くことを学ぶ前に、生活をうまく切り盛りすることを学びます。他の物事よりも自分の心に深く染み入る特別な出来事があります。私の関心はいつも政治に向いていました。政治にとても引きつけられるのです。政治や人間関係、そして愛。社会のなかの虐げられた人々。こうしたことが私をもっとも引きつけたものでした。

進展中の世界の出来事は、一流のオピニオン週刊紙『ディー・ツァイト』の副編集長で論説コラムニストでもあるニーナ・グルーネンバーグに、さまざまな問題からなる一つの絶え間ない流れを提供してくれる。彼女の仕事は複雑な紛争の原因を把握し、その背景にある社会文化的な文脈を探り、それらに関する個人的な考えを簡潔に報告することである。インタヴューを受ける前の数週間、彼女はテキサス州で世界環境サミット、ロンドンでNATOサミット、そしてロシアでドイツ首相ヘルムート・コールとロシア大統領ミハイル・ゴルバチョフの会談の取材にあたっていた。

週刊新聞を担当していますが、新聞が機械から出てきて、準備万端の水曜の朝はいつも誇りに満ちています。そして、私が手掛けた記事に満足しています。最近満足した記事は、コール首相とゴルバチョフ大統領がコーカサスで会談をしたときのものです。その日は月曜日だったのですが、私たちは月曜日の午後に引き上げて来ました。ハンブルクに戻ってきたのは火曜日の朝で、その日の午後までに記事を書き上げなければなりませんでした。校了日で、それがその週のもっとも重大な出来事で、私は自分と同僚が納得できる記事を書き上げなければならなかったのです。しかしヘトヘトに疲れ果て、それを終わらせることに集中するのは非常に難しい状態でした。しかしその後、翌日の朝、記事を書き終え、とても幸せな気分に浸っていました。

創造のプロセスは、どこかに問題が存在する、あるいは達成されなければならない課題が存在する、という感覚から始まる。おそらく、何かが間違っている、どこかに矛盾や緊張、満たされなければならない欲求がある、という感覚である。個人的な経験や記号体系における適合の欠如、同僚の刺激、公的な必要性がきっかけとなって、問題が生じてくることもある。しかしどのような場合でも、その人の心理的エネルギーを引き寄せる自覚的な緊張感がなければ、新たな反応を求める必要はなくなってしまう。したがって、このような刺激がなければ、創造的なプロセスが始まることもないのである。

提示された問題と発見された問題

すべての問題が同じように人の注意を引くわけではない。ほとんどの問題はすでに明確になっている。誰もが何をすべきかをわかっているが、ただその解決策だけが欠けているのである。雇い主やパトロン、その他の外的な圧力によって、人は自分の精神を、その問題の解決に応用することを期待される。これらが「提示された」問題である。しかし、誰もその問題を問うことなく、そこに問題が存在していることさえわからないという状況もある。この場合、創造的な人は問題と解決策の両方を特定することになる。ここで私たちが抱くのが「発見された」問題である。アインシュタインらは、科学における真に重要な発見は、既存の問題を単に解決することでもたらされるのではなく、過去の問題の再構築や新しい問題の発見の結果として生じるものである、と信じていた。これはフリーマン・ダイソンの次の言葉にも表れている。「科学者の人生の特徴は、取り組む問題があるときは楽だということです。難しいのは自分の問題を探さなければならないということですね」。

フランク・オフナーは提示された問題の解決のプロセスを次のように説明する。

初めて航空業界の仕事に就こうとしていたときのことですが、ある親友が、今はユナイテッドテクノロジーズの子会社でプロペラを製造しているハミルトンスタンダード社を紹介してくれました。そこで手伝ってみないかと提案されたので行ってみると、制振部門の部門長が私にこう言ったのです。「フランク、私たちはこの問題について何カ月も考えていて、電圧の最大値と最小値の算出とその合計値、さらにその応力の合計値を知りたいんだ。ただ、抵抗器の選び方がわからない。抵抗が高過ぎれば反応が遅いし、抵抗が低ければ電圧を測ることができないから、抵抗器に合うコンデンサーを見つける必要があるんだが」。彼が話し終える前に、私にはすでに解決方法がわかっていました。私はこう言いました。「抵抗器は使わずに、小さな継電器を使ってコンデンサーを短くすることで……」。

この説明とは対照的に、ロバート・ガルビンは発見された問題をこう説明する。二十世紀の初め、彼の父親は自動車用のラジオを作るためにモトローラ社を創立した。数十年の間、会社は十名ほどのエンジニアによって小さな部屋一つで運営されていたが、大きな仕事は受注していなかったので、採算が合うよう懸命に働いていた。一九三六年にようやく休暇をとる余裕ができたと感じ、妻と幼いロバートを連れてヨーロッパ旅行に出掛けた。ドイツを旅行中、父親は近いうちにヒトラーが戦争を始めると確信した。旅から戻るとすぐに、その直観に従い、陸軍が複数の部隊間でどのように情報伝達をしているのかを調べるために、助手の一人であったドン・ミッチェルをウィスコンシン州にあるマッコイ基地に送った。

ミッチェルはウィスコンシン州へ車で向かい、基地の門にある呼び鈴を鳴らした。そして担当の少佐と腰を据えて話したところ、通信機器に関しては、陸軍は第一次世界大戦のころからまったく変えていないことがすぐに判明した。前線から後ろの塹壕に電話線が引かれていたのである。この話を聞くや否や、興奮したガルビン〔の父〕は次のように話したとされる。「ドン、車に設置できる大きさで信号を受信するラジオを作れるのなら、そのラジオに小さな送信機を組み合わせられないかな？　ある種の電源装置をそれに加えて、人が運べるように箱に入れて、電話線でつなぐ代わりに、前線の塹壕から後方の塹壕にラジオで話すようにすることはできないか？」。彼らは良いアイデアだと考え、仕事に取り掛かった。ヒトラーがポーランドを侵略するころまでには、モトローラ社は後にＳＣＲ５３６となる第二次世界大戦の携帯用無線電話機の生産準備を終えていた。ロバート・ガルビンは予測と関与という言葉によって彼が言わんとしていることを、この逸話を例に説明している。それは一方で、未来においてあなたがどのような貢献ができ、それによってどう利益を得るかという予測を持ち、もう一方で、自分の直観を信じ、その直観の実現をめざして努力するということなのである。

一般的に、提示された問題は発見された問題に比べて、準備に費やす時間と解決に至るまでの時間が短い。解決策は、時として、オフナーの例のように急に現れるのである。提示された問題に対する新しい解決策は、わずかな時間と努力を要するだけかもしれないが、領域を大きく変え得るため、創造的と判断される可能性を持つ。芸術においてでさえ、中世とルネサンス期のいくつかの名画は、カンバスの大きさ、どんな種類の人物を何人描くか、高価な青金石の顔料の使用量、額縁に使用する金箔の重さなど、細部に至るまでパトロンの指示に従って描かれた。バッハは、パトロンからの讃美歌の注文に応じるために、数週間に一曲のペースで新しいカンタータを作曲した。このような例は、最善の解決策を提示してほしいという要望があれば、きわめて厳密な条件のもとで提示された問題であったとしても、創造的な結果が生み出されるという事実を示している。

それでもやはり、発見された問題のほうが、世界の見方に、より大きな変化をもたらす機会を与えてくれる。その一つの例として、ダーウィンの進化論のゆっくりとした発展が挙げられる。ダーウィンはビーグル号で南アメリカの沿岸を航海し、未確認の植物や動物の生態を記録するよう任命された。これは創造的な解決を要求されない仕事であり、ダーウィンはその期待に応えた。しかし同時に、彼は徐々にあることに興味を引かれ、当惑させられていった。それは、現在私たちが生態学的ニッチと呼んでいる生息地で、他の点では似ている種が微妙に異なる特徴を持っていることであった。そして彼は、鳥の嘴の形やその鳥が餌とする食物の種類など、特定の身体的な特徴とそれに対応する環境的な条件に関連性を見出した。これらの観察から差次的適応〔時間をずらした適応〕という概念が生まれ、それがその後の多くの詳細な観察を経て、自然淘汰というアイデアへと結びつき、最終的に種の進化という概念に到達したのであった。

進化論は、動物はなぜ互いに異なる姿をしているのかという問題から、人間はどこから来たのかという問題に至るまで、無数の質問に対する回答を与えた。しかし、おそらく、ダーウィンの業績のもっとも注目すべき点は、それ以前においては、こうした問いが回答可能なかたちで述べられたことがなかったということであり、彼がその問いと回答を同時に明らかにしなければならなかったということである。ある領域で起こる重要な変化のほとんどは、ダーウィンの仕事のこのような特徴と共通点を持つ。つまりそれらは、問題をはらむ状況の連続性のなかにおいて、提示された問題の側よりも発見された問題の側に位置する傾向にあるということである。

不思議な時間

創造的な人がみずからの専門分野の地平で何かぎこちなさを感じ、取り組むべき問題を見つけると、たいていの場合、創造性のプロセスはしばらくの間水面下に沈み込む。潜伏期間が存在することは解決策の発見に至る報告から明らかとなる。それらの報告によれば、創造的な人は、問題に戸惑い、やがて問題の本質への突然の洞察に至ったことを思い出すが、戸惑いと洞察の間にある、いかなる心的過程も記憶にないという。問題を感じ取ってからその解決策を直観的に理解するまでの間にこのような空白があるため、意識の過程の中間には、潜伏期間という欠かすことのできない段階が存在するに違いないと推測される。

この不思議な性質のため、潜伏期間はしばしば、プロセス全体のなかでももっとも創造的な部分だと考えられてきた。意識のなかで連続的に起こってくることは、理論と理性的な観点から、ある程度分析することができる。しかし、「暗黒の」空間で起こることは通常の分析を拒否し、天才の仕事を包み隠す独特な謎を生み出す。この謎を前にするとき、人は神秘主義に転向し、その説明を芸術と学問の女神に求める必要性を感じるのである。

研究協力者たちも、問題を無意識のなかでしばらく煮詰めることが重要である、と異口同音に述べている。物理学者のフリーマン・ダイソンはこの段階の重要性をもっとも明快に説明している。最近の仕事に関して、彼は次のように話す。

私は現在、何もせずにぶらぶらと過ごしています。もちろん後にならないとわからないことですが、おそらく創造的な段階に入っているのだと思います。怠けることがとても大事なことだと思っているのです。シェイクスピアは一つの作品を完成させた後、次の作品に取り組むまで、怠惰であったと言われています。自分をシェイクスピアと比べているわけではありませんが、一般的に、いつも忙しくしている人は創造的ではないような気がします。ですから、怠けることを恥ずかしいことだとは思っていません。

自分の問題を考えない時間をもつことの重要性に、フランク・オフナーも同じく強い信念を持っている。

私が科学と技術の両方で発見したことを一つお話ししましょう。それは、問題があったとき、座ったまま解決するな、ということです。ただ座って考えていても、問題を解決することはできないでしょうから。おそらく、真夜中、車を運転しているときやシャワーを浴びているときなどに、突然それを思いつくことになるでしょう。

必要とされる潜伏期間の長さは、取り組んでいる問題の性質によって異なる。数時間の場合もあれば数週間、さらに長い時間を要することもある。マンフレート・アイゲンは、うまくいかない実験方法やしっくりこない実験プロセスなど、未解決の問題を思案しながら、毎晩眠りにつくと話す。そして驚くべきことに、朝、目を覚ますと、明確な解決策が頭のなかに浮かんでいるというのである。また、ヘイゼル・ヘンダーソンはアイデアが枯渇するとジョギングや庭いじりをし、ふたたびコンピューターに戻ると、たいていの場合、アイデアが自由に湧いてくると言う。エリザベス・ノエル=ノイマンは、十分な睡眠を取らなければ、思考は型にはまった、目新しさのないものになってしまうと感じている。ドナルド・キャンベルは、外的な干渉を受けることなくアイデアどうしを結合させることが、何よりも重要だと確信している。

歩いて通勤することが有意義である理由の一つは、精神的な回り道にあります。あるいは運転をしているときにラジオをつけないこともその一つです。ところで、私は自分のことを、必ずしも特別に創造的だとは思っていませんが、創造性は大いに無駄を含むプロセスだと思っています。そしてその精神的な回り道、精神の放浪というようなものは、欠くことのできないプロセスなのです。もしそうした精神的活動がラジオやテレビ、あるいは他人の会話によって追いやられるのを許してしまえば、自分の探求の時間、つまり知的な探求の時間を切って捨ててしまうことになります。

一般的に、「提示された」問題と関係があるこうした短い潜伏期間は、小さく、おそらくは感知できないほどの変化を領域にもたらすであろう。より長い潜伏期間の例としては、フリーマン・ダイソンがカリフォルニア観光に費やし、ファインマンとシュウィンガーの理論の融合方法についてまったく意識的な思考をしなかった数週間が挙げられる。一般的に、発明によってもたらされた革新が大きいほど、そこに至るまでの潜伏期間は長いようである。しかしこの仮説の証明は難しい。アインシュタインの相対性理論はどれほどの潜伏期間を要したのだろうか？　あるいはダーウィンの進化論、ベートーベンの交響曲第五番のアイデアはどうだったのだろうか？　これらの偉大な業績の最初の芽生えが創造者の頭のなかでいつ起こったのかを正確に判定することは不可能であり、したがって潜伏期間がどれほど続いたのかの証明もまた困難なのである。

遊休時間の機能

では、精神が意識のレベルで問題に囚われていない、この不思議な遊休時間に、いったい何が起こっているのだろうか？　潜伏期間が創造的なプロセスを促進する理由に関するいくつかの有力な説がある。おそらく、もっともよく知られているのは精神分析理論から生まれた説であろう。フロイトによれば、創造性のプロセスの根源にある好奇心――特に芸術の分野の好奇心――は幼少期の性的な体験によって引き起こされ、その記憶があまりにも衝撃的であるため、それは抑圧される必要があるのだという。この観点から見た場合、創造的な人間とは、禁じられた知識を求めようとする探究心を、許容され得る好奇心へと転換することに成功した人といえる。新しい表現形式の発見を試みる芸術家の熱意や自然の謎を解明したいという科学者の衝動は、両親のセックスを目撃したときに子どもが感じる混乱した印象や、一方の親に向かう矛盾した性的感情を理解しようとする、巧みに隠蔽《いんぺい》された試みなのである。

しかし、もしそうした二次的な創造性のプロセスが抑圧された幼少時の関心を効果的に枯渇させるためのものであるとすれば、その創造性のプロセスは時に意識の閾下に沈み込み、そこでリビドーの源泉とふたたび結びつく必要がある。おそらくこれが潜伏期間に起こっていることであろう。思考という意識の流れの内容が潜在意識に取り込まれ、そしてそこで、意識の検閲の手から離れた抽象的な科学的問題は、それ自身が実際にはどんなものであるかを明らかにする機会を得る――それはきわめて個人的な葛藤と折り合いをつけようとする試みなのである。真の源泉と通じあえたことによってふたたび力を獲得した潜在意識の思考は、意識のなかにふたたび出現し、その偽りの仮面を適切な場所へと送り返す。そうすることで科学者は、新たな気持ちで自身の研究を続けることができるのである。

創造的な人々の多くは、みずからの仕事について説明をするために、こうした話をぼやかしながら使い、時折、リビドーが興味の源泉である可能性についてほのめかす。彼らがこのような考え方をする理由を知ることは難しい。しかし、自身の仕事が幼少時のトラウマを解決しようとする試みだと信じている芸術家や科学者は、長年にわたり心理療法を受けてきた経験を持ち、フロイトの考えに深く親しんできた人々である。したがって、精神分析が彼らに、抑圧されていた好奇心の源泉を知る手助けをした可能性もある。あるいは精神分析が、経験の不可解な面についての興味深い説明を、彼らが考えつくのを手助けしたのかもしれない――しかしその一方で、そうした説明は、ほとんど現実に基盤を持たないものであるのかもしれない。

どのような場合でも、人が発見のプロセスに携わるようになった動機を精神分析的なアプローチによって説明することは可能であるが、なぜカリフォルニアでの休暇がダイソンに量子電気力学への手がかりを与えることになったのかを説明するためには、それはほとんど参考にならない。このような場合におけるリビドーの転換というのは、かなり不適切で、信頼性に欠けるものである。

潜伏期間中に何が起こっているのかに関しての認知理論による説明は、精神分析を用いた説明と同様に、意識のないとき、つまり睡眠中のときにおいてさえ、心のなかである種の情報処理が行われていると仮定する。両者の違いは、認知理論では潜在的思考にどのような方向性も想定していないことである。無意識の中核に、偽装した好奇心を通して解決を求めようとするトラウマは存在しないのである。認知理論の研究者は、意識的な方向づけを奪われると、アイデアは連想の単純な法則に従うと信じている。それ以前の結合の結果として、一見したところ無関係なアイデア間の連関が生じてくるかもしれないが、通常、アイデアは、多かれ少なかれ、無作為に結びつく。たとえば、ドイツの化学者、アウグスト・ケクレは、暖炉の火の粉が宙で円を描くのを見ながら眠りについた後、ベンゼンの分子が輪の形をしているのではないかという着想を得たのであった。もしそのとき、彼が起きていたら、ケクレはおそらく火の粉と分子の形の間に関連があるという考えを馬鹿げたものとして拒絶していたであろう。しかし、潜在意識のなかでは、理性はその関連性を検閲することができなかったため、目覚めたとき、彼はもはやその可能性を否定できなかったのである。この観点に従えば、まったく妥当性のない関連性は記憶から消え去るが、その一方で、強固な関連性を持つものは記憶に留まり、最終的に意識に立ち上がってくることになる。

情報の直列処理と並行処理の区別を知ることも、潜伏期間中に何が起こっているのかを説明するのに役に立つかもしれない。昔の計算機のような直列のシステムでは、複雑な数的問題は一つずつ順を追って解決される必要がある。他方、最新のコンピューター・ソフトウェアで使われている並列のシステムでは、一つの問題はそれを構成する諸段階に分解され、それぞれの段階で部分的な計算が同時に行われ、そして最終的に、それらが一つの解答に再構築される。

この並行処理に似た現象が、問題の諸要素が潜伏中であると考えられるときに起きているのかもしれない。ある問題について意識的に考えるとき、それまでに受けた訓練や問題を解決に導くための努力は、アイデアを予想可能で馴染みのある直線的な方向に押していく。しかし、意識の指向性は潜在意識のなかでは機能しない。理性的な方向づけから解き放たれたアイデアは、ランダムに結合し、互いを求めて動き回ることが可能となる。そして、この自由さによって、当初、理性的な精神に拒絶された独創的な結合は確立される機会を得るのである。

分野の場、領域、無意識

一見すると、潜伏期間は精神の内部でのみ起きているように思える。さらに言えば、それは、意識の手の届かない、隠された心の奥底で起きているように思える。しかし、よく調べると、無意識においてさえも、記号体系と社会環境が重要な役割を果たしていることを認めざるを得ないのである。まず第一に、領域を習得しておらず、分野の場へのかかわりがない人にとって、潜伏期間が機能し得ないことは明白である。たとえどれだけ長く睡眠時間を取ったとしても、物理学のこの部門に不慣れな人に量子電気力学の新たな解決策が湧き出てくることはない。たとえ、潜在意識における思考が理性的な道筋をたどる可能性はないにしても、それが意識的な学習を通して獲得したパターンをたどることはある。私たちは領域の知識や分野の場の関連事項を内面化し、そうしたものが私たちの構成された精神の一部となる。多くの場合、何かがうまくいかないことを証明するために、実験を行う必要はない。なぜなら、理論的な知識で結果を予想できるからである。同様に、自分たちがあるアイデアを公表したとき、同僚たちが何と言うかを予想することができる。一人で書斎に座り、あるアイデアがうまくいかないとつぶやくとき、私たちの口から出てきやすいことは、研究上で影響力のある人々が自分のアイデアを受け入れないだろうということである。こうした領域や分野の場の内面化された評価基準は、思考のプロセスが潜在意識へと沈潜しても消えることはない。そうした基準は、自分の行っていることを意識しているときよりも目立つものではないかもしれないが、しかしそれらは、依然として、アイデアの組み合わせがどのように評価され、選択されるかを決定し、統制することになるのである。

しかし、学問分野の関心事項を真剣に捉えていなくてはならないように、人は、もし状況が許せば、既存の学問知に反対の立場をとるという意思を持っていなければならない。さもなければ、新たな発展はない。領域の知を信じながらも、それを進んで拒絶することから生じるきわめて重要な緊張は、フランク・オフナーの説明によって明確に示される。後にジェットエンジンの商業利用への道を開いた最初の電子制御装置の開発を試みていたとき、彼の精神に何が起こったのかを、次のように述べている。

もし科学をしっかりと理解していて、出現した問題に対して何かをしたいと思うなら、よい解決策を見つけるのはとても簡単です。十分な科学的基礎知識がなければ、それはできません。ジェットエンジンのときのように、他の人たちがそれ以前に何を行ったかを見ていたら、私は途方に暮れていたでしょう。すべての人が、まさに間違った方法でそれに取り組んでいたからです。彼らは私のやり方が不可能だと思っていました。数学者の［ノーバート］ウィーナーも――私が彼のサイバネティックスに関する本を読んでいると――その本にもジェットエンジンなど不可能だと書いてあったのです。しかし私は、速度加速フィードバックを使い、それがうまくいったのです。

オフナーがここで指摘していることは、創造的な解決方法は、多くの場合、分野の場において一般的に認められた信念を訂正するために、領域の他の部分の知識を用いることが求められるということである――そして、ここで言う一般的に認められた信念とは、同じ領域の、別の知識から導き出された異なる結論に基づくものである。このケースの場合、サイバネティックスの理論が、ジェットエンジンの速度を一定に制御する可能性を排除しているように思えたのである。しかしオフナーは、ジェットエンジンを目にする前に、制御装置が何を達成すべきかを考え、基礎物理学に立ち戻ることによって、うまく作動し、実現可能なデザインを考えついたのであった。

創造的な思考は、このような緊張をはらんだ裂け目のなかで発展する――それは、既知の広く受け入れられている知識を保ちつつ、深い亀裂の向こう側に垣間見る、未だ不明確な真実を探ろうとすることである。そしてこの緊張は、思考が識閾下に沈潜しているときにおいてもなお、存在しているのである。

「アハー！」体験

私たちの調査のほとんどの回答者――全員ではない――が、非常に強烈に、かつまた正確に、ある特別な瞬間を記憶している。それは、解決策が後は時間と努力を必要とするだけという状態でまさに必然として現れ、重要な問題が彼らの精神のなかで結晶化された瞬間である。提示された問題の場合には、洞察が解決策の詳細まで含んでいることもあったようである。以下はフランク・オフナーが述べた二つの例である。

深夜に突然ひらめくことがあります。頭のなかでなんらかの方向転換が起こるのです。ジェットエンジンの制御をフィードバックによって安定させる方法についての答えを得たとき、どこにいたかをお話ししましょう。ソファに座っていたのです。おそらく結婚する前で、ある友人の家だったと思います。少し退屈していたのですが、突然「あっ！」と答えを思いつき、それを微分係数の数式に直したのでした。

もう一つ例があります。神経の興奮に関する博士論文を書いていたときのことです。神経の興奮を説明する二組の方程式がありました。私はどちらが正しいのかを知るために実験をするつもりでした。一つはシカゴ大学で作られたもの、もう一つはイギリスで作られたものでしたが、どちらがより正確なのかを確かめようとしていたのです。どちらの実験［が決定的］なのかを確認するために数学を使おうと思っていました。その問題の解決策がひらめいたとき、シャワーを浴びていました。私は座り込んで問題を解きはじめ、二つの方程式が別の角度から同じことを説明していることに気がついたのです。ですから、私は［博士論文のために］別の問題に取り組まなければならなくなりました。

洞察は、おそらく、潜在意識にあるアイデアどうしがうまく結びつき、意識に上るように強制されるときに生ずる。それはまるで、水中に引き止められたコルクが解き放たれると空中に飛び上がるときのようである。

九九％の汗

洞察が起こったら、そのアイデアどうしの結びつきが本当に合理的なものであるのかを確かめなければならない。画家は一歩下がって構成が適切かどうかを確かめ、詩人はより批判的な眼差しで詩を読み直し、科学者は熱心に計算や実験に取り掛かる。すばらしい洞察であっても、その多くは、理性の冷たい光のもとで致命的な欠陥が見出され、それ以上発展することはない。しかし、もしすべてが正確であると確認されれば、ゆるやかで、時には単調な仕上げ作業が始まることになる。

プロセスのこの段階には四つの重要な条件がある。まず、進展してゆく仕事に注意を払い、新たなアイデア、新たな問題、新たな洞察が媒体との相互作用から生じてくるときに、それらに気づかなければならない。精神を開放し、柔軟に保つことは、創造的な人々が仕事を続ける方法の重要な特徴である。次に、仕事が実際に意図した通りに進んでいるかどうかを確認するために、みずからの目標や感情に注意を向けなければならない。三つ目の条件は、もっとも効果的な技術、もっとも完全な情報、最高の理論を作業の過程で用いるために、領域の知識とつながりを保ちつづけることである。そして最後に、特にプロセスの最後の段階で、分野の同僚の意見を聞くことが重要となる。似たような問題に取り組んでいる他の人々と交流することによって、誤った方向に向かっている解決方法を修正し、個人のアイデアを磨き、深め、そして、自身の考えを表現するのにもっとも説得力があり、受け入れられる可能性がもっとも高い方法を見つけることができるのである。

歴史家のナタリ・デイヴィスは、研究結果の記述だけが残っている創造のプロセスの最終段階でどう感じるのかを次のように述べている。

感動することがなかったり、その感動を途中で失ったり、または感動が長続きしなければ、仕事の輝きは失われてしまいます。つまり、自分が愛情を感じることのないことはしたくはないのです。誰もがおそらくそうだと思いますが、特に私はそうなのです。何かを根気強く行うだけであれば、創造的であることは難しいでしょう。もし私に好奇心がなかったり、好奇心が制限されていると感じたら、好奇心の一部である奇抜な部分は失われてしまうでしょう。なぜなら、人が発見できないと考えていたものについて、その発見方法を私に考えさせつづけたものが好奇心に他ならないからです。また、ある対象を今までとは異なる角度から見る方法についても同じことが言えます。好奇心こそが、私を頻繁に図書館に向かわせ、ひたすら思考を続けさせたものなのです。

物事を書き留め、あるいはそれを聴衆に伝達しなくてはならない仕事の最終段階について、バリー・コモナーは次のように説明している。

いくつかの仕事は、明確な言葉で表現するという観点からすると、非常に困難です。たとえば、一つの本のなかで、一般読者向けに熱力学についての章を書いたことがありました。おそらく、十五回ほど下書きをしたかと思います。一般的で平易な言葉に移し替えるのがきわめて難しいテーマだったので、これまででもっとも困難な執筆作業でした。しかしそれは、これまでの仕事のなかでもっとも誇りを感じているものの一つです。エンジニアの人たちに、初めて熱力学の全体像を明確に理解できたと言われたこともあります。それをとても楽しんだのはこうした理由からです。私は人に伝えることが楽しいのです。話すことも楽しいです。たくさんの講演もします。聴衆が注意をこちらに向けている姿――話に耳を傾け、理解している姿――を見るのが楽しいのです。

創造的な仕事の特徴の一つは、終わりがないということである。言葉を換えれば、インタヴューをしたすべての人が述べているように、彼らが生涯を通じてずっと働いてきたというのは真実であり、また同時に、人生において一日たりとも働いたことがないというのもまた真実なのである。彼らは、きわめて困難な仕事に取り組んでいる際の非常に集中した没頭した状態を、陽気な遊び、歓喜に満ちた、愉快な冒険として経験していたのである。

このような態度に不満を感じ、創造的な人の内的な自由をエリートの特権だと考えることはたやすい。多くの人間が退屈な仕事に苦労している一方で、彼らは仕事か遊びかの区別もなく、自分たちが愛することに取り組む贅沢を享受している。ここには真実の一つの要素が含まれているのかもしれない。しかし、私の見解において、さらに、はるかに重要なことは、創造的な人が発しているメッセージの内にあるのではないだろうか。それは、人は誰でも自分が愛することをして生きることができる、ということである。私たちがインタヴューした人々の全員が裕福な家庭に生まれたわけではない。彼らの多くは低い身分に生まれ、自分たちの関心の探求を可能にしてくれるキャリアを創り上げるために、苦闘してきたのである。たとえ新しい化学物質を発見したり、壮大な物語を書く幸運に恵まれなくても、創造のプロセスそれ自体への愛は、すべての人々に開かれているのである。そして、これ以上に豊かな人生を想像することは、私たちにとって難しいことである。

第五章　創造性のフロー

創造的な人々はさまざまな面で互いに異なっているが、ある一点において一致した意見を持っている。それは自分の仕事に強い愛情を持っているということである。彼らを突き動かしているものは、名声欲や金銭欲ではなく、楽しみを得ることのできる仕事の機会そのものである。ジェイコブ・ラビノウはこう説明している。「人が発明をするのは、発明がおもしろいからです。私は『どうしたらお金を稼げるか』などと考えて仕事を始めたりはしません。たしかに、世の中は厳しく、お金は重要です。しかし、自分にとって楽しいこととお金が儲かることのうち、どちらかを選ばなければならないとしたら、楽しいことのほうを選ぶでしょう」。小説家のナギーブ・マフフーズはより上品な口調で同意する。「仕事から生み出されるもの以上に、仕事自体が好きなのです。結果には関係なく、仕事に打ち込みます」。実施したインタヴューのすべてにおいて、私たちはこれとまったく同じ感情を見出した。

エンジニアや化学者、作家や音楽家、実業家や社会改革者、歴史家や建築家、社会学者や医者、といった人々にインタヴューをしたが、ここで驚くべきことは——彼らが皆、仕事をする第一の理由を楽しさにあるとしていることである。しかし、同じ仕事をする多くの人々は、自分のしていることを楽しいとは感じていない。したがって私たちは、人が何をするかではなく、それをどのようにするかが重要である、と考えなければならないであろう。エンジニアや大工であるということは、それ自体、楽しいことではない。しかし、もしある特定の方法で取り組めば、そうした活動はそれをすることと自体に価値を見出すことのできる、本質的にやりがいのあるものとなる。では、活動を、それ自体で、そして、それだけでやりがいのあるものに変える秘訣とはいったい何なのだろうか？

創造性を発揮する内的プログラム

自分がもっとも楽しむことのできる活動——読書、登山、チェスなど、それはどのようなものでもよいのだが——をしているときにどう感じているのかについて、そのもっとも的確な表現をリストから選ぶよう人々に求めると、彼らがもっとも頻繁に選ぶのは「何か新しいものをデザインしている、あるいは発見している」という記述である。ダンサー、ロッククライマー、作曲家といった人々が、もっとも楽しい経験は発見の過程に似ていると口を揃えて言うことが、最初は奇妙に思える。しかし、さらに考えてみれば、少なくともある人々にとっては、発見や創造という活動が他の何よりも楽しみをもたらすということは、きわめて道理にかなっているように思える。

この論理を理解するために、簡単な思考実験をしてみよう。まずはあなたが、地球のような、複雑で予測不能な環境を生き抜くための、最大の可能性を秘めた有機生命体、つまり、人工的な生命体を作りたいと思っているとしよう。あなたは、突然降りかかる危険にできる限り立ち向かい、生じてくるチャンスをできる限り利用するための、なんらかの仕組みをこの生命体に組み込みたいと考えるだろう。あなたはこれにどう取り組むだろうか？　きっと、過去の経験から最適な解決法を学び、それを繰り返すことによって、エネルギーを節約し、慎重に行動し、実証済みで確実な行動パターンに沿って動こうとする、基本的に保守的な生命体をデザインしようと思うだろう。

しかし、いくつかの有機生命体で構成され、それがただちに役立つか否かに関係なく、何か新しいものを発見したり、斬新なアイデアや行動を思いつくたびに正の強化を与えるようなリレーシステムも、サバイバルのための最善の解決法に含まれるであろう。そこでは、その生命体が有用な発見に対してのみ報酬を与えられることがないようにすることが特に重要であり、さもなければ、その生命体は将来を生き抜く際に厳しいハンディを負うことになる。なぜなら、地球上の誰ひとりとして、明日、来年、あるいは、次の十年間に、新しい生物種が遭遇するかもしれない状況を予測することなどできないからである。したがって、生命体に組み込まれるべき最良のプログラムとは、その時点における有用性とは関係なく、生命体が何か新しいものを発見するたびに、生命体に快感を与えるプログラムである。そしてこれが、進化の過程で私たち人類に起こってきたことのように思われる。

突然変異によって、ある人々は斬新なものの発見が脳内の快楽中枢を刺激するような神経系を発達させたに違いない。ちょうど、ある人々がセックスや食べ物から強烈な喜びを得るように、ある人々は何か新しいものを学ぶことから強烈な喜びを得るように生まれついたのであろう。好奇心の強い子どもたちは、物事に無関心な子どもたちに比べ、危険を冒しやすく、幼くして命を落としやすかったという可能性はある。しかし、集団のなかにいる好奇心の強い子どもたちの良さを正当に評価することを学び、手を差し伸べ、彼らを保護し、報酬を与え、彼らが成熟して子どもを持てるよう援助した集団は、潜在的に創造性《クリエイティヴィティ》に優れた子どもたちを無視した集団に比べ、繁栄の可能性が高かったということも十分にあり得ることである。

もしこれが真実ならば、私たちは、斬新なものの重要性を認め、創造的であることを楽しむ人々を保護し、彼らから多くを学んできた先人たちの末裔である。仲間のなかに探検や発明を楽しむ人々がいたため、彼らは他の人々よりも、生存を脅かす予測不可能な状況に立ち向かう準備をより適切に行えた。したがって、新しい方法で取り組むことができ、その過程で何か新しいものの発見や立案ができれば、いかなることでも楽しむことができるという傾向を私たちも共有しているのである。たとえどの領域で創造性が発揮されようと、創造性が大きな楽しさを与えてくれる理由がここにある。そしてこれが、他の多くの人々と同様に、ブレンダ・ミルナーが「重要なものは何か、あるいは、すばらしいものは何かという判断に関して、私は公平無私だと思っています。それは、あらゆる新しい小さな発見は、たとえそれがささいなものであっても、その発見の瞬間において感動をもたらしてくれるからです」と述べた理由である。

しかし、これは物語の一部に過ぎない。もう一つの別の力が私たちを動機づけており、それは創造への衝動よりも、より原始的でかつ強力である。エントロピーの力である。これもまた、進化によって私たちの遺伝子に組み込まれた生存のためのメカニズムである。快適さを感じているとき、くつろいでいるとき、エネルギーを使うことなく良い気分になれたとき、このメカニズムは喜びを与えてくれる。もし、この組み込まれた調節装置がなければ、疲れ果て、予期せぬものに立ち向かうための体力、体脂肪、あるいは神経系エネルギーの十分な蓄えを持たず、簡単に死んでしまうであろう。

私たちが、ソファの上でくつろぎ、可能であればいつでも体を丸めて気楽に寝そべりたいというきわめて強い衝動を持つのはこのためである。みずからを維持しようとするこの保存への衝動が強力なため、多くの人々にとって、「自由時間」はくつろぐための、そして心をニュートラルな状態にしておくための機会という意味あいを持つ。外部からの要求がないときにはエントロピーが始まり、何が起こっているのかを理解しない限り、心と体はエントロピーに占拠されていく。一般的にみて、私たちは脳内にプログラムされた二つの相反する命令の間で引き裂かれた状態にある。一方にあるのは、努力を最小化しろという命令、他方にあるのは、創造性の要求である。

大多数の人々はエントロピーのほうが強いようにみえる。彼らは発見という挑戦よりも快適さを好む。本書で自分自身について語っている人々のように、発見の報酬に対してより敏感な人々の数はわずかである。しかし、私たちは誰でも、これらの報酬のどちらにも反応する。エネルギーを保存しようとする傾向とそれを建設的に使おうとする傾向は、どちらも私たちの遺伝的性質の一部なのである。どちらの傾向が優勢になるかは、遺伝子の構成だけでなく、おそらく、若いころの経験によっても決まる。しかし、十分な数の人々が、挑戦に立ち向かうことから得られる楽しさや、生き方あるいは行動の新たな手段を発見することに突き動かされなければ、文化の発展、思考力や感覚の向上はあり得ない。したがって、何が楽しさを構成し、創造性がどのようにしてその楽しみを生み出すのかを、さらに理解することが重要となってくる。

楽しさとは何か

この問いに答えるため、私は何年も前に、楽しいことをしているように見えるのだが、金銭や名声という面では報われていない人々についての研究を始めた。チェスプレイヤーやロッククライマー、ダンサー、作曲家は、週の多くの時間を、自分たちの活動に費やしていた。なぜそうしていたのだろうか？　彼らとの会話から明らかになったことは、活動に打ち込んでいるときに感じる経験の質が、彼らのやる気を継続させているということであった。この感覚は、くつろいでいるときやドラッグやアルコールを摂取しているとき、あるいは、富という高価な特権を行使しているときにもたらされるものではなかった。むしろ、しばしばそれは、人の能力を伸張させ、新奇さと発見の要素を含んだ、苦しく、危険で、困難な活動にかかわっていた。私はこの最適な経験をフローと呼んできたが、それは、多くの回答者が、物事がうまく進んでいるときの感覚を、ほぼ自動的で、努力を必要としないが、非常に集中した意識の状態と表現したことによる。

フロー体験は、それを生み出す活動がどのようなものであれ、ほとんど同じ言葉で表現された。スポーツ選手、芸術家、宗教的神秘論者、科学者、そして一般的な労働者が、彼らにとってもっとも価値のある経験を、よく似た言葉で説明したのである。さらにその表現は、文化、性別、年齢によって、さほど大きく異なることはなかった。高齢者も若者も、裕福な者も貧しい者も、男性も女性も、アメリカ人も日本人も、フローに到達するためにきわめて異なる活動をしていたとしても、皆同じ状態として楽しさを経験しているように思われた。楽しい経験をしているときの感覚がどのようなものかを説明するために、九つの主な要素が繰り返し言及されたのである。

一．過程のすべての段階に明確な目標がある

仕事であれ家庭であれ、しばしば相反する要求が混在し、目的が不明確な日常生活での出来事とは対照的に、フローにおいては、常に何が為されなければならないかがわかっている。音楽家は次に奏でる音符がわかっているし、ロッククライマーは次にとるべき動作を把握している。仕事が楽しいとき、そこにも明確な目標が存在している。外科医はその瞬間瞬間にどのように手術すべきかを理解し、農夫は種の蒔き方についての計画をもっている。

二．行動に対する即座のフィードバックがある

同様に、出来事の通常の状態とは対照的に、フロー体験においては、自分の行為がどの程度うまく進んでいるのかがわかっている。音楽家は奏でた音符が正確なものだったかをただちに聴きとる。ロッククライマーは、谷底に落ちることなく、まだそこにぶら下がっていることから、その動きが正しかったことを瞬時に理解する。外科医は手術による体の腔に出血がないのを確認し、農夫は畑の畝がきれいに連なっているのを確認する。

三．挑戦と能力が釣り合っている　フローの状態では、自分の能力が行為の機会とうまく釣り合っていると感じる。日常生活では、課題が自分の能力に対して高過ぎると感じることがしばしばあるが、そうしたとき、挫折感や不安を経験する。あるいは、自分の潜在能力がそれを発揮するための機会よりも大きければ、退屈を感じることになる。自分より強い相手とのテニスやチェスの対戦は挫折感につながり、弱い相手との対戦は倦怠感をもたらす。本当に楽しい試合では、競技者は退屈と不安の間の細い線上で絶妙なバランスを保っている。同様のことが、仕事や会話、人間関係がうまくいっているときにもいえる。

四．行為と意識が融合する　心が自分の行為から離れてしまうことは、日常の経験としてよくあることである。教室で座っている生徒たちは教師に注意を払っているように見えても、実際には昼食や前の晩のデートのことを考えている。労働者は週末のことを考え、家を掃除している母親は子どものことを心配し、ゴルフをしている人は自分のスイングが友人にどう見えているのか、ということで頭が一杯である。しかしフローにおいては、私たちの集中力は自分の行為に向けられる。精神を一点に集中することが挑戦と能力の間の緊密な均衡によって要求され、その集中は明確な目標と継続的なフィードバックの存在によって可能となる。

五．気を散らすものが意識から締め出される　フローに典型的に見られるもう一つの要素は、その瞬間、その場所でかかわることにのみ、意識を向けているということである。もし音楽家が演奏中に自分の健康や税金問題について考えていたとしたら、間違った音を弾いてしまうだろう。もし手術中に外科医の注意が散漫になってしまったら、患者の命は危険にさらされることになる。フローは現在への強い集中の結果として生まれるものであり、日常生活で抑鬱や不安を引き起こす心配事から私たちを解放してくれる。

六．失敗の不安がない　フローの状態では、とても深く没頭するため、失敗について考えることはない。ある人々は、その状態を完全なコントロール感と表現する。しかし実際には、コントロールしている状態にあるのではなく、ただ単に、コントロールという問題が意識に上ってこないだけなのである。もしそれが意識に上れば、完全に行為に集中することができなくなる。なぜなら、注意が自分の行為とコントロール感覚に分散されてしまうからである。失敗が問題とならない理由は、フローでは何をすべきかが明確であり、課題に対して、能力が潜在的に適度なレベルで釣り合うからである。

七．自意識が消失する

日常生活において、私たちは自分が他人にどう見えているかを常に気にしている。起こり得る軽蔑から自分を守るために警戒し、しきりに好印象を与えようとする。一般的に、こうした自己意識は重荷となる。フローでは、自分の行為にあまりに没頭しているため、自我を守ることに注意を向けられない。しかし、フローの状態が終わると、たいていの場合、より強い自己概念を持ってその状態から抜け出し、困難な課題にうまく対処できたことを知る。自我の境界線から一歩踏み出し、少なくとも一時的には、より大きな存在の一部になったとさえ感じるかもしれない。音楽家は宇宙の調和との一体感を経験し、スポーツ選手はチームと一体となって躍動し、小説の読者は、数時間の間、別の現実を生きる。逆説的ではあるが、自己は自己を忘れるという行為を通して拡張するのである。

八．時間感覚が歪む

フローでは、一般的に、時間の経つのを忘れ、数時間がまるで数分しか経っていないように感じることがある。あるいは、まったく逆のことが起こる。フィギュアスケートの選手であれば、実際にはたった一秒ほどの素早い回転がその十倍の長さに感じられると報告するかもしれない。言い換えれば、時計で刻まれる時間は経験される時間の長さと等しいものではなくなり、どのくらいの時間が経過したかという感覚は、何をしているのかによって決まるのである。

九．活動が自己目的になる

これらの状態のほとんどが存在すると、たとえそれがいかなるときであっても、そうした経験を生み出すものすべてに楽しさを感じはじめる。たとえば、コンピューターを使うことに恐怖心があり、仕事がコンピューターに頼らざるを得ないという理由だけで、それを学ぼうとするかもしれない。しかし、技術が向上し、コンピューターによって何ができるかを知るにつれ、コンピューターを使うこと自体を楽しむようになるだろう。こうした時点で、活動はギリシャ語でそれ自体が目的となることを意味するオートテリック（*autotelic*）、つまり、自己目的的なものとなる。芸術、音楽、スポーツといった活動は、たいてい自己目的的であり、それらが与えてくれる経験以外にそれらをする理由はない。他方、実生活における多くの事柄は、エクソテリック（*exotelic*）、つまり外目的的である。私たちは楽しさを理由にその活動を行うのではなく、その後の目標に近づくためにそれに取り組むのである。そして、これら両方の要素を含んでいる活動もある。バイオリニストは演奏によって報酬を得、外科医は手術によって名声と高額な報酬を手にするが、それと同時に、これらの活動から楽しみを引き出しているのである。さまざまな意味において、幸福な人生の秘訣とは、私たちがしなければならないことのうち、できる限り多くのものから、フローを得る方法を学ぶことである。もし仕事や家庭生活が自己目的的になれば、人生にとって無駄なことはなくなり、することすべてが、それをすること自体に価値のあるものとなる。

創造性におけるフローの条件

創造性には新しいものの創出がともなう。新しいものの創造と関係する発見のプロセスは、誰もがかかわることのできるもっとも楽しい活動の一つのように思える。実際、研究協力者たちがそうした活動でどう感じているのかを述べるとき、私たちはその報告のなかにフローの条件を簡単に見出すことができる。

目標の明確さ

ある状況では、創造性のプロセスは、他者から与えられた課題や領域における最新の発達水準によって提示される課題の解決、という目標から始まる。またさらに、うまくいくはずのものがうまくいかない、といったことが、発明家に明確な目標を与えることがある。フランク・オフナーは次のように説明する。

問題を解決することが本当に好きなのです。たとえば、家の皿洗い機がどうして動かないのだろうか、どうして自動車が動かないのだろうか、神経はどのように機能しているのかなど、とにかく何でもです。今は、毛髪の細胞がどのように機能しているのかということに取り組んでいますが……本当におもしろいですよ。それがどのような問題か、なんて気になりません。問題が解決できれば、それが楽しいのです。問題を解決することは本当に楽しいですよね。そうではないですか？　それが人生のおもしろさではありませんか。特に、人々があることを主張していて、あなたは、それが二十年、間違っていたことを示し、その問題を五分で解いたとすれば、最高でしょう。

あるいは、目標が領域の問題――知識の網目における欠損、発見されたものの間に見られる矛盾、不可解な結果――として現れることもあるだろう。こうしたときには、明らかな不一致を調整することで、そのシステムに調和を回復することが目標となる。物理学者のビクター・ヴァイスコップは、このプロセスに内在する楽しさを次のように述べている。

そうですねえ。科学においては当然のことですが、もし私があることを理解したとして、つまり新しい発見ですが、それは私自身の発見である必要はなくて他の人の発見でもよいのですが、「そうか、そういうことか。これで、これまでわからなかった自然のプロセスが理解できたぞ」と言えたとしたら、それはまさに洞察がもたらす喜びになります。

音楽で言えば、それは、楽曲が意味することへの深い洞察にあたります。その楽曲が何を語りかけるのか、作曲家が何を伝えたかったのか、美しさ、表現法、あるいは、宗教的な感情といったものですね。

芸術家にとって、活動の目標を見出すことはそれほどたやすいことではない。実際、問題がより創造的になればなるほど、何がなされるべきかという目標は明確さを欠いていく。発見された問題、言い換えれば、その領域にもっとも重要な変化をもたらす問題は、それらの捉えどころのなさが理由となって、取り組みを楽しむことがきわめて困難となる。そのような場合、創造的な人は、何をすべきかを自分に知らせてくれる無意識の仕組みを、どうにかして発達させなければならない。詩人のゲオルク・ファルディは、しばしば真夜中に聞こえてくる「ゲオルク、書きはじめる時間だよ」という「声」が聞こえてくるまで、執筆を始めない。彼は悲しそうにこう付け加える。「その声は私の連絡先を知っていますが、私は彼の連絡先を知りません」。古代の人々はその声をミューズ〔詩神〕と呼んだ。あるいはそれは、ロバートソン・デイヴィスにとってそうであるように、幻想のかたちをとることもある。

ずっとものを書いていると、ずっと空想しています。他の人の仕事に当てはまるかどうかはわかりませんが、自分の仕事で強く感じることは、小説のアイデアが私を捕えてしまい、それを注意深く考えるまで私を離してくれないということです。頭のなかに完全な物語が現れると言っているのではありません。とても頻繁に現れるのは、どういうわけか重要そうに見えて、考えなければならなくなる光景なのです。かなり前のことです。ある特別の事柄について考えるのをやめると、一つの光景が必ず頭に浮かんでくることに気づきました。それはある道の風景で、私にはそれがどの道なのかわかっていました。それは、私が生まれたオンタリオ州の小さな村にある道でした。そして、そこには雪のなかで遊んでいる二人の少年がいて、一人の少年がもう一方の少年に雪の玉を投げていました。

デイヴィス作品の読者は、この光景に、彼の有名なデプトフォード三部作の第一巻、『五番目の男』の冒頭シーンを認めるだろう。さまざまな意味で、この本の執筆は、感情と郷愁で満ちたそのイメージが何を予告しているのかを見出していくことで成り立っていた。この小説が達成しようとした目標は、その雪の玉を投げたことがどのような結果をもたらしたかを見出していくことであった。もしデイヴィスが、その本の内容がどのように展開されていくのかを、自分自身に対して合理的に語っていたら、彼はその本を、時間と労力のすべてを注ぐに値しない、ささいな目標と考えてしまったであろう。しかし幸いなことに、その目標は、デイヴィスが従わずにはおれないと感じた不思議な要求、つまり、ひとつの幻想として出現した。これはミューズが意思を伝えるときに頻繁に用いる方法である――いわば、鏡を通しておぼろげに見るように。これは見事な段取りといえる。なぜなら、もしその神秘的なトリックにかからなければ、芸術家は探求されていない領域にあえて足を踏み込もうなどとはしないからである。

どれくらいうまくいっているかを知ること

ゲームは得点を記録することができ、自分がどのくらいうまくやっているのかがわかるように設計されている。たいていの仕事は、職務の遂行に関してなんらかの情報を提供する。セールスマンは日々の売り上げを計算することができるし、生産ラインの作業員は製造された部品を数えることができる。もし他の人たちが皆、期待を裏切ったとしたら、上司はあなたがどんなによくやっているかを、あなたに告げるだろう。しかし、芸術家や科学者、発明家といった人々は、まったく異なるスケジュールで活動している。彼らは、自分が時間を無駄にしているのか、あるいは実際に何かを成し遂げているのかを、日々、どのようにして知るのだろうか？

これは実に難しい問題である。多くの芸術家は、批評家やギャラリーが自分の作品に関心を持ち、評価を下すまでの時間にうんざりしてしまい、途中であきらめてしまう。研究に従事する科学者は、論文の査読者や編集者が研究の結果を評価するまでの、長い不安の繰り返しに耐えられず、純粋科学から離れていく。それでは、自分がやり遂げたことに関する外的な情報なしに、彼らはどのようにしてフローを経験することができるのだろうか？

創造的な仕事を続けている人々とは、専門家からの評価を待つ必要なしに、自分自身に対してフィードバックを行うことができるほど、その分野の場の評価基準をうまく内面化できている人々である。そこに、この問いに対する解があるように思われる。詩を書くことに楽しみを見出しつづける詩人は、自分の詩の一行一行がいかに優れていて、選択した言葉の一つひとつがいかに適切であるかを知っている。自分の仕事を楽しむ科学者とは、よい実験とはどういったものかという感覚を持ち、検査がうまくいっているとき、あるいは研究報告書が簡潔に書けているときに、それを十分に理解している人である。したがって、そうした科学者は、自分の名前がノーベル賞の受賞者リストに載っているか否かを知るために、発表の行われる十月まで待つ必要はないのである。

多くの創造的な科学者たちは、自分たちとそれほど創造的でない同僚たちとの違いは良いアイデアと悪いアイデアを区別する能力にあると言う。したがって、彼らは見込みのないものの探究にそれほど時間を浪費することはない。誰もが常に悪いアイデアと良いアイデアの両方を持っている、と彼らは言う。しかし、ある人々は、手遅れになるまで、言い換えれば、無駄な直観に膨大な時間をつぎ込んでしまうまで、その二つを区別できないのである。この見極めの能力は、自分自身に対するフィードバック能力が別の形態で現れたものであり、これによって、誤った判断がもたらす結果に苦しむことなく、何が実行可能であり、何がうまく機能するのかを、前もって理解することができる。ライナス・ポーリングの六十歳の誕生祝賀会で、一人の学生が「ポーリング博士、良いアイデアを持つためにはどうしたらよいのでしょうか？」と尋ねた。すると彼は「あなたが持っているたくさんのアイデアのなかから、悪いアイデアを捨てることです」と答えたのであった。しかし当然のことながら、そうするためには、私たちはその領域がどのようなものであり、その分野の場では、何が「良い」アイデアを構成し、何が「悪い」アイデアを構成するとするのかについての、十分に内面化された全体像を持っていなければならない。

挑戦と能力の釣り合いを保つこと

創造的な問題の追究が簡単であることはほとんどない。実際、楽しめるものであるためには、その追究は難しくあるべきであり、そして当然のことながら、その追究はほぼ必ずと言っていいほど難しい。新天地を開拓し、未知の世界に足を踏み入れることは決して容易なことではない。問題に着手したとき、待ち受けている困難は圧倒的なものとして映るだろう。フリーマン・ダイソンは、追究の過程におけるこの側面を次のように述べている。

> そうですね。それは一つのもがきのようなもの、と説明しなければならないと思います。私はいつでも、書くことを自分に強制しなければなりませんし、科学の問題を執筆する場合には、その強制をさらに強くする必要があります。最初に、血や汗や涙を注ぎ込まなくてはならないのです。そして、本当に難しいのは始めることです。たいていの作家がこの問題を抱えていると思います。つまり、それは仕事の一部なのです。最初の一ページを書くために、一週間、懸命に取り組まなければならないかもしれません。それはまさに血と汗と涙であり、それ以外に表現する言葉はないですね。良いものができあがることを信じて、どこまでも、どこまでも、自分を追い込んでいかなければならない。そして、実際に執筆が流れるように進みはじめるまでは、いつもその過程を経験しなければならないし、この前段階の強制と奮闘がなければ、決して何も起こらないでしょう。それが、創造的な課題追究と単に楽しい時間を過ごすことを区別するところだと思います——いったんその流れの段階に入ってしまえば、すばらしい時間を過ごすことができますが、そこにたどり着くには一種の障壁を乗り越えなければなりません。それが、私がこの過程を無意識的と表現する理由です。なぜなら、どこかにたどり着けるかどうか、実際のところわからないのですから。その段階では、それはまさに手加減のない拷問のようです。

創造的な人であっても、私たちの誰もが遺伝形質のなかに持つ二つのプログラムの、対立の影響から逃れることはできない。ダイソンが理解しているように、もっとも創造的な人々でさえ、エントロピーの壁を乗り越えなければならないのである。その壁と格闘することなく、真に新しく、価値のあることを成し遂げるのは不可能である。「骨折りなくして利得なし」ということわざが当てはまるのは、競争的なスポーツにおいてだけではない。問題が明確に定まっていなければいないほど、それはより野心的な試みとなり、創造的な人がそれを操るのはますます困難になる。バリー・コモナーはこう指摘する。

他の人がしようと思わないことをするのは楽しいです。なぜなら、そうしたことはわからないことだらけだからです。たいてい、それらは困難かつ重要なことで——人々が尻込みするようなことです。問題の発展の仕方を考えるとき、私は通常、ある取り組み方をします。私は問題の起源に興味があります。だから、物事がどこに向かい、何が重要で、何が重要でないかがよくわかります。そして、問題の最先端にいるように懸命に努めます。その態度は、多くの場合、人々がたじろいでしまう最先端へと自分を押しやることがしばしばですが、私は気になりません。

創造的な人は、こうした問題にうまく対処するために、領域のルールと分野の場の見識を内面化する能力を含めた、発見と勤勉さに資する数多くの性格特性を持っていなければならない。コモナーもまた、創造的な人々が発達させるもう一つの能力を示唆している。それは、問題への個人的な取り組み方、言い換えれば、問題を扱いやすい文脈に置き換えることを可能にする内的モデルである。ライナス・ポーリングも、同様の見解を述べている。

私の取り組み方の一つとして、一つの知の領域から別の知の領域にアイデアを移動してみる、ということがあると思います。そして、これまでたびたび、自分が他の多くの科学者より賢いとは思わないと言ってきましたが、おそらく私は、彼らより問題をよく考えているのだと思います。私には一つのイメージがあります。それは、数十年かけて頭のなかに築き上げてきた、宇宙に関する一般理論のようなものです。もし論文を読んだり、研究会で誰かの講演を聴いたり、あるいは、その他の方法でそれまで知らなかった科学に関する情報を得ると、私は「それは私が思い描いている宇宙のイメージにどのように当てはまるのだろう?」と自問し、もしそれが当てはまらないと、「なぜ当てはまらないのだろう?」と考えます。

創造的な人々が発展させる手段が常に成功するとは限らない。彼らはあえてリスクを負うが、そもそも、偶発的な失敗をともなわないリスクなどあるのだろうか？　課題があまりにも巨大化し、その人の手に余るようになると、少なくとも短期間は、喜びではなく挫折感が心に忍び寄ってくる。私たちがジョン・リードとのインタヴューを行ったのは、シティコープが株式市場で血に染まった数年後のことであった。シティコープの株式は、ほとんど一晩で、その価値を大きく失っていた。リードは、その損失の引き金になった不慮の出来事を予見できなかったことで、自分を責めた。結果として、彼はその当時、仕事からかなりの楽しさが失われたと感じた。自然に行われていたことが困難な仕事に変わった。彼は、会社を築き上げ、会社を導く立場であるよりも、会計士であることをみずからに強いなければならなかった。そして、彼が獲得しなければならなかった新しい技能は、不慣れな訓練を必要とするものであった。

行為と意識の融合

しかし、課題がちょうどよいレベルの場合には、創造のプロセスは順調に進みはじめ、他のすべての関心事は活動への深いかかわりのなかで一時的に棚上げされる。ここでふたたび、初期の苦闘を乗り越えたときにどのように感じるかを述べた、ダイソンの言葉を引用しよう。

執筆中、実際にそれをしているのは脳ではなく手であるということに、私はいつも気づかされます。どういうわけか、書くことが私の意思とは無関係にどんどん進んでいきます。そしてもちろん、同じことが数学の方程式を解いているときにも起こるのです。何を書くかは、ほとんど考えません。ただ走り書きをしていると、方程式が行き先を導いてくれ、行っている行為は建築を思わせる作業になります。しなくてはいけないのは、図案を頭に入れておくことです。そうすることで、状況に応じて、章を構想したり、数学の定理の証明を構想したりするのです。そして、状況に応じて、言葉や記号からそれをまとめ上げなければならないのですが、もし明確な建築構造が頭に入っていなければ、それはまったくひどいものに終わってしまいます。基本的には橋を作るときと同じように、両端から始めて、中央で接続させるのが秘訣です。私が考えている方法とは、そのようなもののように思えます。だから、最初の図案はなんとなく偶然起こるものであって、どのようにその最初の図案が頭のなかに飛び込んでくるのかはわかりません。それは、髭を剃っているときや散歩をしているときかもしれませんが、突然頭に浮かんできます。そして、じっくり腰を据えて、実際にそれに取り組む。それが苦しい作業の完了するときになります。そしてそれは、大部分において、何が有効で、何が有効でないかを見極めながら、断片を組み合わせていくことなのです。

バリー・コモナーは、執筆の際のほとんど自動的といってもよいフロー体験の特性を述べるために、ダイソンと似た言葉を用い、行為と意識の融合感覚を流れるようなインクと流れるようなアイデアのイメージとして表現している。

このペンを使って書きます［彼は胸のポケットから一本の万年筆を取り出して、それを見せてくれた］。私にとってはきわめてはっきりしていることなのですが、考えると同時に書くという私の能力は、インクの流れに依存しているのです。私がもっとも楽しいと思うことは、私自身のアイデアがよどみなく流れ出てくることであり、それらを紙に書き留めていくことです。流れ出るという感じがあまりしないので、ボールペンを使って書きません。万年筆を使うのはそのためです。そして、本当にうまくいくのは万年筆だけです。

作家のリチャード・スターンは、執筆の過程で我を忘れることがどのような感覚なのかを見事に説明している。さらに、その説明は、自分で創作した特別な世界に起こっていることと照らし合わせたとき、登場人物たちの行動の適切さをどのような感じとして経験するのか、ということにも及んでいる。

最高の状態のとき、人は何も考えません。考えていたら、どうやってその世界のなかを進んでいけるでしょうか？　進んでいくことなどできません。そうではなくて、登場人物、場面、本の形式、浮かんでくる言葉に集中するのです。そして、それらの具体化されたかたちにも。我を忘れ……その時点で自我は消え失せます。それとは競争しないのです。それは……私ならそれを、純粋という言葉で表現するでしょう。人には、これが正しいということがわかります。その世界ではそれが有効だとか、辻褄が合うといった意味ではなく、この場所においてはそれが正しいということです。この物語において。その物語にふさわしい。その人にとって、その登場人物にとって、それが正しいということです。

注意の散漫を避ける

創造的な人々が持つと考えられる特質の多くは、まさに注意の集中を保つための方法であり、それによって彼らは、我を忘れ、創造の過程に入り込むことができるのであろう。注意を乱すものはフローを阻害し、仕事を進めるために必要な心の静けさを取り戻すため、人は多くの時間を費やすことになる。課題が野心的なものであればあるほど、それに没頭するまでに長い時間がかかり、注意は容易に乱されてしまう。難解な問題に取り組む科学者は、「普通」の世界から自分自身を切り離し、時に視界に入り、時に視界から消え去ってしまう現実離れした記号の世界を、知性とともにあてもなく歩きまわらなければならない。日常的現実という実質的な世界からの介入は、いかなるものであっても、その世界を一瞬で消し去ってしまう。執筆の際にフリーマン・ダイソンが図書館に「隠れ」、マルセル・プルーストが『失われた時を求めて』の執筆に集中しようとコルク板で内張りをした窓のない部屋に引きこもったのは、まさにこうした理由による。ほんの小さな音でさえ、彼の繊細な想像力の糸を断ち切ってしまうことがあったのである。

さらに、健康、家族、金銭にかかわるより深刻な問題は、人の心を執拗に占拠してしまうので、人はもはや、十分な注意を仕事に向けることができなくなる。そして、長期の枯渇状態、著述の行き詰まり、燃え尽き状態がその後に続き、その結果、それらが創造的なキャリアに終止符を打ってしまうことさえある。ジェイコブ・ラビノウが述べているのは、この種の注意を散漫にする事柄についてである。

悩みから解放されているというのは、こういうことです——家族に健康や病気の問題がない、あるいは心を占拠してしまうような問題がないということです。あるいは、次の請求料金をどう払うかで気が狂いそうになるといった、金銭的な悩みも含まれるでしょう。あるいは、子どもについての悩み、薬物、あるいは何かそういったことです。たしかに、責任から解放されているということはよいことです。でもそれは、かかわっている仕事に対して責任を持たないということではなく、その他の物事から解放されているということです。もし重い病気を抱えていたら、発明家になれる見込みは薄いでしょう。自分の問題、あまりに多くの苦痛に、時間が取られてしまうからです。

私たちの回答者の多くは、まさにこうした注意の散漫を減じてくれる配偶者に感謝していた。この傾向は特に男性に見られたが、一方で女性たちも、仕事への集中を妨げるような心配から自分たちを解放してくれる妻が欲しかったと、時々あてつけのように述べていた。

自己、時間、周囲の状況を忘れること

注意を散漫にするものが消え失せ、フローのための他の条件が整うと、創造性のプロセスはフローのすべての特徴を獲得する。その状態を詩人のマーク・ストランドは次のように述べている。

そうですね。仕事が順調に進み、時間の感覚がなくなって完全に陶酔した状態になり、やっていることに完全に没頭すると、その仕事のなかに見える可能性に、ある種、支配されているような状態になります。それがあまりにも強くなると、今度は立ち上がってしまいます。なぜなら、その興奮状態があまりに圧倒的だからです。意識が自分のいるところよりも常に先に向かって飛んでいくので、仕事をしつづけることや仕事の結果を視野に入れておくことができなくなります。つまり……その状態にとても浸りきっているので、過去も未来もないのです。それは単なる延長された現在であって、そうですね、あなたはそのなかで意味を生成しているといった状態になります。そして、意味を解体し、再構築する。使っている言葉に必要以上の注意は払いません。それは高度な秩序へと昇華された意味なのです。それは単なる基本的なコミュニケーションや日常のコミュニケーションではありません。一つの完全なコミュニケーションなのです。自分があることに取り組んでいて、それがうまくいっているとき、自分のしている表現以外に他の表現はないという感覚になります。

彼は、この延長された現在に沿って流れている感覚と、真に正しいことをなされるべき唯一の方法でしているという強い感覚を、正確に表現している。それは頻繁に起こることではないが、それが起こるとき、その美しさはすべての努力を正当化してくれるのである。

自己目的的な経験としての創造性

したがってこの問題は、この章を開始した場所に、そして、すべての回答者が仕事から得られるどのような外的な報酬よりも仕事の喜びを優先したという事実に、私たちを立ち返らせる。他の大多数の回答者と同様に、心理学者のドナルド・キャンベルは、その分野の場に進もうとしている若者に明確な助言を与えている。

私ならこう言うでしょう。「お金に興味があるのなら、科学の道に進んではいけません。有名になれないまでも、科学を楽しめないというのなら、科学の道に進んではいけません。名声はそれを得たときに丁重に受け取るものとして留めておき、あなたが楽しめるのはキャリアなのだということを確実なものにしなさい。そのためには内発的動機づけが必要になります。そして、たとえそれが他人にとっては刺激的ではなくても、あなたを内発的に突き動かしてくれるような問題に取り組める環境を、努力して選び取るのです。たとえ時代遅れであっても、その仕事を内発的に楽しめるような環境を確保するように努めるのです」と。

科学者はしばしば、自分の仕事の自己目的的な側面を、真実と美の追究からもたらされる高揚感として表現する。しかしながら、彼らが述べようとしているのは、発見すること、問題を解決すること、認められた関係性を単純で優雅な形式で表現できることの喜びである。つまり、彼らのやりがいは、神秘的で言葉で言い表せないような外的な目標ではなく、科学という活動それ自体である。重要なのは達成することではなく、追究することなのである。もちろん、この区別は多少誤解を招くおそれがある。なぜなら、時には成功することがなければ、科学者たちはやる気を失ってしまうだろうからである。しかし、科学を内発的にやりがいのあるものにしているのは日々の実践であり、稀に訪れる成功ではない。ノーベル賞を受賞した物理学者、スブラマニアン・チャンドラセカールは、自分自身の動機づけについてこう語る。

> 概して人々は、私について二つのことを知りません。私はこれまで、いかなる意味においても、華やかな仕事に取り組んだことはありません。それが第一点です。第二点は、私がいつも仕事をしてきた領野とは、それに取り組んでいる間に人々の注目を集めることがなかったものです。
>
> 成功という言葉は曖昧です。外部から見た成功なのでしょうか？　あるいは自分自身から見た成功なのでしょうか？　もしそれが外部から見た成功ならば、あなたはそれをどのように評価するのでしょう？　多くの場合、外部の視点からの成功とは、不適切で、間違っていて、見当違いなものです。そういった成功について語るには、どうすればいいのでしょうか？　外面的には、人は私が成功していると思うかもしれません。なぜなら、人々が私の仕事のさまざまな側面について書いてくれるからです。しかし、それは一つの外的な判断です。そして、私はそのような判断をどう評価すべきかまったくわからないのです。
>
> 成功することは、私の動機には含まれていません。なぜなら、成功は失敗の対極にあるからです。しかし、人生における価値ある努力とは、成功でも失敗でもないでしょう。成功という言葉によって、何を言おうとしているのでしょうか？　あなたはある問題に着手し、それを解決したいと思います。そして、もしそれを解決したら、限定的な意味において、それは成功ということになります。しかし、それはささいな問題に過ぎません。ですから、成功についての判断は、いかなる意味においても、私がこれまで真剣に考えてきたことではありません。

たしかに、これらの人々は皆、自分たち自身の助言を心に留めていたように思われる。誰ひとりとして金銭や名声を追い求めた者はいない。発明や著書によって快適な生活ができる程度に裕福になった人々もいるが、それが理由で幸福と感じた人は一人もいなかった。彼らが幸福と感じていたのは、自分が楽しんでかかわっていることに金銭的報酬がついてくるということであり、そのうえに、自分のすることが人類を取り巻く状況に役立つかもしれないと感じられることであった。実際、なぜ歴史を記述するのかについて説明するC・ヴァン・ウッドワードの言葉のように、自分の一生の仕事を言葉で正当化できることは実に幸運なことである。

歴史は私の興味を掻き立てます。それは満足感をもたらす源泉なのです。それは、私が重要だと思っていることを成し遂げることでもあります。そうした意識や動機づけがなければ、人生はずいぶんと退屈で、目的のないものになってしまいます。そして、私はそんな人生を送りたいなどと、どうしても思えません。たとえば、何ひとつとして取り組む価値を見出せない完全に暇な時間があったとしましょう――それは、かなり絶望的な状況として私の目には映るのです。

フローと幸福

フローと幸福の関係とは何だろうか？　これは非常に興味深く、繊細な問いである。最初に、この二つが同じものに違いないと結論づけてしまうことはたやすい。しかし実際には、この関係はもう少し複雑である。第一に、フロー状態にあるとき、私たちはたいてい、幸福を感じていない――なぜなら、フローの状態において、取り組んでいる活動に関連する事柄しか意識していないからである。幸福感は注意を散漫にする。執筆中の詩人や方程式に取り組んでいる科学者は、少なくとも、思考の流れが途切れることがない限り、幸福感を感じることはない。

私たちが幸福感に耽れるのは、活動が終わったときや活動の最中に注意が散漫になったときなど、フローから抜け出た後だけである。そして、詩が完成し、数学の定理が証明されたとき、幸福感や満足感が急激に押し寄せてくる。長期的に見れば、日常生活でフローを経験すればするほど、幸福感を感じる可能性は、全体としてより高くなるだろう。しかし、これはどんな活動がフローをもたらすかということにも依存する。残念なことに、多くの人々が、みずからが応じることのできる唯一の挑戦的課題として見出すものは、暴力、ギャンブル、手当たり次第のセックス、ドラッグといったものである。これらの経験のいくつかは楽しむことのできるものかもしれないが、どんなに長い年月をかけても、これらの行為にまつわるフローのエピソードが積み重なって、満足感や幸福感を形成することはない。快楽は創造性には至らず、ただちに依存症へと姿を変える――つまり、エントロピーの隷属状態が訪れるのである。

このように、フローと幸福感のつながりは、フローを生み出す活動が複雑か否か、その活動が新たな挑戦へとつながり、それによって個人的、文化的な成長がもたらされるか否かにかかっている。したがって、自分の仕事を楽しみ、その仕事が疑いもなく複雑であるという理由から、私たちは調査回答者の全員が幸福だと結論づけるかもしれない。しかしそこには、さらに考慮しなければならない複雑な問題が存在する。たとえば、ある人が物理学者としての人生を三十年間楽しんだ後に、自分の研究が何百万もの人々の命を奪った核爆弾を生み出すことになったと知ったらどうだろうか？　他者によって、自分が開発したワクチンが人の命を救うためではなく細菌戦のために使われていたとしたら、ジョナス・ソークはどう感じたであろうか？　今日の世界において、これらは決して意味のない質問ではなく、フローを生み出す複雑な活動が長期的な意味で不幸をもたらす可能性を示唆するものである。しかし結局のところ、それまでの人生が楽しみをもたらし得るものであれば、きわめて容易に幸福に至ることができるのである。

フローと意識の進化

人々は多くのことに楽しさを見出す。肉体的快楽、権力や名声、物質的所有。さまざまなビール瓶を集めることを楽しむ人もいれば、少数ながら、自分や他人に痛みを与えることを楽しむ人さえいる。不思議なことに、楽しさを得る方法は大きく異なっていたとしても、結果として生じる幸福感はどれも非常に似たものとなる。このことは、あらゆるかたちの楽しさは等しく追求する価値がある、ということを意味するのだろうか？

二五〇〇年前、プラトンは、社会のもっとも重要な役割は、正しい対象のなかに喜びを見出すように若者を教育することである、と書いた。プラトンは彼の時代においてさえ保守的であったため、若者が楽しむことを学ぶべきこうした「正しいこと」に関しても、かなり明確な考えを持っていた。今日、私たちは過度に洗練されているため、こうした問題に強い感情を持てないでいる。しかし、子どもたちが、暴力よりも協力を、窃盗よりも読書を、賭け事よりもチェスを、テレビよりもハイキングを楽しむことを学ぶならば、もっと安心できるということに、おそらく誰もが賛同するだろう。言い換えれば、どれほど相対主義的で寛容になろうとも、私たちには優先すべきことがあるということである。そして、次の世代にこうした優先事項を共有してほしいと願っている。最後に、私たちの多くは、私たちが評価するものを、次の世代が今ある程度楽しまなければ、彼らはそうした価値を引き継いでいかないだろう、という懸念も持っている。

問題は、実際に簡単なこと、つまり、セックスや暴力といった私たちの遺伝子にすでに組み込まれている活動に喜びを見出すほうが簡単だということである。狩り、釣り、食事、性交といった活動は、私たちの神経系において特権的な位置を占めている。金銭を稼ぐこと、新しい土地を発見すること、新しい領土を征服すること、あるいは、手の込んだ宮殿、寺院、墓を造ることで楽しみを得るのも簡単なことである。なぜなら、このような企図は、生理学的構造のなかにはるか昔から確立された、生存のための戦略と同調しているからである。それに対して、数学や科学に取り組んだり、詩作や作曲をしたりすることによって象徴的な体系を操作すること、そしてそれらの活動を通して世界と自己について学ぶことなど、進化の過程で新たに見出したこうした活動を楽しむことを学ぶのは、私たちにとってきわめて難しいことである。

子どもたちは、フットボール選手やロック歌手が幸福であると信じて成長し、エンターテイメント界のスターたちを羨み、彼らにとってすばらしく、充実した人生に思われるものを切望する。大人になったら何をしたいのかと尋ねられれば、彼らの多くはスポーツ選手やエンターテイナーと答えるだろう。そして、仮に、そうした生活のきらめきが下品な虚飾であり、彼らのようになることは幸福以外の場所に至るということに気づくとしても、それはずっと後になってからのことである。

親も学校も、正しい活動に喜びを見出すことを若者に教えるということに関してそれほど有能ではない。非現実的なグラビアモデルに夢中になり、判断を惑わされている大人たち自身が、しばしば子どもたちを騙すことに加担している。重要な仕事を退屈で困難なもののように見せかけ、つまらない仕事を刺激的で容易なものであるかのように見せる。学校は、たいていの場合、科学や数学がいかに刺激的で、魅惑的なほど美しいものであるのかを教え損なっている。そこではまた、文学や歴史の冒険的な試みではなく、あらかじめ決められた、型通りの内容が教えられている。創造的な人々が模範的な人生を送っているのは、このような意味においてである。彼らは、複雑な記号体系による活動がいかに喜びに満ち、興味深いかを示している。無知の沼地や無関心の砂漠を苦労して進み、親や洞察力を備えた数少ない教師の助けを借りて、既知の世界の反対側に自分の存在を見出した。彼らは文化の先駆者であり、未来の男性や女性のあるべき姿の模範となってきたのである――もちろんこれは、仮に未来があればの話であるが。人間の意識が過去の限界、つまり、遺伝子や文化が私たちの脳に組み込んだプログラムの限界を超えて成長するとすれば、それはこうした例に倣うことによってであろう。おそらく、私たちの子どもたち、あるいは彼らの子どもたちは、受動的な楽しみよりも、詩作や定理を解くことに喜びを感じるようになるであろう。これらの創造的な人々の人生は、それが不可能ではないことを私たちに再確認させてくれる。

第六章　創造的な環境

もっとも抽象的な思考の持ち主でさえ、身体を取り囲んでいるものに影響される。外部から五感に入ってくるさまざまな影響から逃れられる者はいないのである。創造的な人々は自分たちの環境に無頓着で、もっとも不快な環境においてでさえ幸せに働いていているように見えるかもしれない。ミケランジェロはシスティーナ礼拝堂の天井の下の足場で身をよじらせ、キュリー夫妻はパリのみすぼらしい研究室で凍え、無数の詩人たちは薄汚い借間で詩を書き散らした。しかし現実には、創造的な人々が暮らす時間的・空間的状況には、しばしば、注目されることのない重要性がある。正しい環境は複数の点で重要である。そうした環境は斬新なものの産出に加え、その受容にも影響を及ぼし得る。したがって、創造的な人々が活力あふれる活動の中心地に引き寄せられ、そこで彼らの仕事が成功の機会を得ることがあったとしても、それは不思議なことではない。遠い昔から、芸術家、詩人、学者、科学者たちは壮麗な峰々や荒れ狂う海からひらめきを得ようと、自然の美しい場所を求めてきた。しかし、直前の章の分析では、創造的な人々を際立たせるものは、自分たちの置かれている境遇が贅沢なものであるか悲惨なものであるかにかかわらず、みずからの思考や行動習慣のリズムに共鳴する個人的なパターンを、どうにかしてその環境に付与することにあった。つまり彼らは、自分で作り上げた環境のなかで、他の世界のことを忘れ、芸術と学問の女神、ミューズを追い求めることに専念できるのである。

適切な場所にいること

学問と商業の偉大な中心地は、いつの時代にも、文化に名を残そうとする野心的な人を引きつける磁場として機能してきた。中世以降、熟練した職人たちは、ある都市の富によって引きつけられ、また次には別の都市のそれに引き寄せられながら、大聖堂や宮殿を建設するためにヨーロッパ中を旅した。ポーランドのチュートン騎士団のために要塞を建設したのはミラノの石工たちであった。ヴェネチアの建築家や画家たちはロシア皇帝の宮廷を装飾するために現地へ赴いた。創造性《クリエイティヴィティ》の権化であるレオナルド・ダ・ヴィンチでさえ、公爵、教皇、王が彼の夢に財政的支援をしてくれるか否かに応じて、仕える主人を変えつづけたのであった。

人が住む場所は主に三つの理由で重要である。第一に、人は自分が働こうとする領域にアクセスできる立場にいなければならない。情報は空間に平等に分配されるのではなく、さまざまな、地理学的な交差点に凝集する。情報の拡散が緩やかだった時代には、物理学のある部門を学ぶために、人はゲッティンゲン大学に赴き、別の部門を学ぶために、ケンブリッジ大学やハイデルベルク大学に赴いた。情報交換のためのすばらしい電気的手段をもってしても、ニューヨークは未だに、芸術の世界で何が起こっているのか、他の芸術家たちが今、どのような未来のトレンドについて話し合っているのかを、最初に知ろうとする意欲的な芸術家にとって最高の場所である。しかしその一方で、ニューヨークは海洋学、経済学、天文学を学ぶための最善の場所とは言えない。アイオワ州はクリエイティヴ・ライティングやエッチングを学ぶ場所になり得るし、ピッツバーグであれば、他では学べない神経回路について学ぶことが可能である。

研究協力者たちは、しばしば、関心のある情報が蓄積された場所へと移り住んだ。スブラマニアン・チャンドラセカールは物理学を学ぶために、インドから船に乗ってケンブリッジ大学へ行った。フリーマン・ダイソンはコーネル大学でリチャード・ファインマンに出会った。ニーナ・ホルトンは青銅鋳物の技術を学ぶためにローマへ行った。また時には、知識を促進するための場所を選ぶのが人ではない場合もある。ある場所が提供する学びの機会が人の関心を捉え、その領域へのその人の関与が後から続くこともある。ブレンダ・ミルナーは、神経生理学者のD・O・ヘッブがマギル大学で教鞭をとりはじめたとき、たまたまモントリオールにいた。彼のセミナーに感銘を受けた彼女は、夫とともに研究の方向性を変え、最終的に、その分野における先駆者の一人となった。生化学研究でコンピューターが初めて使われたとき、マーガレット・バトラーはアルゴンヌ国立研究所に所属していたが、その機会によって始まったこの領域への終生つづく関心が、彼女をこの領野における先駆者にした。ロザリン・ヤローが核医学に関心を寄せるようになったのは、そのような研究を可能にする装置が使える場所に、彼女がたまたま居合わせたからであった。もちろん、知識がその場所に蓄積されていたわけではない。むしろ、ある制度、ある地方の伝統、その場所にたまたま住んでいた人の内部に存在するのである。青銅鋳物を学ぶためには、昔のイタリアの職人たちがどのように作業していたのかを確認することがそれに役立つし、もしヘッブから心理学を学びたければ、モントリオールに行くことが必要だったのである。

場所が創造性の手助けとなる第二の理由は、斬新な刺激は均等に分散されないということである。ある環境は密度の高い相互作用を持ち、より多くの興奮とより大きなアイデアの沸騰をもたらす。したがって、そのような環境は、より保守的で、抑圧的な環境にいる場合に比べ、慣習からの離脱を心に抱いている人に、より躊躇なく、斬新な実験を試みることを促す。十九世紀末に、世界中からパリへと引きつけられた若い芸術家たちは、新たなアイデアや新たな表現、そして新たな生活様式が、常に互いに競い合い、さらなる斬新さを呼び込む高揚した雰囲気のなかを生きた。芸術家がひらめきを得るために、いかにそうした多様性に頼っているのかを、小説家リチャード・スターンは次のように表現している。

若いころ、ヘミングウェイやフィッツジェラルドなどを読んで、外国への旅に憧れました。そして、いったん外国に出ると、違った物事に気づき、新たな人格《パーソナリティ》になって、束縛していたすべてのものから解放されることにとても興奮しました。差異への気づきがとても重要でした。まったく得意ではありませんでしたが、言語が特に重要でした。物事の表現の仕方が違っていて、さまざまな決まり文句がありました。それらは、本当におもしろいものでした。初めて外国に行ったとき、二十一歳でした。まだ続けていますが、そのころ、日記を書きはじめたのです。気が変にならないようにと日記をつけていました――

とても多くのことが流入してきましたから。それを書き留めることができれば、もうそれについて心配することはありません。ですから、外国に身を置くことは、そうした点でもとても重要でした。

フリーマン・ダイソンのような理論物理学者にとって、近くの研究室の同僚から受ける刺激は欠くことができないものである。芸術以上に科学は、一人の思考が他の多くの人々の思考のうえに積み上がる「ホット・スポット」で、情報がより急速に膨れ上がる集合的な事業である。その一方で、斬新なものの生成を抑制してしまう場所もある。ある人々によれば、大学は知の保存という、それらの第一義的な機能に傾倒し過ぎてしまうため、創造性を刺激するのにあまり適していない。この立場に関して、アンソニー・ヘクトは詩人の観点からその賛否を次のように論じているが、彼の議論は他の領域にも当てはまるであろう。

近代には数多くの詩人がいましたが、彼らは、大学で教鞭をとる詩人は最終的に埃のように乾き、想像力を枯渇させ、挑戦することを止めてしまう、と述べていました。私はそれが正しいとは思いません。大学は中立です。もしそうさせたいのなら、大学は想像力を切り崩すことができるでしょう。しかし、大学がそんなことをする必要はないでしょう。大学とは、あなたがある特定の仕事をし、ある特定の人々と生きる場所です。ともに過ごす人々は、一般的にとても良い人々です。味があり、どこか変わっていて、想像力に富み、独特で、生命力にあふれ、議論好きです。そして、私はそれが心地よいのです。すべての人が、もっと熱心に従順であろうとするビジネス組織にいたとしたら、これは当てはまらないだろうということはわかっていますが。

最後に、分野の場へのアクセスが、空間上、均等に分散されていないことが、創造性が場所に依存している理由として挙げられる。新しいアイデアの実現を促進する中心的な場所は、必ずしも、情報が蓄積されている場所であったり、もっとも大きな刺激が得られる場所とは限らないのである。金銭が手に入るということで、他の状況であれば荒廃した環境が、突然、芸術家や科学者たちを引き寄せることがしばしばある。そして、少なくともしばらくの間、そうした場所がその分野の場の中心地の一つとなる。一八九〇年代、ウィリアム・R・ハーパーが、油田によって潤沢な資金を持つジョン・D・ロックフェラーに、シカゴ南部のトウモロコシ畑に大学を開学するために数百万ドルを投入するよう説得したとき、多数の一流の学者たちがすぐさま彼に引きつけられた。彼らは東北部の大学から荒野へと群がるように集まり、研究と学識の偉大な中心地を作り上げたのであった。八十年後、同じ現象がはるか西でも繰り返された。テキサス大学は、オイル・マネーによって、新たな世代の知的主導者たちをオースティンへと引き寄せることに成功したのであった。石油は、学問の中心地の移動を円滑にする、財政的誘惑の源泉の一つに過ぎない。分野の場の権威がある特定の場所に落ち着くと、同様の関心を持つ若者にとって、そうした有名人の魅力に抗うことは困難となる。世界のどこよりも数多くのノーベル経済学賞を受賞している学部のメンバー、ジョージ・スティグラーは、なぜこのようなことが起こるのかについて、いくつかの理由を挙げて説明する。

あなたが身を置く知的な雰囲気が、あなたの仕事ぶりを決定します。そして、シカゴ大学の経済学は、これまで、剛健で、挑戦的で、攻撃的で、政治的な環境を保ってきました。もしあなたが愚かなことをしたり、間違ったことをしていたら、ちょっと恥ずかしい思いをさせてやろうと思っている優秀な同僚たちに囲まれています。しかし、同時に彼らは、有望なことに対しては手助けを惜しみません。ですから、そこはとても有益な環境なのです。

ジョン・バーディーンのキャリアはこの典型である。彼はプリンストン大学の大学院に進み、そこで、一九六三年にノーベル賞を受賞した卓越した理論物理学者ユージン・ウィグナーの、博士課程で二人目の大学院生になったのである。当然のことながら、ウィグナーの多くの学生たちもまた、その分野の場のリーダーとなった。バーディーンはその後、多くの、若くて聡明な物理学者が雇われていたベル研究所で職を得たが、そこの雰囲気をこう表現している。

ベル研究所には、固体物理学の理論の、きわめて卓越した集団が所属していました。組織の構成方法としては、彼らは一つの理論集団というかたちをとっていませんでしたが、それぞれのオフィスがとても近くにあったため、互いに気兼ねなく話すことができましたし、それぞれが別の実験グループにも報告をしていました。したがって、そこには、理論と実験の非常に緊密な相互関係が存在しており、ほとんどの論文は、理論家と実験主義の研究者によって、共同で書かれていました。そしてそこでは、量子論を応用した、電話システム用の新素材の開発にとても大きな情熱が注がれており、そこにいるのはとても刺激的な時間でした。

バーディーンは、ベル研究所で働いている間に半導体の理論を発展させ、最終的に、それは、トランジスターの革命的発明へとつながることとなった（この業績によって、彼と二人の同僚は、一九五六年にノーベル賞を受賞した）。その後、バーディーンはイリノイ大学に移り、超伝導に魅了されることになる。それは、原理上、永遠に動きつづける摩擦ゼロの機械、つまり、永久機関という、中世の夢の実現を約束するものであった。一九五七年、彼はその領域の基準となる理論を確立し、それによって、二人の新たな同僚と、一九七二年にノーベル賞を共同受賞した。彼はベル研究所を後にした理由を次のように説明している。

一九五一年に私がイリノイ大学にやってきた一つの理由は、超伝導が実際には応用されていない、純粋に理論的なものであり、それに取り組むためには、大学のような環境のほうが良いと考えたからです。さらに、プリンストン大学のユージン・ウィグナーの最初の学生で、私の長年の友人であるフレッド・ザイツが、イリノイ大学に固体物理学の研究グループを作るために、カーネギーメロン大学の前進であるカーネギー工科大学から同僚を何人か引き連れてやってきたのでした。私は、もし既存のグループとともにここに来ることができたら、彼らはここで、固体物理学に対して、非常に多くの労力を注ぐだろうと考えました。そして、それはまさにその通りでした。それは、カリフォルニア工科大学やマサチューセッツ工科大学のような場所から、卓越した大学院生を引きつけました。固体物理学を学びたい大学院生がいると、指導教授たちは、進むべき最善の場所として、彼らをここに送り込んでくれたのです。

科学や芸術においても、そしてビジネスや政治においても、場所の選択は不動産の購入の場合とほとんど同じくらい重要である。主要な研究所や専門分野の雑誌、大学の学部、研究機関、会議場といったものに近ければ近いほど、新たな発言を聞き、その声の価値を見定めることがより容易となる。しかし、それと同時に、権力の中心近くにいることには、否定的な側面も存在する。ドナルド・キャンベルほど、こうしたことを意識している人間はいない。彼は、若い学者たちがあまりに早く、競争の激しい、プレッシャーの強い環境に身を投じることに警鐘を鳴らすが、それには学術界の範囲を超えた妥当性がある。

私は環境が重要だと考えています。心理学のビッグ・テンと言われる上位十大学の専任講師のように、テニュア〔大学教員としての終身在職権〕を取るために、五年間で五本の論文を執筆し、発表しなければならないというシステムは、イギリスのシステムでフランシス・クリックがそうであったように、長年にわたって論文を出さなくても、個人どうしの尊敬で組織に留まっていられるシステムに比べ、はるかに理想的とは言えません。プレッシャーははるかに小さいし、失敗を恐れることなく、もっと自由に物事を探究することができるのですから。

人というのはこうした環境に順応します。だから、彼らは五年の間に五本の論文を出しつづけます。しかし、創造的になるための自由は速さと数を求めるプレッシャーによって減りつづけます。そして、同じことが本を一冊書き上げる能力にも当てはまってしまうのです。

たとえば、二つの就職先の候補があり、そのどちらも授業の負担はそれほど重くないとしましょう。一方の職場では、業績を残せなければ失職というプレッシャーが大きい。もう一方の職場では、適度なプレッシャーを受けますが、それほどでもありません。その二つの大学が国民から受ける尊敬のレベルは明らかに異なるものです。あなたなら、どちらの職を選びますか？　私であれば、テニュアの心配がなく、知的な探究が自由に行えるほうをとりなさいと、はっきり言います。

こうした人々の人生から学んだ他の多くの事柄と同じように、どのような場所が創造性の発達にもっとも適しているかを、一度に、そして完全に決定する方法はない。情報と活動の中心地に移動するということは、たしかに道理にかなっている。時には、そうしたことが必要不可欠な場合もある。またある領域では、知識を身につけ、その知識を実践することのできる場所が世界に一カ所だけ、ということもある。しかし、活動やそれに付随するプレッシャーがきわめて激しい場所に身を置くことには、不利益も存在し得る。身を置くべき正しい場所とはどこなのだろうか。残念ながら、答えを一つに絞ることはできない。創造性は外部の要因によって決定されるものではなく、しなければならないことをしようとする、強い決意によって決定されるものだからである。どの場所が最善かは、個人的な性格の全体的構成や、その人がかかわる課題の構成に左右される。比較的内気な人は、スポットライトのもとに進み出る前に、自分の行動を完璧に仕上げておきたいと思うかもしれない。もっと社交的な人であれば、キャリアの最初から競争のプレッシャーを楽しむかもしれない。しかしどちらの場合においても、おそらく、間違った環境の選択は創造力の展開を妨げてしまうことになるであろう。

ひらめきをもたらす環境

私がこの章の第一稿を書いたのは、二つのフランス窓のついた七平方フィートほどの石組みの小部屋だったが、その窓からは、アルプス山脈の丘陵地帯近くに位置する、北イタリアのコモ湖につながる東の支流を見下ろすことができた。約五百年前、その小部屋には隠遁生活をする修道士たちが住み、それは、モンセラートの聖母マリアにささげた礼拝堂の上に建てられている。礼拝堂の初期のものははるか昔に湖に没している。現在、その窓を通して、礼拝堂が乗った岩の下に生えている月桂樹やコナラ、杉、ブナの木々のすき間に見て取れるのは、南に向けてさざ波を立てる大きな湖である。それはまるで、鎖を壊そうとしてもがく、途方もなく巨大なドラゴンのようである。

小部屋の壁は、この人里離れた安息地を訪れた、昔の居住者たちが残した落書きで覆われている。彼らもロックフェラー財団から選ばれるという幸運を得て、一カ月間をヴィラ・セルベローニで過ごし、その壮大な景色や森を抜けるパノラマのような小道、そしてロマン漂う廃墟が、学識の瑞々しいほとばしりを彼らの内にもたらすことを期待したのであろう。「数百の小道／数千の松／景色に限りなし」とハーバード大学からの訪問者が俳句のような詩を残す。「幾世代もの客／数万の経験／響きあう調和の獲得」。「水の上の太陽」とUCLAからの訪問者は初め、「波はきらめき／枝々にとまる鳥／木々がささやきあう。／ベラージョの鐘――新しい日が生まれる。礼拝堂に住まう学者たち。地上の楽園！」と記す。別の詩、今度はイングランドのサセックス大学からの訪問者であるが、その詩は「……われわれの楽描の／心地よきこと／たとえ醜い嘆願であろうとも／木々のなかの礼拝堂にあればこそ／我ら学識の林檎を味わう」で終えている。

このような希望にはたくさんの前例がある。結局のところ、ヴィラ・セルベローニのあるベラージョの村には、数世紀にわたり、小プリニウスやレオナルド・ダ・ヴィンチ、そして、詩人のジュゼッペ・パリーニやイポリート・ニエボ――彼はシチリアからかつて、「パレルモの一カ月間とベラージョの二十四時間を喜んで交換したい」という手紙を送った――といった人々が訪れ、その魔術的な雰囲気のなかで、みずからの想像力の再活性化を求めたのであった。「私の周りの自然が表すさまざまな特徴のすべてが、魂の奥底で感情的な反応を呼び起こすのを感じ、それを音楽に移し変えようとしました」と、この場所の滞在中にフランツ・リストは書き残している。

ヴィラ・セルベローニの一番高いところからは、湖を越えたところに、他の、少なくとも三つの文化的集団が会する場所を見て取ることができる。以前、良家出身の修道女たちが住んだ修道院ヴィラ・モナステロには、今やイタリアの物理学者たちがたびたび訪れ、クォークとニュートリノについて思考と議論を重ねている。かつて、ドイツの首相であったコンラート・アデナウアーの個人的別邸であったヴィラ・コリーナは、現在、ドイツの政治家たちが一堂に会する場所となっている。ナポレオン時代の愛国的貴族によって建設されたヴィラ・ヴィゴーニは、今はイタリアやドイツの科学者たちが集まる会議に使われている。こうした山々の空気、ツツジの香り、古い教会の尖塔が湖のフィヨルドのような様相を呈する小川にきらきらと明滅する反射は、おそらく、美しい絵画や壮大な音楽、そして深い思考の創造を促すであろう。

ニーチェは、近くのエンガディーンの清涼な空気のなかで『ツァラトゥストラはかく語りき』の執筆を決めた。ワーグナーは、ラベロにある別荘で、人を催眠状態に誘うような青さをもつティレニア海を見下しながら音楽を書くことを愛した。ペトラルカは、アルプス山脈やアドリア海近くの別荘で、詩を書くためのひらめきを得ていた。二十世紀初期のヨーロッパの物理学者たちは、登山中や山頂から星を見上げている際に、もっとも深遠なアイデアに到達したようである。

物理的な環境が私たちの思考や感情に深く影響を及ぼすという信念は、多くの文化に認められる。中国の賢人たちは、孤島の優美なあずま屋や岩の上の望楼で詩を書くことを好んだ。ヒンドゥー教のバラモンたちは、森に引きこもり、人を惑わす外見の背後に隠された現実を見出そうとした。キリスト教の修道士たちは最高に美しい場所を選ぶことに長けており、したがって、ヨーロッパの多くの国々では、とりわけ見るに値する丘や平原には、必ずその上に修道院や僧院が建てられている、というのが定まった見方となっている。

アメリカにも類似したパターンが存在する。プリンストンにある自然科学高等研究センターとパロ・アルトにある行動科学高等研究センターは、特に美しい環境のなかにある。教育検査サービス協会本部の清浄な土地には鹿が静かに歩き、優れた会社の研究開発センターは緩やかに起伏する草地や波音が聞こえるところに置かれている。アスペン会議は、ロッキー山脈の目のくらむような薄い大気のなかで開催され、ソーク研究所は、ミノア文明の神殿のように、ラホヤの崖の上で光り輝いている。そこにある考え方は、こうした環境が思考を刺激し、精神を再活性化させることで、新しく、創造的なアイデアが生まれるというものである。

残念ながら、心地よい環境が創造性を誘発しているという証拠はない——そしておそらく、そういった証拠を見出すことは決してできないであろう。音楽、芸術、哲学、科学の膨大な数の創造的な仕事が、類まれな美しさを持つ場所で成されたことは確かである。しかし、たとえそれらの仕事の担い手が、蒸気の立ちこめる都市部の路地や郊外の不毛な土地に閉じ込められていたとして、同じ仕事が世に出ることはないのだろうか？　対照実験を行わずにその問いに答えることはできないし、定義上、創造的な仕事がユニークなものであるとしたら、どのように対照実験を実施できるのか、という見通しを立てるのも困難なことである。

しかしながら、創造的な人々による説明は、彼らの思考プロセスは物理的環境に無関心ではないということを強く示唆する。しかし、その関係は単純な因果関係とは異なる。すばらしい景色は、新たなアイデアを精神に埋め込む銀色の弾丸〔「特効薬」の意〕と同じようには作用しないのである。むしろそこで起こっていることは、精神的に準備のできた人々が美しい環境に身を置くことで、アイデアの間に新しいつながりや、彼らが取り組んでいる問題についての新しい視点を見出しやすくなるということであるように思える。しかし、ここで重要なことは「準備のできた精神」を持つことである。これが意味するのは、もし仮に、深いところまで追究した何らかの問題を持たずに、そしてその問題に答えるための記号体系を持たずに、そうした状況に分け入った場合、それほど多くのことは起こらないということである。

たとえば、シティコープのジョン・リードは、職業人としての人生において、それは数年間という時間で隔てられてはいるが、彼が特に創造的であったときの、二つの出来事を記憶している。そのどちらにも、彼の会社が直面していた主な問題を認識することと、可能な解決策を簡潔に描き出すことが含まれていた。他のもっとも創造的な瞬間と同じように、もっとも重要なことは、問題の解決策よりも問題を明確に表現することである。いずれの場合も、リードは、会社が直面していた問題、その後数年間に予想される危険とチャンス、さらに、それらを最大限に利用するために取り得る手段について事細かに記した、三十ページ以上にわたる手紙を自分に宛てて書いた。興味深いことは、これらの手紙が書かれたのは、リードがオフィスからはるか遠く離れ、表向きには、自由にくつろいでいるときであったということである。最初の手紙はカリブ海のビーチで書かれ、二つ目の手紙はフローレンス地方の公園のベンチで書かれている。二つ目の「手紙」がどのように生まれたかを、彼は次のように述べている。

私は自分自身に向けてたくさんの手紙を書きます。そして、そのうちのいくつかは、手元に置いておきます。第三四半期前の九月、私は土曜日も日曜日も働いており、少し疲れていました。ただ休暇をとるために、イタリアに行っていました。最初の数日間はローマに行き、次にフィレンツェに行きました。よく早起きをして、周辺を散策しました。そして、午前七時から正午くらいまでの間、公園のベンチに腰かけて過ごし、それから、午後には博物館などを訪れました。ノート、イタリアンノートブックなのですが、それを持っていて、そこで起こっていることや心配していることについての長いエッセイを、自分に向けて書きました。そしてそのおかげで、自分の精神を秩序立てることができたのです。そうしたことをした後の午後には、私は何もしませんでした。第三四半期の終わりに、私は組織の変更を実施しました。つい最近、もともとあったオリジナルのメモを取り出したのですが、驚きました。私が考えていた範囲からみて、（フィレンツェで私が書いたことと最終的に実行されたことは）八〇％から九〇％が重なっていたのです。

二通の「手紙」は自然発生的で、前もって熟慮されたものではない。もっとも、それらが取り扱った諸問題はリードの心のなかで何カ月も熟成されていたのであるが。そして、彼が部分的に、友人や同僚と議論をしながら、良いアイデアと悪いアイデアを選り分けるまでには、本社に復帰してからさらに数カ月間を要した。さらに、そうしたアイデアの実施方法が見出されるまでには、さらに数カ月を必要とした。しかし、「ビーチからの手紙」と「ベンチからの手紙」がなかったとしたら、リードが、会社が直面している問題について、そうした斬新な視点を見出せたかは疑わしい。

この例は、ビーチとベンチが実際にどの程度重要であったかという問いを、それでもなお提起する。もし他の誰かがそこに座っていたら、シティコープの諸問題に対する創造的解決策はきっと生じることはなかったであろう。問題は、もしリードがマンハッタンのオフィスに留まっていたら、そうした問題意識と解決策を思いついたかということである。この問いに答えることはできないが、リードの事実が示しているのは、まさに、独特の美しい環境によって――自然と歴史の情緒に満ちた、刺激的で、静謐で、壮大な景色によって――私たちは、状況をもっと全体的で新しい視野から見つめることができる、ということなのである。

美しい自然環境のなかで時間をどのように過ごすのかということも、同様に重要なようである。ただ座って眺めているだけでもすばらしいが、目的なく、ゆったりと時間をかけて散歩をすることは、はるかに良いことのように思われる。ギリシャの哲学者たちは、決まって逍遥の方法をとった――彼らは学問所の中庭を歩きまわりながら、議論を交わすことを好んだ。イングランドのケンブリッジ大学におけるフリーマン・ダイソンの教育は、彼が教室で聴いたことや図書館で読んだことよりも、大学の周りの小道を散策しながら、チューターと交わした、広範囲で、私的な会話に負うところがはるかに大きい。その後、ニューヨーク州のイサカで、彼が物理学者、リチャード・ファインマンの革命的なアイデアを吸収したのも、同様の散歩を通してであった。「何度も言いますが、私はファインマンが教えている授業に一度も行きませんでした。実際、私は彼と、一度たりとも、正式な関係をもったことはありません。

しかし、私たちは散歩に出掛けました。私が彼と過ごしたほとんどの時間はまさに散歩であって、それはかつて、回廊の下を歩きまわっていた哲学者たちの、古いスタイルに似ていました」。では、はたしてコンピューターの画面の前にうずくまっている新しい世代の物理学者たちが、同じようなおもしろいアイデアに至ることはあるのだろうか？

一般の人々が、一日のうち数回、無作為にポケットベルの合図を受信し、どれほど創造的であると感じているかを評価するよう求められると、散歩や運転の最中、あるいは水泳の最中にもっとも高い創造性のレベルにあると報告する傾向にある。言い換えれば、それは、意識的志向性の閾下で、アイデアどうしの結合が起こるように注意のある部分を自由にさせておき、その一方で、ある程度の注意を必要とする半自動的活動に従事するときである。つまり、注意のすべてを一つの問題に注ぐことが創造的思考を行うための最良のレシピであるとは限らないのである。

私たちが意識的に思考するとき、思考は、直線的で論理的な――それゆえ予測可能な――方向をたどらざるを得ない。しかし、散歩中の景色に注意が注がれるとき、脳の一部は、通常ではなされない連想を自由に追い求めることができる。この心的活動は、言うなれば、舞台裏で起こっているのであり、私たちはごく稀にしかそれに気づくことはない。こうした思考は注意の中心にないので、独自の発展は起こるに任される。そうした思考を方向づけたり、時期尚早に批判したり、それらを刻苦させたりする必要性はない。そして、当然のことながら、拘束されない、ゆったりとした思考が、独創的な問題把握と解決策を生み出すことを可能にするのは、まさにこの自由と遊び心なのである。正しいと感じられる連想を得るやいなや、その連想は私たちの意識のなかに立ち現れる。アイデアの説得力のある結合は、ベッドでうたた寝をしているときや浴室で髭を剃っているとき、あるいは森の中を散歩しているときなどに発現してくるかもしれない。そうした瞬間、斬新なアイデアは天からの声、つまり、私たちが抱える諸問題を解く鍵のように思える。その後、それを「現実」へと当てはめようとすると、そうした独創的な思考が、取るに足りない、単純なものだと判明することもある。洞察のまばゆいばかりの光輝が受け入れられ、応用されるには、評価と仕上げの努力がかなり必要となる。しかし、評価や仕上げの作業なくしては、創造性は創造性として存在することができないであろう。

マーサズ・ヴィニヤード島、グランド・ティトン国立公園、あるいはビッグ・サー〔いずれも風光明媚な秘境〕が創造性を刺激し得るのは、そうした場所が、目新しく、複雑な感覚的経験――その多くは視覚的な経験だが、同時に鳥のさえずりや水音、大気の感触や雰囲気といったもの――を与えてくれるからである。そこでは、人の注意は慣れきった日常の営みから解放され、斬新で魅力的なパターンをたどるよう促される。しかし、感覚に供されるものにすべての注意を注ぐ必要はない。創造的な課題の把握を必要とする不確実な内容の追求には、そのために必要な、自由で、十分な心理的エネルギーが、潜在意識のなかにありさえすればよいのである。

ひらめきは観光省によって認可された場所においてのみ起こるわけではない。これは確かなことである。ゲオルク・ファルディが彼の詩の最高のもののいくつかを書いたのは、いくつかの強制収容所で日常的に死と直面していたときであった。そして、エヴァ・ザイゼルは、スターリン時代の牢獄でもっとも悪名の高かった、恐ろしいリュブリャナ刑務所に収容されていたとき、終生つづくアイデアを集め、蓄積したのであった。サミュエル・ジョンソンが言ったように、数日のうちに死刑になるという知らせほど、精神を尖鋭化させるものはない。自然の美しさと同様に、生命を脅かす状況は本質的なものについて思考するように精神を追い立てる。しかし、他のことが同様であるとしたら、静謐な景色のほうがひらめきの源として好ましいことは当然のことであろう。

創造的な環境を創造する

目新しく美しい環境は洞察の瞬間の触媒となるが、同時に創造性のプロセスの他の段階――準備や評価など――は、たとえそれらが、往々《おうおう》にして、屋根裏部屋同然のものであったとしても、馴染みのある、心の休まる場所から、より多くの恩恵を受けているように思える。ヨハン・セバスティアン・バッハは生まれ故郷のテューリンゲンから遠く離れて旅行することはなく、ベートーヴェンは、どちらかと言えば、陰鬱な地区で、その作品のほとんどを書いている。マルセル・プルーストはコルク張りの暗い書斎で傑作を書いた。アルバート・アインシュタインが相対性理論を完成させるために必要としたのは、ベルンのつつましい小屋に置かれたキッチン・テーブルだけであった。もちろん、バッハ、ベートーヴェン、プルースト、アインシュタインが、人生のある時期において、崇高な景色によってひらめきを得なかったかどうか、さらに、残りの人生をそのようにして手に入れたひらめきの仕上げに費やしたかどうか、知る由もない。しかし、時には、たった一度の畏怖の念が終生つづく創造的な仕事の源になりつづけることがある。

複雑で刺激的な環境は、新たな洞察をもたらすのに役立つが、創造的努力の大部分——洞察のひらめきの前に必ず先立つ、はるかに長い準備期間、そして、それと同程度の長さの、それに続く評価と仕上げの期間——を続けていくためには、より単調な場所が必要となる。創造性のプロセスのこれらの段階においても、周囲の環境は重要なのであろうか？

ここで、人が暮らす社会的、文化的、制度的文脈としてのマクロな環境と、人が働く直接的な場としてのミクロな環境を、区別して考えてみるとわかりやすいかもしれない。より広い文脈において、ある程度の余剰の富は邪魔にならないことは言うまでもない。創造性の中心地——最盛期のアテネ、十世紀のアラブの諸都市、ルネサンス期のフィレンツェ、十五世紀のヴェネチア、十九世紀のパリ、ロンドン、ウィーン、二十世紀のニューヨーク——は豊かで、国際的であった。こうした場所は文化の交差点であり、そこでは、さまざまな伝統を起源とする情報が交換され、統合された。また、これらの場所は社会的変革の中枢であり、しばしば、民族的、経済的、社会的集団の間で起こる衝突によって、引き裂かれてきた。

国家だけでなく、制度もまた、創造的なアイデアの発展を促進する可能性がある。ブロンクス科学高校やベル研究所は、重要で新しいアイデアを育てるその特質によって、伝説となっている。あらゆる大学や研究機関は、将来のスターを引き寄せる場所であろうとする。成功を収めるこのタイプの環境は、行動の自由やアイデアによる刺激を与えてくれるが、そこには、悪名が知れ渡るほどに自我がもろく、優しく愛情あふれた扱いを必要とする潜在的天才たちに向けられた、尊敬と手厚い態度が組み合わされている。

マクロな環境に対して、私たちの多くができることはそれほど多くはない。私たちの暮らす社会の富に対して、あるいは私たちがそのなかで働く制度に対してさえ、私たちができることは多くはないのである。しかし、私たちは自分の直接的な環境を制御し、それに変更を加えることで、個人の創造性を高めることができるのである。この点において、創造的な人々から学ぶことは多い。一般的に彼らは、気楽で、邪魔の入らない集中した状態のなかで仕事ができるように、多大な努力を払う。それがどのように行われるかは、その人の気質や仕事のスタイルによってかなり異なる。しかし、大事なことは、自分自身の必要性に応じた、自分独自の特別な空間をもつことであり、そこで安息とコントロールの感覚を持てることである。ケネス・ボールディングはコロラド・ロッキーズを見晴らせる小屋で思考し、そこでの仕事を好んだ。そして、思考をまとめるため、彼は時々、湯船に身体を浸すこともあった。ジョナス・ソークは、アトリエで好んで仕事をしたが、そこには生物学の論文を書くために必要な資料に加え、ピアノと絵を描くためのイーゼルが置いてあった。ヘイゼル・ヘンダーソンは都市中心部で恒常的に繰り広げられる娯楽を避け、北フロリダのかなり孤立した集落に住んでいるが、日常のルーティーンを次のように述べている。

私は毎朝二マイルくらい走るのが好きです。走っていく特別な場所があって、ここからわずか一マイルくらいのとても美しいところなのですが、そこにはきれいな塩性湿地があり、そこから街が見渡せます。左のほうを見れば、そこはまったく自然そのもので、美しいところです。私の大好きな青サギやシギがいて、魚が飛び跳ね、生命の活動が満ち満ちているのを感じることができます。そして、こちら、右のほうを見れば、小さな尖塔がある、この美しい小さな街があります。それはとても調和に満ちています。自然のシステムと人間のシステムとの間に、ある種のバランスがあることがわかるでしょう。

ロバートソン・デイヴィスは、トロントの北五十マイルのところに建てた家で、複雑なフィクションを巧妙に組み立てるが、そこは先史時代に海岸だった化石のよく採れる場所で、「トロントに向かって下っていく谷をずっと下まで見下ろせるとてもすばらしいところで、そこから街の光を見ることができるが、それを見ると、そこにいなくて良かったと感じられる」場所である。社会学者エリース・ボールディングは、創造的思考のリズムを促すために、ほとんど修道女とでも言えるようなルーティーンを行ってきている。

早朝の散歩と黙想。その年、一九七四年に、私は多くの時間を祈りに使いました。私には、人里離れた住居の後ろに、小さな祈りのための場所があります。今は、祈りをささげているとは言えませんが。一九七四年当時と比べると、一九九一年の私、今の私は別人です。しかし、聖人や精神的な旅をしてきた人々のように、ある程度の読書をし、ただ黙想します。たくさんの黙想や瞑想です。私は、カソリックの僧院で時間を過ごしたことがありますが、今でも聖務の時間をとても大切にしています。一九七四年には、聖務の時間に従って讃美歌を歌いました。繰り返しになりますが、今はそうしているとは言えません。でも、窓の外の山々をただ眺めて、多くの時間を静寂のなかで過ごし、そして、瞑想をしています。

フィンランドでは、多くの人が国の最北端で社会福祉事業を監督している老齢のラップランド人、ペッカのことを知っている。それが彼の仕事である。しかし、ペッカはさまざまな場所へ広範囲に旅をする。休暇中にチベットを訪れて、僧院の信仰とライフスタイルを学び、消滅しつつあるイヌイットの文化を求めて、アラスカを訪問したこともあった。行政の仕事でヘルシンキにいるときには、会議が行われるオフィスが適切と感じられるまで決して座らないことで知られている。ふさわしくないとみるや、彼はエレベーターで地上まで降り、自分の気に入る枝や石、花を見つけるまで歩きまわる。それらをオフィスに持ち帰って、机やファイルキャビネットのあちこちに置き、その環境が静かで調和的だと感じられたときに、ようやく彼の、仕事に取り掛かる準備が整うのである。ペッカと交渉する必要のある人々は、彼の即興のデコレーションの手助けによって、自分たちがより良い会議ができ、満足のいく結論に至ることができると、多くの場合、実感している。

革新的で、成功を収めたドイツの科学者で、実業家としても知られるエリザベス・ノエル=ノイマンは（数年前、あるビジネス雑誌によって、ドイツでもっとも影響力のある百人の女性の第二位に選ばれている）、自分の環境を個人化する技術を習得している。十五世紀の農家を改築した彼女のオフィスには、優美なアンティークが置かれている。コンスタンス湖の浜辺に建つ彼女の家は、彼女の人柄を反映した本と珍しい品々で満ちている。ある場所からある場所へと、旅に多くの時間を使うため（車だけで、毎年五万マイルほどになる）、彼女のメルセデス五〇〇は、彼女のもう一つの仕事場でもある。運転手に運転を任せ、ノエル=ノイマンはお気に入りのオーディオ・テープ、ミネラル・ウォーターのボトル、ノートの束、さまざまな色のボールペンの束に囲まれながら本を読み、そして執筆をする。どこに行こうとも、彼女は馴染みのあるミクロな環境を身にまとうのである。

あらゆる人が、ある程度、ペッカやエリザベスの行為に似たことを行おうとしている。たいていの場合、その方法は、自分の独自性を反映し、その独自性を確認してくれる物で家を満たすことである。そうした物が家屋《ハウス》を家《ホーム》へと変えてくれる。私の家族がモンタナにある夏用の別荘に移り住んだとき、その異質な環境を馴染みのあるものへと変えるために妻がしたことは、かつて手に入れた色鮮やかな二羽のカモの木像を、暖炉の上に置くことであった。そのカモたちが壁のところに無事に巣を作ると、何もなかった空間が、たちまち温かく、心地良いものとなった。

私たちには、家の中に精神的な支えとなる象徴的な生態環境が必要であり、それによって、安心を得、守りの姿勢を解き、人生の諸課題にかかわりつづけることができるのである。そして、家《ホーム》を象徴するものが自己の本質的な特性と価値を表す限りにおいて、私たちはそれらの助けを借りつつ、もっと独特で、もっと創造的な存在になれるのである。個人としての特色を欠き、過去を指し示す品々や将来へ向けた品々が欠けている家は、不毛になりがちである。意味に満ちた象徴が数多くある家は、その持ち主に自分が何者であり、それゆえに自分が何をすべきかを容易に知らしめてくれる。

ある研究で、二人の女性にインタヴューをした。彼女たちはともに八十代で、同じ高層アパートの違う階に住んでいた。そのアパートで、自分にとって特別な物は何かと問われたとき、最初の女性は、手ごろな値段の家具が揃えられた、家具店のショウルームと言って良いような自分の居間をなんとなく見渡し、特に何もないと答えた。彼女は他の部屋でも同じ回答をした――特別な物はなく、個人的な物はなく、意味のある物はどこにもなかった。二番目の女性の居間は、友人や家族の写真、おじやおばから受け継いだ磁器や銀製品、彼女が愛読した、あるいはこれから読もうと思っている本で一杯であった。玄関には彼女の子どもや孫たちの絵が額縁に収められて掛けられていた。バスルームには、亡くなった夫の髭剃り用具が、小さな神殿のように整えて置かれてあった。二人の女性の人生がその家には映し出されていた。最初の女性は愛情を欠いた、変化のない生活を生きていた。そして、二番目の女性は変化に富んだ、ワクワクするようなスケジュールを生きてきたのであった。

もちろん、家の内部をある方法で設《しつら》えることが人生を驚くほど創造的にするわけではない。一般的に、因果関係とはもっと複雑なものである。より独特な家庭環境を創り出す人が、もともと、より独創的な傾向をもっているということもあるであろう。しかし、個性を強化する家をもつことは、必ずや自分の独自性を行使する機会を増大させてくれるだろう。

他のどこよりも安心感を感じ、支配をしているという感覚を持てるのが家であるという事実によって、人の家は城塞であるとよく言われた。しかし、私たちの文化では、近年ますます、人にとっての——特に女性にとっての——車は、自由、安心感、コントロール感がもっとも深く経験できる場所である、と言い得る状況にある。多くの人々が自分の車を「思考する機械」であると主張する。なぜなら、運転しているときにのみ、彼らは自分の問題をじっくりと考え、その問題を総体的に捉えるのに十分なくつろぎを感じるからである。私たちがインタヴューしたある人は、心配事が差し迫ってくると、約一カ月に一度、仕事の後に車に乗り込んで、シカゴからミシシッピ州まで、夜の半分を使ってドライブすると述べた。彼は、車を停めて三十分ほど河を見つめた後、車で家路につき、湖に太陽が昇るころにシカゴに戻る。彼にとって、その長距離運転はセラピーであり、それによって、彼は感情的な問題を整理しているのである。

車は、さまざまな方法で自分の好みに合ったものにすることができる。購入するメーカー、色、付属品、オーディオシステム、これらすべてがプライバシーと移動性の両方を兼ね備えた車の心地よさをもたらす。車に加え、オフィスや庭も、宇宙とはどうあるべきかという、個人的感覚を反映した環境を作り上げるための、調整可能な空間である。環境を秩序立てる、一つの完璧なパターンが存在するわけではない。個としての独自性の保存と発展を手助けしてくれるものは、みずからを映し出すために、私たちが作り上げてきた環境である。そして、こうした環境においてこそ、容易に外の世界を忘れ、手元にある課題に完全に集中できるのである。

活動をパターン化する

創造的思考を高めることができるのは、物理的環境の個人化を通してだけではない。そうするための、別の重要な方法は、私たちがかかわる行動のパターンを秩序立てることである。ノーベル化学賞を受賞したマンフレート・アイゲンは、ほぼ毎日、ピアノでモーツァルトの曲を弾き、自分の精神を直線的な流れから解放する。作家のマデレイン・レングルも同じことをしている。マーク・ストランドは犬と散歩をし、庭いじりをする。ヘイゼル・ヘンダーソンは、彼女が結成を手伝ったさまざまな環境保護団体の問題に、日々、悪戦苦闘しているが、思考をリフレッシュするために庭いじりや散歩をしている。バイクに乗る人もいれば、小説を読む人もいる。料理をする人もいれば、泳ぐ人もいる。繰り返しになるが、私たちの行動を構造化するための最善の方法など存在しない。ここで重要なことは、私たちの行動を偶然や外部のルーティーンに自動的に決定させないことである。

エリザベス・ノエル=ノイマンは他の人々が食事をする時間にはほとんど物を食べないが、彼女自身の必要性に適した彼女なりの厳格なスケジュールを持っている。リチャード・スターンが持つのは、

ある種のリズムです。私は、自分が機能的に動けるようなリズムを時間に課してきました。作家としての機能、父としての機能、夫としての——これは常に最高に機能しているとは限りませんが——、大学教授としての、同僚としての、友人としての機能です。

彼はさらに、より具体的な言葉を用いながら、「リズム」という言葉が意味することを特定していく。

他の人々のリズムと似ているかもしれませんが、仕事をする人なら誰でも、ルーティーンを持つか、あるいは生活のなかの時間を割り当てて、その時間で独りになったり、他の人と共同して働くと思います。程度の差はあっても、人というものは自分のためのある種のスケジュールを作り上げるものです。こうしたことは単に外側に存在し、私たちを、外骨格的に外側から規定する現象ではありません。それは、その人の生理学的で、ホルモンの影響を受ける有機的自己と大いに関係しており、その自己が織りなす外的世界との関係にかなりかかわっているように思われます。そして、こうしたことを成り立たせているものは、朝に新聞を読むといった、ありふれたことかもしれません。そうしたことを私は何年も前にしていましたが、それを何

年間も止めていたところ、一日のリズムが変化しました。夕方のある特定の時間に血糖値が下がって糖分が欲しくなれば、ワインを一杯飲む人もいるでしょうし、その人はそのワインを楽しみにするでしょう。そして、その後、もちろんその人は働くのです。

ほとんどの創造的な人たちは、睡眠や食事、仕事のための最適なリズムを早い時期に見出し、他のことが魅力的に見えても、そのリズムを守っている。彼らは心地よい服を着て、心地よいと感じる人々とのみ交流を持ち、重要だと思うことだけを行う。もちろん、そうした特異性は彼らとつきあう人々にとっては好ましいものではないし、創造的な人々が一般的に、奇妙でつきあいづらいとみなされていたとしても、それは驚くに値しないであろう。しかし、行動パターンを自分に合ったものにすることは、注意を注ぐことを要求する事物の予想から精神を解放し、重要なものへの強い集中を可能にしてくれる。

類似のコントロール感覚は、時間の構造化にまで拡張できる。創造的な人々のなかには、非常にタイトなスケジュールを持ち、今日から二カ月後の木曜日の午後三時から四時までの間に何をしているかを、前もって言える人々がいる。他方、はるかに落ち着いていて、今日のこれから何をするのかさえ知らないということを、誇りに感じている人々もいる。ふたたび繰り返しになるが、重要なのは、その人が厳格なスケジュール、あるいは柔軟なスケジュールに沿っているかどうかということではない。重要なのは、みずからの時間の主人になることである。

より長期的な展望も、同様の変更可能な構造を示すことがある。フリーマン・ダイソンとバリー・コモナーは、人は、生気を失い、気の抜けた状態にならないように、約十年ごとにキャリアを大きく変えるべきである、と信じている。一方、人生を通じて、みずからの領域の片隅まで深く、深く探っていくことに満足している人々もいる。しかし、私たちがインタヴューをした人々で、自分の行動の理由を、ある特定の時期にそうすることが社会的に期待されていたからである、と述べた人は一人もいなかった。

このように、部分的には人がかかわるプロセスの段階次第ではあるが、それにしても、周囲の環境がさまざまな点で創造性に影響を与えているように思える。そこから問題が生じてくるさまざまな要素を集める準備の段階では、

「現実」の生活に気を散らされることなく、興味深い課題に集中できるような、秩序立った、馴染みのある環境が必要となる。そうした環境とは、科学者にとっては実験室であり、実業家にとってはオフィスであり、芸術家にとってはアトリエである。問題についての思考が意識下で醸成される次の段階では、異なる環境がより有効となるであろう。問題が経験によって獲得した直線的論理によって追求された場合には起こりにくい結合が、新奇な刺激や壮大な景色、あるいは馴染みのない文化といったものに注意が向けられることで、潜在意識のなかで進む心理的プロセスにおいて可能となる。そして、予想もしなかった結合が洞察としてかたちになると、馴染んだ環境がそのプロセスの完了にふたたび貢献する。領域の論理が支配する落ち着いた雰囲気に置かれると、評価と仕上げがさらに効率的に進むことになるのである。

しかし、どの時点においても、もっとも重要なことは、私たちがたまたま置かれている、宇宙《コスモス》の小さな一部と調和を感じられるように、直接かかわる周囲の環境や行動、スケジュールを、自分自身で作り上げることである。もしこの場所がコモ湖畔の別荘のように魅力的であれば、それはすばらしいことである。一方、運命によってシベリアの強制労働収容所に投げ込まれたとき、その場所ははるかに過酷なものとなる。いずれの極端な状況にあっても、重要なことは、意識がそのリズムを外の世界に順応させ、外部で出会ったものを、ある程度、それ自身のリズムへと変容させる方法を見つけることである。場所と時間と調和を持つことによって、私たちは、私たちという、唯一の存在としての現実を経験し、さらにはその存在と宇宙《コスモス》との関係を経験することになる。そして、こうした認識を持つことで、独創的な思考と独創的な行動がより容易に継続されることになるのである。

ここで述べたことが日常生活に対して意味することは単純である。あなたが働き、生活する場所は、あなたのニーズや好みの反映であることを確認すべきである、ということである。精神を集中させた活動に没頭し、刺激的で斬新なものを許容する余地を残すべきである。あなたの周りにある物は、あなたがなろうとしているものを実現する手助けをしてくれるであろう。どのように時間を使っているかを考え、スケジュールがあなたにとって最高に機能するリズムの反映であるか否かを考えるべきである。そして、もし疑問を持ったならば、仕事や休息のための、思考や行動のための、独りになるための、そして人々とともにいるための、もっとも良いタイミングを見出すまで、いろいろと試してみるべきである。

時間や空間に調和した、意味に満ちあふれた環境を創り出すことは、あなたが個として創造的になることを手助けしてくれる。そうした環境の創造は、あなたの個性を反映する生活、つまり、あなたが退屈を感じることやコントロールの感覚を失うことがほとんどない生活を達成するのを手助けしてくれる。そしてそれは、人間の条件のなかに備わっている独自性と成長の可能性を、私たちに気づかせてくれる。しかし、そのような生活を創り上げることは、あなたが天才と認められたり、歴史的に重要な創造的人物として認められることを、保証はしない。歴史に残る創造性を達成するためには、他の多くの条件が満たされなければならない。たとえば、幸運であることもその一つである。なぜなら、ある領域で秀でるためには、適切な遺伝子を受け継ぐ必要があり、それに適合する歴史的な瞬間において、適切な家族のもとに生まれる必要があるからである。その領域に触れることができなければ、潜在能力は実を結ぶことはない。どれほどのコンゴ人が偉大なスキー選手になれるだろうか？　パプア人のなかに、核物理学に貢献できた人は、本当にいないのだろうか？　そして最後に、分野の場の手助けがなければ、もっとも有望な才能の持ち主であっても認知されることはないのである。しかし、歴史に刻まれる創造性が私たちの力の及ばないものであったとしても、個人として創造的な人生を送ることは可能である。そして、究極の充足という観点から考えれば、後者のほうがもっとも重要な達成と言えるのかもしれない。

第Ⅱ部

人　生

THE LIVES

第七章 人生の初期

卓越した創造性《クリエイティヴィティ》をもつ人々についての本を読む――あるいは書く――行為には、ある程度の覗き見趣味が含まれている。それは『富豪や有名人のライフスタイル』のような有名人が出演するテレビ番組を見ることに似ている。そこでは、いつも遠くから羨ましいと思っている人々の住居の背後にあるリビングや寝室を覗き見ることが許されるのである。しかし、幼少期から老年期の間に、創造的な人々に何が起こったかをじっくりと考えることにも、十分に正当な理由がある。彼らの人生は、多くの点で、私たちの多くが経験する以上に、豊かで刺激的な生き方の可能性を提案するからである。彼らについて書かれた本を読むことで、変化のない決まりきった生活から抜け出し、遺伝的・社会的条件による制約から抜け出して、より充実した人生を送るための方法を思い描くことが可能になる。こうした創造的な人々の業績が幸運そのものに大きく影響を受けている、ということは確かである――たとえば、優れた遺伝子を持って生まれたこと、協力的な環境にいたこと、あるいは適切な時に適切な場所にいたことといったものである。しかし、似たような幸運に恵まれながらも、創造的でない人々も多い。つまり、記憶されるにふさわしい文化への貢献は、運が左右するこれらの外的な要因以上に、運命を外的な力に翻弄させることなく、みずからの目標に応じて人生を形作るという、個人の決意によって可能となるのである。実際、こうした人々が成し遂げたもっとも明確な業績は、みずからの人生を創り出したことである、と言うこともできる。そして、どのようにしてそれを達成したのかを知ることには価値がある。なぜなら、創造的な貢献をするか否かにかかわらず、彼らの人生への姿勢は、私たちの人生にも応用できるからである。したがって、以下は娯楽を目的とした読み物ではなく、人間の可能性はいかにして拡張し得るかという問いへの探究である。

子ども時代と青年時代

私たちの文化において——そして、おそらくすべての文化において——、もっとも愛されている物語のいくつかは、子ども時代のヒーローに関係するものである。ある人が高く評価されているとき、人々の想像力は、大人になってからの成功を正当化し、説明するために、その人の子ども時代に偉大さの兆しを見出したいと思う。ここに、それを示す一つの物語がある。

霧がゆっくりと晴れ、木々のない丘が次々と陰から現れ、日の光に照らされる。羊飼いの少年が、ケープのポケットに手を突っ込んで古くなったひとかけらのパンを取り出し、それを固そうに噛んでいる。彼の犬は、古い水車小屋が建っている谷の方角を向いて、まるでその暗闇に何かが漂っているかのように、何かを探している。すると雌羊たちが騒ぎはじめる。空気に漂う不安に駆られて、迷子になったかのように一頭の子羊が鳴きはじめる。

羊飼いの少年は、岩だらけの道からパカパカという乾いた蹄の音を聞くや否や、下の暗がりから馬に乗った男の輪郭が浮かび上がってくるのを認める。この見知らぬ人は誰なのだろう？　細長い剣を横に一本だけ携えているので、戦士ではない。聖職者が身につける神聖なシンボルを一つもまとっていない。旅の商人が持ちあわせる警戒心には欠けているように思える。しかし、青いビロードのズボンと金色のマントという立派な身なりからすると、彼は決して農民ではない。他にどんな類の人がありえるのだろう？　西暦一二七一年のトスカーナの寂しい丘を、馬に乗って悠々と通ってこられる人とはどのような人物なのだろうか？

男は鞍の上で姿勢を変えると、少年に向かって微笑んだ。彼の目はゆっくりと地平線を見渡した。

「ひどく迷ってしまったようだ。フィレンツェからルッカへと抜ける近道を探していたのだが、一晩中旅を続けていたら、人里を離れてしまったようだ。いったいここはどこかな?」、彼は少年のほうを向きながら尋ねた。「そして、君は何と呼ばれているのかな?」。

羊飼いの少年は太陽が昇るのとは反対の方向を指差し、「そこを流れている小川に沿って二リーグ〔三千歩〕くらい下れば、ムジェッロの谷にたどり着きます。左に行けばフィレンツェ、右に行けばルッカです。僕の名前はアンジェロット、ボンドーネの息子」。

男は頷き、そしてあくびをした。彼は海の波のようにうねる黄褐色の尾根を見渡してから、眠気を覚ますように身震いをし、鞍から降りた。

「本当に疲れた。アンジェロット、新鮮な羊のミルクを分けてくれないか。昨日の昼から、食事のための休息を一度もとっていないのだ。心配しなくていい。十分に代価は払うから」。彼はそう言って、ベルトから下げられている派手な赤い革財布の中の金をジャラジャラと鳴らした。

アンジェロットは、厚い花崗岩の後ろに隠しておいたチーズとミルクを取り出した。彼は男に供するパンがないことを謝ったが、その紳士は新鮮な栗のパイを鞍の鞄から取り出し、それをアンジェロットと分けあった。

沈黙のなかでしばらく食事をした後、少年は抑え切れずにこう尋ねた。「お尋ねすることをお許しください。ルッカへはどのような御用で行かれるのですか?　きっとこの土地の方ではないでしょう」。

「その通りだよ。私はロンバルディアの生まれで、ポー川のそばで育った。私の師はヴィスコンティのテオバルドで、今年の初めに十代目のグレゴリウスとして教皇聖下になられた方だ。私は彼の使いとして、ローマのフラミニア門を二日前に出発した」。

アンジェロットは、それらのことが何を意味するのかわからなかったが、好奇心からさらに質問を続けた。「それはどのような使いなのですか?」。

男は微笑んだ。「教皇は最高の職人をローマへ呼んで、その永遠の都市をそれが値すべき美しい姿にしようと考えておられる。私の任務は、優れた建築家や彫刻家、画家を探し出し、教皇のもとで働いてもらうよう、彼らを説得することなのだ」。

少年はしばらく考えた後、「最高の職人をどうやって探すのですか?」と尋ねた。

「ある者は人に質問をし、話を聞く。またある者は、教会や城の中の作品を見る」。ここで男に微かなうぬぼれの表情が浮かんだ。「しかし、私には特別な試験方法もある。私は、優秀だと思う人にならば誰にでも、道具を使わずに直径一キュービット〔四六から五六センチ〕の完璧な円を、手で描いてくれと頼むことにしている。もしその人が本当に優秀であれば、ほぼ完璧に近い円を描くだろう。コンパスや紐を中心に固定せずにそういうことができる人はほとんどいない」。

アンジェロットは昨晩の焚き火の跡をくまなく探し、木炭の棒を持って来た。「どういうことですか?」と聞いた後、「こういうことですか?」と彼は続けた。そして、ひと続きのなめらかな動作で、食事をしていた厚い岩の上に完璧な円を描いて見せた。

教皇の使いは頭をかいた。彼は少年を見、岩の上の円を見た。そうして彼は、太陽のなかに溶け込みつつある遠くの丘を見た。

「悪くない、なかなかうまいな。自然のものを描いたことはあるのかな? 人間や、そうだな、動物を描いたことはあるかな?」。

今度はアンジェロットが微笑む番であった。彼は、羊の群れのリーダーで、彼の足許で日を浴びている太った雄羊を一目見ると、神が命を吹き込めば今にも鳴き出しそうな生き生きとした羊を、数回の手早い筆運びで描き上げた。ローマから来た男は深く考え込んでしまった。

これは偉大な画家ジョットがどのように見出されたのかを書いた物語の一つであり、学童期のイタリアの子どもたちが、いつかしら、読み、聞き、そしておそらく、人生を通じて何度も触れる物語である。学校の教科書には、石の上に円を描くアンジェロットを見て使者が驚いている様子や、彼が羊の絵を描く傍らで、男が頭を抱えて仰天している様子が描かれている。画家になる技術を学ばせるために、使者がどのようにして少年を有名なチマブーエの工房へ連れて行くのかへと、この話は続く。ジョット——少年はまもなくそう呼ばれるようになった——は、次から次へと驚くべき絵を描きはじめた。彼の名声はすぐに師匠を超え、イタリア、そしておそらくは、全キリスト教国のなかでもっとも偉大な芸術家として知られるようになった。この物語は、ヨーロッパの教養ある人々の多くが知り、愛し、慈しんできた物語である。

残念ながら、他の多くの優れた物語と同じように、この物語も現実よりも、むしろ私たちの心理的欲求を反映している。最近、ある一流大学の図書館でジョットの幼少期に関する資料調査を行ったところ、この画家について書かれた本を一〇二冊も見出すことができた。しかし、そのなかの一つとしてジョットの子ども時代を記述したものはなく、さらに言えば、彼の人生の最初の三十年について書かれたものは存在しなかった。典型的な伝記は次のような書き出しで始まる。「古い文献によると、ジョットは一二六六年に、ベスピニャーノ・ディ・ムジェッロか、フィレンツェで生まれた。しかし、彼の子ども時代に関しては何も知られておらず、伝説が残されているだけである。事実として残っているのは、彼がアッシジにおいて芸術活動を開始したということだけで、これさえも曖昧で、証明が困難である」（強調は筆者による）。

ジョットの表現スタイルは非常に斬新で、死んだ芸術と言われていた絵画を蘇らせ、一世紀後に到来するルネサンスの下地を作った、ということは、すべての本が認めるところである。しかし、彼の早熟な才能は神話的なものであり、彼の人生を取り巻く伝説は、私たちがどれほど予測可能で、合理的な出来事を必要としているのか、という事実を示している。傑出した人物が現れると、私たちは、すべての人が認める偉大さが幼少期に確かな兆しとして存在していた、と信じようとする。たとえそれがブッダであれ、キリストであれ、モーツァルトであれ、エジソンであれ、あるいはアインシュタインであれ、天賦の才能は、とても幼い時期に現れていたに違いない、と考えるのである。

実際には、子ども時代の才能から、子どもが創造的になるか否かを判断するのは不可能である。子どもたちのなかには、特定の領域で早熟の兆しを見せる者もたしかにいる。モーツァルトは幼少時代から優れた技術を持つピアニストであり、作曲家であった。ピカソは少年のころからとても上手な絵を描いていたし、多くの傑出した科学者たちは学校で飛び級をし、機知に富んだ精神で年長者を驚かせた。しかしその一方で、歴史書に何も記述されることなく、幼少期に見られた将来性が消えていった子どもたちも数多くいたのである。

子どもたちが並外れた才能を見せることはあり得るが、創造的ではあり得ない。なぜなら、創造性は行動や考え方の変化とかかわっており、それはとりもなおさず、過去の行動様式や考え方を習得しなければならないからである。子どもがどれほど早熟であったとしても、そうしたことは子どもにはできないのである。十代のモーツァルトは、生きている人間のなかでもっとも技術的に優れたピアニストであったかもしれないが、彼の作曲方法が真剣に捉えられなければ、そして、そうしたことが起こるために、少なくとも十年間にわたって作曲という領域を学び、いくつもの説得力のある作品を生み出さなければ、人々の音楽の演奏法を変えることはできなかったであろう。しかし、創造的な人々の子ども時代の業績が、いかなる栄誉も獲得しない他の多くの人々の子ども時代の業績と大差のない場合には、一般の人々の知性は魅力的な物語を紡ぎ出し、現実における無味乾燥さをなんとか埋めようとするのである。

私たちはそうした物語を作り出すメカニズムをよく知っている。なぜなら、自分自身の、あるいは自分の子どもたちの人生をより興味深く、より筋の通ったものにするために、物語を用いてきたのは私たちだからである。たとえば、中学校の文学作品集にジェニファーの詩が掲載されたとする。するとすぐに彼女の両親は、彼女がよちよち歩きのころに言った気の利いたこと、彼女がどれほど子どものための詩歌を聞くのが好きだったかということ、そして、いかに早い時期から書き言葉を認識できたかということなどを、友人たちに話しはじめるであろう。そして、ジェニファーが実際に作家になれば、彼女の幼少期の物語はさらにはっきりと、彼女の早熟さに焦点を当てたものになっていく。誰かが意識的に事実を変えようとするからではなく、人がその話を何度も繰り返すとき、私たちは振り返って考えたときに重要だと感じる部分を強調し、話の要点と矛盾する細かな部分を消去する傾向を持っているのである。私たちの内的な一貫性の感覚がこうしたことを要求し、聞き手もまた、こうした物語をさらに楽しむようになる。物語が語られるたびに、ジェニファーの幼少時代はますますすばらしいものになっていく。そして、このようにして神話が生まれるのである。

並外れた好奇心

子どもは創造的ではあり得ないが、創造的な大人は、かつて皆子どもであった。したがって、創造的な人々が幼少期にどのようであったのか、あるいはどのような出来事が後に創造的なことを成し遂げた人々の幼少期を形成したのか、ということについて尋ねてみることには意味がある。しかし、優れて創造的な人々の幼少期について知られていることを見ても、実際には、一貫したパターンを見出すのは困難である。

後に世界を驚かせた子どもたちのなかには、幼いころからすばらしい才能を発揮した人々もいる。しかし彼らの多くは、子どものころに、特別な才能のきらめきを見せることはなかった。若いころのアインシュタインは神童ではなかった。政治家としてのウィンストン・チャーチルの才能は、中年になるまで発揮されることはなかった。トルストイやカフカ、プルーストは、年長者に将来の天才としての印象を与えることはなかった。

私たちが実施したインタヴューでも同じ傾向が見られた。物理学者のマンフレート・アイゲンや、作曲家で音楽家でもあるラヴィ・シャンカルといった回答者は、十代になる前に、それぞれの領域で類まれなる才能を発揮した。一方、化学者のライナス・ポーリングや小説家のロバートソン・デイヴィスのような人々は、二十代で才能を開花させた。シティコープのCEO、ジョン・リードが銀行業界に決定的な影響を与えたのは、彼が四十代のときであった。イタリアの巨大保険コングロマリット、ゼネラリ保険会社を率いるエンリコ・ランドーネは、七十代の後半に会社に大きく貢献した。ジョン・ガードナーは、ジョンソン大統領から保健教育福祉省長官への就任を依頼されたときに政治家としての才能に気づいたが、それは五十代半ばであり、バリー・コモナーが学問としての科学から距離を置き、環境運動に取り組みはじめたのも五十代であった。これらの遅咲きの人々のすべての例において幼年期が示したものは、彼らが最終的に傾倒する領域で見せた卓越した能力のほんのきらめき程度にしか過ぎないものである。

神童であることが成長後の創造性の必要条件ではないにしても、周囲の環境に対して示される通常以上の鋭い好奇心はその必要条件であるように思える。実際、領域に新たな貢献をもたらした人々は、例外なく、人生の神秘に対して畏敬の念を抱いたことがあり、そうした神秘を解き明かすための努力について、豊富な逸話を持っている。

創造的な人々に帰せられる強烈な関心と好奇心に関する良い例として、チャールズ・ダーウィンの幼少期に関する次のような話がある。ある日、家の近くの森の中を歩いていると、大きなカブトムシが慌てて木の皮の下に隠れようとしているのに気がついた。それは彼の採集したカブトムシのコレクションには含まれていない種類のものであった。そこで、木のほうへと走って向かい、樹皮をめくり、その虫を捕まえた。しかしそのとき、そこにさらに二匹のカブトムシが隠れていることに気がついた。それらがあまりにも大きかったため、片手に一匹ずつしか持つことができなかったチャールズは、三匹目を口の中に放り込み、それが喉の奥に逃れようとするなか、三匹のカブトムシを家まで走って持ち帰ったのであった。

ヴェラ・ルビンは、家族が街のはずれに引っ越した後、彼女が七歳のときに初めて、寝室の窓の外に広がる、たくさんの星で満たされた夜空を目の当たりにした。この経験は圧倒的であった。その瞬間から、星について学ばない人生など想像できなくなったと彼女は語る。物理学者のハンス・ベーテは、五歳以降、彼にとっての最良の時間とは数字と戯れているときであったことを思い出す。八歳のとき、2や他の整数の累乗を書いた長い表を作り上げた。そうすることが得意だったからではなく、そうすることが何よりも楽しかったから、それをしたのである。世界でただ一人、ノーベル物理学賞を二度受賞したジョン・バーディーンは優等生であった――彼は三年生から七年生へ飛び級をした――が、十歳になるまで数学に興味を持つことはなかった。しかし、その後、数学は彼のもっとも好きな気晴らしとなった。時間があれば、数学の問題を解いていた。同様にノーベル賞を二度受賞したライナス・ポーリングは、小学校に入学する以前にすでに、薬局で薬を調合する父の手伝いを通して、化学に心を奪われていた。物理学者のジョン・ホイーラーは次のことを思い出す。「三歳か四歳のころ、浴槽の中にいたのですが、お風呂に入れてくれていた母に向かって、宇宙はどこまで広がっているのか……世界はどこまで広がっているのか……そして、その向こうはどうなっているのかを尋ねていました。もちろん、私がそれ以来ずっとそうであるように、彼女もまた答えに窮していました」。

ロバートソン・デイヴィスは学校で執筆を続け、エッセイで多くの賞を受賞した。ヨーロッパにおける世論調査の第一人者、エリザベス・ノエル=ノイマンは、幼少のころに想像上の共同体を作り上げた。「子どものころに好きだったおもちゃは、人形ではなく、村を作るための木片でした――たとえば、木、家、柵、動物、さまざまな家々、町のホールなどです。そして、十歳か十二歳のときには、私は一度に二日から三日かけて、その村の住人たちの人生について、物語を考えたものです」。登録された特許の数とその多様性においてもっとも多産な発明家の一人であるジェイコブ・ラビノウは、シベリアに住んでいた子ども時代に、父親が作った靴製造機に魅了され、それ以来、目にした機械の仕組みを調べては、その仕組みを理解しようとした。神経心理学者のブレンダ・ミルナーは自分自身について、こう語る。

生涯にわたって私を駆り立ててきたもの、そして、私がずっと維持してきたもの、それは好奇心です。私は周囲の事柄、ささいな事柄に対して、信じられないくらいの好奇心を示します。私の母はかつて、私が他人の問題を詮索するのがとても好きなだけだと考えていました。しかし、それは人に対してだけではなく、私の周囲にあるものすべてに対する好奇心です。私はよく気がつく人間なのです。

社会学者のデイヴィッド・リースマンは「何が私を突き動かしているのかと聞かれれば、好奇心と答えるでしょう」と述べる。しかし、これらの人々の誰ひとりとして――ダーウィンもリースマンも――神童ではなかったし、私たちが現在定義するような、才能に恵まれた少年でさえなかった。しかし彼らは、並外れた関心や燃えるような好奇心を持ち、それらを彼らの環境の少なくとも一つの側面に当てていたのである。音や数字、人や星、機械や昆虫という違いはあったとしても――そこにはそれらに魅了された状態が存在し、ほとんどの場合、それは彼らの生涯にわたって続くことになった。

こうした子ども時代の記憶は、回想のなかではより歪曲されやすい、つまり、ジョットの物語のように、幼年期の並外れた才能についての説明に対し、私たちが不信を募らせる原因となってきた、ある種の現実離れした空想にさらされやすいのは確かである。あるいは、これらの話もまた、後づけの作り話なのかもしれない。しかし私は、合理的に考えて、それらが決してそうではないことを確信している。八十年、あるいは九十年と生きた人々が、彼らを最初に魅了したものについて語るとき、彼らが話すことには真実と思える具体性が存在する。時として、物理的な証拠も存在する。子ども時代に作った望遠鏡、何十年も昔に着想を与えてくれた、使い古された本、子どものころの詩やスケッチなどである。したがって、これらの人々は早熟ではなかったが、早い時期から、彼らの世界のある部分を探究し、発見することに傾倒していたように思える。

しかし、そうした強い関心は、いったいどこから来るのだろうか？　当然のことながら、まさにそれが重要な問いである。残念ながら、私たちはここでもまた、創造性について今以上に多くのことを知るまで、明確な答えを待たねばならない。おそらく、現時点で私たちが提示できる最良の一般的な回答は、資源——重要な大人たちからの配慮や称賛はもっとも重要な資源の一つとなる——の獲得をめざした競争において優位に立てれば、たとえそれがどのような活動であっても、各々の子どもはその活動の追求に興味を持つようになるということである。創造的な人々は、後の人生で、活動をすること自体を愛するようになるが、初期の段階では、その興味は競争上の優位性によって動機づけられることが多い。跳躍やとんぼ返りができることを評価される子どもは、体操に興味を持つようになる。また、自分の描いた絵が友人のそれよりも高く評価される少年は、芸術に興味を持つようになるであろう。

問題となるのは必ずしも才能の量ではなく、ある特定の環境において個人が有する競争的な優位性である。ごくわずかな音楽的才能しかない少女であっても、周りの人々が彼女以上の音楽的才能を持ち合わせていなければ、音楽に強い興味を示すようになるかもしれない。他方、数学がよくできる少年であっても、もしその少年の兄がもうすでに数学の才能があると認められていたとしたら、数学とかかわらなくなってしまうかもしれない。なぜなら、年下の存在である彼は、その兄の影のもとで育っていかなければならないからである。彼は自分にとって二番目に適したものを発達させることを選び、何か他のことに興味を抱くようになるであろう。

競争における優位性は、時として、子どもの遺伝的傾向によってもたらされる——いわゆる、生まれつきの才能である。特に、音楽と数学に優れた才能を持つ子どもたちのなかには、優れた成績や演奏がきわめてはっきりとしたかたちで現れるため、それを見たり聴いたりする人々がそのすばらしさを認めざるを得ないような子どもたちがいる（もちろん、その場合、そうした人々が音楽や数学を十分に知っていることが前提となる）。そのようなケースでは、通常、子どもは先祖からの才能を受け入れ、それを発展させることに興味を持つようになる。他のケースでは——おそらくは大多数がそうであるが——、最初の好奇心は社会的環境のある特色によって誘発される。一九八三年にノーベル物理学賞を受賞したスブラマニアン・チャンドラセカールは、一九三〇年にインドで初めてノーベル物理学賞を受賞した科学者の甥である。少年のころ、家族の誰もが彼に、優秀なおじを見習うよう期待した。チャンドラセカールは、親戚に認められ、称賛されるためには、科学に興味を持つ必要があることを理解していたのであった。

しかし、創造的な科学者の誰もが子どものころに科学に興味を持っていたわけではなく、すべての創造的な作家が子どものころから文章を書いていたわけでもない。後に彼の名を冠したポリオワクチンを発見した若き日のジョナス・ソークのケースは、よくあるキャリア転向の好例である。

そうですね。子どものころ、国会議員になって法律を作るために、法律を学びたいと思っていました。それは八歳か、十歳くらいのころでした。その後、私は医学を学ぼうと決めました。それは、母との口論で勝てない私が優秀な弁護士になれるはずがないと、母親が感じていたことと関係があったのです。

著名なドイツの詩人、ヒルデ・ドミンは、中年になってから、母の死後、最初の詩を書いた。そして、彼女が詩を出版したのは、さらに後になってのことであった。先駆的なテレビプロデューサーで、後にコロンビア大学大学院ジャーナリズム研究科の研究科長になったジェーン・クレイマーは、二十代になるまでみずからの天職を意識していなかった。ゲオルク・ファルディィは、自分に絵の才能がないと知った後、初めて詩を書いた。同じく詩人のアンソニー・ヘクトは次のように語る。

私は若いころ、自分が持っている最大の才能は詩にあるのではなく、音楽にあるのだと思っていました。そしてこの考えは、詩人になろうとする私の妨げになっていたと思います。私はすべてを音楽的に考え過ぎたり、音楽的な効果を達成しようと無理し過ぎたり、詩を抽象的な音楽に変換できるのではないかと考え、それを願ったりしていました。そして、私が学ばなければならなかったことの一つが、そのように考えることを止めることでした。それをするために、膨大な集中力と決断力を必要としました。

これらの人々は、自分たちの好奇心が具体的にどのようなかたちをとるべきかがわかっていなかったのかもしれない。しかし、それでも彼らは、周囲の世界に対して心を開き、世界についての発見や可能な限り充実した人生を生きることに関心を持っていた。

一九七七年にノーベル化学賞を受賞したイリヤ・プリゴジンの人生ほど、いくつもの道が複雑に絡まりあったものはない。ロシアの亡命貴族の息子であった彼は、ベルギーの若者として、主に哲学や芸術、そして音楽に興味を持っていた。しかし、尊敬される職業に就くための勉強を家族が彼に強く求めたため、大学で法律を専攻した。刑法を学ぶにつれ、彼は犯罪者の心理に興味を抱くようになっていった。そして、表面的な知識に満足できず、異常者の行動を説明してくれるであろう脳の機能をより深く理解しようと決心した。それが結果として、神経化学の研究へと彼を導くことになった。大学の化学学科に入学すると、彼は自分の最初の興味があまりに野心的であったことに気づき、自己組織化システムに関する化学の基礎研究を開始したのであった。

しかし、一方でプリゴジンは、最初に抱いた好奇心からも着想を得つづけていた。単純な分子の運動の統計的な予測不可能性が人間の選択や責任、自由といった哲学上の基本問題に対して光を投じる可能性を、次第に認識していった。ニュートンとアインシュタインの物理法則は決定論的で、過去と未来に等しく適用できる信頼性を表現していたのに対し、プリゴジンは、彼が研究した不安定な化学システムにおいて、確実に予測することが不可能で、一度起こったら反転できないプロセスを発見したのであった。

宇宙が一種の自動機械のように決定論的であるというのなら、私たちは責任というものをどう捉えたらよいのでしょうか？　すべての西洋哲学がこの問題に支配されていました。私には、人文主義的な伝統を否定する科学的な観点か、科学から学んできたことを破壊しようとする人文主義的伝統のいずれかを選ばなければならないように思えました……私は人文科学から科学、自然科学に転向したので、この論争にはとても敏感でした……しかし、熱力学から学んだことは、私の哲学的な見解に確証を与えてくれました。そして、そこからエネルギーを得、時間や自然界の法則についてのより深い解釈にずっと目を向けてきました。ですから、こう言っていいと思うのですが、それは人文主義と自然科学という二つの視点間のフィードバックのようなものなのです。

人文主義的探究と自然科学的探究の相乗効果がプリゴジンには大いに役立った。彼のアイデアは基礎的な熱力学的プロセスの解明に寄与しただけではなく、自然科学と社会科学の、きわめて多様な学者たちに影響を与えた。彼が広めた「散逸構造」や「自己組織化システム」といった概念は、都市計画やパーソナリティの発達に関する議論に適用されていった。しかし、プリゴジンのキャリアは、彼が研究している分子システムのように、彼が初めに抱いた関心からのみ、予想することはできなかったであろう。私たちが現在、彼の名前と結びつけている概念の体系は、彼の好奇心、彼の両親の要望、彼が生きた知的環境が提供した機会、彼が行った実験の結果といったものの、複雑な相互作用を通して形作られたものなのである。

親の影響

ほとんどの場合、子どもの関心を刺激し、導く責任は親にある。時として、子どもの知的な発達に対して親ができる唯一の貢献は、その子に大人と同じように接することである。ドナルド・キャンベルは、これまで多くの新しい方法論や理論によって現代心理学に貢献してきたが、親たちが決して上から物を言わず、大人のあらゆる問題について子どもたちの意見を聞いてくれたことを「恵まれていた」と感じている、多くの回答者の一人である。作家のロバートソン・デイヴィスが語ることは、他の多くの回答者に典型的なものである。

私の両親はどこにでもいるような親でした。本当にさまざまなことがあって、それらがどういうものだったかをすべて言うことはとても困難です。しかし、本当に、本当に感謝していることがあります。それは、とても寛大だったということです。子どもたちに役立つものであれば何でも、決して否定しませんでした。私は勉強ができたので、彼らは物惜しみせず、多くの教育を受けさせてくれました。さらに彼らは、自分たちの経験や助言によって、あるいは単に必要な情報がどこで手に入るのかを教えてくれることで、私が音楽と小説の基礎知識を得られるよう、手助けをしてくれました。だから、彼らに感謝しなければならないのです。意見が食い違うこともありましたが、私に対して、いつでも優しく、寛大であったと、私は感じています。

また、子どもの関心の形成を手助けするために、家族全体が動員されることもある。エリザベス・ノエル＝ノイマンと彼女の姉妹のそれぞれには、少なくとも月に二度、両親の代わりに博物館やコンサートに連れて行ってくれるおばやおじがいた。彼女によれば、姉妹それぞれが異なる得意分野を持っていたことが重要であった――常にバレエに行くほうは美術館には行かず、美術館に行くほうはバレエには行かなかった。こうして、姉妹間の競争は最小限に抑えられ、個人的な興味は強められたのであった。

世界屈指の結晶学者であり、電子回折分析や放射線分析に関する新しい方法論の先駆者でもあるイザベラ・カールは、非常に典型的な子ども時代を過ごしている。彼女の両親は最小限の学校教育しか受けていない、貧しいポーランド移民であった。しかし、大恐慌のもっともひどい時期においてさえ、イザベラの母親は家計をやりくりし、東海岸をめぐる二週間の家族旅行のために資金を捻出した。彼女の両親は、子どもたちを図書館や博物館、コンサートへ連れて行った。イザベラは両親から、デトロイトの公立小学校に入学する前に、ポーランド語での読み書きを教わっていた。「裕福ではありませんでしたが、彼らは私たちを、上手にこの世界へ導いてくれました」とイザベラは語る。彼女は自分が、小学校に入学してから十五年で化学の博士号を取るような、優秀な学生であったことを覚えている。化学に触れる以前、幼い彼女の興味は歴史小説に向けられていた。高校三年生のときに、指導教員から科学の科目の履修が名門大学に入るための強みになるという助言を受けるまで、彼女は科学の科目を受講することはなかった。生物学、化学、物理学という科目のリストから、無作為に真ん中の科目を指し示した。「そして私は、完全に化学に魅了されたのです」と彼女は語る。このように、子どもが将来ある領域で創造的になるために、その領域への興味を早くから発展させる必要はないが、早い時期から人生の豊かさと多様性に触れておくことはとても重要なことである。

貧しく、社会的に周縁的な生育環境のなかで苦闘しなければならない子どもたちには、特に、親の強い影響が必要となる。良い学校や指導者とのつながりといった他の有利さを欠く状態であれば、親の援助や導きなしに、成功を収めることはほとんど不可能に近い。有名なジャズピアニストであるオスカー・ピーターソンは、カナダ鉄道のポーターを務めていた父が、モントリオールからバンクーバーへの旅で家を空けるたびに新しい曲を学ぶよう、彼に課題を与えてくれたことを覚えている。家に戻るとすぐに、父はオスカーが宿題をしたかを確かめた。もし弾けなければ、

「尻を蹴られる」ことが当たり前であった。しかし家族が彼に与えたもっとも重要な影響は、オスカーの強い個人的規範や自信を築き上げたことであり、音楽に対する彼の愛情を促進したことであった。

彼らは私を拘束したり、束縛しようとはしませんでした。私が何かをすると「本当はちゃんとわかっているだろう。鏡を見て、自分自身をしっかり見つめてみれば、本当はそうするつもりじゃないってことが、自分でもわかるだろう。お前らしくないぞ」とよく言いました。そうすることで、当時、私が彼らに応えようとしていた以上の期待を彼らが私に対して抱いていることを私に教えてくれたのです。

私の家族は、何よりもまず、音楽への愛情を教えてくれました。私が聴いていた何曲かの音楽の楽しみ方を、私に手ほどきしてくれましたが、それが音楽という媒体に熱中するきっかけとなりました。しかし、それと同時に、彼らは当時のミュージシャンが巻き込まれた問題から距離を置くよう、いくつかの個人的な規範も教えてくれたのです。そして、私がそうしたいと思えば、それはうまくいくのだという、いくばくかの自尊心を私に与えてくれました。

オスカー・ピーターソンが家庭で吸収した自尊心と規律の感覚は、後に彼のジャズへの衝動が鋭いほど強烈になったとき、彼を助けることとなった。多くの友人がセックス、薬物、酒といった手軽な誘惑に負けていくなか、両親と両親の持つ価値観への尊敬の念が、ピーターソンを堅実な道に留めた。

彼らは、［ドラッグの常用を］決して許したり、認めたりすることはない、と私に伝えていました。どんな名前も口に出しませんが、あるとても有名なミュージシャンが、かつて私にコカイン――おそらく、コカインだったと思います――いや、失礼、ヘロインです、ヘロインを勧めてきたことがありました。「ヘロインでヒットを」と言いながら。私はきわめて率直に、「これをやったら一生家に帰れなくなる」と彼に言いました。そしてそれは、他の何よりも、私が恐れていることでした。ドラッグの常習者として家に帰ったら、私は母に――そして、父に対しては、さらに――どう説明していいかわかりませんでした。どのような言い訳もできなかったでしょう。それは、父が私に何をするだろうという恐れではなく、一つの恐れ――

おそらく、彼を完全に破壊してしまうだろうといったものでした。私は彼に対し、そのことをどう説明できるのかわかりませんでした。

アフリカ系アメリカ人の歴史家、ジョン・ホープ・フランクリンは、弁護士だった父親がいつも本を読んでいたため、大人は昼も夜も読書をするものだ、と思いながら育ったことを思い出す。そして、母親が常に協力的で、いつも勇気づけてくれたことを覚えている。フランクリンは、両親が人生における知的な、そして道徳的な基盤を与えてくれたと考えている。

両親は教養のある人たちでした。母は学校の教師で、テネシー州にあるロジャー・ウィリアムズ大学の教員養成プログラムの卒業生、父も同じ大学に通っていました。そこで彼らは出会いました。その後、父はアトランタにあるモアハウス大学に進学し、そこを卒業しました。その後、父は法律を学びました。弁護士事務所で法律についての文書を読みつづけました。一九〇〇年ころにはよくあったことです。そして二番目の高得点で弁護士試験に合格しました。ミシガン大学を卒業し、まだ州ではなかったインディアン地区で弁護士資格を取ったのです。オクラホマがまだ州ではなかったころです。このように、両親は私の社会性の発達、そして知性面の発達に大きな影響を与えてくれました。私は彼らから、学習や読書の重要性といったものを学びました。誠実さと高潔さを成り立たせているいくつかの要素についても、学びました。そして後には、私は特定のことを為すべきかどうかの判断で迷うことがなくなりました。両親の影響によるそうした悩みからの解放が、私という存在の一部になったのです。

ノーベル化学賞受賞者、マンフレート・アイゲンは、今でも演奏する音楽と父が望んだ高度な奏法を、父から学んだ。歴史家、ウィリアム・マクニールの父親もまた歴史家で、過去に対する彼の統合的な視点は、息子の専門家としての成長に影響を与えた。フリーマン・ダイソンもまた、愛情を持って両親を思い出す。

そうですねえ、もちろん、私は自分の両親のもとに生まれてとても幸運でした。二人とも、すばらしい人々でした。父は作曲家と行政官という、普通にはない職業の組み合わせを持った人で、それは私にとって大きな刺激になりました。人は多くのことができ、そしてそれらすべてをうまくやることができるという感覚です。そして母も、とても幅広い読書経験を持つ弁護士で、私とは父よりも近い関係にあったのですが、ある意味で、同様にとても特別な存在でした。二人とも強い個性の持ち主でしたが、私のすることに完全な自由を与えてくれました。それが科学だったのです。二人とも科学者ではありませんでしたが、それが何であるかを理解していました。

親の影響が常にポジティブなものであるとは限らない。時としてそれは、緊張と曖昧さをはらんだものとして理解される。ヘイゼル・ヘンダーソンは愛すべき母親を手本として生きていたが、彼女があまりに家父長的な夫に従順であったという事実には憤りを感じていた。父親について、彼女はこう語った。

私の父には権威主義的な傾向がありましたが、それは、男はそうあるべきだったからです。だから、母が議論で勝つことは決してありませんでした。私は権力が有用だということに気づきましたが、父のようになりたくはありませんでした。そして、父のようになりたいとすれば、そうですねえ、それは、影響力があるという意味においてですね。こき下ろされるような人にはなりたくありません——邪険にされても黙っている人にはなりたくないのです。だから、この状況をどうすればいいのだろうと、子どものころ、大きな不安を抱えていました。そして、当時はそれを、言葉にすることや考えることはありませんでしたが、最後には、愛と権力を本当に統合しようと決断したのでした。

しばしば、特に芸術家の場合、子どもたちの持つ興味の方向性に、親が恐怖を抱くことがある。アメリカ合衆国の桂冠詩人〔アメリカ議会図書館により公式に任命される、優れた詩人に対して贈られる称号〕マーク・ストランドが最初に興味を抱いたのは芸術であった。両親は「私が画家になると伝えたとき、喜びませんでした。私がどうやって生計を立てていくのかを心配していたのです。そして私が詩人になりたいと言ったとき、それはさらにひどいものでした。彼らは、すべての詩人が飢えていて、自殺志願者で、アルコール中毒者だと思っていました」。詩を志す以前、ゲオルク・ファルディは、父親を喜ばせるために、大学で、さまざまな専攻のたくさんの科目を受講しなければならなかった。私たちの研究協力者に代表される世代の女性たちは、みずからのキャリアとして科学を考えないよう、家族に説得された。彼女たちは、物理学者や化学者になるためにどんな機会に恵まれていたのだろうか。当時は、高校教師をめざすという目標にかかわるほうが良いとされていたのである。

前出の引用が示しているように、親たちは単に知識や知的な規律の源泉に留まっていない。彼らの役割は、子どもたちをキャリアの機会へと導くことにも、子どもたちの分野の場へのアクセスを促進することにも限定されていなかった。おそらく、彼らのもっとも重要な貢献は、子どもたちの性格の形成であろう。父親、あるいは母親がある特定の価値観を教えてくれたことが、彼らにとっていかに重要であったかについて、多くの回答者が言及している。そして、こうした価値観でもっとも重要だったものが誠実さであろう。驚くほど多くの人が、彼らが成功を収めた主な理由の一つに正直さと誠実さを挙げ、それらは彼らが母親、あるいは父親を模範として獲得した美徳であると述べている。ロバートソン・デイヴィスの両親は二人とも作家であったが、両親について、彼はこう語る。

彼らは、みずからが書いたものにとても誠実でした。そして、私は彼らに育てられたのですが――それほど手厳しいことはなかったので、厳しく育てられたとは言いませんが――、両親は私をある種の宗教的な環境で育てたので、私は真理に対して非常に深い信頼を寄せていました。両親が聖書からの引用をとても好んでいたこともあって、神は偽りではないという思いを常に持っていました。

二人の学生をノーベル賞へと導いたドイツの物理学者、ハインツ・マイヤー=ライプニッツは、科学における指導者の責任とは、みずからに誠実であることばかりでなく、同僚の誠実さを見極めることにもあると信じている。

誠実さという言葉が最適かどうかわかりません。それは自分の仕事のなかに真実を探求するということです。自分自身を批判しなければなりませんし、自分の考えに反するすべてのことを考慮しなければなりませんし、一つの失敗も隠してはなりません。すべての人がそうであるような、総体的な環境が存在すべきなのです。後にあなたが研究所や研究機関の長になったとき、あなたは誠実な人々を手助けするために、つまり、みずからのキャリアのためだけに働くのではなく、努めて他者の仕事を減らそうとする人々を手助けするために、精一杯努力しなければなりません。これが教授としてのもっとも重要な仕事です。それはまさに根幹にかかわることです。

誠実さは、なぜこれほどまでに重要なものとして考えられているのだろうか？　回答者の活動の領域によってその理由は異なるが、それらはある一つの核を共有している。自然科学者たちは、実験から得られた事実の観察に正直でなければ、創造的であることはもちろん、科学に従事できない、と主張する。社会科学者たちは、同僚たちが自分の正直さに敬意を払っていなければ、彼らのアイデアの信頼性は損なわれてしまう、と強調する。芸術家や作家たちが誠実さという言葉によって言おうとしていたことは、自分たちの感覚や直観に正直であることであった。そして、実業家や政治家、さらには、社会改革者たちは、誠実さの重要性を他の人々との関係、彼らが率いたり、属したりしている組織との関係において、理解していた。どの分野の場においても、誠実でなかったり、意識的に、あるいは無意識的に、自分の有利になるように証拠を歪めたりする人は、最終的に成功を得ることはなかったのである。そして多くの回答者は、親を模範としてこの特性を獲得できたことを、幸運と感じていた。

親の影響が一貫して否定的で、子どもが将来避けたいと思うような実例は少ない。常に口論していたり、物質主義者であったり、自分の人生に不満を感じている親は、子どもにとっての反面教師となる。しかしそれでもなお、概して、親は創造的な人々の明らかな特徴である好奇心と人生への関与の源泉であるように思える。そしてこれは、親が他界している場合においても同様である。

父親の不在

親の援助の重要性に対する注目すべき矛盾に、人生の早い時期に、創造的な人々の多くが父親を失っている、という事実がある。この傾向は特に、創造的な男性において顕著である。研究協力者のうち、男性では十人中三人が、女性では十人中二人が、十代になる前に父親を亡くしている。

腫瘍生物学という新しい領域の創始者の一人、ジョージ・クラインは、そのような人々のなかの一人である。エッセイ集のなかで、自分の人生における父親の死の影響について、詳細に述べている。彼は、自身の横柄とも言える自律性と彼を突き動かす責任感を、恐れ、頼る父親がいなかった、というみずからの境遇に帰結させる。父親を失った少年は、大きな解放感、欲するがままの人となり、欲するがままにすべてを行える自由を感じるかもしれない。しかし同時に、みずからが不在の父親のものと考える期待に応えなければならないという、非常に大きな負担を感じるのかもしれない。

父親を失った少年は、みずからを作り上げる機会を得ることになる。彼には、権力的で、批判的な父親と対峙し、自分自身を正当化する必要はない。しかし、その一方で、成長し、父親の友人、あるいは同僚となる機会を持つこともないのである。父と子の関係は時間のなかで凍結され、子どもの心は、全能の親の強迫的な記憶を常に持ちつづけることになる。創造的な人々の、複雑で、しばしば苦悩を抱えたパーソナリティが、こうした両価性によって部分的に形作られることは、あり得ることである。ジョージ・クラインは、「父の不在」という題のエッセイを、次のような文章で結んでいる。

父よ、弟よ、私の息子よ、私の創造者よ、永遠に知ることを許さない者よ、ここに来て、私を虐げ、押し潰し、あなたの望む者へと私を作り替えたまえ――これまでにあり得なかった私へと、将来もあり得ない私へと、もし思いを伝えることができたなら……私はあなたに何を伝えたいのだろう。おそらく、これしかないであろう。生きることはすばらしい――それを可能にしてくれたことに感謝する。あなたが生きていたなら、私はあなたを殺していたかもしれないが、あなたが死んだとあっては、私は真の意味で生きることができなかったのだ。

このような洞察と悲哀をもってみずからの喪失を語る者はほとんどいないが、父親の早過ぎる死は、多くの場合、息子の心に強烈な痕跡を残すようである。ウェイン・ブースはモルモン教徒の家庭で育てられたが、そこでは、父親たちは神の代理人、あるいはほとんど神そのものとして敬われていた。そのため、父親が亡くなったとき、若きウェインは二重の衝撃を受けた。一つは自分の父親を失ったという自然な悲しみであり、もう一つは彼のもっとも根本的な信仰に対する衝撃であった。もし父なる神が万能であるなら、父が死ぬことなどあるのだろうか？　しかしまた、悲痛な喪失は予想外の利益をもたらした。高度に階層化されたモルモン教の家庭において、彼は非常に若くして亡き父の跡を継ぎ、最年長の男性に与えられる尊敬と大きな期待を手にしたのであった。ウェイン・ブースの天職への取り組み方は、彼の幼年期におけるこの両価性を反映している。一方で、彼の教育、文学、評論に対する取り組みは、秩序と伝統に対する深い敬意によって息づいている。他方、彼は一般的に受け入れられた真実を絶えず疑いつづけ、通常であれば青年期に見受けられる開放的な好奇心を、七十代になっても保ちつづけているのである。

存命の場合でも、父親は、時として、息子と実質的に疎遠になることがある。インドの作曲家で、音楽家であるラヴィ・シャンカルのケースがそうである。

父について、少し話さなければなりません。彼は探求者でした。常に知識を求めていたという意味においてです。そして、とても博学な人でした。すべてのテーマにおいてです。サンスクリット語から音楽に至るまで。職業は弁護士で、ロンドンの枢密院に属し、ジュネーヴで国際連盟が発足したときにはその一員としてかかわっていました。五十近くになって、政治学をフランス語で学びました。そして人生の最期の五、六年にかけて、すべてを投げ出して、コロンビア大学やニューヨークにある財団で、インド哲学についての講演を始めました。彼はさまざまな機会に多くのお金を稼ぎ、おわかりのように、多額の給料を払ってくれるすばらしい仕事を提供されましたが、決して貯金をしませんでした。こんな調子で、彼は私たちの面倒を見ませんでした。母はとても早い段階で父と別れました。そして、私は会ったことはありませんが、話には聞いたことのあるイギリス人女性と、父は再婚したのです。ですから、私は子どものころから、不幸せで孤独な母を、ずっと見てきました。しかし、彼女は本当にすばらしい女性でした。彼女は自分のエネルギー、時間、その他すべてのものを、私たち子どものためにに使ってくれたのです。わずかなお金しかなかったので、私たち兄弟に教育を受けさせるために、彼女は本当に苦労していました。
すでにお話ししたように、私の父はとても孤独な人でした。彼はいつも家族から離れて生きていました。私は父をあまり見たことがありません。足し合わせたとしても、――二日か三日、おそらく一週間といったところでしょう。もっとも長かったのは、彼が国際連盟にかかわっていたときにジュネーヴで過ごした二週間です。二カ月とか二カ月半以上、まったく彼に会わないこともありました。彼のことを尊敬していたし、とても好きでしたが、残念ながら、彼と私はあまり接点がありませんでした。私は末っ子だったので、寂しさのなかで育ちました。母が私の一番の友達でした。

単に父親がいないということが、そうした子どもたちの後の人生に影響を及ぼすのではない。問題は、彼らがその出来事からどのような意味を引き出すかということである。父親の死は、息子の好奇心や野心を促進すると同時に、それらを破壊する可能性もある。違いをもたらすのは、残された子どもが大人としての責任を引き受け、期待に応えるためにより努力しなければならないサインとして、その喪失を理解できるような、感情的、認知的に十分な支援があるかどうか、ということである。そして、ここにおいて、母親が重要となる。なぜなら、多くの場合、子どもが懸命に働き、成功を志すのは、愛すべき母を守り、安心させようとするからである。

親の死が与える影響は、しばしばきわめて複雑なものとなる。ブレンダ・ミルナーが敬愛していた父親は、彼女が八歳のときに結核で他界した。彼はピアニストであり、『マンチェスター・ガーディアン』誌の批評家でもあった。彼の仕事は朝の多くの時間を家で過ごすことを可能にしたため、彼はブレンダの教育を引き受け、彼女に演算表を教え、シェイクスピアを朗読させた。彼の死は、彼女の人生において「感情にかかわる最悪の体験」となった。父親の死後、ミルナーは科学に引きつけられた。それは、部分的には、離れているときには非常に強い愛情を感じる一方で、同じ部屋に十五分以上いると口論してしまう芸術家気質の母親に、過度に影響されるのを避けるためであった。科学の道に進む決断をしたことについて、彼女は「私は、母が決めたことではなく、自分が決めたことをやっているのだ、ということを示したかったのです」と述べている。「それはおそらく、わがままだったのかもしれませんが、子どものときに過剰に感情を注ぎ込む人と暮らすのは、とても息が詰まる経験なのです」。

親を失った子どもへの支援がより大きな共同体によって担われる場合もある。父親が死んだとき、ライナス・ポーリングは九歳であったが、ポートランドの他の薬剤師たちが責任を引き受けてくれた。学校が終わると、彼は毎日別の薬局へ行き、父親の仲間たちの処方薬の準備を手伝った。そして、それによって、もともと父親の店を手伝うことで得た化学の神秘に対する最初の興味を発展させることとなった。親を失うことで周囲の世界に対するポーリングの関心が衰えることはなかった。

私は座り込んで、さて、人生で何をすべきか、などと自問したことはないと思います。ただ、自分が好きなことを続けてきただけなのです。十一歳のころには、そうですね、まず本を読むことが好きでした。たくさんの本を読みました。ちょうど九歳になろうというときで、父の死の数カ月前でしたが、私が読書にとても関心を示し、聖書とダーウィンの『種の起源』をすでに読んでしまっていたということが、父の記録に残っています。そして、私が歴史を楽しんでいるようだと、彼は書いています。十二歳のとき、高校で——一年生のときでした——古代史の授業を取ったのですが、その教科書を読むのが楽しくて、最初の数週間ですべて読み終えてしまい、古代の世界について書かれた他の本を探していたことを覚えています。十一歳のときに、昆虫採集を始め、昆虫学の本を読みはじめました。十二歳のときには、鉱物を集めることに一生懸命になりました。瑪《め》瑙《のう》〔宝石の一種。シリカ鉱物で玉髄〕をいくらか見つけました——ウィラメット渓谷で見つけて、確認できたのはそれぐらいです——しかし、私は鉱物学についての本を読み、鉱物の硬度や色や縞といった特性の表やその他の特性の表を本から書き写しました。そして十三歳になったとき、化学に興味を持ったのです。化学者が特定の物質をまったく異なる特性を持った物質に変えられることを知ったとき、とても興奮しました。そしてこれが、本質的に、化学の基本原理でした。私は物質の特性の差異に魅了されたのです。水素と酸素の気体が水を生成する。あるいはナトリウムと塩素が塩化ナトリウムを生成する。元素上、きわめて異なった物質が結合して化合物を作り出す。そしてそれ以降、私は化学をより深く理解するために、多くの時間を費やしてきました。そして、こうすることはまさに、世界を理解すること、つまり宇宙の性質を理解することを意味しているのです。

創造的な大人は、しばしば、親の喪失という衝撃を乗り越えていくが、父親が息子に与えることのできる最高の贈り物は早世である、というジャン＝ポール・サルトルのアフォリズムは誇張でもある。創造的な衝動を解放するためには困難や葛藤が必要であると結論づけるには、温かく、刺激に富んだ家庭環境の例があまりにも多過ぎる。実際、創造的な人々は、例外的と言えるほどの支援を受けた子ども時代か、貧しく、厳しい子ども時代の、いずれかを過ごしていたように思える。欠落しているように見えるのは、その広大な中間である。

同様の傾向を示す家庭的背景の別の側面に、親の社会的階級がある。多くの創造的な人々は、非常に貧しい家庭か、専門職あるいは上流階級の家庭の出身であり、人々の大多数を占める中流階級の出身者はほとんどいなかった。親の約三〇％は農民か、貧しい移民、あるいは肉体労働者であった。しかし彼らは、低い階級という彼らの立場に同化することなく、子どもたちの学問的な向上を熱望していた。心理学者、バーニス・ニューガーテンの父親は、十分な教育を受けていないヨーロッパからの新しい移民で、世界恐慌のとき、生計を立てるために奮闘した経験を持つ。バーニスが大学の休みにネブラスカ州へ戻ると、父は「大学はどうだ？」と尋ねた。バーニスは、シカゴ大学で非常に多くの博士課程の学生に囲まれているため、劣等感を抱きはじめていると説明した。すると父は「博士課程とは何だい？」と尋ねた。「お父さん、大学では学士号が取れるけれど、それだけじゃないの。さらに勉強すれば、修士号と言われるものや博士号と言われるものが取れるのよ」と彼女は説明した。すると父は、彼女に向かって指を左右に振り、こう言った。「だったら、それを取るべきだ！」

わずか一〇％の家庭が中流階級に属していた。約三四％にあたる大多数の人々は、大学教授、作家、オーケストラの指揮者、研究者といった知的な職業の父親を持っていた。残りの二五％は、弁護士や外科医、裕福な実業家が父親であった。これらの割合は、社会全体におけるそうした職業の実際の頻度から想定されるものとは、かなり異なっている。知的な行動が実践される家庭や、上層階級への移行の道として教育に価値を置く家庭に生まれることは、明らかに手助けとなる——しかし、満足した生活を送ることのできる中流階級の家庭に生まれることはそうではないのである。

回想が映し出すもの

子ども時代を振り返るとき、私たちの見るものが、その間の年月に起こったことによって、現在の状況によって、そして未来の目標によって、影響を受けてしまうことは避けられない。比較的幸福で、満ち足りた日々を送っている人は、実際以上に多くの晴れた日を記憶し、人生で傷ついた人は、より多くの不幸を過去に投影するかもしれない。自分自身について肯定的に捉えている大人が、みずからの子ども時代をより好意的に描写することを私たちは知っている。不確かなのはその因果関係である。これらの大人たちは幸せな子ども時代を過ごしたので肯定的な自己概念を持っているのだろうか？　あるいは、彼らの大人としての自己概念が肯定的であるから、みずからの子ども時代をより幸せなものとして記憶しているのであろうか？

二十年以上にわたって断続的に続けてきた芸術家たちへのインタヴューで、私は一つの興味深い傾向に気づいた。一九六三年、非常に成功していたある若い芸術家が、自分の子ども時代を平凡で、牧歌的でさえあったと述べた。話を脱線させながら、彼が確実なものとして私に伝えたのは、人が芸術家の伝記のなかで読むような葛藤や不安は、彼の場合には存在しなかったということであった。十年後、その芸術家は職業的に困難な状況にあった。彼の絵は流行からはずれ、批評家や収集家は彼を避け、絵の売り上げは急落していた。そのとき、彼は明らかに楽観性に欠けた子ども時代の出来事について語りはじめた。彼の父親は超然としていて、厳しく、母親は強引で、所有欲が強かった。十年前のようにすばらしい夏の日に果樹園で過ごした日々について話す代わりに、彼はたびたびベッドを濡らしたこと、そしてそれが、結果として両親を狼狽させたことを、くどくどと語った。

さらに十年が経つと、もはや若くないこの男の芸術におけるキャリアは、失敗へと運命づけられていた。彼の作品は完全にその支持を失い、さらに彼は、二つの厄介な離婚を経験し、深刻な薬物依存に苦しみ、アルコール中毒を克服しようとしていた。この頃になると、子ども時代に関する彼の叙述には、アルコール中毒の父親やおじたち、身体的な虐待、感情的な暴虐行為が含まれるようになっていた。このような子どもが大人として失敗するのは当然のことである。しかし、彼の幼年期のどちらの説明が真実に近いのだろうか？　物事が瓦解しはじめたときに受けたセラピーが、抑圧していた過去をより明確に捉えられるようにしたのだろうか？　あるいは有能なセラピストが、なぜ彼が失敗したのかについての説明と言い訳に関するあらすじを提供してくれたのだろうか？　こうしたさまざまな可能性のなかから、確信を持って一つを選ぶことはできない。初期の成功は思いもよらぬ幸運であり、後の失敗は不幸な子ども時代によって運命づけられていたという可能性もある。あるいは、この芸術家は自分の過失によって失敗したのではなく、人々の嗜好性や市場の気まぐれな変化によって、痛めつけられたのかもしれない。いずれにしても、過去を現在と一貫したものにしようとする強い圧力が存在する。そして、この圧力に屈することで、それが過去の客観的な事実に一致するか否かにかかわらず、主観的な真実が作り出されることになる。

したがって、私たちの調査の成功を収めた創造的大人たちが、みずからの子ども時代を基本的に温かいものとして記憶しているのは、彼らが成功しているからである、ということも十分考えられることである。現在との一貫性を保つため、彼らの記憶は肯定的な過去の出来事に特権を与える。創造的な人々の子ども時代には苦しみが存在すると確信する伝記作家たちは、実際に、私たちのインタヴューでは語られなかった深い悲しみの証拠を見出すかもしれない。同様に、もし伝記作家たちが、ある創造的な人が幸せな子ども時代を過ごしていたと仮定すれば、彼らはおそらく、それに関するかなりの証拠を探し出してくるだろう。重要なのはそれにかかわる客観的な事実ではないようである。より重要なことは、子どもたちがそうした事実をどのように利用し、それらをどのように解釈し、それらからどのような意味や自信を引き出すかであり――そして、後の人生で経験する出来事の観点から、彼らが記憶にどのような意味づけを行うかということなのである。

学校へ

創造的な人々の人生において、学校の与えた影響――高校でさえも――があまりに小さく思えるのはきわめて不思議なことである。しばしば人は、そのような影響はあったとしても、学校はその壁の外で子どもが見出した関心や好奇心を消し去ってしまうおそれがある、と感じている。アインシュタインやピカソ、あるいはT・S・エリオットの功績に、学校がどれほどの貢献をしただろうか？　特に、正規な学校教育システムに、私たちがどれほどの努力と、どれほどの資金と、どれほどの期待を注いでいるかを考えると、その実情はかなり悲惨である。

しかし、学校自体がひらめきの源泉として語られることは稀であっても、個々の教師はしばしば、子どもの関心を喚起し、維持し、方向づける。物理学者のユージン・ウィグナーは、彼の学友である数学者のジョン・フォン・ノイマンや物理学者のレオ・シラード、エドワード・テラーと同様に、彼の数学に対する興味を純化し、刺激してくれたのは、ブダペストにあるルター派高校の数学教師、ラスロー・ラッツであったと述べている（「誰ひとりとして、ラッツのように問題を提起できる人はいませんでした」と）。この教師は、明らかに、何か正しいことをしたのである。

こうした教師たちに影響力を持たせたものは、いったい何だったのだろうか？　特筆すべき要素が二つある。一つは、そうした教師たちが生徒に関心を抱き、彼らの能力を信じ、気にかけていたということである。もう一つは、教師が特別な課題、つまりクラスの他の生徒たちよりも大きな挑戦を、その子どもに与えたことである。ラッツについてウィグナーは、興味を持った生徒に科学の本を貸し出し、彼らの優れた能力を喚起するために、個人指導や特別な試験を行ってくれる、親しみにあふれた人物であったと述べている。物理学者として訓練を受けながらも、ノーベル生理学・医学賞を受賞したロザリン・ヤローは、まだ十二歳だった十年生〔高校一年生〕のとき、リッピーという教師によって数学への興味を喚起されたことを覚えている。彼について、そして影響力のあった他の教師たちについて、彼女は次のように語っている。

> 私はとても良い生徒で、先生たちは、いつも私に、特別に、たくさんの追加課題を与えてくれました。私はリッピー先生から幾何学を学びました。まもなく彼は、私をオフィスに招いてくれるようになりました。正規の授業で教える内容を超えた数学的パズルの課題や数学の問題を、私に与えてくれました。化学も同じでした。

ジョン・バーディーンも同じ年齢のころ、彼の才能に気づき、彼を励まし、彼が取り組むことのできる問題を提示してくれた一人の教師の影響を受け、数学に興味を持った。このような特別な配慮の結果、彼は十歳で高校の代数の授業を受け、得点を競うある数学の試験で、その年度の最優秀者賞を勝ち取った。若きライナス・ポーリングに親密な関心を抱いた最初の教師は、ウィリアム・V・グリーンという高校の化学の教師であった。

彼は私に、二年目の化学の授業をしてくれたので、私は高校の化学の単位を二年分持っています。二年目の化学の授業を受けたのは私だけでした。授業の後、彼は私に、幾度となく、一時間ほど残ってボンベ熱量計の操作の手伝いをするよう頼みました。

十代の若者がある科目への興味を持ちつづけるためには、それに取り組むことを楽しまなければならない。もし教師が学習の課題を過度に困難なものにすれば、生徒は失望や不安によってその科目にのめり込むことができなくなり、その科目それ自体を楽しむことができなくなる。一方、もし教師が課題を簡単にし過ぎれば、生徒は退屈し、興味を失ってしまうであろう。教師が抱える困難な仕事とは、さらに学びたいという楽しさや欲求に結びつくように、みずからが与える課題と生徒の能力のバランスを見極めることである。

しかし、私たちの研究協力者が、学生だったころから数十年後にどれほど有名になったかを考えると、教師と特別な関係を築いた記憶のない人々が彼らのなかに多くいるということに驚かされる。この傾向は、特に、科学以外に当てはまる。おそらく、早熟な数学の才能を見出すことは比較的容易であるため、教師は芸術や人文学に才能のある生徒よりも、将来の科学者を激励することにより力を注ぐのであろう。事実、時に教師は、一様にひどくけなされる。ジョージ・クラインは、一人を除いたすべての教師が月並みな人々であり、十代のとき、どの授業よりも何人かの級友との議論によって、哲学や文学についてより多くを学んだと感じていた。神経心理学者のブレンダ・ミルナーは、どれほどの失望を学校で味わったかを覚えている。絵を描くことや歌うこと、さらには、教師たちが「創造的」だと考えることが、彼女には何ひとつできなかったのである。学校で高く評価される能力には不向きであったが、その一方で、猛烈な負けず嫌いであったため、彼女は自分が得意とする科目にのめり込んでいった。

家に帰ると、授業中にうまくできなかった縫物を泣きながらほどいたものです。五大湖の地図を描いて、それらをつなぎあわせることができなかったときにも、私は泣いていました。夜中に代数の方程式を解くこと以上に楽しいことはありませんでした。それはまさに喜びでした。しかし私は、手で作るものがあまり得意ではありませんでした。そして彼らは、芸術作品や私が不得意なものに賞を与えることが好きだったようです。ラテン語や代数といったものに対しては、何の評価もしてくれませんでした。

非常に優れた生徒であった人々のなかには、学校の科目よりも、課外活動を好意的に覚えている人々がいる。ロバートソン・デイヴィスは、学校が企画した文学賞のほとんどを獲得したとき、自分自身を作家であると考えはじめた。ジョン・バーディーンは、年上のクラスメイトに数学のコンテストで勝ったとき、数学が得意であることに気がついた。教師たちが美しいと感じる詩を書くことができたため、エリザベス・ノエル＝ノイマンは学業を大目に見てもらえた。ブダペストのルター派高校に通った将来のノーベル物理学賞受賞者たちは、ラッツが月に一度、生徒たちのために開いたコンテストにワクワクさせられた。校内の数学雑誌に毎月新しい問題が掲載され、生徒たちは自由時間に、それらについて、長い間、討論をし、議論を戦わせた。そして、その月の終わりまでに、それらの問題を誰よりも優雅に解いた者が、教師や仲間から大きな評価を勝ち取ることとなった。

ぎこちなさを感じる時期

十代というのは誰にとってもたやすい時期ではない。人生のこの時期、親がどれほど多くの配慮を子どもに投じたとしても、そして、文化が大人と思春期の子どもの衝突を避けるためにどれほど適したものであったとしても、子どもたちが十二歳から二十歳の間には避けることのできない緊張が生じる。身体的な変化に順応し、性的衝動を抑制し、家族や仲間たちとの絆を維持しながら独立心や自律性を確立する必要性は、思春期の子どもたちが突然出会い、そして、一般的に、いたるところで多くの悲しみを生み出す課題である。

才能のある十代の若者たちもこうしたことを免れないが、彼らにはさらに、克服すべきいくつかの障害がある。たとえば、彼らは自分たちの興味や才能を発達させるために時間をそれに充てなければならないが、それはとりもなおさず、彼らが他の若者よりも孤独でいることを意味する――音楽を練習し、エッセイを書き、数学の問題を解くために。その結果として、概して、彼らはそれほど幸福ではなく、快活でもないということになる（一人でいるときの彼らは、友人たちが一人でいるときに比べて、それほど悲惨な気分ではないのであるが）。

特別な才能を持った若者たちは、一般的な若者たちに比べ、性にあまり意識を向けず、家族からそれほど独立しない傾向にある。これは、彼らの発達において重要な要素である。なぜならそれは、実験や学習を達成しやすい、人生における保護された無邪気な時期を、彼らが比較的長く過ごせることを意味するからである。性的に活発な若者たちは、遺伝子が命じるプログラムと素早く混じりあうため、もし彼らが自律性をあまりに早く確立すると、職を得たり、世帯を構えたり、子どもを育てたりといった、社会的な責任を背負うことになる。したがって、彼らは創造性の発達に不可欠な、新しいアイデアや行動を試す自由を失うことになる。他方、性にそれほど興味を抱かず、親に依存している若者たちは、得てして、人に好かれない、典型的なオタクになる傾向を持つ。

彼らが人に好かれない別の理由は、彼らの強烈な好奇心と限定された興味が、同年代の友人たちには異様なものとして映ることである。彼らの独創的な思考や表現は、彼らをいくぶん怪しげな存在にしてしまう。残念ながら、人は特別であると同時に普通ではいられないのである。親たちは、しばしば、子どもたちに内在する矛盾を認識することなく、才能あふれる子どもたちをもっと人に好かれるようにしようと心を悩ます。若者は、友人間の人気、さらには、思春期に特に顕著な友人間の強い結びつきによって、仲間の文化に順応する。ジョージ・クラインや他の何人かのように、仲間の集団が知的であれば、そうした仲間たちへの順応は才能を発達させるうえで役に立つ。しかし、多くの場合はそうではない。孤独は、それがどれほど苦痛をともなったとしても、思春期に典型的な悩みによって若者の関心が薄まらないように守る役割を果たすのである。

私たちがインタヴューした創造的な人々の誰ひとりとして、人気のある思春期を過ごしたことを記憶している者はいない。適度に穏やかな時間を過ごした者もいれば、ほとんど隠すことのできない恐怖心とともにその時期を振り返る者もいる。しかし、彼らには十代の時期に対する郷愁はまったくと言っていいほど見られない。周縁にいるという感覚——外部にいて、人と異なり、同年代の者たちの奇妙な慣習的行動を距離を置いて眺めているという感覚——が彼らの共通の主題であった。もちろん、周縁性の感覚は思春期における典型的なものであるが、創造的な人々の場合、その感覚には具体的な理由が存在する。

社会学者のデイヴィッド・リースマンのように、こうした部外者の役割の必要性――実際、それは肯定的な貢献である――を認識している人々もいる。「私は自分が周縁にいること――上流階級に対する周縁、学校の友人たちに対する周縁といったこと――の強みを持っていましたが、一方で、私の物の見方が原因で周縁に追いやられ、孤立していると感じることもしばしばでした」。また、学校や仲間からの隔離が必要とされる長期の病気を患った人々もいる。物理学者のハインツ・マイヤー＝ライプニッツは、三カ月間をベッドで過ごし、肺病の療養のために、一学年の残りの期間をスイスの山のなかで過ごした。ブレンダ・ミルナーやドナルド・キャンベルは、幼少期の身体調整機能の不調について不満を述べたが、それはスポーツやダンスをすることをかなり困難にするものであった。こうした人々は、他の子どもたちよりも孤独だったからという理由で、創造的なキャリアを耐え抜いたわけではない。むしろ、彼らは自分たちが外部にいると気づいたとき、みずからの孤独を悲しむ代わりに、そこから利益を得ることができたのである。

知的にやや早熟であった人々――ジョン・バーディーンやマンフレート・アイゲン、エンリコ・ランドーネ、ロザリン・ヤローなど――は、別のかたちの周縁性を経験した。彼らは上の学年へと飛び級をし、そのため、親しい友人関係を結ぶことのない、十代の年上の若者たちに囲まれて成長した。ジョン・ガードナーはこのように記憶している。「私は学校を素早く駆け抜けました。それは望む限り早く進むことが許されていた時代でした――もっとも、自分にそれが可能ならですが。ですから私は、最初の八学年を五年間で修了しましたが、その結果、私は自分よりも年上で、体の大きな子どもたちと一緒に過ごすことになりました」。

ある領域では、学校での成績が他の領域以上に重要となる。数学や自然科学においては、高校時代に認知されることが、その後のさらなる成長に必要となる。上級クラスで良い成績を取るだけでは十分ではない。それは優れた大学や大学院に進学するための必要条件であり、そうしたことが、その後のキャリアにとっての必要なステップとなる。しかし、芸術や人文学においては、高校時代の成績は、将来の創造性の指標として不十分なものなのである。

若い芸術家、特に視覚芸術家が、人文学の科目に無関心であることはよく知られたことであるが、彼らの成績は、通常、そのことを反映している。おそらくこのような理由から、フランス人――かなり厳格で、理性的な観点から知的能力を評価する人々――は、人の知性を見下そうとするとき、芸術家のような愚か者、と言うのであろう。エヴァ・ザイゼルはニューヨーク近代美術館を初めとする多くの美術館に陶器の作品が展示されている優れた芸術家であるが、彼女は「家族のなかで、自分は賢い子どもだとはみなされていなかった」と感じていた（たしかに彼女は、叔父のマイケル・ポランニーやカール・ポランニー、そしていとこのレオ・シラードと比べられていた）。十七歳のとき、彼女は、コンサートで数列後ろに座ったカップルが、自分について次のように話すのを聞いたという。「彼女のお婆様はとても賢くて、聡明で、知的な人なの。彼女のお母様はとても美しいの。でも彼女は……」。

芸術家、音楽家、映画監督として知られる多才なカナダ人、マイケル・スノウは、高校ではそれほど優秀な生徒ではなく、三年生のとき、自分が芸術賞を受賞したことに驚いたことを認める。ラヴィ・シャンカルは十歳で音楽団とツアーに出掛け、その後、彼の教育は彼の導師、一人の年上の音楽家によって為された。

継続性の脈絡

関心は、ある場合には、子どもの時期からその後の人生に至るまで、直接的に継続する。またある場合には、関心の継続は奇妙なかたちで絡み合う。宇宙の物質的組成に向けられたライナス・ポーリングの関心は、父親の薬局で働いたときに始まった。田舎に住む人々の意見や価値観に対するエリザベス・ノエル＝ノイマンの興味は、彼女が作ったおもちゃの村に住む想像上の住民たちとの遊びにまで遡ることができる。フランク・オフナーは、彼の人生におけるある重要な幼少期の出来事を思い出す。

> 私はいつも、機械的な仕組みでできたものを使って遊んだり、そうしたものを作りたいと思っていました……。六歳か七歳のとき、私たちはニューヨークに行ったのですが、そこの自然史博物館に、すすでいぶしたドラムの上を針が往復する地震計があり、そこにいくつかの重りがついていたのを覚えています。父にその仕組みを聞くと、彼は「わからない」と言いました。そのときが初めてでした……私も他の子どもと同様に、自分の父親は何でも知っていると思っていましたから。しかし、だか

らこそ、私はそれがどうやって動くのかに興味を持ち、最終的にその仕組みを理解できたのです。

この記憶を非常に興味深いものにしているのは、全人生を通じて、オフナーのもっとも重要な発明のいくつかが、ドラム上を往復する針とかかわりがあるということである。たとえば、彼は「心拍記録装置をそれ以前のいかなる人が作ったものよりも百倍も良いものにした」水晶式ペン記録装置を発明し、最初のEEG装置を完成させた。しかし、オフナーはこの幼少期からのつながりに特別な意味を認めておらず、そのことを指摘されたとき、彼はそれを取るに足りないものとして受け流した。

個人が大人になってから取り組む課題が、以前の世代の関心事に立ち返る場合もある。アメリカ南部の歴史を理解する方法に革命をもたらしたC・ヴァン・ウッドワードは、自分の職業に対する関心をはるか遠くまでたどる。

その関心は、いずれにしても、そこで育ち、それについて非常に強い感情を持ったという、個人的経験から生まれたものです。私はいつも、生徒にこう話してきました。「もし本当は、この科目にそれほど関心がなかったり、この科目に対する強い気持ちがなかったら、これに深く入り込んではならない」と。そしてもちろん、私の著書の多くは、その当時行われていた論争や闘争、そして、そうしたものの背景や発端、それらの歴史にかかわるものなのです。

私の育った場所が重要でした。そこの環境と南北戦争、その再建に続く時代。私のもっとも初期の記憶からは、そうしたことについての話が引き出せます。戦争について真に語り、深い思索をめぐらせるのは、敗者であって勝者ではないのです。私は奴隷を所有し、農園を経営していた家庭で育ちましたが、やがて父は、私たちが住んでいた小さな町で公立学校の校長になりました。

芸術家、エレン・ラニョンの母方の祖父は、一八九三年に開催されたシカゴ万国博覧会の壁画を描くために、イングランドのヨークシャーからアメリカ合衆国にやってきた。彼の年長の孫であるという理由から、エレンは自分が祖父の職業と創造的な精神を受け継ぐ運命にあると感じていた。

そして、私が十二歳のとき、祖父は亡くなりました。父と母は、彼が遺した道具に新しい絵の具などを加えて、ある種の意思表示だったと思いますが、十二歳の誕生日にそれらを私にプレゼントしてくれました。後継者としてバトンを渡したのです。それから私は絵を描きはじめ、まず自画像を描きました。それが最初の試みでした。そのときの場所や部屋、そしてすべてのことを、今でも完全に思い出すことができます。その絵がどうなったかわかりません。どこかにあるでしょう。おそらく、母が持っていると思います。しかし、どのような場合においても、そうしたはじまりが一人の人の方向性を決めるのだと思います。

物理学者、ハインツ・マイヤー゠ライプニッツのケースほど、世代を超えた継続性が明らかなものはない。彼はゴットフリート・ヴィルヘルム・ライプニッツ（一六四六〜一七一六年）の子孫である。二世紀半以上の時間的隔たりがありながらも、彼らの人生に見られる類似点にはきわめて驚かされる。『ブリタニカ百科事典』には、G・W・ライプニッツは「哲学者、数学者、政治顧問」と記されている。マイヤー゠ライプニッツは実験原子物理学者で、ドイツ政府の科学顧問を務めてきた。祖先のライプニッツは一七〇〇年にドイツ科学アカデミーを創立したメンバーの一人であり、子孫のH・M゠ライプニッツは同アカデミーの近年の会長の一人である。G・W・ライプニッツは、ドイツとフランスの戦争の後、両国の知的交流を回復させるべく尽力したとして、フランス科学アカデミーの外国人メンバーに選出された。約二百五十年後、マイヤー゠ライプニッツは同じ理由で、同じ栄誉を受けた。G・W・ライプニッツは、すべての推論が基礎的な要素の秩序ある組み合わせに還元できるとする「思考の代数学」を発展させた。彼の子孫は、テレビや新聞報道の真理値が、そうした報道を基礎命題に分解することによって評価できる、という処理方法に取り組んでいる。

しかし、ここで付け加えるべきことがある。それは、人生が子ども時代から大人になるまで切れ目のない展開をみせるような創造的な個人、あるいは、興味が、大げさに言えば、生まれる前からすでに運命づけられているかのように思える創造的な個人とは別に、子ども時代が遠い過去のものとなった後に、偶然、あるいはどこからともなく出現してきた関心によって、その後のキャリアが生み出されるような、創造的な個人がいるということである。

創造的な人生を形作るものは何か

私たちは、人生が決定論的に展開していくと考えることに慣れている。現代精神分析学以前においてさえ、成人期は幼少期と児童期に経験した出来事によって形成されると信じられていた。「小枝が曲げられたほうへ木は生長する」「三つ子の魂百まで」である。私たちを精神的に苦しめるすべてのことは、解決されなかった子ども時代のコンプレックスの結果である、と仮定することが、フロイト以降確実に、より当然のこととなってきている。そして、その延長として、私たちは現在の原因を過去に求めるのである。もちろん、多くの場合、そうした仮定は正しい。

しかし、これらの創造的な人々の人生を考えてみると、異なる可能性が浮かび上がってくる。もし将来が本当に過去によって決定されるのであれば、私たちはこれまでの説明に、もっと明確なパターンを認めることができるはずである。しかし、名声へと至った道は驚くほど多様である。早熟――ほとんど天才的――であった回答者もいれば、平凡な子ども時代を過ごした人々もいる。困難な幼少期を過ごし、親を失い、さまざまな苦難を経験した人々もいる一方で、幸せな家庭生活を送った人々もいる。まったくありふれた子ども時代を送った人々も少数いた。ある人々は支援的な教師に出会い、ある人々は無視され、師との間に悪い経験を持った。人生の早い段階でどのようなキャリアを追い求めるのかがわかっていた人々もいれば、成長の過程で進路を変えた人々もいる。功績が早くに認められた人々もいれば、遅くに認められた人々もいる。

このようなパターン――あるいはむしろ、パターンの欠如と言えるが――は、通常の決定論的なものとは異なる発達についての解釈を示唆する。私たちが研究対象とした人々は、遺伝子、あるいは幼少期の出来事のいずれかによる、決定的な方向性を持って形成されてきたのではないように思える。むしろ、時間に沿って移動し、外部の出来事に攻め立てられ、善良な人々、悪い人々に出会い、幸運や不運を経験するなかで、手元にあるすべてのものを使い、やりくりしなければならなかったのである。彼らは、みずからが出来事によって形成される代わりに、みずからの目的にかなうように出来事を形成したのである。

研究協力者として私たちが出会った人々と同等かそれ以上の才能を持ってスタートを切った多くの子どもたちは、

おそらく、決断力を欠いていたか、あるいは彼らが直面した状況があまりにも厳し過ぎたため、途中で挫折してしまったのであろう。理解を示してくれる教師、彼らを奨学金へと導いた幸運、良き師、彼らをその道に留める仕事を、彼らは決して持つことがなかったのである。こうした意味で、ポーリングやソークをはじめとする人々は生き残った人々、訪れた機会を利用する幸運に恵まれた、才能豊かな少数者なのである。

この観点からすれば、創造的な人生はすでに決定しているとも言えるが、しかしそれを決定するのは、時間を超えて維持される意志である――成功を求め、世界の理解をめざし、宇宙の謎のいくつかを解き明かすためにどのような方法でも用いいようとする、激しい決意である。両親が愛情深く、刺激的な人々であれば、それはすばらしいことであり、まさにそれは、息子や娘が将来を築いていくために必要なものとなるであろう。もし親が死ねば、それは痛ましいことであるが、幼い子どもにいったい何ができるだろうか？　彼らにできるのは、傷を癒し、最善を尽くすことだけなのである。

もちろん、この議論にはまだ疑問が残る。ではいったい、この激しい決意、抑え切れない好奇心はどこから来るのだろうか？　この疑問は、おそらく、あまりにも還元主義的で有用ではないであろう。多くの原因が好奇心の根幹に存在し得る。遺伝的に組み込まれた感受性、子ども時代の刺激的な体験、そしてもしフロイトが正しければ、抑圧された性的関心もここに含まれる。こうした種子がどこからやってくるのかを正確に知ることは、それほど重要なことではない。重要なのはむしろ、関心が湧き上がってきたときにそれを認識すること、それを育てること、そして創造的な人生へと成長するために、それに機会を与えることなのである。

第八章

成人期以降の人生

創造的な人々は、つい最近まで、師匠に弟子入りするか、あるいは試行錯誤しながら、領域の諸要素をみずから学びとり、技能を身につける傾向にあった。高等教育はきわめて少数の人々にしか開かれておらず、二世紀ほど前まで、それは主に、学者や聖職者のものであった。コペルニクスは教会の司祭であり、独学で数学と天文学を学んだ。グレゴール・メンデルは修道士であったし、ガリレオは医師としての訓練を受けた。しかし、現代においては、領域について最初に大学で学ばなければ、その領域に革新をもたらすということはほとんど考えられない。詩人や画家でさえ、上級学位を持つことが期待されているのである。

大学と専門的職業

研究協力者の多くにとって、大学や大学院での日々は、人生の——最高ではないとしても——頂点と言える時期の一つであった。それは、彼らがみずからの表現の手段を見出し、職業を明確にした時期である。彼らはしばしば、居心地が悪く、そこでは進むべき方向性を見出せないと感じた、地方の小さな町の出身であった。大学は、彼らの独自性を評価し、気の合う人々や教師を与えてくれた。

ある人々にとって、みずからの自立を初めて主張できた場所が大学であった。デイヴィッド・リースマンは、父親が勧める医療関係のキャリアではなく、法学を選んだ。ジョナス・ソークのように、反対方向に転じた人々もいた。イザベラ・カールは、科学の道に進んだ他の多くの女性たちと同様に、それが教師になるよりも良い選択であることを、両親に納得させなければならなかった。作家を志していたジョン・ガードナーは、代わりに、心理学に進むことを決断した。十代のころ、アンソニー・ヘクトは音楽と数学を愛していたが、やがて文学に惹かれ、詩人となった。

しかし、それらは必ずしも安寧な月日とは限らなかった。ライナス・ポーリングはその聡明さにもかかわらず、大学時代を通じて、現在の学部生ではほとんど不可能と思えるスケジュールで働かなければならなかった。ある友人の両親の勧めでオレゴン農業大学に入学した後、

大学の仕事でしたが、ヒ酸ナトリウム溶液が入ったバケツに棒を浸して、その棒をタンポポに突き刺し、芝に生えたタンポポを枯らす、という臨時の仕事でお金を稼ぎました。四分の一コード〔コードは火にくべる薪の計量単位。四分の一コードは三二立方フィート（〇・九〇五立方メートル）〕ほどの木――それらはすでに伐採済みでしたが――、私はそれらを女子寮の薪ストーブに入る大きさに、毎日切り分けました。一週間に二度は、二五ポンドの重さの牛肉をステーキやロースト用に細かく切り分け、大きなキッチン、とても大きなキッチンなんですが、それを毎日モップがけしました。それから、二年生の終わりには、舗装技術者としての仕事を得て、南オレゴンの山のなかでアスファルトの舗装をしました。

将来的に創造的な仕事をする人々の成績が、大学においてでさえ、並外れているということは稀である。ブレンダ・ミルナーは、ケンブリッジ大学で仲間の学生十二人と試験を受けたとき、理論の着想という点で、彼女をはるかに凌ぐ、ある学生の優秀さに圧倒された。彼女は、その学生がテストの基準となり、自分は「最上級の成績」を取れずに、奨学金の機会を失うことになると確信していた。「しかし、おもしろいことに、彼はテストを受けませんでした。彼は優秀でしたが、集中して力を注ぐことはありませんでした。ロンドンの人目につかない奥まった部屋の、ネズミが駆けまわるトイレ、あるいはそのような場所にいたのだと思います。私はテストが非常によくできました。なぜなら、この男性が私の勉強のペースを定めてくれたからです」。同様のことを、ロザリン・ヤローも覚えている。

大学には、私ともう一人の女の子がいて、私たちは一緒に、たくさんの授業を取りました。物理化学を取ったとき、彼女は九〇点を取り、私は六〇点、他のみんなは三〇点でした。彼女は何と、コーネル大学のハンス・ベーテのもとで修士号を取ったのですが、夫が軍隊から戻ってくると、何年もの間、ドロップ・アウトしてしまいました。最終的に、彼女は博士号を取りましたが、その学歴で実際に何かを成し遂げたわけではありません。おそらく、彼女は生得的に私よりも賢かったのでしょうが、私のような、それに向かう強い意欲を持っていなかったのです。

ミルナーはそれを集中と呼び、ヤローはそれを意欲と呼ぶ――自分たちよりも優れた仲間の学生たちに対して、彼女たちが持っていたものは、このような優位性であった。この集中的な注意という特質は、大学で彼らと彼らの仲間たちに一線を画したものとして、創造的な人々が、好奇心に次いでもっとも頻繁に挙げる要素である。この特質がなければ、彼らはつらい仕事、言い換えれば「汗をかくこと［つまり、努力］」に耐えられなかったであろう。好奇心と意欲は、多くの面で物事の陰と陽、つまり表と裏の関係をなしており、新しいことの達成にはそれらが統合される必要がある。好奇心は外部の刺激に対する開放性を必要とし、意欲は内的な集中を必要とする。好奇心は奔放であり、意欲には真剣さがともなう。好奇心はそれ自体のために物事や概念を扱い、意欲は競争的で、達成を志向する。そして、創造性《クリエイティヴィティ》が実現されるためには、これら両方が必要とされる。

もし教師が高校で創造的な人々の発達を援助したり、妨げたりすることがあるとすれば、それは、大学の教師にもなおいっそう当てはまる。大学の教師は二つの点で重要である。第一に、教師はある科目に対する、個人の眠っている関心に火をつけ、生涯の天職につながるような、正しく、知的な挑戦の機会を提供することができる。第二に、教師はしばしば、学生がその分野の場における、他の重要なメンバーに気づかれることを確信するために、さまざまな方法で尽力する。自然科学における大学卒業者は、大学の教師が熱意のある手紙を研究所の所長に書かなければ、良い研究所に受け入れてもらえないであろう。文学や芸術の学生は、教師がみずから進んで力を尽くし、裏から手を回してくれることで、初めての詩や絵画を世に出すことがきわめて容易となる。文学の学士号は（あるいは、博士号でさえ）、キャリアという意味においては、教師の積極的な支持がなければ、次のより高いレベルにいる門番の注意を引きつけるために必要とされる支持がなければ、それほど価値を持たないのである。
イザベラ・カールは、大学在学中の早い時期に、そのような教師に出会っている。

ウェイン州立大学で私が初めて出会った男性の教授は、私に個人的な関心を持ってくれました。彼は「それで、もちろん君は大学院に進むつもりだね?」と言いました。私の答えは、「それは何ですか?」というものでした。そして、彼は私に大学院について話してくれ、私は、それはいい考えですね、と言いました。それで、私がミシガン大学に進学した後も、私と彼は、何年にもわたって連絡を取りあいました。彼は取るべき授業や私が興味を持つだろうものについて、助言をしてくれ、本当に親切でした。

アンソニー・ヘクトがジョン・クロウ・ランサムについて知るようになったのは従軍中のときであったが、彼は復員するとすぐに、その年上の詩人のもとで勉強をするためにケニヨン大学に入学した。ランサムは、自分が編集をしていた『ケニヨン評論』でヘクトの初めての詩を出版した(「それが出版における私の経歴の出発点でした」)だけでなく、英文学科のメンバーの一人が病気になると、ヘクトを雇い(「それが私の教師としての経歴の出発点でした」)、一年生向けの英語の授業を担当させたのであった。

キャリアの開始には大きな決意と大きな幸運が必要となる。実際、私たちがインタヴューをした人々の大多数は、自分が成功した理由として、幸運に言及することが非常に多い。適切な時に適切な場所にいること、そして適切な人々と出会うことが、一つの分野で成功していくために、もっとも必要なものとなる。そして、もしある人がある分野の場で広く知られなければ、その分野の場に創造的な貢献をすることは、きわめて難しいのである。このことは、自分たちの文化からほとんど孤立し、疎外されているように見える人に対してさえ当てはまる。マルティン・ルターの思想が当時のドイツの知的生活の中心地で語られていなかったとしたら、彼の思想がはるか遠くまで広がったことは考えづらいし、もし、カフカがウルドゥー語で執筆したり、当時のモダニストの実験の中心地であったウィーン周辺で、批評家たちの注目を得ることができなかったとしたら、彼の作品の持つ大きなインパクトは説明しがたいであろう。

私たちがインタヴューをした世代のほぼすべての女性科学者たちは、第二次世界大戦がなければ、おそらく、大学院で訓練を受け、奨学金、博士号取得後の職、そして大学教員としてのポストを得ることは不可能であったろう、と述べている。非常に多くの男性が戦争で戦っていたため、そして教授たちが大学院生の助手を必要としていたため、これらの女性たちは、さらなる高等教育へと、しぶしぶながら、受け入れられていったのである。一九四一年に、ロザリン・ヤローが物理学の大学院生としてイリノイ大学に受け入れられたとき、彼女は入学が許可された二人目の女性であった——前の女性は一九一七年に入学を許可されていた。「彼らは戦争をしなければならなかったため、私は大学院に入れたのです」と彼女は述べた。これは、ブレンダ・ミルナー、イザベラ・カール、マーガレット・バトラーが語った物語とほとんど同じである。つまり、もしこれらの女性たちがほんの十年早く生まれていたら、それぞれの領域における彼女たちの創造的貢献は、妨げられてしまう可能性が非常に高かったということなのである。

支援的なパートナー

私たちの研究に協力してくれた人々は、概して、安定した、満足のいく夫婦関係を築いていた。芸術分野の人々のなかには、精力的で、多彩な性生活を始めた人々もいたが、ほとんどの人々は早くに結婚し、三十年、四十年、あるいは五十年以上もの間、配偶者との結婚生活を続けていた。

一つの例外は、八十代のブラッドリー・スミスである。写真家である彼は、人生で成し遂げたことでもっとも誇りに思うことは何かという私たちの問いに、簡潔な言葉でこう答えた。「セックスでしょう、おそらく」。彼は六歳で性的に活発になり、決して尻込みしなかったと言う。彼の芸術に通ずる傑出した精神的連想を刺激するものは何かという問いに対して、「そうですね、たぶんセックスと歌だと思います。私の芸術を、私を駆り立てるものへと還元するよう求められたとすれば、その創造的衝動を維持させているのは、セックスと音楽だと思います。それらがなかったら、人はほとんど枯れてしまうでしょう」と答えた。彫刻家で、映画カメラマンのマイケル・スノウもこれと同意見である。「おそらく……創造性の重要な側面の一つはセックス、あるいはセックスへの衝動でしょう。……もっと日常的な言葉で言えば、未だに私は、著しい性欲を感じています。しかし、当時（三十年前を指す）は、はるかにもっと性欲を感じていました」。あるミュージシャンの妻は、インタヴューの後、私たちのほうを向き、夫の前で「彼が言わなかったことですが、人生を通じて彼を刺激してきたのは女性たちでした」と述べた。作家たちは若いころの激しい恋愛生活について語ったが、最終的に、彼らは皆、家庭がもたらす最高の喜びのなかにあった。

しかし、大多数の人々は、より穏やかな性のパターンに従っていた。最近の研究は、性的な戯れ、不倫、実験的性体験が、以前になされた推定よりもはるかに少ないことを示している。みずからが成し遂げたもののなかでどれにもっとも誇りを感じるかと尋ねられたとき、非常に多くの回答者が——女性とほぼ同じくらいの男性も——家族と子どもに言及した。何によって自分の業績が達成できたのかを説明するとき、数人の人々は、配偶者による手助けが欠かせなかったと指摘した。そして、それらの回答はおざなりなものには聞こえなかった。

二十世紀初期の主導的な物理学者の一人であり、後に続く多くの物理学者の教師であったハンス・ベーテは、自分から次のように話してくれた。「妻は私の人生にとても大きな影響を及ぼし、私を幸せにしてくれました。結婚をする前、私は決して、とても幸せとは言えませんでした。幸せな時や瞬間、週といったものはありましたが、結婚してからは、多かれ少なかれ、だいたい、ずっと幸せでいつづけています。私たちは食事について多くの話をしますし、山歩きがとても好きです」。結婚五十四年後の、結婚を勧める言葉としては悪くないであろう。アンソニー・ヘクトもほとんど同じような表現で、自分自身について述べている。

多くの間違いをし、時間を無駄にし、幸せではなく、多くの点でなんとなく、私は人間としてのたうち、もがいているように感じていました。以前は幸せではなかったというわけではないのですが、幸せな期間が短かったのです。しかし、ヘレンと結婚し、息子が生まれて以来、あらゆるものを価値あるもののように見せてくれる、至福の平穏と静謐とも言うべきものが、ずっと存在しています。

ロバートソン・デイヴィスも結婚して五十四年になる。彼が妻に出会ったのは、彼らがオールド・ビック劇場で舞台の仕事を得ようとしていたときであった。彼女はプロンプターで、古典劇のすべてのセリフを始めから終わりまで知っていた。

そして、私たちの結婚において、シェイクスピアは汲み尽くせないほどのジョークや引用句、引用文の源泉として、特別な役割を果たしてきました。とても幸福だと感じているのは、このようなとてもすばらしい時間を一緒に過ごしてきたからです。それは常に冒険でしたし、まだ終わりに至っていません。私たちの会話はまだ終わっていないですし、結婚にとって、会話はきっとセックスよりも重要なのです。私の妻は、私が邪魔されることなく仕事や作品に取り掛かれるように道を少し整えてくれるので、私の仕事にとって、会話は非常に役立ってきました。

ヘクトもこれに同意する。「詩作のために人々が必要とし、私には本質的なものに思える唯一のものは、静けさ――そして時間です。そして、もし理解ある配偶者を持てば、あなたが邪魔されないように、そして、時間と静寂をあなたが確保できるように、配慮してくれるでしょう」。配偶者が世間の侵入を防ぐバッファーの役割を果たすというこうした主題は、安定した結婚生活を送っている人々すべてによって、実質的に、何度も繰り返し、言及された。大学時代の恋人と、死別するまで五十八年間の結婚生活を送ったライナス・ポーリングは、仮想上の一人の若い学者に向けて、次のような、政治的に非常に不適切なアドバイスを送っている。

あなたはオレゴン州のコーバリス［そこにはオレゴン大学がある］に行って、家政学を専攻している若い女性を探すべきです。もちろんこれは私に起こったことです。私は、妻が人生の責務と人生の喜びは家族や夫、そして子どもたちからもたらされると感じていたことが、私にとって幸運なことであったと信じています。そして、彼女がもっとも貢献できる方法は、私が家事の問題に煩わされることがないように、配慮することだったのでしょう。ですから、彼女は、私がすべての時間を仕事に使うことができるように、そうした問題のすべてを解決しようとしてくれました。ですから、そうした点で、私は本当に幸運でした。

ジョン・ガードナーは大きなストレスを生み出す政治的な仕事にかかわっているが、彼は自分が正気を保っていられるのは、主に、調和のとれた家族との生活があるからである、と信じている。

私たちは今、結婚して五十七年、昨日も五十七年でしたが、私は家族を大切にする、とても、とても強い気持ちを持っています。私の二人の娘たち、今は中年になっていて、それから彼らの子どもたち——四人の孫です。私たちはとても仲の良い人々の集団で、これが私にとってとても重要なのです。それは、特に活動的な生活、特に とても不快な生活——戦ったり、公的な場で主導的に振る舞うといったことなど——と、バランスをとってくれる重要なものなのだと思います。

当然のことであるが、ひどく緊張を強いられる結婚生活もまた存在していた。どのような分野の場においても、創造的な結果を成し遂げるためには、人は必要とされるストレスに耐えなければならない。それはパートナーにとっては、さらに辛いことである。実際、安定した関係を保つために、これらの人々が一般的に、強い責任を感じていたことには、驚かされる。ジョン・リードは二十七年の結婚生活の末、離婚をしている。彼の妻が入院していた一年間、彼は二歳から十二歳までの四人の子どもの世話をするため、一気に駆け上がってきた仕事を休んだのであった。「私は父親の役割を果たすためにその一年を費やしましたが、振り返ってみるとそれは、私がこれまでに行った投資決定でもっとも優れたものでした。満足感という観点からすれば、子どもを育てることは、会社のためにお金を稼ぐことよりも、はるかに価値のあることです」。発明家、ジェイコブ・ラビノウと結婚してほぼ六十年になる彼の妻は、その状況を次のような哲学的な言葉でまとめている。「発明家と生活することは、ゴルフに夢中な夫を持つ妻のようなものですが、そうした生活は日曜日だけではないのです」。

ラヴィ・シャンカルは、一九六七年に最初の妻と別れた。数年後、彼は現在の妻と出会い、その十二年後に結婚している。

本当ですよ、今ははるかに幸せです。私は平穏を感じていて、それこそ、これまで見失っていたものなのです。慌ただしく走り回り、家族に時間を割くことは、決してありませんでした。ですから、家庭的な人間になれなかった自分を責めなければならないのです。しかし、今初めて、私はこのすばらしい経験をしています。私の妻は演奏家ではありませんが、音楽家であり、ダンサーです。彼女はとても共感的に、とても面倒見よく、私に接してくれます。そして、私は彼女を愛していますし、私は今、とても平穏を感じています。

女性の視点

研究協力者の既婚女性たちもまた、仕事に集中できるように、夫たちがさまざまなことから彼女たちを解放してくれた、と感じていた。彫刻家のニーナ・ホルトンは、人生で何にもっとも誇りを感じているかという問いに対し、次のように答えている。「それは、非常に幸運にも、とてもすばらしい家庭生活を持てたこと、愛する、すばらしい夫を持てたこと、そしてそれに加え、とても多くのことに関心を持ち、それは特に彫刻に対してですが、それらが人生を完璧に、ある意味で、驚嘆すべきものにしてくれたこと、この二つの組み合わせです」。歴史家で、台本作家のナタリ・デイヴィスはプリンストン大学で教鞭をとっているが、彼女のこれまでの結婚生活は、トロント大学で教鞭をとる夫との別居を耐え抜くものであった。彼らは毎日電話をかけあい、ほとんどの週末をともに過ごしている。

こうしたことに加え、夫はしばしば、妻の良き助言者となり、彼女たちが仕事を始める手助けをするのであった。マーガレット・バトラーは、彼女が女性科学者に対する雇い主の懐疑を乗り越えることができたのは、その大部分において「夫の、常識では考えられないような、すばらしい支援があった」からで、「彼はまさにそうした人物なのです」と述べている。一九四五年、エリザベス・ノエル＝ノイマンは、今や彼女以上に経験豊かな夫の手助けを受け、その管理、運営に携わる世論調査研究所を設立した。発達心理学者のバーニス・ニューガーテンは、専門職をもつ女性に対して、家庭生活と職業生活のバランスのとり方を、次のようにアドバイスする。

一つののんびりとした取り組み方はあなたにもできる方法です。それは、もしそうする余裕があって、もしそうできるのであれば、すべてに神経質になっているよりも良いものです。私の夫は、このことにとても共感していました。彼は「君の好きなようにやったらいいし、僕ができることなら何でも手伝ってあげるし、子どもの世話さえしてあれば、僕は何も心配しないから、君の好きなように時間を使ったらいい」と言ってくれました。そして、こうしたことがとても大切なことでした。そのころ、私には夫のサポートがあまり得られない女性の友人が何人かいました。私たちが今話しているのは、四十代、五十代の人々のことで、九十代の人々のことではありません。

しかし、不平等な性役割は、同時に、創造的な女性の結婚生活に多大な不確実性を注ぎ込む。エリース・ボールディングは大学でチェロを弾き、音楽を学んでいたが、卒業の翌年に結婚している。彼女の夫、ケネスは、すでに経済学者として国際的な評価を得ていた。世界平和の達成は当時の彼女の主な関心の一つであったが、彼はその課題を理解するための社会科学の文献や、新たな視点を彼女に紹介した。彼女は社会学の修士号を取得し、社会科学の仕事を始める準備ができていた。そのころ、ボールディング夫妻には二歳ずつ離れた五人の子どもがいた。子どもを持つことはとても喜ばしいことであったが、おむつの交換に明け暮れた十年で、彼女は、職業的に、夫からはるか遠くに取り残されてしまった。エリースは、それ以降、常に夫より目立たないでいることに心が休まることはなく、研究者としての自分のアイデンティティと自信を見出すのに、長い年月を費やした。

詩人のヒルデ・ドミンは、卓越した古典文学の研究者と結婚した。彼らの結婚は安定した、幸せなものであったが、ヒルデは、彼女が詩を書こうとすることに夫が嫉妬している、と感じていた。彼女が初めて夫に一篇の詩を見せたとき、彼は辛辣に「さて、猫ちゃんが持ち込んだものを見てみよう」と言った。彼女は、夫が死んで初めて、創作に完全に専念できるようになり、まもなく、ドイツでもっとも広く読まれる詩人の一人になった。

一般的に、強い個性を持つ二人の間のこのような緊張によって、関係は、時として、その緊張状態に耐えられなくなる。しかし、ほとんどの場合、離婚は平和的で、元配偶者たちは、お互いを仲の良い友人のようにみなしつづける。ヘイゼル・ヘンダーソンは（再婚後に）次のように述べている。

私は十年前に離婚しました。前の夫とはまだとても親しくしていますが、私は、妻はこうあるべきである、とこの文化が定めるような妻ではいられなかったという事実を受け入れなければなりません。そして、彼には妻を見つけようとする当然の権利がありました。しかし、私たちは娘が十八歳になるまで離婚しませんでした。ですから、私たちは、私たちの義務をかなりちゃんと果たしたと思っていますし、お互いに、そして娘とも、とても良い関係を保てています。

仕事において、夫は「とても助けて」くれたと言うブレンダ・ミルナーは、その後離婚しているが、次のように主張する。「おそらく、彼は私の最高の友人です。つまり、私たちの間に悲痛さや恨みはまったくなく、むしろその反対なのです。今でもなお、互いにすごく影響しあっています。私たちは本当にたくさんの話をするのですよ」。

創造的な人々の人間関係に関するこうした報告はきわめて多様で、いかなる一つのことも立証することはできない。しかし、こうした報告は、創造的な卓越さを実現する人々は、非常にふしだらで、人間的なつながりにおいて気まぐれである、という一般的な考え方の反証になり得る。実際、反対の状況が真実により近いように思える。これらの人々は、創造的探究に集中するために彼らが必要とする心の平穏にとって、持続的で、限定的な関係が、最良の安全装置であるということに気づいているのである。そして、もし彼らが幸運であれば、その必要性を満たしてくれるパートナーを見つけることになるのである。

キャリアを築き上げること

創造性がたった一つの瞬間によって作り出されることはめったにない。おそらくそれは、人生の結果であることのほうがより多いであろう。そしてそれは、ダーウィンが事実と仮説をゆっくりと積み上げていくことで、進化の過程に関する画期的な記述に至ったことに似ている。数学や自然科学では一般的に、いくつかの短い論文――アインシュタインが一九〇五年に書いた特殊相対性理論についての論文のように――が、学問の領域全般を変えるほどの重要性を持つことがあるのも事実である。物理学者、フリーマン・ダイソンは、彼の科学における名声は一九四八年の『物理学評論』に発表した二つの論文によって確立されたと信じている。それらは、頭を悩ますことに六カ月間、解を見出すのに数時間、執筆にさらに六カ月間を要しただけであった。しかし、このような例外的なケースにおいてさえ、これらの偉大な出来事に先立つ年月、つまり、訓練と思考の年月を加えたとき、創造性にかかわる過程は、それが持つ真の大きさを示すことになる。人々がたった一つの決定的なエピソードに注目するときでも、創造性の過程は、それよりもはるかに長いのである。

ほとんどの創造的な業績は、子ども時代のある時点から始まり、学校時代を通じて進展し、大学、研究所、芸術家のアトリエ、作家の屋根裏部屋、あるいは会社へと続いていく、ある関心領域への長期にわたる関与の一部である。前述したように、職業上の経路は人が活動する領域に応じて大きく変わる。詩人としてのキャリアは、高エネルギー物理学者、あるいは金融コングロマリットのCEOのキャリアとは大きく異なる。さらに、同じ学問の下位区分に属していたとしても、男性と女性とでは、キャリアでたどる道筋はかなり異なるものとなるであろう。実際、こうした多様な集団のなかに、私たちが語ることのできる共通点は、存在するのだろうか?

その問いに対する答えとして、すべての創造的な人々のキャリアは似ている、という一つの感覚がある。それらのキャリアとは、その言葉の通常の意味におけるキャリアではない。私たちのほとんどは、新人として組織に加わり、何年も決められた役割を果たし、より高い地位でそこを去る。この期間に私たちがすることは、多かれ少なかれ、それ以前からわかっていることであり、もし私たちがしなくても、他の人々が同じ仕事をなし得るのである。ある労働者は工具製造者として始まり、作業長として去るかもしれない。ある教師は三十年間教壇に立ち、その後、校長になるかもしれない。ある兵士は軍曹になるかもしれない。若い弁護士は法律事務所のパートナー〔マネジメント層の弁護士〕として職を終えるかもしれない。これらの役割は比較的固定されており、私たちがそうした役割に合わせることになる。私たちが現在突入しつつある脱工業化経済においては、このパターンはそれほど厳格なものではなくなるかもしれない、というのは事実である。しかし、もしほとんどの人々が、彼らのために敷かれたキャリアの道をたどりつづけることを止めてしまうようなことがあったとしたら、私はそのとき、とても驚いてしまうであろう。

対照的に、創造的な人々は、通常、人生を通じて取り組む仕事の創出を余儀なくされる。フロイトの前に精神分析家はいなかったし、ライト兄弟の前に航空技師は、ガルバーニやボルタ、エジソンの前に電気技師は、そしてレントゲンの前に放射線技師はいなかったのである。これらの人々は、物事の新しい考え方や対処方法を発見したばかりでなく、みずからが発見した領域における最初の専門家となり、他の人々がその領域で仕事やキャリアを持つことを可能にしたのである。したがって、創造的な人々はキャリアを持つのではない。キャリアを創り出すのである。加えて、こうした先駆者たちは、彼らの考えを受け継ぎ、従う一つの分野の場を創らなければならない。さもなければ、彼らの発見はすぐにその文化から消え去ってしまう。フロイトは、医者と神経学者を自分の陣営へ引き寄せなければならなかった。ライト兄弟は、航空機製作が実現可能な職業であることを他の技師たちに納得させなければならなかった。専門的職業は分野の場のなかでしか起こり得ないので、存在しない分野の場で仕事を得たいと思うなら、その人自身がその分野の場を創始しなければならない。そして、それこそが、新しい領域を創り出す人々の行うことなのである。

しかし、作家や音楽家や芸術家はどうだろうか？　これらはもっとも古い職業のいくつかである。したがって、創造的な詩人は詩人の役割を創り出さなければならない、と主張することは間違いに違いない。しかし、これが実際には真実であるという、非常に現実的な感覚がある。その足跡を残す詩人、音楽家、芸術家は、それぞれがそれまで誰も行ったことのない執筆方法、構成方法、描写方法を見つけなければならない。したがって、役割としての芸術家は古いものであるが、彼らが行うことの実質には、前例はないのである。二つの例、一つは自然科学から、もう一つは芸術からであるが、これらは、何が創造的なキャリアを創り出すことにかかわっているのかを示している。

ロザリン・ヤローの両親は教育を受けていなかったが、子どもたちに本を読んでやり、彼らが大学に行くことを期待していた。どのような理由かは不明だが――そして、ロザリンはそれを、遺伝的に受け継がれてきたものと関係があると信じようとしているが――、なぜか彼女は、常に、自分が世界で成功するだろうと確信していた。ボクシング・グローブをつけ、地上に横たわった兄の上に立っている三歳のときの自分の写真を、彼女は今も持っている（その兄は郵便局で働くことになった）。彼女は学校で、数学を楽しんでいる自分に気がついた。

私は数学が得意で、だいたいにおいて、優秀な生徒でした。一生懸命に取り組んでいましたし、彼らが特別な課題を与えたいと思うときには、それに応えようとしました。

Q：あなたがそうしたのは、彼らがあなたにそうしてほしいと頼んだからですか？　それとも、あなたがそれを、成功する方法として理解していたからですか？

A：いいえ。私はそれを成功する方法だとは思っていませんでした。私がそうしたのは、それをするのが好きだったからです。オーティス先生は、物理の先生ですが、物理の法則を示すために、よく実演をしました。実演を成功させるために、誰かが手伝わなくてはなりませんでした。ですから、彼は私に、よくその仕事をやらせてくれました。そして、それはおもしろくて。私はその仕事が好きでした。そうしたことをするために、さらなる時間を、私は喜んでそれらに費やしました。

高校や大学時代、彼女の能力やモチベーションを認め、次第に難しくなる課題に彼女を挑戦させようとする科学や数学の教師たちに出会えたことは、ヤローにとって幸運であった。この時期、彼女はマリ・キュリーの伝記も読んだが、それは彼女に大きな感銘を与え、それ以来、はるか遠くに存在するロール・モデルとなった。一九三〇年代の大学で、彼女は「物理学は世界でもっとも刺激的な分野である」という意見（それは彼女の世代のほとんどの科学者によって共有されていた）を形成していた。彼女は特に人工放射能に引きつけられたが、それは、人工放射能が科学の多くの領域を切り開き、化学や生物学においても、同様に重要な手段となり得ると感じ取っていたからである。

この頃の物理学における大発見がその理由となり、ヤローの大学の教師たちは、大学院に進学し、物理学者になることを彼女に勧めた。その当時、純粋物理学にかかわる職業は、ほとんどどこにも存在しなかった。ユージン・ウィグナーやレオ・シラードのような将来の巨人たちでさえ、必要となれば社会に認知された職業へと転身できる工学を専攻するよう、両親から強く勧められた。ヤローは物理学に心を奪われていたが、他のすべてで失敗しても秘書の仕事が得られるようにと、安全策として速記を始めていた。

しかし、彼女はふたたび幸運に恵まれたのである。一つには、第二次世界大戦が大学院に非常に多くの欠員をもたらしたこともあって、彼女はイリノイ大学に入学を許可され、助手の職と研究経験を与えられることとなった。それと同時発生的に起こったもう一つの幸運は、新たな科学技術の世代が一連の流れとなって到来したことであった。サイクロトロンやベータトロンといった、すべての新しい機械は、そのさまざまな特徴が重要な科学的応用につながるであろうと彼女が感じていた同位体元素に関する研究を可能にしたのであった。

一九四七年、彼女はブロンクス退役軍人局病院に雇われ、放射線治療科で働くこととなった。他の人々は皆、医学の博士号を持っていたが、ヤローはそれまで一度も生物学の授業を取ったことがなかった。しかし、医者たちと密接に働くことで、放射線物理学の知識がどのように人間の生理機能や病気の謎を解くための援助となり得るのかを、学びはじめた。一九五〇年、彼女は医師ソロモン・A・バーソンのグループに加わり、数年後に彼女たちは、後に核医学部門となる放射性同位体にかかわる業務部門を組織した。それ以前にはそのような部門はなかった。つまり、ヤローは核医学を「創出」した人々の一人なのである。現在、人々はその分野の場ですでに定常化した職業に就くことができるが、しかし半世紀前には、そのような分野の場は存在しなかったのである。

ヤローが最終的にもっとも重要な発見に至る一連の実験にかかわったのは、核医学の研究室で働いていたときであった。彼女の研究室は、なぜある人々が糖尿病に苦しむのかを解明しようとする過程で、インシュリンの測定だけでなく、ペプチドホルモンや体が作り出す抗原を測定するために、ラジウムHを用いることに成功したのであった。そしてこれが、放射性免疫測定法（RIA）の開発につながったのである。ヤローとソロモン・バーソンがこの測定法を糖尿病患者の血中におけるインシュリン濃度の研究に初めて用いたのは一九五九年であったが、その後すぐに、何百という他の診断に応用された。結果として、ヤローは医学研究の分野で誰もがもっとも望む賞のいくつかを受賞した。一九七六年、彼女はアルバート・ラスカー基礎医学研究賞を女性として初めて受賞し、一九七七年には、ノーベル生理学・医学賞を受賞した。

ヤローのキャリアには、既定のものはなかった。彼女が受けた基礎的な物理学の訓練だけが慣習的なものであった。しかしその後、彼女は放射線物理学というまだ若い研究領域を専門とし、後に、放射線物理学を生物学的な問題に応用した最初の科学者のなかに名を連ねた。そして、人間の体内で起こっていることを測定するために放射性同位元素を用いる方法を見出した、最初の人物となった。彼女のキャリアには、彼女がたどるべき青写真はなかった。最終的に彼女が行うこととなった物事を、実際に行うような職業や役割は存在していなかったのである。もちろん、多くの好都合な状況が重なり合わなければならなかった。物理学の理論の発展。戦時体制を後押しする努力が残した、放射線を発生させたり、測定したりする大規模な機械が使用可能であったこと。ヤローが必要な教育を受けることを可能にした第二次世界大戦それ自体。支援的な両親と子ども時代に彼女を励ましてくれたすべての教師。そして、最後に、新しい分野の場を発展させようとする彼女の試みを正当なものとした、すでに確立された分野の場（彼女の場合は医学）の評価。もしこうした事柄の、一点への稀な集中がなければ、ヤローの業績にヤロー自身が到達できたことを理解するのは難しい。マニュアルもなく、これらすべてのピースを、彼女は自分自身で組み立てなければならなかったのである。彼女はいったい、それをどのように行ったのだろうか？

　ヤローは自分の成功をとても簡潔に説明する。「私はいつも学ぶことに興味を持っていましたし、いつも学んだことを使うことに興味を持っていました」。彼女は基本的に、医師たちと話し、彼らが直面している問題を理解し、実験によるその問題の解決方法を考え、そしてその実験を行うことにみずからの人生を費やした。実験の結果のほとんどは、決定的なものとは言えなかった。それゆえ、彼女は発見したものについて深く考えをめぐらし、同僚たちと議論を交わし、新しい実験をいくつか試し、何か興味深いものが現れるまで——それは彼女が幸運であればだが——そのサイクルを何度か繰り返した。たとえば、以下は彼女の主要な発見についての説明である。

　何かが現れ、そして、それが起こったということがわかるのです。それは、放射線免疫測定法が開発されたときのようです。私たちは、糖尿病患者がインシュリンを急速に破壊してしまい、そのために成人の糖尿病患者は十分なインシュリンを持たない、という仮説を検証していました。そこで、標識をつけたインシュリン［つまり、その位置と吸収率を測定するために化学的に印をつけたインシュリン］を与えたのですが、そのインシュリンは急激には消えなかった。それはもっとゆっくりと消えていったのです！　ですから、今度は、そのインシュリンがなぜよりゆっくりと消えたのかを調べなければなりませんでした。そして私たちは、抗体を発見したのです。そこで、抗体の量を量ろうとしました。そして、そのとき、逆にインシュリンを量ることができることに気がついたのです。私たちは放射線免疫測定法を開発するために出発したわけではありませんでした。それは、関係のない問いから始まったのです。それで、放射線免疫測定法を作ったとき、私たちは次のように言いました。「ああ、これを使うことで、すべてのものが量れるんだ」と。

もちろんこの説明では、彼女の発見がとても簡単なものであったように聞こえてしまう。この説明は、何年にもわたる、刺激的だが苦難に満ちた仕事を数行に圧縮したものである。それにもかかわらず、その全体的な輪郭は、大発見が芸術で起ころうと物理学で起ころうと、あるいは詩作で起ころうとビジネスで起ころうと、同じなのである。物事をするための一つの新しい方法が発見されるのは、その人が常に新しい学びに開かれており、その学びから生じる新しいアイデアを成し遂げようとする衝動を持っているからである。したがって、こうした点から、ヤローのキャリアをある芸術家のキャリアと比較してみるのは、おもしろいかもしれない。

一九九四年に私がマイケル・スノウにインタヴューをしたとき、トロント市の街灯は、彼が創ったもっとも有名なイメージを表した色鮮やかな旗で飾られていた。ウ、ォ、ー、キ、ン、グ、・、ウ、ー、マ、ン、それは奇妙なほど動的で、魅惑的な女性の輪郭である。そして、それらの旗は、彼の作品を懐古的に扱う三つの展覧会が、別々に行われることを告げていた。一つは巨大なオンタリオ美術館の特設展示スペースのほとんどを占め、残りの二つは、街の他の場所にあるファッショナブルな会場で行われた。また同時に、彼の音楽コンサートが催され、彼の実験映画のいくつかも上映されていた。インタヴューの日、彼は次の秋の展覧会について、リスボンからの長距離電話に応えていた。さらに、彼の彫刻のいくつかが意図的に破壊されたという、パリのポンピドゥー・センターからの長距離電話、そして、ベルギーの芸術家、ルネ・マグリットの作品展示を補足するために、彼の絵を借りたいという申し出にも答えていた。マイケル・スノウのキャリアは、まさに、ほとんどの芸術家がこれまで到達したことのない最高点に達していた。そして、彼のキャリアは、他の創造的な芸術家のキャリアと同様に、どのような既存のパターンにも遡ることのできないものであった。

スノウは、彼の多方面での変幻自在な関心が「混乱から始まっていて、興味のあるいずれかの媒体に集中することで、その混乱を払い除けようとしてきた」と述べている。その媒体の一つが音楽であった。

私の母はとてもすばらしいクラシック音楽のピアニストでした――九十歳になった今でもそうです。彼女はそれを職業とはしませんでしたし、決してそうしたいと思っていませんでしたが、本当に演奏が上手なのです。彼女は私がピアノのレッスンを受けることを望んでいましたが、私は拒絶しました。彼女はいろいろな手を使って、私がレッスンを受けるよう説得しようとしましたが、私はどうしてもそれをしませんでした。たぶん高校の二年目だったと思いますが、たまたまラジオでジャズのようなものを聞くことがあって、それに本当に感動したことがありました。そのようなものをそれまでに聞いたことがなくて、ノック・アウトされてしまいました。そして、ジャズに興味を持ちはじめ、本当に熱心にすべてのものを聞き、ジャズに興味のある人たちに会いました。あんなふうに演奏してみたいと思い、演奏の仕方を独学で学ぼうとしはじめたのです。

わが家にはピアノが二台あって、一つは上の階に、もう一つは地下にありました。私はよく地下のピアノを弾いたものです。そして、一度、私の母が下りてきて、姿を見せるまで、しばらく私の演奏を聴いていたことがありました。そして私たちは話しました。もちろん、彼女が最初に言ったことは「ピアノを弾いているじゃない。どうして弾けるの?」でした。ですから、私たちは少しこの会話を続け、私は「ええと、ピアノを弾くことにただちょっと興味が出てきたんだ」と答えました。すると彼女は、「それなら、レッスンを受けるべきね」と言いました。だから私は、「いいよ、僕なら大丈夫」と答えたのです。

スノウはその後、実験的なジャズのグループに加わり、そこでのミュージック・シーンを学ぶためにニューヨークで数年間を過ごし、自分のバンドを結成し、いくつかのレコーディングをこなし、最終的には、現代カナダ音楽の発展にかなりの影響力を持つようになった。

彼は、みずからが手掛けた他の形態の芸術に対しても、同様の、正統的とは言えない取り組み方をした。高校時代、彼が得意とした唯一の科目はデッサンであった。そのため、彼は芸術学校に進むことを決めたが、そこで彼は、影響力の大きかった一人の教師と出会うことになる——それは、彼の作品に反応し、それを批評し、読むべき本や観るべき芸術家たちを助言してくれた教師であった。彼はまた、オンタリオ芸術家協会のグループ展示会に、いくつかの絵を出展してみるよう、スノウに提案した。「そして、それらの絵の展示は受諾されたのですが、それまで学生の作品が受け入れられたことはなかったため、それはちょっとした評判になりました」。大学を卒業するころになると、彼の抽象画は注目を集めはじめていた。しかし、同時代の多くの人々と同様、スノウは二次元の表面という制限に耐えられなくなり、絵画を買っていく人々が、たいてい、「装飾におけるテーマ」の一部としてそれらを使用することに疑問を感じたのであった。それゆえ彼は、さまざまなメディアと素材の可能性を探究しながら、彫刻、写真、ホログラフィー、映画製作へと活動を移していった。その間ずっと、彼は自分自身について混乱し、自分自身に確信を持つことができなかった。そして、自分が真の芸術家になりつつあることを初めて理解したのは、一九六〇年代の半ばであった。

そうなんです。本当に恥ずかしいと言ってもいいようなことなのです。ある意味で、それは認識次第なのですが。たしかにそうなんです。そうしたことを恥ずかしいと感じることなど何もないと思います。映画『波長』がある映画祭で賞を受賞しました。それは多くの注目を集め、五〇〇〇ドルの賞金をもらいました。大賞だったのです。しかし私は、それがずっと続くとは思っていませんでした。ただ、こういった物をつくろうとか、良いものができるといいな、と思っていたのです。そうしたら、それが賞を取り、私を有名にし、映画と一緒にヨーロッパツアーをしてくれと頼まれ、あるコレクションに入り、そうして、私はキャリアを手に入れたのです。

新たな地平を開拓するとき、創造的な人々はみずからのためにキャリアを創り出していかなければならないが、特にこれに当てはまるのが、芸術家、音楽家、作家である。彼らは、しばしば、制度による保護に頼ることができないまま、みずからが考案したものに身を委ね、市場の力やうつろいやすい嗜好の気まぐれにさらされる。非常に多くの有望な芸術家たちが、職業というにはあまりにも漠然とした、未知の海で永遠にもがくよりも、あきらめ、教師になり、古い家を修復し、商業的デザイナーとなることに避難先を見出したとしても、それは驚くにあたらない。忍耐強く、やがて成功する人々は、記号体系の扱い方において創造的であるばかりでなく、おそらく、みずからの将来を創り出すという意味においても、より創造的なのである。そして、ここで言うみずからの将来とは、彼らが生きる未知の世界を探検しつづけながら、そこで生き残ることを可能にするキャリアのことなのである。

世代性という課題

発達心理学者、エリック・エリクソンによれば、壮年期を定義づける課題とは世代性の達成である。それには、遺伝子とミームの両方を伝達することのできる能力が必要とされる。前者は子どもを残すことを意味し、後者は思想、価値観、知識、技能を次の世代に残すことを意味する。人は、自分の一部が死後も生きつづけるということを知ったとき、みずからの死すべき運命と折り合いをつけることがはるかにたやすくなる。

しばしば、これら二つの世代性――肉体的および文化的――は、互いに対立的であると想定される。古代ローマ人は、*libri aut liberi*（本か子どもか）という格言を持つ。すなわちこれは、両方を持つことがいかに難しいかを示している。実際、多くの文化では、本を書く人々――初期キリスト教国の修道士、チベット仏教のラマ、あるいは仏教の修行僧など――は、少なくとも公式には、子どもをもたないとされていた。しかし、もちろん、注目に値する数多くの例外が存在し、本書に登場する人々は、一般的に、その例外に含まれる。ほとんどの回答者には、そのすばらしさを大いに認める子どもたちがいた（「私の子どもたち」というのは、おそらく、彼らが人生でもっとも誇りとする成果についての質問に対する、もっとも一般的な答えであった）し、自分の考えが学生や弟子によって受け継がれていくのを確認する機会を持っていた。

歴史家、ジョン・ホープ・フランクリンは次のように述べている。

> 私が言いたいのは、私の誇りを生み出す主な源泉の一つは、私がシカゴ大学で鍛え上げた博士号取得者の中核にいる者たち、今やその多くが著名な歴史家となっている者たちである、ということです。彼らは、なんらかの公職にある者からさまざまな組織の部門長職にある者まで、きわめて多様ですが、かなりの著作、特に私の専門である十九世紀についての著作、を生み出してきました。ですから、私の個人的な創造性は別にしても、彼らのなかに私が投影したもの、それ自身が、私に満足を与える大きな源泉なのです。つまりそれは、彼らに教えたことや彼らが私と関係をもつ過程で学んだことを、彼らが摑み取り、なんらかの方法で、私のキャリアを再現しつづけてきてくれているという事実なのです。

ラヴィ・シャンカルも同じような考えを表明するが、師弟関係の異なる側面、つまり、若者が年配のパートナーに及ぼす影響に焦点を当てる。

私は、音楽家たち、つまり、私が教えている熟達した学生たちのなかにいるときに、より創造的になっていると感じます。彼らが周りにいるとき、彼らのうちの一人でもいいのですが、その人を教えているときに、はるかに生き生きとし、音楽がまるで噴水のように溢れ出てくるのです。私が学んできたこと、私が考えてきたことのすべてが、です。そうすることで、人は成長しつづけるのでしょう。そうではありませんか？ そして、教えているとき、これはすでに述べたことですが、同時に人は学んでいるのです。なぜなら、そうしようとしなくても、人は新しいことをしているのですから。

物理学者のハインツ・マイヤー=ライプニッツも、みずからの誇りを生み出すもっとも大きな源泉についての質問に、学生との関係という観点から答えている。

しかし、次に私はミュンヘンに来て、これらすべての学生を抱え、自分でできる以上のことができるようになり、彼らを自立させたのですが、これが本当に忘れられないものになりました。おわかりだと思いますが、人が教えるとき、それは本から学ぶようなこととは違います。その人がすることとは、好むと好まざるとにかかわらず、その人自身を表現することです。私が期待するのは、学生が、教師が感じていることを見ることによって、感じることによって、学ぶことなのです。

ブレンダ・ミルナーは、自分は母親に向いていないとの思いから子どもを持たないと決心していたが、それにもかかわらず、生殖的であることの重要性について、明確な意見を持っている。

人が成し遂げ得る唯一の可能性、それは不朽の名声などではないと思います。なぜなら、そのようなものはないのですから。そうではなく、影響力を真に持ちつづける唯一の方法は、学生を通してなされるものです。つまり、［ドナルド・O・］ヘッブは、彼の学生のなかに生きつづけている、ということです。私はそうした学生の単なる一人なのです。彼は、さまざまな分野に進んだ、さまざまな学生を抱えていましたが、彼の影響力、彼の思考の影響力は、あなたにもわかるはずです。私の前の夫であるピーターを見てもそうです。彼もヘッブから大きな影響を受けました。私はこうしたことがとても大事だと感じています。たとえ歳をとっても、こうした影響の実感が、みずからを、進みつづける流れの一部にしてくれるのです。

立場を明確にする

創造的な人々が持つもっとも明らかな特徴の一つはみずからの課題に深くのめり込むことであるが、このひたむきさは、歴史的あるいは社会的な問題に彼らが深くかかわることを妨げない。こうした関与は、時に、ある特定の分野の場で名声を得た後に始まるが、しかしそれは、その人の成人期の生活全般を織りなす縦糸と横糸の一部でもあり得る。回答者のうち、危険を冒しながらも信念を守り通した人々の数には、驚くべきものがある。もっとも大きな不安を生み出した原因の二つは、環境の劣悪化——ここには、核軍備拡大競争も含まれる——とベトナム戦争であった。二十世紀後半、創造的な人々をもっとも駆り立ててきたように思えるのが、これら二つの問題である。

ライナス・ポーリングは一九五四年にノーベル化学賞を受賞し、少なくともある一冊の本の出版によって、史上もっとも偉大な科学者二十人の一人に挙げられたが、その後、同僚と一般の人々に核戦争の危険性を伝えることに、みずからのエネルギーを注ぎ込んだ。彼は協議会やデモを組織し、その際、しばしば警察に拘留された。共産主義者として非難され、一九六二年にノーベル平和賞を受賞したのにもかかわらず、彼はパスポートを取り消されたのであった。物理学者、ビクター・ヴァイスコップは、憂慮する科学者同盟の役員として、エネルギーの多くを軍備拡大競争と戦うためにささげた。

ベンジャミン・スポックは、聖書を除けば、おそらく世界でもっとも売れた育児書の著者であるが、彼もまた、核軍備拡大競争に対する精力的な抗議者となり、後に、ベトナム戦争にも反対している。彼も数回にわたり警察に拘留され、最終的には、自分自身の信念を実行しようと、第三の党の結成に努力し、アメリカ大統領選にも出馬した。環境への責任を主張する運動を組織するために、開花しつつあった科学者としてのキャリアを捨て去ったバリー・コモナーも、同様の経路をたどった。成功はしなかったものの、彼もまたアメリカ大統領選に出馬している。ユージーン・マッカーシーも同様であったが、上院議員であった彼の場合、大統領になろうという試みはキャリアの転換をともなわなかった。

俳優のエドワード・アズナーは組合活動と反戦運動に深く関与し、写真家のブラッドリー・スミスはルイジアナ州とミシシッピ州の綿花畑の労働者を団結させようとし、その結果、南部の拘置所に拘留された。芸術家、リー・ナディングは、核兵器施設につながる道に巨大なヘックス・サインを描き、公共財産の外観を損ねたという理由で、米国南西部で数名の保安官に逮捕されている。ナタリ・デイヴィスはベトナム戦争に反対して、カナダに亡命した。ジョン・ガードナーはコモン・コーズのような草の根運動を組織するために、ワシントンの権力の座を去った。ゲオルク・ファルディはユダヤ人であったため、最初はナチスのもとで、そして次は、スターリンとその体制を批判したために共産主義者のもとで、長年にわたり強制収容所生活を送った。エヴァ・ザイゼルがリュブリャナ刑務所の独房に一年以上も押し込められていた理由は、旧ソビエト政府のために彼女が管理していた工場で、できるだけ安く食器類を製造する代わりに、美しい食器類を作りつづけることを主張したからであった。

ナギーブ・マフフーズの長い物語は、誠実な芸術家が直面しかねない災難を示す良い例である。マフフーズはカイロの有閑階級が暮らすような、安楽で、夢のような生活を好む、内気で、控え目な男性である。「大学を卒業後、私は仕事と新しい生活スタイルを手に入れたいと思っていました。午後まで働いて、夕方には散歩をし、クラブに行ったり、カフェに行ったりしたかったのです」。しかし、彼の小説がエジプト人たちの考えや行動、さらには、過去数世代にエジプトに押し寄せた価値観の深刻な変化をリアリスティックに描いたとき、彼は政府の不興を買い、何年もの間、自宅軟禁を強いられることとなった。そして、さらに皮肉にも、人々の生活についての彼の客観的記述は、イスラム原理主義者たちの派閥をも遠ざけることとなった。彼らはマフフーズが宗教の絶対的権威を尊重せず、それに対して攻撃的であるとみなしたのであった。あるとき、彼は「文化的テロリズム」を批判する声明に署名し、「エジプトの検閲官はもはや国家ではない。それは原理主義者たちの銃である」と語ったと伝えられた。最近、警察が殺人リストを発見したが、その一番上あたりに、マフフーズの名前が含まれていた。そのため、政府は彼に武装したボディガードを提供した。しかし、脅迫された他の知識人とは違い、マフフーズは保護を断ったのである。そして、一九九四年の十月のある夕方、その八十二歳の作家が他の作家たちとくつろごうと、お気に入りのコーヒー店に徒歩で向かっていたとき、一台のメルセデスが彼の後ろに止まり、飛び出した一人の男が彼の背中を刺したのであった。

重ねて言うが、こうした傾向は、決して、創造的な人々が周りの世界に必然的に興味を持ち、かかわり、信念のために高い代償を払うことをいとわない、ということを示しているのではない。しかし他方、これらの記述は、卓越した芸術家や科学者があまりに自己中心的で、自分の仕事で全身を覆ってしまっているため、世界の他の場所で起こっていることに関心を示すことができないという、しばしば言及される正反対の結論をまさに反証するものである。それどころか、こうした人々をそれぞれの分野の場で新たな境地を開くように駆り立てた好奇心や関与のあり方そのものが、他の人々は手をつけずに受け入れている社会的・政治的な問題に、彼らを対峙させているようにさえ思えるのである。

キャリアを超えて

世間での知名度が上がり、成功しはじめると、創造的な人々は、たとえそれが急進的な行動主義をともなうものではなくても、彼らを有名にした責任を超える別の責任を必然的に背負うことになる。なぜそうしたことが起こるのかという主な理由には二つある。一つは内的な理由であり、もう一つは外的な理由である。

内的な理由が作用しはじめるのは、創造的な人が精力を使い果たし、手応えのある課題を失ったときである。たとえば、ある特定の科学部門や芸術様式が最高の限度に達したり、時代遅れになることがある。たしかに、一九二〇年代と一九三〇年代に物理学に吹き込んでいた大きな知的興奮はかなり和らいだが、その一方で、他の部門の科学は聡明な若い研究者の関心を引きつけている。ジャズはもはや五十年前の姿ではなく、小説は死んだと言われ、絵画は懐古趣味的である。人生をこれらの活動にささげてきた人々は、もっと緑の濃い牧草地を探したいという気持ちに駆られる。あるいは、対象とする領域がおもしろさを留めていたとしても、その人自身のアイデアが尽きてしまったり、専門分野の制限、あるいは研究室や道具の欠陥から、行く手を遮られている、と感じることもあるかもしれない。そしてこうしたことが起こったとき、大学の科学者が学部長の地位を求めたり、発明家がコンサルタントに転身したり、芸術家が教育の仕事を熱心に探すことになるのかもしれない。

多様化する外的な圧力は、環境が個人に課す要求から生まれる。多くの行政的な立場が存在しており、そこでは尊敬を集める名前が大きな資産となる。政府機関や個人財団は創造的であると評価を受けた人を役員にすることを好み、そしてそこには、そのために準備される魅力的な仕事が数多く存在する。創造的な人々にそうしたオファーを受けさせるのは、一般的に、金銭ではなく、権力でもない。それは、何か重要なことがなされなければならないという感覚であり、それができるのは自分であるという感覚なのである。

私たちの研究協力者に含まれる女性科学者のほとんど――マーガレット・バトラー、ロザリン・ヤロー、ヴェラ・ルビン、イザベラ・カール――は、手遅れになる前に、言い換えれば、大学で自然科学を専攻したいと気づいたときに数学についての十分な知識がなく、それをあきらめなければならないことを知る前に、数学の授業を取ることの重要性を高校の女子生徒に講義すべく、多くの時間をかけて国中を回っている。彼女たちは、多くの聡明な女性たちの人生が、こうした将来の展望の欠如によって台なしにされている、と感じている。四人全員がさまざまな科学の団体、特に、女性科学者を支援する団体にかかわっている。バトラーは地方政治に積極的に関与し、ヤローは放射線の安全性について広く講演を行っている。

創造的な科学者は、遅かれ早かれ、政治や科学の管理、運営にかかわる仕事に引き寄せられていく。そして、もしそうしたことが得意であれば、第二、第三のキャリアを持ち、みずからの仕事よりも、そうした「神の仕事をする」ことになる。マンフレート・アイゲンは未だに、ゲッティンゲンにあるマックス・プランク研究所で大きな研究室を運営し、無機分子の選択の過程を実証しようとしている――それによって、生命が私たちの惑星に現れる以前、どのように進化が進展したかを示すことができるのである。しかし、彼はますます多くの時間を――ピアノを弾くことに加えて――ドイツ科学財団を代表して助成金や奨学金を授与し、公式な会議に出席するために旅行するといった活動に費やしている。

もう一人のドイツ人科学者、ハインツ・マイヤー＝ライプニッツは、一九五〇年代にグルノーブルにヨーロッパ初の研究用核反応炉を建設し、そこを指揮するためにキャリアを転換したが、それ以前には、長く、卓越した研究と教育のキャリアを持っていた。そこを退職すると、アメリカ国立科学財団に相当する研究財団（*Vorschungsgesmeinshaft*）の理事長職を引き受けた。在職中、彼は研究事業のために政府高官や政治家に対するロビー活動を行い、助成金や奨学金にかかわる行政を監督し、科学のポジティブなイメージを保つためにメディアと格闘した。ふたたび退職すると、ベストセラーとなった料理本を書きはじめる一方で、科学における老賢人としての役割を非公式に続け、論文を投稿し、学会に出席した。

少なくとも、芸術家、音楽家、作家は、自分のインスピレーションに従うために、そして作業場の孤独のなかで仕事をするために一人きりになる、と信じたくなるであろう。しかし、そうではない。ロバートソン・デイヴィスは、彼を執筆に集中できなくする内的および外的な力を示しながら、現在の活動を次のように描写する。

今、私がとても忙しいのは、ちょうど小説を書き終え、出版に向けた段階にいるからで、出版社といろいろ協議しながら、編集されたものを手直ししているからです。そんなことをしています。そして、こうしたことはとても時間がかかります。それに、準備をして行わなければならない、公の場での多くのスピーチが、ずらりと並んでいます。なぜなら、公の場でのスピーチには多くの苦労がともないますし、浅はかで、愚かなことは言いたくないですからね。

それから、新しい本と関連した旅を多少しなければならないでしょう。というのも、ご存じのように、作家は今日、ただ本を書いていればいいだけではなく、ある種の旅する興行師になって、いろいろなところをめぐりながら、本のいくつかの節を朗読したり、人々に話したりしなければなりません。

さらに、私は自分の作品を集めて、それらをオタワにある国立公文書館に送る準備にもかかわっていますが、これが思っていた以上に大変なのです。それに、過去数年間、ある伝記作家が私についての本を書いているのですが、これが、とても大変だとわかったもう一つのことです。赤ん坊時代やつまらないものが写っている、くだらない写真を見つけなければならないのですが、「そんなことはしないよ」とはなかなか言えません。なぜなら、伝記作家というのはとても意志の強い人々で、もし彼らの望むことをこちらがしないと、自分たちでそれを見つけてくるでしょう。その結果、彼らが何を見つけるかは神のみぞ知る、ということになってしまいます。だから、如才なく振る舞わなければならないのです。

デイヴィスの報告は、創造的な人々が成功した後に向き合いはじめるもう一つの課題を際立たせる。アーカイブに保管するために、手紙は整理、分類されなければならないし、文書は集められて注釈が施され、絵画は美術館に収集され、記憶は伝記として記録されなければならない。詩人、音楽家、芸術家は、広く知られるようになると、ますます、表彰者や奨学生を決める委員会のメンバーになるよう求められる。彼らは助成金の給付に関して意見を求められ、ジャーナリストたちは、宗教やセックス、政治について、どう思っているのかを知ろうと電話をかけてくる。デイヴィスは次のように言う。

今日、作家であることの問題の一つは、ある種の公的なショー、公的な人物であると期待されていることです。人々は、政治や世界情勢などといった、他の人以上に精通しているわけではないことについても、意見を求めてきますが、それをうまく切り抜けなければなりません。さもないと、どうしようもない人間としての評判が立ち、軽蔑的なことを言われてしまうでしょう。

何にでも精通しているということの種の期待は、その人の独特な見解や真に高度な専門知識を薄め、安価なものにしてしまうが、もちろんこれは、作家だけを悩ます問題ではない。物理学者のユージン・ウィグナーも、同じことを次のように表現している。

一九四六年まで、科学者たちは科学者であると同時に公衆に奉仕する者として振る舞い、科学的見地から、社会的ならびに人間的な問題について、公に意見を表明していました。私たちのほとんどはそれを楽しんでいました。虚栄心はまさに人間的な特質です。……私たちは、重要な政治的課題について発言する権利、そしておそらく、義務さえ持っていました。しかし、物理学者たちは、ほとんどの政治問題について、路上にいる人々以上の知識をほとんど持ち合わせてはいませんでした。

後継者の問題

後継者問題は、生涯のうちにみずからある組織を作り上げた人々にとって、非常に大きな問題の一つである。誰が会社を率いるのか？　現在の研究室長が退職した後、誰が研究室の指揮をとるのか？　組織のために人生をかけてくれた人が去った後、その組織は存続できるのか？　これらの問題は晩年になってきわめて重要となる。こうした人々のなかで、諦観を含んだポンパドゥール侯爵夫人〔ルイ15世の公妾ジャンヌ=アントワネット・ポワソン〕の名言「われわれの亡き後、洪水よ、来たれ」〔今さえよければ後はどうなってもかまわない〕、に賛同する人はほとんどいないであろう。モトローラ社のロバート・ガルビンは、CEOとしての最後の三年間をほとんど費やし、彼の退職時にその後を引き継ぐべき、「適切な」人を決定した。間違った選択は、人生のエネルギーを使って彼が強化してきた、数万人の従業員が働く、ダイナミックで、順調な企業の将来を危うくしたかもしれない。

エリザベス・ノエル=ノイマンは第二次世界大戦直後の一九四五年に、世論を調査する研究所を立ち上げた。彼女はそれを、夫婦経営の事業から、今や数百人の正社員と数千人のパートタイマーを雇う、その種のものとしてはもっとも大きく、もっとも尊敬を集める企業の一つへと発展させた。その研究所の成功は、主に、ドイツの政治的・社会的指導者たちと彼女との個人的な接触、サンプル抽出の方法論で彼女が成し遂げた画期的な発見、そして彼女の意欲によるものである。彼女は今や七十代であり、当然のことながら、みずから創造したものの将来を案じている。彼女のために働いてくれている人々のなかで、いったい誰が、会社の名声と成功をもっとも保ちつづけてくれるのだろうか？

ストックホルムのカロリンスカ研究所で腫瘍細胞の大きな研究室を設立したジョージ・クラインは、まだ退職には程遠いが、彼とともに働いている六十名程度の科学者のうち、誰にその研究所を引き継ぐための訓練を受けさせるべきかを、ますます時間をかけて議論している。研究室をうまく率いていくためには、知的な面で優れていること、財政にしっかりと目配りができること、かなり利他的であること、が必要となる。たとえば、もし自分のキャリアばかりを考えて他のスタッフのアイデアを搾取してしまうような人物を後継者にしたら、もっとも優秀な研究者たちは疎外され、他のどこかで働くために退職してしまうであろう。組織とはもろいものである。そして、組織が一人の創造的な人の周りで作られると、その存続は通常よりも脅威にさらされることになる。

時間の問題

そうした人たちがあまり多く持てないものに、自由な時間がある。彼らのうちの誰かが飽きた姿を見せたり、あるいは価値がないと信じているものにほんの数分でも時間を費やしたりしているところを想像するのは難しい。エヴァ・ザイゼルは言う。「私の年代の人が何をすべきかを私に尋ねたら、私は『頭から離れないものを持たなきゃだめよ』と言います。時間が多過ぎる代わりに、時間が少な過ぎるという状態にいつもしておかないとならないのです」。ブラッドリー・スミスは、繰り返しや退屈を避けるために、人は創造的であることを強いられなければならない、と確信している。「時間がありません。情報が常に入ってくるのです。飽きている時間なんてありません」。

今、すでに七十代、八十代、九十代の彼らには、若いころの燃え立つような野心はないかもしれないが、彼らは昔と同じように集中し、効率的で、ひたむきである。ジョン・ホープ・フランクリンはクスッと笑いながら「金曜日よ、来い」と言い、「私は『金曜日だ。神よ、感謝します』とも言うんですよ。なぜなら、家で邪魔されずにできる二日間の仕事が楽しみだからです」と言った。方法はいろいろであるが、彼らの仕事――彼らの技能のすべてをみずから選び取った価値ある目標に集中的に適用すること――は、彼らが死ぬか、体が不自由になるまで続く。しかし、なぜ彼らがしていることを仕事と呼ぶのだろうか。それは、抵抗なく、遊びと呼べるようなものなのかもしれない。

あらゆる文化において、大多数の人々は社会によって規定された事業に人生を費やす。彼らは他の人々が注意を向けるものに注意を向け、他の人々が経験するものを経験する。学校に行き、学ぶべきものを学ぶ。得られる仕事であればどのような仕事でもする。その地方の慣習に従い、結婚をし、子どもを持つ。こうしたことが起こらないのであれば、物事がどうなるかを予測することは難しい。もし人々のほとんどが順応主義者でないとしたら、安定した、予測可能な生活を送ることなど可能なのだろうか？　もし配管工が彼らの仕事をすることを、教師が教えることを、そして医者が医療専門職のルールに従うことを、期待できないとしたらどうだろうか？　しかし、それと同時に、一般的な規則に従わずに行動する人々が少数存在する限りにおいて、文化は進化し得るのである。私たちが研究対象とした人々は、目的へのひたむきな態度と幸運をつなぎあわせ、前に進みながら、独特なヴィジョンを表現し、その一方で生計を立てられる「人生のテーマ」を創り出せるようになるまで、みずからのルールを作り上げていったのである。

運命の過酷さ

もうすでに明らかなように、創造的な人々であっても、他のすべての人々の人生に影を落とす失望や悲劇と無縁ではない。しかし幸運にも、彼らはみずからの人生に起こったかもしれないこと、あるいは起こってしまうことを、できるだけ考えなくさせてくれる天職を持っている。

インタヴューを受けた人々のなかの一人は、親や配偶者の死について語る際、時折、涙を流すことがあった。いくつかのケースでは、大人が受ける最悪の打撃――子どもの死――によって心に深く残された傷跡が、はっきりと見て取れることもあった。これらのことに加え、そこまで深刻でないまでも、多くの悲劇――戦争、投獄、挫折、金銭的苦労――が、こうした人々の歴史のなかに数多く存在している。しかし、このような傷は、彼らが沈み込んでいく感情の沼地へと変貌することはなかった。むしろそれは、彼らの決意を強固にする手助けとなったのである。

消えることのない傷のいくつかは、職業上の指導者から負わされたものであった。スブラマニアン・チャンドラセカールは、偉大な天体物理学者、アーサー・エディントン卿が彼の科学的予見を軽んじた六十年前の屈辱を、未だに覚えている。フランク・オフナーは、大学院の指導教官の一人が見せたひどい嫉妬に、未だ心を痛めている。その教官は、オフナーがキャリアの早い時期に訪れた機会を摑もうとするのを思いとどまらせようとし、彼の背後で彼の評判を傷つけたのであった。

これらの人々の障害を最小にする能力は、研究協力者の女性たちが、女性としてキャリアのなかで出会う困難についての私たちのしつこい問いにどう答えているかに非常によく表れている。彼女たちのほとんどは、性的偏見、あるいは二重の期待が生み出す役割葛藤の重荷は、彼女たちの人生にいかなる否定的な影響も及ぼさなかった、と述べた。一般的に見られた態度としては、「それでは、何か他に新しいものはありますか？」といったものや「しなければならないことを進めましょう」といったものであった。多くの職業で女性たちが直面する困難に、これらの女性たちが気づいていないということではない。実際、彼女たちが女性に課される特別な重荷を、非常に激しく非難することもあり得る。しかし、彼女たちはそうした問題が、自分たちのケースと関係があるとは見ていなかった。ヴェラ・ルビンの回答はその典型である。

私はずっと世間知らずだったのだと思いますし、障害に出会ったとき、それをあまり深刻に捉えてはいなかったと思います。ただ、障害を引き起こした人々は、私が本当に天文学者になりたいということをちゃんと理解していないのだ、と感じていました。そして、私には、そうした障害を無視するか、忘れ去ろうとする傾向があったので、それらの障害が深刻なものだったとは思わないのです。たいていの場合、そうしたことはサポートがないから起こるのだと思います。私は常に――大学や大学院で――どこかに行って、他のことを勉強しなさいとか、天文学者は必要ではなかったとか、仕事に就けないだろうとか、天文学なんてすべきではないよ、と言う教師に出会いました。そして、それらすべてをただ単に払い除けました。それを深刻に考えたことはありませんでした。天文学者になりたかったですし、私が天文学者になるべきである、あるいはなるべきではないと彼らが考えているかどうかなんて、気にしませんでした。つまり、どういうわけか私には、そうしたアドバイスのすべてを無視しても良いという自信があったのです。

重要なことだとは思いませんでした。つまり、そうした問いが示す問題を、私は生き抜いたということです。多くの人々――特に多くの女性たち――が天文学者になりたかったに違いありません。しかし、こうしたことすべてがとても重要だと思ってしまい、彼女たちは生き残れなかったのです。

自信と利己心がより大きな計画――ルビンの場合には天文学者になることである――に組み合わさることによって生まれるこの種の「純真さ」は、創造的な人々と彼らの個人的な目標を妨げようとするエントロピーの力との間の、緩衝材として機能する。

しかし、エントロピーを永遠に食い止めておくことはできない。遅かれ早かれ、死によって発見の旅は終わりを迎える。さらに悪いことに、肉体的な衰えが始まり、人生の最後の年月を台なしにしてしまうかもしれない。歴史家のウィリアム・マクニールは、七十三歳にして未だに、田舎の隠遁の地で丸太を切り、別の方法で精力的に人生を送っている。しかし、インタヴューの最後に、彼は静かに思いをめぐらせている。

あなたが触れていない、明らかに重要なことのもう一つは健康です。特別な注意を払わなくても、身体がすべきことをしてくれると思えることですね。今は、これが物事を行うのに絶対に必要なことです。私は、もし本当に病気になってしまったら、何が起こるのだろう、と考えてきました。もし何か――ひどい痛みや他の何か――が世界における経験のすべてを本当にねじ曲げてしまったら。それはまったく違った世界になるでしょう。それがすべてです。ずっと続くひどい痛み、生理学的な類の永続的な困難を抱える人たちが、たしかにいます。私はそうした立場になったことがないので、それがどのようなものかわかりません。しかし、私にはこのように思えるのです――割れるような頭痛がするとき、起き上がって、何かをするのはとても辛いだろうなと。

マクニールが述べているように、痛みが恐ろしい理由は、痛みがそれに注意を向けることを強いることであり、他のことに集中することを痛みが妨げることである。したがって、慢性的な痛みは、すべての真剣な取り組みに終止符を打ちかねない。もちろん、彼が同様に述べているように、こうした障害でさえ、乗り越えることのできる人々もいる。ミシェル・ド・モンテーニュは十六世紀のもっとも創造的な人物の一人だが、人生を通じて、腎臓結石や他のさまざまな病気に苦しんだ。しかし、彼は旅を続け、政治にかかわり、有名なエッセイを書きつづけた。スティーヴン・ホーキングは、ルー・ゲーリック病〔「筋萎縮性側索硬化症（ＡＬＳ）」の別名。野球選手のルー・ゲーリックが罹患したことからこう呼ばれる〕のため車いすに固定され、自分の声帯さえコントロールすることができないが、彼自身の宇宙理論を発展させつづけ、世界中を飛び回っている。しかし、この点においても、私たちのグループは幸運であった。

彼らの健康は最後まで持続し、自分たちの創造性が慢性的な痛みにどのように耐え得るのかを理解するために、みずからを試す必要がなかったのである。

第九章

創造的に歳を重ねる

年齢と創造性《クリエイティヴィティ》の関係については、学者の間でも未だに多くの議論が交わされている。この話題が初めて研究されたとき、その研究結果によって示されたのは、創造性のピークは三十代であり、六十歳を過ぎた人々による偉大な貢献は一〇%に満たないというものであった。しかし、何によって偉大な貢献としての資格が与えられるのかについての見解は、さまざまである。代わりに、生産活動の総計に目を向けたとき、状況は一変する。人文科学における貢献の数は、三十歳から七十歳までの間で安定しているように見える。似た傾向が自然科学においても見られる。そして、芸術の分野においてのみ、六十歳以降に急激な減少が起こっている。私たちの研究協力者においても、生産性は落ちてはいない。むしろ、晩年において、生産性は向上していた。九十一歳のライナス・ポーリングは、七十歳から九十歳の間に出版した論文の数は、それ以前のどの二十年間と比べても、その二倍になっていると語った。

近年の研究では、年齢を重ねても、仕事の量ばかりでなく、その質も保たれることが示されており、ある人のキャリアのなかでもっとも記憶に残る仕事のいくつかは、後年になされていることもわかっている。ジュゼッペ・ヴェルディは八十歳のときに『ファルスタッフ』を書いたが、このオペラは多くの点で彼の最高の作品の一つである――それは、それ以前に書かれたどんなものと比べても、その様式において、明らかに、きわめて異なったものである。ベンジャミン・フランクリンは七十八歳のときに、二重焦点レンズを発明した。フランク・ロイド・ライトが彼の傑作の一つであるグッゲンハイム美術館を完成させたのは、九十一歳のときであった。さらに、ミケランジェロは八十九歳のときに、バチカンのパオリーナ礼拝堂に驚くべきフレスコ画を描いていた。したがって、人生の多くの領域においてパフォーマンスがピークを迎えるのは二十代であるとしても、記号体系による領域を変え、その文化に貢献する能力は、実際には、晩年に増していくのかもしれない。

年齢とともに何が変わるのか

インタヴューのなかの一つの質問で、私たちは、過去二十〜三十年の生活でその人が経験した主要な変化、特に、その人の仕事と関連した変化について尋ねた。それらの回答は、こうした創造的な人々が老化のプロセスをどう感じているかを明瞭に示している。

回答者たちは、概して、五十代から七十代、あるいは六十代から八十代の間に、それほど変化があったとは思っていなかった。仕事をする能力は損なわれておらず、目標はそれまで常にあったものと実質的に同じであり、業績の質と量は、過去のものと比べてもほとんど遜色がない、と感じていた。健康、あるいは身体の状態に関する、よく言われるような不満は、まったくと言っていいほど聞かれなかった。八十歳を優に超える人々でさえ、たとえ現実には特定の衰えや限界に気づいていたとしても、身体的にどのような調子かに対して、誰ひとりとして否定的な態度を示す人はいなかった。

驚くことに、すべての回答を評価対象とすると、報告された肯定的な変化の数は、否定的な変化のほぼ二倍に上る。おそらくこの楽観的な描写の一部は、インタヴューという状況において、できるだけ良いところを見せようとする傾向に起因する。しかし、一般的に見られた回答の率直さを考慮すると、印象操作以上に深い何かを私たちは扱っている、という確信に、私は至った。結局のところ、もしこれらの人々が、みずからこれまでユニークな人生を切り開いてきたのであれば、創造的に人生の最終地点に近づいているとしても、それは驚くことではない。

最後の二十〜三十年で何が変わったかという質問に対する答えは、予想された通り、四つの基本的なカテゴリーに分類される。それらは、身体的・認知的能力の変化、習慣や個人的特性の変化、分野の場との関係における変化、あるいは、領域との関係における変化に関係するものである。さらに、これら四つのカテゴリーのそれぞれにおける変化は、肯定的な価値か否定的な価値かのいずれかを持つ傾向にある——したがってそれは、八つの結果を可能性として生み出すことになる。

身体的能力と認知的能力

私たちが予想したように、もっとも頻繁に語られた変化は、その人の身体的パフォーマンスや精神的パフォーマンスの能力にかかわるものであり、回答のおよそ三分の一がこのカテゴリーに当てはまるものであった。しかし私たちは、報告された否定的な変化の数が同数の肯定的な変化とバランスをとるということを予想しなかった。老年期に関して、私たちが一般的に持っている暗い評価を前提とするならば、どうしてこのようなことが起こるのだろうか？

心理学者は長い間、心理的能力を大きく二つに分けてきた。一つは、流動性知能と呼ばれるもので、素早く反応し、短い反応時間で、即座に、正確に計算する能力である。この能力は、人に一連の数字や文字を記憶してもらったり、複雑な図に組み込まれたパターンを認識してもらったり、あるいは論理的・視覚的関係から推論してもらう、というテストによって測定される。このタイプの知能は生得的なものであり、学習によって大きく影響されることはないと考えられている。この知能のさまざまな要素は、ピークを迎えるのが早い——あるテストでもっとも良い成績を残すのは十代であり、また他のテストでもっとも良い成績を残すのは二十代か三十代である。その後は、十歳ごとにこれらの技能でなんらかの退行が見られ、七十歳を過ぎると、その他の点では健康な人々においてさえ、その退行は、たいてい、かなり厳しいものとなる。

二つ目のタイプの心理的能力は、結晶性知能として知られる。この知能は生得的な能力よりも、むしろ学習に依存している。それには、分別のある判断をすること、異なるカテゴリーから類似性を見出すこと、帰納法と論理的推論を用いることが含まれる。これらの能力は素早い反応よりも、むしろ熟慮性に依存しており、通常それは、少なくとも六十歳まで時間とともに向上する。調査対象とした創造的な人々において、九十代になっても向上しつづけている、あるいは少なくとも安定しつづけているのは、この種類の心理的能力である。

インタヴューで語られることを見ると、もっとも一般的な訴えは、活力の衰え、あるいは活動の鈍化であることがわかる。これは特に、演奏家にとって問題となる。ラヴィ・シャンカルは、十年前でさえ、すべての演奏で一拍のミスもせず、イングランドで録音をし、映画のサウンドトラックを作るためにインドに飛び、コンサートのためにカリフォルニアへジェット機で飛んだが、それはまるで竜巻のようであったと、懐かしそうに回想する。その一方で、七十四歳になった今は、自宅でゆっくりと時間を過ごし、数人の学生の指導や慎重に選んだ公演に集中することを好んでいる。

行動が遅くなり、より注意深くなってきていると語る科学者もいる。八十八歳の物理学者、ハンス・ベーテは、計算でミスをすることが多くなったと言う——その一方で、以前よりも、ミスを見つけることにより注意深くなってきてもいるのであるが。八十代のもう一人の物理学者、ハインツ・マイヤー＝ライプニッツは、何かをしたいという欲求は増大してきたが、気力がもはやその欲求についていかないと感じている。社会学者、ジェイムズ・コールマンは、二十年前、よくさまざまな街へ旅をし、お忍びでホテルにチェックインし、たった数時間を睡眠に充てる以外は、四日間、昼も夜もなく、ずっと仕事をしていたと回想する——これは、今の彼ならやろうとしない生活規制である。

しかし、ほぼ同数の人々が、ここ数十年間、彼らの心理的能力はそのまま維持されてきた、あるいは向上してきた、と述べている。そして、この主張がもっとも多くなされたのは、六十代、あるいは七十代の回答者からであった。この肯定的な主張は、より多くの経験をし、より優れた理解力を身につけたことによって、彼らが今や、以前よりも速く、よりよく物事を達成できるという論点に基づく。たとえば、インタヴューを受けたとき、ロバート・ガルビンは七十歳であったが、彼は、ビジネス上の決断がより早く、より効果的になってきているが、それは集中的に勉強したことで、今は国際貿易に関与するさまざまな力を、以前よりもよりよく理解しているからである、と報告している。

世界中を旅することで、私たちは開放的な市場とそうでない市場の存在を理解しました。ヨーロッパはかなり開放されていて、日本は非常に閉ざされていました。そして私たちは、それが許容できるものではないことを直観的にわかっていました。それについて何と言ったらいいかわかりませんでしたし、それについて思いつきのメモを書くこともできませんでした。初歩的な方法でしか物事を表現できなかったのです。ですから、私たちは学者から学ぶために、学校に戻りました。学者たちは、この、聖域の原則と呼ばれる重要な概念をもっていましたが、それは戦争と同様に、ビジネスにも適用できるものでした。そして突然、それまで直観的にわかっていたことが、私たちにとってより明確になったのです。そして今、国際貿易の問題について、より鋭く、より素早く、考えることができるようになったのです。

バリー・コモナーは今、自分は数十年前に比べて、より賢く、より多くのことを知っていると感じている。イザベラ・カールは、以前よりもさらに複雑な知識を、経験が与えてくれていると信じている。何人かの人々は、時間が彼らの技能を磨いてきたという点で、詩人のアンソニー・ヘクトに同意する。これらの肯定的な発達のすべてが、結晶性知能、つまり、文化のなかで利用できる情報を自分の目的のために使う能力、の実例である。そして特定できる限りにおいては、肯定的な認識と否定的な認識の割合は、男女ともに、正確に一対一であった。

習慣と個人的特性

人々が報告した変化の二つ目のカテゴリーは、規律と態度の問題にかかわるものであった。インタヴューの時間の四分の一あまりがこの言及に占められ、ここでは、二対一の割合で肯定的な結果が否定的な変化を上回った。否定的な変化には、ほとんど常に、過度のプレッシャーと時間の不足がかかわっており、そういった人は、物事への過度の関与を避ける術を学ばなかったことに対する責任を負うこととなった。特質に関連する他の問題には、焦りの増大や健康な身体を保てないことに対する罪悪感が含まれていた。

肯定的な変化には、パフォーマンスに対する不安の減少、それほど急き立てられていないという感覚、より多くの勇気、自信の表出、リスクを背負うことの表明が、その特徴としてみられた。何人かの人々の回答は、アンソニー・ヘクトの言葉に共鳴している。

おそらく、以前よりも少しだけ、無意識の本能に信用を置いています。私は昔ほど厳密ではありません。このことを詩作の質と構成のなかに感じています。そうした詩は、韻律的により自由で、全体的なデザインにおいてもより自由です。私が書いた初期の詩は、間違いをしてはならないという強い思いで、ほとんど柔軟性を欠いていました。今は、そのことをあまり心配していません。

何人かの回答者は、仕事における過去の失敗や批判から学んだことに言及した。この種の学びは多大なる痛みをともなうことがある。シティコープのCEO、ジョン・リードは、それを予見できなかったことでみずからを責めた株価の猛烈な下落で、市場において「血を流した」が、その後、リーダーシップのとり方を全面的に修正しなければならなくなったと信じている。

私のビジネスへの取り組み方は、過去十年で大きく変わりました。ひらめき、つまり、創造性を失ったとは思いませんが、完全に自由というわけではありません。純粋な熱意というものは持っていないのです。それは、人は間違い得るという認識によって和らいできました。私は自分のいくつかの欠点をはっきりとわかっていますし、その欠点にとても敏感です。そして、今手掛けていることはとてもうまくいっていますが、すべてそれは訓練によるものであって、自然にそうなったわけではありません。つまり、私はこうしたことを行い、それを成し遂げるために自分を鍛えてきましたし、今も懸命にそうしようとしています。しかしそれは、楽しいことではありません。もっとも、今まで私が行ってきたことのほとんどは楽しいものでしたが。

C・ヴァン・ウッドワードは、作品の新しい版を出版することによって自分の欠点を修正するという、歴史家の特権を持っている。

たしかに、私はより多くのことを学び、自分の考えや、これまでに書いてきたものについての理由や結論を変えてきました。たとえば、ジム・クロウ法についてのあの本です。私はこれまで四つの版を出し、今、第五版を考えていますが、版ごとにそれは変わります。そして、それらは主に、私が受けた批評から生まれるもので、そうした批評の多くは、より若い世代から寄せられるものです。歴史家として陥りがちな最悪の過ちは、新しいものに無関心であったり、軽蔑的であったりすることだと思います。人は、歴史に永続的なものはないことを学ぶべきです。常に変化しつづけているのです。ですから、私は変化する人々の一人ですが、歴史を書く者として、その変化が悪いほうに向かわないことを願っています。

時間のプレッシャーから生じる否定的な影響は、みずからの時間を自由に使いこなせると感じている何人かの回答者にとっては、逆の意味になる。ここで私たちがふたたび目にすることは、同じ出来事でも、この場合、時間や心理的エネルギーに対する過剰な要求のことであるが、人がそれにどうかかわるかによって、肯定的な価値も否定的な価値も持ち得るということである。

しかし、増大する要求にうまく対処できたとしても、時間を完全に支配することは、しばしば、不可能である。エリザベス・ノエル＝ノイマンは、仕事の方法がいかに変化してきたかを、次のように述べている。

それらはさらに秩序立って、体系的なものになってきました。このすごい時間不足に対処するために、私はこの二十年間に多くのテクニックを発展させてきました――それはますますひどくなってきています。そんなことはあり得ないと思っていましたが、時間はどんどん短くなってきました。

天文学者のヴェラ・ルビンは、非常に生き生きとした記述で時間への要求を説明する。

もっとも大きな挑戦は、科学の研究をするための十分な時間を確保しようとすることです。専門的な会議があり、ありとあらゆる種類の組織や委員会があります。課題に取り組む女性天文学者の割には、私は、昼夜を問わず、どんな時間でも都合がつきます。そして、周囲の人々はそれをよく知っているのです。ですから、そうしたことにかかわってしまうと、一日の一時間がそのことに使われてしまったりします。とにかく、科学の研究のために時間を確保することは難しいことです。まだ、本当に、本当に研究がしたいのです。

私は教壇に立っていないので、ほとんどの人たちよりも恵まれています。しかし、成し遂げ得ることへの私たち自身の期待は、非常に高くなってきていると思います。電話やファックス、コンピューターがありますね。悪い日には、私は十七通、あるいは二十四通といった数のEメールを受け取ります。実際のところ、ほとんどメールに対応しない日が大部分です。たくさんの前刷りや別刷り、手紙を受け取りますが、ある程度の手助けをしてくれるような秘書は、私にはいません。しかし、もし私がすべての別刷りや前刷り、手紙を読んでいたら、その日に舞い込んだものを処理するだけで一日を使ってしまうことになるでしょう。

習慣や特質に関し、男性も女性も同じような比率で否定的な結果に言及している一方で、女性による肯定的な結果の報告は男性の二倍以上となっていた。明らかに、創造的な女性は歳を重ねることに対して、心理的により適応的である。男性に比べて、彼女たちは、とりわけ、平穏な心の状態と少ない内的プレッシャーについて話をする傾向が強かった。この点に関して、ヴェラ・ルビンはこう話す。

三十年前はまったく違いました。本当に天文学者になるのか疑問に感じていました。つまり、初めのころは、自分のキャリアに大きな疑念を持っていたのです。これが本当にうまくいくのかどうかということが、唯一の大きな疑問でした。頑張ることができたとか、そういうことではなかったのです。私は止めることができませんでした。あきらめることはできなかったし、それは私にとって、あまりにも重要なことでした。あきらめることは、まったく可能性のなかに入っていなかった。でも、これがうまくいって、本当に天文学者になれるという確信は、まったく、本当にまったくなかったのです。

分野の場との関係

四つに分類した回答の三つ目のカテゴリーは、同僚や学生、組織との関係における変化を扱ったものであった。ここでも、加齢による肯定的な結果と否定的な結果の数はほぼ同数であったが、興味深い違いが一つ見られた。否定的な結果はすべて男性によって述べられたもので、一方で、肯定的な結果は性別によって等しく分割された。明らかに男性は、通常、加齢にともなって起こることであるが、正式に組織に所属できなくなることを、より寂しく感じている。彼らは名声や権力の低下をともなう退職に、より苦しむのである。ユージーン・マッカーシーは遠い昔にアメリカの上院を去った。社会学者のデイヴィッド・リースマンは、旅をすることが嫌いなためにもはや出席していない学会を、懐かしく感じている。物理学者、ビクター・ヴァイスコップは、自然科学の多くの同僚と同様、活発な研究にはもはや従事していない。

しかし年齢とともに、分野の場でより中心的な地位を手に入れたり、あるいは、特に学生たちと、新たな連携の形態を作り上げることも可能である。ジョージ・スティグラーは、彼が編集している権威ある学術雑誌に多くの時間を費やしている。ラヴィ・シャンカルは、インド政府が彼のために建てようとしている、伝統音楽を教えるための新しいセンターの計画立案に携わっている。文化人類学者、ロバート・レヴァインは、アフリカにあるフィールドワークの現場への訪問を減らしているが、その一方で、より多くの時間を第三世界からの学生たちの教育訓練に当てている。マンフレート・アイゲンは、ゲッティンゲンの巨大研究所を率い、博士課程の学生十二人と緊密な関係のなかで研究を行い、さまざまな科学学会や政府機関で意欲的に活動している。

領域との関係

過去数十年の間に何が人生を変えたかという質問に対して、回答者が答えた最後のカテゴリーは、知識の獲得に関連したものである。肯定的な結果と否定的な結果がおおよそバランスのとれていたこれまでのケースとは対照的に、このカテゴリーに該当した一七%の回答は、一様に肯定的なものであった。より多くの異なる知識は、決して私たちを裏切らない、ということのようである。私たちは、身体的な活力や認知的技能を失い得るし、社会的な地位がもたらす権力や名声を失うこともあり得るが、記号体系としての領域は常にアクセス可能であり、その報酬は人生が終わるまで新鮮でありつづける。

ある人々は、みずからが追究している領域に、より多様で、より広範な可能性を見出した。その一例が、銅の彫刻についてこれまで学んできたことに魅了されている、ニーナ・ホルトンである。みずからの過去の仕事と関連する新しい事業に進出していった人々もいる。フリーマン・ダイソンは、情熱的に科学の研究をしていたころと同じくらいの情熱を持って、現在、科学についての一般の人々向けの本を執筆している。そして、彼は今や、数理物理学者と作家という二つのキャリアを持っている。まったく新しい関心を見出す人々もいる。ハインツ・マイヤー=ライプニッツは、ドイツ科学財団の理事長を務めた後に、料理の本を書いている。

しかし、より幅広く本を読むことができ、これまで顧みられなかった知識の領域を探究することができることを、単純に楽しみとしている人々もいる。あるいは彼らは、人生を十分に楽しむためにこれまで学んできたのだ、と主張する。変化は、しばしば、加齢や変化を決断する人の問題ではなく、むしろ、媒体との相互作用、あるいは領域自体の論理によって決定される。画家のエレン・ラニョンは、過去数十年間の彼女の画法の進化を、次のように語る。

初期の作品によって、私は、洗練された原始的芸術家と名付けられました。というのは、シカゴの街の情景を扱う一方で、十四世紀のシエナ派のエッグ=テンペラの影響を受けていたからです。そして、結果としてそこには、あらかじめ計画していた、遠近法へのある種の素朴なアプローチが存在していました。私は素朴な素人ではありませんでした。あるスタイルを使いつづけていたのです。そしてそれは、一九四〇年代の後半においては、とても適切な選択でした。そのスタイルは、アメリカのイメージ、特に、地方のイメージにおいて起こっていたことの一部だったのです。次に、もっと大規模な仕事をしたいと思う期間を経験し、私は油絵に取り組みました。そして、まさに一九六〇年代の初め、それは偶然だったのですが、写真をもとにした仕事を始めたのです。古い家族の写真をもとに仕事をしました。新聞やスポーツ写真をもとにした仕事もあります。イタリアで見つけた古い輪転グラビア写真をもとにしたこともあります。そしてそれは、すべて人物画でした。それは追憶そのものでした。当時、写真をもとに仕事をすることはタブーでした。私は実際に写真を通じて仕事をし、ある種の空間やパターンをカンバス上に移したのです。その空間やパターンは、それらが発生したある状況の光景、特に写真的な光景であり、その独特なあり方で、それらに似ていました。それは時間を凍らせました。状況を固定したのです。家族を写した写真の何枚かは、亡くなった人々を写したものでした。そして、二義的な理由ですが、それは言うなれば、私自身の個人史を取り上げ、それを記録し、それを時間のなかに定着させることであり、したがってそれは、あからさまなものとなり、完結したものとなったのです。それをわきに置き、そうすることで、私は前に進むことができたのです。そして、それは私にとって、とても重要なことでした。ですから、こうしたことを考えると、仕事が変化したのは、私の心のなかのイメージが変化し、動き出したからなのです。

次に私は、アクリルを使用するようになりました。アクリルはそのときまでに、かなり改良されていて、それを用いて仕事ができるようになっていました。私は約五年を費やして、アクリルが使えるように自分を訓練しました。ですから、今、ほとんどの人々は、それらが油絵ではないということさえ知らないでしょう。そうする過程で、作品の内容も変えることを、決心しました。ですから、私は別の、ある種、知的な決定もしています。物体を、静物ではなく物体を題材に仕事をすることを選択したのです。さまざまなことを次々と試しましたが、作品がより形而上学的になったのは、おそらく、この頃と言っていいでしょう。物体がそれ自身の命を宿すようになりました。そして、作品はステージ・マジックや物理学と化学を用いた初期の実験と関係のある、すべてのシリーズを通して、うまく機能しました。それは一九六八年くらいに始まり、その作品は未だにあらゆる領域にかかわっています。そして、舞台の制作を通して、動物、鳥、昆虫が、それに加わりました。つまり、こうしたことはすべて、ある種の増殖と前進だったと言えます。

この引用は、領域がいかに無尽蔵なものであるかをよく表している。このケースでは、絵画のさまざまな媒体——エッグ＝テンペラ、油絵具、写真、アクリル絵具——、芸術史上のさまざまな影響、感情面の移りゆく優先事項、そして、成熟を続ける経験に対する内省のすべてが互いに影響しあい、ラニョンが人生を通して探究することのできる、終わりのない一連の発展を提供している。領域における変化が常に肯定的なものとして捉えられるのは、こうした理由からである。身体が衰え、社会におけるさまざまな機会が制限されてしまうときでさえ、領域における変化は、人が創造的でありつづけることを可能にするのである。

常に一つ上をめざして

なぜこうした人々が、私たちが予想するよりも、歳をとることをより肯定的に捉えるのかを理解するのはたやすい。それは、彼ら一人ひとりが、たとえ最終的には到達できないものであったとしても、興味深く、やりがいのある仕事に、未だに深くかかわっているからである。頂上に到達し、驚きとともに壮大な景色を見回した後に、近くにあるより高い山の頂を見て喜ぶ登山家のように、こうした人々は決して刺激的な目標を失うことはないのである。俳優のエドワード・アズナーは、今、何が彼の関心を引きつけるのかについて語るとき、創造的な人々の感情をこう表現している。

私の演技力がこれまでよりも優れていると示すこと、全般においてそうであると示すこと、あらゆる方法でできると示すこと。しかも、できるだけ多くの方法で。ラジオ、コマーシャル、吹き替え、ドキュメンタリーのナレーション、舞台、テレビ、映画。何でも構わないのです。私は思いがはち切れそうなほど渇望し……獲物を求めてうずうずしているのです。

研究協力者に対して、現在挑戦していることは何か、どんな目標にもっとも多くのエネルギーを費やしているのか、について、語ってくれるよう求めた。回答はすべて熱意のこもったものであり、その人が現在かかわっていることを詳細に伝えていた。すべての人が、アズナーのように、未だに「獲物を求めて」いるのは明らかであった。唯一の例外も単にこの結論を裏づけるものであった。フリーマン・ダイソンは、当時、打ち込むものを何も持っていなかった唯一の回答者であったが、彼は、怠惰は創造的な爆発に不可欠な先行現象であり、それゆえ、何も打ち込むことがないというのは彼にとって、とても創造的な期間であると語った。「私は何もせず、ただぶらぶらしていますが、おそらくこれは、創造的な期間なのでしょう。これが後どのくらい続くか、もちろんわかりませんが。私は何もしないでいることがとても重要だと思っています。ですから、私は何もしないでいることを恥じてはいないのです」。

コラムニスト、ジャック・アンダーソンのように、外部の出来事によって挑戦すべき課題が決まる人々もいる。彼は、興味を引く重要な問題は次から次へと発生しつづけ、そうした問題が彼に関与の機会を与えてくれると確信していた。

私は常に、もっとも重要な課題を自分が取り組む課題にしようとしています。たとえばどんなことでも、自分が取り組んでいることに高い優先権を与えることで、やる気を保とうとします。私は過去に生きたくはありません。私が過去に成し遂げたことはわずかですが、それは完了したことで、終わったことです。うまくやり切ったということに喜びを感じています。しかし、今日においてそれは、何の意味も持ちません。重要なのは、私が今日何をし、明日何をするか、ということなのです。

この種の未来志向は典型的なものであった。過去の成功を回想したり、思いに耽ったり、ということは、この創造的な人々のグループには、ほとんど見られなかった。すべての人のエネルギーは、達成されるべき課題に向けられていた。

もっとも頻繁に見られた挑戦的課題は、翌年に本を執筆する、あるいは四、五本の論文を書くというものであった。優れた研究課題を達成しようという人々もいた。イザベラ・カールの回答はその良い例である。彼女の表面的な探究活動の奥で湧き立つ興奮は、彼女の難解な専門用語をもってしても、完全に覆い隠すことができないほどのものである。

ところで、ちょうど今、私は、細胞膜に経路を作るペプチドシステムの研究をしているのですが、それが細胞の端からその反対の端までカリウムイオンを運ぶのです。私は、この研究をインドに住む男性と共同で行っています。彼は物質を単離させ、不純物を取り除くことができるのです――こうしたことを言うのは、多くの天然物が、多くの、微妙に異なったかたちで現れるからで、もし多様に異なるこれらの物質を選り分けなければ、結晶の繰り返しが適切に行われず、結晶を育てることができないのです。結晶では、分子がある特定の形状で繰り返される必要があるのです。彼が材料を準備し、結晶を育ててきました。実際には、溶剤が異なると、同じ物質がやや違った結晶を成長させます。そして、私は今、第三の結晶の形態を見ているところです。それらの各々が、どのように経路が形成されるのかを示しています。らせん状のペプチドがあります。そのペプチドはその中が大きく曲がっていて、そして、二つのペプチドが結合してこのような砂時計の形になります［身振りで説明する］。それらは片側が疎水性です。これは、それが細胞壁を作っている物質と親和性があることを意味しています。それらのペプチドの内部は親水性、つまり、水または極性物質を引きつけます。ですから、結晶のなかのこの経路、これはすべての結晶の形態に言えるのですが、この経路は水で満たされています。しかしその経路は、二つの部分の間に存在する水素結合によって、途中で中断されているため、もし水の分子があったとしても、その中間、つまり、中央部を通ることはないでしょう。これらの物質は抗生物質として使え、これが、これらの物質がそういった仕事をする仕組みなのです。生化学や生物物理学においてとても重要なのは、イオンがどのように運ばれるのかを理解することです。なぜなら、私たちの身体は、私たちが食べた食物や必要とするミネラルに対して、あらゆる方法を使ってそうしたことをしているからです。

こうした人々の献身が多面的な性質を持つことを示す別の回答は、ロザリン・ヤローが語ってくれた、科学の研究、政策立案、家族との時間、社会奉仕のすべてが絡み合った、彼女の最近のスケジュールに関するものである。

ええと、ちょっと待ってください。二月二十四日に私はここニューヨーク市の記念病院で講演して、それから、四時と六時に自然科学を研究している女性たちとマウント・シナイ病院で会いました。その後、マイアミのイースタン学生研究会に行き、次の日には内分泌腺の往診をしました。それから、家［ニューヨーク市］に戻って、三日間、オーバーン大学で講義と交流を行いました。その後、分光学についてのピッツバーグの学会に行って、それから、ニューオーリンズで開かれた分析化学の会議に出席しました。そこから戻り、今度は、スチュワート・カントリー・デイ・スクールに行って、七年生から十二年生に向けて講演をし、その後、アルバニーに行きました――これらはすべて、同じ週にあったことです。

昨日はニューヨーク科学アカデミーに行って、やんちゃな高校生に講演をしました。来週はカリフォルニアにあるローレンス・リバモア研究所へ出向きます。私はローレンス・リバモアとロス・アラモスの諮問委員会のメンバーなのです。しかし、私は放射線の講演をして、女性のグループと懇談を持つ予定です。

そして、娘、彼女の夫、孫に会いに行き、二十九日に戻ってきます。三十一日には、ナッシュビルに発ち、そこのヴァンダービルト大学で二日間、スワニーにあるサウス大学で二日間の講演です。それからふたたびカリフォルニアに戻ります。アメリカ化学学会が、私の著書のタイトル『放射能社会』を使って、三日間のシンポジウムを開いてくれるのです。そこから戻ったら、放射線についての会合のために、ラスベガスで開かれるアメリカ核医師会に出掛ける予定です。

バリー・コモナー、ジョージ・クライン、エリザベス・ノエル゠ノイマン、エンリコ・ランドーネのように、組織――会社や研究所――に責任を負っていた人々にとっての主要な挑戦は、その組織が生き延びるための手助けをしつづけることである。ロバート・ガルビンは、彼のモトローラ社への継続的な関与について、次のように述べる。

私は、会社の直接的で、経営的なリーダーシップを譲った後も、組織に深くかかわって、影響を与えつづけたいと思っています。単に数週間や数カ月先のことではなく、数十年にわたって、組織のパフォーマンスにてこ入れができるような影響力を持つと考えられる要因に対し、徐々に多くの注意を払うようになってきています。私は、商業的組織の収益能力を引き上げることを約束するような、いくつかの重要な基本的要素があると考えています。最上位のリストに入っている基礎的要素の一つは、創造力という職業的技能、つまり、リーダーシップの質を変える潜在能力で、それは予見と関与の機能にかかわるものです。

ある人々は、あたかも、みずからに突きつけられた予期せぬ問題に挑戦を見出しているかのようである。エイズが世界的に蔓延したとき、ジョナス・ソークは科学政策と慈善事業に専念しようと計画していた。しかしソークは、その課題をあまりに抗しがたい、強制力のあるものと感じた。彼は研究所に戻り、数十年前にポリオワクチンに対して行ったのと同じように、その病気を防ぐためのなんらかの免疫学的手段を見つけようと試みた。シカゴ大学の教授職を退いてから十数年後、バーニス・ニューガーテンは貧しい子どもたちの窮状について書かれた統計の本を読んできわめて失望し、フルタイムで政策研究を行うために職に復帰した。

こうした献身は、一部のある人々によって、仕事中毒、業績以外には人生の他のどのような側面も楽しむことができない強迫的無能さ、と解釈されるかもしれない。しかしこの見方は重要な点を見過ごしている。彼らのほとんどにとって、仕事は充実した人生を回避する方法ではなく、むしろ、人生を充実させる方法なのである。テレビプロデューサー、ロバート・トラシンガーは、このプロセスの多面性を次のように示す。

今、本当に人生を楽しみたいと思っています。穏やかになりました。私はこれまでずっと、一生懸命働いてきました。タイプA性格特性なのでしょう。以前は高血圧で、薬を飲んでいました。今はもう、薬を飲む必要はありません。ヨガを少しやっていますし、太極拳も少しやっています。教えることが今でも好きです。なぜなら、学生たちからとても多くの愛情と反応、多くの思いやりをもらえるからです。それは、私にとってとても重要なことなのです。なぜなら、孤独なゲットーの少年がまだ私の多くの部分を構成しているからです。今は、十分なお金を持っていて、働かなくても、つまり、今はお金のために教えなくても、心地よい生活を送れています。ヨーロッパに行って、そこの若い人たちを教えたり、私がテレビと映画制作の学科を立ち上げている学校と協議することが楽しいのです。そして彼らには、私たちのテレビという形態は、ある種の文化帝国主義であり、それに黙従しないように注意を与えています。ヨーロッパのテレビで彼らが観るものは、そのほとんどがアメリカのテレビ番組で、そうしたことが彼らの文化を蝕むのです。ですから私たちは、それらの価値について話し合います。単に聴衆を心地よく刺激し、お金を稼ぐためだけに存在するのではない、責任感のある映画製作者やテレビ番組制作者をどのように育てればよいのでしょう?

私は学校に通っています。名著を扱う授業に出席していて、読書に夢中です。上の階に上がれば、優に一五〇〇冊から二〇〇〇冊の本がありますが、その多くはまだ読んでいません。しかし、歳をとるにつれて本を読むでしょうし、これからますます多くの時間を読書に当てるつもりです。そして、私は若い人たちに助言をしています。決して賢人ではないですが、六十七年間生きてきて、実際に感じたり、実際に知っていることがいくつかあります。思いやりはすばらしい感情ですが、私たちはそれを求めようとすることを止めてしまいました。

意味の源

エリック・エリクソンによれば、人々が人生で直面する最後の心理的段階は、彼が統合性獲得の課題と呼ぶものである。これによって彼が言わんとすることは、もし私たちが十分に長く生き、成人期の初期の課題をすべて解決したならば——つまり、有効なアイデンティティと親しみと満足感を与えてくれる親密性を発展させ、世代性を通して、次世代に遺伝子と価値観を伝えることに成功したならば——、そのとき、人間としての完全な発達に必要不可欠な、最後の課題がそこに存在するということである。これは、みずからの過去と現在を意味ある物語にまとめ上げ、近づきつつある死とみずからに折り合いをつけることからなる。もし晩年に、困惑と後悔を持って過去を振り返り、それまで自分が行った選択を受け入れられず、別のチャンスを願うとしたら、そこにもたらされるのは絶望であろう。エリクソンの言葉にはこうある。「有意義な老年期は……そのような、後世に伝えるべき、統合された財産への欲求に応える。それはライフサイクルに欠かせない視点を与えてくれるものである。ここでの強さは、死と結びついた人生に対し、囚われず、しかし積極的にかかわっていくというかたちをとり、それを私たちは知恵と呼ぶのである……」。

統合性という概念は、自己の外の他者とつながりあう能力、他者と関係を結ぶ能力を意味する。エリクソンは、老人の見方をアイデンティティの新たな定義に基づくものと考えたが、それは、「私を生き延びたものが私である」という文章で端的に表すことができる。もし私が、人生の最後に向けて、自分自身にかかわるものが何ひとつ存在しそうにないと結論づけたなら、絶望がその後に訪れるであろう。しかし、自己を何か、より永続的な実体と同一化できたなら、私の生存は、絶望を近づけない、つながりの感覚、つまり、連続性の感覚を私に与えてくれるだろう。もし私が、自分の孫たちや成し遂げてきた仕事、あるいは、これまで支持してきた理念に愛情を感じていたら、そのとき私は、個人的な死の後にさえ、未来の一部を必ず感じることができるのである。ジョナス・ソークは、このような態度を「良き祖先になること」と呼んでいる。

私たちの研究では、回答者に、人生についての統合性の感覚を達成しているのか、あるいは、どの程度それを達成しているのか、ということを直接的に問うことはなかった。しかし、ある一つの問いに対する回答が、どのような要素がこれらの人々のアイデンティティの核、その周りで統合性の感覚が発達する核として機能しているのか、という問題に、光を当ててくれる。その質問は「人生で行ってきたことのなかで、もっとも誇りに思うことは何ですか?」というものであった。この質問はたしかに統合性の研究にとっては理想的なものではない。なぜなら、何人かの回答者は、誇りに思うという言葉を不快に感じ、またある回答者たちは、みずからの大きな誇りの源として、ある特定の業績を選び出すことをあまり快く感じなかったからである。それにもかかわらず、その質問への人々の回答は、たいていの場合、彼らが人生で成し遂げたもっとも意義深く、重要なことについて、そして、それらと将来との主要なつながりについて、彼らが考えをめぐらせていることを示唆するものであった。

その回答は、すべてが基本的に一つのタイプであり、回答をカテゴリー化するのはきわめて容易であった。私たちがこのような成功者のグループに対して期待するように、彼らの回答の最初のものは、職業人生で成し遂げたことであった。誇りの源として言及された業績の約七〇%がみずからの仕事と関係していた。しかし、驚くべきことに、女性の四〇%と男性の二五%(グループ全体としては三〇%もの人々)が、もっとも誇りに思うものとして、最初に家族を挙げた。以下は二人の男性が質問への回答として述べた理由のいくつかである。

そうですね。私は子どもから大きな満足と誇りを得ています。そして、孫たちは無条件の喜びを与えてくれます。なぜなら、孫たちが悪いことをしても、私は心配する必要がないからです。彼らのことは母親に任せます。私は思うのですが、孫というのは祖父が一緒に遊ぶために創られたのではないでしょうか。孫たちは皆とてもかわいくて、喜びの大きな源です。現在、私の子どもたちは、何人かが問題を抱えています。しかし、基本的にはなかなかよくやっています。私は、彼らが成し遂げてきたことに非常に満足してきましたが、問題を抱えている子どもたちのことは心配しています。私のどんな問題よりもはるかに、彼らについて心配しています。そして、私自身の業績に対しての喜び以上に、私は彼らが成し遂げたことを喜びます。私は家族から、誇るべき多くのものを与えられているのです。

妻と子どもたち、家族を最高の状態に保つために、誠実に、懸命に働くこと。私の結婚生活が安定しているという事実は

――それは安定という以上のもので、それは本当に幸運なことでした――、私の特別な性格にとって、とても重要なことだったと思います。もし私が、人生のあの部分は大丈夫であるとか、大丈夫よりももっと良い、といった安定した感覚を持てなかったとしたら、もし私に不出来な子どもたちがいたとしたら、あるいは、もし私が離婚をしていたとしたら、それはきっと、私の執筆や授業の調子に影響していたでしょう。同じような、積極的で、弾むような授業はできなかっただろうと思います。

二つ目の引用が示すように、家族についての誇りは、しばしば、仕事への誇りと結びつく。回答の最初に家族が言及されているが、その重要性は執筆や授業の重要性に比べれば、二義的なものである、と結論づける人さえいるだろう。それは、ほとんどまるで、家族が大事なのは、主に、それによってその作家が自分の仕事にすべてのエネルギーを集中することができるからだ、というように聞こえる。実際、家族と仕事は、たいてい、きわめて密接な関係にあるため、名声と業績が評価されるのはそれらが家族の幸福を高めるからであるのか、あるいはその逆のためなのかを、一つの回答から述べることは難しい。しかし驚くべきことに、他のどんな主題も、この単純な二重性を妨げてはいないのである。人は、二十世紀最後の数年に、きわめて優れた業績を残した、洗練された人々のなかに、何が人生の物語を構築するかについての、より多様で、より深淵な話題を期待していたかもしれない。たしかに、彼らの人生の物語は幸福な人生の秘訣の探究に対してフロイトが与えた、一見単純な回答を証明しているように思える。彼は「愛と仕事」と言った。そして、それら二つの言葉を使ってしまうことで、彼はすべての選択肢を使い果たしてしまったのかもしれない。

回答をより詳細に見てみると、また別の、興味深いパターンが見えてくる。回答者の何人かは――誇りの源として、最初に仕事に言及した七〇％の人々のうちの、さらに約七〇％の人々――、彼らが成した偉大な貢献、彼らが受けた称賛と賞、同僚たちの間での名声といった、誇りを感じるための外的な理由について主に言及している。残りの三〇％は内的な理由を強調する――業績によって可能となった文化的進歩、あるいは、難しい仕事が成功したという個人的な報酬がそれであった。

物理学者のジョン・バーディーンは、外的な理由に言及する一方で、彼が取り組んできたことに対する内的な重要性をより強調する。

それは超伝導理論だと思います。私をもっとも有名にしてくれたことの二つは、私がトランジスターと超伝導理論の共同発明者であるということです。もちろん、トランジスターは超伝導よりも世界的により大きなインパクトを与えましたが、私にとっては、超伝導のほうがより大きな挑戦でした。そして、その理論は物理学の他の分野により大きなインパクトを与えました。理論的な貢献に関して言えば、それは、高エネルギー状態の原子核や粒子の構造を考察するための、いくつかの新しい方法に道を開いたのです。ですから、この理論は、宇宙とはいったい何であるのかをより深く理解する試みに対し、より多くの貢献をしたのです。

さらに、より外的な回答には、売れた本の冊数やその人が率いた大きな研究組織の管理者の地位、そして、重要な展覧会に展示された絵、といったものについて語る傾向が見られた——言い換えればそれは、履歴書で強調すべき箇所を詳細に語る傾向とも言える。経済学者のジョージ・スティグラーは、私たちの問いにすがすがしいほど直接的な回答をしている。

私は、自分がこれまでしてきたことによって、他の人々に強い印象を与えることに成功した、ということについて話さなければならないでしょう。そして、こうしたこととは、私がノーベル賞を受賞した二つの領域の仕事やそれに類することだろうと思います。ですから、専門家として好んで行ってきたこれらの仕事や他の特定の仕事が、職業人生が続く限り、私のもっとも誇りに思うこととなるのでしょう。

しかし、他のすべてのノーベル賞受賞者は内的な理由を挙げた。おそらく、それぞれの分野の場における業績が最高レベルにきわめて近い人々のなかでもっとも高い段階に到達した人々のみが、世俗的な成功の重要性を軽んじる贅沢を享受できるのであろう。しかし、回答をより詳細に見てみると、このたった一つの質問に寄せられた回答に、あまりに重きを置き過ぎるのは賢明ではないということがわかる。男性のほぼ四〇%が内的と分類される回答をしたのに対し、女性は誰ひとりとしてそのような回答をしなかった——女性一人ひとりが誇りについて語ったのは、彼女たちの貢献の外的な側面に関してであった——ということに気づいたときに、その理由は明らかとなる。

しかし、これらの女性たちは仕事を楽しみ、仕事の重要性に畏怖の念を抱き、仕事がもたらしてくれるかもしれない名声や権力に、それほど関心を持っていない。ヴェラ・ルビンほど、仕事への愛情をもった科学者を男性で見つけるのは難しいであろうし、それは、エヴァ・ザイゼルのようなひたむきな芸術家や、ナタリ・デイヴィスのようにその巧みさに興奮を禁じ得ない歴史家の場合も同様である。では、なぜ女性たちは、誇りについての質問に対し、外的な成功を強調する傾向にあるのだろうか？　おそらくそれは、女性たちが男性たちよりも、正当な評価を得るのにははるかに困難な時間を過ごすからであり、したがって、その評価を手にしたときに、彼女たちにとってそれは、それ以上のものを意味するのである。いずれにせよこの矛盾は、たった一つの答えを、個人について私たちが知っていることの全体的な背景から解釈しようとすることが、人に真実を見失わせてしまうという、重要な点を例証している。イザベラ・カールは最初、かなり外因的な回答をしていたが、インタヴューの他の部分では明らかに、自分の仕事の内因的な側面に、より大きな関心を持っていた。

私は、あらゆる種類の科学に関する賞を受賞し、「エリート」の団体と考えられているものの会員に選ばれてきたという意味においては、成功してきました。そして、世界中の、あらゆる種類の大学に講演のために招かれますが、それはとてもすばらしいことです。しかし、私にとってもっとも大きな満足は、自然について未だ知られていないことを発見すること、そうしたことをただすることなのです。こうした分子がどんなかたちをしているかを観察することに満足を感じます。それらの分子がどのように反応するのかを理解することに満足を感じるのです。それはとても個人的なものだと思います——それは他人たちがベートーヴェンのソナタを間違いなく演奏することに満足したり、絵を描くことに満足したりするのと同じことなのです。

研究協力者の誇りに関する質問への回答を詳細に追っていくと、彼らもまた、他の人々と同様に、みずからの物語のなかで仕事と愛という対のテーマを強調している、という結論に至る。これらのテーマは彼らにとって、みずからの過去に関する意味ある物語を作り上げ、さらに、未来への架け橋を作り上げるための源となっている。多くの人々が努力に対して得る以上の大きな名声を彼らが幸運にも手に入れたという事実は、それほど大きな違いをもたらさないように思える。正直な配管工であり、親として充実した人生を送るよりも、一つ、あるいは二つのノーベル賞を受賞することが、聡明であると主張し得たり、あるいはそれが、絶望に対するより確かな防衛になるという証拠は、どこにもないのである。

無限なるものと向き合うこと

すべての回答者は、インタヴュー当時においても、みずからの人生の主要なテーマを反映する家族や仕事上のプロジェクトに積極的にかかわっていた。しかし、彼らの関心はさらなる広がりを見せ、より大きな問題を含むようになることもしばしばであった。それは、政治、福祉、環境、そして時には、宇宙の未来に関するような、超越的なものを含むこともあった。興味深いことに、人生の最後の数十年には、回答者の誰ひとりとして、正統的な宗教的信仰を持っていなかったように思える。死の恐怖は彼らに重くのしかかってはいなかった。明らかにそれは、若いころには馴染みのなかった信仰に、慰めを求めなくてはならないほどのものではなかったのである。社会学者、エリース・ボールディングのように、最初から強い宗教的基礎を持っていた少数の人々は、彼らの信仰を保ちつづけていた。しかし、儀式化された信仰心が失われたときにおいてさえ、より広義な意味での信仰心がはっきりと存在しているように思えた。それは、畏怖と尊敬——そして好奇心——を人々に求める、究極的な意味に満ちた宇宙への信仰であった。

おそらく、改宗の経験にもっとも近づいた人といえば、ノーマン・ヴィンセント・ピールのような宗教原理主義者や伝道者たちから、アメリカの育児に自由放任主義を導入し、したがって、国民性を堕落させたと批判されてきた、小児科医のベンジャミン・スポックであろう。九十代になった今、スポックはスピリチュアリティについての本を書いている。しかし、彼のスピリチュアリティの理解は制度化された宗教のそれとはかけ離れたものである。

残念なことですが、スピリチュアリティは今風の言葉ではありませんし、よく使われる言葉でもありません。なぜならそれは、私たちがとても世俗的な国に生きていて、スピリチュアリティについて話すことが、いくぶん古臭いことと考えられているからです。「それは何ですか?」と人々は言います。私にとって、スピリチュアリティとは、非物質的なものを意味します。私は、それが何か神秘的なものだという印象を与えたいのではありません。それが普通の人々の、普通の生活に応用されることを望んでいるのです。愛、思いやりに満ちた手助け、寛容、芸術を楽しむこと、さらには、芸術における創造性、といったものです。芸術における創造性は、きわめて特別なものだと思います。物事を、文学や詩、戯曲、建築、庭、あるいは、他の美を創造するなんらかの方法を用いて表現しようとすることには、高度で、優れたスピリチュアリティが必要となります。そして、もしあなたが美しいものを創造できないのであれば、少なくとも、美しいものを味わい、そこから何かしらの楽しさやひらめきを得ることが大切です。ですから、スピリチュアリティとはまったく物質的なものではないのです。そしてそれは、宗教をも含むでしょう。

陶芸家、エヴァ・ザイゼルはその大胆な人生を通じて、社会的に恵まれない人々を援助しようと努力し、世界を、生きるためのより良い場所にしてくれると心から信じた左派の大義を推し進めるために、その芸術的な才能の一部を注ぎ込んできた。八十代になった現在、彼女はみずからの過去を客観的な目で見つめる。そして、まったく後悔はしていないものの、彼女の動機がもっとも賢明なものであったかどうかについては、確信が持てずにいる。後悔や絶望はないが、彼女は、自分が絶対的に頼ることができる唯一のものは、みずからが作り出す作品と、おそらくは、「良い行いをすること」という古くからの目標であると感じている――これについては、かつてほど楽観的ではないが。

蓄積してきた知恵をどうやって孫娘に伝えようかと考えていました。そして、私が彼女に伝えようと考えたことの一つは、人は良いことをしようとし、何かを作り出そうとする、ということでした。私は、技能が人生を意味あるものにしてくれたと感じています。それは、一旦ひとつのポットを作り、それが自分の手から離れると、そのポットはその人の人生をある意味で正当化し、強固なものにしてくれるからです。結局のところ、人はさまざまなことを経験し、最後に死を迎えます。そして、その作り上げたものが人生をもっとはるかに……そうですね、満足のいくものにしてくれる。それがその人の存在を正当化してくれるのです……。

それから、社会に対して良い行いをするという問題があります。私たちの同時代人や私たち自身が、そのために生きる、何か大きなイデオロギーを持っていたことを忘れてはなりません。誰もが、自分はスペインで戦うか、他の何かのために死ななければならないと思っていましたし、私たちのほとんどは、何かしらの理由で投獄されなければならないと考えていました。そして、結局明らかになったことは、それらの偉大なイデオロギーはどれも、私たちが何かを犠牲にするほどの価値を持っていなかったということでした。個人的に良いことをするということでさえ、それについて絶対的な確信を持つことはきわめて難しい状況です。イデオロギーのために生きるべきか、あるいは、良い行いをするために生きるべきかをさえ、厳密に知ることはきわめて難しいのです。しかし私は、ポットを作ることに良くないことなど決して存在しないと断言します。たとえいかなる悪であっても、ポットを作ることでそれを世界に引き入れてしまうようなことはないでしょう。

マーク・ストランドは、目撃者、つまり、経験を記録する者としての詩人の役割は、私たちの誰もが意識を通して宇宙の秩序を保ちつづけるために負っている、より大きな責任の一部であると考えている。

さえ、それは、死を免れることはできない、という感覚に起因すると思います。つまり、私たちはここに、ほんの少しの間しか存在しないということです。そして、この世界に生まれ落ちたことはとても幸運な出来事ですから、私たちは注意を払う義務を負っているようなものなのです。ある意味でこの解釈は、途方もないものになっていきます。つまり、私たちは——私たちが知る限りでは——自意識を持つ、宇宙の唯一の部分なのです。宇宙の意識の一つの形態でさえあるのかもしれません。宇宙がそれ自身を見つめることができるように、私たちが現れたのかもしれません。それはわかりませんが、しかし、私たちは星を構成し、宇宙を漂っているものと同じ物質からできています。しかし私たちは、生きるとはどういうことか、目撃者になるとはどういうことかを記述することができるよう、化学的に統合されています。私たちの経験のほとんどは、目撃者であるという経験です。私たちは他の物を見、その音を聞き、その臭いを感じます。生きるとは反応することである、と私は思っています。

物理学者、ジョン・ホイーラーが理解しようとしていることは、ストランドの立場、つまり、人間原理と呼ばれてきたものの探究と、非常に類似しているように思える。人間原理とは、私たちが存在するからこそ世界は存在するという考え方であり、一般的に、神学者や哲学者の関心を引く世界の捉え方である。こういった人々によれば、私たちが宇宙の存在を知るのは、私たちが宇宙を意識しているからである。あるいは、宇宙がそこに存在するのは、私たちが宇宙を意識しているからに過ぎないのかもしれない。しかし、常に科学者であるホイーラーは、この曖昧で、野心的な説を、実際に検証できるものとするために、それを公式化したいと考えている。

私はちょうど今、それは完全に間違っているかもしれないのですが、さらに先に進めるまで判断ができない、ある考えにワクワクしています。それは私たちの周りで展開しているこの壮大なショー、つまり世界のことですが、その成立に、私たちがなんらかのかたちで、重要な役割を演じているということです。トーマス・マンはこれを、どこかの一節で、鮮やかに表現しています。しかし、どうしたらこの考えを、検証可能なほど明確な方法で表現することができるのでしょうか。そこで私は、ドイツの哲学者ハイデガーの著作を読みながら、とりあえず先に進み、この問題についての私の見解に貢献できると思われる人々と話をしています。それを、イエスかノーで決定できるような、ある特定の問題の、ある特定の側面に集中するほうが良いのかもしれませんが、現時点では、全体があまりに大き過ぎて、あまりに形として整っていないので、その全体を育てることのほうが良いのでしょう。

ジョナス・ソークは、免疫学の研究、所属する組織への関心、慈善基金の団体の一員である、といったことに加えて、文化や意識の進化に影響を及ぼすような、進化論の持つ、より広い意味あいについて、長年にわたって考えてきた。

私は、創造性そのものについての、ある種、より大きな、そしてより根源的な問いに関心を持ちつづけてきました。この組織［ソーク研究所］は、この場所に創造性のるつぼが存在することになるだろうということ、そして、人生のなかでそうした特質を示してきた人々とともに、創造性の研究を突き詰めていく中心地になるだろうということを念頭に置いて、設立されたものです。私たち人間は進化のプロセスにおける産物だと、私は考えています――創造的進化と言っても良いかもしれません。私たちは今や、そのプロセスそのもの、あるいは、そのプロセスの一部になっているのです。そして、私はその視点から、私が宇宙の進化と呼んでいるものに関心を持ってきました。その進化の現象それ自体は、まず、私が生命誕生以前の進化と呼んでいるようなもの、つまり物理的・化学的世界での進化として現れ、次に、生物学的進化、そして、私がメタ生物学的進化と呼んでいるもの、精神それ自体の進化、つまり脳と精神の進化へと続きます。そして私は今、進化が目的を持つという、目的論的進化について執筆しはじめています。ですから、私の現在の目的は、進化、つまり創造性を、それが目的を持っているという観点から理解しようとすることなのです。

若い科学者たちはしばしば、ある種の不快感を持って、年上の科学者たちを眺めることがある。彼らは、スポックのような人たち、ホイーラーのような人たち、そして、ソークのような人たちが、老年になって思い切った決断をし、学問の境界を打ち壊し、存在という大きな問題にかかわりはじめたように見えることを理由に、こうした人々の頭がいくぶん衰えたと言い、彼らをあざ笑う。時に、これらの試みを老齢による空威張りとして退ける根拠もあり得る一方で、回答者から得られた実例は異なる方向を指し示す。みずからの領域の狭い範囲のなかで、何十年も過ごしてきた高齢の科学者や芸術家たちは、その専門分野に強い影響を残し、アトリエや研究室の外の世界を探究しはじめたとき、しばしば解放感を覚える。探究が進むにつれ、彼らが取り組む問題は、ほぼ確実に、彼らが人生の早い時期に直面した問題よりも、手に負えないものとなっていく。だからと言って、彼らはそれを思いとどまるべきなのか、それとも、嘲弄されるべきなのか？　あるいは、その代わりに、単一の学問分野の、厳密で、しばしば不毛な規則によってのみ人間の努力を判断する批評家たちを、憐れむべきなのだろうか？

もちろん、こうした問いは修辞的である。なぜなら、私が知る限り、こうした人々が乗り出している探究は、彼らの人生の現在の段階を、きわめて刺激的で価値あるものにしているからである。他にどんな状況があり得るかを知ることは難しい。知恵と統合性は、単一の領域においては見出し得ないのである。必要とされるのは、学問分野の境界を超える、より広い視点、つまり、知ることと知覚すること、感じることと判断することを結びつけた理解の方法である。人は、こうした課題に直面したとき、文化のある分野の場がその人の芸術、ビジネス、あるいは科学への貢献を認めるときに期待するのと同様に、社会の注目を獲得できると期待すべきではない。しかし、知恵を志向する人は、その頃までには、充実した人生の本質は成功ではなく、むしろ、存在のもっとも個人的なつながりにおいて私たちが到達する確信、私たちの存在が宇宙の他の部分と意味あるかたちでつながっているという確信を持つことである、と理解しているのである。

第Ⅲ部

創造性の領域

DOMAINS OF CREATIVITY

第十章

言葉の領域

さて、この本書第三部では、創造性《クリエイティヴィティ》の特定の領域をより詳細に見ていくことにする。第四章が示すように、創造性のプロセスには共通する重要な特徴が見られるが、そこで具体的に何が起こっているかを実際に知るためには、それぞれの領域を個別に考える必要がある。非常に抽象的なレベルでは、物理学と詩作の創造性には共通した特徴が存在する。しかし、そのような抽象化されたレベルでは、そのプロセスのもっとも興味深く、もっとも重要な側面の、多くが失われてしまう。したがって、この章と次に続く二つの章では、何が文化の変容にかかわっているのかをより詳細に理解するために、同じ領域からの多くの事例を提示する。

まず、五人の作家――三人の詩人と二人の小説家――の目標と仕事の方法に関する、簡単な分析から始めよう。すべての文化的領域のなかで、今日、文学がもっとも身近なものであり、したがって、分析を作家から始めることは理にかなっている。専門的な知識を持たない人々（私自身もそのなかの一人であるが）に、理論物理学者の仕事をわかりやすく説明することは、たやすいことではない。しかし、私たちは皆、物語を読み、ある程度、物を書くため、職業作家の作品を難解に感じることはない。しかしながら、文学という、ある程度同質な領域のなかでさえ、大きな差異が存在する。詩人と小説家の明らかな違いだけでなく、これらの下位領域のそれぞれには、たとえば、作家が詩の長い伝統のどの部分を参考にしているのかという観点において、数えきれないほどのバリエーションが存在する。その作家が古典的な様式で執筆しているのか、あるいは、実験主義者として執筆しているのか、あるいは、その人がどのようなジャンルを好むのか、といったことである。先の分析で示された、それぞれの作家はユニークである、という事実にもかかわらず、この後に続く五つの素描は、文学作品の創造に何が関係しているのかについての、ある特徴を醸し出している。しかし、そうした実例を見る前に、より一般的な問いについて考えてみることは、有効であるのかもしれない。それは、なぜ私たちは文学に興味を持つのだろうか、ということである。

言語の内容と規則の周りに組織された記号体系は、世界でもっとも古い記号体系の一つである。現実や想像上の出来事について語った最初の物語、つまり、祖先に関する神話や火を囲んで話された物語は、想像力を通して、人間の経験の範囲を劇的に広げた。詩の押韻や韻律は、自然の不安定な秩序を改善する術をほとんど学んでこなかった人々には超自然的と思われたに違いない、秩序のパターンを創り出した。そして、書くことの発見が、脆弱な脳の外側に記憶の保存を可能にしたとき、言葉の領域は、人類にとってもっとも効果的な道具の一つとなり、誇りを生み出す、もっとも大きな源泉の一つとなった。おそらく、芸術、ダンス、音楽だけがそれよりも古くからあり、科学技術や算数も、おそらくそれと同時期に生じたものと考えられる。

言葉をそれほど影響力のある物にするのは、それが個人の経験の範囲を広げることによって、人生を豊かにするからである。物語や本がなければ、私たちの知ることは、自分自身に起こったことや、出会った人々に起こったことに限られてしまう。本によって、私たちはヘロドトスのエジプト旅行に加わり、ルイスとクラークとともに壮大な太平洋への旅［メリウェザー・ルイスとウィリアム・クラークが一八〇四〜〇六年に行った、太平洋への陸路での探険の旅］を経験し、今から数百年後に銀河系を超えた旅がどのようなものになり得るのかを想像することができるのである。

しかし、より重要なことは、書かれた言葉によって私たちは、みずからのなかで起こっていることをより深く理解するということである。現実、あるいは想像上の出来事を記録するとき、作家は経験の諸相に名前をつけ、それらを言葉という永続的なものにすることによって、消えゆく経験の流れを止めるのである。そして、韻文や散文の一節を読み、繰り返すことで、そのイメージや意味を味わい、それによって、私たちがどのように感じ、私たちが何を考えているのかを、より正確に理解できるのである。うつろう思考や感情は、言葉によって、明確な思考や感情へと変化する。このような意味において、詩や文学は、それ以外の方法では私たちが触れることのできなかった経験の創造をする。

可能にしてくれる。そしてそれらは、私たちの人生を、より高い複雑さのレベルへと導いていく。

詩と文学がその効果を発揮するのは、単に、情報を提供するからではない。その有効性は形式的な特性——韻文の調べやイメージの鮮やかさなど——に依存する。仕事における直観と知性の相対的な重要性について問われると、科学者たちは「直観と知性の両方が関与しているときがもっとも効果的である」といったことを言う傾向にある。一方で、作家のマデレイン・レングルは、同じ問いに次のように答えた。「人の直観と知性はともに作用する……両者が愛を作り上げるべきなのです。そうすることで、もっとも良い結果が生まれます」。これら二つの意見は同じ内容を述べているが、どちらの表現がより効果的であろうか。直観と知性が愛を作り上げるというイメージは、私たちの注目をより引きつけ、思考の弁証法的なプロセスに何がかかわっているのかを、私たちに考えさせる。また、さらにそれは、直観と知性の間にかかわりあいが存在するという事実に注意を向けさせる、という点で、より正確な描写である。それは単なる無味乾燥な機能的結合ではなく、実際、愛情関係に似た結合である。それゆえ、言葉の選択、つまり、イメージと物語の構築は、作家にとってメッセージの内容と同じくらい重要なのである。

すべての物語はすでに語られた、語られるべきものは何も残されていない、と言われてきた。作家の仕事は、せいぜい、古いボトルに新しいワインを注ぐこと、時間が始まって以来、人間が感じてきた同様の感情的苦悩を新しい方法で語り直すことである。それでもなお、多くの著述家はこの仕事に、やりがいのある挑戦的課題を見出す。彼らはみずからを、世代を超えて永続するアイデアをはぐくみ育てることを仕事とする、庭師として捉える。同じ花は毎年春に咲くが、もし庭師が仕事を怠れば、雑草が生い茂ってしまうであろう。

作品についてこの章で述べられている作家たちは、みずからの仕事に対する明らかな愛情を私たちに伝えている。彼らはみずからの領域に対し、ほとんど宗教的とも言える敬意を抱き、聖ヨハネの福音書に賛同するように、「初めに言葉ありき」と信じている。同時に、言葉の力はそれらがどのように使われるかに依存することを知っている。それゆえ、言葉と遊び、それらの意味を拡張し、それらを新しい組み合わせでつなぎ、光り輝くまで、それらを磨くことを楽しむ。彼らは皆、言葉と戯れるが、そうしたことに、恐ろしいほど熱心でもある。皆、みずからが住む物理的世界と同様に必要不可欠な、想像上の世界を創り上げることに夢中になる。彼らが創造する、言語記号による避難場所がなければ、「現実」の世界は、彼らにとってそれほどおもしろいものにはならないであろう。彼らは皆、みずからにアイデンティティを与えてくれるのは書くことである、と感じ、書くことができなければ、人生は多くの意味を失うであろう、と感じている。しかし、その一方で、これら五人の作家の目標や仕事への取り組み方は非常に異なっている。伝えたいと思う中心的なメッセージがあると感じている作家もいれば、より経験に反応する傾向を持つ作家もいる。伝統を強調する作家もいれば、自発性を強調する作家もいるのである。

目撃者になること

インタヴュー当時、マーク・ストランドはソルトレイクシティに住み、ユタ大学で教鞭をとっていた。しかし、彼のルーツは東部にあり、近年、彼はそこに戻り、そこで家族とともに暮らしている。ストランドはアメリカ合衆国の桂冠詩人に選ばれるなど、みずからの詩に対し、数多くの栄誉を与えられてきた。しかし、ほとんどの創造的な人々がそうであるように、彼は自分自身のことをそれほど真剣に捉えていない。人生の今の段階で彼が直面している、もっとも重要な挑戦は何かと尋ねられたとき、「あるときには、子犬が家の中で糞をしないようにしつけることです。あるいはそれは、仕事を終えようとすることであったりもします」と答えた。

ストランドは、詩学という勿体ぶった理論を持っていない。しかしそれは、彼が自分の職業を軽く考えているということを意味しない。彼の詩に対する考え方は、実際、他の誰よりも真剣なものである。彼の作品は死すべき運命という条件から生まれる。誕生、愛、そして死は、彼の詩が接ぎ木されていく幹なのである。これらの永遠のテーマに関して、何か新しいことを語るために、彼は多くを観察し、多くを読み、多くを思考しなければならない。ストランドは、多面的で、常に変わりつづける一方で、永遠に繰り返される経験の流れに反応しつつ、人生の質感やリズムにただ単に注目することが、自分自身の用いる主な技術であると考えている。何か新しいことを言う秘訣は、忍耐強いことである。過度に素早く反応してしまうと、それは表面的で、陳腐な表現になってしまうであろう。「目と耳を開いたままにしておきなさい」「そして、口を閉じていなさい。可能な限り」と言う。しかし、人生は短く、それゆえ、忍耐は詩人にとって辛いものとなる。

詩作とはペースを落とすことだと思います。それは、同じものを、何度も、何度も読み、それを本当にじっくり味わい、その詩のなかに住むことです。詩のなかで何が起こるのかを見極めようと、急ぐ必要はありません。それはまさに、一つの音節が他の音節と擦れあっていること、一つの言葉が別の言葉にその場を譲っていること、そして、一つの言葉が、次の言葉、次の言葉、次の言葉と、次々に関係していく正当性を、感じることなのです。

特別なことを何も考えずに書きはじめることがたびたびある、とストランドは主張する。彼に詩作を始めさせるのは、書きたいという単純な欲求である。彼にとって書くことは——この章で論じられる他の人々と同様に——必要不可欠なものであり、それは魚にとって泳ぐこと、鳥にとって飛ぶことと同じである。詩のテーマは、一つの言葉が別の言葉を示唆し、一つのイメージが別のイメージを生み出すように、その作品のなかに現れてくる。これは、科学と同様に、芸術の創作に典型的な問題発見のプロセスである。

私はいくつかの言葉を手早く書き留めます。それが始まりです。そうしたことが起こるのは、何か他のものを読んでいるときなのですが、つまり、それは常に違っていて、決まった一つのパターンがあるわけではないのです。自分のすることで、びっくりすることの一つは、アイデアをいつ思いつくかわからない、それがどこから来るのかわからない、ということです。それは言語と関係があるのだと思います。作家は言語の感受性がより強い人々であり、彼らは一つの句や、一つの言葉のなかにさえ、彼らが変え得る何か、それ以前に存在したものを改善し得る何かを、見つけるのです。

物事がどこから生じるのか、私にはわかりません。それは私にとって大きな神秘なのですが、それと同時に、多くの物事が、私にとってはやはり、大きな神秘なのです。なぜ私が私なのか、私がしていることを、どうして私はしているのか、私にはわかりません。私の書くという行為が、そうしたことを理解する一つの方法であるのかさえ、わからないのです。書くことは避けられないことだと思います。自分について学べば学ぶほど、人はより多くのことを書くのです。しかし、それは書くことの目的ではありません。私は、自分自身についてより多くを知るために、書いているのではないのです。書くことがおもしろいから書いているのです。

しかし、おもしろさという言葉は、執筆におけるストランドの経験を、極端なほど控え目に表現しているように思える。その一つの理由として、執筆はほとんど強迫的とも言える要求を詩人に課す、終わりのないプロセスだからである。「私は常に心の奥底で考えていて、そこで常に何かが進行しています。たとえ無意識的であったとしても、たとえ人と会話をしていたり、他のことをしていたとしても、私は常に作業をしつづけています。どこか心の奥のほうで、私は書きつづけ、熟考しつづけています。そして、私の心の別の部分が、私がしたことを再吟味しつづけているのです」。実際、ストランドが避けようと努めている大きな問題の一つは、詩の執筆にあまりに深く没頭したときに起こる、ある種の精神的メルトダウンである。このような時にヒューズが飛ぶのを避けるため、気をまぎらわすさまざまな慣習を生み出してきた。ソリティアで少し遊び、犬を散歩に連れて行き、「意味のない使い」へと走り、軽食をとりに台所へ行く。車の運転は、彼を道路に集中させ、精神を思考の重荷から解き放ってくれるため、特に有益な休憩となる。その後、休憩によってリフレッシュした彼は、よりすっきりとした頭で仕事に戻ることができるのである。

しかし一方で、対極的な危険も存在する。乾期に入り込んでしまうことである。ストランドもまた、これを経験してきた。ユタに引っ越した後、何カ月もの間、真剣な執筆ができなかった。書けないことはただ単に不便なだけではない。書くことを通してみずからを定義する者にとって、それは昏睡状態にあるようなものである。それゆえ、すべてがうまくいっているとき、書くことは楽しいのかもしれない。しかし、脆弱で繊細なフローは、盛宴と飢餓の間で常に脅かされる。さらに、最高の環境下にあったとしても、詩を書くことで収入を得ることは、それがわずかな収入であったとしても、ほとんど不可能に近いことである。しかし、ストランドはこうしたことに付随する苦難に、不平を漏らすことはない。彼は、自分の愛することができていることを恵まれていると感じ、また、みずからの人生がいかに困難であるかを嘆き不平を言う芸術家たちをもどかしく感じている。彼のレパートリーのなかには犠牲者の泣き言は含まれていない――実質的に、私たちがインタヴューをしたすべての人々がそうであったように。

第五章で私は、執筆中のフローで経験される完全なる没入について述べた、ストランドの記述を引用した。しかし、この状態を長時間維持することはできない。「一日中、そのような精神状態でいられるわけではありません。それは現れては、消えていきます。順調に仕事が進んでいるとき、そうした状態が現れます。呆然とした状態、つまり、周囲のすべての事柄から切り離された状態になります。この呆然とした状態にあるとき、自分だけの空間、そこから仕事を進めることができる、ある心理的な空間を創り上げるのです」。

ストランドの仕事の仕方は、きわめて集中的に行われる批判的評価と、経験に対する、穏やかで受容性に富んだ偏見のない開放性との間で起こる、定期的な交替で成り立っているように思える。心臓の収縮と拡張と同じように、彼の注意は対象に巻きつき、ほどけ、焦点は研ぎすまされ、和らぐ。新しい、優れた作品は、このような視点の動的変化から生まれるのである。開放性がなければ、詩人は重要な経験を見逃してしまうかもしれない。しかし、その経験がいったん意識のなかに記録されれば、次に詩人に必要とされるのは、読者にその本質を伝える、生き生きとした言語的イメージに経験を変換する、集中的で批判的な取り組みである。

どんなに自分の芸術に取り憑かれていても、このように集中した状態で、今以上、つまり、一日に数時間以上、仕事をすることはできないことを、ストランドは理解している。加えて、執筆という試みが意味を成すのは、より広より世俗的な現実の文脈のなかにおいてのみである。ある芸術家たちは、みずからの創造物にあまりにのめり込んでしまうため、生の経験に対する欲求を失ってしまうが、ストランドは普通の生活を歓迎する――庭でゆっくりと時間を過ごし、家族と食事をし、ハイキングに出掛け、講義をし、買い物にも行く。これらの活動は、

私から私自身を解放してくれます。詩は自分を自分自身のなかに連れ戻します。［普通のことをしているときには］集中力は他に向けられています。自分が作っているもの、あるいは自分がひたすら作り上げたものに集中したりはしません。そして、他の人々と、これらの、ワクワクするような活動に参加するのですが、それは楽しいことです。妻や息子、同僚と何かをするのは楽しいことです。人に会いに行くのも楽しいことです。

マーク・ストランドはこの世界における自分の居場所を心地よく感じているようである――家族、仕事、そして犬とともにいることを。彼は、人生を目撃することを通して学んだことを、印象的で、正確な言語で表現することに自分は長けている、ということを理解している。子どものころ、将来の仕事を指示してくれる、特別な道標は彼にはなかった。彼の両親は快適な中産階級の地位を得ようと苦労し、息子には、はっきりと意見を述べ、情報に通じた博識な人間になるよう励ました。しかし、ストランドが詩人になることは、明らかに、両親の予定には含まれていなかった。両親が、そのようなキャリアは決して金銭的な自給自足状態をもたらすことはないであろう、と不安に感じたのは当然のことであった。実際、人々が退職の可能性を考えはじめる四十五歳になっても、ストランドは定職に就いていなかった。

定職などいりませんでした。他の誰もが私より良い生活をしていることはわかっていました。どうせ居眠りをしてしまうだろうと思ったので、あえて大学へは進まない、大学で自分自身を確立することはしない、という選択をしました。私は、少なくとも詩が書けるくらい、心を鋭敏で活発で反応豊かに保つために、実存的な挑戦を必要としていました。しかし、ニューヨークで生活をし、お金のために書き散らかし、この仕事をやり、あの仕事をやり、通勤し、非常に多くの朗読会を開き、そういったことは破壊的でした。それは、私の集中力を破壊するものでした。ですから、私たちはそこから抜け出さなければならなかったのです。

ストランド一家がユタ州に移り住んだのはこの頃であった。彼はそこで、詩作能力の枯渇という、恐ろしい時期を経験するが、その後、彼の詩はふたたびその流れを取り戻した。周りで展開する出来事を我慢強く観察し、それに耳を傾け、情熱的な関与と冷笑的な無関心を繰り返しながら、みずからの意識の好みにもっともあったパターンを見出してきた。それは、気取らない、しかし正確な、人生の記録者となることであった。

言葉という避難場所

インタヴューをしたすべての作家のなかで、ヒルデ・ドミンは文学を、もっとも明確に、もう一つの現実、人生の野蛮な側面から逃れるための避難場所と見ている。七十代の彼女は、ドイツ文学界の主導的な立場にある。彼女の詩は広く読まれ、高校の認定教科書にも掲載されている。権威ある賞をいくつも受け、多くの文学賞の審査員を依頼されている。しかし、彼女の人生を特徴づけるのは困難と悲劇であり、もし彼女が、詩の秩序立った韻律を経験の混沌に強要することができなかったとしたら、彼女がこれほど長く生き抜いてこられたかは、疑わしい。

ドミンはハイデルベルク大学で法律の勉強を始め、哲学者、カール・ヤスパースや社会学者、カール・マンハイムの授業を受けた。彼女はその大学で、教授の一人であった著名な古典文学者と恋に落ちた。そして、ヒトラーがドイツで急速に権力を拡大しており、また、ドミンがユダヤ人であったことから、二人は、その後約三十年に及ぶこととなる、亡命の旅に出た。彼らは最初、夫の同僚が多く住むローマに赴いた。しかし、ファシスト政権下のイタリアにおいても、ユダヤ人は危険にさらされており、彼らはスペイン、そして次に、ドミニカ共和国へとわたった。また彼らは、短期間ではあったが、アメリカ合衆国も訪れている。夫の名声と人脈により、彼らが直面した物質的困窮は、他の多くの避難民たちが経験したそれに比べても、さほど過酷なものではなかった。しかし、その一方で、精神的な苦痛には耐えがたいものがあった。受け入れ先の善意にすがらなくてはならないこと、常に社会の外側にいること、新しい言語や技術を学ばなくてはならないこと——そして、残してきた家族や友人たちの運命を常に気にかけていること——これらが慢性的な精神的混乱をもたらした。

第二次世界大戦後、ドミンは夫とともにドイツに戻り、夫は、最終的に、カリブ海地域へ亡命中に切り拓いた新しい研究領域、ヒスパニック芸術の分野で、ふたたび大学での職を得ることとなった。それまで、秘書、翻訳家、編集者のように夫を助けてきたドミンは、一九五一年、みずからの詩を書きはじめた。彼女は次のようにキャリアの始まりを描写する。「ある晩、詩を書きはじめました。書くという意図はなかったのですが、書きはじめました。そんなことが突然起こったのです。ちょうど恋に落ちるように。あるいは、車にひかれるように。それが起こったのです。

言葉はありました。必要なのは書くことでした。だから書いたのです」。この状況をもたらした原因は、母親の死によって、「殺された」と彼女が感じたことにあった。ともに過ごした人生で、彼女はずっと夫に守られてきた。しかし、この人生の危機に、彼女は自分が孤独であり、無力であると感じた。「そして、だからこそ、突然……私は言葉のなかに逃げ込んだのです」。

言語記号の世界へのこうした逃避は、経験が生々しく、何ものも介在していない、耐え難い現実から、作家を救い出す。辛い経験が言葉で表されるとき、詩人はいくばくかの重荷から解放される。

> おそらく、[感情が] 満たされるのでしょう。自分のなかに何があったのかがわかりますし、それを見ることができるようになるのです。そしてそれは、ある種の触媒です。そう思いませんか？　ええ、そうですよ。一時、感情から解放されます。そして、次の読者が著者の立場に立つのです。そうではないですか？　もし彼が書かれたものに同一化したら、今度は彼が著者になるのでしょう。そして、彼もまた、解放されるのです。著者が解放されるように。その感情は、厳密に言えば、同じものではないのかもしれません。しかしそれは、何と言うか、どことなく、調和した共鳴状態のようになるのです。

ドミンの言葉の技能は、幼少期からのものでも、突然現れたものでもない。彼女が言語に関心を持ったのは、ギリシャ語とラテン語を学び、その後にイタリア語、フランス語、英語、スペイン語を学んだ後のことである。これらさまざまな言語の会話を学ぶにつれ、彼女は、同一の言葉が一つの言語では、ある特定の内包的な意味を持ち、また別の言語では、きわめて異なった意味のネットワークを持つことがある、という事実に魅了された。また、一つの言語が別の言語よりも、ある感情や出来事をより正確に表現できるということにも、彼女は魅了された。彼女は多くの本を読み、特に、シェイクスピアのソネットとゲーテの作品を大切にするようになった。夫は古典的なスペイン詩人の幾人かの作品を翻訳していたが、彼を手伝うことで、彼女は彼の弟子として学んだ。しかし、彼女は他の何よりも、自分の母語であるドイツ語に引かれていくのを感じていた。親族が殺された祖国に彼女が戻ったのは、その言葉が話されていないところで、彼女が生きられなかったからである。「言語のなかに避難場所を見つけるのは正常なことです」と彼女は言う。「あなたが音楽家なら音楽のなかに避難場所を見つけ、画家なら色彩のなかに避難場所を見つけるでしょう」。

分野の場との格闘

彼女の最初の詩が出版されるまでに六年の歳月が費やされた。ドミンにとってこれらの年月は困難なものであったが、それは、彼女がみずからの意見を持ち、また文壇への独立したキャリアを持ち得るという予感を、彼女の師であり、保護者であった夫が不快に感じたからではなかった。当初夫は、彼女の努力を支援していたが、次第に怒りっぽくなっていき、彼女の名声がみずからのそれを凌ぐことになるであろうという事実を最終的に受け入れるまでに、彼自身、長い年月を要した。しかし、まさに最初の詩から、彼は彼女の詩が本物であることを、しぶしぶながら認めており、それがドミンの決意をさらに強固なものとした。ドミンにとっての、ある一つの、より不穏な障害は、分野の場における政治であり、それは彼女に、執筆をほとんど思いとどまらせるほどのものであった。彼女は、自分が執筆を続けられたのは、周りで起こる内輪もめに、ほとんど気づかなかったからである、と考えている。

私はとても世間知らずでした。他にどのような振る舞い方ができたかわかりませんが、とにかく、世間を知りませんでした。文壇における策謀や、そういったもののすべてを信じていませんでした。文筆業のマフィアといったものです。つまり、私にとって、作品は作品であり、それはずっとそうしたものでした。おわかりでしょうが、当時もまた、女性であることに困難がつきまといました。かわいいこと。もちろん、かわいいことは不利です。もし人々が期待するような優しい人になりたくないのなら。しかし、詩というものは、それ自身が道を開いていくもので、私の詩も、当時「マフィア」のなかにいた人々の支援なしに、みずからの道を進んでいきました。

多くの作家や画家と同じように、ドミンも芸術家についてよく言われる、二つの相反するイメージの間で引き裂かれる。一つは、どのような障害が立ちはだかろうとも、非凡な才能が勝利するという、理想化されたイメージである。

二つ目は経験に基づくイメージであり、嫉妬深く、敵意を持った批評家たちが、芸術家を思い通りに沈黙させる、という事実を認めるものである。

詩はロケットのようだ、とマラルメは言います――それは自分で上がっていきます。そして、おそらくそれは事実でしょう。しかし、もちろんそれは、進路を妨げられることもあります。嫉妬によってです。それが適切な言葉だと思います。ええ、言うまでもないですね。でも、それについて話すことなどありません。とても昔のことですから。もうそれほど若くないというのは利点です。誰も私と寝たがりませんから。

ドミンは、芸術における女性の特別な弱点に敏感である。私たちの研究協力者で、性的な関係が、出世のために支払われねばならない代償の一部であることをほのめかした女性科学者は一人もいなかったが、芸術家の説明には、そうしたことが存在するという疑念が、まったくなかったわけではない。部分的にはこうした理由のため、世間知らずであることは、芸術における長期的な成功の、大きな助けとなる。世間知らずであることによって、策謀を企てたり、対抗策を目論んだりすることに時間を浪費する代わりに、すべてのエネルギーを絵画の制作や執筆に集中することができるからである。もちろん、これがうまくいくためには、世間知らずな人は、運も持っていなければならない――なぜなら、何が起こったのか、あるいは、なぜ起こったのかがまったくわからないまま、分野の場によって、その存在を完全に消し去られてしまうことも、同様にあり得るからである。

ドミンは、その名声にもかかわらず、今でも、文学という分野の場のなかで、部外者のように感じている。文学の賞のために原稿を評価しなくてはならないとき、彼女は、その作家のパーソナリティや政治的なつながりではなく、作品の価値に注意を集中する。もちろん、そうあるべきだが、そうしたことはめったにないとドミンは主張する。「なぜなら私は、その人ではなく、その詩を見るという考えを持っているからです。審査員になると、私はひどい人になってしまいます。そして、そうしない人たちもいます。ですから、私はすぐに、審査員からは外されてしまいます」。しかし彼女は、権力闘争の周辺に身を置きつづける一方で、若手作家たちが技術を向上させるのを助けることに夢中である。彼女は毎週、アドバイスを求める詩人志望の人々から、多くの原稿を受け取る。救いようがないと思える詩は、その書き手の自信に対する感謝のメモを添えて返送する。もし詩のなかに可能性を見出せば、彼女は、何時間もかけて、その書き手に改善の助言をするであろう——主にそれは、単純化することであり、冗長で緊張感のない、不必要なものをすべて削ぎ落とすことである。彼女の詩には不要なものはまったく存在せず、それはまるで、日本の俳句のように読める。

ありのままを伝える

ドミンは、彼女の詩が、深い感情の、そして多くの場合、——母の死によって引き起こされた抑鬱のような——痛々しい感情の、触媒として作用することに気づいている。辛さを表す言葉を見つけることが治癒の出発点となる——表現形式や文体を通じて、詩人は悲劇的な出来事を統御する力を回復する。しかし、これがうまくいくためには、決して手加減をせず、ひるむことなく、常に現実を見ながら、絶対的に誠実であることが必要となる。ドミンは、これができる能力が、詩人であるためにもっとも強く求められるべき資質である、と考えている。「私は正直だと思います。だから私の詩は、年齢や社会的立場を問わず、人々に真っすぐ届くのだと思います。正直さがいつも人々を感動させるのは、正直な人がほとんどいないからです。そうではないですか？　私は正直な感情の周りで、言葉を弄ぶことはしません」。

他の多くの回答者と同じように、ドミンは彼女の両親が——この場合は、彼女の母親であるが——、彼女の性格を作り上げたと考えている。

それは私の性分で、私の両親によるものです。私はすばらしい子ども時代を過ごしました。なぜなら、嘘をつく必要がなかったからです。そしてそれによって、人々への信頼を学びました。小さな時にそうしたことを学ぶと、それは確信になります。たとえ、後になって悪い経験をしたとしても、です。一般的な言い方をすれば、信頼が信頼を生むというようなことですね。

私は嘘をつく必要がありませんでした、まったく。ですから、おそらく、嘘をつくことを覚えなかったのだと思います。沈黙を続けることを学んできましたが、嘘をつくことは学びませんでした。母のおかげでした。母には心の奥底にあることを、たくさん話すことができました。他の子どもたちがどこに行くのかを話そうとしなくても、私は母に「私たちはあそことあそこにいるからね。でも、他のお母さんたちが電話してきても、話さないで」と言いました。そして、私の母は、いつも平然としていました。私は、子どもにとってもっとも大事なことは、彼らが家で心を開くことができるかどうか、そして、恐れるものが何もなく、とにかく率直でいられるかどうか、だと思います。

詩人にとって正直さは、少なくとも二つの理由で重要である。一つは、もしイデオロギーや過度の楽観主義が、みずからの経験の伝達方法に影響を与えることを許してしまえば、詩の真実の内容が歪んでしまうからである。二つ目は、自分が書いたものを常に評価し、みずからの希望的観測によって進化する作品の向上を妨げることのないよう、詩人は常に自分に対して正直でなければならないからである。「すべての芸術において、人はみずからの批評家でなければなりません」とドミンは言う。「本当に良い水準に達すれば、人は同時に、書く人とそれを直す人の、両方にならなければなりません。矛盾していますが、矛盾しなければならないのです。そうでなければ、この世界で生きていくことはできません」。創造的な人は、分野の場に蓄積された知恵を拒絶しなければならないが、その一方で、分野の場の基準を、厳密な自己批判に統合することも必要となる。そして、そのために人は、あらゆる創造的なプロセスの大きな特徴となっている、関与と無関心の間の弁証法的緊張関係の達成を学ばなければならない。

人は常に、自分自身と距離を置かなくてはなりません。そう思いませんか？　それは、自分に非常に近い状態と非常に離れた状態の間の変動なのです。常にそのなかに身を置きながら、常に外側からそれを見ていなければなりません。それを行っている間は、そのなかにいるのです。しかし同時に、いつも距離を保っていなくてはなりません。そして、これは明らかなことですが、技術や技能を習得すればするほど、人はより、変化のなかにいながら同時に距離を保ち、自分が何をしているかを知ることができるようになるのです。たとえば、一つの言葉を削除するときです。初めは、その言葉を書いた後に、その言葉を削除します。そして、さらに技術を身につけると、書いている間にその言葉を削除するようになるのです。書くことは統合失調症的なプロセスです。私たちは、ある種、言葉を備えた感情的な個人であり、同時に、どの言葉をみずからが欲しているのかがわかっているような、理性的な個人でもあるのです。

しかし、現実が混沌を極め、芸術がもはやそれに秩序をもたらし得ないとき、ひるむことなく正直でいることが、危険をもたらすこともある。ドミンの親友で、ホロコーストを生き延びたユダヤ人作家のうちの何人かは、近年、ヨーロッパにおける人種差別主義やファシズムの復活に絶望してみずから命を絶ち、ある者は精神の錯乱状態に陥っている。彼女は、彼らとその苦しみを共有しているが、まだあきらめてはいない。彼女は今でも、若い人々にとって、詩がより良い世界への道を見出す助けとなることを願っている。

正直な気持ちで詩を書き、正直な気持ちで詩を読むとき、人は一人の個人になって、すでに決定されたことに対抗する、防護柵を打ち建てるのです。そして、私が頻繁に行っているように、若い人たちに詩を読んであげたら――私は学校に行きますし、刑務所に行くことさえありました――人々の心のなかに、決して日和見主義者にはならない、決して心をなくした追随者にはならない、という思いを育てることができると感じています。何が起こっているのかを常に見、そこから目を逸らさないようにすること。それが人にできる最大のことなのです。おそらく、世界を変えることはできませんが、一人の人を変えることはできると思います。そして、その人が群衆に加わるまいと決心すれば……。

自分が中にいるか外にいるかなんて、確かめるべきではありません。見つめるべきはみずからの心のなかなのです。孔子は、人は自分自身の心の、静かな声に耳を傾けるべきだ、と言っています。これが、詩が可能にしてくれることなのです。

表現方法による解放

アンソニー・ヘクトは抒情詩人で、彼の詩はさまざまな詩集、あるいは『ニューヨーカー』やその他の一流雑誌に発表されてきた。彼は、主要な財団すべてから特別会員の資格を与えられ、彼の作品は、一九六八年のピューリッツァー賞をはじめ、数多くの賞を受賞してきた。ヘクトの詩は、水晶のように透明で、優美と形容できるほど洗練されており、さらにそれは、表現形式に厳密な注意を払い、構築されている。音楽のなかで彼の著作に相応な類似性を持つものがあるとすれば、それはヴィヴァルディの協奏曲であろう。ヘクトは、しばしば、ソネットや、六百年以上も前に中世で使われていた、初期のカンツォーネさえも用いる。これらの形式の規則はきわめて厳密であり、ダンテでさえ、その規則に従って書くことはみずからを鎖で縛るようなものであり、二度とそのような文体では書かない、と不平を口にしている。しかし、逆説的ではあるが、このような厳しい原則に従うことにより、詩は、雑然とした生の経験の猛襲から、作家——そして読者——を解放することができるのである。

子ども時代、ヘクトは初め、主に音楽に興味を持ち、次に幾何学に興味を持ったが、それは偶然ではない。どちらの領域も、もっとも高度に秩序立った記号体系に属し、それらに注意を向ける人であれば誰でも、秩序立った思考と感情のパターンに興味を持つに違いない。しかし、ヘクトの幼少期は、その他の点においてかなり混乱したものであった。彼の父は事業に三度失敗し、そのたびに、家族はすべてを失ったばかりでなく、多額の負債を抱えた。感情をめぐる雰囲気も、決して穏やかなものではなかった。彼は異常なほどの不安と孤独に苦しんだことを、覚えている。

音楽はこうした関心のなかで最初に来るものでしたが、それは、音楽が抽象的なものであり、したがって、私の周りに存在するすべての混乱から切り離されていたからに他なりません。音楽が好きでした。いつも、ラジオで音楽を聴いていました。わずかなレコードのコレクションがあって、それらを暗記してしまうまで、何度も何度も、繰り返し聞きました。最終的には、詩も同じように暗記してしまうようになりました。実際、交響曲全体を暗記していました。すべての楽器がどこで入ってくるのか、どこで離脱するのかを知っていましたし、それらの音型もすべて知っていました。とても注意深く聴いていました。楽譜は読めませんでしたが、実際、それらの曲をとてもよく知っていると感じていました。そして、いつも言うように、音楽のすばらしいところは、それが非指示的であるということであり、何ものにも汚されていないということです。子どものころでさえ、音楽をある種の感傷的な出来事と結びつける人々を、私はあざ笑っていました。「私たちの曲を演奏している」と言うのですから。それは私にとって何の意味も持ちません。ベートーヴェンのソナタは、まさに私が、それはそうであってほしくない、という理由から、どんな感情的な出来事とも結びつきません。それが、純粋な音楽であってほしかったのです。
高校で、一人の幾何学の先生と出会い、とても良い成績を取りました。幾何学で表彰されたのです。幾何学が大好きでした。それもまた、音楽と同じように、抽象的だったからです。おそらく音楽と数学が、私が子どものときにもっとも好きだった二つだと思います。

音楽や詩のような芸術的領域の追究と、幾何学や自然科学のような科学的領域の追究が、ある種の外的な目標――つまり、詩や証明――を達成しようという欲求によって動機づけられるのではなく、領域に完全に没入するときに人が経験する、日常の脅威やストレスから解放される感覚によって動機づけられるというのは、きわめて興味深いことである。逆説的であるが、無制限の自由な経験を与えてくれるのは、みずからの注意を限定し、集中するために作り上げた、抽象的な諸規則なのである。
ヘクトは、大学に進み、学生生活をとことん楽しんでいたとき、より継続的で、より身体的な解放感を多く経験した。しかし、その素朴で、のどかなキャンパスライフは、長くは続かなかった。彼は徴兵され、ヨーロッパにおいて、みずからが所属する歩兵中隊の半分が殺され、負傷するのを目撃した。戦争の野蛮さは、彼の作品のなかで清められなければならない、深い傷跡を残した。ここでふたたび、芸術が救いの手を差し伸べた。戦争の後、ヘクトは大学に戻り、良き指導者や仲間に出会い、音楽ではなく、詩が彼にもっとも向いていると判断し、そして後に、輝かしいキャリアとなるものへと乗り出して行った。以下の叙述は、彼のインスピレーションの源泉と創作方法を明確に示している。

非常に多くの不必要な騒がしさやごまかしが存在しています。詩を書くことは、とても意識的な行為だと感じています。ギンズバーグのような人々にとって、詩を書くことが何であるか、ということを言っているのではありません。これを言うのは彼を軽蔑しているからではありませんが、彼の詩の書き方は私の詩の書き方とまったく違うのです。彼はみずからの心の活動に注釈をつけていきます。私は形式的な構造を作ろうとしています。主題、つまり、無意識から取り出すものをいったん手に入れたら、それをまとめ上げるのが私の仕事です。

一例をお話ししましょう。それは、一九七二年に吹雪のなかで生まれた私たちの息子について書いた詩でした。そして、一九七二年は、ベトナム戦争がまだ続いていました。私は、この詩がどのようにできあがってきたのかわかりませんでしたが――それは覚醒と眠りの狭間にあったのかもしれません――、私が考えていることの一つが、出来事の完全なる偶然性と関係していることはわかっていました。たとえば、性交と受胎の全体的なプロセスは偶然ですし、誕生の夜に降った雪、その雪がどこに降って、どのくらい積もるのかも、偶然の為せる業でした。そして、戦場における兵士たちの死にも、偶然が存在していました。そして私は、もしこうしたことを一篇の詩に組み込む方法を見出すことができれば、それらすべてを一つにまとめることができると、なんとなくわかっていました。

今、概念に沿って話をしていますが、私の詩は、多くの場合、言葉から始まるということを、よく理解しています。非常に頻繁に、私は暗闇のなかでベッドから飛び起きるのですが、そのとき、書き留めておきたいことは、ある秩序をもった、一組の言葉であり、それがやがて来たるもののすべての核になるのです。私は言葉の観点から考えるのであり、他の観点――たとえば、概念――からではありません。

他のすべての作家と同様に、ヘクトは広く本を読むことで作家になることを学んだ。彼は「血流の一部になるまで」詩を暗記した。次に、ジョン・ダン、ジョージ・ハーバート、トーマス・ハーディ、T・S・エリオット、ジョン・クロウ・ランサム、ウォレス・スティーヴンス、W・H・オーデンなど、敬愛するさまざまな詩人の表現を真似ながら、数年間を執筆に費やした。みずからのスタイルを確立する前に、先人のスタイルに同化することは、必要不可欠なことである。人は領域に没頭することによってのみ、創造的に、その領域に貢献できる余地が残されているかどうか、そうすることが可能かどうかを、知ることができるのである。

新しい詩人が加えようと思った新しい発明がそこに含まれていたとしても、それまで詩であったものであれば、それはすべて詩です。しかし、詩人は詩というものがどのようなものであったのかを知らずに、そこに何かを付け加えることはできません。言い換えれば、詩人になると決心するためには、詩を読んでくるしかないのです。つまり、ある種、直接的な意味で、詩は過去の、詩的な伝統全体に依存しているのです。そして、いったん、そうした考えを受け入れれば、次は決めなければなりません。つまり、多種多様の膨大な過去の詩から、何が私にとってもっとも興味深いかを決めなければならないのです。なぜなら、誰にもまったく好まれず、見向きもされない詩が実にたくさんあり、ずっと書かれてきた低劣な詩が、きわめてたくさんあるからです。何が良くて、何が良くないのか、何がすでに為されていて、過去のすべてのものと異なるもので今為すべきことは何なのか、といった、知的で健全な区別ができる感受性のようなものを身につけるには、時間がかかります。こうしたことすべてに時間がかかるのです。

詩は強力であるが、人の問題すべてを解決できるわけではない。一つの、記号を用いた表現方法――それが詩であれ物理学であれ――を習得することは、その領域の規則の外側にある出来事に対して、同様に、秩序をもたらすことを保証するものではない。詩人や物理学者は、みずからの仕事に取り組んでいる限り、その仕事の美しい秩序に浴することができるが、日常生活に戻り、家族の問題、時間のプレッシャー、病気、そして貧困に直面しなければならないとき、彼らは、私たちと同様、傷つきやすい存在なのである。そしてこれが、ますます仕事にエネルギーを注ぎ込み、日常生活を忘れようとする――言い換えれば、これが仕事中毒になる――理由なのである。ヘクトも、詩人としての技術を磨くことで、みずからの問題をすべて解決できたわけではない。彼の最初の結婚生活は七年で破綻し、その後の十年間、彼は、もがき苦しみ、時間を浪費し、そのことに辛さを感じていた。一九七一年の二度目の結婚が、彼に安定をもたらし、「すべてを価値あるもの」にしてくれたと、彼は考えている。満たされた人間関係と創造的な職業――それ以上の何を、人は望み得るのだろうか？　特に、その仕事の本質が秩序と美という文化の遺産を積み重ねることにあるのだとすれば。

喜びに満ちた責任

マデレイン・レングルは子ども向けの物語でもっともよく知られているが（大人にとっても同様におもしろい）、過去数十年間、あらゆる種類の本を年に一冊のペースで書いている。彼女は二十七歳で結婚し、俳優の夫は、それから四十年間、彼女の「最良の編集者」であった。三人の子どもたちは、彼女の作品にインスピレーションを与えつづけたが、それが実際に実りあるものとなったのは、彼女が四十歳になってからであり、権威あるニューベリー賞を受賞した古典的三部作の最初の一巻、『惑星カマゾツ』を出版したときであった。

レングルはわずか五歳で物語を書きはじめた。女優やピアニストにもなりたいと思ったが、その一方で、常に、書くことが本当の自分の仕事だとわかっていた。大学を卒業後、演劇の仕事をしながら、物語を出版しはじめた。彼女は今もピアノを弾いている。そして、仕事に過度に集中したとき、マーク・ストランドが車を運転したり、使いに出たりするのと同じように、彼女は、音楽を使って精神を明敏にし、理性の範囲を超えた経験とのつながりを取り戻す。

ピアノを弾くことは、私にとって、自由になる方法なのです。人生や執筆に行き詰まったら、可能であれば、ピアノを弾きます。そうすることで、意識的な心と潜在意識的な心の間の障壁が壊されるのです。意識的な心は優勢になろうとし、潜在意識的な心が働くことを、つまり、直観を許そうとしません。ですから、もしピアノを弾くことができれば、それによって、その障壁が壊されますから、直観が精神に、つまり、知性に、いろいろなことを自由に与えてくれるようになるのです。ですから、ピアノを弾くことは、ただの趣味ではありません。それは喜びなのです。

初期の学校生活は、彼女にとって憂鬱な経験であった。「中学生のころ、スポーツが得意ではないからという理由で、私を優秀でないと決めつけたひどい教師たちがいました。だから、私は彼らのために、何もしませんでした。高校に入るまで、学校では何も学びませんでした。私が学んだものは、家で学んだものばかりです。学校では、ほとんど何も学びませんでした。その後、高校では良い教師が何人かいましたし、大学では何人かの本当にすばらしい教師に恵まれました」。しかしながら、間接的には、学校でのひどい経験や身体的なハンディキャップ——膝の障害——は、彼女にとって、決して無駄にはならなかった。同級生や教師からつまはじきにされたことで、マデレインは子ども時代の多くを、たった一人、読書や思索に費やした。もし同級生たちと、楽しい、良好な関係を築いていたら、本は書けなかっただろう、と今彼女は感じている。彼女が創造性を発揮したのは、他の多くの回答者と同様に、まず第一に、彼女が不利なことを有利なことに転換できたからであった。後に高校で、そしてスミス大学で、彼女は協力的な教師たちに出会った。彼女の文学的なキャリアが認められたのは、大学での創作セミナーにおいてであった。

一方で、彼女の家族環境は、初めからずっと、協力的であったように思える。彼女の父親はジャーナリストであり、海外特派員であった。父親と母親は晩婚で、マデレインは非常に忙しい両親のたった一人の子どもであったが、彼らはマデレインに対し、何かを押しつけたり、何かを思いとどまらせたりすることはなかった。彼女の業績に対し、批判的でもなく、表立って称賛もしなかった——そして、過度に激励することは、過度に落胆させることとほとんど同じくらい、悪い結果をもたらし得る、とレングルは信じている。そこには、芸術的な表現が生活のありふれた一部とみなされる雰囲気があった。その後、彼女が十七歳のとき、父親は他界した。そして、その重大な時期に母親が示した利己心のなさが、大きな違いをもたらした。

私の母がしてくれた最高のこと、そして、私はそれをすばらしいことだったと思っていますが、それは父が死んだときでした。私の母は南部の出身でしたから、南部の彼女の家族は、私が当然家に戻って、未亡人になった、哀れな母親の面倒を見るものと期待していました。しかし彼女は、私を自由にし、大学に行き、卒業後はニューヨークに戻り、自分のしたいことができるようにと、できることをすべて自分でやったのでした。彼女は、決して私を引き止めたりしませんでした。彼女のために、私が自分の仕事をあきらめることを、彼女は期待していませんでした。ですから私は、何の後ろめたさも感じることなく、大学卒業後にニューヨークに行くことができましたし、自分のしたいことを始めることができたのです。できることは何でもしながら、生計を立て、その半分は大学在学中に書き溜めておいたものですが、最初の本を書き上げたのです。

レングルが描写した状況は、多くの創造的な女性たちには馴染みのあるものだが、実質的にそれは、男性には計り知れないものである。女性たちは出自となった家族や拡大親族に対して、男性が感じない責任を感じている。回答者の男性たちも、もちろん、妻や子どもたちに対して大きな責任を感じており、みずからの義務を果たせないときに感じる罪悪感の深さは、きわめて圧倒的なものとなり得る。しかし、こうした責任感は、一般的に、夫と父親という役割に限定されるのに対して、女性たちの責任感は、たいていの場合、より広い親類関係まで包み込んだものとなる。

存続する精神

レングルの著作の中心的なテーマは、希望の必要性を取り囲むものである。彼女の作品は、たとえそれが子ども向けに書かれたものであっても、世界の終局というシナリオを典型的に扱う。それらは、主要な登場人物たちが、もっとも厳しい状況においてさえも決して希望を失わず、慈悲と許しをもって行動することを逆境から学ぶという、ハッピーエンドに至る。世界をカオス状態に帰すために、常に強大な悪の力が脅威を与えているというレングルの想定を共有する、C・S・ルイスやJ・R・R・トールキンの物語と同様に、そこでは、安易な道を拒み、暴力が妥当とされるところでさえ、暴力を用いようとしない純真さが勝利する。物事がどのように機能しているのかという、意味ある実態をメディアが提示できない今日、こうした暗い現実を読者に思い起こさせることは、きわめて重要であると彼女は感じている。

テレビコマーシャルは、人生がどうあるべきかについて、とても奇妙な考え方を提示しています。そして、多くの人々がそれを買います。人生は簡単でも心地よいわけでもないけれど、正しい商品を買えば悪いことは決して起こらない、というわけです。正しい保険に入ればすべてがうまくいく、なんて真実ではありません。人生は、本当はそうしたものではないのです。ひどいことが起こります。そして、そうしたことから私たちは学ぶのです。人々は信じられないほど複雑です。この前の冬、私はロバート・ジョンソンが書いた『自分の影を手に入れて』という本を読みました。彼の理論のなかの一つに、光がより明るくなれば、影はより濃くなる、というのがあります。それが、しばしば、真実なのです。

レングルは、みずからの作品では書くという楽しさがまず先にあり、書くことに対する責任が次に来ると感じている。自分自身の本が多くの読者に影響を与えることを理解しているので、破壊的なメッセージを伝えないよう注意を払っている。本のなかの登場人物たちが、苦しみ、絶体絶命に見えるときでさえ、「彼らをそこから救い出し、ある種の希望に到達させなければならないのです。私は希望のない本は嫌いです。『ああ、人生なんて生きる価値はないんだな』なんて思わせるような本は。私は読者に、そうです、その努力は困難だけれど、それは価値あることだし、それは、結局のところ、本当に楽しいことなのだ、と思ってほしいのです」。

レングルにとって、暗黒の侵攻がある一方で、常に希望の光があるというこの感覚は、単なる修辞的な技巧ではない。それは、現実の生活に対する彼女の態度にも浸透している信念なのである。

私は三十年前よりも、世界についてそれほど理想主義的ではなくなっています。今世紀はずっと困難でしたが、特に過去三十年間は、とてもとても多くの点で、きわめて恐ろしい状況でした。もし三十年前に六時のニュースを聞いていたら、私はそれを信じることができなかったでしょう。戦争がこの星のいたるところで起こっています。一方、南アフリカでは黒人の大統領が誕生しました！　悲惨なことが起こったときでも、すばらしいことは起こりました。三十年前には、ソビエト連邦が崩壊するなんて信じられなかったでしょう。まるで天気のようで、予測不能です。驚くべきことは、起こっているすべての事柄にかかわらず、人間の精神が未だに生き延び、力強くありつづけていることです。

すべてのものがかかわりあう宇宙

人間の精神の存続がレングルの作品の中心的テーマの一つであるならば、もう一つのテーマは、行動と反応の相互関係、つまり、宇宙的なレベルと微視的なレベルでの、出来事の相互関係である。彼女の物語には、ある種のカルマ的なつながりが広がっており、そこでは、身体の細胞内の暴力が星々の間に反響する。彼女の作品は、サイエンス・フィクションと中世の道徳的物語の混合である。『惑星カマゾツ』では素粒子物理学と量子力学を、そして『エクトロスとの戦い』では細胞生物学を用い、『時間をさかのぼって』では、ドルイド僧〔ドルイドとはケルト人社会における祭司のこと。ドルイド僧は宗教的儀式によりケルト人と神々との仲介役を果たした）の歌唱呪術と相対性理論を結びつけている。多くの想像的な人々と同じように、彼女の貢献は、一見、何の関連もないように見える領域を結合させたことにある。

たくさんのアイデアが潜在意識から訪れます。人は、それらがどこからやってくるのかを知ることさえありません。私はできる限り幅広く本を読むようにしていますし、素粒子物理学と量子力学の分野はかなり広く読みました。なぜなら、それらは心を躍らせるものだったからです。存在の性質、そして、それがいったいどのようなものなのかといったことを、それらは扱っています。

原子の本質を知ることで、私たちが学んできたことの一つは、孤立した状態では何も起こらないということ、宇宙のすべてが相互に関連しあっているということです。物理学者には「バタフライ効果」というお気に入りの表現があります。それは、もし一匹の蝶がここで飛んで傷ついたら、その出来事の効果が、数千光年先にある銀河で感じられるかもしれない、ということを意味しています。宇宙はそれほど、密接にかかわりあっているのです。そして、彼らが見つけたもう一つのことは、いかなるものも客観的に研究することはできないということです。なぜなら、何かを見るということは、それを変化させ、それによって変化させられる、ということだからです。これらは非常に説得力のある考え方です。私は今、光に対しての、見ることの必要性について書かれた本を読んでいます。それは森の中で倒れる木のようなものです。音が聞こえなければ、それは音を出していないことになりますか？　そうなのです、視覚に関しても同じことが言えます――見られなければ、光はそこに存在しないのです。

物語を語ることは、人々が互いの離散を防ぐための、そして、文明化された生活の基礎的構造が解体するのを防ぐための、重要な方法だとレングルは信じている。人々の関係を調和的に保つのを手助けすることが、彼女の中心的な仕事の一つとなっている。経験から学んできたことをじっくりと検討し、それを他の人々、特に子どもたちと共有することが、自分の天職だと彼女は信じている。

アメリカでは、もはや、年配の人々の知恵に価値を置いていません。一方、いわゆる原始的な部族においては、年配の人々は、部族の「物語」を持っているという理由で尊敬されています。私たちは、国家として自分たちの物語を失う危機にある、と私は考えています。計画的陳腐化政策〔次々とモデルチェンジをして商品の買い替えを促進すること〕は、すべてに影響を及ぼしています。それは冷蔵庫や自動車のみを直撃するのではありません。人も直撃します。私には、多くの世代のすばらしい友人がいます。そしてそれは、とても大事なことだと思っています。年代による孤立は恐ろしいことですし、年代による分離は、分離のなかでも、最悪なものの一つだと思います。

失敗のリスクを負う

レングルは、他の多くの創造的な人々と同様に、彼女の成功は、その大部分において、リスクを負うことのできる能力によると考えている。個人的な生活面において、これまで彼女はきわめて大胆であり、社会環境の基準や期待にみずからが逆行するときでさえ、何が良いのかという内的な感覚に従ってきた。若者が読むにはあまりにも難し過ぎる、大人が読むにはあまりにも幼稚過ぎる、と編集者や批評家が考える文体で書くことで、彼女は一般的な知恵に逆らったのであった——もっとも実際には、科学的な概念や哲学的な考えを理解することは、大人にとっても、それほど容易なことではなかったが。そのため、彼女の独特の物語が出版されるまでに、十年がかかった。『惑星カマゾツ』の原稿は、ある出版社が賭けに出るまでの二年半の間、不採用の通知を集めつづけた。「その原稿を断らなかった大手出版社を挙げることはできません。彼らはみんな、断ってきました」。しかし彼女は、危険を冒さないためにみずからの考え方を変えるようなことは決してなかった。

この文脈のなかで彼女が覚えている一つの出来事は、キャリアの初期に西海岸の女性グループに招かれて、講演をしたときのことである。彼女はユーモアあふれる話を用意していたが、それは議論を引き起こすと思われる問題を巧みに避けたものであった。その講演の草案を夫に見せたとき、夫は「『そうだね。とてもおもしろいと思うよ。でも、彼女たちが君にお金を払うのは、ただこんなふうに笑わせてもらうためではないはずだよ。彼女たちは、君が何か主張すべきことを持っていると思っている。あえて危険を冒して、それを言ったらいい』と言いました。そして私は、そうしたのです。あえて危険を冒してみること、それを私は学びました。そして、それは良いことだと思っています」。
彼女の個人的な信条は、彼女のためにそれまで大いに役立ってきた、彼女の頑固さを反映する以下の数行に、うまくまとめられている。

人間は、失敗することが許されている唯一の動物です。もし蟻が失敗をすれば、その蟻は死にます。しかし、私たちは間違いや失敗から学ぶことを許されています。そしてそれが、私が学ぶ方法です。うつぶせに倒れ、身を起こし、そしてすべてを最初からやり直す、そうすることで私は学ぶのです。失敗する自由がなかったら、私は新しい本を書きはじめたりしないでしょうし、決して新しいことを始めたりしないでしょう。

世界への貢献

小説家であり、大学教授でもあるリチャード・スターンは、子どものころの、成長の三つの段階を思い出す。最初は口述の物語に触れたとき、次は読むことを覚えたとき、そして最後は、みずから執筆を試みたときである。これらの段階のそれぞれが、彼が経験する世界の限界を大きく広げた。フィクションとの最初の接触は、リチャードがほんの幼児だったころの、父親の読み聞かせと深くかかわっていた。この経験は、彼の心に、未だに鮮明に残っている。

私の最初の記憶、たぶんそれは記憶だと思うのですが、暗闇で寝ているときのものです。おそらく、強いられていたのだと思うのですが、私にはたしかに、ベビーベッドの羽根板を見ていたという感覚があるのです。私は部屋の右側にいるのです。同じ部屋の左側、あるもう一方の角には、四歳年上の姉がいます。真ん中くらいに、父親がいます。そして毎晩、父が部屋に入ってきて、私たちに話をしてくれるのです。彼はすばらしい語り手でした。そして、彼の声と物語が、私のなかに生きています。私は、後に書いた物語のなかで、彼が作った名前を使っています。

スターンは幼いころに読書を始めた。最初に与えられたおとぎ話の数々は、彼に大きな衝撃を与え、過度の興奮で病気になってしまうのではないかと心配した母親は、ニューヨークの、八十二丁目のアムステルダム通りにある近所の図書館から、彼がそれ以上本を借りて来るのを禁止したほどであった。それでもスターンは、なんとか本を借り出す方法を見つけ、貪るように読みつづけた。もちろん、本を広く読むことは、作家が文学という領域を習得するための方法である。スターンは、彼の分野の場の人々の誰もが主張することと同じことを繰り返す。「本を読んだことがない作家、本、物語、詩によって魅了されたことのない作家は、いないと思います」。

ストイフェサント高校の一年生のとき、彼はついに、作家としての初めての成功を経験した。多くの場合がそうであるように、その成功はささやかな、しかし記憶に残るものであった――それは、みずからに才能のあることを確認させ、称賛による初めての興奮を教えるものであった。

すばらしい教師だったローウェンタール先生――青いスーツと高い襟のシャツを着て、大きな鼻で、大きな喉仏があって、黒い髪をしていた彼を、今でも思い出すことができます――が、物語を書きたい人はいないかと聞いたのです。そして、私はずっと物語を読んでいましたから、物語を書きました。すると、クラス中が笑いにつつまれ、ローウェンタール先生は誉めてくれ、私は、これはとても重要なことだ、と知ったのでした。

この出来事まで、スターンは連邦最高裁判所判事になりたいと考えていた。『ナイン・オールド・メン』だったと記憶する一冊の本で読んだ、ブランダイス判事とカードーゾ判事の人生に感激したユダヤ系の小さな少年は、この仕事は自分が希望し得る最大の野心の対象であると信じていた。しかしローウェンタール先生の授業で執筆することの楽しみを味わった後、自分が将来進むべき方向は、書くことのなかにあると感じた。そして決して振り向かなかった。十六歳のとき、ノースカロライナ大学に入学し、すぐに、生涯の友人となる詩人や作家たちのグループに出会った。彼らは文学会、文学雑誌を持っていた――つまり、小さな分野の場の要素がそこにあったのである。彼は大学からハーバードに進学し、次に、学術的な論文の代わりにフィクションを書くことで博士号を取得することのできる、アイオワ大学のアイオワ大学院創作科《ライターズ・ワークショップ》へ進んだ。

アイオワで、彼はさまざまなものを出版しはじめ、一九五四年には、彼の物語の一つが、有名な『オー・ヘンリー傑作選』に収録された。彼が、小説家としての名声を得た本、『ゴーク（*Golk*）』の執筆を始めたのは、この土地においてであった。おそらく、同様に重要なことは、アイオワで文学雑誌『ウェスタン・レビュー』にかかわっていたとき、同世代でもっとも影響力を持つ何人かの作家たちと出会い、彼らとの友情を育んだことであろう。ソール・ベロー、フィリップ・ロスとは特に親しくなり、後に、ベローとスターンは、シカゴ大学の教壇に立つためにアイオワを離れた。旅先においても、彼はヨーロッパのもっとも卓越した作家の何人かと知り合っている。なかでも、トーマス・マンは特別な印象を残した。このような人々との接触が、創造的な人にとって必要不可欠な理由はいくつかある。彼らは、自分自身の作品を評価する基準を提供し、自分自身に打ち克つよう駆り立てる競争の場を提供し、有益な批評を提供し、そして、最後に述べるが、決して軽んじてはならないこととして、彼らは、キャリアの向上に必要不可欠な情報や機会を提供してくれるからである。

ネガティブなものを転換する

すでに何度か見てきたように、経験に秩序を回復するために、人は一般的に、文学の執筆に向かう。マデレイン・レングルは、宇宙の混沌によって脅かされる、精神の存続に関心を持つ。アンソニー・ヘクトは、戦争の愚かさに突き動かされた。ヒルデ・ドミンを突き動かしたのは、ナチズムの悲劇と彼女の母親の死であった。スターンもまた、ある種の害悪を祓い清めるために書くことを用いているが、それは驚くに値しない。彼の場合、害悪とは、個人的で、それほど劇的なものではなく、むしろ、人生における通常の摩擦に関係しているもののように思える。彼の意図は、おそらく、心理的エントロピーが私たちの人生に引き起こすダメージ——未熟な感情、利己的な行為、裏切り、存在の条件である不可避な失望——を探究することにあると言えよう。それらは作家に、その痛みを軽減するために言葉で包み込もうとさせる、砂粒のようなものである。

この種の仕事がすばらしいのは、すべての感情、すべてのネガティブな感情が、ある意味で重要だということです。それは建材であり、石材であり、それを使ってみずからの作品を作り上げるものです。ネガティブなことを転換することは、非常に重要なことなのです。ですから、作家志望の学生に伝えようとしていることを、私は自分自身にも教え諭しました。痛みから逃れるなと。痛みは貴重で、それは金鉱、人の鉱山に眠る黄金なのです。

もちろん、私のなかに、今までお話ししていない――そして、おそらくこれからもお話ししない――酷く、卑しく、ひねくれていて、弱い、とみずからが理解している、さまざまなものがあります。私はそれらについて話さず、そこから強さを引き出すことができます。それらを変換することができるのです。それらは強さの源です。そして、前にも言いましたが、作家はそうしたことを取り上げ、材料にするのです。

存在の痛みを克服するために、人はみずから欠点や弱さを認め、みずからに正直にならなければならない。外科医のように、うずくような精神の痛みに、みずから進んで切り込んでいかなければならないのである。さもなければ、あまりに多くのエネルギーが、否定や失意の反芻に奪われてしまうことになる。スターンは、人生で出会った主な障害は何かという質問に、次のように答えている。

> それは私自身のくだらない部分、虚栄心、プライド、適切な対応を受けていないという感覚、他者との比較、といった言葉で言い表されるような部分だと思います。私はそういった部分をコントロールしようと、これまでずいぶん努力してきました。そして、幸運にも、これまで見てきたような、同僚や私よりも才能ある仲間たちを麻痺させてしまう、ある種の気難しさや怒り――ルサンチマン〔主に弱者が強者に対して、「憤り・怨恨・憎悪・非難」の感情を持つこと〕――に立ち向かうことを可能にしてくれる、前向きなものが私には十分にありました。私はルサンチマンを自分自身のなかに感じてきました。そして、それに対抗するために学ぶ必要があったのです。
>
> 主な障害について、私はこう思っています――それは自分自身なのだと。

みずからの人生において、何が問題なのかを突き止めることは、それを解決することよりも容易である。自分自身に正直な多くの人々と同様に、世界には善意があふれているにもかかわらず、苦しみは残り、報われない野心が心でうずき、過去の選択が後悔を引き起こすことにスターンは気づいている。他者の弱さを許すことは比較的たやすい。スターンは、パスカルの「理解することは許すことである」という格言を支持している。実際、悪役や犯罪を犯した登場人物を取り出し、何が彼にそうさせたのかを示すことによってその人物に人間味をもたせることが、作家であることのもっとも刺激的な機会の一つである、と彼は感じている。そして、さらに難しいのは自分自身を許すことであるが、書くこともまた、それを手助けする。結局のところ、作家もまた、私たち人類の一部であり、彼が登場人物の欠点を説明するとき、それは、ある意味で、自分自身に対する弁解をしていることになる。そして、次にそこには、読者の人生に意味を付け加えるような物語を作り上げることができるという喜びが存在する。作家にとって、もっとも大きな報酬は、読者が、

楽しんでくれたとき、栄枯盛衰、調和、登場人物、状況といったもののなかに喜びを見出し、それによって理解が深まったと感じてくれたときです。彼らが喜びを感じ、その喜びが、私が作り上げたものと関係している。私はこれまで、孫たちや小さな姪、甥たちに物語を話して聞かせてきました。二つ、四つ、あるいは五つの顔が、自分の話していることに夢中になっているのを見るのは、世界でもっともすてきなことの一つです。あのような注意を向けられること。私は何人かの俳優や女優をよく知っています。そして、彼らを見ていると、彼らの仕事と私の仕事の共通点が見えてきます。それは、人間を理解可能にするということです。本や舞台の上で人生を形作ることで、聴衆は突然、何がそこにあって、何が存在するのかを理解するのです。

実際、これらの五つのケースが示唆するように、言葉の領域はきわめて強力である。それは私たちに、みずからの感情を認識させ、持続的で共有された性質という観点から、その感情に名前をつけることを可能にする。そうすることによって、著者と読者は、直接的な生の経験からある程度の距離を置くことができるようになり、そうしなければ

本能的な反応のままでありつづけたものを理解し、文脈に当てはめ、説明しはじめるのである。詩人と小説家は存在の混沌に敢然と立ち向かう。ヒルデ・ドミンは、行動と感情が理にかなった、言葉の避難場所を作る。マーク・ストランドは、さもなければ忘却のなかに消え去ってしまう束の間の経験を、歴史のように記録する。アンソニー・ヘクトは、運命の、気まぐれな偶発性を取り除くために、美しい表現形式を組み立てる。マデレイン・レングルは、私たちの細胞のなかで起こっている出来事と星々の間で起こっている出来事のつながりを見出そうとする。リチャード・スターンは人間の関与の危うさに焦点を当てる。彼らの努力は、人生に意味をもたらそうとする人間の試みについての記録を残す。そして、大部分において、この努力こそが、彼らの作品のインスピレーションとして機能しているのである。

初め、これらの作家は皆、文学の領域にみずからを没頭させることによってのみ、作品を作り上げることができたのであった。夢中になって本を読み、作家の間の論戦に加わり、好きな作品を暗記した――要するに、それ以前の作家たちの最高の作品と考えるものから、できるだけ多くをみずからのなかに取り込んだのである。こういった意味で、彼ら自身が、文化的進化の最先端となったのである。

彼ら一人ひとりもまた、いつかしら、全員が文学という分野の場の一部となっていった。先輩作家たちと親交を結び、アヴァンギャルドな学派や専門誌に引きつけられ、他の若い作家たちと熱心にかかわるようになった。最終的に、文学を教え、審査員や編集委員などを務めることによって、門番となったのである。死んだ作家たちと彼らが結ぶ、一般的に深い喜びに満ちた関係とは対照的に、生きた作家たちとの関係は、はるかに問題をはらんだものとなる。ドミンは、文学「マフィア」の内紛を残念に感じている。スターンは、仲間の間に潜勢する苦々しい嫉妬の感情に気づいている。しかし、みずからの声に耳を傾けてもらうためには、作家たちは、なんらかの方法で、領域における社会的組織と折り合いをつけなければならなくなる。

作家たちの間に見られるもう一つの類似性は、作品の非理性的な側面と理性的な側面の間、つまり、情熱と抑制の間で繰り広げられる弁証法が頻繁に強調されることである。それを、子ども時代に抑圧されたものが留まっているフロイト流の無意識と呼ぼうが、人類の原型が存在するユング流の集合的無意識と呼ぼうが、あるいはそれを、新たな結合が偶然に起こるまで、それまでに存在していた印象が無作為につながりあう、識閾下の空間であると考えようが、真夜中に突然湧き起こる、「お前はこれを書かなければならない」という命令的な声に、すべての作家が大きな信頼を寄せていることは、明らかである。

作家の誰もが、無意識に耳を傾けることは必要であるが、それだけでは十分ではない、ということに同意する。精神の未知の領域から生じる感情やアイデアが理性の光に照らされ、そこで名づけられ、分類され、思案され、他の感情やアイデアと関係づけられるとき、本当の仕事が始まる。技能が働きだすのはここにおいてである。作家は、それ以前に他の作家が用いた言葉、表現、イメージの膨大なレパートリーを参考にし、現在の仕事にもっとも合うものを選び出し、そして、必要とされる場合には、新しいものを作り出す方法を見出す。

そのためには、文学の境界を超えた、広範囲な知識の基盤を持つことが役立つ。ドミンは多くの言語についての知識を頼りにする。ヘクトが頼りにするのは音楽と幾何学である。レングルは量子物理学と微生物学を頼りとしている。さまざまな、まったく異なる領域から現れるアイデアや感情を組み合わせることができることは、作家が創造性を発揮する一つの方法である。愛と死は、数千年の間、変わることはなかったかもしれない。しかし、私たちがそれらを理解する方法は、私たちが人生の他の側面について何を知っているのかということの結果として、部分的にではあるが、世代ごとに変化する。

これらの作家が作品に懸命に取り組むときに従う方法にも、多くの類似点があった。ベッドのなかでうつらうつらしている早朝に呼びかけてくることの多いミューズの声を逃さないために、彼らは皆、ノートを手元に置いている。彼らのほとんどが、何年も日記を書きつづけている。たいていの場合、彼らは概念や事前に計画された構成ではなく、むしろ、ある言葉、あるフレーズ、あるいは、あるイメージから、一日の仕事を始めている。その仕事は、著者の意図というよりは、むしろそれ自体が自然に進展していくが、常に作家の批判的な眼によって監視されている。このプロセスで困難な点は、二つの矛盾する目標に精神を集中させつづけなければならないことである。無意識によってささやかれるメッセージを聞き逃すことなく、同時に、それを適切な表現形式に押し込まなければならないのである。最初のプロセスは開放性を必要とし、二つ目のプロセスは批判的な判断力を必要とする。もし、これら二つのプロセスが継続的にバランスをとりながら推移しなくなると、書くという流れ、フローは干上がってしまう。このバランスをとる行為に必要とされる凄まじい集中は、きわめて消耗的であり、したがって、数時間の後、作家はギアを入れ替え、他の世俗的なものに集中しなければならない。しかし、このフローが続いている間は、創作は、「現実」の世界の誤りを正すことのできる自分自身の世界、つまり、自分の自由になる領域を持つことの次に、すばらしい経験となるのである。

第十一章　生命の領域

私たちは、祖先が発展させた体系的知識が最初はどのような形態であったのかを、正確には知らない。しかし、植物と動物を分類し、健康と病気を理解しようとする試みが、最古のものの一つであったことは間違いない。今日、私たちが生物学と呼ぶところの、生命の形態やプロセスを扱う領域は、人間が、みずからの住む世界を理解しようとしてきた基本的な方法の一つである。

現代の知識と私たちの祖先が持っていた知識の差は、物理学を除けば、生物学におけるものがどの領域のものよりも大きい。四千年以上前、文明の主要な中心地のすべて――メソポタミア、エジプト、インド、そして中国――において、文字を使用する以前の狩猟民や遊牧民によってゆっくりと集められてきた、薬草や動物の種類に関する知識が、注意深く記録されはじめた。その一五〇〇年後、アリストテレスが動物のより科学的な分類を提供し、さらに、彼の弟子の一人が、同様のことを植物について行った。しかし、数世紀前まで、生理学的なプロセス――消化、呼吸、血液の循環、神経系の働き――を理解する者はいなかった。細胞、バクテリアやウイルス、遺伝子や進化といったことは、まったくわかっていなかったのである。生命のプロセスについて、私たちの祖先が理解できたことと私たちが理解できることとの差はきわめて大きいのである。

生命科学は、今や、きわめて多様化、専門化しており、この領域がどのように成り立っているのかを示すためには、数十の実例が必要となるであろう。百年ほど前においてさえ、ドイツ人の探検家で、博物学者であったアレクサンダー・フォン・フンボルトのような人物が、生物学者や地球科学者が当時知り得た知識全体を要約するのに、書籍四巻を要している。今日においては、この専門分野の内容のほんのわずかな部分であっても、誰ひとりとしてそれを徹底的に扱えるとは思えない。したがって本章では、以下に示す事例研究が、多くの可能なアプローチのほんのいくつかを代表するものでしかないとしても、生命科学という領域を変えた三人の人々に焦点を当て、議論することとする。

秩序への情熱

E・O・ウィルソンは、現代においてもっとも影響力のある生物学者の一人である。彼はこれまで、三百以上の専門分野の論文と、ピューリッツァー賞を受賞した二冊をはじめとする多くの本を執筆し、蟻の分類、生物多様性の概念あるいは生命形態の多様性を保存する必要性、昆虫間の化学的コミュニケーションの研究、島の生態系研究などに対して、多大な貢献をしてきた。しかし、彼がもっともよく知られているのは、おそらく、社会生物学、つまり人間の行動や社会制度を進化の時間軸上における淘汰値という観点から解説しようとする、現在進行中の試みの創始者としてであろう。その過程において、彼は根深いイデオロギー的不和に巻き込まれ、ある時期、分野の場の内外で数多くの敵を生み出すこととなった。しかし、名声や逆境にもかかわらず、ウィルソンは、みずからの仕事に真摯に取り組みつづけている。その仕事は、他の誰もが無関係と考えていた事実と原理を結びつけ、すばらしい洞察力と厳密なフィールドワークが結合された、類まれなものである。

彼の現在の目標は、古典とされる著書『社会生物学』において彼が始めた、社会科学と生物学の壮大な統合を成し遂げることである。

ある一つの全体像ができあがりつつあるのを感じています。そのなかで私は、社会科学の基本原理に、かなり多くの注意を払うでしょう。そして、進化生物学者を使って――これは生物学者としてのアプローチで、私は分子生物学や細胞生物学からもいくぶん学んでいるからなのですが――生物学と社会科学の知を統合するために必要だと考えられる社会科学的要素を、選り分け、頑強なものにしていきます。現在までのところ、知を統合する必要性はまだ理解されていません。多くの人が、それは不可能だと言うでしょう。そして、それを不可能だと言う人々は、それが可能であることを示してやろうという人々にとっての刺激でしかありません。こういったことが、この領域全般を、ワクワクしたものにしてくれるのです。

鋼の大望を抱く博物学者

ウィルソンは生涯を通じて働きつづけてきた。辛い子ども時代が、彼のなかに多少の不安を植えつけた。しかし、彼はその不安を、誇り高く、献身的で、自制的という理想化された南部の遺産を模範にして獲得した、激しい努力で乗り越えようと決心した。これらは、現在の心理学用語で言うところの欠乏動機であり、幼少期の不快な経験を埋め合わせようとする努力に基づくものである。しかし一方で、ポジティブな動機づけもあった。生物の世界、特に、そのもっともつつましい居住者である、蟻やシロアリへの魅了とそれに対する愛情である。十歳になるまでに、ウィルソンはすでに昆虫学者になりたいと考えていた。『ナショナル・ジオグラフィック』を何号か読み、ある友人とワシントン動物園を訪れた経験を通して、人生でもっともやりたいことは、探検家と博物学者になることであるという確信に至った。

多くの創造的な人々と同様に、ウィルソンは大学に入るまで、学校というものにうんざりしていた。幼いころのボーイ・スカウトは、興味のあることを追求でき、自分のスピードで学べる環境を、彼に与えてくれた。視力に障がいを抱えていたこともあり、ウィルソンは鯨や象に興味を持つだろうと考えた人もあったであろうが、特異な頑固さから、彼は代わりに、もっとも小さな昆虫に取り組むことを選んだのであった。十三歳のとき、南部の州にその生息域を広げ、大きな環境問題を作り出していたカミアリの蟻塚についての最初のレポートを書き上げた。アラバマ州モビールの高校に在学中、ローカルニュースの編集者がカミアリの特集を決め、若いウィルソンに連載記事の執筆を依頼した。この企画によって突然与えられた責任、承認、そして達成感が、彼のキャリアの出発点となった。

大学に進む前のほぼ同年齢のころ、ウィルソンはエルンスト・マイヤーの『動物学者の視点による種の分類学と起源』を読み、自然界の膨大な事実は、自然淘汰の理論を採用することによって、意味ある方法で秩序づけられることを知った。マイヤーは、ウィルソンのキャリアに大きな知的影響を与えた最初の人物であった。後年、マイヤーはその若き博物学者の良き師となり、大切な同僚となった。しかし後に、彼に影響を与えた他の多くの事柄が続いたのは、ウィルソンが若者らしい好奇心と開放性を持ちつづけていたからであった。彼は、「ダマスカスへの道のような経験を、次から次へとしてきたのだと思います」とみずからの知的遍歴について語る。その道の標識には、遺伝学を染色体の二重らせん構造へと壮大に還元し、その大胆さと独立心がきわめて魅力的に思えたジェイムズ・ワトソンのものが含まれていた。コンラッド・ローレンツは、動物行動学的観察を通して動物の行動を説明する可能性を、彼に示した。進化生態学は、ニューファンドランド島とアイスランドのような、きわめて似た生態的ニッチで発達した二つの文化が、どのような理由でそのように異なるものとなるのかの説明を試みるものであったが、その概念を導入する動因となったのは、地理学者、エルスワース・ハンチントンであった。そして最後に、ウィルソンはウィリアム・D・ハミルトンから血縁淘汰のさまざまな原理について学んだが、個体群の繁殖率の変化についてのハミルトンの数学的モデルは、生命プロセスを理解するための別の扉を開くものであった。これらすべての、きわめて異なる視点から、ウィルソンはまさに、独自の壮大な統合へと歩み出そうとしていた。

彼の個人としての成長も、知的な面での成長と同様に、複雑なものであったように思える。第三章で、創造的な人々は、通常分離した二つの特質の極の間を交互に移動することを、その典型として確認した。ウィルソンは、成功する科学者に何が必要であるのかについての以下の回想のなかで、これらの両極性のいくつか——容易さと固執、主題への愛着と支配への欲求、利己心と野心、孤立と社会的受容、楽しさと苦痛——に言及している。

純粋数学や理論物理学のように、卓越した明晰さがきわめて重要になる分野がいくつかあります。これも興味深いことですが、こうした分野における科学者の最高の仕事は、常にということではありませんが、しばしば三十五歳までに成し遂げられます。ハーバード大学は全米科学アカデミーにあり余るほどの物理学者や化学者を送り込んでいますし、最高の業績が二十年前のものであるような数学者も抱えています。彼らはすばらしい人々ですが、もう場外ホームランを打つことはないでしょう。そして、他の科学においては、固執と野心がとても重要になります。求められるのは、主題に対する複合的な愛着です

――人がその主題に取り組むのは、みずからがどこに行こうと、運命がどうなろうと、みずからがかかわる活動と心理的な作業に、ある自己イメージと喜びを見出すからです。博物学はそうしたものです。私がアイダホ州ボイシの郵便局長にならざるを得ないということもあり得たことですし、もしそうしていたとしても、私は幸福な人になっていたでしょう。早朝か夕方に、そして週末にも、山に出掛けていたかもしれません。私は同じことをしていたでしょう。なぜなら、そうすることが好きでしたし、今も好きだからです。

しかし、別のことに、不安、野心、支配への欲求といったものがあります。科学者は――これを打ち明けるのは、私にとってリスクのあることですが――支配することを望みます。その支配の方法とは、知識を創り出すことであり、その知識を所有することですが、それは独創的な発見か独創的な統合によって為されるのです。私は、広範囲の主題を世界のなかの誰よりも統率したい、という衝動に駆られています。そしてそれは、おそらく、主題への愛着を超えた、あるいはその愛着から切り離された、所有への本能なのです。私は博物学にかかわりたいのです。フィールドにいたいのです。私は、三六五日のうちの三六〇日を、幸せな気分で、他の人々から離れ、熱帯雨林を旅したり、書庫の中で過ごすことができます。

しかし、同時に私は、自制心を保ちたいとも感じていますし、自制心がはずれてはならない、ストップをかけられない状態ではいけないと感じています。自制心を保つことで、尊重されたいとも感じています。尊重されるには、そこに必然的に自制心がともないます。そして、自制心は野心を意味します。それは、みずからの手の届く範囲を継続的に拡大し、新しいものにし、さらに伸ばし、刷新していくことです。こうした衝動の結合が一流の科学者を作るのだと思います。

さらに、一流の科学者に、学者になるということについて言えば、膨大な量の仕事と苦難がともなうということを付け加えておかなければならないと思います。ある程度の拒絶も受け入れなければなりません。強力なライバルの存在に耐えなければなりません。ある期間、無視されることも必要なことです。しかし、大きな困難にもかかわらず、自分の原則に導かれ、そこに向かう孤独な狩猟者、あるいは孤独な航海者や探検家という発想、つまりそうした自己のイメージを、多くの人々はロマンティックで愚かと考えるでしょうが、そのイメージが一流の科学者を作り上げるための、きわめて強力な力となるのです。

問題を回避する

彼自身の人生において、ウィルソンはしばしば、ライバルの存在や拒絶に耐えなければならなかった。これは、部分的には、専門分野の規則を見分けがつかないほど変えてしまった、一九六〇年代の生物学の領域と分野の場における歴史的状況の収斂に起因する。

領域の観点からすると、分子生物学の知識が、突然、指数関数的な増大の段階に入ったのが、この時代であった。ウィルソンが訓練を受けてきたフィールドワークという博物学者の伝統が、突然、古臭く、無意味なものに思えるようになったのである。前の世代の偉大なリーダーたちは、細胞内の化学的プロセスを制御し、遺伝子の命令を解読し、生物学的な意味での創造の秘密それ自体を解き明かすことを約束する、若い実験主義者たちによって、その力を失墜することとなった。カール・マルクスの言葉を言い換えれば、生物学の主眼点が、生命の研究から生命を実際に変えることへと移ったのであった。

知におけるこの革命の効果は、もっとも聡明な生物学者が分子の多様性の魅力に引きつけられ、その結果、保守的な人々が研究に必要な新しい人材を欠き、見放されてしまうという脅威を突きつけた。その領域における変化は、分野の場に直接的な影響をもたらした。研究補助金はそうした研究所に割り当てられ、専門誌はより多くの実験記事を掲載し、フィールドワークによる研究の掲載はさらに少なくなっていった。そして新世代の生物学者たちは、古い問題に背を向け、一見すると際限のない、しかし秩序立った細胞プロセスの世界に身を投じていった。言い換えれば、トーマス・クーンがパラダイム・シフトと呼んだ極端な例が、生物学を席巻していたのであった。

このような状況下において、保守派の人々が見せたもっともありふれた反応は、避けられない「進歩」を受け入れ、行政的な立場に身を置くか、他のなんらかの方法で、みずからの栄誉に安住することであった。しかしウィルソンは、タオルを投げ入れるにはあまりにも若く、確固たる思いを持っていた。それゆえ彼は、圧倒的な歴史的必然性を阻止する戦略を立て、最終的にそれは、すばらしい成功であったことが明確となった。彼は分子革命に真っ向から立ち向かおうとせず、またその貢献も否定しなかった。代わりに彼は、数学的なモデル化や人口研究のような、他の流行りの研究方法を統合することで、ダーウィンの博物誌を近代的な装いで蘇らせることに成功したのであった。ウィルソンは、生物学の領域や分野の場への影響力を守り通すための運動をどのように展開したのかを、次のように述べる。

それは、私が見出し得るもっとも優れた人々とともに行動することを必要としました。私の数学的な才能は限られたものでした。それは、私が必要と考えていたよりもはるかに多く数学について学ぶことを意味していました。その結果、私はモデル構築に精通するようになり、二十代後半と三十代前半に、自分自身を再教育することができたのでした。そしてそれが、その他の事柄とともに、「進化心理学」という用語を作ることにつながったのです。私がそれを作り上げたのは一九五七年か五八年でした。そして次にしたことは、それと集団生物学についての講義を行うことであり、それによって、すでに述べたように、勇敢にその立場を保ったのです。その多くは見せかけであったと言わなければならないでしょう。なぜなら、集団生物学、モデル構築、実験方法などの新たな様式において展開されていたものは本当にわずかであり、あのような例を大げさに誇示し、それらを最大限に利用しなければならなかったのです。これが、教壇において、私が六〇年代にずっと行ってきたことです。ところで、特にここハーバードでは、ほとんどの場合において、私より優れた数学的能力を持つ学部生や大学院生がたくさんおり、彼らは私の授業を聞き、みずからのキャリアを見出していきました。彼らは、右往左往する分子生物学者の集団に加わり、そこでみずからの道を切り開く必要はありませんでした。数学的モデルや理論、それらの統合、そして進化生物学を経由することで、生物学への道、生物学において成功に至るキャリアを見出したのでした。彼らのなかには、とても才能にあふれた人々、今や四十代、あるいは五十代にさえなっている人々が、多く名を連ねています――きわめて卓越した人々です。

ウィルソンが示唆するように、発展の可能性のある創造的貢献をするためには、その記号体系と社会システムの両方を同時に変えなければならない。新しい概念、新しい事実、新しい法則を考えつくだけでは十分ではないのである。また、その新しい視点を採用することで、生計を立てることができ、名声が得られることを、若い人々に納得させなければならない。

しかし、一九六〇年代の生物学の分野の場は、分子革命以外の力、言い換えれば、より大きな社会文化的舞台における生物学の領域外で生まれた力によって、変化を被りつづけた。生物学者が行ったことが、社会全般の関心事になりはじめたのである。「適者生存」の公理を掲げた進化論は、強固な権力にイデオロギー的な支持を与えるものとして理解された。分子遺伝学は、私たちがどのような子どもたちを、何人持つべきかを決める、科学者の亡霊を呼び覚ました。戦線は政治的な境界線に沿って引かれ、社会生物学的統合の達成をめざすウィルソンの努力は、集中砲火を浴びた。これらの、時としてきわめて暴力的な対決において、彼の初期の自尊心と冒険心が大いに役立った。

私は極左運動と衝突し、学問の世界に残存する反体制左派の最後の生き残りによって力を得ていた、ポリティカル・コレクトネス運動との闘争を経験しました。七〇年代には、何人かの一流の学者を含む、人々の不誠実さに不快感を覚えたため、それからずっと、彼らを称賛する人々の機嫌をとりたいなどとは思わなくなりました。

ですから、どちらかと言えば、子どものときからとりあえず持っていた、ある保守的な社会的価値観によって、私はさらに、より個人主義的で、そして――何という言葉で言ったらよいでしょうか――独立した人間になりました。おわかりだと思いますが、私は人として、左派とか右派とかはどうでもいいのです。私の大好きな映画は『真昼の決闘』です。私は撃ち合うことも、バッジを投げ捨てて、歩き去ることもいといません。その点で言えば、私は人生に対して、ヘミングウェイのような態度をとっています。

パターンを求めて

通常ウィルソンは、異なる方法を用いて、いくつかのプロジェクトに同時に携わっている。もう一度述べるが、これは創造的な人たちに共通する、一つのパターンである。こうすることで彼らは、飽きたり、行き詰まったりすることを避け、予期しなかったアイデアの融合を生み出す。ウィルソンが通常用いる、異なる研究方法には、少なくとも四つのものがある。一つ目は見知らぬ土地でのフィールドワークであり、後日詳細に述べられることになる具体的な経験とデータを提供することで、ある種の「核燃料」のような役割を果たす。二つ目は講義や会議に出席することであり、そこで彼は、関心のある領域の最新の動向について、他の専門家から吸収するのである。三つ目は夜間の仕事で、真夜中に起きていると、不意に湧き上がるアイデアが思いがけない結合を起こす。そして最後は、朝から午後の早い時間までの体系化された仕事であり、それには読書、執筆、数学的モデル化、標本を描くといったことも含まれる。きわめて重要な洞察は、夜間の仕事の最中に時々起こるが、それがもっとも頻繁に起こるのは、体系的な仕事の過程そのもの、あるいはそれと他の三つのアプローチの組み合わせの結果としてである。

私が経験した、最良のアイデアのひらめきは、仕事の最中にあったと思います。たとえば、一週間前、私は昼食を取っていました。昼食を取りながら、勉強や書き物をかなりします。レキシントンにお気に入りのレストランがあります。イタリア料理のレストランです。彼らは私のことを知っていて、私を隅に座らせてくれます。レキシントンの自宅にいられるときは、昼食時にいつも、二時間、目一杯仕事をします。レストランに論文を持っていくこともあります。本を読みます。メモを取ります。

私はあるとき、文化人類学の本を読んでいたのですが、先史時代の社会、そして家父長制や富の譲渡などに、なぜこれほどまでに大きな差があるのかと考えていました。そしてそのとき、その著者が見逃している点は生態学的なものだと気づきました。彼はそれを記述していました。典型的なエスノグラフィーでした。彼はまるでこう記述しているようでした。「ええ、まあ、人間の行動は、それほど柔軟なのです。これもあれば、あれもあるのですよ」と。そして私は「そうじゃない、そうじゃない。生態学の問題なのだ。アフリカの農業社会でそれがこのようになるのは、その資源が予測不可能だからだ。オーストラリアのアボリジニーの間でそれがこうなるのは、彼らの資源にムラがあり、予測不可能でもないし、ムラもないからだ」とつぶやきました。そして、それから私は、こう考えはじめました。「でも、どうして、こんなに長い間、こうしたことが存続したのだろうか？　どうして、これらすべての繊細な文化的差異が、存続しているのだろうか？」と。

それから私は、儀式化という全体的な概念と、ある種の行動規範を儀式化し、成文化し、そしてさらには神聖化する必要性について考えました。そして、それが文化的差異の静態化の理由に違いないと思いました。言い換えれば、多くのことが機能し得るということです。しかし、社会がいったん、何かに定着し、それを儀式化し、神聖化すると、社会はとても静態的になるのです。そして昨晩、経済学者のアマルティア・センがナッシュ均衡、つまり戦略の安定状態について話しているのを座って聞いていたとき、文化的差異は、凍りつく傾向を持っていることに気づいたのです。いったん定着してしまうと、です。少なくとも理論的には、文化的差異の凍結が予想されます。

儀式化に加えて、そしておそらく、その儀式化への手助けとして、ナッシュ均衡［ゲーム理論における均衡概念。ゲームに参加する各プレーヤーが互いに対して最適な戦略を取り合っている状況を指す］への到達が、他の事柄においても平衡解への到達手段となっているということ、そして漠然とですが、ナッシュ均衡への到達が、それらの他のものをつなぎ止める手段となっているということを思いついたのです。そして、経済学者が発展させた戦略平衡の概念が、文化人類学における文化の静態性や儀式化の概念と関係しているはずだと気づいたのです。ですから、私はあなたに、ここ数日間考えつづけていることの一つの例をお話ししたのです。この最後のもの、つまり、文化の静態性に対するナッシュ均衡についてですが、これは、私が眠りにつこうというときに思いついてもおかしくないようなものです。実際には、ナッシュ均衡についての話を聞いているときに思いついたのですが、数時間後、寝る準備をしているときであっても、容易に思いついたでしょう。ところで、私はよくそうしたことを思いつくのですが、そうすると起き出して、それを記録するのです。


しかし、ウィルソンの仕事のほとんどは、統合的な洞察をともなったものではない。むしろそれは、時間を要する、系統立った仕事から成り立っている。彼が現在取り組んでいるプロジェクトは、現存する最大の蟻属に関する研究論文の執筆であり、その論文は、世界中に散らばった六百の蟻の関連種を特定し、記述することを必要とする――それはあらゆる動物のなかで、もっとも大きな属の一つである。その準備として、ウィルソンは五千以上のデッサンをみずからの手で完成させている。彼は「かなり古臭く聞こえるかもしれませんが」と認めつつ、「しかし、とてもやりがいがあるのです。私はそれを片手間にやっています。それは一つの趣味のようなものです」と説明する。

E・O・ウィルソンが示したものほど、創造的な人生がいかに複雑であり得るかを、明確に示した例は少ない。個人的な逆境、歴史的な闘争、知の組織の奥深い変化すべてが注意を求め、ポジティブな反応を要求した。彼が間違い得る道は数多く存在し、受け入れることのできる解決策に至る道はわずかであった。ウィルソンが用いた、切迫した外的な要求に適応する方法は、頑固さと柔軟さ、野心と無欲の好奇心を必要とするものであった。彼はハトのように純真でなければならない一方で、ヘビのように、抜け目ない人物でなければならなかった。彼の周りで渦巻いた、きわめて大きな変化に押し流される代わりに、彼はこのように、異なる領域から生まれてくるアイデアを用い、それを助けとして、生命の複雑な網の目を理解する、新たな方法を創造したのであった。

がん細胞の一生

ジョージ・クラインも小さな生命形態を追い求めているが、彼の研究対象はE・O・ウィルソンが追跡しているカミアリよりもさらに小さく、人にとってははるかに有害なものである。クラインは、「腫瘍」あるいは「癌生物学」として知られる、細胞生物学の新しい部門の先駆者である。それは、染色体の構成、遺伝子変化、免疫学、腫瘍細胞の発生におけるウイルスの役割、などの研究から生まれた領域である。この部門は、細胞生物学の他の部門と同様に、二十世紀に爆発的に広がり、分子生物学の発展、急速に進歩する研究所間の継続的な交流、癌を征圧することを目的とする資金の投入などによって、知をめぐる競争へと変化を遂げた。もっとも一般的な言い方をすれば、癌生物学とは、癌性の細胞がどのように発生し、どのように成長し、どのように死ぬのかを理解しようとする試みであると言えよう。腫瘍は、伝統的に、そして厳密に、あらゆる可能な手段によって除去されるべき病理的実体とみなされていた。研究の新たなアプローチも、腫瘍を除去する方法の探求をめざすものである。しかし、その目標は、癌が独自の遺伝的履歴と環境的履歴を持ち、遺伝的な多様性と淘汰にさらされると考えるときもっともよく達成される、という仮説に基づく。ここで、重要な問いが投げかけられる。なぜこれらの細胞は、他の有機体が従う成長抑制の指示に背くのだろうか?

私たちがインタヴューをした他の多くの人々の場合と同様に、クラインの領域もごく最近まで、その存在について語られることはなかった。知の要素は存在していたが、一貫した概念の体系として、それらはまとめられていなかった。腫瘍生物学の起源は、二十世紀の最初の十年に、アメリカ人研究者、ペイトン・ラウスによってなされた先駆的研究にまで遡ることができるが、しかしそれは、ほとんどの科学的領域と同様に、拡張していく他の学問分野から、関連するあらゆる情報を日和見主義的に取り入れることで発展した。独立した学問分野となるために、科学は、母体となる分野の場から時々分離する概念上の偽足を突き出すことによって機能する。しかし、たいていの場合、それらの新たな芽はふたたび吸収される。このような、知識が高度に充満した雰囲気のなかで、研究センターは互いに競い合い、さらに、もろもろの発見によって、互いの仕事を補い、刺激しあう。

ジョージ・クラインは、こうした研究所のなかでももっとも刺激的な研究所の一つを、スウェーデンのストックホルムにあるカロリンスカ研究所で率いている。彼の研究所では、世界中から集まった博士号取得前の研究員や博士研究員が働いている。クラインは資金を得て、建物の設計に協力し、長年、研究所の財政的・知的活動に、責任を負ってきた。創造的な科学者が直面するジレンマの一つは、彼らがみずからのアイデアを将来まで存続させたいと望むのであれば、みずからが起業家にならなくてはならないということである。しかし、起業家になれば、みずからの独創的な研究から、貴重な時間を奪われてしまう。

助成金の申請や運営から生じるあらゆる事柄を抱えながら、組織を指揮することに加え、クラインはきわめて異なる事業にも多くかかわっている。個人的な回想と哲学的省察を組み合わせた、『神のいない聖都』など数冊のエッセイを出版している。彼の詩に対する情熱は、彼を、ハンガリーの偉大な詩人、ヨージェフ・アッティラの人生について調査し、その詩について執筆することへと駆り立てた。ベンノ・ミュラー＝ヒルによる、ナチスの死の医者について書かれた本を読んだ後、彼は、科学の倫理的責任に対するスポークスマンとなった。そして、最後に彼は、参加した多くの国際会議において、他の専門家の発表をもっともうまく要約し、統合することのできる人物として、高い評価を得ている。

陽気な悲観主義

クラインの人生は、あまり幸福とは言えない環境のなか、ハンガリーで始まった。父親はジョージが彼を知る以前に亡くなり、その喪失感は、常に息子の心のなかに存在しつづけた。一方では、その喪失感は「信じがたいほどの軽さ *incroyable légèreté*」、つまりジャン＝ポール・サルトルが父親を持たずに育った人々に起因すると考えた、人生に立ち向かう際に父親の検閲を気にすることなくいられる、大いなる軽快さを、彼に与えた。「私は新しい国に泳いでわたるとき、アンキセス〔トロイア戦争で城が陥落した時、アンキセスは子アイネイアースに背負われて城を脱出した〕を背中に背負う必要はありませんでした」と、サルトルのメタファーを引用しながら彼は言う。しかし一方で、父親の不在は、息子の肩に異なる重荷を残す。年上の男として、彼は今、周りのすべての人々の幸福に対し、みずからに責任があると感じている。

クラインは、感情的に、きわめて自分に依存している母親と親密な関係を続けていた。彼女の欲求を満たし、精神的に落ち込まないようにすることが、彼の主な関心事となった。現在においてさえ、彼がもっとも恐れていることは、彼を頼りにしている人々が不幸になること、彼らを落胆させてしまうことである。彼のプライドの最大の源泉は、個人的・職業的な人間関係における調和の維持に寄与できる、みずからの感情をコントロールする能力である。

クラインはユダヤ人であり、社会に同化したハンガリー系ユダヤ人の文化的環境が、彼の性格形成に決定的な役割を果たした。保守的な祖母は特に重要であったが、より重要であったのは、存在の神聖さをあらゆることに認めようとする価値観と、人は人生において卓越したことを成すべきであるという期待であった。そして彼は、こうしたことをその文化的環境から吸収したのであった。彼は十四歳になったとき、神の存在に疑問を持ちはじめ、二週間の精神的危機を経験した後、宗教的信仰は「まったくのナンセンス」である、という結論に至った。彼は今でも「神の不在を固く信じている」。一方で、神秘性を取り除くことがみずからの課題であると理解している生命に対しては、驚くべき神秘があることに畏れを抱きつづけている。

十代のころ、クラインは学校に不満を抱いていた。彼は野心的であったが、「愚かで、抑圧的な教師たち」からは、何も学ばなかったと感じている――すべての生徒に永続的な影響を残した一人の教師を除いては。カルドス・タイバーは、表向きはイタリア語とラテン語を教えていたが、彼を記憶に残る人物にしたのは、芸術や詩に対する情熱と愛であった。イタリア語を話すことはできないが、クラインは未だにダンテの詩をそらんじることができる。学校は退屈であったが、彼が重要なことを学ぶのを妨げはしなかった。E・O・ウィルソンと同様に、クラインは自信と自然への愛をボーイ・スカウトから学び、隊のなかの最年少のパトロール・リーダーとなった。彼は、長距離のハイキング、夜間の活動、野外で精力的に活動した後に訪れる心地よい疲労感を、今でも懐かしく思い出す。とりわけ、疲労、空腹、喉の渇きに耐えることを学んだことは、戦争が終局に向かう「大混乱の時期」に、将来に立ち向かう上で必要な頑強さを形成するのに役立った。しかし、遠出から家に向かう列車の中で彼は、仲間との空虚でつまらない会話に、悲しい思いをさせられたのであった。

知的な挑戦を求め、彼は違うグループに加わった。彼と他の少数のユダヤ人学生たちは、グループを作り、ドナウ川の土手を歩きながら、音楽、文学、哲学、芸術、数学について、議論を交わした——それは、学校で行われていたことの延長ではなく、むしろ、それへの抵抗であった。中央ヨーロッパでは比較的よく見られた、ある種の仲間集団であったが、アメリカではほとんど知られていない。そのグループでは、もっとも「真剣な」学生がもっとも尊敬を集め、みずからが優秀であることを示すためには、感受性が豊かで、幅広い知識を持つことが必要とされた。個人的なことがその集団のなかで話されることはなく、語られたのは、抽象概念と美的経験のみについてであった。彼の文化への関心が今なおきわめて活発なのは、こうした議論の影響である。「私は、ほとんどのイタリア人よりもダンテが好きです。ほとんどのフィンランド人よりもカレワラ〔フィンランドの叙情詩〕が好きなのです」。そして、他のすべての創造的な人々と同様に、青年時代の多くを一人で過ごした。ピアノを弾き、音楽、読書、思索によって、精神的な健康を維持しようとした。

数十年後、クラインは新たなかたちの知識人クラブを作った。専門的で、科学的な交流はきわめて限られていると感じていた彼は、同様のことを感じていた人々と連絡をとりはじめ、最終的にその交流は、地球全体に広がる非公式なネットワークへと発展した。物理学者から詩人まで、あらゆる知識人が、宗教、政治、芸術、人々の生活一般に関する考えを、彼と共有する。時折彼は、友人から送られてきた手紙のコピーを、それをきっと楽しんで読むだろうと思われる別の友人に送ることで、そういった情報の交換センターとしても活動している。これらの手紙の多くを後に記録として起こすことができるよう、空港の待合室や地下鉄の中でテープレコーダーに吹き込むが、それらの手紙の典型的なものは、シングル・スペース〔欧文で標準的な行間設定〕で四ページから六ページに及ぶ。彼のオフィス近くには、数十ものキャビネットがあるが、それらは、こうした書簡を収めたファイルで占められている。

クラインが最終的に医学のキャリアを選択したことは、ある意味で驚くべきことである。子どものころ、唾液、嘔吐、あるいは生体機能全般に対し恐れを抱いていた。六歳か七歳のころには、医者に魅力と恐怖の両方を感じていたことを彼は覚えている。しかし高校を卒業後、彼には医学が進むべき唯一の現実的職業のように思えた。それは積極的な選択ではなく、どちらかと言えば、排除のプロセスであった。ユダヤ人であっても排斥されにくい、尊敬されるキャリアに乗り出したのである。研究室で探偵のような仕事に夢中になったのは、彼が二十二歳となり、病理学の研究を輪番制で行うようになってからであった。

その一方で、第二次世界大戦は終わりに近づきつつあった。ナチスの圧力によって地方政府が弱体化するにつれ、それまで保護されていた中央ヨーロッパの国々におけるユダヤ人の運命は、ますます不安定なものとなっていった。ブダペストのユダヤ人議会で、議員の一人の秘書として働いていたクラインは、ドイツ軍の侵攻した地域で行われているという、残虐行為に関する不吉なニュースを耳にした。しかし、誰も、特にブダペストの社会に同化したユダヤ人たち、豊かな暮らしのブルジョワジーたちは、こうした憎むべき話の真相を受け入れようとはしなかった。

ハンガリー政府は、可能な限りユダヤ人を守りつづけることに成功したが、一九四四年三月十九日、ドイツ軍がハンガリーを占領し、ファシスト政権が樹立されると、ユダヤ人を地方から絶滅収容所へ移送する援助を始めたのであった。まもなくクラインは、密かに配布されていたある原稿を読んだ。その原稿は、初めてアウシュビッツから逃れてきた二人のユダヤ人捕虜、ヴルバとヴェッツラーの報告が載ったもので、それはきわめて恐ろしいものであった。客観的で、感情を抑えた言葉を用いたそれは、死の工場の作業を、具体的かつ詳細に述べていた。しかしクラインは、情報の欠如やほとんどの同僚がしがみつこうとしていた希望的観測よりも、より確かな真実を知ることに知的満足を感じてもいた。パニックやファシストからの報復を避けるため、ユダヤ人議会はその情報を公開しなかった。しかしその報告は、機会が整えばすぐに国を抜け出そうという、クラインの決心を強固なものとした。どんなに不快であろうとも、真実に到達することの興奮は、彼の知的生活の顕著な特徴でありつづけている。

一九四四年十一月、ハンガリーのファシスト党、通称矢十字党は、その恐怖の度合いを徐々に強めていた。容疑者は検挙され、死の行進をさせられるか、その場で殺害された。クラインは翌月に強制収容所に送られたが、脱走し、偽造した書類を入手した後、一九四五年一月十日にソビエト軍が到着するまで、身を隠し、生き延びた。ナチスの恐怖から解放された彼は、できるだけ早く医学部に進学することを決めた。ブダペスト大学は戦争によって未だ廃墟と化していたため、彼と何人かの友人は、大学が比較的損害を受けず授業を再開していた、国の反対側にあるセゲド市まで歩いて行った。

クラインは、ブダペスト大学が再開されるとすぐに、医学の勉強を続けるために首都に戻り、組織学と病理学の研究を始めた。そんな彼に、一九四七年、二つの重大な出来事が起こった。彼は同じ大学に通うエヴァと出会い、彼らは恋に落ちた。ほぼその直後に、彼はある学生の一団とともにスウェーデンへと招かれた。戦争の動揺が続き、荒廃したハンガリーの状態を考えると、こうした機会は、一つの夢がかなったようなものであった。しかしその一方で、それがたとえ短期間の海外旅行であったとしても、必ず結婚したいと強く願っていた女性を残し旅立つことに、ジョージはある種の後悔を感じていた。

スウェーデンへの訪問は、クラインにとって、人生の転機となった。ブダペストにおける彼の研究経験はきわめて限られたものであったが、その経験がストックホルムのカロリンスカ研究所の細胞研究部門を率いていたトルビョルン・カスペルソンの求めているものと偶然一致し、トルビョルンは研究所の仕事をクラインに提供した。彼はそのときの感情を次のように述べる。

> 未だに、あの恍惚とした幸福感と大きな不安の入り交じった感覚を覚えています。私の置かれていた状況は、まったく絶望的に思えました。私は事実上、何も知りませんでした。医学の研究は道半ばで、医学博士の学位を取得するにはまだ時間が必要でした。八日間の夏休みの間に知り合っただけの、ますます恐ろしさを増す政治的障壁の向こう側にいる女性を、どうしようもなく愛していました。スウェーデン語はまったく知りませんでした。しかし、ハンガリーで研究を続けるという、より安易な可能性を拒否することに決めたのでした。

クラインは職に就く前に数日間ブダペストに戻り、滞在の最後に、密かにエヴァと結婚をした。その間にも、鉄のカーテンはハンガリーと西側諸国の間に引かれつつあり、恐怖の数十年の到来が間近に迫っていた。幸運にもエヴァは、数カ月後、ストックホルムのジョージのもとにたどり着くことができた。彼らはそこで、医学の研究を修め、四十七年後の今も、ともに研究をし、各々の独立した仕事を――満たされた結婚生活とともに――続けている。

ヨーロッパの歴史における もっとも悲劇的な時代の一つを目撃したことで、クラインは「日光色の〔明るく快活な〕悲観論者」となった。前向きな展望を持った無神論者である彼は、人生に意味などないと確信しているのにもかかわらず、幸せを感じている。彼の目標は、人類を病気から救うことでも、科学の帝国を築き上げることでも、人生において成功することでもない。彼は、フローをみずからの原動力とみなしている。彼にとって重要なことは、退屈しないことと近しい人々を失望させないことである。「集中しているときはいつでも幸せです」と彼は言う。「『気楽にいこうよ』という概念や休暇をとるという概念、そのものが恐ろしいのです。晩餐会で退屈な人の隣に座らなければならないとき、私はうろたえます」。しかしその一方で、科学的な問題に取り組んでいるときや何か挑戦的なことにかかわっているとき、クラインは「草原を走り抜ける鹿のような幸福感」を感じているのである。

傲慢さと謙虚さの相乗効果

スウェーデンでの最初の年月は、クラインにとって容易なものではなかった。厳しい競争がもたらすプレッシャーのもとで、新しい言語や生活のスタイルを学ばなければならなかった。最初は、研究室のある一人の技術者の冷ややかな挨拶だけで、彼の一日は台なしになった。彼は、退屈し、疎外された上級研究員たちと働き、しばらくの間、科学的研究が疎外された生活に至る罠のように思えたこともあった。しかし数年後には、彼は支援を惜しまない、刺激的な指導者たちを見つけたのであった。

この点に関して、フィラデルフィアの近くにある癌研究協会（ＩＣＲ）を訪れた経験は、彼にとって特に記憶に残るものであった。アメリカの科学を取り巻く環境は、ヨーロッパのどこよりもはるかに友好的で、かつ平等であった。若く、経験が浅いのにもかかわらず、彼は年上の研究者たちから、ほとんど同等の人物として扱われた。彼のＩＣＲの上司についての描写は、研究室長とはどうあるべきか、ということに関する良いモデルであり、クライン自身もそのモデルに倣っている。

私の上司はジャック・シュルツといい、六十代の、活気にあふれた男性でした。ジャックは、際限のない好奇心、人生の喜び、すばらしい、人間的な温かさにあふれていました。彼は私を、まるで長く行方不明で、ついに見つけた息子のように受け入れてくれました。滞在中、彼はしばしば、私を借家から研究所まで、車に乗せて、連れて行ってくれました。遺伝学について私が知っていることのほとんどは、これらの車中の会話にたどることができます。しかしその旅は、私たちが到着しても、終わりませんでした。ジャックのオフィスは、長い廊下の一番奥にありました。廊下を歩くとき、彼はすべての研究室に頭を突っ込んで立ち止まり、途中で出会う人々と話すのでした。彼は彼らに、すべてのことを尋ねました。子どもの健康のこと、母親の骨折した足のこと、週末の遠出のこと、しかし、何よりもまず第一に、最近の実験について尋ねるのでした。彼を見ると、人々は明らかに明るくなりました。……ジャックは見、聞き、耳を傾け、議論をし、解釈をし、新しい実験を提案しました。……時には私たちが、秘書が絶望的になって待つ彼のオフィスにたどり着くまでに、半日が経っていることもありました！

分野の場に受け入れられることを経験したクラインは、「移民としてのコンプレックス」を消し去り、彼のキャリアを作り上げてきた知的なリスクを負いはじめた。その過程において彼は、私たちが創造的な人々の特徴として繰り返し見る、相反する特質の珍しい組み合わせに助けられた。クラインの友人が言うように、彼は「果てしない謙虚さと、ほとんど尊大とも言える頑固さの組み合わせ」である。父親に従う必要がなかったからか、正規教育の無益さを経験したからか、第二次世界大戦中に年長者たちが見せた盲目状態を目撃したからか、あるいは、他のもっと深い理由によるものなのかはわからないが、クラインは決して、確立された権威に脅威を感じてはこなかった。

クラインがどのように働くのかを示す一つの例は、異なる哺乳類のなかにある抗体産生細胞（Bリンパ球）から腫瘍が発達するという、彼の初期の洞察とかかわっている。彼は、アフリカの子どもたちに特に影響を与える、バーキットリンパ腫と呼ばれ、ウイルスによって引き起こされると信じられていた腫瘍を研究していた。クラインと他の研究者たちは、このような腫瘍の九七％が、後にエプスタイン・バー・ウイルス、あるいはＥＢＶウイルスと呼ばれるものを含んでいるという証拠を見出した。しかし、ほとんどの人が病気を発症せずにそのウイルスを保持しつづけていることから、そのウイルスだけではその腫瘍を引き起こすことはないと考えられた。そのパズルに欠けているピースとは何であったのだろうか？

この時点で、クラインはさまざまな情報源からの情報を組み合わせはじめた——それは細胞生物学、ウイルス学、免疫学のものであった。彼がみずからの仕事でもっとも楽しさを見出すのは、本質的には一見異なる概念をつなぎあわせるこのプロセスにおいてである。彼は、バーキットリンパ腫を発症した患者では、二つの染色体の端がちぎれ、場所が入れ替わっていることを発見した。この相互の転座にかかわる遺伝子の機能の特定を目標とした、長く、辛い研究の後、クラインは、置き換えられた染色体の破片に成長制御の遺伝子が含まれており、高活性の免疫グロブリン遺伝子と接触すると、その成長抑制遺伝子が永続的に活性化され、結果として、癌につながる継続的な分裂が起こるのではないか、という仮説を立てた。

当初、彼の仮説は、染色体についてそれまでに知られていることからすると、遺伝子というさらに微細な世界に対する「身の毛もよだつ推論」とされた。しかし、この仮説が『ネイチャー』に掲載されたわずか一年後には、世界の異なる五つの研究所で、染色体の転座が二つの無関連な遺伝子を互いに接近させ、それが多くの形態の癌を発生させる決定的な役割を果たしている、という洞察が証明されることとなった。

クラインは、彼の領域に果てしない展望が開けていることを理解している。その主要な挑戦とは、遺伝子の配列とスプライシング〔遺伝情報の編集〕からの、そして、「免疫系の柔軟な先見性」からの、さらには、細胞病理学の理解からの、詳細な情報をすべて組み合わせ、それらの情報を、生命体がどのように機能するのかについての、理解可能な体系へと組み立てることである。細胞の世界の複雑さについて知れば知るほど、その複雑さはよりすばらしいものに思えてくる。「中に入ると、それはジャングルです」と彼は言うが、そのジャングルには危険と純然たる美が満ちているのである。

果てしのない旅

新しい治療方法を発見することによって、人類の幸福を実質的に増進させるような幸運に恵まれた人はほとんどいない。病気に対する予防接種を最初に実行可能な治療法にしたエドワード・ジェンナーやルイ・パストゥール、一八五四年に、ロンドンにおけるコレラ蔓延の原因が下水で汚染されたブロード・ストリートのポンプであることを発見し、バクテリアと飲料水の因果関係を確立したジョン・スノウ、感染症による出産時の母親の死亡を避ける方法を発見したイグナーツ・ゼンメルワイス、ペニシリンを発見し、数えきれないほどの命を救ったアレクサンダー・フレミングといった人々を思い浮かべる人もいるであろう。このような、人類の幸福に多大な進歩をもたらした知識ほど、私たちに深い満足感を与えるものはない。

ジョナス・ソークは、このような幸運なエリートたちの一人である。ピッツバーグ大学の若い医学生として、彼は脊髄性小児麻痺〔ポリオ〕という悲惨な病気を研究するチームに加わった。その頃まで、ポリオは年間、数万人の子どもの命を奪う病気であった。毎年、疾病率がピークに達する夏になると、母親たちは、キャンプ場や映画館、つまりその病気に感染しかねないあらゆる場所へ、子どもたちを送り出すことを恐れた。

ソークは、そのウイルスのさまざまな株を研究室で特定した後、最初は猿を用い、次に人間を用いて、体内に死んだウイルスを注入することで抗体が形成され、その結果、その病気の発症を防ぐことができることを実証した。後にソークワクチンと呼ばれるようになったこのワクチンの広範な普及で、すべてのアメリカ人の人生に暗い影を投げかけていた病気はほぼ根絶した。

ソークはこの大発見によって、科学者としての名声を得た。財団や個人の資金提供者が先を争って、彼の次の計画に対する資金援助を申し出た。しかし、研究室で研究を続けることに興味を持ちつづけていたソークは、さらに高い目標を設定していた。その目標とは今や、無機的な形態から生物学的な生命、そして最終的には、メタ生物学の概念領域へと至る、進化の果てしのない旅路を理解することであった。この統合を成し遂げるためには、人間の知の、あらゆる分野を代表する人々を集めることが必要であった。そこで彼は、科学者、芸術家、異なる信念を持つ思想家が集まり、互いの精神を刺激しあえる、新たな学際的なセンター、一つの「創造性《クリエイティヴィティ》のるつぼ」を設立するために、みずからの絶大なる名声と資金的支援の利用を計画した。それは、ゲーテのワイマール、メディチ家の宮廷、プラトンのアカデメイアが持つ知的な輝きを、私たちの時代に蘇らせる、物理的に美しい空間をめざすものであった。一九六〇年、彼は明確なヴィジョンを持った建築家、ルイス・カーンと協力して、南カリフォルニアのラホヤに位置する、太平洋を見下ろす森の中に、古代ギリシャの神殿の趣を受け継ぎ聳え立つ、壮麗なソーク研究所を建設した。アイデアの発電所という、ソークの夢が実現されることになるのは、まさにこれらの建物においてであった。

しかし歴史は、人類に恩恵をもたらす人々でさえ通常の生活を混乱させるエントロピーからは逃れられないという、豊富な証拠を提供する。パストゥールは狂犬病のワクチンを使おうとする彼の努力に対して向けられた、強い批判と戦わなければならなかった。ゼンメルワイスは、医学における同僚たち全員が、真実でありながらもあまりにも先進的な彼のアイデアを嘲笑したとき、絶望的な神経衰弱に陥った。ソークの第二のキャリアが予期せぬ障害に直面しても、それはおそらく、驚くことではないだろう。研究所の科学的な信頼を確立するために、創設者であるソークは、研究室を運営する伝統的な生物学者たちを雇うことから始めた。彼は組織を民主主義的な方針で運営したいと考えていたので、ほとんどの権力を若い同僚たちに譲った。しかし残念なことに、その研究所が彼の夢の施設へと変化しはじめようとしていたとき、ソークは、因習的な科学者たちが彼の新しいヴィジョンにまったく共感していないことに気がついた。彼の同僚たちは、研究所のすべての資源をより確実で、より正統的な生物学的研究のために使うことを好んだ。音楽家や哲学者はもとより、天文学者や物理学者を真剣な議論に招き入れるという考えは、単なるわがままであるように彼らには思われた。その後に起こった対立は、古典的な神話と同じような展開を見せた。創造主は子孫によってその座を奪われた。ソークには、オフィスと形式的な地位こそ残されたが、その組織の設立を可能にした当初のアイデアを実行することはできなかった。

創造的な人々に典型的な精神的弾力性を持っていたソークは、みずからが求めた統合への歩みを、その敗北によって止めることはなかった。彼は数冊の本のなかで、種として生き残ることを望むのであれば、当然従わなければならない遠い過去から未来へとつながる進化の連続性について、みずからの考えを展開した。影響力のある財団の役員の一人として、彼は研究と慈善活動を組織し、エイズの突然の出現に際しては、ふたたび腕まくりをし、この疫病を防ぐ免疫学的な方法を見出すために研究室に戻った。七十代のソークは、そこが役員室であろうと研究室であろうと、人生の初期にみずからが見出した方向性に従った。それは、人類の苦悩を和らげ、彼の著作の一つのタイトルを言い換えて言うならば、「良き祖先」となることであった。

見えないものを可視化する

ソークの人生の中心的なテーマは、隠れているものを見出し、それを他の人々に見えるようにすることであった。それは、もっとも明白なレベルでは、ウイルスがポリオを引き起こす過程を明らかにしたことである。多少間接的な例では、きわめて異なる領域から人々を研究所に集めるという、彼の後年の試みがそれにあたる。それは、個人の精神ではなく、相互交流の結果として新しいアイデアが出現するような会話を通して、見えないものを可視化しようとする試みである。彼は、この後者の創造性の形式を、以下のように描写する。

私には、この種の創造性がとても興味深く、ワクワクするものに思えます——それは、この創造性が、二つの精神によって相互作用的に達成されるときです。このようなことは、開放的で、創造的で、より興味深く複雑な結果を生み出すことのできる精神を持った人々の集団によって、言い換えれば、集合的な精神の形態で達成できる、と私は考えています。これらのことすべてによって私が得た着想は、私たちがこのプロセスを誘導できるということです——実際、これは進化のプロセスの一部であり、このようにして生まれてくるアイデアは、時間の流れのなかで生じてくる遺伝子と同等のものなのです。私は、メタ生物学的進化におけるアイデアは、生物学的進化における遺伝子と同じだと考えています。

Q：そうした種類の創造性が生じるためには、何が必要なのでしょうか？

A：そうですねえ。まず第一に、精神が調和していなければなりません。同じように考える傾向、開放性、感受性、ネガティブというよりはむしろポジティブな態度、といったものが必要となります。相互に認めあうことも必要です。それはある種のコンセンサス、あなたが新しいヴィジョンや認識を身につけたときに存在する、異なるものとの、ある種の和解として起こります。

私たちが今行っているものも含め、すべての会話はこのような性質を持っています。互いを引き出すこと、精神や精神の機能のなかで最高のもの、もっとも創造的な側面を引き出す傾向が、そこには存在します。この種の相互作用では、各個人が、自分の見えるものが他の人々にも見えるように、手助けをするのです。これこそが、今日の世界において、差異を調停し、紛争を解決し、私たちの信念体系が表しているものを互いに理解しあい、信念と知識に折り合いをつけるために、必要とされていることなのです。

科学の人間的な側面

ソークは、たくましく、支配的な母親の息子として、過保護に育てられた。彼女は英語がほとんどわからない移民であったが、創造的な人々の母親がしばしばそうであるように、きわめて多くの時間を子どもたちと過ごし、彼らに大きな期待をかけていた。「私たちがやったことで、十分なことは何ひとつありませんでした」と、ソークは物思いにふけるように言った。子ども時代は、自由が制限され、大きな期待を背負わされた、「甘美な苦境」の時代であった。「天はみずから助くる者を助く」「早起きは三文の得」「意志あるところに道あり」といった昔からのことわざに詰まっている民衆の知恵も、彼の子ども時代の一部であり、結果としてソークは、今でも格言的に物事を考える傾向にある。多くの創造的な仲間たちと同様に、ある点で彼は、自分を成熟した大人とは考えていない。「私は今、七十六歳ですが、まだやることがたくさんある、子どもか青年のように感じています」。

若いころに受けたもう一つの強い影響は、ユダヤ教の伝統であり、あらゆる種類の苦境のなかを生き延びてきた先祖たちの、長い系譜への漠然とした意識であった。彼のもっとも初期の記憶の一つに、一九一八年の休戦記念日に、第一次世界大戦から帰ってきた兵士たちを見たときのものがある。まだ四歳で、それが何を意味しているのかわからなかった。こうした経験から、ソークは人間の苦しみに対する強い感受性と著しく大きな責任感を身につけていった。十歳のとき、彼は弁護士になろうと思った。そうすれば、議員に選出され、公正な法律を作ることができると考えたのであった。母親が、議論に勝つ彼の能力に疑念を示したこともあり、これらの計画を思いとどまった。しかし、後に医学の道に進むことを決断したときでさえ、一度に一人の患者を診る医者になろうとその決断をしたのではなく、科学を医学に導入することで、「医学を人類にとって、はるかに価値あるものにする」という意志を持ってそれを行ったのであった。

私には、生涯を通じて持ちつづけてきたと感じている、強い責任感があります。逆境にあっても、たとえ人々の支持が集まらなくても、もしそれが、私にとって重要であると思えれば、責任をとる能力、責任感を持って行動する能力が私にはあるようだ、と人々に言われてきました。そして、それは事実だと思います。

私は、今話していることの大部分を生得的なものだと考えていますが、同時にそれは、環境によって積極的にもたらされるものであるとも考えています。ですから私は、自分自身の人生を通じて、戦争や病気、苦しみ、人類のさまざまな問題を意識してきました。そして、ここで生き、現在と未来の人類の運命を向上させるために、世界をより良い場所にすることに、みずからの人生をささげてきたと思っています。

この苦しみに対する責任感と感受性によって、ソークは多くの科学者たちが屈してしまう、非人間的な専門化を避けることができた。

私は自分のことを、芸術家的科学者、科学者的人道主義者、人道主義的科学者、だと思っています。私の目的は、科学それ自体のための科学に興味を持っている人々の目標とは違うのだと思います。私が科学に興味があるのは、科学が、いわば、人間を取り巻く状況に関係しているからです。私は、自然の人間的側面を理解し、そのために何かをしようと考えています。ですから、私には目的があるのです——生まれながらに備わった、ある種の人道主義者としての目的が。だから私は、科学者たちが他の場所よりも創造的になれることを願い、彼らが働く理想的な環境を設置するために、この場所を創り上げたのです。そして実際、それが現実となっているようですから、私は、ある意味で、失敗したとは考えていません。しかし、この状況はまだ成功ではないと言うのであれば、結果が現れるまでに、少し時間がかかっているということなのだと思います。

意味のあるパターン

出現しつつある可能性を理解しようとするソークの傾向は、現状に対する明確な見通しを持つことで、未来に対して盲目的になっている人々の間に、しばしば対立を引き起こしてきた。「そんなことはどうでもいいんだよ、ソーク」と彼の指導者の一人はよく言った。「どうして君は、いつも他の人々と違った方法で物事をしなければならないんだ?」と。医学生のとき、教師たちの正統とされる意見に、彼は疑問を投げかけつづけた。他の誰もが、国王の空想上の盛装を褒め称えたが、彼は創造的な人々に典型的な方法で、裸の王を見つづけた。ソークは医学部の二年生のときにすでに、後にポリオワクチンとして結実する基本的なアイデアを思いついていたようである。

ある講義で、化学的に処理をした毒素、あるいはトキソイドと言われるものによって、破傷風の免疫を作ることができると教わったのですが、次の講義では、ウイルス性の病気に対する免疫を作るためには感染そのものを経験する必要があり、化学的に処理された非感染性のウイルスを使うことはできない、と教わったのです。私は、どちらの意見も正しくはないのかもしれないと感じ、どうしてそのようなことが起こるのかを質問したことがありました。そこで返されたのは、「そういうものだから」という理由だったと思います。しかし、それから二、三年後、私はインフルエンザウイルスの研究に取り組む機会を与えられ、それがインフルエンザにも当てはまるかどうかを見極めようと思いました。そこで私は、化学的な処理をせず、紫外線を用いてウイルスを非活性化し、この方法でウイルスを免疫化できることを発見したのです。言うなればそれは、ウイルスを殺すことができること、そして、感染性と抗原性、あるいは抗原性と免疫を作る能力を分離させることで、ウイルスを非感染性にすることができることを、初めて証明するものでした。そしてこの研究が、現在使われているインフルエンザワクチンの開発へと結びついたのです。

次に、ポリオの研究に取り組む機会を得たとき、私はまさに同じアイデアを思いつき、そこで何が可能なのかを見極めようとしました。そして、そのアイデアがうまくいくことを見出したのです。それ以降の遺伝子工学やウイルスにかかわるその他のことすべてが、もちろん、この原理の延長線上のものです。それから私には、パターンを探す傾向があります。統合され、合成されたパターンを認識し、そこに意味を見出します。それは、意味を解釈すること、こうしたパターンのなかに私が見出すことを解釈することなのです。

ソークは、その成功にもかかわらず、試みることすべてにおいて障害に直面しつづけた。癌、自己免疫疾患、多発性硬化症に関する彼の研究は、さまざまな官僚組織や物事に対して異なる見方をする同僚たちとの間に対立を招いた。「でもそれは、ただ粘り強く主張しつづけ、相手を納得させ、障害を迂回する方法を探すだけの問題でした」。

ソークのもっともすばらしいアイデアは、しばしば夜に訪れ、彼はそうしたとき、突然目覚め、五分ほど使って前日に考えていた問題を視覚化するのである。すると、「まるで詩、絵画、物語、あるいは、ある概念が具現化しはじめるかのような展開が見え」はじめるのである。こうしたアイデアの連想がソークの精神のなかで起こりつつあるとき、彼は時折、右脳が活発化したことを示す、明白な生理学的反応を感じ取ると主張する。この時点で、深い眠りに落ちるか、ベッドに座ってライトをつけ、四十五分から一時間ほど思いついたことを書き留める。このようなやり方で彼は、「過去数年間に、かなりの量の材料を蓄積してきましたが、今は、こうして生じてきたテーマを理解するために、蓄積してきた材料に取り組みはじめています」。

こうした、夢や直観を真剣に受け取り、他の人々が意味のない混乱とみなすところにパターンを見出す傾向は、明らかに、他の点では同じ能力をもつ仲間たちと創造的な人々を区別する、もっとも重要な特徴の一つである。もちろん、この思考の流動性が何か創造的なものとして結実するのは、すでに、その領域の規則を内面化している場合においてのみである。さもなければ、夢は朝までに消えてしまうであろう。そして、もっとも独創的なアイデアであっても、その正しさを他の人々に納得させる粘り強さと、多くの幸運がなければ、その領域に変化をもたらす可能性はほとんどない。ジョナス・ソークにしても、すべてが好都合に進むことに恵まれたのは一度だけであった。

これらの生物学者たち――ウィルソン、クライン、そしてソーク――は、非常に異なる人生を送り、異なる手段によって、それぞれの領域に貢献してきた。しかし、彼らはきわめて明確な類似性を共有しており、そのいくつかは、幅広い学問分野に見られる創造的な人々にも、共通するものである。

三人全員が、ある意味で、困難な、「機能不全」とさえ言えるような子ども時代を記憶している。一人は父親を知らず、他の二人は、インタヴュー中、父親について一度も触れなかった。しかし、三人は皆、とてもたくましく、多くを要求し、感情的に依存傾向の強い母親を覚えている。それぞれが幼いころから、それがアメリカの南部のものであろうとユダヤ教のものであろうと、長く大事にされてきた伝統の信条や価値観に支えられていると感じていた。彼らは一人として優秀な学生ではなかった。実際、学校は彼らに肯定的な記憶を残してはいない。ウィルソンとクラインにとって、青年期の最良の学びの場は、仲間の集団やボーイスカウトであった。

私たちが創造的なパーソナリティについて知っている他のすべてのことと同様に、三人全員が、私たちが当然期待する複雑さを示す。彼らは無私無欲であると同時に自己中心的であり、協力することを強く望みつつ、主導権を持つことにこだわる。みずからを仕事中毒と呼び、きわめて忍耐強く、阻止されると頑なになる。常にリスクを背負い、分野の場の教義に反抗してきた。同時に、誰ひとりとして、自分の専門分野の範囲内に留まりつづけることに満足していない。それぞれが、芸術・音楽・文学における、きわめて多様な経験から学ぼうとしている。

実際、三人は狭い分野の専門家——蟻の研究、がん細胞の増殖、ポリオウイルスの制御——としてキャリアを始めたが、六十歳を超えた今、みずからをまず第一に、統合者として捉えている。彼らの主な目標は、みずからが持つ専門知識を他の領域と、あるいは進化の過程それ自体と、結合させることである。しかし、どのようにこの統合を成し遂げようとしているかには、かなり大きな違いがある。皆、みずからが属する分野の場の外の発展に注意を向け、みずからの仕事と他の学問分野とを結びつけようと試みたが、芸術と自然科学というまったく異なるプロセス間の、直観的で類似的な飛躍という点において、ソークがもっともそうしたことを行ったように思える。ウィルソンは、特定の生物学的プロセスと文化的プロセスの間に、寸分違わぬ「共線性〔二者が同一線上にあること〕」を打ち建てようとしている。そしてクラインは、ウイルス学、遺伝学、腫瘍学などのような、一般的には独立して進展している生物学的な知識を結合する。

彼らのキャリアにも、明らかな違いがある。ウィルソンは、六歳までには、自分が博物学者になることがわかっていたと主張する。クラインは、他に選択肢がなく医学にたどり着き、細胞病理学への関心に火がついたときには、すでに二十二歳であった。ソークは、人々を助けたいという漠然とした希望を持っていたことを覚えているが、医者になったのは次善の選択であった。友人や指導者たちは三人のキャリアにとってきわめて重要な役割を果たしたが、そうした関係の種類やタイミングには、大きな違いがある。

しかしこれらの結論は、これまでのところ、他の領域の創造的な人々にも、まったく同様に当てはめることができた。それでは、生物学において創造性を構成するユニークな要素はないのであろうか？　作家、弁護士、物理学者、音楽家になっていたとしたら、これらの三人の人々は、同様に創造的であっただろうか？　あるいは彼らは、みずからをこの特殊な領域に引きつけるなんらかの特徴を持っていたのだろうか？

自信を持ってこうした質問に答えるのはきわめて難しいが、他の職業ではそれほど見られない共通するものが、彼ら三人にはあるように思える。彼らは繰り返し、他の人々や生物界一般に対して感じている、強い責任感について言及している。もちろん、彼らの他者への関心は、その職業に身を投じる理由ではなく、生命科学者として長年やってきた結果であるということは十分に考え得る。しかし、ソークはわずか四歳のときに、戦争から帰還した兵士たちを気の毒に思ったと主張する。近年クラインは、子どものころに母親と暮らしたカルパチア山脈の山裾にある村里の家を訪ねたが、ポーチに足を踏み入れたとき、かつて感じた不安に圧倒された。それは、彼が六歳のとき、家の中でうたた寝をしている母親を起こしてしまうのではないかという考えに体を硬直させ、同じポーチを忍び足で歩いたときに感じた不安であった――それは、他の人々の幸福がみずからに委ねられていると感じた、一連の出来事の一つであった。この種の罪の意識、すべての人の幸福を担っているという意識は、おそらく、若者を生命科学のキャリアへと向かわせる、若いころの経験の一つなのではないだろうか。

しかし、その他の理由も間違いなく存在する。彼らは皆、新しい知識の領野へと踏み込んでいくスリルを楽しんでいる。彼らは自分のしていることを探偵や探検家の仕事に例える。ウィルソンはみずからの専門的な仕事を「弾丸をよけること」〔問題を回避すること〕として描写する。クラインは自分の研究について話すとき、滑りやすい道で大きなトラックを運転するというメタファーを用いる。その境界線を押し広げようとする人々にとって、生物学という領域がフローを経験するための限りない機会を提供することは、疑う余地のないことである。生命科学への創造的な関与へと導くものは、おそらく、こうした生物界への共感とリスクや冒険を求める指向との組み合わせなのであろう。

第十二章　未来の領域

創造性《クリエイティヴィティ》とは、一般的に、ある領域のなんらかの側面を変化させる行為を指す——見るという行為の新しい方法を明らかにする絵画、星がどのように、そしてなぜ動くのかを説明する概念などはその例である。しかし、もちろん、領域が存在しない場合もある。最初の天文学者、最初の化学者、最初の作曲家たちは、ある領域に変化をもたらしたのではなく、実際は、一つの領域を生み出したのである。したがって、ある意味で、もっとも重大な創造的出来事とは、まったく新しい記号体系がそのなかで創られるような出来事をいう。

領域を創造することは、もちろん、容易なことではない。領域内での創造性の損耗率はきわめて高く、新しい領域を創造するためであればなおさら、その損耗率は同様に高いものとなるであろう。多くの人々が、新しいパラダイム、新しい視点、新しい原理を発明する、壮大なアイデアを持っている。しかし、彼らのなかで他を十分に納得させ、新しい分野の場を形成することに成功する人々はほとんどいない。この章で紹介する四人は、一連の、新しい記号体系の規則をもたらそうとする、このような冒険的な試みを例証している。

新たな領域を確立しようとする前に、四人はそれぞれ、既存の科学的領域で成功を収めていた。個人的な出世や権力、金銭のために新しい道を進んだ者は、誰ひとりとしていなかった。世界の幸福に対する深い関心が彼らの人生を満たしているのである。彼らはそれぞれの立場で、人間社会を自主的に再組織化するために、重要な社会問題に取り組んだのである。彼ら四人は、こうした問題への適切な対処法を既存の領域において見出すことができなかったため、地球規模の問題を解決するための新しい記号体系の表現と社会的組織を生み出そうと努力した。これらは彼らの重要な類似点であるが、後述するように、彼らの示す相違点もまた、きわめて印象的である。

生存のための科学

バリー・コモナーという名前は環境保護闘争と同義語になっている。彼は、一九六〇年代に科学技術がもたらしたもののいくつかが――それは放射性降下物から殺虫剤、あるいは石油の消費から固形廃棄物といったものまで含むが――、人間の健康に危険を及ぼすことに気づいた最初の科学者の一人であった。生化学者、生物物理学者として訓練を受けたコモナーは、学問的な科学における抽象化と細分化に次第に苛立ちを募らせていった。彼は、数多くの本を通して、そして一九八〇年には、成功には至らなかったが、アメリカ大統領選挙の選挙活動を通して、人々の意識に影響を与えようとした。ニューヨーク市立大学の関連施設であるニューヨーク生物学研究センターを彼は長年率いてきたが、今でもそこで、暴走する科学技術がもたらす問題を探究し、その解決策の可能性を探りつづけている。

地球との戦い

コモナーは、何か特別な使命感を持ってキャリアをスタートさせたわけではなかった。高校時代、彼はきわめて優秀な生徒であり、移民の仕立屋であった彼の父親は、ラジオの修理工になるよう、彼に圧力をかけた。しかし、聡明であったおじは、彼にコロンビア大学へ入学するよう勧めた――当時のユダヤ人の少年にとって、それはたやすい選択ではなかった。コモナーに科学の才能があり、大学院へ進学すべきことが明らかとなった大学での最終学年において、ある生物学教師が彼を呼び出し、ハーバード大学に行くように言った。「どういう意味ですか？」と質問をしたことを、コモナーは覚えている。「『君がハーバードの大学院生になれるよう、手配をしておいたよ』と言うのです。私は願書を出していませんでした。まったく何も。『コロンビア大学出身のユダヤ人では、仕事を見つけるのに苦労するだろう。私は君をハーバードに送ることにした』」。こうして、コモナーはハーバード大学に移り、そこで化学、生物学、物理学の学際的教育を受けた。

学術的なキャリアを始めた後、コモナーは多くの不吉な展開に直面した。一つは核による大虐殺の脅威であり、それは、第二次世界大戦後、同一世代のすべての人々に暗い影を投げかけるものであった。他の二つの、その後の決定的な出来事に関しては、彼は『科学と人類の生存』の第一章で述べている。一つ目の出来事は、一九六五年十一月にアメリカ北東部の広範な地域とカナダで起こった夜間の停電である。この停電がコモナーにとって印象的だったのは、配電網に組み込まれた複雑にコンピューター化された制御装置が、必要とされた電流の瞬間的な急増を過度に補正するためにシステム全体を閉じてしまい、それによってこの停電が引き起こされたことであった（この一連の過程は、二十年以上後に起こった、株式を売買するための電子化されたプログラムが人間の制御を回避して過剰に売却を始め、ブローカーたちがそれを止めることができずに、市場の暴落を引き起こした出来事に似ていなくもない）。

コモナーが自著のなかで述べている二つ目の出来事は、ネバダ州における核実験の放射性降下物が、ヨウ素一三一同位体を作り出し、それがユタ州の牧草地に風に乗って運ばれ、放牧されていた牛が食べる牧草を汚染していた、という発見であった。ヨウ素は牛の乳へと入り込み、それを飲んだ子どもたちの甲状腺細胞に蓄積されることとなった。そして、そこに蓄積されたヨウ素からの放射線が、時として、甲状腺腫や腫瘍を引き起こしたのであった。

停電とヨウ素一三一が作り出した疾患は、どちらも、科学技術が人間の制御をすり抜けたときに生じ得る、意図しない連鎖反応の典型例であった。多くの人々はそのような出来事を、進歩のために払わなければならない代償と結論づけ、あまり気にかけない。しかしコモナーは、学際的な訓練により、直線的な過程ではなく、むしろ系統的なパターンの観点から思考するためか、あるいは、批判的な視点を持たざるを得なかった部外者としての長い個人的な経歴のためか、これらの出来事が私たちの時代の主要な歴史が生み出す副作用ではなく、まさにその一部であると感じていた。

コモナーによれば、物語の本筋は、私たちが知らず知らずのうちにみずからの生活を左右する地球に宣戦布告をした、ということなのである。科学は人類の幸福を増進させるための強力な道具として出発した。しかし、個別の領域における知識がその応用によって全体にどのような影響をもたらすかを理解せずに追究されたとき、それは、きわめて破壊的となり得る力を解き放つ。手に負えなくなったときにそれを止められなくなるような呪文をかけた、魔法使いの弟子、というのが、コモナーの著作で繰り返されるメタファーである。

もちろん、この認識に至っているのは彼だけではない。実際、一九六〇年代に設立されたアメリカ科学振興協会福祉促進委員会や原子力情報委員会のようないくつかのグループは、環境保護に対するコモナーの意識を磨き上げるのに役立った。しかし時間が経つにつれ、コモナーは環境保護という課題に対する個人的な取り組み方、自分が誰であり、何ができるのかということを前提とすることで実現可能な解決策をみずからが思い描ける取り組み方を、発展させた。

科学と政治

コモナーが理解したことは、解決策は科学のみによってもたらされるのではないということであった。暴走する科学技術を制御しつづけるためには、科学と政治は連携しなければならなかった。科学技術を応用するとき、科学は予想どおり、最高入札者に売られる。結局のところ、軍隊が放射線という凄まじい力を制御することになる。製薬会社は化学の成果から利益を生み出す。農業関連産業は独自の目的のために生物学を使う。それぞれが地球上の生活構造を破壊する手段を有しているのにもかかわらず、これらの確立された利益団体のどれ一つとして、そうした生活構造を維持するための責任を負うものはない。したがって、私たちが介入することにより、地球上につづく生活の共通利益という名のもとに、制御を取り戻さなくてはならないのである。

科学技術の脅威を同様に認識してきた他の多くの人々とは異なり、コモナーは科学への信頼を持ちつづけている。科学はこのような混乱をもたらしたかもしれないが、科学の助けがなければ、私たちはそこから抜け出すこともできないことを、彼は理解している。したがって、問題の原因を突き止め、解決策を見つけるために、科学的方法を使いつづけている。そうしながら、彼は真の学者のひたむきな謙虚さを持ち、仕事に取り組んでいる。彼が所属する組織は、長い間、主に固形廃棄物処理の問題を解決することに尽力してきた。ごみは人の関心を集めにくい話題であるが、その指数関数的な増加は、ほとんどの人々が考えない、現実的な脅威を提示する。さらにそれは、解決可能な問題であり、したがって、より複雑な問題にどう取り組むのかということを示す、一つの例として役立つかもしれない。コモナーは、私たちが研究対象としてきたすべての創造的な人々と同様に、解決できない問題にエネルギーを浪費しようとしない。何が実行可能であり、何が不可能であるかを見定める特性を持っているのである。

コモナーは、焼却炉でごみを燃やした際に危険な汚染物質ダイオキシンが発生することや、過剰に肥料を用いることによって上水道が硝酸塩で汚染されることを実証するだけでは、決して十分ではないと感じていた。そうしたことは重要な知識ではあるが、特別な利益団体が焼却や施肥によって利益を得ている限り、たいした違いはもたらさないであろう。したがって彼は、もっとも重要な優先事項は、そうした環境危機や発端について、人々へ周知することである、と結論づけた。この実践のために、さまざまな手段を用いた。本やパンフレットを書き、組織のリーダーや世論を形成する人々に話をし、記者会見を開き、環境保護運動のために財団から資金を集め、同じような考えを持つ人々のネットワークを発展させた。

彼はそのプロセスにおいて、標準的な科学の領域や境界を維持する学術的な分野の場から抜け出さなければならなかった。それは、大学という安全な避難場所を去ることを意味し、大学で訓練を受けた人にはそうする勇気が持てないような一歩であった。

私は第二次世界大戦前に教育を受けましたが、当時、師事した多くの教授たちは、学問は社会一般に対して、義務を負っていると信じていました。しかし、第二次世界大戦の科学者世代が老いはじめると、学問の世界は現実の世界から分離していきました。学術的な仕事は学問分野によって決定づけられ、方向づけられていましたが、私にはそれが、とてもつまらないことに思えました。ですから、私たちが行ってきた仕事は、現在の学術的な仕事の一般的な方向性からますます疎遠なものとなっていきました。なぜなら、大学にいるほとんどの人々は、同僚の称賛を求めて仕事をするからです。私たちが行う仕事は、大学の外にいる人々のためのものなのです。

包括的な思考は、学問分野の境界を越えることによってのみ可能となる。そして、もし私たちが「円環を閉じ」、地球上の生命形態の有機的均衡を保ちつづけなければならないのであれば、そうした思考が必要となる。

学究生活において支配的な哲学は還元主義であり、それは物事に対する私の取り組み方の、まさに逆を行くものです。私は生物学や環境問題に関連して、全体論という言葉を用います。しかし学問の世界は、私が大学院生だったころから、かなり変わってきました。次第に、自己陶酔的で、還元主義的になってきたのです。私には、それが退屈に思え、そうすることに興味が持てないのです。

どのように問題に取り組み、どのように解決すべきかについて、コモナーは、専門化した、学術的な分野の場にその決定を任せるのではなく、みずからがどこに関心を向けるべきであり、厄介な科学技術を制御するためにどんな手段を使うべきかを、「現実の世界」の出来事に基づいて決定している。有毒廃棄物の激増や窒素同位体による飲料水汚染のような具体的な脅威が、彼のエネルギーを掻き立てるのである。

この研究所の方向性は、常に、環境やエネルギーに関する、現実世界の問題解決へと向けられてきました。学術的な問題ではありません。学問分野によって定義される問題ではないのです。現実の世界によって定義される問題です。特に、ある問題に直面している共同体の人々によって示されるようなものです。ですから、こうした問題に対する私たちの取り組みは、ある特定の学問分野や、それらのいくつかが統合されたものに当てはまるような論文を書くことではなく、その問題を解決することなのです。ですから私は、自分たちは学際的ではなく、学問分野を持たないのだ、と言うのです。

この引用には皮相的で、反知性主義的な響きがある。しかし、コモナーは科学を、もっとも基本的で、もっとも純粋な意味で用いているのである。彼が反対しているのは、体系的な注意深い観察ではなく、そうした観察の無責任な使用に対してである。彼が反対しているのは、滅亡を避けるために実際に必要となる統合的な知識ではなく、領域の知識を、それ自身のために儀礼的に崇拝することなのである。

現実との葛藤

コモナーはみずからを、目標を達成するために常に苦闘しなければならなかった「世界恐慌の子ども」と呼ぶ。かつてワスプ〔WASP　白人・アングロサクソン・プロテスタント〕の象牙の塔であった場所で、ブルックリンのユダヤ人という周縁的な地位を常に意識していたことに加え、おそらくこのことが、彼がなぜ終生にわたって非正統的な視点を持ちつづけたのか、ということの理由であろう。分野の場によって適切な社会化を受けない人々はしばしば、創造性へと結びつく、懐疑的で拡散的な思考法を生み出す、優れた資質も持つ。

コモナーはみずからの仕事に対して、多くの回答者と同じように、通常は相反する二つの態度を維持することの重要性を主張する。それは、みずからが行うことに対して、感情的なつながりを持つと同時に、厳格で、客観的な視点を維持することである。彼が、みずからが話すテーマに深い関心をもっていることは疑いのないことである――彼の人生のパターン全体がそれを証明している。そして、同様に明らかなことは、彼がその厳格さをきわめて真剣に捉えていることである。スピーチや報道発表のたびに、曖昧さや欠点がなくなるまで何度も原稿を書き直すことは、仲間たちの間では有名なことである。

一匹狼となり、存在しない領域のなかで、みずからが選んだ卓越さへとつづく細い小道を歩みつづけることは、容易なことではない。みずからが成し遂げようとしていることを理解しない大学の行政者や、彼が自分たちの専門領域を侵害していると感じた仲間の研究者たち、そして、核兵器やベトナム戦争に反対する彼を黙らせたいと思っていた権力者との間で、コモナーはさまざまな困難に直面した。みずからの仕事の必要性に対する確固とした信念を持っていたため、決してあきらめることはなかった。しかし、一方で、精神を集中させ、注意が散漫になることを防ぐための方策も見つけなければならなかった。彼の注意は、他のほとんどの創造的な人々と同様に、ある種の禁欲的な自制心によって秩序づけられている。

そうですねえ。それに私は、非常に多くのことを拒絶します。手紙の返事は書きません。人々が助けを求めて依頼してくることは、しません。私たちは、私たちが助けたいと思う場所にいる、多くの人々を助けるのです。しかし、なかには電話をかけてきて、「こんな発明をした」と言う人がいます。私は、商業的なものにはいっさいかかわりません。私には、物事を取り除く、こうした一連の規則があります。人は一度に一つのことに集中しなければならないと、私は思っています。しかしそれでも、一日に二つか、三つのことはできるのです。

文化的DNAをつなぎあわせる

ヘイゼル・ヘンダーソンの人生のテーマは、コモナーのそれとほとんど一致する。彼女もまた、科学技術の問題に対処するための、新たな学際的——あるいは専門分野の存在しない——領域を発展させしようと奮闘している。彼女も、人類がみずからの生活環境を破壊してしまうことを防ぐために、人生をささげてきた。しかし、彼女は生物学ではなく、経済学で訓練を受けてきたため、ライフスタイルに対する生化学的な影響よりもむしろ、消費パターンが私たちの資源利用にどのような影響を与えるかに関心を持っている。

ヘンダーソンは、愛情にあふれ、ジェンダーの役割が厳しく重んじられていた、イギリスの伝統的な家庭で生まれ育った。その理由を説明することは不可能であるが、ヘンダーソンは人生の早い時期に、世界に恋をしたように思える。

五歳のときでした——それはまるで、ちょうど目を開けたときのような感じで、人は周りを見渡して、こう言うでしょう。「ワォ、何てすばらしい旅なんだ！　いったい何が起こっているのだろう？　私はここで、いったい何をしていなければならないのだろう？」と。私はこれまでの人生で、ずっとこの問いを抱きつづけてきました。この問いが好きなのです！　この問いで毎日が新鮮なものになります。もしこの問いを初めて抱いたときのように持っていられたら。子どものときのように、それがどのようなものであるかを覚えていたら。周りを見渡し、たとえば、木を見てはいるけれど、木という言葉を知っていたのを忘れたら——そんなものはこれまで見たことがないというように。名づけられたものなど何もなく、知覚も習慣化していない。すると、毎朝目覚めると、それはまるで創造の夜明けのようなのです。

これは、ヘンダーソンの人生に対する精気に満ちた、開放的な態度の良い例である。それは、アメリカの哲学者、C・S・パースが「知覚」と「認知」と呼んだものの区別を思い起こさせる。それはまた、ヤキ族の魔術師、ドン・ファンの「世界を止める」行為と非常に類似している。しかし、それが模倣的であろうとなかろうと、この知覚の新鮮さは、彼女の存在と完全に一致している。

高校を卒業後、ヘンダーソンは二つのことを決断した。それは、他の人々がどのように生活しているのかを理解するために世界中を旅すること、そして自分が楽しくないことはしないこと、であった。彼女は手始めに、バミューダの多くのリゾートに手紙を書き、宿泊場所、美味しい食事、そしてプロの選手による、午後のテニスとゴルフのレッスンと引き換えに、彼女がホテルを管理することを提案した。彼女の申し出は熱意をもって受け入れられ、彼女はそのなかで、もっともきらびやかなリゾートを選ぶことにした。この経験を通して、彼女はテニスの腕を大幅に上げた。しかしより重要なことは、この経験が、貨幣経済から抜け出し、小規模で互恵的な交換システムを形成し得るという可能性を、彼女に示したことであった。みずから築き上げた、キャリアの残りの期間においても、彼女はこの経験を活かしつづけた。正式な学校教育を受けていなかったことが、結果として幸福に転じた。言い換えれば、彼女は教育を受けていなかったことによって、心を開き、新鮮な眼で、世界規模の経済システムを見ることができたのであった。

国家の無知

ヘイゼル・ヘンダーソンが、最終的にみずからの人生をかけて解決すべきものとみなした問題は、多くの人々も痛切に感じているものである。それは、容赦のない天然資源の搾取と、豊かな国と貧しい国の間の不平等の拡大である。私たちは、私たちのエネルギーの消費の仕方が危険なほど大きく間違っているということに気づいてはいるが、その問題の大きさと扱いにくさによって、何かをしようとすることさえできずにいる。もっとも自然な反応は、その問題を無視することである。さもなければ、その問題は私たちの精神の背後に留まりつづけ、私たちの生活の一瞬一瞬を台なしにする。

ヘンダーソンの行動を創造的にしているのは、何が間違っているのかを明確にする、彼女の見出した方法であり、それによって、彼女自身が――そして他の人々が――、問題に取り組むことが可能となったのである。こうした概念的な手だてのすべてと同様に、彼女が行う明確化の本質は、手に負えない全体的な混乱よりも、まずその問題の一つの限定された局面に焦点を当てることにある。ヘンダーソンはもっとも先進的な七カ国――G7――がどのような状態かに焦点を当て、その進歩と富を測定しようと決めた。世界の人口のたった一三%を占めるに過ぎないが、その一方で、世界の天然資源のほとんどを消費するこれらの社会が、彼らの言う、いわゆる進歩にともなう社会的・環境的コストを考慮することなく国民総生産（GNP）を算出することによって、現実が見えなくなっている、と彼女は結論づけた。このような近視眼的な計算方法が続く限り、地球上の現実的な経済状況はさらに悪化する、と彼女は感じている。

ヘンダーソンは、この一つの問題の背後に、もう一つ別の問題が存在していると考えている。それは文脈から現実の一部を抽象化し、そして、その一部が他の部分からまるで孤立しているかのように扱うことで発展してきた、過去数世紀に及ぶ西洋思想の認識論的偏向である。こうした方法で進歩を考えつづける限り、私たちがみずからの選択の本当の意味を理解することは決してないであろう。

それは基本的に直線的な思考です。その根底にあるパラダイムは、私たちが過去から現在、そして未来へと続く時間軸に沿って進行しているということ、そしてそのどこかに、通常、物質的な豊かさ、科学技術的な巧みさ、そして経済成長という観点から測定される、進歩とは何か、についての多くの仮定が存在することを想定しています。

先進諸国が推し進めている政策は、「それでは、最初の課題としてはこれをやり、二番目の課題としてはそれをやろう」というものです。そこには、問題はそのように取り組まれ、そのようにして解決し得るという全体的な思い込みがあります。私は、問題とはそういったものではないと思います。実際には、人々が扱っているのはすべてが相互に作用しあっているシステムですから、先進諸国が取り組んでいるような政策課題に対しては、同時に十のことをする必要があるかもしれないのです。そして、もし私たちがすぐそこにあるシステムを推し進めて「今日すべきことはこれだ」と言ったとしたら、私たちがすることは、システム内の、私たちが気づいていない他の場所に、その他の六百もの影響を与えてしまうことなのかもしれません。

それは副作用という名前で呼ばれます。一方で、実際、副作用のない主作用は存在しないのです。

真の財産

環境に対する私たちのこのような対処の仕方のどこに誤りがあるのかを明確にした今、ヘンダーソンは、それに対して何かを行うことができる。通常、問題の明確化はその解決策を含んでいる。簡単なように思えても、問題を系統的に明確化することは、概念上、全体のプロセスのなかでもっとも難しい部分である。この場合、ヘンダーソンには二つの目標があった。一つは発展がもたらす長期的なコストを人々に理解させることであり、もう一つは、環境政策について、直線的ではなく、システムを強調した思考様式を促進することであった。最初の課題に関して、彼女は次のような立場をとる。

おわかりのように、国家の財産は人々です。国家の真の財産とは、生態系資源と、知的で、問題を解決できる、創造的な人々です。それが国家の財産なのです。お金ではありません。国家の財産は、金銭とは関係がありません。お金に価値はないのです。お金に価値がないことは、誰もが知っていることです。私はお金に関するセミナーを開いています。そして、一ドル札を燃やしながら、こう言って、セミナーをスタートさせます。「これは明かりを灯すのにはちょうどいいですが、おわかりのように、富ではありません。これは、私たちが経済活動を追うのを手助けしてくれる、追跡システムなのです」。

そして、直線的思考の代わりに、

私の世界観は、システム的で、相互作用的です。私たちは、相互作用のすべての接点とダイナミズムを具現化する、問題全体を包括するシステム的なモデルを持たなければ——そして、おそらくそれは、生態系の枠組みによる地球規模のものでなければなりませんが——、どこを推し進めるべきかがわかりません。それらのシステムのすべてが相互にどうかかわっているのかをよく理解し、その良い見取り図を手元に持っていれば、フィードバック効果を得るために、五カ所で同時に政策が実行されなければならないということが起きるかもしれません。さもないと、一つの政策がシステムを消散させてしまったり、何の変化ももたらさなかったりということが起こる、あるいは、それがどこか別のところに悪い影響をもたらしたり、他のシステムでその問題を増幅させてしまうということが起こるかもしれません。

もっとも一般的な言い方をすれば、問題とは「文化的ＤＮＡ」、つまり、人々を動機づけつづける指示の集合体――人間のエネルギーを方向づける価値観や行動規則――を再設計することである、とヘンダーソンは信じている。その基本的な問いとは、

自然の言語をどのように取り出し、どのようにしてそれが、まるで数学の公式と同じように機能しはじめる、簡潔なかたちに圧縮できるか、ということです。私が関心を持っているのは、社会や組織のＤＮＡコードです。つまり、社会や組織から生まれた規則のプログラムなのです。すべての文化は、価値体系や一連の目標から生じた、きわめて高品質なプログラムを持つ、ソフトウェアなのです。そして、すべての企業文化やすべての組織にも同様のことが言えます。ですから、私がしたいことは、新しい組織のためのＤＮＡコードを書くことなのです。

変化の助産師

問題解決に向けた、一つの一般的な取り組み方を明らかにした今、私たちはその仕事を行うための手法を考案しなければならない。地球全体についてはもちろんのこと、あらゆる組織のＤＮＡをどのように書き直したらよいのだろうか？　本当に骨の折れる仕事が始まるのは、まさにこの時点においてである。ただ、世界における最悪の問題のいくつかを解決する概念的モデルを発見した栄光に浸り、もし可能であれば、それを他の人々に実行させることは、魅力的なことなのかもしれない。しかし、ヘンダーソンの創造性は、主として、概念的なレベルにはない。彼女の仕事を、実情に疎い多くの環境活動家の仕事から際立たせているのは、彼女が、実際に、みずからのアイデアを実行に移そうとしている、という点にある。

彼女はそれを、どのように行うのだろうか。彼女の方法は多種多様である。彼女は新聞や雑誌の記事や論説を執筆し、代替経済についての本を書き、世界中で講義を行っている。中国やベネズエラのような、潜在的に共感を示してくれそうな国々で、政府関係者や環境保護団体とのネットワーク作りに時間を費やしている。さらに、GNPの推移を追う新しい方法、科学技術の進歩の、隠れた社会的・環境的コストを考慮に入れた方法を採用するよう、G15諸国に影響を与えるべく努力している。しかし、彼女の兵器庫のなかにある主要な武器は、みずからのヴィジョンを実行するための組織を創造する能力である。それらの組織は、おそらく、リサイクル、あるいは代替経済、あるいは彼女の国別将来性指標のように「代替GNP」を開発すること、あるいは消費中心主義の環境に対する妥当性を問うこと、にその焦点を当てるであろう。そしてこれには、次のような発見が含まれる。

DNAコードの周りに最初の人々や資源を集めること、それが私の組織にとってのビジネスプランと呼び得るものになるでしょう。そのコードが何であるのかを本当に理解している人々を探し、次に資金を提供してくれる財団を探さなければなりません。私が長年にわたって持ちつづけてきた誘惑は、長過ぎるほどここに居つづけようというものでした。なぜなら、組織の方法論を示す石版に、すばらしくもささやかな、DNAコードを確実に刻みつけたいと思っているからです。そうすることで、私は安心して取締役会に戻って、たいていの場合、そのコードについて心配せずともよくなります。なぜなら、そのコードが固定化され、すべての人がこの組織がどのようなものであるかについて同意しているからです。ですから、ネズミになることを想定してデザインしたものが、カバになってしまった、ということにはならないでしょう。

しかし彼女は、時間の経過とともに、この「長過ぎるほど居つづける」ことが間違いであることに気がついた。なぜならそれは、理想主義から彼女に加わったボランティアたちが、自分を押し殺し、彼女を頼るようになったからである。加えて、彼女の自我も、その計画の成功にあまりに強く束縛されてしまっていた。そのため、現在彼女は、その若い組織のリーダーシップをできるだけ早くに譲り渡し、当初の意図が文字通りに守られるかを過度に心配しないようにしている。

私は実際、実社会での厳しい経験を通して学びました。若いころの私は、自己中心的でした。そして、六〇年代、七〇年代を通じて、気がつくとたくさんの社会変革組織を始めていました。そして、もしお金のかかわらない、お金を動機としない社会変革のための組織を望むのであれば、ただ、将来の社会がどのようなものであり得るのかという、理想化されたヴィジョンの観点から、仕事をしなければならないということを学びました。こうした考えを持っていたとか、組織を設立したことを自分の手柄にしたいとか思うような、自己中心的であってはならないのです。なぜなら、理想に燃えた、すばらしい人々を採用して、彼らに「いいですか、給料はひどいものです。ひょっとしたら、最初は無給かもしれません」と言わなければならない立場にあるからです。そして、彼らに本当に提供しなければならないものは、彼らが全精力を注げる、ワクワクするような、新しい組織におけるアイデンティティと、組織と同一化しているという感覚なのです。私がそこからより遠く、そしてより早く退けば退くほど、組織はよりうまく動き出し、その運営のために私が引き入れた人々は、より大きな満足感を得るということに、私は気づいたのです。そして、私が長年かけて気づいたことは、私自身、より素早く行動することを徐々に学んできたということです。初めのころの私は、「ああ、私の小さな赤ちゃんは、ちゃんと面倒を見てもらっているのだろうか？」とよく心配したものでした。

高度ないたずら

どのようにして、ヘンダーソンはこのような方法を実行できたのであろうか。地球規模での経済政策の失敗に対して、彼女が三十年間にわたって行ってきたようなゲリラ戦を戦い抜くことは、容易なことではない。たしかに、高い目標を掲げることは助けとなる——人が自明の正統性を持って人生をささげることのできる事業はなかなかないが。しかし、一方で彼女には、集中して仕事を続けるために取り入れなければならなかった、より日常的な行動がたくさんあった。彼女があきらめなければならなかったものの一つに、一般的な家庭生活がある。そして、みずからが選んだ問題の解決への献身は、最終的に、平和的な離婚という結果をもたらした。彼女があきらめなければならなかったもう一つのものは、良い仕事がもたらす、経済的な安定であった。しかし、彼女が悲しげに認めるように、「私はいつも、自分が雇用に適さないということがわかっていました。なぜなら、おわかりでしょうが、私はどんな仕事でも、業務命令に従わないという理由で初日に解雇されることがしょっちゅうだったからです。私は彼らに、こうしたほうがよくできるのに、などと言ってしまうのです。ですから私は、自分自身の仕事を作り出さなければならないと、ずっと感じていました」。

そして最終的に、フロリダ北部の小さなコミュニティに引っ越すことによって、彼女はみずからのプライバシーを守り、そこで、みずからが信奉する型破りの価値観を表現し、控え目な態度を保つことで、政敵の警戒心を解くことに成功したのであった（ところで、これらはまさに、エリザベス・ノエル＝ノイマンが、先端技術を誇る世論調査組織をドイツ南部の、孤立した十五世紀建造の農家に移した理由でもある）。住居の選択について、ヘンダーソンは次のように語る。

アメリカのような大きなシステムと相互に作用しつつ、「いったいどうして北フロリダの荒野に住んでいるのですか？」と人々が聞くような田舎に住めることが、私に大きな喜びをもたらしてくれます。それが私にとって、大きな喜びなのです。なぜなら、支配的な文化が、私たちを、ある種、注目にも値しないものとみなしてくれるからです。つまり、「彼女はただ物事の周辺をうろついているだけさ」とね。さまざまな下位システムに対する私たちの影響力について、人々が知識を持たなければ持たないほど、うまくいくのです。

北フロリダに隠れ住むことは、ヘンダーソンの孤立を意味しない。時間を費やす価値があると感じるときはいつも、彼女は世界中を旅する。そして、彼女が気にかけている問題を解決する手助けをしたいと心から願う人々がやってきて、彼女を見出すのである――彼女の家はいつも、彼女の事業を特徴づける「高度ないたずら」を実践しようとする訪問者であふれている。彼女のもっともすばらしいアイデアは、自転車に乗っているときや、歩いているとき、ガーデニングをしているとき、皿を洗っているときのように、一人の活動に没頭しているとき、あるいは、興味深い訪問者と会話をしているときに浮かんでくる。ヘンダーソンは、同じような考えを持った人々と継続的に会話をしないと、みずからの目標の達成へと行動しはじめることさえできないのである。

ヘンダーソンの独特のキャリアは、初めから順風満帆であったわけではない。創造的な人々のほとんどと同様に、あまりに深く関与し、彼女も彼女なりの困難を経験してきた。二十年前のあるとき、彼女は燃え尽き状態を経験した。あまりに多忙で、あまりに多くの不安を抱えていた。首には痛みを抱えていた。それは、彼女の忍耐の限界に近づいていた。それゆえ、「持続可能な、継続的な旅とストレスによって、自分自身の仕事のモードを確立した」ほうが良いことに、彼女は気がついたのであった。彼女が、フロリダへ引っ越し、ライフスタイルを変えようと決断したのは、このときである。しかし、他の何にも増して彼女が行ったことは、優先事項の再評価であり、みずからが行ってきたことの功績を認められることは重要でなく、成果を得ることはみずからにとって重要ではない、と断じきることであった。重要なことは、成功に対して自己を過剰に関与させることなく、取り組みが続いている間、可能な限り最善を尽くし、それを楽しむことであった。この決断は、彼女の心に平穏をもたらし、現在彼女は、どのようなストレスも痛みも感じることなく、かつてより多忙に生きている。

名声への欲望に代わって彼女を支えているものは、自然の秩序や美しさに対する根源的な感情であり、みずからの周りに、秩序立った美しい環境を創り出したいという、彼女の強い衝動である。色彩豊かな誇張を交え、彼女は次のように語る。

あるレベルでは、私は宇宙人のように感じています。しばらくの時間、この場所を訪れているのです。そして私は、人間の姿もしています。感情的に、私は人類に大いなる愛着を持っています。だから私は、今こうして人間の姿をしているのです。しかし私には、無限の側面があります。私にとって、こうしたことの辻褄合わせはきわめて簡単なことです。軽薄に聞こえるかもしれませんが、要するにこれが、私の精神面の習慣なのです。

宇宙人のような感覚を打ち明ける人は多くないが、人間のありさまを客観的に見つめるためには、一定の距離から自分を見ることができなければならない。そして、過去の伝統に屈しない、新しい生活様式を生み出すためには、そのような客観性を獲得するよう、努力をしなければならないのである。しかし同時に、「人類に対する愛着」を維持する必要もある。この、理性的な計算と情熱的な関与の弁証法は、すでに、創造的な人々の一般的な特徴の一つとして述べたものである。おそらくこの弁証法は、創造性が伝統的な領域の外で発揮される人々にとって、より本質的なものなのであろう。ヘンダーソンはそれを、次のように表現する。

禅宗の僧が愛着と無関心と呼ぶ、きわめて調和的な連続体があります。そして、人は常に、その両者から成る状態にあるべきなのです。陰陽の連続体があり、それは西洋的な論理では理解できません。なぜなら、私たちは二者択一で考えるからです。一方それは、「いずれも」という論理であり、愛着と無関心の間、長期的視点、無限の視点、具現化した視点の間に、一定の運動や連続性が存在している、と主張するのです。そして、私たちはそこで、限界、無限、行動について、学ばなくてはならないのです。

平和への歩み

経済学者のケネス・ボールディングと結婚して五十年になるエリース・ボールディングは、有名な夫の影から抜け出すことに苦労した。しかし、五人の子どもを育て上げ、十八年を主婦として過ごした後、彼女は社会学で博士号を取得し、みずから考案した独自の仕事に乗り出した。エリース・ボールディングは、この章に登場する他の人々と同様に、日常の生活の浮き沈みのなかで問題を発見し、最初は、既存の領域内でそれらを解決しようと試みた。そして、それが不可能だとわかると、未来を脅かしていると彼女がみなした脅威に対する新たな対処法を発展させたいと、安定した学問分野を離れ、自立したのであった。

安全な場所の消失

ボールディングの人生の主要テーマは、平和、すべてのレベルにおける平和である——つまり、家庭、共同体、国家、世界の平和である。それは時間をかけてゆっくりと成熟してきた関心事で、今では、彼女のすべてのエネルギーを吸収するほどのものとなっている。それは、彼女が小さな、ニュージャージーの子どもだったころに始まった。

子どものころの私の戦争への恐怖は、第一次世界大戦を扱った物語や映画から得たもので、それは毒ガスで攻撃されることへの恐怖でした。今の子どもたちは核に対するある種の恐怖心を持っていますが、私は同様の恐怖心を、人々が毒ガスで攻撃されることに対して持っていました。もう一度戦争が起こったら、生まれ故郷のノルウェーに行って、山の中の小屋で安全に暮らそうと、子どもながらに空想していました。母が語ってくれた物語のすべてがノルウェーについてのもので、そこはすばらしい場所でした。さまざまな点で、アメリカはそれほど良い場所ではありませんでした。利己主義的で、貪欲で、腐敗していました。二十代のときもそうでした［笑う］。大学の四年生のとき、ノルウェーが侵略されました。突然、どこにも行くべき安全な場所がなくなってしまったのです。安全な場所を失ったという内的な動揺、そうした動揺を甘受しなければなりませんでした。子ども時代の空想だとはわかっていましたが、それでも、やはりそれは、私の存在の核心的部分だったのです。

ボールディングが目撃したものは、世界があまりに相互に関連しあっているため、誰も安全な場所へ逃げ込むことができないということであった。暴力は、即座に至るところに広がる。コモナーやヘンダーソンと同じように、ボールディングは、私たちの相互依存が持つ体系的な性質に直面した。彼女が理解したことは、世界が安全な場所になる唯一の方法は、そうなるためにすべての人が努力する、ということであった。

基礎を築く

世界平和のために働くことは容易なことではない。実際、それはきわめてユートピア的な考えであり、世間知らずということと紙一重である。ほとんどの人々は、みずからの生活が地球規模の侵略行為にさらされる危険を察知すると、否定や責任転嫁といった心理的近道をとろうとする。みずからの行為が問題の一部であるという可能性を考える代わりに、ソビエト連邦、南アフリカ、宗教原理主義者、あるいは革新主義組織といった扱いやすい標的に、世界が直面する苦悩の責任を押しつけることほど簡単なことはない。他の人々に行動させようとするほうが、みずからの行動を御するよりも、常に簡単である。しかし、世界を一つのシステムとみたとき、他の部分を変えることなくシステムの一部だけを変えることは、明らかに不可能である。

ボールディングは平和問題に、いわば土台から、一つひとつ取り組んだ。他の創造的な人々と同様に、彼女の才能の一部は、複雑な問題を対処可能にして取り組む方法を見出すことにある。その手順は単純で明快である。第一に、子どもたちを、平和をもたらそうとする者に育てなければならない。第二に、どのようにして家族が心理的な調和を達成するかを理解しなくてはならない。第三に、調和した家族を隣人や共同体と結びつけなければならない。そして最後に、そのように結びついた人々が、みずからの全世界的なアイデンティティを、つまりみずからの相互依存を自覚するように、仕向けなければならない。

国際的な非政府組織の存在に気づき、一万八千もの多国籍団体のネットワークが存在するという事実がいったい何を意味するのか、徐々に理解できてきました。そこには、国民的なアイデンティティとは異なるアイデンティティを持つ人々が存在していました。それが何を意味し、そうしたネットワークに、私たちがどのようにかかわり、私たちが加わったネットワークを、私たちがどう使っていくのか、ということに気づいたのです。私は多くの時間を費やし、人々が属しているものは、実際にはすべて、一つの世界的なアイデンティティである、と彼らに理解してもらいました。地域で何をしていようと、それがロータリークラブであろうと、キワニスクラブ〔世界に広がる三大社会奉仕団体の一つ〕であろうと、社会奉仕団体であろうと、あるいは教会であろうと、商工会議所であろうと、スポーツであろうと、世界的な規模で〔為されない〕活動領域など存在しないのです。しかし、地域のコミュニティがどのように機能しているのかを理解していなければ、他のどこで働いても役に立たないという強い信念が、その出発点として常にありました。人々は、物事がその地域でどのように機能しているかを知らなければならなかったのです。

もちろん、このような、複雑さが増していく視点から平和問題を明確化しても、その課題が簡単になるわけではない。しかし、そうすることで、絶望し、あきらめる代わりに、それについて何かを始めることができるくらいに、平和の問題は扱いやすくなる。ボールディングは、みずからの子どもたちを「平和をもたらそうとする者」に、確実に育てることから始めた。次に彼女は、家族が所属していたクェーカー教徒の集会所、フレンド会に、みずからの考えを持って行った。そこから、彼女の影響力は次第に大きな集団へと伝播していった――ダートマス大学の社会学部長として、そして、一般的なレベル・科学的なレベルの両方において、作家・講演者として、その影響力を増大させていった。ヘイゼル・ヘンダーソンと同様に、ボールディングはみずからの執筆の目的を、世界の問題に対する人々の考え方を変えることにある、と考えている。「私たちが使うさまざまな比喩的表現について、そして、そうした表現が、現実がどのように機能しているのかについての私たちの理解をどのように決定するのかについて、常に考えています。そして、世界をどう変えたいのかについてもです」。彼女の活動は、さまざまな組織のリーダーを務めるまでに広がり、彼女は最終的に、国際的な舞台へとその歩みを進めることとなった。

今、五月一日に終えた国際平和協会の事務局長としての仕事の後始末をしているところです。しかし、私たちは一月に、湾岸戦争の結果を受け、中東平和構築委員会と呼ばれるものを設立しました。その組織を機能させ、運営するために、私は議長代理を十月まで引き受けることにしました。その後は、誰か他の人に引き継いでほしいと思っています。ですから、今は多くの時間が、人々と連絡をとるために費やされています。中東地域のあるべき姿について考えているのが、ヨーロッパやアメリカ合衆国の人々ばかりにならないように、私は中東地域とのコネクションをできるだけ多く開拓しようとしています。背景についての多くの報告書を集め、概要資料を作成しようと努めています。

みずからの影響がどこまで広がろうとも、ボールディングの活動は家庭、家族、地域社会という、確固とした基盤に立脚している。そして、彼女の平和へのかかわり方は、それ以上に深く、信仰に根ざしている。彼女はみずからの仕事を「神の愛に根ざした行動」と呼んでいる。彼女の、クェーカー教徒としての神の概念は、特定の歴史的解釈に結びついてはいない。神は、拡散し、進化していく存在なのである。しかしそれは、「有機的な全体性」のなかの宇宙とつながっていると彼女に感じさせてくれる、生き生きとした強い力である。神性との関係が、彼女にどのように影響しているのかを描写するために、彼女は抒情的な表現を使って、次のように語る。「切望される愛の輝く一筋の光が未知の雲のなかに差し込み、想像できないほど遠い、創造の地平線へと達します。そして、それがあなた自身のなかにあるのです」。

ボールディングの人生は、この強い信仰と家族や地域社会からの強いサポートにもかかわらず、問題のない順調なもの、とは言いがたいものであった。彼女は時折、みずからが担うと決めた重荷によって、消耗し、疲れ果てていると感じる。そのような危機の一つが、六十歳の誕生日のときに彼女を襲った。そのとき、「私は突然、完全に自分の人生に飽き飽きしてしまいました。自分の人生に消化不良を起こしていると感じました。あまりにも多く食べ過ぎて、もうたくさんだと感じたのです。もう耐えられませんでした。それを切り抜け、もう大丈夫、もっと多くの人生の経験を詰め込む場所がある、と感じるまでには数カ月を要しましたが――私は、完全に人生に飽きてはいませんでしたし、完全に煮詰まってはいなかったのです――、仕事を再開し、前に進みはじめました」。魂を覆う闇が降りると、エリース・ボールディングは山の隠れ家に籠る。そこで、遠くの山の峰々や、大事にしているものに囲まれ、儀礼に沿った祈りと瞑想によって律せられた日々を送りながら、心理的なバランスを回復し、精神的な土台を再発見するのである。

潜在能力を解放する

ジョン・W・ガードナーはこれまで、数多くの仕事を経験してきた。大学で心理学を教えることから始まり、主要な慈善活動団体の理事長を務め、ジョンソン大統領から保健教育福祉省の長官に任命され、影響力のある本を何冊も執筆してきた。しかし、多くの人々の存在を正当化するであろう、これらの業績のどれ一つとして、ガードナーに、十分なことを成し遂げたという感覚を与えてくれるものはなかった。金銭や権力を求めていたのではなかったため、客観的な第三者には、彼が何度も目標に到達しているように思えたとしても、彼が懸命に追い求めていた目標は、現実には、手に入れられないものとして残りつづけた。

配管工の卓越性

人生で、ガードナーは何を成し遂げようとしたのだろうか？　この問いに答える前に、彼が何を、解決を必要とする重要な問題、あるいはみずからのエネルギーを注ぎこむ価値のある主要な目標、とみなしたのかを知ることは、有益なことであろう。基本的にガードナーは、私たちは誰もが、生まれながらにして持っているすばらしい潜在能力を十二分に発揮していない、と確信していた。

これは二つの結果をもたらす。私たちの人生は、単調で、疲弊したものとなる。能力をすべて出し切って活動に取り組んでいるときの高揚感、オリンピック選手が自己最高記録で疾走したとき、あるいは詩人が完璧な表現を生み出したときに生ずるような感情——私がフローと呼ぶもの——を経験できなくなってしまうのである。二つ目の結果は、十分な給料を得られず、退屈な仕事をしている人々は、最終的に、少数の幸運な人々から疎外されてしまうということである。やがて、この緊張は必然的に、社会的な対立を生み出すこととなる。ガードナーが理解していたように、問題は、たとえ一方で根深い個々人の差異という現実を認識しながらも、社会的平等の精神を実行に移すことであった。これは、ある意味で、配管工を含めた卓越性の概念（あるいは、配管工の観点からすると、大学教授を含めた卓越性の概念）を必要とする。

三十代後半くらいから、アメリカ人にとっての、きわめて大きなジレンマを認識しはじめました。彼らは平等の精神とその精神を表現するいくつかの言葉を持っています。しかし、ある基準に達するための人々の才能や能力には、大きな違いがあるのです。ですから、その本（『卓越性』）の副題を「われわれは平等でありながら優秀でいられるのか？」としたのです。私には、配管工として優れている人に対しての余地が残されているような卓越性の概念を、私たちは持たなければならない、と思えたのです。卓越性にはさまざまなレベルがあります。もし初めから、頂点にいる人々だけが優秀だと言ってしまったら、社会の他の人々には注意が向けられなくなってしまいます。それは、彼らはいずれにしても優秀にはなれないし、だらしのない人々なのだから、そんなことはどうでもいい、と言っているようなものです。これは社会の運営方法としては、ひどいやり方です。自分の職業が何であれ、自分は優秀である、とすべての人が感じるべきなのです。優秀な神経外科医やその他のものになり得るのと同様に、彼らは優秀な機械工になり得るし、優秀な幼稚園の先生になり得るのです。そしてこれこそが、私がいくつかのアイデアを理解してもらうための道を歩きはじめたきっかけでした。しかし、三十年経った今でも、そうしたアイデアは未だ、人々の精神のなかで整理されていない状態です。

人々の心を動かす

一九六〇年代の後半にアメリカの主要都市で起こった暴動は、ガードナーの不安を裏づけるものであった。優秀さを示す機会を否定された社会の一部が、反乱を始めたのである。彼の創造性が実際に発揮されはじめたのはこの時期からであった。彼は、それまで成功を収めてきた組織の心地よい地位を去り、財団や政府の官僚が影響力を振るう活動の領域から退きはじめた。基本的に、疎外に対抗する方法は、人々をみずからの将来に影響を与える決定に、より積極的にかかわらせることであると感じていた。

これは、人々に選択肢を知らせ、政治的なプロセスのなかで、みずからの意見や能力を発見することを支援する、自発的な運動を組織することを意味した。こうした仕事の最初のものが、法人組織、組合、マイノリティ組織、宗教組織のリーダーたちが都市の問題に取り組むために集まった、注目すべきグループ、全米都市連合を率いることであった。

私の仕事はその特別なグループの議長を務めることでしたが、すべての都市のもっとも状況のひどい地域を訪れることもあり、それはきわめて興味深い経験となりました。私は暴動があったすべての都市のとても奥深くまで入り込みました。ある程度知っていたアメリカ人の生活の、ある一面に本当に深く接することとなりましたが、以前はこれほど詳細なことを知りませんでした。これはきわめて貴重な体験であり、これがコモン・コーズの設立にもつながりました。状況を改善するための勉強を重ねていたとき、政府の病んだ体質や行政のプロセスの欠点に直面しつづけ、それによって、政府に対する国民の関心が不可欠であるという結論に至りました。組合のロビイストや企業のロビイスト、あるいはあらゆる専門家集団のロビイストとして活動している市民は、政府に対して強い関心を持っていますが、しかし彼らからは、どのように組織を運営するか、この都市をより良い都市にするためにはどうすれば良いのか、といった公共の利益に関する主張はそれほどありませんでした。

ガードナーが設立し、長年議長を務めたコモン・コーズは、すぐに成功を収めた。最初の六カ月間で、十万人の会員を集めたのである。最終的に、できるだけ早くに他の誰かにリーダーの地位を譲ろうとしたヘイゼル・ヘンダーソンと同じ理由で、彼はこの組織のリーダーの地位を辞したのであった。「年を経るごとに、私は答えを手に入れたという確信が強くなっていきました。すべてのことに対してガードナー・アンサーと言える、私なりの答えがありました」。すべての答えを知っていることは良いことであるが、それは二つの弊害を生む。仕事をつまらなくしてしまうこと、そして、協力者の自発性を抑圧してしまうことである。

そこでガードナーは、アメリカ国内のすべての非営利機関に討論の場所を提供する、インディペンデント・セクターと呼ばれる別の組織を設立した。そして、講演と執筆を続けた。八十歳に近づき、みずからの最初のキャリアに戻り、情熱を新たに、大学で教鞭をとっている。彼の現在の興味は、共同体研究にある。それは、有機的で自己修正的なシステムへと共同体を変容させるような価値観や内的規則を人々が持たない、社会規範のない地域に暮らすと、人々の潜在能力の実現や、集団の自己組織化の能力は達成され得ない、と感じているからである。

責任感を持って生きる

なぜガードナーは、手に入れた権力や成功を捨て、みずからのエネルギーを代議制政体の再創造を手助けすることにささげることができたのであろうか？　優れた知性が手助けとなったことは明らかであった。彼は同年齢の子どもたちよりも、常に数年先んじながら、学校を駆け抜けた。しかし、きわめて聡明であることは彼の内発的な動機づけを説明するものではない。ウォールストリートで金銭を儲けることや、政府のなかでより高い地位につくために、同じ知性を使うこともできたはずである。しかし、彼は代わりに、公共の利益のためであればどのようなことでもするということを選択したのであった——それは義務感からというよりは、これが彼のできる最善のことであるという、心からの信念に基づいていた。

私は、強く意欲を掻き立てられたこと以外、したことがありません。主題に本当に興味が持てなければ、肩書、権力、金銭のために、何かをすることなどありませんでした。どうしてそういう行動をとるのかわかりませんが、人生が短いと感じており、したいことをしたいと思っていたからでしょう。もし動機という基礎になるものがあり、自分の価値観を大切にするのであれば、他の物事であっても、より安心して、それに従事できると思います。

もちろん、これはまだ、どこからそうした価値観が生まれ、なぜガードナーがそのような熱意を持ち、なぜ通常のものよりもそれらを優先するのかを、説明するものではない。これまでのところ明らかなのは、彼の人生の選択を説明するものは一つではなく、いくつかの手がかりが、その答えの一部を提供している、ということである。ガードナーはみずから、彼がなぜそのような強い責任感を持って生きてきたのかについての、一つの明白な理由を挙げている。それは両親の影響である。

ガードナーはわずか一歳半で父親を亡くしたため、父親から直接的な影響を受けることはなかった。しかし、第七章で見たように、幼くして親を失くすことは創造的な男性たちによく見られる出来事であり、このような場合、父親の不在は息子に、いわば、きわめて高い達成目標を問うような、終生にわたる影響を残すようである。ガードナーの母親は、彼の価値観により直接的で、より大きな影響を与えた。

私の母親はとても強く、自立した人でした。女性の権利や人種関係に対して、当時としては、きわめて先進的な考えを持っていました。彼女の行動規範はとても厳しいものであり、それらは当時の慣習的な偽善のいくつかとは相容れないものでした。たとえば彼女は、私たちが他のどんな人種や集団を見下すことも、決して許しませんでした。そうしたことは、私たちの家族では許されなかったのです。私たちはそれを意識さえしていませんでした。何年も後になって、私は兄弟とそのことで話し合いになり、私たちがまったく同じ態度を身につけていることに気づいたのでした。早い時期に、そうした態度を教え込んでくれたのです。そして彼女は、強い独立心も持っていました。集団の行動や思考が彼女を拘束したことはありません。実際、ある人が人気があるとしたら、おそらくその人に何か悪いところがあって、その人はあまりにも人に便宜を図り過ぎたり、自分の見解を守ろうとしないのだと彼女は感じている、そんな印象を、私は持っていました。そうしたことが、私と私の兄弟の育ち方に、なんらかの影響を及ぼしたことは疑いのないことです。

不在の父親の黙示的な要求と、母親の妥協のない公平性と独立心が、ガードナーの性格に強い影響を与えた。もう一つの影響は、好景気に沸く、楽観的なカリフォルニアで過ごした子ども時代であった。この環境の快活さから元気を得る一方で、彼はまた、頻繁に繰り返される引っ越しと、学校で見せる彼自身の早熟さによって、共同体に属しているという感覚や友人とのネットワークを発展させることができなかったことを悔んだ。この周縁にいるという幼いころの感覚も、彼自身の独立心を生み出し、おそらく、その補償として、後に彼が見せる、共同体の重要性に対する関心を生んだのであった。

おそらく、おわかりだと思いますが、世間が考えていることや慣習的なパターンを受け入れないのは、私の母親の傾向かもしれませんし、私自身の性質なのかもしれません。あるいは、それらを私の基準として設けているような共同体で育たなかったということなのかもしれませんが、私はやりたいことをするのに、いかなる困難も経験したことがありません。

ガードナーは、社会の不正に対する鋭敏な感受性を生まれつき持ちあわせていたわけではなく、また仲間である人々を助けようという、優等生的な願望を持って成長したわけでもない。彼は、みずからに他人を助ける才能があることに気づくとともに、他人を助けることがいかに楽しいことであるかを、発見したのであった。

マネジメントの仕事は本当に楽しいですが、二十九歳になる前、当時、［第二次世界大戦の軍務で］マネジメントの仕事に放り込まれたときは、それが一つの選択肢であることさえわかっていませんでした。そして、もし誰かがそれは選択肢であると言ったとしても、私は「興味ないですね」と言ったでしょう。なぜなら私は、人々が結果を出すために力を結束させる手助けをするといったことに、まったく興味がなかったからです。

二十四年後、保健教育福祉省（ＨＥＷ）の新しい長官として、ひどく混乱した政治闘争の真っただ中に放り込まれたとき、同様のことがふたたび起こった。彼は自分が闘士としての才能を持ち、みずからが、正当な大義のための果敢な闘争を楽しんでいることに気がついた。数年後、都市部の暴動によって草の根組織であるコモン・コーズを立ち上げざるを得なくなったとき、彼は、みずからが人々とより広く交流することができ、それを楽しんでいることに気づいた。私たちは実際、自分たちが知っているよりもはるかに深い鉱脈を持っており、自分たちが実際にできることに気づくには、通常、外部からの困難や機会が必要であるという信念を、ガードナーはこれらの個人的な経験を通して確認したのであった。私たちの潜在能力の多くは、恐怖、自尊感情の低さ、慣習といったものの影響によって、埋もれ、隠され、閉じ込められていると、彼は信じている。

しばしば、事業経営者のグループに会うのですが、もしその際、この話題について話すことになれば、私の見立てでは、キャリアを終えたときに実現するものは、彼らのなかにあるものの半分くらいでしかないということを伝えます。後の半分は眠ったままでいるのです。なぜなら、人生がそれを彼らから引き出さなかったからです。あるいは、彼らがそれを、あまりにも早く、それが自分の得意とするものではないと結論づけてしまったからなのです。自分の才能に蓋をしてしまったのです。歳をとればとるほど、ますます、成長をともなうリスクを避けるようになります。初期に失敗をすると、これは二度としない、と考えてしまうのです。そして、そのようなリストがどんどんと増えていきます。中年になるころには、もう二度としないことの、長いリストができあがります。それらのいくつかは自分にとって得意なものなのかもしれませんが、それらを見限ってしまうのです。自分が勝てるとわかっている小さな場所、成功できるとわかっている小さな場所を選ぶのです。そしてその、安全な場所のなかに留まりつづけるのです。危機や緊急事態が為すことは、そうした小さな行動の安全地帯から、あなたを引っ張り出してくれることです。そして、それによってあなたは、思ってもみなかったものが自分のなかにあることに気づくことになるのです。

ガードナーは学び、成長しつづけてきた。彼は初め、控え目で、よそよそしく、超然としていた。このペルソナは、彼が学術的な研究者である限りうまく機能した。しかし、大きな組織の代表のものとしては威圧的であったため、彼はより友好的な態度を身につけた。同様に、学問的な環境においては適切であった、問題に対する高度に合理的な取り組み方は、大きな集団の動機づけという意味では、その効果を発揮しなかった。

合理的な方法ではない別の方法で人々と接することができるということ、そして、もし彼らに影響を及ぼしたいのならそうしなければならないということを考えはじめたのは、私が四十歳を超えたころだったと思います。もし人々を動かすつもりなら、彼らの動機に影響を及ぼし、表面的な思考のもとにあって、彼らを動かし、彼らの情熱や関心に影響を与えているものに触れなければなりません。私には多くの仕事があって、そのいくつかは私がみずからに課したものですが、そこでは、私自身の人を説得する能力や行動を引き起こす能力がきわめて重要となります。

言い換えれば、みずからが活動している新しい分野の場に影響を及ぼすためには、新たな方略を発展させ、その過程でみずからのパーソナリティを再構築する必要があることを、ガードナーは悟ったのである。これは彼に、多大なる心の開放と柔軟性を要求した。「自分が成し遂げなければならないことを成し遂げるために、私はより開放的になり、より興味を抱かなければなりませんでした。そして私は、そうしたことを楽しみ、その結果を楽しみました」。うまくこなせるものは何かを発見し、それを楽しむ能力は、創造的な人々すべてに共通する特質である。そして、ガードナーのケースがそうであったように、こうしたことが偶然にも共同体の利益になる場合には、それは特に幸運なことである。

世界的な責任という領域

コモナー、ヘンダーソン、ボールディング、ガードナーに共通することは、地球上で起こっている出来事の体系的な相互の関連性に気づいており、その認識に基づいて行動しようと奮闘していることである。彼らが行おうとしていることを説明する方法の一つは、彼らが世界的な責任という領域と、その領域を実現する分野の場を発展させようとしている、という言い方である。コモナーは、私たちのエネルギーと資源の使用について強調する。ヘンダーソンは、私たちのライフスタイルや消費パターンを強調する。ボールディングは、暴力を強調する。そしてガードナーは、個人の潜在能力の発現を妨げる、社会のさまざまな影響を強調する。それぞれが注目するものは異なるが、彼らが考える因果関係のネットワークは、相互に関連しあっている。エネルギー使用、消費、平和な精神性、個人的な充足感といったものの、いかなるパターンの変化も、他のものに影響を与える。重要なメッセージは、すべての行動には結果がともなうということ、多くの重要な点で、地球は脆弱な境界条件を持った、閉じたシステムであるということ、そして、私たちが確かな情報に基づいて行動しなければ、これらの条件は容易に侵されてしまう、ということである。

ある意味で、この新しく生まれつつある認識は、それほど新奇なものではない。多くの素朴な文化は、宇宙の体系的な考え方を発展させてきた。それは世界の偉大な宗教の多くに内在する。ユダヤ=キリスト教の信仰においてそれは、スズメが木の枝から落ちるといったきわめてささいな出来事さえ、把握し、評価する全知の神への信仰という、遠まわしのかたちで表現される。それは、東洋のカルマの信仰、つまり、それぞれの行動が年月を超えてさざ波のように広がっていく、無限の成り行きのなかに存在する。古代ゾロアスター教の信条によれば、人々は皆、水を汚してしまったこと、大地をかき乱してしまったこと、大気を煙で満たしてしまったことに対し、許しを求め、祈りをささげることが期待されていた。しかし、こうした、個人を結びつけていた原因と結果のネットワークに対する直観は、過去数世紀の輝かしい科学の進歩にともない、迷信として信用されなくなった。人類は全能であり、その行動は自然法則を超えたものとみなされるようになっていった。

この章で紹介された人々と同様の人々が行っていることは、こうした直観を真剣に捉えるための基盤を、異なる科学の領域で再発見することである。生化学、経済学、社会学、心理学は同じ結論に達している。それは、より広範な結果を考慮することなく、孤立した領域の規則のなかで進みつづけることは危険である、ということである。核廃棄物を安全に廃棄できるかわからないのであれば、原子力装置を建設することは危険であり、世界のほとんどが凍えて、飢えているときに、食料やエネルギーを無駄にすることは危険であり、人々の精神的な欲求を無視することは危険であり、人間の潜在能力を十分に活用しないことは危険なのである。

しかし、どのようにしたら、これらの孤立した知識の小片を整合性のある記号体系へとまとめ上げることができるのだろうか？　西洋の科学者たちは、近年になってようやく、システムについての研究を始めた。これら四人の創造的な人々が管理可能な方法で取り組んでいる問題を、管理可能なかたちで表現する方法を私たちはまだ持ちあわせていない。大局的に見て、私たちはまだ、前科学的で、隠喩的な段階にいる。地球を、生きた、自己修正能力を持つ有機体として描くガイアの神話は、その一つである。また、私たちの思考と行動が実際に宇宙の存在を可能にしているとする、知性体重視説もある。コモナーやヘンダーソン、ボールディング、ガードナーは、隠喩と自然法則の間の閾で均衡を保っているように思える。詩的な洞察から体系的な理解へといつでも動ける準備ができているように思えるのである。

彼らには、知的な開拓者にふさわしい、ある共通した特徴がある。彼らは皆、成長する過程で周縁にいるという感覚を持っていた。コモナーはユダヤ人であるという理由によって、ヘンダーソンは、みずからの忠誠心が愛情深い母親と強い父親との間で引き裂かれたという理由によって、ボールディングは、彼女のノルウェー系アメリカ人としての生い立ちが、経験の解釈に異なる二つの見方を与えたという理由によって、そしてガードナーは、父を亡くし、共同体に属しているという感覚を一度も味わったことがなく、常にクラスで一番若い少年であったという理由によって、そう感じていたのであった。この周縁性の感覚を持っていたがために、一般的に認められた考え方を当然のものとして受け入れることはなかった。現実生活における経験と衝突したとき、この感覚は、彼らを思考に対する領域関連の制約から決別させる手助けをしたのであった。

行動から反省へ、情熱から客観性へと絶えず移行することを、四人全員が繰り返し語った。それぞれのケースにおいて、彼らはこの変化によって学びつづけ、新たな状況に順応しつづけることができたのである。彼らの創造性は、アイデアから行動へ、そして、行動の結果を評価することを通してアイデアへと戻ることで、有機的に展開していった——それは、何度も繰り返されるサイクルであった。

彼らのなかの誰ひとりとして、金銭や名誉によって動機づけられた者はいないように思える。代わりに彼らを突き動かしていたものは、公益への責任感、つまり、ときに伝統的な宗教的価値観と接しながら、より頻繁には、いかなる特定の信条をも超越した、自然現象の秩序や美しさを求める精神的な感覚に基づく感性であった。これはそもそも、私たちの祖先が超自然的なもののイメージを発展させる契機となった、最古の畏敬の念の現代的な表現スタイルである。しかし彼らは、この責任感を責務というよりはむしろ、特権として軽快に身にまとう。彼らは、私たちの生活を改善するために懸命に働いているが、みずからが望まないことは決してしてこなかったと主張する。私たちが研究対象とした他の創造的な人々と同様に、フローは彼らの意識の典型的な状態なのである。

第十三章　文化の創造

もし創造性《クリエイティヴィティ》が存在しなかったら、世界はまったく異なった場所になっていたであろう。私たちは、依然として、遺伝子に含まれるいくつかの明確な指示に従って行動していたであろうし、人生で学んだことは、死後にすべて忘れ去られていたであろう。音声言語、歌、道具は存在せず、愛、自由、あるいは民主主義といった概念も存在しなかったであろう。そして世界は、その一部なりとも欲する人のいない、人間らしさを欠いた疲弊したものとなっていたであろう。

ある人々は、私たちが人間的だと思える世界を成立させるために、伝統の束縛をあえて打ち破らなければならなかった。次に、それ以前にあったものを改善する、新しいアイデアやプロセスを記録する方法を発見しなければならなかった。そして最後に、その新しい知識を次の世代に伝える方法を見出さなければならなかった。このプロセスにかかわった人々を、私たちは創造的な人と呼ぶ。したがって、私たちが文化と呼ぶもの、つまり、社会的な環境から私たちが内面化したさまざまな部分は、彼らによる創造物なのである。

創造性と生存

創造性が枯渇する運命にあるとしたら、人類が現在を、あるいは今後数年を、生き残れないことは疑いの余地のないことである。科学者たちは、人口過剰、再生不能資源の枯渇、環境汚染といった問題に対する新たな解決策を見出さなければならない——さもなければ、未来はまさに、野蛮で、短命なものとなってしまう。人文主義者が、新たな価値観や、私たちがエネルギーを注ぐ新しい理念を見出さなければ、障害を乗り越えるために必要な情熱を持って進もうとする私たちを、絶望感が阻むであろう。好むと好まざるとにかかわらず、人類は創造性に依存するようになってきたのである。

同様のことをより楽観的に言うならば、過去数千年における進化は、遺伝子レベルで起こる、ほぼ独占的とも言える化学的な突然変異の問題から、ミーム——私たちが学び、次々に他者に伝えていく情報——の変容の問題へと次第に変化してきた。正しいミームを選択すれば、生き延びる。選択しなければ、生き延びることはない。人々はより明るい未来か滅亡かのどちらかに帰結する知識、価値観、行動を選ぶが、この選択とは、もはや、捕食動物や気候変化のような、私たちの外にある要素に左右されない。未来は私たちの手のなかにある。私たちが創造する文化が、私たちの運命を決定するのである。

これが、ジョナス・ソークがメタ生物学的と呼び、E・O・ウィルソンや他の人々が生物文化的と呼ぶ、進化である。両者の発想は同じである。生存はもはや、生物学的に備わったもののみに依存するのではなく、私たちが使用することを選択する社会的・文化的道具にも依存するのである。偉大な文明の発明——芸術、宗教、政治システム、科学、工業技術——は、文化的進化の主要な段階を示す。人間であることは、創造的であることを意味するのである。

同時に、種としての生存にかかわる大きな脅威、つまり、創造性が解決することを私たちが望むまさにその問題が、過去の創造的な解決策によって生み出されたことを理解するのに、それほどの熟考を必要としない。多くの点で将来の中心的な問題となる人口の過剰は、農業や公共衛生の独創的な改善によってもたらされた。共同体の喪失と増加する心理的孤立は、鉄道や車といった自己推進型車両の発明によってもたらされた、移動性の大きな進歩がその原因の一部となっている。超越的な価値観の喪失は、経験論的に検証できない信念の誤りを暴く、科学の成功がもたらしたものである。そして、こうした事例は際限なく続く。これが、たとえばロバート・オーンスタインが、人間の発明を

「斧製造者の贈り物」と呼ぶ理由である。彼はこの表現によって、金属を知らず、文字を持たない人々に鉄の斧が初めて紹介されたときに何が起こるかを説明する。それはより頻繁な殺害をもたらし、社会関係や文化的価値観から成る既存の網目をずたずたに切り裂く。ある意味で、すべての新しい発明は、「斧製造者の贈り物」である。新しいミームが根づくと、生活様式は決して同じではあり得なくなる。

明らかに危険な発明——蒸留酒、たばこ、小火器、原子炉——だけが、人類を絶滅させる脅威となるのではない。明らかに有益な発明でさえ、意図しないネガティブな結果をもたらしてきた。テレビは私たちが経験できることの範囲を広げるすばらしい道具であるが、人間の興味の最低の共通分母に訴えるような、知的なおもしろさに欠ける不必要な情報に、私たちを耽溺させる可能性を持つ。すべての新しいミーム——車、コンピューター、避妊用ピル、愛国主義、あるいは多文化主義といったもの——は、私たちの思考の仕方や行動の仕方を変える。そしてそれは、私たちがその革新の定着に身を委ね、手遅れになったときのみにしばしば現れる、潜在的な負の側面を有している。

核エネルギーの開発は、その機会を摑むことのできた国々に、軍事上・産業上の優位を約束した。それは、誰も拒絶することのできない好機であった。しかし、核の時代に入ってわずか半世紀、私たちがこの特別なファウスト的取引に支払わなければならない代金はあまりにも高く、それは私たちを破産へと追い込みかねない状況となっている。最近の見積もりでは、アメリカが核廃棄物を安全に廃棄するためには、三千億ドル以上が必要であると言われている。ロシアのような他の多くの国々では、廃棄作業の開始が予定に間にあわない可能性もある。地球の歴史からするとほんの一瞬の間に、人間の発明の能力は、地球上の多くの地域を居住に適さない状態にしてしまったのである。

人間の発明の能力に関して、私たちが懸命に無視しようとする基本的な法則がある。それは、環境を変えようとする力が大きければ大きいほど、希望する結果と同様に、望まない結果を生み出す機会がますます増えるということである。紀元前約四〇〇〇年のメソポタミアにおける大規模な灌漑法の発明は、隣国が想像もできないほどその国を豊かにした。しかし、ユーフラテス川とチグリス川の流れが、毎年、豊かな表土を少しずつ削りとり、塩分を含んだ鉱物をそこに蓄積していった。二つの川に挟まれた豊かな穀倉地帯は、ほとんど何も育たない砂漠へと、徐々に変わっていったのであった。

世界の反対側からもう一つの例を挙げれば、マヤ文明は西暦八〇〇年ごろに崩壊したが、それは、マヤ文明が難局にうまく対処できなかったからではなく、マヤ文明それ自体の成功によってもたらされたものであった。この複雑な文化がなぜふたたびジャングルに呑み込まれたのかということの説明には諸説ある。おそらく、あまりにも多くの家族が、裕福になり、権力を持つようになったからである。そうしたエリートはみずからがこれ以上働くべきではないと感じていたが、それぞれの世代はその前の世代よりも、より安楽で、より高い生活水準を期待していた。インディオごとの酋長が多くなり過ぎ、内部抗争が最終的に殺害をともなう内戦を引き起こしたのである。別の仮説によれば、マヤの人々は荘厳な寺院や宮殿を建設するために、かなり高温の炉で溶かす必要のあった石灰岩の化粧漆喰を用いていた。その炉で燃やすために、彼らは周囲の森の多くを伐採し、それが土壌浸食をもたらした。表土が洗い流され、マヤの人々が段々畑の灌漑に使った沼地を泥で埋めた。肥料を奪われた土地では作物が減り、それに続いた飢饉が、社会的な混乱を煽り、混沌と最終的な忘却をもたらしたのであった。このように、創造の力は常に、破壊の力と結びついてきた。

最初の成功が最終的な失敗につながるという類似したパターンは、アイデアを通して人間のエネルギーを生成するミームにも当てはまる。ナチズム、マルクス主義、さまざまな宗教の原理主義が保証するものは、人々に単純な目標や規則を与える。それは、しばらくの間、それらの教義を採用した社会に目的と力を与える、心理的エネルギーの波を解放する。ドイツでは、他の工業国が未だ世界大恐慌の非常に困難な状況のなかにあるとき、ヒトラーが失業を解消した。イタリアでは、ムッソリーニが初めて汽車を時間どおりに走らせた。スターリンは、発展の遅れた片田舎の大陸を先導的な工業大国へと変身させた。しかし、すぐに否定的な側面が現れるのである。不寛容さ、抑圧、厳格さ、外国人への嫌悪は、他の集団を犠牲にし、一つの集団の優位性を約束するミームによって社会的エネルギーが集約されるとき、たいていの場合、戦争やそれ以上の悲劇をもたらすこととなる。

しかし、創造性の果実は、表立った外的なダメージをもたらさないときでさえ、まさにその成功のせいで、創造性の果実を受け入れた文化の存続を危うくする種を蒔くこともある。ローマ人は、法律、行政上の取り決め、軍事的実践の実行可能なシステムを発明することで、豊かで、安定した社会を形成した。しかし、しばらくすると、ローマの貴族たちは努力する理由を見失った。成功がもたらす怠惰が、偽りの安心感を抱かせたのである。奴隷という安価な労働力がもたらしたものは、労働を節約するための新しい装置に対する無関心であった。奴隷を所有していたアメリカ南部と同様に、物質的快適さというコインが必然的に持つ負の側面として、致命的な自己満足感が蔓延した。

同様に、アメリカ人の持つ発明の才能は、世界が羨望する生活水準と政治的安定を生み出してきた。その結果、アメリカ人は――ほとんどのヨーロッパ人と同様に――、安い賃金で長時間働く理由を見出せなくなっている。誰が彼らを責められるだろうか？　しかし、世界の他の人々の多くは、望ましくない状況でも懸命に働こうとしている。結果として、生産的活動は将来へのもっとも低い期待しか持たない人々の手に、次第に移っている。あなたがアメリカで作られた服を最後に着たのはいつだろうか？　あるいは、アメリカ製のテレビやビデオ装置を使ったのは？　移民の数が増えつづけている理由は、彼らが単調な仕事を進んで行おうとする、唯一の人々だからである。

しかし、技術者や技術的な訓練を受けた労働者たちでさえ、先進国において徐々にその数を減らしつづけている。誰もが専門職に、それが無理でも、少なくとも机の向こう側に座る事務職になりたいと考えている。楽観的な人々は、子どもたちは、情報と創造的な柔軟性に基づいて、みずから自分たちの将来の仕事の準備をしている、と主張する。しかし現実は、アメリカで取得される特許の数は減りつづけ、コンピューター・リテラシーは、情報をどのように生み出し、獲得された情報をどのように使うのかを知るということよりも、情報の消費者になるための学びの問題となっている。もし必要が発明の母であるならば、安定した豊かさは、機能不全に陥った義理の親のように思える。

したがって、私たちは歴史を通じて、ヘーゲルやマルクスが正当に評価したであろう、皮肉なプロセスを見ているのである。そのプロセスとは、文化の成功がそれ自身の内に、それとは反対の性質を発達させてしまうという、一つの弁証法である。裕福になればなるほど、変化を求める理由がなくなり、それゆえ、私たちはますます、外部の力にさらされることになる。創造性の結果は、しばしば、それ自身の否定となる。

過去には、複雑なミームを創造することにおいてきわめて進歩した社会が、数百年、あるいは数千年にわたって、当初からある文化資本を糧にしながら、ほとんど変化せずに生き延びたことがあったのも事実である。エジプト人はそうすることができたし、中国人も同様であった。しかし、部分的には過去数世紀に起こった進歩によって、そのような贅沢はもはや手に入らないものとなっている。コミュニケーションは、情報、テクノロジー、資本へのアクセスが世界中にほぼ均等に振り分けられるまでに進歩した。こうした資源をもっとも効率的に、そしてより大きな決断力を持って使う人々が、未来を支配することになるであろう。いかなる社会も、ナイル川の帝国の輝かしい孤立を、あるいはヴィクトリア朝イングランドの輝かしい孤立さえ、もはや享受できないのである。

ではいったい、この込み入った話の評決はどのようなものになるのだろうか？　現在でも依然として、創造性を無条件に称賛することが流行りとなっている。つまり、創造的と考えられる人々は間違いを起こすことがない。彼らは私たちを、過去の過ちから救い出し、明るい未来へと導いてくれる、というのである。もちろん、時には異議を唱える人々もいる。精神分析家ゲザ・ローハイムは、生命という活動のすべて、特に生命に最近起こった出来事である意識の発生は、結局のところ、壮大な誤りに過ぎない、と書いた。その見解によれば、物質の理想状態は非有機的であり、生命は熱を帯びた病、結晶化した宇宙の穏やかな局面に一時的に現れる癌に過ぎないのである。

さらに重要なことは、一般の人々も、祖先が創り上げてきた文化の価値を再考しつつあるように思えることである。人類がその獲得のために奮闘してきた科学、民主主義、その他多くの価値ある物事への人々の信頼が揺らいでいるのは、ロシア、イラン、インド、ブラジルにおいてだけではない。突然わき上がった伝統主義が光り輝く現代日本を走り抜け、よりシンプルな生活への回帰を模索する勢力がアメリカで力をつけつつある。共有された価値観、共同体意識、より穏やかなライフスタイルを回復することは、すばらしい達成であろう。しかし不幸なことに、振り返るという行為によって陥りやすいのは、魔術、占星術、超自然的なもの、他のすべての伝統と比較したときの自民族の伝統に対する優位性への、新たな信仰である。

人間の創造性を無批判に受け入れることも、全面的に拒絶することも、私たちを遠くへ導いてはくれない。もし私たちが客観的に文化を眺め、決断することができれば、それはすばらしいことである。これは良い、それは悪い、というように。しかし、歴史は黒か白かで展開しない。それぞれの偉大な進歩は、その内部に新たな脆弱性を含む。今日必要不可欠とされたミームのあるものが、明日は障害となるのである。進歩を不必要に拒絶するのと同様に、進歩は常に望ましいと信じるのは愚かなことである。

人間の進化における創造性

これまでの議論では、二つのポイントを明確にしようとしてきた。人類が重要な役割を果たす未来においては、創造性が人間の生存に必要であるということ、そして、創造性がもたらす結果には、望ましくない副作用がともなう傾向があるということ、の二つである。

もしこれらの結論を受け入れれば、人間の幸福は二つの要素に依存しているということになる。それは、創造性を高める能力と、新しく、創造的なアイデアの効果を評価する方法を開発する能力である。ここではまず、二つ目の要素に焦点を当ててみることにしよう。

どうして私たちは、新しいアイデアの評価を、各々の分野の場、あるいは市場の「見えざる手」に委ねることができないのだろうか？　残念なことに、これらの二つのシステムは、その課題に対処するには十分ではないのである。分野の場の成員は、ほとんど決まって、文化の他の部分をそれほど尊重せず、その領域の主導権を強化することに専心する。第二次世界大戦後、少数の物理学者たちが核拡散の危険性を社会に警告するために団結したが、分野の場全体としては、高エネルギー物理学の研究拡大と応用を目的としたロビー活動を止めることはなかった。同様に、少数の医者たちが高度先端技術を用いた医療が公衆衛生の進歩を妨げていることに警鐘を鳴らしたが、アメリカ医師会に率いられた分野の場の大多数の者は、高額な設備と外科手術の拡大の支持をみずからの義務とみなした。

白紙委任状を渡されれば、いかなる分野の場も、より多くの社会資源を制御しようとし、さらに多くを求めようとするのは、自然の成り行きである。すべての学校、企業、家族が専任の心理学者を雇えば、アメリカ心理学会は満足であろう。芸術家の関心は、すべての人が芸術の収集家になれば物事はより良くなると、社会の人々を確信させることであり、歯科医の関心は、自由時間のほとんどを口腔衛生に費やせば、より幸せになると私たちに確信させることである。つまり分野の場は、社会的資源に対するみずからの影響力の拡大を保証する、あらゆる新しいアイデアを、歓迎するのである。

さらに、たとえ利己的で物欲的な理由が含まれていなくても、それぞれの分野の場が、長期的な結果を考えずに、その領域で新しいアイデアの実施を強く推し進めることもある。狭い専門性の制限のなかで長年働いてきた人は、その領域における新たな発展がもっとも重要であり、他のどこの領域の発展よりも優先すべきである、と自然に信じてしまう。高エネルギー物理学に生涯をささげてきた物理学者に、核技術の進歩が必ず支持されるべきとは限らない、と納得させるのは難しいことである。

それぞれの分野の場は、当然のことながら、みずからの業績に誇りを持ち、分野の場の内部の基準に反する公益の観点からその貢献を評価しようとする試みに対して、学問の自由、言論の自由、思想の自由、あるいは、他のみずからを守るために有用なイデオロギーであればどのようなものであっても、ためらうことなく引きあいに出す。リベラルな世界観のなかにいると、好きなものは何でも——たとえば、冒瀆された旗、尿の入った花瓶、切断された遺体でさえ——展示できるという芸術家の権利に異議を唱えることは、結局、タブーでしかない。科学者たちは、何が良い科学で何がそうではないかを他の誰かが決定すべきであるという見解に、恐怖を感じ、たじろぐ。ノーベル物理学賞を受賞した人は、必ずと言っていいほど、自分は世界を研究する唯一可能な方法の継承者である、と信じざるを得なくなる。ヴォルテールの言葉を言い換えれば、その人は、彼の科学はすべての存在し得る科学のなかで最高のものであり、それゆえ、物理学が物理学者によって必然的に展開されていくことに疑問を挟もうとする行為は、科学の統合性に対する反知性的な攻撃である、と自然に信じるのである。各々の分野の場は社会がその自立性を認めることを期待するが、結局のところ、そこで為される説明がみずからの領域のルールに従い、それ自身にしか通用しないものであると感じている。こうした理由から、分野の場が、長期的な公益という観点で、みずからの創造的なアイデアを監視することを期待するのは、無駄なことである。

別の選択肢は、斬新なものの価値を市場に決定させることである。他の多くの社会的プロセスと同様に、私たちは市場の知恵を信頼し、暗黙のうちにその優先性を支持する傾向にある。しかしもちろん、今や誰もが、自由市場と呼ばれるものは、サンタクロースやイースターのウサギと同様に、現実的ではないと考えている。世界銀行がブラジルに、使用も償却もできない原子炉の建設のために数百万ドルもの莫大な貸し付けを行ったとき、その取引は自由市場の力に応じたものではなく、原子炉を建設するアメリカのいくつかの巨大企業の興味に応じたものであった。もう一つ別の例を挙げると、フランスからフィンランド、そして、日本からアメリカまで、あらゆる国家は自由市場が生み出さないものを農家に対して支払うことで、農業の基盤を守ろうとしている。

しかし、たとえ自由市場が実在したとしても、私たちの将来の幸福に関する限り、自由市場の決定が賢明であるかは、疑わしい。そもそも、市場の決定は現在指向的である。選択権を与えられると、消費者は結果にあまり関心を示さず、今すぐに有利な状況をもたらしてくれる製品やプロセスを選ぶ。そのスプレーがオゾン層に影響を及ぼすと指摘されているにもかかわらず、私は毎朝数秒を節約するために、デオドラントの缶を買うだろう。もし私が拳銃を買うようなことがあれば、たとえ効率の良い拳銃のほうがより多くの事件を引き起こしかねないとしても、私は相手より早く弾を撃てるものを買うだろう。

大量生産された商品は、特に、短期的な利益に基づいて、選択されやすい。ファーストフードは、脂肪と糖が不足していた私たちの遺伝子的な過去に確立されたもっとも根本的な味覚の要求を満足させるときに、より多くの利益をもたらす。フレンチフライやミルクシェークとセットになったハンバーガーは原始人にとっては最高のご馳走だが、ほとんど体を動かさない人々にとっては特に健康に良いというわけではない。民間のテレビ放送も同様に批判を受けやすい。私たちが見るように遺伝的にプログラムされている目を見張るような光景は、ローマ人が、砂の上で剣闘士たちが互いの内臓を引っ張り出すのを見るために闘技場に押し寄せていたころから、それほど大きく変わってはいない。家庭のテレビでメロドラマやMTVを視聴することから、進化に有益な貢献を想像することは難しい。

しかし、これまで見てきたように、私たちは進化を無視することはできないのである。地球の未来を方向づけるために存続する文化とは、創造性を可能な限り促進する一方で、単に個別の分野の場に対してではなく、未来における人類全体の幸福に基づいて、斬新なものを選択する方法を見出すものである。必要とされるのは、優先順位の確立をめざし、新しいアイデアを社会的に保証する基盤の一つとしての「進化への影響分析」といったものを用いる、自覚的な努力なのである。

こうしたタイプの政策は、いかなるかたちのものであれ、低俗な、思想の取り締まりに陥ってはならない。芸術家はみずからのミューズに従うよう促されるべきであるし、科学者は、みずからの直観がどこに導こうとも、それに従うことを尊重されるべきである。しかし一方で、なぜ社会は、ある分野の場のなかでは評価されているが国家に害を及ぼすかもしれない斬新なアイデアを支持するように、期待されるのであろうか？

洋の東西を問わず、もっとも偉大な芸術は、芸術家が課題を設定したときに作り出されたのではなく、パトロンが彼らの利益になる特定の基準を強く主張したときに作り出された。パトロンは一般大衆に称賛されることを何よりも望んだため、彼らが要求する芸術は、共同体全体に訴えかけ、強い印象を与えるものでなくてはならなかった。この意味で、教皇や諸侯から依頼された中世およびルネサンス期の芸術は、実際には、芸術の世界が社会の他の部分からみずからを切り離す力を手に入れ——特有の趣味と選択の基準を持った一つの分野の場として——、発展させたもの以上に、より民主的であった。

科学的な創造性について一般の人々が評価を下すことには、当然のことながら、より困難がつきまとう。ほとんどの科学的領域における知識の最前線は、素人の理解をはるかに超えたところへと進んでしまったため、十分な情報を踏まえたうえでの決定ができるのは、それぞれの分野の場に属する人々のみであろう。しかし、そうした各々の分野の場には、おそらく、専門的な知識と公益に対する感覚の両方を備え、社会の利益に奉仕するための代表者と成り得る人々が十分に存在する、というのも事実であろう。

現在、研究助成金は、分野の場によって定められた優先順位、あるいは、その資金を支払う行政の政治課題の観点から評価される。そこでおそらく、ジョナス・ソークが言うところの「善良な祖先」になろうとし、科学的進歩が社会の支持を受けるべきかどうかを評価するときにみずから進んで進化の要求の代弁者になろうとする人々から構成される、ある種の行政機関を、党派政治や専門分野の作法よりも優先して設立することも可能であろう。必然的にそのような集団は、主に年配の人々から構成され、したがってそれは、科学者としてのキャリアを推し進めることにより大きな関心を持つ若い同僚からの批判にさらされることになるであろう。他方、より多くの、そして、より多様な経験を積み、より広い文脈のなかでみずからの専門知識を見つめることのできる人々は、公平な知恵を持っている可能性が高い——そして、こうしたことは、年配の人々により多く見られることなのである。しかし、私たちの社会は年配の人々にほとんど期待をしない。高齢者が行う、すべての人々の利益になる重要な貢献とは、こうしたことなのかもしれない。

創造性を高める方法

数十億年、進化は手探りで進み、無原則な淘汰の力によって方向づけられてきた。私たちは偶然によって創られたのである。しかし、今や人間は、地球に影響を与える、もっとも強力で、それゆえ、もっとも危険な力の一つとなった。したがって、もし私たちがみずからの利益に沿った方向に進化を続けたいのならば、進化を方向づける方法を見出さなければならない。そしてこれには、新しいミームを監視するためのメカニズムの開発が含まれる。それによって私たちは、長期的に見て有害に成り得るミームを拒み、将来的により有望な代替策を奨励することが可能となるのである。

しかし、淘汰が始まる前には、当然、新奇性に富んだものが生み出されていなければならない。言い換えれば、選択をするためには、その対象となる新しいアイデアが存在しなければならないのである。それゆえ、私たちが今問うべきことは、文化が取り入れるにふさわしい斬新なアイデアの発生頻度を上げる方法にはどのようなものがあるのか、ということである。この問いに答えるために、創造性のシステムの構成要素を規定する三つのレベル、すなわち、人、分野の場、領域のそれぞれに適用する戦略について、ここで、検討を加えようと思う。

創造的な人々を増やすために

私たちはこれまで、創造的な人を定義づける特徴のなかに二つの中心的なものがあり、それらはやや対立する傾向があることを確認してきた。一方は強い好奇心と率直さであり、他方はほとんど強迫的とも言える忍耐強さであった。人が斬新なアイデアを持ち、それを広めるためには、これら二つの傾向が必要となる。こうした特徴を持つ人々の数を増やすことは可能なのだろうか。

確かなことはわからない。答えがないのは、部分的には、これらの特質がどの程度まで遺伝的にコントロールされているのかが明確でないからである。もちろん、染色体のある一つの場所だけが率直さの遺伝子を有している、あるいは、いくつかの選択肢のなかでどの染色体がどの場所を占めるかに応じて、ある人は好奇心旺盛に生まれ、ある人は無関心に生まれつくなどということは、考えにくい。可能性が高いのは、むしろ、多くの遺伝子の発する指令の組み合わせが相互に作用し、人の開放性の程度を決定するというものである。

しかし、すでに議論したように、生物学的に受け継ぐものは物語のほんの一部でしかない。幼少期の背景が重要な影響力を持つのである。関心や好奇心は、家族とのポジティブな経験、支援的な情緒環境、豊かな文化的遺産、多くの機会、将来への大きな期待によって、刺激を受けることになる。対照的に、忍耐強さは不安定な情緒環境、機能不全の家族、孤独、拒絶や周縁感覚といったものへの反応として発達するように思える。ほとんどの人々は、幼少期のこれらの環境のいずれかを経験し、それら両方を経験するというわけではない。

しかしながら、創造的な人々は両方の環境にさらされる傾向がより強いように思える。ジョン・ホープ・フランクリンは、きわめて支援的で、刺激的な家族のなかで育ったが、みずからの人種により、差別に苦しんだ。イザベラ・カールは、経済的に厳しい家庭環境で育ったが、両親は温かく、刺激的かつ支援的であった。

もちろん、多くの同じような背景を持つ子どもたちが創造的になったわけではないし、調査に協力してくれた創造的な人々のなかの何人かは、このタイプに合致しない幼少期の経験を持つ。創造的になるためには、必ずある種の家庭的背景が必要だ、などと主張することは不可能である。しかし、幼少期の二つの経験のモードがその後の創造性に関係している可能性は、たしかに高いように思える。そしておそらく、この種の弱い関係性は、「幼少期の経験」と「創造性」のような二つの異質な概念の因果関係を評価しようとするときに、私たちが期待できる最大のものであろう。しかし、弱い関係性であっても、何もないよりは良い。なぜなら、両方の経験の要素を与えることによって、少なくとも、創造性の特質を示す人々の割合を増やすことを期待できるからである。

同じ議論が、第三章で述べられた他の特質の対にも当てはまる。孤独と集団性の両方を促進する環境が、子どもが創造性を発揮できる機会の増加にわずかなりともつながることを、親や教育者は知るべきである。特に、孤独に耐えることを学んでいない子どもたちは、領域に深くのめり込む十分な経験を持てず、アイデアを熟考し、醸成させる機会を欠くという点で、リスクにさらされている。その一方で、非常に内気で引きこもりがちな子どもたちには、ヴァン・ゴッホやカフカがそうであったように、彼らの貢献が文化から消えてしまわないように、無私の精神で彼らの仲介者になろうとする人々が必要となる。

同様に、男女の役割に一定の柔軟性を持つことも、創造性を促進する手助けとなりそうである。もし子どもが、性別に関する厳密な固定観念に従って行動するように強く社会化された場合、その子どもの創造性は妨げられる可能性が高くなる。言い換えると、複雑なパーソナリティを際立たせるもろもろの特質が、創造的表現の可能性を統計的に高めてくれるのである。それぞれの特質の貢献はきわめて小さなものかもしれないが、どれ一つとして不可欠なものがあるようには思えない。しかし、そうした特質のすべてが存在するとき、創造性発揮の予測はより好ましいものとなるであろう。

もちろん、これらのモチベーションやパーソナリティの要素に加えて、重要な認知的変数も存在する。そして、ここでもまた、遺伝的形質が重要な役割を果たすかもしれない。人は誰しも、他の側面以上に現実のある側面に対してみずからを敏感にさせる、固有の強みや性質を持っている。しかし、繰り返しになるが、幼少期にある特定の領域に触れ、それにかかわる機会を持つことは、生まれ持った潜在能力を発展させるために、必要不可欠である。質問をするよう励まされる子どもは、問題を発見しようとする態度を発達させるであろう。帰納的推論の手ほどきを受ける子どもは、世界の理解が得意になるかもしれない。

幼い時期に、ある領域にかかわることは、何にも増して有効である。おそらく、E・O・ウィルソンは蟻についての知識であれば世界の誰にも負けないが、彼が蟻の研究を始めたのは六歳のときであった。同じ年齢のころに、ライナス・ポーリングは化学物質の結合に夢中になった。ラヴィ・シャンカルは、子どものときにプロの音楽家として演奏していたし、ゲオルク・ファルディは、小学生のときにみずからが詩人であることを自覚していた。ヴェラ・ルビンが天文学者になることを決意したのは十歳に満たないころであった。これらのケースのいずれにおいても、親が子どもに化学、音楽、詩、あるいは天文学の勉強を強要していないということを認識しておくことは重要である――子どもの自発的な関心が活動への没頭につながったのである。親の役割は、機会を与え、子どもが興味を示したときにそれを真剣に捉え、ルビンの父親が娘の望遠鏡作りを手伝ったときのように、子どもの没頭を支援することに限られていた。もし親たちがより指示的であったとしたら、子どもたちが領域にこれほど没頭することはなかったであろう。

しかし、私たちの研究に協力してくれた人々のほとんどは、それほど早期にみずからの研究のスタートを切ったわけではない。事実、多くの人々は、大学か、あるいはさらに後になって、最終的なキャリアに乗り出した。しかし、彼らは皆、記号形式を修得しようとする、他の子どもにはほとんどあり得ないほどの好奇心に突き動かされていた。エリザベス・ノエル＝ノイマンは空想上の村で遊ぶことに夢中になり、書くことを好んだ。マーク・ストランドは絵を描くことに没頭し、ジェイコブ・ラビノウは手に入れた機械の部品をすべて分解した。

したがって、ある人が創造的になる運命を持っているのであれば、特定の領域への特化が思春期の後期まで起こらないとしても、なんらかの領域への熱烈な没頭が必要なのかもしれない。自信の持てる技能を発展させられなかったり、知識の基盤を手に入れる経験を持たなければ、若者は決して、現状を変えるだけの勇気を奮い起こすことがないのかもしれない。ヒルデ・ドミンは晩年になって初めて詩を書いたが、それ以前に六つの言語を学んでいた。しかし、遅かれ早かれ、ある特定の領域の、専門化された知識を習得することが重要となる。ここでは、基本を知っていることが必要不可欠なのである。科学者にとっては数学や物理学、芸術家にとっては絵画技術、作家にとっては古典の知識といった基礎を習得することが、さらなる革新の出発点となるのである。

しかし、飛躍的な発明のほとんどが、通常、関係があるとは考えられていない情報の結合に基づいているということを、心に留めておくことは重要である。統合、つまり領域を超えた結合や領域内部での結合は、例外的な事例というよりはむしろ標準的な展開である。マデレイン・レングルは分子生物学からインスピレーションを得て、物語を書く。ラヴィ・シャンカルはインドとヨーロッパの音楽を調和させる方法を見出す。そして、ほぼすべての科学者が、後に創造的と言われる仕事において、物理学、化学、生物学の境界の横断を繰り返す。

他の領域は、直接一つの作品に統合されないときでさえ、創造的な人々の心理的生活全般に貢献し、それは、独創性のない、狭い範囲で訓練された専門家の固定観念が誤りであることを示す。音楽は多くの人々の人生を豊かにし、芸術や文学もまた同様である。科学者のマンフレート・アイゲンは室内管弦楽団で演奏し、政治家のユージーン・マッカーシーは詩を書く。陶芸家のエヴァ・ザイゼルは、七十代でニューヨーク市の人種問題の歴史研究と論文執筆を始めた。財界のリーダー、ロバート・ガルビンは、古代の海図を集め、憲法史の研究をしている。

この幅の広さ、所定の領域の境界を超えるこの関心は、現在の学校教育や社会化が踏み潰してしまうおそれのある、もっとも重要な資質の一つである。少なくとも本研究によって、狭い範囲の専門化を蔓延させてはならないという私たちの決意だけは、再確認すべきである。このような狭い専門化は、魂にとっての害悪であるばかりでなく、文化を豊かにする創造的貢献の可能性を低減させてしまうのである。

分野の場による貢献

私たちのほとんどは、創造的な人は環境にかかわらず最終的に勝利する、と心の奥底で信じている。孤独な天才というロマン主義的な理想化が私たちの心に深く根づいているため、反対のこと——つまり、もっとも偉大な天才でさえ、社会や文化の支援なしには何も成し遂げられないということ——を述べるのは、ほとんど冒瀆である。

しかし、現実はそうではないように思える。時と場所の好ましい収束は、適切な資質を備え、正しい時に、正しい場所に偶然居合わせる人に、束の間のチャンスをもたらす。ベンジャミン・スポックは精神分析の訓練を受けた最初の小児科医の一人であり、それゆえ彼は、最新のフロイトの考えを組み入れた、一般向けの権威ある育児書を書き上げる絶好の立場にいた。数年早ければ、その仕事は不可能であっただろう。また数年後であれば、それは重複したものとなっていたと思われる。ラヴィ・シャンカルは家族で運営していた音楽グループから音楽を学び、ロバート・ガルビンは父親から事業を引き継ぎ、そして、その時代に生まれたすべての女性科学者は実質的に、若い男性科学者たちが第二次世界大戦で徴兵されたことで、研究所の仕事が開放され、それによって利益を得たのであった。

重要な点は、外的な機会が人の創造性を決定するのではないということである。この主張はより控え目なものであるが、それでもきわめて重要である。つまり、どれほど才能に恵まれていても、分野の場によって適切な条件が提供されなければ、その人には創造的なことを成し遂げるチャンスはないということである。では、それらの条件とはいったい、どのようなものなのだろうか?

この研究で学んだことから言えば、創造的な貢献を可能にする社会的環境として、私たちは七つの主要な要素を選び出すことができる。それは、訓練、期待、資源、正当な評価、希望、機会、報酬である。これらのいくつかは、分野の場がその直接的な責任を負っており、他のものはより大きな社会システムに依存している。もし私たちの議論が正しければ、社会がこれらの機会をより広く提供するのを確実にすることで、創造性を実質的に増大させることができるであろう。

それではここで、これらの要素を一つずつ見てみよう。いかなる能力の開発においても、訓練を受ける機会は明らかに重要である。マイケル・ジョーダンがバスケットボールの習慣のない国で生まれていたら、彼は技術を磨くこともできず、また認知されることもなかったであろう。子どもたちの潜在能力と訓練の機会を効果的にマッチさせることのできる社会は、その成員が創造的なアイデアを生み出す頻度に影響を与える。

もちろん、訓練には費用がかかり、それゆえ、困難な選択が迫られる。どちらの領域を教えるべきか、どの程度広く教えるべきなのか？　現在、アメリカの公立学校は、芸術、音楽、体育、そして、一般の人々が不要だと考える他のすべての領野の指導をなくそうと、コスト節減に躍起である。しかし、全体的に見ると、学習の機会を削ってコストの節減を試みることは、社会が取り得る解決策のなかで、もっとも愚かなものの一つである。そしてもし、それ以上に人を不快にさせるものがあるとしたら、それはおそらく、ジョナサン・スウィフトがアイルランド飢饉に対して提案した解決策〔貧民の赤子を一歳になるまで養育し、アイルランドの富裕層に食料として提供すること〕くらいのものであろう。

高いパフォーマンスへの期待は、傑出した業績、したがって創造性にとっても、必要な刺激である。大きな期待は家族内で始まり、仲間の集団、学校、一般社会へと、継続されるべきものである。自分自身に高い期待を抱くことは、心地よいことではない。アメリカのアジア系の若者たちは、自分たちの文化から学問的にきわめて高い目標を内面化しており、したがって、期待に沿うことがきわめて難しく、結果として、比較的低い自尊心を持つ。他方、若いアフリカ系アメリカ人たちは、一般により低い学問的目標を持ち、それゆえ、彼らの自尊心は、より高くなる傾向にある。

ある家系は若い人に高い基準を設定する芸術的、科学的、専門的業績の長い伝統を持つ。スブラマニアン・チャンドラセカールとエヴァ・ザイゼルの家系ではノーベル賞が続いており、ハインツ・マイヤー＝ライプニッツは遠い祖先の足跡をたどっている。もちろん、過剰な期待や非現実的な期待は、利益よりも害悪を生み出す。私たちの研究では、親や指導者は、たいていの場合、口うるさく言ったり、押しつけたり、しつこく言い張るのではなく、優秀さはほとんど当然のことであるかのように捉えることで、間接的に若い創造者の能力に対する信頼を伝えていた。

おそらくもっとも理想的なのは、家庭や学校だけでなく、共同体や社会全体が、若者の高いパフォーマンスを期待するときである。民族的伝統はしばしば、達成への動機づけに影響を与えるものとして言及されてきた。例外的に優れた仕事についてのユダヤ人、南部出身者、モルモン教徒の信念は、そうした例のいくつかに過ぎない。アメリカ社会の主流では、学問領域における卓越さは期待されていない。歴史上の他のどの社会よりも期待を寄せていることは、子どもたちが幸福に、そして、社会に適応して育つことである。しかし、たとえば日本人の親たちは、子どもたちが微積分を学べると思い、学ぶべきだと信じているが、他方、ほとんどのアメリカ人の親たちは、最低限の学業成績を修めることで満足している。もし若者たちが、大人はそれほど関心がない、と感じるとしたら、いかにして彼らが学問領域を真剣に受け止めるのか、私たちには理解できない。

資源は創造性を発達させるために重要であるが、その役割は曖昧である。たしかに、過去の優れた例に触れることは役立つが、同様に、必要な材料を手に入れることができることも助けとなる。およそ三十年前、宇宙研究計画を開始しようとしたアフリカの新興国の一つについて読んだことを思い出す。彼らは若くて健康な男性数人を宇宙飛行士の候補者として選抜した。宇宙探査機を打ち上げる際の重力に慣れるために、宇宙飛行士の志願者は樽の中にかがみ込み、仲間たちが端についたロープを持って、それをぐるぐると回転させた。もし用意できるものが樽とロープだけであるとしたら、有用で、新しいアイデアを宇宙探査に役立てることは、明らかに、きわめて困難なことである。

しかし、多過ぎる資源も創造性を妨げる効果をもたらす可能性がある。すべてのものが心地よく、他のどこよりも優れていれば、新奇なものへの欲求は根本的な問題を解決する試みにではなく、スリルと娯楽に向かう。十五世紀に創造性の爆発が起こったフィレンツェはヨーロッパでもっとも豊かな都市の一つであり、学問と情報の中心地であった。同時にそれは、内部の政治的混乱に苦しみ、外部からの脅威にさらされ、存続のために、文字通り闘いつづけた都市であった。これらの矛盾した傾向から、何を学ぶことができるのだろうか？　確かなことは、私たちが創造性の促進を望むのであれば、才能にあふれ、物事に関心を持つ社会の人々すべてが、物質的資源と知的資源を幅広く入手できるようにしなければならない、ということである。しかし、ある程度の困難、ある程度の挑戦が、これらの人々の意欲にポジティブな効果をもたらす可能性があることも、認識しておくべきである。

潜在的に創造的な若者たちは、キャリアのある時点で、分野の場の年長者に認められる必要がある。そうしたことが起こらなければ、意欲は時間とともに失われ、若者は、領域に貢献するために必要な、訓練や機会を得ることができないであろう。指導者の主な役割とは、そのような若者たちのアイデンティティを承認し、その領域で彼らが働きつづけるよう、勇気づけることである。また、年長の専門家の指導が重要なのは、もし同僚の関心や承認を得ようと望むのであれば、本で読んだり授業で習うものではないが必ず学ばなければならない、数百ものアイデアや交友関係や手続きが存在するからでもある。こうした情報のいくつかは実質的なものであり、またいくつかはより政治的なものであるが、アイデアが創造的と認められるためには、そのすべてが必要となる。

科学、数学、音楽のような分野では、標準試験で非凡な才能を測ることが可能である。そのため、古代中国から現代のアメリカまで、試験は成功を収めた多くの文化の重要な特色となってきた。ある領域では、試験による、人を介さない評価は重要なステップと成り得るが、緊密な師弟関係を必要とする創造的な人々の発達においては、それは最初のステップでしかない。私たちの研究では、少数の人々が人生のかなり早期に有能な成人の専門家の指導を受け、多くが高校生の時代に認められ、残りの大部分は、大学に行く年齢になるまでに重要な指導者を獲得していた。繰り返すと、指導者による真価の承認は厳密には必要ないが、それは、潜在的な創造性の実現に確実に寄与している。

しかし、もし若者に、生産的な職業のなかでみずからの技術を使える望みがなければ、訓練、期待、資源、正当な評価は無駄となる。私たちの文化では、膨大な数の、才能にあふれ、意欲にあふれた芸術家、音楽家、舞踏家、アスリート、歌手が、生計を立てることが困難であることを理由に、その領域の追究をあきらめる。私たちは、アメリカの青年期の若者を対象とした調査において、十三歳の若者のほぼ一〇%が、大人になったら建築家になりたいと思っていることを見出した。大雑把に見て、これは建築という分野が収容できる数の、およそ千倍にあたる。その領域がたとえどれほど重要なものであっても、仕事をする機会がほとんどないとしたら、多くの才能がそこに引きつけられると考えるのは非現実的である。より小さな分野の場で成功する人々は、天文学者になること以外には「考えられなかった」と語る、ヴェラ・ルビンに似ている。

希望の次に、領域で活動するための現実的な機会も必要となる。十八世紀と十九世紀のドイツで、偉大な音楽の創造性が開花したのは、主に、多くの公国を支配していた貴族のそれぞれの宮廷が、みずからを楽しませ、みずからの優位性を他に誇示するために、管弦楽団を持つ必要があったからである、と言われている。新たな音楽的才能への関心と競争が続いた。バッハ、ヘンデル、モーツァルトのような人々は、みずからの音楽を演奏してもらい、熱心な専門家集団によって評価してもらうことに困難はなかった。現在、クラシック音楽の作曲家の数が少ないとしたら、それはおそらく、才能が不足しているからではなく、才能を示す機会が不足しているからであろう。

この問題は、長く、専門的な訓練を必要とし、突然、機会が不足してしまうような分野の場において、特に厳しいものとなる。麻酔学や放射線医学のような、高度な科学技術を用い、給料の良い学問分野で訓練を受けた多くの若い内科医たちは、保険会社が経費を削減し、以前よりも早期に患者を退院させるよう病院に圧力をかけたとき、みずからが失業することに気づく。同様に、すばらしい訓練を受けた職のない数学者や物理学者は増えつづけ、海洋生物学のような非常に多くの若者を引きつけるいくつかの学問分野では、ポストの空きがほとんどないままである。

みずから機会を作り出しているように見える創造的な人々の例が、数多くあるのも事実である。そもそも、アルバート・アインシュタインが相対性理論のアイデアを書き上げたとき、彼はスイスの特許事務所の平凡な事務員であった。そして、次に私たちが知っていることと言えば、いくつかの教授職のオファーを、彼が受けていたことである。このような例が他にも存在することは、疑いの余地のないことである。しかし、アインシュタインの場合でさえ、物理学が二十世紀の初めに大きな名声を獲得し、それによって斬新なものへの要求が高まっていなければ、彼が社会に評価される機会ははるかに少なかった、あるいは皆無であった、と主張することもできるであろう。いずれにしても、機会に恵まれないときでさえ勝利を収める人々がいるという事実は、機会が多ければ、創造的なことを成し遂げた人々がさらに多かった可能性がある、ということを意味しない。

最後に、報酬――内的なものであれ外的なものであれ――も、創造性の開花を促進する。ルネサンスの初期において、野心的な事業にフローリン金貨〔高品質な金貨〕が注入されたことが多くの若いフィレンツェ人たちを美術に引きつけたことは疑いの余地のないことである。ブルネレスキは、一世代前であれば、ほとんど間違いなくそうした仕事に就くことはなかった、十五世紀イタリア美術における最初の芸術家たちの一員であった。彼は、芸術家を卑しい職人とみなす社会的地位の高い専門職の家系の出身であったが、他の多くの才能ある良家の若者たちと同様に、金銭と名声の突然の注入が彼に、建築、絵画、彫刻におけるみずからのキャリアを思い描かせたのであった。

おそらく、金銭によって動機づけられた創造的な人というのは非常に少ないであろう。他方で、金銭にまったく無関心でいられる人もほとんどいない。金銭は、心配事や単調でつまらない仕事からの解放をもたらし、本当の仕事に費やす時間を確保してくれる。また、金銭は機会の範囲を広げる。必要な材料を買い、必要ならば助手を雇い、人から学ぶために旅行をすることもできる。芸術家は金銭への関心がないものと考えられているが、しかし実際には、他の誰よりも多くの金銭を使うことがある。第一に、必需品を買うために。そして第二に、自分自身の成功を評価するために。

ルネサンス期の有名な金細工師、ベンヴェヌート・チェッリーニの自伝を読めば、金銭が芸術家の自尊感情の基準としてどれほど重要かを十分に理解することができる。チェッリーニが死んで四世紀と二十五年あまり、金銭はますます人の成功の主要な尺度となってきている。金銭という報酬の力と比較すると、名誉、尊敬、良心といったものの重要性は、衰えつつある。おそらく創造的な人々は、ほとんどの人々よりも金銭的な動機づけに反応しないが、それでも、まったく反応しないというわけではない。

同様に、社会的な評価や称賛は、真に創造的な人にとって必ず必要というものではないが、それを拒絶するわけでもない。創造的な人々は、しばしば高慢で自己中心的だが、同時に不安を抱え、承認されることで力を得ることもある。最先端にあることで、人は仲間から孤立し、人から認められていると感じることで救われる。多くのノーベル賞を獲得しているアメリカ国内でもっとも精力的な研究機関の一つに、かつて、それぞれの科学者の研究室を毎日訪れ、最新の成果に驚嘆することを主な仕事としていた副所長がいた——彼はしばしば、そうした成果が何を意味するのかをほとんど理解していなかったが。この習慣は、称賛することが創造的な生産性に驚くべき効果を発揮する、という強い信念に基づくものであり、明らかな理由がなかったわけではない。

内発的な報酬もまた、才能のある人の領域への関与を促進したり、妨げたりする可能性を持つ。つまらない専門分野が突然刺激的なものになったり、その逆のことが起こったりすることがある。すべての科学者は、二十世紀の最初の三十年における物理学の栄光の日々を、夢想的な郷愁のなかで語る。今日のコンピューター科学や分子生物学は、優秀な若者たちから同様の情熱を引き出す。それは、これらの領域が富や名声を約束するからではなく、それらがきわめて興味深く、知的な面で挑戦的だからであり――そして、それゆえに、やりがいをもたらしてくれるからである。

内発的動機づけは容易に阻害される。退屈な学校、配慮に欠けた指導者による教育、柔軟性に欠ける労働環境、過度なプレッシャー、官僚的な要求といったものは、刺激的な知的冒険をつまらない仕事に変え、創造性の火花を消してしまう。パーソナル・コンピューターの開発において中心的な発明をしたアラン・ケイは、彼の新しいアイデアのほとんどがシャワーを浴びているときに浮かんでくることから、彼の勤める会社はオフィスの片隅に一万四千ドルのシャワーを取りつけなかったことで数千万ドルを失ったと、半ば真剣に語った。創造性のフローのもっとも直接的な改善は、おそらく、ある特定の領域の追求を内発的にやりがいのあるものにすることである。比較的簡単で安上がりな介入が可能であり、予想される結果は絶大である。

しかし、多くの人々は、違いを生み出すために分野の場ができることは何もない、と主張するであろう。創造的な人というのは、あらゆる障害が存在しているにもかかわらず、勝利を収める人である。この方程式はおそらく正しいが、その逆はそうではない。訓練や報酬が創造的な貢献を増大させないという証拠はないのである。

こうした状況についての私なりの考えを述べれば、もし創造性のシステムモデルが正確ならば、創造的な人の数を増やすことと同様に、分野の場に変化をもたらすことで――つまり、分野の場を新しいアイデアに対して敏感にし、支援的にすることで――創造性は高められるということになる。より良質な訓練、より高い期待、より正確な評価、より多くの、そして広範な機会、より大きな報酬は、潜在的に有用で新しいアイデアの生産や統合を促進する条件の一部である。

領域の貢献

創造的に振る舞う人が増えたとき、創造的な貢献がどのように増えるのかを理解するのはたやすい。またその際、分野の場がどのように援助するのかを理解することも比較的容易である。対照的に、領域の役割はそれほど明確ではない。情報のコード化と保存の方法は、学問分野において創造的な変化を起こすための難易度と関係があるのだろうか？

情報へのアクセシビリティ

何世紀もの間、ヨーロッパの科学、そして知識一般は、ラテン語――それは、もはや誰も話すことのない、学校で学ばなければならない言語であった――で記録されていた。おそらく一％にも満たない、非常に少数の人々が、ラテン語を勉強する手段を持ち、それによって、ラテン語で書かれた本を読み、当時の知的言説に参加していた。さらに、手で書かれた希少で高価な本に触れる人はほとんどいなかった。ヨーロッパにおける科学的創造性の偉大な爆発は、グーテンベルクが印刷に可動活字を用いたことや、言説の媒体としてのラテン語に急速に取って代わった日常言語の正当化がもたらした、情報の急速な拡散に、明らかに助けられた。十六世紀のヨーロッパで創造的貢献がはるかに容易になったのは、それ以前の世紀よりも多くの創造的な人が生まれたからでも、社会的な支援がより好ましいものになったからでもなく、情報により広くアクセスできるようになり、また、情報をより簡単に更新できるようになったからである。

こうした歴史上の実例は、さまざまな時代において創造性の割合に影響を及ぼした多くの実例の、ほんの一つに過ぎない。知的エリート、あるいは権力エリートたちは、情報に付随する利益を独占しつづけるために、しばしば、みずからの知識を故意に隠す。そのために、ギルドに加入していない人々にとっては意味をなさない、難解な言語、神秘的なシンボル、秘密の暗号を発達させる。メソポタミア文明やエジプト文明における聖職者の特権階級、中国の官吏、ヨーロッパにおける聖職者の教階制度は、すべての参入者と知識を共有することに、特に興味を示さなかった。

それゆえ彼らは、みずからの知識の表現を透明化しようとは、思わなかったのである。

こうした知識の排他的コントロールに対する欲望の一部は、今も生きつづけている。みずからがコントロールしている情報について、まったく無欲で、もっとも民主的な見解を持っている人々でさえ、素人が理解できない言語や、形式、表示方法を使うことによって、しばしば無意識に、みずからの知識を手の届かないものにしている。このような反啓蒙主義は、時に不可避である。しかし、たいていそれは、過去から受け継がれた不要な習慣であり、思想を他の誰の手にも届かないところに置く一方で、その領域の一員となった人々にとっては、それらにアクセスしやすくする近道となっている。

私たちの大学の英文科の同僚は、市内の大きな法律事務所のいくつかで定期的にコンサルタントをしている。そこの代表者たちは、法律用語ではなく、英語でコミュニケーションをとる方法を若い弁護士たちに教えてもらうために、彼を雇っているのである。法科大学院では、他の弁護士でさえ呆然とする――そして、法律の訓練を受けていない人にはまったく理解のできない――技術的な専門用語の使用に簡単に陥る。同じことが他の領域にも当てはまる。心理学の大学院生は、専門雑誌で用いられるぎこちない文章を書くように教えられる。そうすることで、分野の場の内部におけるコミュニケーションは、より速く、より明快になる――それは、ほぼ間違いなく、味気のない、感情を呼び起こさないものとなるが。いずれにしても、そのようにして獲得された速さや明快さは、その領域で用いられる言語の手ほどきを受けていない人々がそこでの情報に触れることを、ほとんど不可能にしてしまう。

言語をわかりにくくすることは、領域を孤立させる単なる一つの方法でしかない。より一般的な問題は、それぞれの領域が用語だけでなく、規則や手続きといった概念的な組織化においても、その専門化を強めていることである。最近、ある化学の教授が、哲学の専門雑誌に、熱力学の第二法則が持つ、より広範な意味についての論文を送ったことがあった。すると編集者は、評価のために、その論文を二人の査読者に送った。どちらの査読者も、その論文が出版に値しないと考えた。そこで編集者は、その論文を気に入ってはいたが、悪い知らせを伝えるため、著者である教授に電話をかけた。「どうしても、あなたの論文は出版できないのです。というのも、査読を依頼した二人の物理学者が、それに反対したからです」。その著者は信じられないといった様子で、「あなたは、私の論文を二人の物《﹅》理《﹅》学《﹅》者《﹅》

に送ったのですか？」と尋ねた。「物理学者は熱力学を理解していない。助言を求めるなら化学者に依頼すべきです」。そして、実際、化学者に助言が求められると、その否定的な意見は覆されたのであった。

もちろん、熱力学の法則は、物理学と化学の両者にとって重要である。しかし、これらの「法則」で示されるプロセスはかなり異なるものに見えるため、仮に物理学の視点から見ると、化学の視点からはささいで、時には間違いでさえある結果を導き出しかねない。逆もまた、しかりである。こうした分野間の交流の断絶がきわめて危険なのは、私たちが繰り返し見てきたように、もっとも創造的な業績が、異なる領域を結びつけることに依存しているからである。知識が不明瞭で、独立したものになればなるほど、創造性の出現機会は減少する。

しかし、最近のいくつかの技術的進歩が反対方向のトレンドを促進していることも事実である。パーソナル・コンピューターの普及は、五世紀前の印刷機がそうであったように、やがて、人々の活躍する分野の場を平準化するかもしれない。言い換えれば、すべての人々が、学術的な文献や刊行されていない科学論文、ニュース報道、マルチメディアを用いた芸術作品の展示、現在展開されつつある個人の考えといったものに、情報ネットワークを通じて直接触れるとき、非常に多様で新しい考え方が学問分野の専門的言説に加わるかもしれない。そしておそらく、創造性はこうしたことから利益を得るのであろう。

知識の組織化

領域のなかで斬新なものが容易に認知されるか否かは、その領域のミームと規則がどのように組織化されているかに大いに関係している。共同体が美しさについての基準を共有していたとき、一枚の絵画がその時代の芸術に改善をもたらしたか否かについての合意形成は、より容易であった。個々の新たに作曲された作品を、確立された正典《カノン》と比較できるとき、音楽における創造性の評価はより容易である。反対に、第一次世界大戦以降そうであったように、美学的な基準が断片化し、かなり特異なものになると、新たな絵画や音楽作品が次の世代まで記憶され受け継がれるべきか、あるいはできるだけ早く忘れ去られるべきかについて確信を持つことが、より困難となる。

同様に、きわめて論理的に一貫した領域である数学においては、新しい解法が古い解法よりも優れているかどうかを言うことは、かなり容易なはずである。物理学では多少困難が増すであろうし、生物学や経済学ではなおさらであろう。そして、他の社会科学や哲学の場合は、法則の内的ネットワークによって緊密に結びつけられているというわけではないので、そうしたことがもっとも困難であろう。領域が論理的な規則によって厳密に統合されていない場合、斬新なものに価値があるか否か、したがって、それを領域に含めるべきか否かを分野の場が判断するのは難しい（もちろん、ある領域がより統合されているという事実は、必ずしもその領域がより優れているということを意味しない。チェスはきわめて論理的な領域であり、もし誰かが序盤の新しい数手や効果的な詰めの手を発見したら、世界中のプレイヤーがただちにその発見を取り入れるであろう。しかし、チェスで創造性を発揮することが潜在的により簡単であるという理由で、チェスが哲学よりも好ましいということにはならない）。

領域が新しいものを生み出す能力には波がある。一世紀前、多くの科学者は物理学について新たなことを言える余地はそれほどないと信じていた。ほとんどの物理学者は、自分たちにできることは、ニュートン理論の巧妙な宇宙を整理する手助けだけであると信じていた。もちろんこれは、物理学のもっとも劇的で創造的な時代、つまり二十世紀の最初の三十年間に一連の新発見や新しい視点がもたらされる直前のことであった。そして、その時代の後には、すべての古い物理学が異なる視点から書き換えられなければならなかった。

領域は、そのなかに存在する不安定さとその問題に対処できる人の精神が交わりあったときにのみ、斬新なものを生み出す。したがって、もっとも創造的な人々でさえ、通常、ほんのいくつかの、そして時にはたった一つの、偉大で斬新なアイデアを生み出すだけである――そのアイデアとは、そのために彼らが準備を重ねてきたものであり、そのための適切なタイミングが整ったものなのである。相対性理論に関する初期の論文の衝撃によって、アインシュタインは生涯にわたり、世界を驚愕させつづけることを期待された。しかし、アインシュタインの精神と物理学という領域の偉大な収束は、実質的には、彼が四十歳になる前に終わり、彼の人生の後半における貢献は、物理学にほとんど変化をもたらさなかった。

領域は時に、新しい思考方法やより良い測定法、あるいは、より質の高い観察を可能にする新しい計器によって変化する。そして通常は、これらすべてがかかわっている。プトレマイオスの宇宙観が現在のものに取って代わられたのは、一つにはティコ・ブラーエが観測所で数えきれないほどの時間を使って星の軌跡を記録したためであるし、一つにはコペルニクスが惑星の動きを表す洗練されたモデルを発見したためであるし、また一つには、ガリレオが木星の衛星を見ることができるほどに望遠鏡を改良したためであった。現実を表現するより良い方法が発見されるときには、必ず探査と発見の新たな道が開かれる。

知識の組織化は、それを次の世代に伝えるときに、特に重要となる。創造的であるために、人はまず、領域を理解しなければならない。もし領域の知識がほとんど理解できないものであれば、わざわざそれを学ぼうとする若者はほとんどいなくなるであろうし、創造的な革新の機会も減ってしまうであろう。しかし、知識がどのように伝えられるべきかについて、同程度に正当性を持つ主張が拮抗しあう場合もある。音楽の教授法である鈴木メソッドは子どもたちのすばらしい演奏を生み出すが、その方法の厳密さが音楽的表現や革新を妨げると主張する人々もいる。ゲティ美術教育センターが支援する方法で教育を受けた子どもたちの、その教育を受ける前後の作品を見た人なら誰でも、絵画の突然の成熟と専門的技術の向上に驚嘆するに違いない。しかし、ここでもまた、批評家たちは技術の伝達に忠実であることが革新の可能性を減ずるのではないかと訝る。反対に、アメリカの学校で教えられている、多くの新しい型の数学は、厳密な規則を暗記することや問題を解く唯一の方法に焦点を当てる代わりに、数学的思考や理解に力を入れていると主張する。こうした努力は、より伝統的な親や教師にとっては、数学の「難しさのレベルを下げ」、この重要な領域における子どもたちの相対的な立場を、さらに悪化させているように見える。

いったい、誰が正しいのだろうか？　どの方法が必要とされる知識の伝達の可能性を、より高めてくれるのだろうか？　より創造的な業績にたどり着きやすいのはどちらだろうか？　こうした質問に対するありがちな答えは、魅力のない中間点に見つかるものである。数字にうまく対処するためには、できる限り多くの知的操作を自動化することが必要不可欠となる――そして、これには暗記と練習が必要となる。他方、実際の生活で数字を効果的に使うには、どのように概算するか、どのように概数を求めるか、いつ、そしてどのように異なる演算を行うかといったことも、直観的に理解していなければならない。おそらく、この議論において記憶に留めておかなければならないもっとも重要なことは、領域を教えるための唯一の正しい方法といったものは存在せず、知識を伝達するための方法は能力に適したものであるべきだということである。独自の方法で微積分を学んだ四歳の子どもに——そうした子どもは実際に存在するのだが——教室の他の子どもたちと同じ方法で数学を教えるのは愚かなことであろう。

もし知識を伝える正しい方法が複数存在するのであれば、それ以上に多くの誤った方法が存在するであろう。情報が不正確で、非論理的で、表面的で、冗長で、まとまりがなく、紛らわしく、——そして何より——その情報がつまらないときは、学生にそれが理解される機会は減少し、同様に、創造的な反応も減少する。

フローと学習

文化の起源は、必要性という観点から容易に説明することができる。科学技術や科学、そして芸術でさえ、私たちの祖先が生存の確率を高めるために、あるいは快適さを向上させるために見出した、防衛的な適応の手段であった。鮫が歯を強固にし、アンテロープが速い足を発達させた一方で、私たちは武器や車を作り上げた。ある鳥は競争相手を圧倒し、異性に求愛するために、色鮮やかな羽を用い、入念に巣を作る。私たちは流行の服や高価な家、洗練されたマナーを通して、みずからの好ましさを誇示する。このような意味で、たしかに必要は発明の母である。

文化を持つことに対する、こうした原始的な理由は現在でも有効である。私たちが学ぼうとし、専門家になることを志し、革新を起こし、新たな方向へ進もうとする主な理由は、そうすることがきわめて現実的で、物質的な利益を約束してくれるからである。もはや、祖先が行っていたように、主として身体的な強靱さや単純な技能で競いあうことはない。速く走る能力や狼を殺す能力、あるいは牡鹿を仕留める能力はあまり重要ではない。より重要とみなされているものは、現実の問題に直結する技能が複雑な領域によって定義されている文化的な活動の場で、適切に行動する能力である。そして、創造的で文化的な試みにおける成功——たとえば、ノーベル賞やベストセラー小説など——は、富と尊敬、称賛と権力といったものをもたらす。

時間とともに文化を創造する他の理由も生じてきたが、それらは少なくとも、ある人々にとってある時々に、そしてさまざまな意味において、競争と物質的利益に基づく古くからの理由よりも重要となる。領域のなかで行動することとは、それ自体、そしてそれ自身でやりがいのあるものと成り得る。ある詩にぴったりの言葉を、細胞の動きの秘密を、あるいは、より安価でより良いマイクロチップの作り方を発見することは、そのことを他の誰も知らなくても、そして何の報酬がなくても、それ自体が喜びに満ちた経験である。回答者のほとんど全員が、こうした内発的な報酬の重要性を、自発的に、そして雄弁に語ってくれた。もし彼らがこうした喜びを感じていなかったとしたら、外発的な報酬だけでは、彼らの努力を未知の領域へと拡大するよう動機づけることは、できなかったであろう。

しかし、通常、学問分野の専門家たちは自分のしていることに強い愛着を持っているが、他方で、この感情は、学生や若い専門家には一般的に経験できないものである。自然科学においては特に、初心者はその学問分野の単調でつまらない部分ばかりを見ることになる。教師が数学や科学の美しさや楽しさを明らかにするために時間を費やすことは稀である。専門家が経験する自由や冒険の代わりに、学生たちはこうした教科が厳格な決定論に支配されているということを学ぶ。当然のことながら、冷たく、疎外的に見える文化の諸相を習得するよう若者たちを動機づけることは難しい。結果として、これらの領域の知識は失われ、創造性はますます稀なものとなる。

したがって、創造性を高めるための一つの明確な方法は、さまざまな領域にできる限り多くのフロー体験をもたらすことである。文化を築き上げること――芸術家になること、科学者になること、思想家になること、あるいは、行為者になること――は、爽快で喜びに満ちた経験をもたらしてくれる。しかし、発見の喜びを若者に伝え損なうと、たいていの場合、彼らは受動的な娯楽へと目を向けるようになる。しかし、文化を消費することは、決して、文化を作り出すことほどやりがいのあることではない。私たちがインタヴューをした人々の興奮を次の世代に伝えることさえできれば、創造性が花開くことは疑う余地のないことである。

第十四章　個人の創造性を高める

本書の主な目的は、創造性《クリエイティヴィティ》がどのように機能し、数人の好奇心や献身によって領域が変容するにつれ、文化がどのように進化するのかを説明することであった。しかし、本書のもう一つの目標は、どうすればすべての人々の人生をより創造的なものにすることができるのかを、そうした人々の人生から学ぶことであった。どうすれば、私たちの日常も驚きと興奮に満ちたものにすることができるのであろうか？　この問いに答えるため、客観的な記述から処方箋へと移ろう。これまで学んできたことについての私なりの考えを述べ、そこからいくつかの実践的なアドバイスを引き出そうと思う。医者がもっとも健康な人々の身体的習慣を調べることで、他のあらゆる人々がより健康になれる処方箋を見出すように、何人かの創造的な人々の人生から、他のあらゆる人々の人生を豊かにする、なんらかの有効なアイデアを引き出せるかもしれないからである。

おそらく読者は、人生をより創造的に経験するための、いくつかのアイデアをもうすでに思い描いているのではないだろうか。少なくとも、これまで、創造的な人々が克服しなければならない障害や、彼らが独創的な仕事を成し遂げる可能性を高めるために用いる戦略について学んできた。したがって、この章で私は、それらの洞察から要点を抽出し、毎日の生活に応用するための方法をわかりやすく提案しようと思う。

これらの提案は偉大な創造的業績を約束するものではない。すでに明らかなように、個人的な創造性から文化的な創造性へと移行するためには、才能、訓練、そしてかなりの幸運が必要となる。領域へのアクセスと分野の場による支援がなければ、人が正当な評価を受ける可能性はない。個人的な創造性は、それがたとえ富や名声に結びつかなくても、個人の見地からすると、より重要なものを担う可能性がある。日々の経験を、より生き生きと鮮やかに、より楽しく、よりやりがいのあるものにしてくれるのである。創造的に生きるとき、退屈は消え去り、すべての瞬間が新鮮な発見の可能性を秘めたものとなる。こうした発見が、個人的な生活を超えて世界を豊かにしようとしまいと、創造的に生きることは、私たちを進化の過程に結びつけるのである。

創造的な人生の研究から導き出される提案のほとんどは、年齢や性別、社会的立場に関係なく、誰にでも実行できる。しかし、そのステップのいくつかは、子どもの創造性を伸ばすために最適な環境を提供したいと考える、親や他の大人たちにより適したものである。みずからの好奇心をより豊かなものにし、それによって創造性を高めるために、みずからの幼少期の状況を変えようとしても、それは不可能である。しかし、次の世代のために状況を変えることはできる。どの提案が子ども向けのもので、どの提案が大人向けのものであるかをそのつど指摘する代わりに、適切な判断を読者に委ねたい。

私は、創造的な人生を送るために必要な心理的エネルギーを、誰もが潜在的に持っていると考えている。しかし、多くの人々のこの潜在能力の発揮を妨げる主要な障害が、四つ存在する。私たちのなかには、あまりに多くの要求に疲れ果て、最初から、心理的エネルギーを使える状態にして活性化することが困難になっている人々がいる。また、私たちは気が散りやすく、みずからの持つエネルギーをどのように保守し、どのようにそれを振り向けていくかを習得するのに苦労する。次の問題は、怠惰、つまり、エネルギーの流れをコントロールするための自制心の欠如である。そして最後の障害は、みずからが持つエネルギーで何をすべきかがわからないということである。こうした障害をどのように回避し、私たちの誰もが保有するすべての創造的エネルギーをどのように解放するかが、この章で概説することである。

創造的エネルギーの獲得

私たちの現在の知識では、専門の神経解剖学者でさえ、アインシュタインの脳とあなたや私の脳を区別することはできない。情報処理能力の観点から言えば、すべての脳は酷似している。所定の時間内に処理できる情報のビット数も類似している。また、情報処理のスピードも、それぞれの脳で著しい違いはない。脳というハードウェアの類似性によって、原則的に、ほとんどの人々が同じ知識を共有し、同様のレベルで心的操作ができるのである。しかし、人々の考え方やその内容には、何と大きな違いがあるのだろう！

心理的エネルギーの創造的な使用という観点から見ると、人々の間にあるもっとも根本的な違いは、どこにも関与していない注意が、新しいことに取り組むためにどれほど残されているか、ということにある。注意は、あまりにも多くのケースで、外的な必要性により制限を受けている。二つの仕事をこなしている男性、あるいは、子どもの世話をしながら働く女性に、ある領域で革新を起こすことはもちろん、その領域を学ぶための十分な心理的エネルギーが残っているとは考えづらい。アインシュタインは、ベルンの小さなアパートのキッチンテーブルで、赤ん坊の乳母車を揺らしながら、あの古典的論文を書き上げたと考えられている。しかし実際には、人が同時に注意を向けられる物の数には現実的な限界があり、生存のための欲求がその人のすべての注意を要するときには、創造的であるために必要な注意はまったく残されていない。

しかし、多くの場合、障害は内的なものである。自分自身を守ることに懸命な人は、特に、自尊心を脅かすものを監視することにすべての注意を注ぐ。この防衛的な態度には、非常に理解しやすい原因が存在するのかもしれない。虐待を受け、これまでずっと空腹や差別を経験してきた子どもたちは、みずからの持つすべての心理的エネルギーをただ生き残るためだけに必要とし、斬新さそれ自体に対する興味も関心もさほど示さない。これが極端になると、自分は過度に被害を受けやすいという感覚が、被害妄想として知られる神経症のかたちをとり、周囲で起こるすべてのことが自己を脅かす陰謀として解釈される。被害妄想的な傾向は、心理的エネルギーを自由に展開するうえでの一つの障害となる。この傾向に苦しむ人は、通常、客観的で公平な観点から世界に関心を向ける余裕がなく、それゆえ、新しいものを多く学ぶことができない。

心理的エネルギーの自由な使用に制限をかけるもう一つのものは、利己的な目標に過剰の注意を注ぎ込むことである。もちろん、誰もがまず第一に、みずからの欲求を満たさなければならない。しかし、「欲求」という概念は、ある人々にとって、起きている間のすべての瞬間瞬間を貪り尽くすような強迫観念となるまで、肥大してしまう。人が見、考え、行うことのすべてが自己の利益を満たさなければならないとき、他の事柄を学ぶための注意は残されていない。

空腹であったり、寒さで震えているときに、世界と創造的にかかわることは難しい。なぜなら、その人のすべての心理的エネルギーが必要なものの確保に向けられてしまうからである。そして、ある人が裕福で、有名でありながらも、みずからの持つエネルギーのすべてをさらなる金銭や名声を得ることに向ける場合も、同様の難しさがつきまとう。創造的エネルギーを解放するためには、注意を遺伝子やミームが私たちの心に組み込んだ予測可能な目標の追究からある程度逸らし、代わりに、注意をそれの赴くままに、周りの世界を探究することのために使うことが必要となる。

好奇心と興味

したがって、より創造的な人生に向けた最初のステップは、好奇心と興味を育むこと、つまり、他の目的のためではなく、純粋にそのもののために注意を振り分けることである。この点では、子どもたちは大人たちよりも有利な傾向にある。彼らの好奇心は射程内のあらゆるものを照らし出し、それらに興味を注ぐ、途切れることのないビームのようである。その対象は、有用であったり、魅力的であったり、貴重なものであったりする必要はない。不思議なものである限り、それは注意を向けるに値する。年齢とともに、私たちのほとんどは、世界の荘厳さや多様性に直面したときの驚きの感覚や畏怖の念を失っていく。しかし、畏怖の念がなければ、人生は日常的でありふれたものとなってしまう。創造的な人々は、たとえ九十歳になろうと瑞々しい好奇心を持ちつづけているという点で、まるで子どものようである。彼らは不思議なものや未知なものに喜びを見出す。そして、未知のものには終わりがなく、それゆえ、彼らの喜びにも終わりはないのである。

第一に、好奇心は拡散的でありながら包括的でもある。子どもの注意は、新しいものであればどんなものにも引きつけられる——雲や虫、祖父の咳や錆びた釘といったように。やがて、興味がある特定の領域に向けられるようになる。九十歳の物理学者は幼少期の好奇心を素粒子の世界に対して持ちつづけているかもしれないが、他の多くのことに驚嘆するに十分な、自由な注意は残されていないようである。そのため、ある領域における創造性は、しばしば、人生の他の部分における習慣と同一歩調をとって進行する。物理学の大発見で絶頂期にいたアインシュタインは、ヴァイオリンで伝統的な音楽を演奏していた。しかし、注意を一つの領域に絞っていくことは、人が対応できる新たなものに制限を加えることを意味しない。それどころか、詩、歴史、物理学、政治学のような複雑な領域は、その領域の探究に意を決して乗り出す人々に、絶え間なく拡大する視点を提示する。

では、好奇心や興味を育てたいと感じたとして、私たちはいったいどうすればよいのだろうか？　いくつかの具体的な助言が役立つかもしれない。

毎日、何かに驚くように心がける

それはあなたが見るもの、聞くもの、あるいは読むものなのかもしれない。立ち止まって縁石に停められた珍しい車を見たり、カフェテリアのメニューにある新しい料理を味わってみたり、オフィスで同僚の話を実際に聞いてみることである。こうしたものは、他の似たような車、料理、あるいは会話とどう違うのだろうか？　その本質とは何なのだろうか？　こうしたものについて、もうすでにすべてを知っているなどと思ってはならないし、たとえ知っていたとしても、そんなことはどうでもいいことであるなどと、思ってはならない。あなたがそうであろうと思っていることを経験するのではなく、目の前にあることをありのままに経験すべきである。世界があなたに語りかけていることに開放的でなければならない。人生とは経験の流れ以外の何ものでもない——その流れのなかを、より広く、そしてより深く泳げば泳ぐほど、人生はより豊かなものとなる。

毎日、少なくとも一人の人を驚かせるように心がける

予想できる自分自身である代わりに、予想外のことを言い、

これまであえて明かしてこなかった意見を表明し、通常では発しない問いを発してみることである。あるいは、活動のルーティーンを壊してみる。これまでに行ったことのないショーやレストラン、あるいは博物館に一緒に行ってくれるよう、人を誘ってみる。あるいは外見を変えてみてはどうだろうか。本当に大切にしていることをするためのエネルギーを節約してくれるとき、容易にこなせるルーティーンはきわめて好ましいものである。しかし、もし何かを探し求めているのであれば、そうしたルーティーンは、未来を制限し、その可能性を狭めてしまう。

毎日、何があなたを驚かせ、あなたがどのように人を驚かせたのかを書き留めておく

創造的な人々の多くは、みずからの経験をより具体的で、永続的なものにするために、日記をつけ、ノートや研究記録を残している。もしあなたがまだそうしていないのなら、非常に具体的な課題から始めてみると良いだろう。毎晩、その日に起こったもっとも驚いた出来事とあなたのもっとも驚くべき行動を記録するのである。これはきわめて単純で、楽しさを見出すことのできる課題である。そして数日後、あなたは自分が書いたものを読み返し、過去の経験について考えをめぐらすことができる。人生を豊かにするもっとも確かな方法の一つは、きわめて印象的で、興味深く、重要な出来事が数時間で永遠に失われることのないように、流れ去る経験をより少なくすることである。回想でそうした出来事を追体験できるように書き留めておくことは、そうした出来事が消え去るのを防ぐ一つの手段である。そして、数週間後には、あなたは一つの興味のパターンがノートのなかに浮かび上がってくるのを理解しはじめるだろう。それは深く探究するにふさわしい領域を指し示しているかもしれない。

何かが興味の火花を放ったら、それに従ってみる

何かが私たちの注意を捉えるとき――たとえば、アイデア、歌、花など――、通常、その印象は一時的である。私たちはあまりにも忙し過ぎて、そうしたアイデアや歌、花といったものを探究しつづけることができない。あるいは、それはどうでもいいことであると感じる。結局のところ、私たちは思想家でも歌手でも植物学者でもなく、こうしたことは私たちの理解の外にある。もちろん、これは愚かな考え方である。世界とは私たちがかかわるべきものである。そして、世界の諸相をできるだけ多く学ぼうとする真摯な努

力をしない限り、世界のどの部分が私たち自身にもっとも向いているのか、私たちの潜在能力にもっとも適しているのかといったことを知ることはできない。

これらの四つの提案を実行する最善の方法について時間をかけて考え、実際にそれらを実行に移しはじめたとき、あなたは日常経験のありふれた表層のもとに、可能性が湧き上がってくるのを感じるはずである。それが創造的エネルギーの結集であり、幼少期から萎縮しつづけた好奇心の再生なのである。

日常生活のフローを促進する

しかし、好奇心を持つことの楽しさを学ばなければ、好奇心の再生が長く続くことはない。有名な熱力学の第二法則の背後にある力、エントロピーは、物理の体系にだけではなく、精神の機能にも当てはまる。特にすることがないとき、私たちの思考はもっともありきたりな状態にただちに戻る。それは無秩序、あるいは混乱といった状態である。必要に迫られたとき――服を着るとき、車を運転するとき、仕事で起きつづけているとき――、私たちは注意を向け、集中する。しかし、集中を要求する外的な力が存在しないとき、精神は集中力を失いはじめる。最小限の努力のみが必要とされる、もっとも低いエネルギー状態に陥るのである。こうしたことが起こると、ある種の精神的混沌が支配する。不快な考えが不意に意識に浮かび、忘れていた後悔がふたたび現れ、ふさぎ込む。そして次に、テレビをつけ、新聞の広告を当て所もなく読み、当たり障りのない会話をする――思考を安定させ、心のなかで起こっていることに恐れを抱かなくしてくれるものであれば、何でもいいのである。受動的な娯楽に逃げ込むことは混沌を一時的に寄せつけなくするが、それに吸収される注意は浪費される。他方、眠っている創造的エネルギーを楽しんで使うことを学び、そのエネルギーが集中力を持続させる内的な力を生み出すとき、私たちは憂鬱《ゆううつ》を回避するばかりでなく、世界とかかわる能力の複雑さを増すことになる。

では、どうすればそうしたことが可能となるのか？　どうすれば好奇心の楽しみ方をふたたび学び、新たな経験と新たな知識の追究を自立的なものにすることができるのであろうか？

行うことが楽しみとなる具体的な目標を持って、朝起きる

創造的な人々は、ベッドから引きずり出される必要がない。彼らは一日を始めることに意欲的である。それは、彼らが陽気で、熱意あふれる性格の持ち主だからではない。また必ずしも、ある特定の刺激的な活動を持っているからでもない。しかし彼らは、達成しがいのある何かが毎日存在すると信じており、それを始めるのが待ち切れないのである。

私たちのほとんどは、自分の行動がそれほど意義のあるものだとは感じていない。しかし、誰もが、少なくとも一日に一つは、それをするために起きる価値のあることを見つけることができるであろう。それは、ある特定の人に会うこと、特別な物を買いに出掛けること、植物を鉢に植えること、オフィスの机をきれいにすること、手紙を書くこと、あるいは、新しいドレスを試すことなのかもしれない。毎晩寝る前に、次の日のことをざっと考え、その日に起こる他の事柄に比べて相対的に興味深く、刺激的だと思われる、ある特定の課題を選んでおけば、そうしたことはより簡単になる。そして、次の日に眼を開け、選んだ出来事を心に描けばよい――心の中のビデオテープのように、服を着て出掛けるのが待ち切れなくなるまで、心のなかでそれを短く再生するのである。目標がささいで、それほど興味深いものでなくても、最初は問題ではない。もっとも重要なことは、その習慣が身につくまで、最初の一歩を簡単にしておくことであり、それから徐々に、より複雑な目標へと近づいていくことである。そして最終的には、その日のほとんどが、あなたが待ち望む課題で構成され、朝起きることが日々のつまらない仕事ではなく、特権として感じられるようになることである。

うまくできたことは楽しくなる

詩を書くことであろうと、家を掃除することであろうと、科学の実験を行うことであろうと、レースを走ることであろうと、経験の質はそこに投じられた努力に比例して向上する傾向にある。ランナーは疲れ果て、痛みを感じるかもしれないが、持てる力のすべてをレースに注ぎ込んでいれば、同時に崇高な感情で満たされる。より多くの活動を、きわめて洗練されたかたちで行えば行うほど、人生はますます、自分にとってやりがいのあるものとなる。

フローを可能にする条件は、毎日の活動をより楽しいものにするために、それらの活動をどのように変化させるべ

きかを示す。あらゆる行為に明確な目標と期待を持つこと、行為の結果に注意を払うこと、環境のなかにある行為の機会に技能を合わせること、気を散らすことなく、手元の課題に集中すること――これらが、不快な経験と楽しい経験との違いをもたらす単純なルールである。もしピアノの演奏、あるいは外国語の会話を学ぼうと決めたのに、その過程で不満や退屈を感じたとしたら、おそらく、最初の機会でそれをあきらめてしまうであろう。しかし、もしその学習の課題にフローの条件を適用すれば、みずからの創造性の潜在能力を拡張しつづけることになるであろう。なぜなら、そうすることが楽しいからである。

誰もがしなければならないもっとも日常的な活動から始めてみるのがより簡単である。どうすれば、歯を磨くことからより多くの楽しさを得ることができるのだろうか？　シャワーを浴びることはどうだろうか？　服を着ることは？　朝食をとることは？　あるいは仕事に取り掛かることは？　こうしたルーティーンのなかでもっとも単純なものを取り上げ、フローの可能性を操作する実験を行うのである。フローの条件を、どのように自動食器洗い機の中に食器を積め込む作業に応用することができるだろうか？　もしこの問いを真剣に捉え、さまざまな方法を試すことでそれに答えようとするならば、あなたは歯を磨くことがどれほど楽しいものになり得るかに驚くであろう。それは決して、スキーや弦楽四重奏団の一員として演奏することほど楽しいものではないが、ほとんどのテレビ番組を観るよりは良いかもしれない。

いくつかの日常の活動のなかで経験の質を向上させる練習をした後、あなたはもっと難しいことに取り組めるような気がしているかもしれない――たとえば、趣味や新たな関心ごとなどに。そして、最終的にあなたは、すべての技能のなかでもっとも重要なもの、あらゆる活動をフローの機会へと変容させることができるメタ技能を習得するであろう。自己目的的なメタ技能が十分に発達すれば、どのような新しい挑戦をも楽しみ、創造性の自立した連鎖反応の途上にみずからを置くことになるであろう。

何かを楽しみつづけるためには、複雑さを増大させなければならない

ヘロドトスが言ったように、私たちは同じ川に、二度入ることはできない。もし活動のなかに新しい課題や新しい機会を見出さなければ、あなたは同じ活動を繰り返し楽しむことはできないのである。もしそうでなければ、その活動はつまらないものとなってしまう。歯を磨くことは、それほど長い間、楽しさを提供してくれない――それは単に、十分な複雑さの可能性を持たない活動だからである。たしかに、もっとも単純な活動に他の何かを組み合わせることによって、その活動に挑戦性を持たせつづけることは可能である――たとえば、歯を磨く間に、あなたはその日の計画を立てるかもしれない、あるいは、昨日起こったことに思いをめぐらせるかもしれない。しかし一般的に、複雑さの尽きない活動にかかわったほうがより大きな満足感が得られる――それは、音楽、詩、大工仕事、コンピューター、ガーデニング、哲学、個人的で親密な人間関係といったものである。

ほとんどの領域は、人の一生どころか、人類の生存期間でさえ尽きることがないほど複雑である。新しい歌を学ぶことや書くことは常に可能である。何かをよりうまく行う方法を見つけることは常に可能である。だからこそ、創造性――領域の境界を広げようとする試み――は、生涯にわたる楽しさを可能にしてくれるのである。

強さの習慣

創造的エネルギーを目覚めさせた後には、それを守ることが必要となる。私たちは気を散らすものに対して障壁を築き上げ、エネルギーの流れがより自由になるような水路を掘り、外部の誘惑や妨害から逃れる方法を見出さなければならない。さもなければ、エントロピーが興味の追究に必要な集中力を減退させてしまうに違いない。すると思考は、基準となる状態――通常の精神の、曖昧で、集中力を欠き、常に注意散漫な状態――へと戻ってしまう。

大きな成功を収めた生産的な人々が、みずからを基本的に怠惰である、と主張するのを聞くのは、しばしば驚きである。しかし、その主張は信頼できる。それは、彼らがあなたや私よりも、より多くのエネルギーを持ち、より規律を身につけている、ということではない。彼らは一見、不可能と思える課題の達成を可能にする規律的な習慣を発展させているのである。多くの場合、それらの習慣は、しばしば、きわめてささいなことであり、その習慣を実践している人々は風変わりで、強迫的に見える。当初、多くの人々は、アルフレッド・アインシュタインがいつも着古した同じセーターとだぶだぶのズボンを身につけていることに、軽い驚きを感じた。どうして彼は、それほど奇妙であったのか？　もちろん、アインシュタインは誰かを不快にさせようとしていたのではない。どの服を着るかの決定にかかわる日常的努力を節約していただけであり、そうすることで、彼の心は彼にとってより重要なことに集中できたのである。スラックスやシャツを選ぶことはそれほど時間がかからないから、そんなことを心配するのは大げさ、と思えるかもしれない。しかし、どういう服を着るかを決めるのに、毎日わずか二分かかるとしよう。すると、一年で七百三十分、つまり十二時間になる。次に、私たちが一日のなかでしなくてはならない他の反復的活動を考えてみよう——櫛で髪をとかす、車を運転する、食べるといったことである。そしてこの場合、それらの事柄それぞれにかかる時間だけでなく、その前後に、それらが引き起こす思考の流れの中断についても考えてみるべきである。ネクタイを選ぶことが丸々一時間に相当する深い思考を台なしにしかねない！　アインシュタインが安全策をとり、着古した同じ服を好んだとしても、不思議ではないのである。

　この時点で、ある矛盾に気がつく読者がいるかもしれない。一方で私が言っていることは、創造的であるために経験に対して開かれているべきであり、もっとも日常的でつまらない課題——歯を磨くことのような——であっても、それらをより効率的で芸術的なものにするために、それらに集中すべきである、ということである。他方で私が言っていることは、本当に重要なことに完全に集中できるように、日常生活のできるだけ多くのことをルーティーン化し、創造的エネルギーを温存すべきである、ということである。これは矛盾したアドバイスではないのだろうか？　実際には、必ずしも矛盾しているというわけではない——しかし、仮に矛盾しているとしても、あなたはもうすでに、創造的な行動に、ある程度の矛盾のあることを予期しているはずである。

　開放的であると同時に集中していることが矛盾でない理由は、心理的エネルギーのこうした相反する使用方法が、それらの違いよりも、より重要な類似性を共有しているからである。それらはあなたに、その時点では開放的であるほうが良いのか、あるいは集中しているほうが良いのかを決めるよう、要求する。それらはどちらも、注意をコントロールするあなたの能力の現れであり、開放的であろうと集中していようと、まさにそのことが重要なのである。ある特定の領域にもっとも重要と思う興味を見つけるまでは、世界に対して可能な限り開放的でいることは道理にかなっている。しかし、持続的な興味を発展させた後であれば、その一つの領域に注ぎ込むために、できる限り多くのエネルギーを貯えておくほうが、より道理にかなっている。どちらの場合においても重要なことは、創造的なエネルギーの方向性が定まらずに消散してしまわないようにするために、エネルギーのコントロールを放棄しない、ということである。

注意に適用される「コントロール」の概念について、ここでもう少し説明が必要かもしれない。コントロールする一つの方法はコントロールを放棄することだと認識すべきである。瞑想する人々は、集中した思考を解き放つことでみずからの存在を拡大する。そうすることで彼らは、見かけの世界の背後にあるエネルギー、宇宙を動かしている力との、精神的な調和を成し遂げようとする。しかし、コントロールを放棄するこの方法は、それ自体が心によって方向づけられ、コントロールされているのである。それは、ただ単に座って、噂話をしたり、娯楽を受動的に消費したり、目的もなく、心を彷徨わせていることとはきわめて異なる。

では、注意のコントロールを可能にする習慣を作り上げるために、いったい何ができるのだろうか？　どうすれば、全体的な目標が必要としているものに応じて、注意を開放的で受容的にし、あるいは集中し、方向づけた状態にできるのであろうか？

自分のスケジュールを管理する

私たちの二十四時間周期のリズムは、かなりの程度、外的な要素にコントロールされている。日の出、通勤列車のスケジュール、仕事の締め切り、昼食の時間、顧客の要求などである。もしそれがあなたにとって都合の良いものであれば、これらの指標にみずからを委ねることは道理にかなっており、いつ何をすべきかを自分で決定する必要はなくなる。しかし同時に、従っているスケジュールが、あなたの目的にとって最善ではないこともあり得るだろう。創造的エネルギーを使うのに最適な時間は、早朝かもしれないし、深夜であるかもしれない。あなたは、エネルギーがもっとも効率的なときに、自分自身の時間を作ることができるだろうか？　目的を睡眠に合わせるのではなく、睡眠をあなたの目的に合わせることができるだろうか？

ほとんどの人々が食事をする時間は、あなたにとって最善の時間ではないのかもしれない。昼食の時間より前に空腹になり、そわそわして集中力を切らしてしまうかもしれない。あるいは、潜在能力を最大限に発揮するためには、昼食を取らず、昼下がりに軽食を取ることが最善かもしれない。私たちのそれぞれには、おそらく、買い物や訪問、仕事、リラックスといったことのための、最適な時間がある。より多くのことをもっともふさわしい時間にすればするほど、自由にできる創造的エネルギーはより多くなるのである。

私たちのほとんどは、日中、または夜間のどの部分が、もっとも自分のリズムにあっているのかを見出す機会を持つことはなかった。この知識を取り戻すために、自分が従うスケジュールが、みずからの内的状態にいかに適合しているかに注意を払う必要がある――いつ、もっとも調子よく食事をしているか、寝ているか、働いているか、といったことである。理想的なパターンを見つければ、最適な時間に物事を行えるよう、周囲の物事を変える作業を始めることができるのである。もちろん、私たちの多くは、変えることのできない確固たる要求を抱えている。ジョン・リードでさえオフィスのスケジュールに従わなければならないし、ヴェラ・ルビンは、みずからの好奇心を望遠鏡が観察に使える時間に適応させなければならない。子ども、配偶者、上司の要求は、しばしば、優先されなければならない。しかし、時間は私たちの多くが考えている以上に柔軟である。

覚えておくべき重要なことは、創造的エネルギーは他のあらゆる心理的エネルギーと同様に、長い時間をかけてのみ機能するということである。ソネット〔十四行詩〕を書いたり、新しい機械を発明するためには、ある一定の、最低限の時間が必要である。人々の仕事の速さは異なる――モーツァルトはベートーヴェンよりも速く協奏曲を書いた――が、モーツァルトでさえ、時間の過酷さから逃れることはできなかった。したがって、退屈な仕事やルーティーンから節約できるすべての時間は、創造性に加えられる時間なのである。

内省とリラクゼーションの時間を作る

多くの人々、特に成功を収めた責任感の強い人々は、「激しい出世競争」のイメージを真剣に捉え、自分が忙しく働いていないと落ち着かず、それに不安さえ感じてしまう。彼らは家にいるときでさえ、常に、掃除をしたり、庭いじりをしたり、物の修理をしている。常に忙しくしていることは、後悔しながらダラダラと過ごすよりも称賛に値するし、はるかに良いことである。しかし、持続的な忙しさは、創造性にとって良い処方箋ではない。重要なことは、自分の人生を吟味し、何を成し遂げ、すべきこととして何が残されているのかを再検討するために、その日、その週、その年の予定を立てることである。それらは、いかなる課題の実行も、いかなる決定も期待されるべきでない時間であり、あなたは内省することそれ自体を目的とし、内省という贅沢にただ身を委ねるべきである。それを意図しようとしまいと、新しいアイデアや結論が、なんらかのかたちであなたの意識に浮かび上がってくるだろう——そして、そのプロセスをあなたが方向づけようとしなければしないほど、それらの新しいアイデアや結論はより創造的なものとなるのである。こうした内省の期間をある程度の注意を必要とする他のなんらかの作業と組み合わせることが最善かもしれないが、しかし、すべてがそうであるわけではない。できれば、こうしたことには多少の身体的要素か運動感覚的要素を含めるほうが好ましい。意識下の創造のプロセスを促進する典型的な活動には、散歩、シャワー、水泳、車の運転、ガーデニング、編み物、大工仕事などがある。

恒常的なストレスや単調さは、創造性にとってあまり良い状況ではない。あなたはストレスのなかにいる時間とリラクゼーションの時間を交互に置くべきである。しかし、最高のリラクゼーションとは何もしないことではないことを覚えておいてほしい。それは、たいていの場合、通常の活動とはまったく異なる活動を含む。ロック・クライミング、スキー、スカイ・ダイビングといった過酷な活動のいくつかは、日常とはまったく異なる経験に深く関与する機会を提供するため、デスクワークをする人々をリラックスさせる。

睡眠のパターンをコントロールする方法を学ぶこともまた、非常に重要であり得る。きわめて有能な実業家や政治家は毎晩の非常に短い睡眠時間を誇りにしており、短い睡眠が彼らをより精力的にし、より決断力を高めると主張する。しかし、創造的な人々はたいてい、より長い睡眠時間を取り、睡眠時間を減らした場合、アイデアの独創性に影響が出ると主張する。すべての人にとって理想的な、単一の睡眠時間を見つけ出すのは不可能である。他のすべてのことと同様に、重要なことはあなた自身の要求に最適な時間の長さを見つけることである。そして、正常と考えられているよりも数時間長く寝ているとしても、罪悪感を抱く必要はない。あなたが起きている間に失うものは、おそらく、起きている間の経験の質として埋め合わせられるであろう。

あなた自身の空間を作る

第六章において、私たちは周囲の環境が創造のプロセスに影響を与え得ることを確認した。重ねて言えば、重要なのはその環境がどのようなものかということではなく、あなたがその環境とどの程度調和しているかということである。

マクロのレベルの質問は、もし海辺に住んでいたら、あるいは山々や平原に囲まれたところに住んでいたら、あるいは大都市の喧騒のなかに住んでいたら、あなたはもっとも幸せであると思うか、というものになるであろう。あなたは季節の変化が好きだろうか？　雪は嫌いだろうか？　ある人々は太陽が出ない期間が長くなると、身体に影響を受ける。引っ越すという選択肢がなく、自分の住んでいる土地に縛られ、身動きできなくなっていると感じる、多くの理由が存在し得る。しかし、自分に合わない環境で一生を過ごすのは、大きな無駄である。個人レベルで創造性を発揮するための最初のステップの一つは、人生の背景の選択肢を見つめ直すことであり、次に、最善の選択を実現するための方策について考えはじめることである。

中間のレベルでは、あなたはどのような共同体に根を下ろしたいのかを決定しなければならない。あらゆる都市や田舎は、価格、中心性、利用できる活動の種類などといったものから階層化される、さまざまな地域を持つ。他のすべてのことと同様に、厳密にどこに住むのかという、私たちの選択は制限される――カリフォルニア州のペブルビーチゴルフコースの近くやコロラド州ベイルにあるライオンズヘッドスキー場の近く、あるいはマンハッタンのパーク・アヴェニューに住める余裕のある人は、ほんの一握りである。しかし、過剰な宅地開発が風景をゆっくりと呑み込んでいくときでさえ、ほとんどの人が心配する以上に、私たちの住める場所としての選択肢は多く残っている。そして重要なことは、自己満足のなかに五感を寝かしつけることによって、あるいは、耐えられない環境との闘争にみずからを強いることによって、潜在的なエネルギーの多くを使い果たしてしまうような場所に住まないことである。

ミクロのレベルでは、選択はすべての人により容易なものとなる。私たちは皆、みずからの家にどのような環境を創り出すかを決定することができる。頭上に屋根がある限り、私たちのなかでもっとも貧しい人々でさえ、空間を整理することができ、重要な意味を持ち、創造的エネルギーの使用を手助けしてくれる物を集めることができるのである。

ヒンドゥー教のバラモンの家や伝統的な日本の家族の家には、家具や装飾品がほとんどないといった傾向がある。そこにあるのは、邪魔な物で意識の流れを乱すことのない、中性的な環境をもたらそうという考え方である。その一方で、ヴィクトリア朝の家は暗い色の重々しい家具や装飾用小物であふれている。この場合、所有者のコントロールの感覚が贅沢な所有物によって強化されている。どちらが向かうべき方向として最善なのだろうか？　明らかに、絶対的な意味において、これらの環境のなかでより優れたものというものはない。重要なことは、どの環境が注意をもっとも効果的に使えるようにしてくれるかである。どのミクロな環境があなた自身にもっとも適しているかを理解することは簡単である。さまざまなものを試し、自分の感情や反応に注意を払ってみればよいのである。

空間が創造性の手助けとなるもう一つの方法は、「何ものにも相応の場所があり、何ものもその場所にあるべし」という格言に従うことである。車の鍵や眼鏡のような物を保管するためのルーティーンを作り上げることは、節約される時間の百倍以上の価値がある。自宅やオフィスをよく知っていて、目隠しをしたままで何でも見つけられるとしたら、思考の連続性を、物を探すためにいつも中断する必要がなくなる。これは、あなたの机や居間がいつも整理されていなければならないということを意味しない。実際、創造的な人々の仕事空間はたいてい散らかり放題であり、より秩序立った精神を持つ人々を寄せつけない傾向にある。重要なのは、すべての物がどこにあるのかを知っていることであり、それほど気を散らすことなく仕事ができることである。多くの人々は、物がきちんと整理されているときよりも、机が散らかっているときのほうが、書類を見つけやすく、より体系的に仕事を行うことができる。しかし、もし机をきれいにしておくことであなたがより心地よく感じ、より良い仕事ができるのであれば、何としてでも机をきれいに保つべきである。

空間を埋める物の種類によってもまた、創造的エネルギーの配分は促進されたり阻害されたりする。大切な物は、目標を想起させ、自信を高め、注意を集中させてくれる。トロフィー、卒業証書、お気に入りの本、オフィスの机の上の家族の写真は、あなたが誰であるのか、何を成し遂げてきたのか、そしてそれゆえ、何を達成し得るのかを思い出させてくれる。訪れてみたい場所の写真や地図、あるいはより深く学んでみたいと思っている事柄についての本は、あなたが将来において成し遂げるかもしれないことの道標である。

そして次に、私たちが持ち運び、個人的で、移動可能な心理的空間の創造を手助けしてくれる物がある。多くの伝統的な社会では、人々は常に、所有者の力を増大させると考えられていた特別なものをいくつか身につけていた。この「呪符の束」、つまりお守りには、狩りで殺した熊の爪、海岸で見つけたハマグリの貝殻、携帯者を難病から回復させたハーブといったものが含まれていたのかもしれない。こうした物を首からぶら下げることが強さやアイデンティティの感覚を与えた。私たちもまた、ハンドバッグや財布の中に、自分自身や自分自身の価値を表すものを入れておく傾向がある。子どもたちの写真、友人たちの住所、ナプキンに走り書きした本や映画のタイトル——これらすべてが、私たちに自分は誰であるのか、何を好むのかを思い出させてくれる。持ち歩くものを注意深く選ぶことによって、自分自身でいることがより容易となり、それによって、機会が訪れたときに心理的エネルギーを効果的に使うことがより容易となる。

自分自身にとって好ましいものにすることが重要なもう一つの空間は車である。車は自己の延長として重要なものとなってきた。多くの人々にとって、車は家というよりは城のようなものである。彼らがもっとも自由で、もっとも安らぎ、もっとも力強さを感じるのが車の中である。そこは、私たちが最大限の集中力をもって思考し、もっとも効率的に問題を解決し、もっとも創造的なアイデアを思いつく場所である。人々に、車の代わりに公共の交通機関を使わせることがきわめて困難な理由はここにある。もちろん、近い将来、牛肉を食べることと同じくらい車が時代遅れなこととなり、その勢いが失われていく可能性もあるだろう。しかし、創造的潜在能力の発現と創造的環境を促進する車の使用法を学ぶことは、今のところ、道理にかなっている。

人生の何が好きで何が嫌いかを知る

ほとんどの人々が、みずからの感情について、きわめてわずかしか理解していないことに驚かされる。自分がこれまで幸せを感じたことがあったかどうか、もしあったとすれば、それはいつ、どこであったのか、といったことを言うことさえできない人々がいる。彼らの人生は、特徴のない経験の流れ、無関心という霧の中で、ほとんど認識されない出来事の連なりとして過ぎ去っていく。この慢性的な無関心の状態とは対照的に、創造的な人々は、みずからの感情ときわめて密接にかかわっている。彼らは常に、自分が行っていることの理由を理解しており、痛みや退屈、喜び、興味、そしてその他の感情にきわめて敏感である。退屈を感じると、素早く荷物をまとめてその場を立ち去り、興味を抱くと、素早くかかわりを持ちはじめる。長い間この技術を実践しているので、みずからを監視するために心理的エネルギーを注ぐ必要がない。ことさら自分自身に意識を向けることなく、みずからの内的状態を認識しているのである。

どうしたら、自分の感情のダイナミクスを学ぶことができるのだろうか。第一に、毎日何をし、それについてどう感じたかを、注意深く記録することである。これは経験抽出法（Experience Sampling Method）によって可能となる――プログラムされた携帯用電子機が一日の無作為の時間に合図を送り、それを受けて短いアンケートに答える。一週間後、あなたは自分がどのように時間を使い、さまざまな活動についてどのように感じているのかを明確に知ることができる。しかし、自分がどのように感じているのかを知るために、手の込んだ実験をする必要はない。創造的になり、あなた独自の自己分析の方法を作り出すのである。古代ギリシャ哲学の根底にある命題は、汝を知ること、であった。自己認識への最初のステップは、あなたがみずからの人生をどのように使い、そうすることをどのように感じているかについての、明確な認識を持つことを含んでいる。

好きなことを行う回数を増やし、嫌いなことをする回数を減らしはじめる

数週間自己観察を続けた後、日記やノートを手に取り、それらをじっくりと分析しはじめるとよい。これにも多少の創造性が必要となるが、日常生活の主要なパターンを導き出すのはそれほど難しいことではない。それは比較購買を計画することや株式市場のグラフを研究することほど複雑ではない。そして、長期的に見れば、その重要性ははるかに大きなものである。

それまで考えていたこととは異なり、週に数回、配偶者と過ごしたときに、あなたは会話を楽しみ、リラックスしていたことに、気づくかもしれない。あるいは、ストレスや困難にもかかわらず、仕事をしているときのほうがテレビを観ているときよりも、自分に満足していたことに気づくかもしれない。あるいは反対に、働いている時間のほとんどで、あなたは疲れてぼんやりとし、つまらなさを感じていたのかもしれない。なぜあなたは、自分の子どもたちにそれほどの苛立ちを感じたのだろうか？　一緒に働いている人々に、なぜそれほど我慢ができないのだろうか？

通りを歩いているとき、なぜそれほどまでに心が躍るのか？

あなたは、こうした問いに答えてくれる深い理由を見出すことはないかもしれない。おそらく、深い理由などないのである。重要なことは、いったんあなたが、日々の生活がどのようなものであり、それをどのように経験しているのかを知れば、生活をコントロールしはじめるのは、はるかに簡単になるということである。ひょっとしたら、感情のパターンは、仕事を変えるべきであることを――あるいは、仕事によりフローをもたらす方法を学ぶべきであることを――示すかもしれない。あるいは、より頻繁に野外に出てみるべきであることを、あるいは、子どもたちとより興味深いことをする方法を見つけるべきであることを、示すかもしれない。重要なことは、経験の質の観点からもっとも大きな利益をもたらしてくれる方法で、心理的エネルギーを使えるようにすることである。

創造的でありつづける唯一の方法は、時間、空間、活動を自分の利益にかなうように組織する技術を用い、存在の摩耗に対抗することである。それは、自分の時間を確保し、集中を乱すものを避けるためのスケジュールを作り上げること、集中力を高めるために環境を整えること、心理的エネルギーを吸い取ってしまう意味のない雑事を省くこと、そして、こうして節約したエネルギーを本当に大切に思っていることにささげること、を意味する。日常生活において最適経験を最大限に引き出すとき、個人レベルで創造的であることははるかに容易となる。

内的な特性

驚嘆と畏怖の創造的エネルギーを解放する方法を習得し、時間、空間、活動を管理することでそれを守る方法を習得した後の、次のステップとなるのは、これらの支援的な構造をできる限りみずからのパーソナリティに内在化させることである。パーソナリティとは、思考、感情、行動の習慣的なあり方、私たちがそれによって心理的エネルギー、あるいは注意を使う、多かれ少なかれ独特なパターン、と考えることができる。ある特性は他の特性に比べ、個人的な創造性をもたらしやすい。それでは、パーソナリティをより創造的なものにするために、パーソナリティを再形成することは可能なのだろうか？

大人がパーソナリティを変えることは難しい。パーソナリティを形成する習慣のいくつかは、気質、つまり、人をきわめて内気にしたり、攻撃的にしたり、集中力を欠いた状態にする、特定の遺伝的形質に基づく。そして、気質は社会的環境——両親、家族、友人、教師——と相互に作用しあい、ある習慣は強化され、他の習慣は弱められ抑圧される。十代を過ぎるころまでには、こうした習慣の多くが固定化し、みずからの特性が許す以外の方法で注意を注ぐこと——思考し、感じ、行動すること——は困難となる。

困難であるが、しかし、不可能ではない。不思議なことに、私たちの文化では、みずからの外見を改善するために何十億ドルも費やすが、個人的特性に対しては、宿命論的な態度をとる——まるで、そうした特性を変えることは、私たちの能力をはるかに超えているかのように。もしダイエットや化粧品、お洒落に使われているすべてのエネルギーが他の用途に向けられたなら、世界の材料問題を簡単に解決することができるであろう。しかし、そのエネルギーのほとんどは浪費されている。なぜなら、外見や体重は、個人的特性よりも遺伝的指令に依存しているため、変化を起こすことがより困難だからである。そして、もちろん、私たちの在り方を改善することは見た目を改善することよりも、はるかに重要なことである。

パーソナリティを変えるということは、注意の向け方の新しいパターンを習得することである。それは、今までとは別のものを、今までとは別の見方で見るということである。新しい考え方を学ぶことであり、経験することに対して、新しい感情を抱くことを学ぶことである。ジョン・ガードナーは気質的にきわめて内向的であった。内気で非社交的であり、冷静で感情を外に出さなかった。彼にとって、この性格はある時点まで有効に機能したが、四十代になって基金の役員になったとき、彼は自分が、支援を求めてやってくる応募者たちを怯えさせていることに気づいた。プロジェクトについて説明をしているとき、応募者たちは彼からなんらかの反応や手がかりを得たいと思っていたが、彼らが得たものは、曖昧な沈黙だけであった。

彼がより外向的になろうと決心したのは、そのときであった。彼は会話中に無理やり微笑み、雑談をし、多少無防備な部分を見せようとした。このように深く根づいた習慣を変えることは簡単ではなかったが、小さな成功の積み重ねが、はるかに効果的なリーダー、伝達者へと彼を変えた——最終的にそこが、彼の創造性がもっとも強く現れた領域となった。彼は決して完全に外向的にはなれなかったが、今や、話す者に温かく、思いやりのある対話者という印象を与える——潜在的にそれは、常に彼のパーソナリティの一部であったが、彼はそれを表現することができなかったのである。

もし私たちがきわめて柔軟性に欠けた、みずからの仕事にとって不適切な習慣を持って人生を送るならば、創造的エネルギーは堰き止められ、あるいは浪費されることになる。だからこそ、創造的な人々のパーソナリティについて私たちが学んだことを、日常生活で有用な特性にどのように応用するのかを考えることは、有意義なことなのである。

あなたに欠けたものを発達させる

私たちは皆、最終的にいくつかの特性を特化させるが、それはたいていの場合、発達させた特性を補足している他の特性を無視することを意味する。たとえば、ある人がきわめて競争的であることを学ぶと、その人はおそらく、他者と協力することがなかなかできなくなる。直観的で主観的な人は、たいてい客観性を信用しなくなる。二十五世紀前にアリストテレスは、美徳は勇気と慎重さという相反する特性の中庸にある、ということを考えついたが、私たちは依然として、表面的で安易な道を選ぶ。

知っての通り、創造的な人々はこの法則には当てはまらない傾向にある。第三章で私は、彼らのパーソナリティを描写する十の主要な弁証法的対立の極を提示した。ここで重要なことは、誰もがその極の欠けた一端を強化できるということである。外向的な人が内向的な人のように世界を経験することを学んだとき、あるいはその逆のとき、それはまるで、世界に欠けていたある次元全体を経験するようなものである。きわめて女性的な人が、私たちが男性的と考える方法で行動することを学んだとき、同様のことが起こる。あるいは、客観的で分析的な人が、変化を求め、直観を信じようと決意すれば、やはり同様のことが起こる。こうしたケースのすべてにおいて、新たな経験の領野が私たちの前に開かれ、それは私たちの人生が、実質上、累積的に充実していくことを意味する。

手始めに、あなたのもっとも明らかな性格、つまり、友人たちがあなたを描写するために使う性格——たとえば、「向こう見ず」「けち」「知的」など——を見定めるのが、道理にかなっている。もし自分の評価に信頼を置けないのであれば、友人に手助けを頼むのも良いであろう。中心的な特性を見定めたら、その反対のことを試すことができる。

もしあなたが基本的に向こう見ずだとしたら、将来の計画や人間関係を取り上げ、それに突き進む代わりに、あなたの行動を注意深く、そして我慢強く、計画してみることである。もしあなたがけちであれば、贅沢をしてみることである。あるいは、もしあなたが知的であれば、なぜフットボールがそれほどまでに偉大なスポーツであるのかを誰かに説明してもらい、その知識を踏まえて、試しに試合を見てみることである。あなたの現在のありようとは反対の状態になるために、何が必要なのかを絶えず探究しつづけるということである。

最初は、そうしたことが簡単ではなく、時間の無駄のように思えるだろう。浪費することを楽しんでいるときに、どうしてお金を貯めようと努力するのか？　理性的な人間であることに大きな心地よさを感じているのに、どうして直観を信じるのか？　習慣を破ることは、みずからの骨を折ることに少々似たところがある。あなたを絶えず挑戦させつづけるものは、非常に異なる視点から世界を経験することによって、みずからの人生をきわめて豊かなものにすることができる、という認識である。

開放的な状態から閉じた状態へと頻繁に移行する

創造的な人々がみずからのなかに統合しているもっとも重要な二重性は、おそらく、一方で開放的で受容的であり、他方で専心的で意欲的である、ということである。優秀な科学者は、すばらしい芸術家と同様に、みずからの精神を自由に彷徨わせなくてはならない。さもなければ、新たな事実やパターン、新たな関係性を見出せないであろう。同時に、みずからが出会う新奇性に富んだあらゆるものを批判的に評価し、擬似的なものを速やかに忘れ、少数の有望なものの開発と実現にみずからの精神を集中させることができなければならない。

これはきわめて中心的な特性であり、そのため、その実践が特に重要となる。あなたが仕事で頻繁に行う作業——たとえば、あなたのかかわっているプロジェクトに関して週に一度レポートを書くこと——を取り上げてみよう。まず、精神をリラックスさせる。可能ならば窓の外を見るか、あるいは、視線を彷徨わせて机やオフィスを眺めてみるとよい。そして次に、そのプロジェクトで何がもっとも重要な問題であるのかを把握するよう努める。知的なレベルにおいてだけでなく、感情的で直観的なレベルでも把握する。本当に重要なのは何であるのか？　そのことに関して、あなたに心地よい感情をもたらしてくれるものは何か？　何があなたを恐れさせるのか？　あるいは、映画のシーンのように、心のなかでイメージを捉えようと努める。そのプロジェクトにかかわる人々を思い描いてみる。彼らは何をしているのだろうか？　彼らは互いに何を言っているのだろうか？

次に、メモかコンピューター上に、いくつか言葉を書きはじめる。そのプロジェクトに対するあなたの感情や心の中の映画について浮かんだ言葉なら、どのようなものでも構わない。事実、あるいは出来事、あるいは人々を描写する言葉などである。いくつかの言葉を書き留めたら、それらを一つの物語へとつなぎあわせることができるかを確認する——それは、それほど難しいことではないであろう。この段階であなたが垣間見る物語は、そのプロジェクトで起こっていることに対する、もっとも強い感情を表している。

開放性から統制へと重点が移るのはこの時点である。あなたのレポートを読む上司の関心や好み、偏見に加え、あなたが属する課、部局、あるいは会社全体の目標を念頭に置きながら、言葉を注意深く選びはじめることである。あなたは、自分が効果的で、説得力を持ちたいと思うであろう。そのために、すべての技術を動員し、できるだけ明確かつ簡潔にあなたの信念を伝えるレポートを書くのである。最初は直観的に物事を受け入れ、その後、理性的に批判を加えることができれば、これらの方略の一つにもっぱら頼る場合よりも、そのレポートはより創造的なものとなるであろう。

こうした、さまざまな極間の極から他の極への移行は、人間関係——友人間、配偶者間、あるいは親子間——においても重要である。人間関係がうまくいくためには、他者の話に耳を傾けること、つまり、その人が話すことをその人はなぜ話すのか、その人は何を感じているのか、世界をどのように見ているのか、といったことを想像してみることが、必要不可欠である。必要な時に視点を変え、妥協をし、世界を異なった視点から理解し、行動することが重要なのである。なぜならこれが、他者の現実が要求するものだからである。しかし、同様に重要なのは、自分自身の信念や物の見方を忘れずにいることである。人間関係において、私たちは瞬間瞬間、時間を追うごとに、自分の見方と他者の見方の間を移行できなければならない。私たちが奥行きを理解できるのは、二つの眼で物を見ることが、私たちにわずかに異なる視点を与えてくれるからである。二つの眼の代わりに四つの眼に頼るとしたら、どれほどの奥行きを理解することができるだろうか。この二重の視界もやはり、私たちが経験する世界の豊かさを倍増させ、私たちが世界に対して創造的に反応することを可能にしてくれるのである。

複雑さをめざす

一つの特性から反対の特性へと移動する能力は、心理的な複雑さというより、一般的な状態の不可欠な要素である。複雑さとは、もっとも単純な構造のアメーバからもっとも洗練された人間の文化までを含む、すべてのシステムを特徴づけるものである。ある物が複雑であるというとき、それは、そのものがきわめて差異化したシステム――それは多くの明確に区別できる部分から成る――であり、同時に、きわめて統合化されたシステム――さまざまな部分がなめらかに連携しながら機能している――であることを意味する。差異化しながらも統合化されていないシステムは、入り組み、絡み合っているが、複雑ではない――それは混沌とし、混乱を招くものとなるであろう。統合されているが差異化されていない体系は、柔軟性に欠け、重複した側面を持つが複雑ではない。進化は複雑な有機体を好むように思える。つまり、差異化し、同時に統合化されたものに有利に働くのである。

複雑さは人間のパーソナリティの特徴でもある。ある人々は、統合化されているが、さほど差異化されていない。彼らは限られたアイデア、意見、感情に固執する。彼らは予測可能であり、退屈で表面的で融通が利かないという印象を与える。その一方で、多くの意見を表明し、気まぐれで、常に何か新しいこと、それまでとは異なることを行おうとするが、中心となるものがなく、継続性を欠き、抑え切れないほどの情熱は持っていないという印象を与える人々もいる。彼らの意識は差異化されているが、適切に統合化されてはいない。そして、これらのどちらの存在様式も、大きな満足をもたらすものではない。

これまで見てきたように、創造的な人々は相対的に複雑なパーソナリティを持っているように思える。遠心的な力も求心的な力も優位にはならない――彼らは、ある人々を固い貝になるまで内向的にさせ、またある人々を無分別に外側に向かって飛び立たせるような、正反対の傾向のバランスをとることができるのである。創造的な人はきわめて個別化している。彼らはみずからの運命に従い、みずからのキャリアを創り出す。同時に、文化の伝統に深く根ざして生きている。領域の規則を学び、それらを尊重し、分野の場の意見に敏感に反応する――そうした意見が個人の経験と矛盾しない限りにおいてではあるが。複雑さはこうした二つの相反する傾向の有意義な相互作用の結果なのである。

しかし、心理学的な複雑さは、単に創造的な人々のための贅沢品ではない。人間であることの潜在的な可能性を十分に発揮することを望み、意識の進化に参画しようと望む人であれば誰でも、より複雑なパーソナリティをめざすことができる。そうするために、私たちは生命の奇跡に対する好奇心や畏怖を背景にしながら、みずからに欠けた特性を探究し、それを強化し、開放的な状態から統制的な状態へ移行することを学ぶ必要がある。複雑さという概念は、こうしたことを成し遂げることがなぜ重要なのかを理解するための、一つの、より深い層を付け加えてくれる。持っている特質を十分に発揮することによって、私たちは未来を創り出すエネルギーの一部となるのである。

創造的エネルギーの利用

これまで私は、個人的な創造性における思考の役割について何も語ってこなかった。その理由は、もし動機や習慣、パーソナリティ特性の条件が整えば、仕事のほとんどは完了するからである。創造的エネルギーは必然的に、より自由に流れはじめる。しかし、それでもやはり、領域としての日常生活に見られる問題の奇抜な解決法を、どのような種類の知的活動が促進するのかを考えることはきわめて有用である。

問題発見

創造的な人々は常に驚きを持って生きている。みずからの周りで起こっていることを理解しているとは考えておらず、また、他の誰もがそうであるとも考えていない。彼らは疑う余地のないことに疑問を持つ――性格がひねくれているからではなく、他の人々がそうする前に一般的に受け入れられている解釈の欠点を見抜いてしまうからである。彼らは、一般的に認識される以前に問題を感じ取り、それらが何であるのかを定義することができる。

私たちがルネサンス期の芸術家たちをきわめて創造的と考える理由は、人文学者や他の人々に先んじて、宗教的伝統による拘束からの人間の精神の解放を表現できたからである。絵画における遠近法の使用は、ビザンティン様式の構図が持つ平面的な階層的秩序を打ち崩した。表現や動き、日常にあふれた素材を絵画芸術に導入したことで、それ以前には宗教的な概念の静的な表現が達していた重要性の水準にまで、人間の経験を引き上げたのであった。ルネサンス期の芸術家たちは、明確に意図したのでもなく、またみずからの行為がもたらす結果を明確に理解していたわけでもなかったが、私たちの世界の見方を変えたのであった。

二十世紀の芸術家の創造性も、この場合はより悲観的なものであったが、人間の状態に関する新たな視覚的視点の形成のなかにあった。視覚芸術、音楽、文学におけるキュビズム、抽象主義、表現主義の試みは、社会科学における相対主義、哲学における脱構築主義の先駆けであった。彼らは、私たちの時代の問題を、目に見えるかたちで表した。それは、二つの世界大戦とその恐怖によってもたらされた、共有された価値観の欠如、絶対的な信仰への疑念、進歩に対する信頼の喪失であった——それらは、モダン・アートに広く見られる、歪み、苦悩に満ち、無作為な表現に予告されていた。

もしあなたが日常生活において創造的であることを学んだとしても、未来の世代の世界の見方を変えることはできないかもしれない。しかし、あなたが世界を経験する、その経験の仕方を変えることはできるであろう。問題を発見することは、日常の領域において重要である。なぜなら、そうすることで、さもなければ気づかずにいるかもしれない、私たちの経験に影響を与えるであろう問題に、焦点を当てることができるからである。この技能を実践するために、次の助言を試してみてはどうだろうか。

あなたを動かすものを表現する方法を見つける

創造性をもたらすような問題は、通常、個人的に重要な人生のさまざまな場面から生じてくる。これまで、後に領域に変化をもたらした多くの人々が、子どものころに親を失っていることを確認してきた。親を失くすことは若者の人生に大きな影響を及ぼす。しかし、この衝撃とは、厳密にはいったい何なのだろうか？　悲しさは安堵の感情を含むのだろうか？　責任感の高まりという感情を含むのだろうか？　あるいは、自由という感情を含むのだろうか？　残された親への増大した親密さという感情はどうであろうか？　もし人が、経験に対する喪失の影響を表現するための言葉や考え、あるいは視覚的・音楽的比喩を見出すことができなければ、親の死は、最初に激痛を、そして後には、常態化した絶望感をもたらし、時間が経つにつれ、その影響は合理的な制御の範疇の外へと消えるか、無意識裡にみずから解決されることとなる。

幼少期における他の問題には、貧困、病気、虐待、孤独、周縁性、親の育児放棄などがある。後の人生における不安の主な理由には、仕事や配偶者、あるいは、共同体や地球の状態がかかわっているかもしれない。より小さな不安は、上司による叱責、子どもの病気、株式ポートフォリオにおける価値の変動といった、一時的な脅威からもたらされることもある。こうしたもののそれぞれが、人生の質に干渉する可能性を持つ。しかし、それらに名前をつけることができなければ、あなたは何があなたを悩ませているのかを理解できないであろう。問題を解決するための最初のステップは、問題を見つけ、漠然とした不安を、解決されやすい具体的な問題へと定式化することである。

できるだけ多くの視点から問題を見つめる

問題を抱えていると気づいたら、それを多くの異なる観点から考えてみると良い。たいていの場合、あなたがある問題をどのように定義するかには、何がその問題を引き起こしたのかについての説明が付随している。私たちが最初に持つ衝動は、それまで真実とされてきた先入観に依拠して、問題にレッテルを貼りつけることである。配偶者と意見が一致しないとき、私たちは即座に、自分に非はなく、落ち度はもう一方の当事者にあると考えてしまう。これが正しいこともあるだろうが、常にそうとは限らない。もっとも現実的な考え方は、両者に落ち度があるというものであり、問題は当事者それぞれが口論において、どうしてその立場をとったのかを理解することである。

また議論が、たとえば金銭についてのように、表面的には一つのことについて行われていたとしても、そうした見かけの状況が正しいと思ってはならない。意見の相違は、実際に金銭上の決定の仕方についてのものかもしれないが、だからこそ、両者の権力についての問題なのかもしれない。あるいはそれは、尊敬の欠如の問題かもしれないし、夫婦関係に注ぐ、心理的エネルギーの量の不平等さの問題なのかもしれない。したがって、あなたがどのように問題の性質を特定するかが、最終的にうまくいく解決方法を見出すためにきわめて重要となる。

創造的な人々は問題の本質を性急に定義したりはしない。まず、さまざまな角度から状況を見つめ、その定式化を長い間保留する。異なる原因や理由について考える。何が実際に起こっているのかについての直観を、最初は心のなかで、次に現実のなかで、検証する。暫定的な解決法を試し、それらが成功するかをチェックする――そして、検証結果によって間違った道を選んだことがわかると、進んで問題の再定式化を行おうとする。

日常生活において問題発見の仕方を学ぶ良い方法は、問題を抱えていると感じたときに立ち止まり、定式化に向けて最善を尽くすことである。もし誰かがあなたよりも先に昇進したら、あなたはその問題を「上司が私を嫌っているからこんなことが起こったのだ」と説明してしまうかもしれない。このように定義したら、すぐさまその定式をひっくり返してみるべきである。「私が上司を嫌っているからこんなことが起こった」と。このように問題を見つめることは、道理にかなっていないだろうか？　少なくとも、部分的にそれは、真理であり得るだろうか？　そしてすぐに、他のいくつかの選択肢についても考えてみるべきである。「こんなことが起こったのは、そうすべきだったのに、私が変化してゆく仕事についていかなかったからである」、あるいは「最近、家庭での出来事によって混乱していて、それが仕事に影響を与えたのだ」といったように。どの定式化がその問題をもっとも的確に表しているのだろうか？　おそらく、いずれの定式化もある程度真実であり、同僚の昇進は、いくつかの無関係な原因によって複合的に引き起こされたのである。

また、最終的にあなたが、昇進しなかったという事実はまったく問題ではない、と判断する可能性もある。昇進が見送られたことで、家で過ごしたり、何か新しいことを学んだり、心理的エネルギーを他の課題に注いだりするための時間をより多く持てるかもしれない。問題は自分の競争心や野心であり、良い仕事そのものをするため以上に、あるいはより充実した生活を送るため以上に職場での昇進にすべてのエネルギーを注ぎ込んでいたことである、という事実に気づくかもしれない。したがって、実際には、昇進に失敗したことは問題である代わりに、より根本的な問題の解決に向けた最初のステップとなるのである。

おそらく、これらの定式化は、その出来事の原因を正しく特定するという意味においては、どれも「正しい」ものではない。それでもやはり、次に何をするのかを左右するので、問題の性質を特定することはきわめて重要なこととなる。問題に名前を与え、その原因がどこにあるのかを考えることによって、過去を形作るだけでなく、より重要なこととして、未来を形作るのである。創造的な人々の人生が、私たちの多くの人生よりもそれほど確定したものでないのは、この意味においてである。彼らはより広く、より予測のつかない選択肢を有しているが、それは、みずからに起こる出来事の可能な説明をより広範に考えるために、彼らが足を止めるからである。

問題が意味することを理解する　ひとたび問題を定式化すれば、あなたは可能な解決策を検討しはじめることができる。もちろん、「ジョーが私より先に昇進した」という単純な問題に対する解決策でさえ、あなたがその問題の定式化をどのように行い、その結果、どのような原因帰属を行うかによって、信じられないほど変化する。解決策には、仕事と関係のない興味を見つけること、上司を理解し、好きになること、仕事上の技能に精通すること、などが含まれる——あるいは、それぞれのことを少しずつ、というのも解決策の一つであろう。

この段階においても、さまざまな解決策について考え、異なる可能性を検討することは、十分に価値のあることである。創造的な人々は、もっともうまくいく解決策を見つけたと確信するまで、多くの解決策を試みる。ここでもまた、良い解決策を考えついたらすぐに、その逆の解決策を考えてみることが有効である。もっとも経験豊かな人でさえ、ただ単に考えただけではしばしば、どの解決策がうまくいくのかを前もって判断することはできない。したがって、問題への取り組み方の一つをまず試し、次にしばらくの間、もう一つ別の方策を試してみる。そして、その後の結果の比較が、しばしば、もっとも創造的な結果を生み出すのである。迅速で、首尾一貫していることはすばらしい。しかし、もし創造的でありたいと望むなら、時には、優柔不断と思えるようなリスクを進んで冒してみることである。

解決策を実行する　問題を創造的に解決するためには、連続的な試行と修正が必要となる。選択の余地を長く残すことができればできるほど、解決策が独創的で適切なものとなる可能性が高くなる。独創的な仕事をする芸術家たちは絵を描きながら技術を変化させるが、彼らの絵画は独創的でない芸術家たちのそれと異なり、予期できない仕方でカンバス上に展開されていく。これは、独創的な芸術家が、出現しつつある作品から学ぼうとする姿勢がより強いからである。彼らは予期せぬものに敏感であり、より良い解決法が現れると、それに身を委ねる。同様に、創造的な作家はしばしば、物語がどのように終わるのかがわからないまま物語を書きはじめる。展開する物語の論理に従っていくにつれ、結末が現れるのである。

こうしたことは、日常生活という領域の創造性にどのように当てはまるのだろうか？　非常にささいな例を挙げると、もしあなたがパーティを企画し、ディナーテーブルの席の配置を招待客たちの交流にとって最適なものにしたいのならば、当然のことながら、着席のプランを用意したほうが良いであろう。しかし、もしディナーが準備されるまでに、隣どうしに座ってもらうはずの招待客たちの何人かが互いに馴染んでいないことに気づいたら、土壇場でプランを変えようとするかもしれない。そして、もしそのディナーがつまらないものになってしまったならば、コーヒーやデザートのときには違った組み合わせになるよう、あなたは試みるはずである。

こうした柔軟性は、解決のプロセスに細心の注意を払いつづけ、フィードバックに敏感に反応し、その結果として、利用可能な新たな情報に従いながら軌道修正ができるときにおいてのみ機能する。多くの人々が決まりきった実証済みの解決法を好む理由は、それが要求する心理的エネルギーがより少ないからである。実際、私たちは常に創造的でいられる余裕を持ち得ない。なぜなら、すぐに注意を限界一杯にまで使い、衰弱しきってしまうからである。ルーティーンは大いなる節約をもたらす。しかし、私たちが創造的な解決策を必要とし、それに対して努力を割けるとき、どのようにして創造的な解決策を生み出すかを知っているということは、道理にかなっている。

拡散的思考

すべての思考が問題の解決法を含んでいるわけではない。時として私たちは、定式化と解決を必要とする特定の問題を持たないまま、他の人々が言ったことに反応したり、出来事への反応としてアイデアを生み出すよう求められる。こうした、それほど集中を要しない知的作業の遂行にも、多少なりとも創造的な方法がある。友人と話すとき、私はありふれた表現を用いることもできれば、新鮮で、話題性に富んだ言い方で、その瞬間に感じていることをより厳密に表現することもできる。決まりきったイメージを用いることもできれば、日常的体験に基づいて、より生き生きとしたイメージを試すこともできるのである。

個人の創造性の向上を目的にデザインされた商業的プログラムのほとんどは、この特定の側面に焦点を当てる。それらは創造性にとって重要であると一般的に考えられている、拡散的思考の三つの側面を強化しようとする。流暢性、つまり多くの反応を思いつく才覚、柔軟性、つまり互いに異なるアイデアを作り出す傾向、そして、生み出されたアイデアの相対的な珍しさを示す独創性である。ブレインストーミングのプログラムは、思考や反応における流暢性、柔軟性、独創性を高めるために、人々を刺激する方法である。物事をみずから把握し、以下の提案に従えば、同様の結果を手に入れることができるであろう。

できるだけ多くのアイデアを生み出す

もし礼状や報告書、あるいは手紙を書かなければならないとしたら、キーワードを一つ特定し、その同義語を可能な限り多く生み出すように努めてみる。もし行き詰まったら、類語辞典を参照してみたら良い。あるいは、同じことを意味する言葉の代わりに、似てはいるが異なった方向へと導いてくれる意味へ移行してはどうだろうか。最初は量を求め、その後、批判的な態度を保ちつつ、質を求めて編集するのである。

もし週末や休暇の計画を立てているのであれば、同じことをしてみると良い。まず、それほど賢明なものでなくても、できる限り多くの選択肢を考え出してみる。突拍子もない提案があなたを新たな思考へと突き動かすかもしれないし、さもなければ考えつきもしなかった、より好ましい代替案に導いてくれるかもしれない。もしデパートで服を買おうとしているのであれば、馴染みのフロアに直行するのではなく、時間が許す限り、多様な服を試してみる。いつも読むカテゴリー以外の本を拾い読みしてみる。もしあなたの上司が意見を求めてきたら、自分の関心に基づいた、ありきたりで馴染みの観点だけを提示してはならない。あらゆる種類のアイデア、選択肢、可能性を用いて、上司を驚かせるのである――あなたがどれほど奔放でいられるかは、上司がどれほど保守的であるかによるが。

異なるアイデアをできるだけ多く持つ

量は重要であるが、余分なものを避ける努力もすべきである。会話、音楽の選択、メニューといったものの多様性は、通常、高く評価される。話題、レストランのタイプ、ショーの種類、着こなし方をどのように変えるのかといったことを学ぶことは、十分に価値のあることである。モトローラ社のロバート・ガルビンは、簡単な頭の体操をするようにしている。誰かが何かを言うと、彼は必ず、その反対が真実だったらどうなるだろうと、自分自身に問いかける。他の人々が真実として受け取っていることに対する別の可能性を想像することは、おそらく、九九％必要のないことであろう。しかし、そのたった一％のときに、異なる視点へ素早く動いてみるという実践が、独創的なだけではなく、きわめて有益な洞察を生み出してくれるのかもしれない。

ありえないアイデアを努めて生み出す

独創性は創造的な思考の特質の一つである。赤ん坊の名前、ペーパークリップの利用法、パーティでの出し物を考えつくよう求められたとき、創造的な人は多くの人々とは異なる回答をする傾向がある。しかし、そうした回答は突飛なものではない。そうした回答を人々が聞けば、「なるほど！　どうしてそれを考えつかなかったんだろう？」と答えるであろう。

独創的に考えることを学ぶことは、雄弁であり、柔軟であることを学ぶことよりも難しい。独創的な思考には、他の二つには必要とされない、質に対するセンスの向上が必要とされる。一つのエクササイズは、毎日、新聞から段落をランダムに抜き取り、同じアイデアを表現しているが、独特で、より記憶に残る表現方法を見出せるかを判断してみることである。もしその段落があまりに退屈で、不明瞭なものであったら、それを他の段落に置き換えてみるのである。あるいは、自分のオフィスや居間を見渡して、それが自分の趣味を反映しているかどうかを自分に問いかけてみる。もし反映していなければ、それがあなたというユニークな自己とより調和を持つために、いったい何ができるのかを自問してみると良い。

もしあなたの仕事が頻繁に会合や会議を持つのであれば、テーブルを囲んでいる人々の発言を簡単にまとめ、書き留める習慣を身につけるかもしれない。そうすることであなたは、表明された意見の代替的立場を即座に創り出せるようになるか、あるいは、さまざまな視点をより包括的な視点に統合できるようになる。それまでのみずからの立場に基づいた見解を述べる代わりに、会議中に現れた方向性を利用して、問題についての新しい考え方を提案してみてはどうだろうか。

拡散的な様式での思考は、通常の収束的なスタイルの思考よりも、より多くの注意を必要とする。当然のことながら、ルーティーンな思考をする人であるよりも、創造的な人であるためには、より多くのエネルギーが必要となる。したがってあなたは、いつ創造性を求めて努力をし、いつそうしないでおくのかを選択しなければならない。さもなければ、強烈な独創性という炎のなかで、みずからを燃やし尽くしてしまうであろう。

特別な領域を選ぶ

創造性がある特定の領域に変容をもたらすならば、個人の創造性は個人の生活という領域に変容をもたらす。ある物理学者が物理学の実践方法に変化をもたらしたとき、私たちはその人を創造的と言う。みずからの生活を変えることのできる人を、私たちは個人的レベルで、創造的と言う。個人の生活の領域は、心理的エネルギーに制約をもたらす規則や、毎日の行動を規定する癖や習慣から成り立っている。どのような服を着るか、どのように働くか、どのように人間関係を保っていくかが、この領域を規定するのである。そして、もしこの領域に改善を加えることができれば、生活の質全体が改善されるのである。この章の提言は、日常生活という領域において、どのようにして創造性を高めるか、ということに関するものであった。

しかし、たとえ個人の生活が非常に複雑なものであったとしても、その範囲は限られている。人生をおもしろく、意味あるものにしてくれるものの多くは、特別な領域に属する。音楽、料理、詩、ガーデニング、トランプのブリッジ、歴史、宗教、野球、政治といったものは、特有の規則に従った記号体系であり、これらはあらゆる個人の生活の外側に存在する。これらと他の何千ものこうした体系が文化を作りあげ、これらが提供するレンズを通して世界を眺めることで、私たちは人間になるのである。そして、こうした領域の一つで規則に従って行動することを学んだ人は、創造性の範囲をきわめて大きく拡張する機会を持つ。

あまりに多くの人々が、世界のほとんどを彼らが踏み込んではならないものと考えている。ある人々は芸術をみずからの可能性を超える存在とみなし、またある人々は、スポーツや音楽をそのようにみなす。あるいは、ダンス、科学、哲学――「私は遠慮しておきます」という物事のリストには限りがない。そして、ある領域がある人々には適さないことは事実である。しかし一般的に言って、問題は文化的資源が十分に活用されていないことにある。知識のなさ、自尊心の低さ、早期に確立された思考習慣によって、私たちは物事を楽しむ可能性と、他の人々を幸せにする多くの物事に長じる可能性を減じてしまう。マルコムXが宗教と政治の力を悟り、みずからがその両方の才能に恵まれていると気づくまでには、牢獄での数年間が必要であった。

どの領域と相性が良いのかを前もってわかっている人はほとんどいない。天才児とは幼くしてある方向に明白な才能を示す子どもたちのことであるが、私たちのほとんどは天才児ではなく、自分が何に向いているのかを見出すために、数十年の試行錯誤を必要とする。私たちの研究協力者たちのなかにさえ、中年期になるまでみずからの天職が何であるのかがわからなかった人々がいる。そして、そうした認識は、しばしば、そうしなければならないことが後になってまさに正しかったとわかるようなことや戦争などの外的な要素によって、彼らに押しつけられたのであった。

できる限り多くの領域を試してみることが重要である。もうすでに楽しんでいることからはじめ、それに関連する領域に移行してみるとよい。伝記を読むのが好きであれば、歴史を始めてみたら良いかもしれない。水泳が好きなら、スキン・ダイビングに、スキューバ・ダイビングに、そして次にはスカイ・ダイビングに——だめな理由はないであろう——つながっていくかもしれない。新しい領域のなかで活動することを学ぶのは常に難しい。そして、一目でそれを好きになることは稀である。必要なのはある程度の忍耐である。しかし他方で、喜びをまったくもたらさず、またその見込みもない活動を我慢して行いつづけることにも意味がない。

最終的にあなたは、自分の興味に合った一つ以上の領域、取り組むことが楽しくて、人生を広げてくれる活動を見つけることができるはずである。できる限り多くの領域でそうできることが理想的である。しかし、実際には、心理的エネルギーには限りがあるため、二、三の異なる活動を超えて、真剣に活動に取り組むことは不可能である。

ある領域にかかわるとき、二つの危険性が存在する。一つは依存的になることである。領域にはきわめて魅惑的なものがあり、あまりに多くの注意をそれに注いでしまうと、仕事や家族に向けるべき注意が残らない。チェスプレイヤーのなかには、ゲームにあまりに囚われてしまい、まるで無気力なゾンビのようになってしまう人がいる。同様のことが、競馬、芸術作品の収集、聖書研究、インターネットの閲覧にも言える。

もう一つの危険性はその逆である。きわめて散漫に、多方面に手を伸ばしてしまうと、異なる領域で感じることが、単調で表面的な経験に終わってしまう。多くの人々は、どこへでも行くが旅の後も同様に退屈で偏狭な精神の持ち主である旅人のように、文化が与えてくれるはずの最善のものをわずかずつ経験するため、そこから何も得ていないように思える。たいていの場合においてそうであるように、最良の解決策は両極端には存在しない。

ある領域での活動の仕方を学ぶにつれ、あなたの人生はきっと、より創造的になるであろう。しかし、ここでもう一度繰り返さなければならないが、これが歴史に刻まれる創造性を保証してくれるわけではない。あなたは個人としてきわめて創造的になれるが、もし領域と分野の場が協調しあうことがなければ——そして、それらはほとんどの場合そうはならないが——、あなたの努力が歴史書に記録されることはないであろう。彫刻を学ぶことはあなたの人生の質に驚きをもたらすだろうが、批評家たちが熱狂したり、収集家たちがあなたのところに押しかけたりすることを期待してはならない。新しいミーム間での競争は凄まじい。注目され、選ばれ、文化に加えられることによって生き残るものは、ほんのわずかである。誰の小さな創造性が歴史に刻まれる創造性とみなされるかは、運に大きく左右される。しかし、もしあなたが個人の生活において創造的であることを学ばなければ、文化への貢献の可能性は限りなくゼロに近いものとなる。そして、最終的な評価として、真に重要なことは、あなたの名前が広く認知された発見と結びつけられたかどうかということではなく、あなたが充実した、創造的な人生を送ったかどうかということなのである。

原注

第一章

一頁　本書は多くの点で次に挙げる二冊の続篇として位置づけられる。一冊目は『フロー体験――喜びの現象学』であり、喜びに満ちて有意義な人生を送るための条件の研究である。二冊目は、『進展する自己』であり、人間の生活と経験の進歩的な側面を扱っている。本書は、フローを人生の永続的な特徴とする方法を見出すとともに文化の進化に貢献した、多くの類まれなる人々の人生について、記述と解釈を行った。

同時に、本書は、創造性について書かれてきた現代の文献のなかに位置づけられる。本書の貢献が位置する文脈を定め、創造性研究という分野の「最先端」のおおまかな姿を提供するために、ここで、私に影響を与えてきた同僚たちの研究にいくつか触れておきたい。前もって言っておきたいのだが、これは現時点までの膨大な文献のレビューを意図したものではなく、私がこの主題について考えていることになんらかのかたちで貢献してくれた、現役の学者や研究機関の紹介を意図したものである。

できるだけ鮮明なイメージを私の頭のなかに描くため――できれば読者の頭のなかにも――、創造性に関する研究がいま精力的に行われている場所のメンタルマップから始めたい。それは、アメリカ合衆国の北西部から始まり、南に進み、そして東と北を経て、合衆国の外側の拠点へと移動する。

まずはカリフォルニア大学デイヴィス校のディーン・キース・サイモントンから始めるべきだろう。彼は、創造性についての計量歴史学的な研究を数十年にわたって追究してきた。サイモントンは創造的な業績と、時代を超えて関係する量的な傾向について、他のどの研究者よりも広範囲に書いてきた（e. g., Simonton 1984, 1990a）。

創造的な人々のパーソナリティに関する最初の研究のいくつかは――ほとんどが建築家と芸術家についてだが――カリフォルニア大学バークレー校でD・W・マッキンノンと彼の指導学生たちによって行われた。この方向の研究は、フランク・バロンによって、その後はデイヴィッド・ハリントンによってカリフォルニア大学サンタクルーズ校で続けられた（MacKinnon 1962; Barron 1969; Harrington 1990）。

南カリフォルニアのクレアモント大学ではロバート・アルバートとマーク・ルンコが創造的だとみなされた学生を対象にして縦断的な研究を行っている。ルンコは、この分野の輪郭を示す二つの学術雑誌の一つである『創造性研究』の初代編集長でもある（Albert 1983; Runco 1994）。

ニューメキシコ大学では、ヴェラ・ジョン=シュタイナーが科学者の研究ノートを分析することで創造的なアイデアがどのように展開するのかを記録し、大発見を成し遂げたグループの共同作業に注目している（John-Steiner 1985）。

アメリカ合衆国の中西部にあるシカゴ大学も学校（Getzels and Jackson 1962）や芸術家（Getzels and Csikszentmihalyi 1976）を対象にした創造性研究の長い歴史を持ち、現在は本書でも取り上げたように、幅広い領域を対象にして研究を行っている。ミシガン州立大学では、ロバート・ルート=バーンスタインと彼の研究チームが、バーニス・エイドソンが一九八五年に収集しはじめた著名な科学者のインタヴューを取り上げて、研究を行っている（Eiduson 1962; Root-Bernstein 1989）。

カーネギーメロン大学において、ハーバート・サイモンと彼の同僚が行った実験ではコンピューター・プログラムが使われた。そのプログラムは、創造的な発見の精神プロセスを再現すると考えられている（Langley, Simon, Bradshaw, and Zytkow 1987; Simon 1988）。

ジョージア大学で子どもの創造性を研究する研究所を運営しているポール・トーランスは、とても有意義な成果を残している（Torrance 1962, 1988）。ノースカロライナ州の創造的リーダーシップセンターは知見を応用して、ビジネスや組織の創造性を高めようとしてきた。

ニューヨークのコロンビア大学では、ハワード・グルーバーとその同僚が、個人が生涯で積み上げた創造的な仕事に焦点を当てて、継続的で綿密な分析を行っている（Gruber 1981; Gruber and Davis 1988）。

さらに北にあるニューヨーク州のバッファローでは創造性研究センターが研究支援とビジネス・コンサルタントを行い、分野を定義づけているもう一方の雑誌『創造的行動の研究』を出版している（Isaken, Dorval, and Treffinger 1994; Parnes 1967）。

イエール大学のロバート・J・スターンバーグは人間の認知と創造性に関する理論と研究における第一人者である（e.g., Sternberg 1986, 1988）。

期待どおり、研究に適した環境のボストン周辺には創造性研究に携わる研究者が集中している。最初に挙げるべきはハーバード大学のハワード・ガードナーだろう。彼は長年にわたってこの分野で存在感を示し、二十世紀に活躍した七名の傑出した天才を対象にした研究で表彰されている（Gardner 1988, 1993）。プロジェクト・ゼロのデイヴィッド・パーキンスは創造的思考における認知プロセスについて長年研究を続けている（Perkins 1981; Weber and Perkins 1992）。ハーバード大学には、子どもの創造性について広範囲な研究を行い、近年ではビジネスや組織における創造性の研究を始めたテレサ・アマビルもいる（Amabile 1983, 1990）。つづいて、天才児研究のパイオニアであり、認知的発達の研究という概念をこの領域にもたらしたタフツ大学のデイヴィッド・フェルドマンがいる（Feldman 1980, 1994）。

そして、アメリカ合衆国の想像上の地図の最後を締めくくるのは、芸術における創造性の盛衰に歴史学的な手法を用いた、オロノにあるメイン大学の心理学者コリン・マーチンデールである。彼の研究はカリフォルニア大学のサイモントンと似ている（Martindale 1989, 1990）。

アメリカ合衆国以外の研究者で私が多くのアイデアを交換する機会をもったのはブダペストのイシュトヴァーン・マジャーリ・ベックである。彼は、「創造学」という新しい学問が偏狭で一面的なアプローチを避けねばならないと論じていた。ミラノ大学のファウスト・マッシミーニの観点は、文化的進化とその他の問題についての私の理解に大きな影響を与えてきた（Massimini 1993; Massimini, Csikszentmihalyi, and Delle Fave 1988）。イスラエルのロバータ・ミルグラムは、トーランスによって開発された創造性検査の心理測定の伝統を継承している（Milgram 1990）。

当然のことながら、ここで紹介した人々は氷山の一角に過ぎず、この分野において現役で活躍しており、かつ、私が研究を直接知っている人々に限られていることを記しておくべきだろう。

一頁　私たちはチンパンジーと遺伝子構造の九八％を共有している　私たちがチンパンジーと共有する遺伝子構造は九四％から九九％だと推定されている（Dozier 1992, Diamond 1992）。

五頁　歴史における創造性　どの時代も人類は創造的だったが、そう認識することはめったになかった。たとえば何百年もの間、エジプト文明は芸術や技術を先導しつづけたが、彼らのイデオロギーは伝統に対して極端に忠実であった。中世ヨーロッパでは、数多くの聖人や哲学者が人生の過ごし方や物事の考え方に新境地を開いたが、そうした発明を自分たちの創意によるものと考えずに、神の意志を再発見したと考える傾向にあった。伝統的なキリスト教の考えによれば、神のみが創造的であったのだ。つまり、人間は創造されたのであって、創造することはできない。ごく最近まで、心理学において創造性に関心をもつ者はごく少数だった。一九五〇年にJ・P・ギルフォードがアメリカ心理学会の会長に就任したとき、就任記念講演で、知能に加えて創造性を研究することの重要性を説いた。皮肉なことだが、ギルフォードが結果的に創造性研究に携わるようになったのは国防総省から資金提供があったためである。第二次世界大戦の最中、空軍は、緊急事態に臨機応変に対応できる最良のパイロットたちを選ぶためには、知能検査では十分でないと判断したのだ。その結果、戦時の要求が、ギルフォードの独創性と柔軟性の研究に拍車をかけ、その後数十年つづく創造性研究の発展を促すことになった（Feldman 1994）。

六頁　三十年にわたる調査　私が創造性の研究に初めて携わったのは、一九六二年に美術学校の学生を対象にして、集団における創造のプロセスに関する博士論文を書いたときである。結果として生まれてきたのは、多くの研究論文と、創造性研究の新しい概念と手法を紹介し、特に「問題の発見」に焦点を当てた『創造的ヴィジョン』であった（Getzels and Csikzentmihalyi 1976）。創造性の「体系の概観」は、かなり後の一九八八年になって私が作り上げた。そしてそれは、タフツ大学のデイヴィッド・フェルドマンやハーバード大学のハワード・ガードナーを中心としながら、学生や同僚とともに仕上げられた（Csikzentmihalyi 1988; Feldman, Csikzentmihalyi, and Gardner 1994; Gardner 1994）。

七頁　文化的進化　生物学的進化に遺伝子の変化が関係しているように、文化的進化に創造性が関係しているという考え方は、ドナルド・T・キャンベルの知性の発展に関するエッセイ（Campbell 1960）から得たアイデアである。もっと早い時期にこうした考え方を示したのは、テイヤール・ド・シャルダンの推論的でありながらも刺激的な叙事詩『現象としての人間』（Teilhard 1965）であった。

リチャード・ドーキンス（Dawkins 1976）から採用した**ミーム**という概念は、文化的次元における生物学の遺伝子の概念に類似している。これらの問題はCsikzentmihalyi（1993, 1994）においてさらに議論されている。

八頁　小さな創造性　現在、創造性の定義をめぐって論争が起こっている――『創造性研究』の一九九五年の最終巻を参照するとよい。争点となったのは、あるアイデアや製品が創造的であるとみなされるためには社会的な承認が必要なのか、あるいはアイデアを思いついた人間がそれを創造的であるとみなせばそれでよいのか、ということであった。これは、半世紀前にモリス・スタイン（Stein 1953）がその現象を主観的段階と客観的段階に分けて解決しようとした、古くからある難問である。その古さにもかかわらず、どちらの側も激しい議論を展開したまま未だに解決には至っていない。私は創造性を主観的な現象として考えてアプローチするほうを好むが、不幸にして、そうするための現実的な方法を見出せずにいる。どれほど個人的な洞察や客観的な解説を讃えたとしても、仮に私たちがなんらかの基準――理論、美、または実用性――を適用し、そうした瞬間に、社会的・文化的な評価づけを導入しなければ、それが幻想なのか創造的な考えなのかを判断することはできない。このような理由で、私は創造性の体系的な見方を確立する方向に導かれ、その見方によって創造のプロセスを個人の思考の外に再配置している。

そうすることが時代の趨勢と対立していることを、私は自覚している。現代ではすべての人間に創造的になる権利があり、あるアイデアが自分にとって驚きと新鮮さをもたらすのであれば、他者がそう思っていなくてもそれを創造的であるとみなすことが当然視されている。このような時代精神に対して弁解をしつつ、この考え方がなぜ有用ではないかを説明したい。

九頁　注意とは限られた資源である　心理学者の多くは、すべての意図的な行動には注意が向けられなければならず、注意の容量には限界があるという事実について意見を述べている（e.g., Hasher and Zacks 1979; Kahneman 1973; Simon 1969; Treisman and Gelade 1980）。私の意見では、この事実は人間の行動におけるもっとも根本的な制約の一つであり、私たちがなぜ労働を減らすための機械を作るのにこれほど必死になるのかという問題から、なぜ私たちは友人が話を十分に聞いてくれないことに腹を立てるのかといった現象まで、とても多様な現象を説明してくれる（Csikszentmihalyi 1978, 1990; Csikszentmihalyi and Csikszentmihalyi 1988）。

一〇頁　創造的な人々はしばしば風変わりとみなされる　創造的な人々に広く認められる特性を調べた研究では、彼らの特性には「衝動的」「非順応的」「場当たり的なルールを勝手に作る」「孤独でいることを好む」「自分の限界を知らない傾向」が含まれている。創造的な人々に当てはまらない特性には、「実際的」「頼れる」「責任感がある」「論理的」「誠実である」ことが挙げられている（MacKinnon 1963; Sternberg 1985; Westby and Dawson 1995）。

一二頁　二つの矛盾した指令　約三十五年前まで、行動主義や精神分析といった主要な心理学の理論は、人間の行動が食欲や性欲など、「不足の欲求」に導かれていると仮定していた。最近になって、アブラハム・マズローやカール・ロジャースなどの「人文主義的な」心理学者の影響のもとで、自尊感情や自己実現を求める積極的な動機の重要性がより真剣に取り上げられるようになった（e.g., Maslow 1971; Rogers 1951）。興味深いことに、こうした転換には実験用の猿やマウスについての研究が役立っている。彼らは餌を得る機会と同じように新奇なものを求め、それらを経験する機会によって、仕事の動機づけを得ていることがわかったのだ。こうした発見が示したのは「探究衝動」と「能力の欲求」の存在であり、これらが、不足によって動機づけられる人間行動のモデルに永続的な変化をもたらした（White 1959）。詳細に関してはCsikszentmihalyi（1975, 1990, 1993）を参照するとよい。

一二頁　創造性が抑制される危険性　この問題の端的な要約は、一九九四年九月十八日、スタンフォード大学で行われた世界環境フォーラムの産業サミットにおけるスピーチで、スタンフォード大学のゲルハルト・キャスパーによって提供されている。彼は「第一級の独創的な研究の支援や、教育とそれに欠かせないトレーニングへの投資」の代わりに、「政府と産業界が技術移転の近道を探すことにますます躍起になっているようだ……凡庸しか生み出さない凡才なら、すぐに手に入るのに」と語った。

一三頁　教科外活動　豊かな才能の若者を刺激し、その動機を明らかにしておくために、教科外での活動の重要性が最近の縦断的調査で明らかになった（Csikszentmihalyi, Rathunde, and Whalen 1993）。都市部の若者がより依存しているのは、学校の外で、自由とともに責任を感じられる「養育環境」である（Heath and McLaughlin 1993）。最近では、Root-Bernstein, Bernstein, and Garnier（1995）は、創造的な科学者がそうではない同僚よりも広い範囲に興味を示し、より多くの身体および芸術活動（描画、デッサン、詩作、散歩、サーフィン、航海など）に興味を示すと報告した。

一三頁　非凡な人々　高齢のため、何名かの回答者（ジョン・バーディーン、ケネス・ボールディング、ジェイムズ・コールマン、ロバートソン・デイヴィス、ライナス・ポーリング、ジョナス・ソーク）がインタヴューと本書の執筆期間の間に亡くなった。私は本書で、まるで現在が拡張されているかのようにすべての回答者について書いている。彼らの人生の影響力が今後も文化の記憶のなかで長く生きつづけることを考えれば、これは適切な配慮である。

一四頁　選定のプロセス　この研究の限界の一つは、ほとんどの回答者が白人のアメリカ人、カナダ人、ヨーロッパ諸国の人々であり、サンプルにその他の人種や文化に属する人々があまりいないことである。たとえば、アフリカ系アメリカ人は二人しかおらず、そして、アジア人は少数しかいない。仮に民族性によって創造性のプロセスが根本的に異なった場合、これは問題になるだろう。私の印象では、創造性のプロセスに根本的な人種的差異はなく、あったとしても、同じ文化でも時代や社会的階級によって創造のプロセスが変わるように、分野や領域へのアクセス、そして、機能の仕方が文化によって変わるくらいのことである。この考えは、文化内での独創性の差異が文化間の差異よりも大きいと結論づける日本の心理学者の丸山（Maruyama 1980）と一致する。第二章で紹介する体系のモデルに照らして言えば、個人によってもたらされた独創的な貢献は文化間では似ているが、その一方で、分野の場と領域への貢献は創造のプロセスが起こる文化の明確な特徴を帯びることになる。ジェンダーの違いについても同様のことが言える。どのような規律に置かれても、女性がたどる精神的プロセスは男性が創造的な結果に至るために使うものに似ているが、所与の社会システムのなかで男女が利用できる社会化や訓練、社会システムにおける差異が、二つのジェンダーによって生み出される創造的貢献の頻度や種類に影響を与えることがある。

一六頁　反証の方法　カール・ポパーの議論に由来する一羽の白いカラスの例と、それが科学的認識論に対してもつ意味あいは科学の歴史としては疑わしいが（いずれにせよポパーはそう主張していないけれども）、論理的基盤としては未だにもっとも優れている（Popper 1959）。

一八頁　私はそうした話を額面どおり受け取っている　回答者たちの報告を受け入れることは——科学者が研究対象に対して持つべき一般的な懐疑主義を備えたうえで——データを解釈する際に私がこだわる偏見である。偏見は一般的に軽蔑的な響きを含んでいるが、ここでは、哲学者のユルゲン・ハーバーマスによって発展をみた意味で使われている。彼は、偏見を持つことから逃れられる人間はいないと主張した。しかし私たちは、熟慮することによって、偏見によって導かれた先入観をある程度乗り越えることができる（Habermas 1970; Robinson 1988）。

十九世紀、ヴィクトリア朝の楽観主義が隆盛を極める間、人間が不完全であるならばそれは完成への道の途上にあるからだという考えが、広く共有された暗黙の前提——あるいは偏見——となった。マルクスやフロイトなどの批判的な思想家の偉大な貢献は、その反対に、人間の行動が利己的で不合理であること、そして、否認に満ちていることを示したことである。彼らの洞察は行動主義や社会生物学、そして、他の無数の「主義」によって拡張され洗練されていった。これらの理論に暗示されている悲観主義は、戦争やイデオロギーがこの一〇〇年の間に生み出した無分別な災厄の結果、さらなる信用を得ることになった。私たちの文化に広がる新しい偏見は以前とは一八〇度異なり、すべての人間の行動は利己的で不合理であり、信用に足らないと主張している。

　私の意見では、いずれの極端な立場も有用ではない。弁証法の相反する二つの極を調和させるためには、私たちの行動が太古の昔からの自己保存と自己複製を目的とする遺伝的な指示によって大きく規定されていること、そして、もっと最近の文化からの指示によって、文化的な環境から無批判に学んでいることを認める必要がある。同時に、時間を経て生まれてきた新しいミーム――博愛、民主主義、非暴力の概念のように――によって、新しい目標に向けての行動が可能になることを否定しても意味がない。人間の適応性というある程度の柔軟性、つまり、創造性によって、現在当たり前になっているような、行動の還元主義的な説明がもたらす後ろ向きの悲観主義が退けられること、そして、人類の真の進化に対して希望が持てるようになることが、私の個人的な偏見である。

二二頁　人間の動機を暴こうとする社会科学の傾向　この傾向（他の多くの思慮深い見解とともに）は、ハンナ・アレント（Arendt 1956）によって主張されている。

第二章

二六頁　創造的な洞察　洞察がどのようなもので構成されているのかを包括的に扱った――心理学的な「理論的」アプローチに制限されるが――著作を、ロバート・スターンバーグ（Sternberg 1995）が編集している。特定の創造的なひらめきについては、たとえば、Csikszentmihalyi and Sawyer（1995）を参照するとよい。**体系のモデル**（時にDIFI—Domain, Individual, Field, Interaction frame と呼ばれる）は元来、Csikszentmihalyi（1988a, 1990）によって作成され、Feldman, Csikszentmihalyi, and Gardner（1994）によってさらに仕上げられた。

二八頁　才能あふれた　私たちの時代における一つの偏見は、変わった行動をする人や芸術にかかわっている人を創造的と決めつけることである。たとえば、広告会社では、広告のデザインと制作を受け持っている部門は一般的に創造的だとみなされ、その部門で働く人は創造的な人だとみなされる。本当に創造的な広告の芸術家は数多く存在するが、その出現の割合は同じ会社で働く創造的な会計士や技術者、図書館司書よりも必ずしも高いとは言えない。しかしながら、彼らがここで用いられている意味において、才能があふれている可能性はある。

二八頁　個人レベルにおいて創造的　心理学や教育学の領域で創造性と呼ばれるものはいつもこの種のものである。思考のなめらかな流れや柔軟性を測定する検査、または、子どもの描いた絵の独創性を評価する教師の尺度は、本書で使っている創造性を測るためではなく、普通ではない反応を生み出す傾向性を測るためにある。それは、私が真の創造性とここで呼ぶものと関係がないかもしれない。心理学者のなかでもハワード・グルーバーは、私たちが賢い子どもと口達者な回答者に「創造的」という言葉を当てはめてしまうことによって、事態を複雑にしていると雄弁に主張してきた（e.g., Gruber and Davis 1988）。

二九頁　レオナルド・ダ・ヴィンチ　レオナルド・ダ・ヴィンチの性格はしばしば分析されてきた（e.g., Reti 1974）。**ニュートン**に関してはWestfall（1980）と Stayer（1988）、トーマス・**エジソン**に関してはWachhorst（1981）を参照するとよい。彼らや、他の偉大な天才たちに悲劇的な欠点があったのではない。むしろ彼らは、特定の業績の外では普通であった――言い換えれば、仕事以外の面で、大衆が彼らに帰させようと躍起になった華々しさを発揮できなかったのである。

三〇頁　天才　二十世紀の科学者のなかで、少数の人――たとえばリチャード・ファインマンやジョン・フォン・ノイマン――が彼らの仲間から天才であるとの評価を得てきた。この評価は、彼らの貢献の重要性に基づいているというよりは、彼らが、同僚であれば理解するのに長い時間がかかる問題をすぐに解いてしまうという類まれな才能に基づいているように見える。ほとんどの場合、天才とみなされる人は独特な記憶力、時としてカメラのような記憶力を備えている。そうした人に神経学的にみて珍しい才能が備わっている可能性はある。だが、そうした才能だけが創造性を保証するわけではない。天才はしばしば個人的なマンネリズムを育んでしまうために仲間から距離を置くようになり、それが傍から見る人に独特さとして映ることになる(たとえば、ファインマンはボンゴを演奏し、ピカソはブルジョア階級の官能的な空想を人生において熱心に実現した)。

三三頁　創造性の帰属の変化　Brannigan (1981) は、新しい発見や発明が社会的な権威によって正当性を保証されて初めて妥当性を得るプロセスを体系的に研究した、最初の社会学者の一人である。たとえば彼は、コロンブスがスペイン国王の行政官、地図製作者、教会、学者などによって公式に認められなければ、アメリカ大陸発見が比較的ささいな出来事として捉えられ、「発見」としてさえみなされていなかっただろうと主張する。Kosoff (1995) は同じ考えをさらに発展させた――ともすると発展させ過ぎてしまい、彼は創造性を完全に帰属と印象操作のプロセスとして捉え、人間の実質的な貢献を完全に無視している。

三六頁　ルネサンスの黄金期　十五世紀の最初の二十五年の間にフィレンツェで完成した芸術作品のリストとその質の評価に関しては、Burckhardt (1926) を参照するとよい。さらなる議論は、その時代について、Hauser (1951) と Heydenreich (1974) によって見出された見解に多くを負っている。

四〇頁　ハウザー　引用は Hauser (1951, p. 41) からのもの。同じ時代について研究している Heydenreich (1974, p. 13) も同様の結論が導き出している。「この時代、パトロンが非常に重要な役割を担いはじめる。実際、芸術作品の創作はパトロンの協力によって成立する」。この主張は他の領域における創造的な生産にも当てはまる。

四一頁　身体領域の外からの指令　ここでの私の考えの大半がファウスト・マッシミーニの研究に基づいている。身体領域の外からの指令の例として、世界の二〇〇程度の主権国家が採用している、さまざまな政治憲法に含まれた法律が挙げられる。Massimini and Calegari (1979) によるこれらの憲法の分析は、まるでそれらが遺伝的指令を内包した染色体であるかのように行われている。遺伝子が染色体の中に存在するように、憲法のなかに具体的な法律が含まれている。彼らはまた、法律の一群を遡ることで、マグナカルタや、アメリカ合衆国憲法のようにもっと最近の文書のなかにある、原型的な「祖先の血統」に至ることができることを示している。言い換えれば、遺伝子ではなくミームのなかに暗号化された情報が人間の行動を導くようになったのである (Massimini 1979, 1993; Csikszentmihalyi and Massimini, 1985 を参照するとよい)。

四三頁　創造性と年齢　さまざまな領域における年齢と創造的な業績の関係を最初に研究したのは、Lehman (1953) と Dennis (1966) であった。最近の研究については Over (1989) と Simonton (1988, 1990c) を参照するとよい。

四五頁　領域としての道徳　強く構造化された領域になり得るのか否かはともかく、道徳はそれにふさわしい注目を心理学者から長く受けてきた。ジャン・ピアジェとローレンス・コールバーグの影響により、大半の学者は、つい最近まで道徳的な判断とそれを子どもたちがどのように習得するのかといった主題を重点的に研究していた。新しく発展しつつある領域は、実際的な道徳的行動の研究を試みている（e.g., Damon 1995; Gilligan, Ward, and Taylor 1988）。

四七頁　注意の不足　ここでの議論で提案されているのは、一般的な考えに反して、創造性の制限が優れた新しいミーム（アイデア、産出物、芸術的作品など）の欠如ではなく、それらへの興味の欠如から生じているということである。この制限は供給の側ではなく、需要の側にある。これは前述した注意力の限界がもたらす結果の一つでもある。残念ながら、創造性を高めようとする大多数の試みは供給の側に焦点を当てているが、これでは機能しないだけでなく、光の当たらないより多くの天才たちの人生を不幸にしてしまいかねない。この問題に関して明らかに優れた実戦的な知恵を持っているのは企業家や慈善家のほうであり、私たちは創造性の需要の側面をいかに高めるかについて、形式的な知識をまだ少ししか持ちわせていない。

四七頁　創造的な人は分野を納得させなければならない　創造性を研究するすべての人がこの条件について発言している（たとえば、サイモントンは説得力という言葉を用いている［Simonton 1988, p. 417］）。しかし通常、個人が自分のアイデアを「売る」必要性は創造のプロセスが終わった後にやってくるものとみなされ、創造のプロセスとは切り離されている。この体系のモデルでは、分野による新しいミームの受容は創造のプロセスにとって不可欠な部分とみなされる。社会的文脈を重視する最近の研究についてはFord and Gioia（1995）を参照するとよい。

五〇頁　ローマ大学で理論物理学を専攻する学生数　これらの数字は、当時ローマ大学で物理学の教授職を受け継いだ私の友人であるニコラ・カビッボが言及した数字を、私の記憶から引き出したものである。一九六〇年後半から一九七〇年代前半にかけて、学生の不安やベトナム戦争の余波でアメリカ合衆国の多くの学生が社会学を専攻しようと決意したため、社会学の分野にも似たような運命が待ち受けていた。私は当時レイクフォレスト・カレッジの社会学と人類学の学部で教鞭をとっていたが、十名に満たなかった学生数が数年で百名を超えるようになった。領域への関心の同様の爆発を経験した組織は他にもある。一つの結果として、大学は十倍に膨れ上がった学生数を受け入れるため、十分に訓練を受けたとは言えず、領域についておぼろげにしか理解していない教師を受け入れることがあった。結果として、無秩序な混乱がもたらされ、分野は危うく壊滅するところであった。ロバート・レヴァインによる子どもの発達研究について、同様の指摘がなされている。そこにも、同時期の分野の拡大によって、十分な訓練を受けていない学者たちが流入した。彼らは、当時流行していたピアジェとチョムスキーの認知理論を無批判に受け入れていたのである（LeVine 1991）。理解することのできない新奇さは、新奇さがまったくないという状態と同様に領域の存続を危うくする。

五一頁　ルーマニア政府　一九八〇年代にトランシルバニアで数カ月間にわたって民族誌学上の資料を集めていた私の教え子が、ルーマニア文化省の試みを説明してくれた。その省庁の代表者たちは、ハンガリー系、セクレル系、モルドバ系、ドイツ系の村民を再訓練して、彼らの伝統的な芸術表現の代わりに、ルーマニア様式に従って、編み、飾り、歌えるように指導している。このような政策は、文化的な意味での「民族浄化」に等しい。ここで殺されているのは遺伝子の表現のかたちではなく外国のミームのみである。

第三章

五九頁　芸術家に関しても同様である　良い例がメディチ家のために仕事をした二人のルネサンス期の画家、フィリッポ・リッピ（一四〇六～一四六九）とジョバンニ・アンジェリコ（一四〇〇～一四五五）である。二人とも修道士を経て、聖人や聖母のきわめて神聖な絵画を描いて有名になった。しかし、リッピは修道院を去り、放埒な大酒飲みになった——彼は結局修道女と駆け落ちをして子どもをもうけた。あるとき、彼のパトロンであるコジモ・デ・メディチが、支払った金銭分の絵を描かせるために、フィリッポをアトリエに閉じ込めた。しかしフィリッポは、パーティに参加するためにベッドのシーツをつなぎあわせて窓から抜け出した。しかし、その振る舞いがどれほど放埒ではあっても、彼は生涯にわたってすばらしい宗教画を描きつづけた。その一方で、ジョバンニは筆をとるたびに神聖なインスピレーションを求めて一心に祈りをささげる従順な修道士でありつづけた。死後、教会によって聖者の列に加えられこそしなかったが、人々は彼を福者《ベアート》アンジェリコとみなしはじめた。二人が遺した作品を見た人々のなかには、彼らがまったく異なる気性を持った人間ではなく、あらゆる点で似通った双子ではないかと推測する人がいるかもしれない。

同じ領域にいる二人の人間が、なぜその働き方において領域の異なった面を選び取るのか、つまり、一方が還元主義的なアプローチをとり、もう一方が全体主義的なアプローチをとるのかには、気性の違いが関係しているのかもしれない。

六一頁　ピエール・ブルデュー　「文化資本」という影響力のある見解はこのフランスの社会学者によって展開されている（Bourdieu 1980）。

六四頁　一九六〇年代　美術教師たちが美術を学ぶ学生にふさわしいと思っていたパーソナリティの種類についての変化、さらに、それが美術の学生にもたらした影響についてはGetzels and Csikszentmihalyi (1976) において説明されている。

六四頁　芸術家の性格（と一般的に創造的な人々の性格）　研究者（現役の研究者も含む）は創造的な人に特有の性格を記述しようと試みてきたが、いくつかの結論は、少なくとも私たちの特定の歴史的文脈においては、ある程度妥当なものである。感受性や経験に対する率直さ、うぬぼれ、社会的規範と社会的受容に対する興味の欠如、そして——芸術家にとって——躁鬱気質という特質は、その人物の領域に革新を起こす可能性を高めるうえで役に立つのかもしれない（e.g., Albert and Runco 1986; Andreasen 1987; Barron 1969, 1988; Cattel and Drevdahl 1955; Cross, Cattell, and Butcher 1967; Csikszentmihalyi and Getzels 1973; Getzels and Csikszentmihalyi 1968, 1976; Mackinnon 1964; Piechowski and Cunningham 1985; Roe 1946, 1952）。しかし、創造的な人々の性格を説明するにあたって、そうした単極的な性格は、複雑さという弁証法的な概念ほど正確ではないと、今や、私は確信している。

六四頁　複雑さ　複雑さの概念は『進展する自己』(Csikszentmihalyi 1993) を筆頭に、私の著作の多くで中心を占めている。私はここで、通常この概念に持たせている広い理論的な意味ではなく、はるかに限定した意味でこの言葉を用いている。この言葉が示す柔軟で適応性に富む性格は、心理学者たちによって示される他の特質との類似点を共有しているが、ただし、そのいずれかと同じというわけではない。たとえば、適応性と機知への傾向性を含んでいる、ジャック・ブロックの自我の弾力性（Block 1971, 1981）という概念はとても似ていると考えられるだろう。しかし、柔軟な自我をもつ人々は、潔癖さ、支配感、自己受容といった一面的な特性を持っているが、こうした特性は、しばしば不安や自己不信に陥りやすい創造的な人々を描き出す最良の方法とは言えないだろう。

これまでの研究者は、「経験に対する率直さ」と「課題や複雑なものの嗜好性」（e. g., Russ 1993）のように、一見すると矛盾した特性を創造的な人々に見出してきた。しかし、これらの特性は連続体の間の変動を表す代わりに、別個の、お互いに相反するものとして捉えられている。複雑さに関する私の見解に近いのは、Dennett（1991）の意識に対する観点とOrnstein（1986）の「マルチマインド」の概念、つまり、脳が別個の、しばしば対立する神経の連続体を統合する傾向を有し、その結果、同一の人間のなかに一貫性のない矛盾した思考や行動をしばしば生み出すという考え方である。どのような理由にせよ、創造的な人々はこうした思考の特徴を受け入れて、それを使用する傾向がある。

六五頁　カール・グスタフ・ユング　詳しくはJung（1969, 1973）を参照するとよい。

六七頁　縦断的調査　才能あふれる子どもたちを対象にした最初の長期的な研究はスタンフォード大学のルイス・M・ターマンによって行われたもので、非常に高いＩＱを持った千人の子どもの人生の変遷を記録するこの研究は、今でもつづいている。この研究の結果はTerman（1925）、Oden（1968）、Sears（1980）で知ることができる。

六八頁　その後の研究　ジェイコブ・W・ゲッツェルズとフィリップ・ジャクソン（Getzels and Jackson 1962）は、ＩＱ検査で高い得点を取りながらも創造性検査で点数が低かった子どもと、ＩＱ検査では低い点を取りながらも創造性検査で高い点を取った子どもを初めて比較した。彼らは二つのグループが大きく異なっていることを報告している。たとえば、高いＩＱを持った子どもはより型にはまっていて外的に動機づけられていたのに対し、創造性の高い子どもは反抗的で内的に動機づけられていた。予想どおり、教師たちに好かれたのは前者のほうだった。この論題についての最近の研究については、Westby and Dawson（1995）によって要約されている。

六八頁　ハワード・ガードナー　Gardner（1993）は二十世紀の模範的で創造的な七人の天才を研究した。

六八頁　収束的思考と**拡散的**思考の区別は、現代心理学における創造性研究の先駆者J・P・ギルフォードによって提唱された。彼は拡散的思考が創造性に特有のものであると主張した人物でもあり、彼の開発した最初の拡散的思考の検査は現在でも使用されている（Guilford 1950, 1967）。その後、ポール・トーランスが拡散的思考の測定に大きく貢献した（Torrance 1988）。拡散的思考と創造性の関係性についての最近の論評についてはBaer（1993）とRunco（1991）を参照するとよい。

七一頁　ヴァザーリ　芸術家を対象にした最初の伝記的な素描はこのフィレンツェの歴史家によって書かれた（彼自身もかなりの芸術家であった）。彼の業績の強みの一つは、ヴァザーリみずからが記録したルネサンス期の芸術家の多くを、個人的に知っていたということにある。

七四頁　最近発売された『ニューズウィーク』　ジョン・リードに関する記事については、Levinson（1994）を参照するとよい。

七四頁　外向性と内向性　この極性はパーソナリティ心理学でもっとも古いものの一つである。C・G・ユングによって最初に採用され、今や、個人を弁別する五つの基本特性の一つとして考えられている。この概念の主要な研究はドイツ系イギリス人の心理学者ハンス・J・アイゼンクによって行われ（Eysenck 1952, 1973）、外向性と内向性についての現在の体系的研究はCosta and McCrae（1978, 1984）の研究に影響を受けてきた。

七四頁　一人でいることに耐えられる十代の若者　孤独であることに耐えられるか否かが才能ある若者の発達にもたらす違いについては、最新の報告が Csikszentmihalyi, Rathunde, Whalen（1993）でなされている。

八〇頁　両性具有　才能に恵まれた創造的な人々が異性に広く認められる特性を示し、そして、みずからの性の特性に関しては平均的な同性よりも現れ方が弱くなることに十分な証拠がある。私自身の研究では、それらの知見は Getzels and Csikszentmihalyi（1976）、さらに、Csikszentmihalyi, Rathunde, Whalen（1993）で報告されている。また、Spence and Helmreich（1978）を参照するとよい。この傾向はダ・ヴィンチやミケランジェロなどの創造的な個人が同性愛者であったという噂の原因であると考えられる。このようにみなすことが常に困難なのは、そうしたことが解釈に重きを置いてしまうことや、過去においてまったく異なる意味あいを持っていた行動にしばしば現代的な意味を投影してしまうためである。特定の社会文化的な条件下では、いくつかの分野の場の創造的な人に同性愛の傾向が見られる可能性もあるが、創造性と同性愛がつながっているという広く行き渡った信念はおそらく誇張されたものだろう。

八三頁　精神障害や依存症　最近の報告に関しては Andreasen（1987）、Claridge（1992）、Cropley（1990）、Jamison（1989）、Rothenberg（1990）を参照するとよい。今日、ある種の創造性とある種の病理の間に明らかな関連性が発見されているが、私はこれらが本質的なつながりではなく、偶然によるものだと確信している。言い換えれば、もし創造的な音楽家がしばしば薬物中毒に陥り、劇作家が治療を要するほどのうつ病になりやすいとすれば、それは仕事そのものではなく、彼らの仕事が置かれている歴史的な状況の反映なのだ。これはある程度、精神分析家のエルンスト・クリス（Kris 1952）とジョン・ゲド（Gedo 1990）が議論したことでもある。多くの偉大な芸術家が精神障害を避け、むしろ優れた精神的健康を享受してきた。たとえば作家のチェーホフ、ゲーテ、マンゾーニ、そして、作曲家のバッハ、ヘンデル、ヴェルディ、視覚芸術家のモネ、ラファエロ、ロダンなどがそうである。

第四章

八七頁　創造プロセス　ガルビンが主張するように、創造的な成果が生み出される方法には、主に二つの方向からアプローチができる。一つ目のアプローチは「方法」を問うもの（この場合、予測）であり、新しい問いの枠組みを通して、新奇の結果に至る心理的または認知的段階に焦点を当てる。創造性研究のほとんどがこのアプローチをとる。二つ目のアプローチは「理由」（ガルビンは関与と表現している）を問うものであり、ここでは人を革新へと導く感情や動機づけを扱う。その重要性はすべての人に認められているが、精神分析家以外でこのアプローチをとる学者はほとんどいなかった。私は、創造性（や他の精神的プロセス）の認知的側面と動機的な側面を厳密に区別することに居心地の悪さを感じている。二つの結びつきが強いため、それらを分離すると、何が起こっているのかを本質的に理解できなくなってしまうかもしれない、と私は考えているのだ。ここにハーバート・サイモンに同意できないことの核がある。彼は、理性的でコンピューターをモデルにしたひと続きの思考によって、実際に起こった歴史上の創造性のプロセスを十分に再現できると信じているが、私の考え方では、その考えはとても不合理である（e.g., Csikszentmihalyi 1988b; Simon 1988）。

九〇頁　創造プロセスの諸段階　新奇なものの産出における認知上の諸段階の区分けは（たとえば創造性の「方法」）、Wallas（1926）によって初めて明確に公式化された。研究者のなかには、創造を三段階（準備、潜伏、洞察）として捉える人もいれば、五段階（準備、潜伏、洞察、評価、仕上げ）として捉える人もいる。

関係するもう一つの概念は直感である。これは、潜伏と洞察の段階の間で起こると考えられているプロセス、つまり、「創造的な仕事を有望な方向に向ける、漠然とした先取り的な知覚」（Policastro 1995, p. 99）である。

九一頁　一％のひらめき　ヨーロッパの同僚は、創造性の九九％が汗であるという警句が、エジソンが生まれる十五年前に亡くなったドイツの詩人ヨハン・ヴォルフガング・フォン・ゲーテによって初めて述べられたと教えてくれた。私にはこの主張を実証する術はないが、たとえゲーテが創造性について洞察に満ちた多くの言葉を残していたとしても、私にはこの特定の格言がゲーテよりもエジソンの精神性に合っているように思われる。

九一頁　ダーウィン　ハワード・グルーバーはダーウィンが日々の考えを書き残したノートを綿密に分析することで、創造のプロセスにおけるダーウィンの心理を説明する古典を著した（Gruber 1981）。

九二頁　ダイソンの役割　シュウェーバーは最近の著作（Schweber 1994）で量子電気力学の発展におけるダイソンの役割について議論し、彼が朝永、シュウィンガー、ファインマンらとともに一九六五年にノーベル賞を授与されるべきだったと主張している。

九五頁　ノート　日々の体験について日記やノートをつけるのは作家だけではない。科学者も研究日誌や他の記録を残すことで、自分たちの発見やアイデアを考え抜くための手助けにしている。極端な例が一九七六年にノーベル医学・生理学賞を受賞したウイルス学者のD・カールトン・ガジュセクである。彼のノートは行間を詰めたタイプ打ちで六十万枚にも及び、その三分の一がすでに出版されている（Gajdusek 1995）。

九五頁　「あなたは幸福について書かれた小説を知っていますか？」
幸福についての執筆がいかに困難であるかをテーマにした、イタロ・カルヴィーノの「詩人の冒険」という優れた短篇小説がある（Calvino 1985）。世界文学が悲劇であふれている一方で、その反対――正当な資格のある人に正当な資格が与えられる物語――ホレイショ・アルジャー型の物語は第一級の文学とは認められていない（しかしながら、偉大な喜劇は存在する）。なぜこうした状況が起こるのかについての私の考えは、幸福は反復的で不幸は独特であると言ったトルストイの言葉とは逆の状況が実際のところなのだということである。幸福は個人的で特殊な経験であるため、それを伝えることはほぼ不可能である。そして、作家は幸福を表現するために使い古された決まり文句に頼るしかない。他方で、不幸はありふれていて一様であるため、すべての人が即座に認識できる。そのため作家は、読者が不幸に共感を示してくれると確信しつつ、不幸な主題を脚色するために自由に個性や想像力を駆使できる。

九七頁　創造的な科学者についての研究　アン・ロウ（Roe 1951, 1952）は、主に動機の観点（「理由」からのアプローチ）から創造的な科学者の研究を始めた最初の心理学者の一人であった。また、同じ観点をとったもう一人の古くからの研究者に、バーニス・エイドソン（Eiduson 1962）がいる。フランスの数学者であるジャック・ハダマルドは、自分の領域における創造性の認知的な側面について、古典的な説明を遺している（Hadamard 1949）。そして、有機体がエネルギーを生み出す仕組みを説明した生化学者のハンス・アドルフ・クレブスは、生理学と医学における創造のプロセスを記述した（Krebs and Shelly 1975）。本研究に参加した人々を含め、数人の科学者が自分たちの仕事の方法を明晰に説明した。そのなかには、フリーマン・ダイソン、ジェラルド・ホルトン、ジョン・ホイーラー、そしてE・O・ウィルソンがいる。

一〇五頁　戦争は科学の方向性に影響を与えることで悪名をはせてきた　ディーン・キース・サイモントンは、戦争やその他の紛争などの歴史的な状況と創造性の関係についてもっとも広範囲に研究を行った心理学者である。彼の歴史編纂的な手法は、一方では何千もの歴史的事実の分析と、もう一方では創造的産出物（本、音楽作品、発明）の頻度についての二次的な分析と収集に基づいている。たとえば、Simonton (1990b) を参照するとよい。政治権力の形態と創造性の関係に焦点を当てた、やや異なったアプローチを求めるならば、Therivel (1995) を参照するとよい。

一〇六頁　二十世紀　二十世紀における創造性の歴史は、ハワード・ガードナーによる現代の七人の天才たちについての伝記的報告に示されている (Gardner 1993)。

一〇八頁　提示された問題と発見された問題　大学院時代の担当教官である心理学者のジェイコブ・W・ゲッツェルズは、創造的な人々の多くの報告に感銘を受けるようになった。その報告は、創造のプロセスにおいて、問題発見——問題解決に対立するものとしての——の重要性を強調していたのである。彼はその後、提示された問題と発見された問題の区別に基づいて、問題の公式化のモデルを作り上げた (Getzels 1964)。そのモデルはさらに洗練されて、創造的な芸術家の研究に応用されている (e.g., Getzels 1975, 1982; Getzels and Csikszentmihalyi 1976)。この観点は創造性研究において有用なものになっている。たとえば、ルンコが編集した最近の研究論文集 (Runco 1994) を参照するとよい。

一一三頁　遊休時間の機能　際立ってはいるが抑圧されている経験を超自我が受け入れられるかたちへと架橋できるのは、潜伏期間の手助けがあってこそ、という考えは、フロイトがレオナルド・ダ・ヴィンチの幼少時とミケランジェロのモーゼの彫像についてのエッセイで述べたものである (Freud 1947, 1955)。これらのエッセイは大著を生み出すことになった (e.g., Kris 1952; Rothenberg 1979)。アーサー・ケストラー (Koestler 1964) による創造性の古典的な取り扱い方もこの観点から大きな影響を受けている。

類似した点ではあるが、エイドソンとルート・バーンスタインがインタヴューした科学者たちのなかで、創造性に優れた科学者たちがそうではない科学者たちと異なっていたのが、前者がより頻繁に、夢を見ているときや、別のものではあるが関連した問題に取り組んでいるときにアイデアが湧き上がってくると報告したことだった (Root-Bernstein, Bernstein, and Garnier 1995)。しかしこうした報告が、創造プロセスの「あるべき」展開方法として一般に受け入れられている想定からどの程度作り出されているのかは、容易には知り得ない。それは私自身の研究にも明らかに当てはまる難しさである。

遊休時間が必要である理由についてのもう一つの説明は、精神的プロセスのあるモデルに基づいている。そのモデルは概念どうしの無作為な連結を重視し、そのため有用な組み合わせに至るまでに膨大な時間を要する (e.g., Campbell 1960, 1974; Johnson-Laird 1988; Simonton 1988)——それはシェイクスピアと同等の傑作を偶然生み出すために、何百万匹もの猿に無作為にタイプライターを打たせることに若干似ている——つまり、そのモデルには、無意識でありながら、それでも論理的な連想に基づく結合が含まれている (e.g., Dreistadt 1969; Barsalou

1982)。

一一五頁　直列処理と並行処理　この論題の基礎的な説明に関しては Rumelhart et al.（1986）を参照するとよい。

第五章

一二二頁　創造性を発揮する内的プログラム　人々がもっとも楽しいことを「新しいことをデザインする、または、発見すること」と表現したがることは、最上の経験についての私の最初の研究で得られた結果であった（Csikszentmihalyi 1975）。一方では生存のために組み込まれ、もう一方では進化のために組み込まれた二重の動機づけのシステムは、Csikszentmihalyi（1985, 1993）において議論されている。

一二三頁　エントロピー　ここで、私はこの言葉をもっとありふれた意味、つまり、ある体系が機能できないという意味で使っている。これは心的エントロピーとは異なっている。心的エントロピーは、精神内部の混乱、否定的感情、目的ある行動に従事できないことに特徴づけられた意識状態のことをいう。その反対概念が心的な負のエントロピー、つまりフローである。それは秩序立った意識状態や肯定的な感情、意識的な行動に従事できることを示している（Csikszentmihalyi (1978, 1982）を参照するとよい）。

一二五頁　フロー体験　ロッククライミングやチェス、ダンスなどのさまざまな活動を楽しんだ人々に共通する経験の状態は、Csikszentmihalyi（1975）で最初に報告された。その後、複数の異なる文化において、さまざまな研究者がフローについての広範囲な研究を行ったが、その報告はCsikszentmihalyi（1988）にある。Csikszentmihalyi（1993）や、Csikszentmihalyi and Rathunde（1993）、Massimini and Inghilleri（1986, 1993）、Inghilleri（1995）を参照するとよい。ジョージ・クライン（Klein 1990）は、芸術家や科学者たちから多くの啓発的なエッセイを集めて、創造的な仕事のなかで彼らが経験したフローを記述している。

一三一頁　良いアイデアと悪いアイデアを区別する　イギリスのウイルス学者であり、この分野における創造性のプロセスを熱心に報告したピーター・メダワー卿は、どれが解決できる問題なのかを把握することが創造性にかかわる中心的な技能であると主張した（Medawar 1967）。私たちの研究における数名の回答者も同じことに言及した。時には、彼らはメダワーの考えを参照しながら、それによって一般的な意見と直接的な経験を区別することがどれほど難しいかを示していた。

一三二頁　エントロピーの壁　化学者のフランク・ランバート教授が示唆したところでは、フロー状態に入ることの難しさは、ある準安定的な物理システムがより高いエネルギー状態を維持するために必要とする、活性化のためのエネルギーとおもしろいほど似ている。たとえば鉄には、空気や水にさらされると内的なエネルギーを失い、酸化鉄や錆になる傾向がある。しかし、もしペンキを塗ったり、鋼鉄にしておくなど、外部からのエネルギーが事前に加えられていれば、高いエネルギーをもった準安定原子の状態を維持することができる（Lambert, 1995）。現象的に類似しているのは、意識をコントロールするための心的エネルギーがなければ、心は統一性を欠いた低いエネルギー状態に陥ってしまうという傾向である。フロー状態に入るためには注意を集中させなければならない反面、一度フロー状態に入ってしまえば、外的な刺激に集中を乱されにくくなり、身体的そして心的エネルギーを大きく消費する場面でも、まるで何の造作のないことのように感じられる。この二つのまったく異なるプロセスに見た目以上の類似性があるかどうかは、検討が待たれる。

一三八頁　内発的に突き動かしてくれる問題　一九六〇年代まで、遺伝的に組み込まれた欲求の充足のみが報酬になると考えていた心理学者たちにも、比較的最近、内発的な報酬の重要性が認められるようになった。現在、この分野における主要な研究者たちにはアマービレ（Amabile 1990）やデシとライアン（Deci and Ryan 1985）がいる。また、Csikszentmihalyi and Rathunde（1993）も参照するとよい。

一四〇頁　フローを経験すればするほど、幸福感は高くなる　たとえば、Csikszentmihalyi and Nakamura（1989）、Csikszentmihalyi and Wong（1991）、Wells（1988）、Adlai-Gail（1994）、Moneta and Csikszentmihalyi（1995）の研究を参照するとよい。しかし、もし破壊的で複雑性を欠いた活動でフローを経験した場合や、バランスのとれた生活を犠牲にしてフローをもたらす特定の活動に依存する場合、フローがネガティブな結果をもたすこともある。Csikszentmihalyi and Larson（1978）、Csikszentmihalyi（1985b）を参照するとよい。

一四二頁　子どもたちは信じて成長する　若者たちの学校から就職への移行を調べた現代の研究で、四千人以上の十代の若者を対象にしてアメリカの断面を切り取ったところ、一五％がプロのスポーツ選手になることを希望し（これが最多である）、四％がミュージシャン、六％が俳優を希望していることがわかった。言い換えれば、もしプロのスポーツ選手をエンターテイナーとみなせば、少なくとも四人に一人の若者がエンターテイメントの世界でのキャリアを望んでいることになる（Bidwell, Csikszentmihalyi, Hedges, and Schneider 印刷中）。

第六章

一四五頁　適切な場所にいること　物理的な環境が心の機能に与えるいくつかの影響についてはGallagher（1993）を参照するとよい。

一五二頁　ベラージョ　イタリアのロンバルディア州にあるこの村の歴史と、そこを訪れた多くの創造的な人々については、Gilardoni（1988）を参照するとよい。

一五八頁　マクロな環境　社会構造という変数と創造性の関連に対する一つのアプローチには、サイモントン（e.g., Simonton 1975, 1984）による一連の計量歴史学的分析がある。また、別の研究として、フリーマンによって行われた、現代アメリカの芸術的創造性と社会文化的な要因の関係についての定性分析（Freeman 1993）がある。

一六〇頁　ペッカ　私自身はペッカに会う幸運には恵まれなかったが、彼についてはフィンランドのユヴァスキュラ大学出身の同僚、ユハニ・キルヨネン（Juhani Kirjonen）から教わった。

一六一頁　象徴的な生態環境　百以上の家とそのなかで主人が特別な思い入れを持つ物に対しての研究は、Csikszentmihalyi and Rochberg-Halton（1981）で述べられている。

一六二頁　「思考する機械」としての自動車　象徴的な環境としての車の役割について、こうした結論やまた別の結論は、私が一九九一年に北米日産のために行った研究に基づいている。

一六四頁　十年ごとにキャリアを大きく変える　偉大な天才の伝記を分析するなかで、ハワード・ガードナー（Gardner 1993）は天才たちの業績における重大な発見が十年ごとに起きていると結論づけている。おそらく、二つの出来事——キャリアの変更と重大な発見の時期——が創造的な仕事と同じサイクルを映し出している。

第七章

一六八頁　幼少期と創造性　創造的な人々の幼少期の経験を対象にした研究は数多くあるが、そのなかで——そのほとんどは必然的に亡くなって久しい過去の偉人の伝記を用い、それゆえに信憑性は定かではない――フロイトによるレオナルド・ダ・ヴィンチの幼児期と幼少期の再構築に言及する人もいるだろう（Freud 1947）。あるいは、ゲーツェルたちによる、三百人の傑出した人々の幼少期についての伝記的証拠の要約（Goertzel and Goertzel 1962）を挙げる人もいるだろう。Zajonc（1976）、Albert（1983）、Albert and Runco（1986）は、創造的な人々が兄弟姉妹のどこに位置したかを分析している。

一七二頁　ジョットの幼少期　ジョットについての伝記的注釈はSemenzato（1964, p. 7）から引用した。

一七六頁　関心　すでに述べたように、最近まで心理学者は関心という議題に興味を示さなかった。しかしこの傾向は変わった。たとえば、Renninger, Hidi, and Krapp（1992）やSchiefele（1991）を参照するとよい。私たちは個人ごとの興味の差異、つまり、ある子どもが別の子どもよりも多くの関心を持っているのかどうか、また、なぜ人によって関心の対象が異なるのかについてほとんど知らないままである。

一八〇頁　親の影響　たとえば、Harrington, Block, and Block（1992）やCsikszentmihalyi and Csikszentmihalyi（1993）を参照するとよい。家族を対象にした近年の研究は、親たちの子どもに対する影響を第一とする立場を放棄して、家族内の交流がもっとも重要な効果をもたらすという体系的な見解を採用している。しかし、私はまだ、親たちが他のどんな方法よりも、そして、他のどんな交流の効果からも独立して子どもに影響を与えると信じている。

一八六頁　父親の不在　引用元のエッセイはKlein（1992）である。

一九一頁　ジャン=ポール・サルトル　彼の父親からの贈り物についてのアフォリズムは『言葉』に所収され、Klein（1992, p. 162）によって引用されている。

一九二頁　回想が映し出すもの　エリザベス・ノエル=ノイマンの多くの調査では、現状に満足している大人ほど牧歌的な幼少期を報告していることがわかった（たとえば、Noelle-Neumann 1985）。自分の過去の記憶を修正した若い芸術家についての最初の報告は、Getzels and Csikszentmihalyi（1976）であるが、そこには彼の幼少期が問題のなかったころのことが記されている。

一九四頁　教師たちの影響力　両親や教師、仲間、指導者、配偶者、生徒など、個人が創造的な人々のキャリアに及ぼす助力の重要性については、Mockros（1995）や、Mockros and Csikszentmihalyi（1995）で検証されている。

一九四頁　ユージン・ウィグナー　ウィグナーの高校の数学教師についての思い出は自伝（Wigner 1992）に収録されている。ブダペストにあるルター派の高校教師の影響については、Hersh and John-Steiner（1993）にも記されている。

一九六頁　才能のある十代の若者　才能のある十代の若者に特有の葛藤については、Csikszentmihalyi, Rathunde, Whalen（1993）を参照するとよい。

一九八頁　芸術家は学問に興味を抱かない　学問に対して芸術家一般が持っている価値観は、Getzels and Csikszentmihalyi（1976）で確認できる。

第八章

二〇九頁　最近の研究　ここで私が特に指しているのは、シカゴ大学の同僚によってなされた性行動の調査研究（Laumann et al. 1994）である。

二一三頁　エリック・エリクソン　エリクソンの有名な発達における八つの心理社会的な段階については、Erikson（1950）を参照するとよい。

二三〇頁　ウィグナー　引用はWigner（1992, p. 254）からのものである。

二三三頁　「人生のテーマ」　人生のテーマという概念、つまり、私たちが人生の目標や物語から作り出していく認知的な諸表象は、Csikszentmihalyi and Beattie（1979）が初めて作り出した。また、Csikszentmihalyi（1990, pp. 230–40）も参照するとよい。

第九章

二三七頁　創造性は三十歳代でピークを迎える　創造性の年齢的な変化を対象とした初期の研究はリーマン（Lehman 1953）とデニス（Dennis 1966）によるものである。また、Simonton（1990c）とRyback, Roodin, and Hoyer（1995）の簡潔なまとめも参照するとよい。

二三七頁　量と質　高齢の人々が何を成すかは、生物学的な加齢という制約によってのみではなく――それは主な要因でもない――高齢であることに対する個人の姿勢や社会から与えられる機会によって決定される。積み上げられた証拠が示すところでは、寿命や健康、身体能力、そして、老後において社会に残す業績は、適切な価値観と振舞いを取り入れることで大いに向上し得る。たとえば、ウォルター・ボルツ博士の結論（Bortz 1991）を参照するとよい。

二三九頁　流動性知能と結晶性知能の区別　これはHorn（1970）で紹介された。年齢による精神能力の変化についてのもっとも注意深い研究はK・ワーナー・シャイエと彼の共同研究者によるものであった（e.g., Schaie 1990, 1994）。また、Labouvie-Vief（1985）も参照するとよい。

二四一頁　晩年にリスクを背負うこと　科学の世界でリスクの高い問題は、余裕のある確立した研究者によって取り組まれるか、失うものがほとんどない実績のない研究者によって取り組まれると言われてきたが（Zuckerman and Lederberg 1986; Zuckerman and Cole 1994）、この傾向はSternberg and Lubart（1991）の創造性の経済投資の理論に合致する。

二五三頁　統合性　引用はErikson（1968, p. 140）からのものである。近年、精神科医のジョージ・ヴァイラントが示唆したところでは、生産性と統合性の間には、彼が「意味の番人」と呼ぶ重要な発達段階がある。この段階には、中年以降に人が直面し、それまでに学んだ知恵を選抜して次の世代に引き渡すという課題が含まれている（Vaillant 1993）。本書に登場する人々はこの段階を迎え入れる十分な準備をしているように思われる。

二六一頁　人間原理　この概念の説明はBarrow and Tipler（1986）、そして、Gribbin and Rees（1989）を参照するとよい。

第十章

二六七頁　なぜ私たちは文学に興味を持つのだろうか　この問題について私はウンベルト・エーコの考えに深く同意する。「……フィクションが私たちを虜にする理由は簡単に知ることができる。フィクションは、世界の認識や過去の再現のために私たちの心的能力を無限に使う機会を与えてくれるからである……私たち大人が過去や現在の経験の構成能力を育むのは、フィクションを通じてである」（Eco 1994, p. 131）。ファウスト・マッシミーニが率いた研究チームは、その比較文化的なインタヴューにおいて、読書が世界中でかなり頻繁に言及されるフロー体験の源――しばしば中心的な経験――であることを発見した（Massimini, Csikszentmihalyi, and Delle Fave 1988）。

二七〇頁　問題発見のプロセス　専門の審査員によって創造的であると判断された芸術家と創造的ではないとみなされる作品を遺した芸術

家のもっとも際立った違いの一つは、前者が描きたいものを知らないまま、実験的に絵画という仕事に取り組んでいくのに対して、後者が最初から自分のしたいことについて明確なアイデアを持っていることである（Getzels and Csikszentmihalyi 1976）。前者は絵を描くプロセスのなかで、媒体と生まれてくるイメージとの相互作用を通してみずからの問題を「発見」した。後者は創造的なプロセスが始まる前に視覚化された問題に苦労して取り組んだ。発見に至るまでのこうした変更可能なプロセスは、この研究において報告されたグループによる作業方法の典型であり、それはマーク・ストランドによって詳しく示されている。問題発見と創造性の関係についての最近の研究はRunco（1994）を参照するとよい。

二七二頁　「そのような精神状態でいられるわけではありません……」　実際のところ、長い間フロー状態にいることは不可能に近い。楽しみをもたらし、その人のすべてを包括するような天職や趣味をもつ幸運な人々は、フローを毎日、あるいは長時間にわたって経験できるかもしれない。しかし、もっとも熟達した人でさえ、フロー体験という極度の集中に起因する空腹や睡眠、疲労のために、定期的に休憩をとらなければならない。

二七六頁　分野の場との格闘　領域の規則が緩く、分野の場の自由度が高いほど、その分野の場で認められて成長したいと考えている若者が搾取されやすくなる。そのため、若い科学者よりも女優のほうが成功するためにプロデューサーと一夜をともにすると期待されやすい。なぜなら、科学では、一人の貢献の価値は領域の規則を参照することで明確に確立できるからである。しかし当然だが、このことは数学のようなもっとも厳密に組織立った領域でさえ、その分野において、搾取や駆け引き、個人的な復讐がまったくないということを意味してはいない。

二八三頁　先人のスタイルに同化する　インタヴューの聞き手が壮年期のパブロ・ピカソに、なぜ若いころに多くの時間を使って偉大な画家たちのスタイルを模倣したのか、と尋ねたときの逸話が残っている。この質問にピカソは、「私が彼らを手本にして過ごさなければならなかったら、生涯にわたって自分自身を手本にしていなかっただろう」と答えたと言われている。ピカソが伝統主義者として非難されることはありえないことだが、彼でさえ、領域内のもっともすばらしい業績から学ばなければ、剝き出しの才能のみで取り残されてしまうこと、そして、道具もなしにすでに存在しているものを再発明しなくてはならなくなることを認めていた。

二八六頁　過度に激励すること　子どもが才能を発達するうえで親の過剰な励ましが障害になり得る、というレングルの主張は二つの点で理解できる。まず、褒めることは自意識を高める反面、フロー体験を妨げることになる。そのため、子どもの才能が発揮される領野への関与を終えるまでは、親は与えたいと思っているあらゆる称賛をいったん控えておくことが重要なのだ。次に、そしてもっと重要なことは、時折、親の励ましが外部的な報酬への子どもの意識を高めるというかたちをとってしまい、そのため、その活動の内的な報酬が損なわれてしまうということである。たとえば、親が「ピアノの練習を続けなければカーネギーホールでの演奏なんてできない」と強く言いつづけると、子どもは、目の前にある音楽の喜びではなく、将来の評価と成功を手に入れることが演奏の目的であると学んでしまう。残念なことに、見境のない称賛が子どもの自尊感情を高める親のテクニックとして推奨されているが（e.g., McKay and Fanning 1988）、それは偽りの称賛に基づいた自己意識が価値のあるものとされているかのようである。同様の議論についてはDamon（1995, 第四章）を参照するとよい。しかし、行為の具体的で細かな面に向けられた――称賛を含む――フィードバックはとても有効である。詳細についてはDweck（1986）の「学ぶこと」と「活動すること」の目的の違い、そして、Deci and Ryan（1985）の「情報的」と「調整的」フィードバックの違いを参照するとよい。

二八七頁　『自分の影を手に入れて』（*Owning Your Own Shadows*） ここでレングルは、カール・グスタフ・ユング（Jung 1946, 1968）の思想に対して最近復活してきた関心のある側面に言及している。ここには、「影」の概念、つまり通常、人が自認する特徴の正反対に位置し、弁証法的な関係を結ぶものが含まれている。パーソナリティにおいてこの暗い側面が抑圧されつづけると、内部に耐えがたい葛藤を引き起こすことになる。意識や行動における影の影響についての現代的な解釈としては、Abrams and Zweig（1991）、さらにO'Neil（1993）を参照するとよい。

二九四頁　「主な障害について、私はこう思っています――それは自分自身なのだと」 スターンが虚栄心や自尊心――自己のくだらない部分――を人生の最大の障害として記述しているその引用は、一つ前の注釈で述べられた「影を所有する」ということが何を意味するのかをよく表している。

第十一章

二九九頁　アレクサンダー・フォン・フンボルト（一七六九～一八五九）　彼が宇宙についてまとめた五巻の著書は一八九〇年代にドイツ語から英語に翻訳されている（von Humboldt 1891-93）。ある人々の主張によれば、私たちの自然理解が誤った方向に向かったのは、ダーウィンの自然淘汰の見解がヴィクトリア朝のイギリスの競争的な資本主義イデオロギーととても強い親和性を示し、フンボルトのより体系的な視点以上に普及したときであった。その真偽は別として、この問題は領域を形成するうえで、どのように社会システムが分野の場に影響を及ぼすのかを示している。このケースでは、競争的なヴィクトリア朝の社会環境がダーウィンの理論のなかにそれ自身を認め、博物学者に生物学の教養としてこの理論の採用を奨励したと考えられるかもしれない。

三〇〇頁　社会生物学 ダーウィンの諸原理を詳しく検討することで人間の行動を説明するこの視点は、おそらく、もっとも重要なパラダイム・シフトであり、それは二十世紀後半の社会科学に影響を与えている。フロイトが抑圧された性的欲望に言及することで私たちの行動を説明し、マルクス主義者が生産手段の不平等な統制に起因する闘争の観点から説明を進め、スキナー主義者が快刺激への学習された反応から説明を行うのに対して、社会生物学者はさまざまな行動から得られる生殖的な利益から私たちの行動を説明する。言い換えれば、他の条件が等しければ、私たちは、子孫がさらに子孫を生み出すという可能性をより大きくしてくれる行動を選択する。この想定は単純に聞こえるが、広範な行動の説明に応用でき、ある程度の数学的な確度も持ち合わせている。この概念がもたらした広範囲な衝撃はE・O・ウィルソン（Wilson 1975）の研究に拠るところが大きい。

三〇一頁　エルンスト・マイヤー 関連のある資料のいくつかとしてはマイヤー（Mayr 1947）、ジェイムズ・ワトソン（Watson 1980）、コンラッド・ローレンツ（Lorenz 1966）、エルズワース・ハンチントン（Huntington 1945）、ウィリアム・ハミルトン（Hamilton 1964）がある。

三〇四頁　トーマス・クーン 領域の突然の変化、つまり、「パラダイム・シフト」についての影響力のある説明は、Kuhn（1970）に詳しい。クーン以前、科学は、急激な再定式化によってではなく、先行する知識に基づいた論理的な積み重ねによって少しずつ進歩すると考えられていた。

三一四頁　「未だに……覚えています」　この引用はクラインの自伝的エッセイ（Klein and Klein 1989, p. 7）からのものである。

三一六頁　「私の上司」　クライン（Klein and Klein 1989, p. 14）からの引用である。

三二六頁　生物界に対する責任感　この態度は、Salk（1983）やKlein（1992）など、この章で論じられた他の生命科学者の著作に加えて、「バイオフィリア」（Wilson 1984）という概念においてうまく説明されている。

第十二章

三三一頁　大学にいるほとんどの人々は、同僚の称賛を求めて仕事をする　コモナーはここで、分野の場の歴史一般にありがちな問題点を指摘している。初め、分野の場は問題そのものを解決するために作られる。司祭職は人々に生きる意味を与えるために存在し、医者は病気を治すために存在し、軍隊は人々を敵から守るために存在し、大学は専門知識を教えるために存在する……しかし時が経つにつれて、それぞれの分野の場は気づかないうちに組織の拡大と保存に優先順位をずらしていく。これは私の研究（Csikszentmihalyi 1993, pp. 109–14）で議論した「模倣による搾取」に類するものであり、私たちは文化の停滞を防ぐためにこうしたことの回避を学ばなければならない。

三三三頁　適切な社会化を受けない人々　創造性の矛盾の一つは、分野の場に対する社会化、つまり、分野の場のルールやそこで期待されることを学ばなければいけない反面、それらから一定の距離を保たなければいけないということである。分野の場やその諸問題に過剰に同化する人は新しい世界に分け入る気持ちが起こらず、領域外に横たわる知識を探索することに興味を持たない。創造的な人々が辺境的な立場を頻繁にとり、分野の場に片足を置きつつも、もう一方の足をその外側に置くのはこのためである（Therivel 1993と比較するとよい）。

三三五頁　C・S・パース　プラグマティズムの哲学者であるチャールズ・サンダース・パースによると、認識という活動は、対象が単に既存の概念的な図式と同化し、頭のなかで新しいことが何も起こらない行為である。その一方で、知覚という活動は、対象が新しい考えや感情を刺激することで意識の拡大につながる行為である（Peirce 1931）。この区別は、カルロス・カスタネダが描き出した、ヤキ族の呪術師であるドン・ファンの教えと共鳴する。この人物の基本的な技術の一つには、経験を包み込む慣習的な概念的カテゴリーの打破が含まれている（Castaneda 1971）。

三三五頁　正式な学校教育を受けていない　近年の歴史的な人物の背景を探るディーン・サイモントンの研究は、もっとも創造性の高い人々が二年間の大学教育を受けていたと示唆している。それ以上の教育は、それ以下の教育と同じほど有害であるように見える（Simonton 1990a）。もちろん、いくつかの領域では、学位を取らない限り、創造的な貢献はもちろん、出発点に立つことさえ不可能である。

三四〇頁　「私は実際、実社会での厳しい経験を通して学びました」　ヘンダーソン（Henderson）による引用は、フローと内的報酬をどのように組織に組み込めるのかについて、とても良い処方箋を与えてくれる。これは私たちが不幸にしてまだほとんど知らない重要な議題である。

三五五頁　素朴な文化の宇宙についての考え方　たとえば、Massimini

and Dell Fave（1991）を参照するとよい。

三五六頁　ガイアの神話　地球が自動修正する有機体であるという考え方がどのように発展してきたかについては、Joseph（1990）で確認できる。もともとのガイアの仮説は、惑星の気温とそれを包む気体の化学反応が有機体の総数によって生み出されて維持されていると主張していたが、この仮説はジェイムズ・E・ラブロック（Lovelock 1979）によって作られた。

第十三章

三六〇頁　斧製造者の贈り物　Burke and Ornstein（1995）や、Csikszentmihalyi（1993, chapter 5）を参照するとよい。

三六一頁　マヤ文明の衰退理由　マヤ文明の衰退理由は最近の考古学会で議論され、『サンフランシスコ・クロニクル』の一九九五年四月十二日号のＡ７頁に報告が載っている。

三六三頁　ゲザ・ローハイム　ローハイムは精神分析家としての訓練を受けた民俗学者で、複数の先住民の文化からオーストラリアのアボリジニーを研究対象に選んだ。彼は、存在の理想的な状態が無機的な物質であり、人間を含めた生命体は炎症または病気の一時的な形態であると確信するようになった（Róheim 1945）。この点において、彼の観点はWilson（1984）の主張と対局にある。同じ現象のこのような対立する解釈方法は、対立する形而上学的想定に基づく差異を示した格好の例である。そうした差異は、Popper（1959）の主張によれば、科学的に解消されることはあり得ない。

三六七頁　芸術のための基準　これらのアプローチについての一つの概観はSmith（1989）とDobbs（1993）を参照するとよい。

三六九頁　支えてくれる家族　家族の行動と創造性との関係を直接示す証拠はないが、ベンジャミン・ブルームが集めた科学者と芸術家の回顧的なインタヴュー（Bloom 1985）では、才能のある子どもに対して両親が莫大な投資をしていることが明らかになっている。Harrington, Block, and Block（1992）も参照するとよい。一般的に、子どもの才能の発達を促すためには、親の愛情と規律の組み合わせがもっともよく機能するようである（e.g., Baumrind 1989; Rathunde and Csikszentmihalyi, 1993）。

三七三頁　アジア系の学生とアフリカ系アメリカ人の学生の自尊感情　一般に信じられているところでは、不利な条件に置かれた少数派は自尊感情の低さに苦しむが、自尊感情を高めることさえできれば、彼らの学業成績と学業上の成功は一般的に改善される。しかし、事実は異なっているように見える。たとえば、アフリカ系アメリカ人の学生の自尊感情は白人の学生よりも高い傾向があり、翻って、白人の学生の自尊感情はアジア系の学生よりも高い――彼らの自尊感情は学問的な業績と反比例している（Bidwell, Csikszentmihalyi, Hedges, and Schneider 印刷中）。業績の比率が期待のそれを上回るという、自尊感情に関するウィリアム・ジェイムズの公式（James 1890）を知っていれば、こうした状況の理由はそれほど困難なく理解できる。アジア系アメリカ人の間ではよくあることだが、仮に期待がとても高ければ、比較的優れたことを成し遂げたときでさえ、彼らの自尊感情は低くなることが予想される。

三七四頁　自分の子どもに対するアメリカ人の親とアジア人の親の期待　アジア系アメリカ人の家族が学業成績に対して高い期待をもつ理由については、Sue and Okazaki（1990）、Schneider et al.（1992）、Stevenson and Stigler（1992）、Asakawa and Csikszentmihalyi（1995）で示されている。

三七五頁　十三歳のほぼ一〇%が建築家になりたい　これは全米の思春期のアメリカ人を対象にした調査結果の一つである（Bidwell, Csikszentmihalyi, Hedges, and Schneider, 印刷中）。

三七七頁　ベンヴェヌート・チェッリーニ　ルネサンス期の典型的な芸術家であるこの人物の自伝は、英訳されたものがCellini（1952）に収められている。

三八三頁　ゲティ美術教育センター　ＤＢＡＥと略される訓練を基礎とした芸術教育は、ゲティ・センターの後援によって開発された、学校における美術の教授法である。たとえば、Alexander and Day（1991）、さらに、Dobbs（1993）を参照するとよい。

三八四頁　微積分を学んだ四歳の子ども　極端に早熟な数学の才能を持った子どもの例はFeldman（1986）に記されている。

三八四頁　創造性と物質的な利益　時折、創造的な人々は物質的な成功に興味がないと主張される。私の意見では、この考え方は、創造的な人々が持っている、明らかに強い内発的な動機をロマン化して誇張したものである。創造的なパーソナリティの複雑さに加えて強い内発的な動機が、名誉や金銭への興味を排除しなければならないと期待すべきではない。近年、Sternberg and Lubart（1991）は、「安く買い、高く売れ」という格言に基づいた創造性の「経済」理論を提唱した。言い換えれば、これは、創造性には、少なくともその一部に、将来的に人気が出るかもしれないが今はそうではない考えを発展させることに対する関心が含まれているという考え方である。

三八五頁　自然科学の初心者はその学問分野の単調でつまらない部分ばかりを見ることになる　音楽や美術において才能を発揮する学生がそれらにかかわっているとき、平均よりもはるかに肯定的な質の経験を報告する。それに対して、数学や科学の才能がある学生が数学や科学に取り組んでいるときには、通常得られる質の経験よりもはるかに劣った経験を報告する。言い換えれば、後者の学生は、他の活動をしているときよりも自分の才能を発揮するときには喜びが少なく、動機づけが低く、自尊心も低い（Csikszentmihalyi and Schiefele 1992; Csikszentmihalyi, Rathunde, and Whalen 1993）。この理由の一つとして考えられるのは、美術や音楽が数学や科学よりも直接的に楽しめるということである。しかし、その理由の大半は、「難しい」科目に対する私たちの態度とその教え方に問題があるのだろう。

第十四章

三八八頁　障害は内的なものである　こうした内的な障害の多くは、意識において、私たちの神経組織がある一定以上の情報を同時処理できず、そのため、一度にいくつかの物事にしか注意を向けられないという事実から起こっている（Csikszentmihalyi 1978, 1990; Hasher and Zacks 1979; Kahneman 1973; Simon 1969; Treisman and Gelade 1980）。

三九〇頁　驚くように心がける　創造的な人々には、ゲーテの言う「純朴さ」と隣りあうような、開放性をもって経験と向き合う傾向がある。この示唆はドン・ファンが弟子に授けたもの、つまり、「世界を止めること」と呼んだ行為に似ている（Castaneda 1971）。その特徴は、文化的に決められた慣習に従ってレッテルを貼ることを慎み、感覚的な刺激を記録することである。たとえば、「木」だと考えずに木を見ること、木についてのどんな先行知識も意識せずに木を見ることである。こうした行為は不可能ではないにしても、とても難しいとわかるだろう（パースの知覚の概念と比較するとよい）。その日に経験することに驚いてみなさいという提言は「世界を止めること」を少し簡単にしたものである。

三九〇頁　少なくとも一人の人を驚かせるように心がけること　もちろん、私は不快で厚かましい人になるべきだと提唱しているわけではない。ある人々にとっては、自分自身の重要性――存在自体でさえ――を確証することはとても多くの注意を要するので、彼らはそれを得るためなら何でもするだろう。大声で話し、大胆に振る舞い、慣習に抵抗し、危険な行動にわざわざ入っていく。こうした行動と私の提案との違いは、後者が自分自身と世界について学ぶための道具であること、個人の経験の領域を広げるための方法であること、そして、新しさを生み出すための手段であるということにある。

三九二頁　特にすることがないとき、私たちの思考はもっともありきたりな状態にただちに戻る　意識の自然な状態が混沌であるという結論は、経験抽出法を用いた私の研究に基づいている。その研究は、すべきことが何もなく孤独でいると、思考が秩序を失い、感情が否定的になることを示している（e.g., Csikszentmihalyi 1992; Csikszentmihalyi and Larson 1984; Kubey and Csikszentmihalyi 1990）。神経心理学者のジョージ・ミラーは「精神は情報を摂取することによって生き永らえる」（Miller 1983, p. 111）と述べた。精神は秩序立った状態を保つための情報がなくなると、少なくとも一時的には、注意を制御できなくなる。ほとんどの一般化がそうであるように、この法則もすべての人に当てはまるわけではない。外から情報を取り込まないときでも精神のコントロールを身につけている人々は――祈りや瞑想、数学、詩などの象徴的な体系の習得とその操作によって――孤独のエントロピーを避け、それを楽しむことさえできる。

三九四頁　もっとも日常的な活動　平均すると、私たちは起きている時間の四〇％を、洗濯、服を着ること、食事、掃除などの「メンテナンス」の活動に費やしている（e.g., Kubey and Csikszentmihalyi 1990）。これらは生産的な活動とは言えず、収入をもたらすこともないし、形のある物を生み出すこともない。またもともと、楽しみをもたらすという理由で行うような娯楽でもない。私たちはただ生きつづけるために（たとえば食べること）、そして、他人とつきあうため（たとえば服を洗い、着ること）に繰り返し行動しなければならない。多くの人々は人生のこうした部分が楽しいものでも生産的でもないため「無駄」だと感じている。そのため、この無駄な時間のわずかでさえ楽しい経験に変えることができれば、生活の質は大いに向上するだろう。

三九五頁　ガーデニング　ドイツで行われた、ディーター・ライグベールによる研究（Reigber 1995）の調査報告には、ガーデニングがどのようにフローを生み出すのかについての好例が記されている。

三九七頁　注意に対するコントロールを放棄する　心的エネルギーという私の考えに対してとても頻繁に耳にする意見は、それは西洋の文化にのみあてはまるものではないか、そして、東洋の宗教や哲学は注意をコントロールすることではなく、その反対――注意の放棄――に依存しているのではないか、ということである。私の考えでは、この反対意見は、「身を委ねること」や注意のコントロールの「放棄」というプロセスに何がつきまとうのかを正しく理解していないために生じている。身を委ねるというプロセスは意識が到達できるコントロールのなかでもっとも困難な活動に含まれている。意識の混乱状態が当たり前ならば、どのような対象にも影響を受けることがない、神秘的な意識状態を獲得するためには多くの努力と長い訓練が必要になる。そのため、少なくとも次の点においては、私は東洋と西洋が似ていると信じている。いずれの文化においても、最高度の精神的な偉業は注意のコントロールによって達成されるのだ。

四〇一頁　ミクロな環境　人によって作り出される個人的な空間や人

を取り巻く物がどのようにその人に影響を与えるかについては、Csikszentmihalyi and Rochberg-Halton（1981）、さらに、Rudmin（1991）で議論されている。

四〇三頁　自分の感情のダイナミクスを学ぶ　個人の活動や経験を記録するための経験抽出法を治療目的で使う方法は、Delespaul（1995）、Delle Fave and Massimini（1992）、deVries（1992）で説明されている。経験抽出法によって、精神科医やセラピスト（さらには患者自身も）は、患者の生活の質を査定し、行動や習慣における質を向上させるための変化を提案することができる。

四一一頁　二十世紀の芸術家の創造性　現代の芸術家がそれまで当然視されていた価値や信念に対する信頼の欠如を表現しているという議論は決して新しいものではない。この議論に対しての私の追加意見は、Csikszentmihalyi（1992b）に収められている。

四一九頁　天才児　特別な才能を持っている子どもたちについての最適な説明は Feldman（1986）に記されている。エレン・ウィナーの近著（Winner 1996）には、才能ある子どもたちの成長についての事実と神話が要約されている。

訳者あとがき

著者のミハイ・チクセントミハイは、現在アメリカで最も注目される心理学者の一人である。楽しさや喜びの理論として知られる「フロー理論」の提唱者であり、その著書は『フロー体験　喜びの現象学』（今村浩明訳、世界思想社、一九九六年）、『フロー体験とグッドビジネス――仕事と生きがい』（大森弘監訳、世界思想社、二〇〇八年）、『フロー体験入門――楽しみと創造の心理学』（大森弘監訳、世界思想社、二〇一〇）、『グッドワークとフロー体験――最高の仕事で社会に貢献する方法』（共著、大森弘監訳、世界思想社、二〇一六年）など、数多く邦訳されている。しかし、そのような状況の中、チクセントミハイの代表作であり、彼のこれまでの研究成果を集約した本書 *Creativity: Flow and the Psychology of Discovery and Invention* (Harper Collins, 1996) は未邦訳のままであった。監訳者、浅川は、シカゴ大学在職中のチクセントミハイのもとでPh.D.を取得したが、会話の中で、本書が日本語に翻訳されずにあることに、彼が言及したことを覚えている。今回、世界思想社から本書翻訳の打診を受けたとき、そのボリュームに多少戸惑いを感じたが、チクセントミハイの代表作であり、日本の読者に彼のメッセージを正確にかつ明確に伝えなければならないという思いからお引き受けした。その一方で、この壮大なプロジェクトをたった一人で背負うことはあまりにも無謀に思え、アメリカ文学を専門とする須藤とフロー理論の研究者である石村にプロジェクトへの参加をよびかけたというのが、本書翻訳の経緯である。

本書は、科学者から芸術家まで、各分野におけるノーベル賞級の巨匠九十一人を対象に行なったインタヴューとフロー理論を中核とするチクセントミハイの三十年にわたる研究をもとに、創造性のしくみと発見のプロセスを解明したものである。本書においてチクセントミハイは、記号体系の諸規則や手続きのまとまりからなる「領域《ドメイン》」と、その領域に新しい考えや成果を加えるべきか否かを決定する「分野の場《フィールド》」、そして領域から知識を獲得し、それに変化をもたらそうとする主体としての「個人《パーソン》」、の三つからなるシステムとして創造性を捉え、それによって、創造性がどのように機能し、個人の好奇心や献身によって領域が変容するにつれ、文化がどのように進化するのかを明確に提示している。

さらに、読者にとって本書がきわめて有用であり、きわめて新鮮に感じられる点は、創造的と考えられる九十一人の人々の人生から、私たちの人生をより創造的で、驚きと興奮にみちた、生きがいのあるものにするためのヒントを学ぶことができることにあろう。といっても、本書は単なるハウツー本ではない。膨大な資料と長年の調査にもとづくものであり、そこには議論の厳密さと説得力がある。また、多様な分野の事象を詳細に語るチクセントミハイの広範な知識は、本書を単なる心理学書を越えた、興味深い読み物にしている。

チクセントミハイは現在、カリフォルニア州クレアモントに住んでいる。山小屋を思わせる彼の自宅は大きな木々とオレンジ畑に囲まれ、リスやウサギ、イタチなどが時おり顔を出す。夏になるとモンタナの別宅に移り、集中して仕事に取り組むが、その敷地内には川が流れ、シカやクマがたびたび訪れる。チクセントミハイは本書の中で、創造的な環境を創り出すことの重要性を指摘するが、彼はまるで、自らがそれを実践しているかのような生活を営んでいる。温厚で、物腰が柔らかく、誰にも安心感を与えてくれる人物である。

浅川は、長年の親交のなかでかわした彼とのやり取りが、浮かんでは消え、消えては浮かぶという経験を繰り返しながら、本書の翻訳作業をつづけた。それはまるで、彼が横で、いつものように柔らかく、ゆったりとした口調で語りかけてくれるようなイメージを伴うものであり、ことのほか楽しい経験であった。

チクセントミハイは八十歳を越えた現在も、クレアモント大学院大学で教鞭をとり、世界中を学会に講演にと飛び回っている。毎日が楽しいと言う。翻訳者としては、チクセントミハイが本書で伝えようとしたこととともに、そんな彼の息づかいや人となりが、少しでも読者に届けばと願っている。

平成二十八年八月　京都にて

監訳者　**浅川希洋志**

3．これに優先的に取り組むのは，責任感からですか，それとも，これを楽しんでいるからですか。説明してください。

　a．これは長年の間にどう変化してきましたか。

4．［専門分野］の仕事にどれほど積極的に取り組むかについて，何か変える予定はありますか。

5．30 年前のあなたにインタヴューしていたら，世界や自分自身について，どんな異なる考え方をしていたでしょうか。

6．あなたのキャリアを通して，特に重要だと考えてきた，個人的な目標が何かありますか。あるなら，もっとも重要なものいくつかについて教えていただけませんか。

　a．どうやって，この目標に興味を持ちはじめたのですか。

　b．この目標は，時間をかけてどのように展開していきましたか（現在は？）。

　c．あなたの創造的な業績において，この目標はどれくらい重要なものでしたか。

すか。

2．子どものとき，自由になる時間のほとんどを何をして過ごしていましたか。どのような活動をするのが好きでしたか。仲間と？　両親と？　兄弟姉妹と？　1人で？

3．配偶者や子どもは，あなたの目標やキャリアに，どのような点（複数も可）で影響を与えましたか。

C　仕事の習慣／ひらめき

1．仕事に関するアイデアは一般的にどこから得ていますか。
   a．次のものから
      読書？

      他の人？

      前に取り組んだ仕事？

      人生経験？

   b．取り組んでいるプロジェクトや課題が終わったとき，何によって次に取り組むものが決まりますか（あなたはどのように決めていますか）。

   c．次に何に取り組むか決めるのがしばらく難しかった時代はありましたか。そのときどうしましたか。

2．あなたの仕事では，理性か直観かはどれくらい重要ですか。説明してください。
   a．あなたの仕事には2つの異なるスタイルがありますか（たとえば，1つの仕事ではより「理性的に」，もう一方の仕事ではより「直観的に」）。

   b．「直観に従うこと」や「直観を信じること」は重要だと思いますか。それとも，それらは間違った／紛らわしい考え方だと思いますか。

   c．組織だった厳密なアプローチを用いると，より成功しやすくなりますか。

   d．余暇の時間に仕事のことを考えますか。たとえば，この「オフ」の時間中に重要な洞察を得たことはありますか。

   e．何時間の睡眠をふだんとっていますか。最高の仕事をできるのは早朝ですか深夜ですか。

   f．ベッドで横になっているときや夢を見ているときに役立つアイデアが浮かんだことはありますか。

3．どのようにして，アイデア／プロジェクトを発展させますか。
   a．草稿を書きますか。アウトラインを書きますか。どのくらい書き直しますか。

   b．仕事の結果をすぐに発表しますか，しばらく時間を置きますか。

4．仕事の手続きについて説明してください。
   a．返信する手紙や引き受けるインタヴューなどはどのように決めていますか。

   b．仕事をする際，1人とチームとではどちらが好ましいですか。

5．全体的に見た場合，現在あなたが仕事に取り組む方法は20年前のあなたのやり方と比べてどう違いますか。
   a．［専門分野］に対するあなたの熱意が長年かけて変化してきた場合，どうしますか。

   b．それについての考え方や感じ方に変化はありますか。

6．仕事においてパラダイムの変化を経験したことはありますか。説明してください。

D　注意の構造と原動力

1．現在，あなたにとってもっとも重要だと考える仕事や課題は何ですか。
   a．それはあなたが時間とエネルギーのほとんどを費やすものですか。そうでなければ，何がそれにあたりますか。

2．これに対してどう取り組んでいますか。［分野の場／領域／内省をさぐる］

B　人間関係

1．人生のなかで，仕事に対する考え方や態度に影響や刺激を与えた重要な人（あるいは人々）がいる場合……
　a．彼らの存在をいつ知りましたか。

　b．どうやって彼らに興味を抱くようになったのですか（たとえば，積極的に彼らを追いかけましたか）。

　c．彼らはどのようにしてあなたの仕事と／あるいは態度（たとえば，動機，個人的な価値観あるいは仕事上の価値観）に影響を与えましたか。

　d．どのような点で，彼／彼女は，良い先生かつ／または悪い教師でしたか。

　e．どんなことについて，その人に話しましたか（たとえば，個人的な問題，職業上の一般的な問題，特定の問題など）。

　f．何を彼らから学びましたか。追究すべき問題の選び方ですか。分野の場での駆け引きと自分自身を売り込むことですか。
2．教えることや若者と一緒に仕事をすることは，あなたにとって重要なことですか。
　a．なぜですか。

　b．彼らに何を伝えようとすることに興味を覚えますか。なぜですか。

　c．あなたはこれをどうやって実行しますか。
3．若い学生とやりとりしたり一緒に仕事をしたりするとき，その人物がその分野の場から離れそうかその分野の場で成功を収めそうか，評価することはできますか。
　a．将来，創造的になりそうな人を見分けることはできますか。どうやってですか。どのような特徴を彼らは持っていますか。
4．この分野の場において，男性の学生／若者と女性の学生／若者との間で，男の同僚と女の同僚との間で，違いに気づくことはありますか。もしあるなら，違いがあるのは
興味？

能力？　創造性？

学ぶことに対する取り組み方？

他者／同僚との接し方？

成功や業績に対する考え方？

個人的な目標や価値観？

仕事上の目標や価値観？
5．私生活（たとえば，家族，仕事とは関係ない問題）と [専門分野] との間でのバランスのとり方について若者に何をアドバイスしますか。
　a．それはあなたが実践した方法ですか。もしそうでなければ，現在のあなたの見方はどう変わりましたか。

　他の種類の生活技能の重要性？

　人生の早い時期と遅い時期とでの，仕事の相対的な重要性？

仲間と同僚

1．これまでの人生で，個人的なアイデンティティや仕事上のアイデンティティを形作るうえで仲間から特別な影響を受けたことはありますか。
2．同僚は，あなたの個人的なアイデンティティおよび成功や仕事上のアイデンティティおよび成功にとって，どのような点（複数も可）で重要でしたか。

家族

1．あなたの家庭環境は，現在のあなたを形作るうえで，どのような点（複数も可）で特別だったと思いま

付録B

この研究で用いたインタヴュー基本項目

A　キャリアと人生の優先順位

1．**人生で行ってきたことのなかでもっとも誇りに思うことは何ですか。**
　a．その活動における成功は何によってもたらされたと思いますか。あなたの個人的な資質でしょうか。
2．**人生で直面してきたすべての困難のなかで克服するのがもっとも難しかったものは何ですか。**
　a．その困難をどのように克服しましたか。

　b．克服できなかった困難はありますか。
3．**キャリアのゆくえに重大な影響を与えた特定のプロジェクトや出来事はありましたか。もしあるなら，それについて話を聞かせてもらえますか。**
　a．それはどのようにあなたの興味を刺激しましたか。

　b．それはその後どのように展開していきましたか。

　c．そのプロジェクト／出来事は，あなたの創造的な業績においてどの程度重要でしたか。

　d．それと同じようにおもしろくて刺激的な経験は今もありますか。
4．**［専門分野］でキャリアを歩みはじめる若者にどんなアドバイスをしますか。**
　a．それはあなたが実践した方法ですか。もしそうでなければ，あなたが始めたころと現在のあなたの見方とはどう変わりましたか。

　b．［分野の場の重要性について］アドバイスしますか。

　　つきあいの頻度は少ないほうがいいか多いほうがいいか。指導者の場合，仲間の場合，同僚の場合。

　　自分の独自性を確立するのは，早いほうがいいか遅いほうがいいか。

　　一流の組織で働くことについて。

　c．［領域の重要性について］アドバイスしますか。

　　専門性を身につける時期は，早いほうがいいか遅いほうがいいか。

　　注目を集めているテーマに集中すべきか，周辺的なテーマに取り組むべきか。

　d．［個々の人の重要性について］アドバイスしますか。

　　内発的な動機づけがいいか外発的な動機づけがいいか？

　　仕事と個人的な価値観を結びつけて考えるか分けて考えるか？
5．**［専門分野］にかかわることがなぜ重要か若者にどうアドバイスしますか。**
　a．それはあなたにとって重要であった理由と同じですか。もしそうでなければ，現在のあなたの見方はどう変わりましたか。
6．**［専門分野］に最初にかかわったのは，あるいは興味を持ったのはどうやってですか。長年にわたってかかわりつづけてきた理由は何ですか。**
7．**していることに――興味を失ったり，重要ではないと考えて――距離を置いてかかわった瞬間はありますか。そうなったときのことを説明してもらえますか。**
　a．どのような状況でしたか。

　b．どう対応しましたか。

インタヴューを受けた人々の一覧

（何人かの人は，複数の見出しの下に挙げることもできただろう）

芸術・人文科学

歴史家

N・デイヴィス，フランクリン，マクニール，ウッドワード

メディア

アンダーソン，グルーネンバーグ，コナー，ノエル=ノイマン，トラシンガー

演奏者・作曲家

アスナー，ブラックウッド，ハート，ピーターソン，シュラー，シャンカル

哲学者・批評家

アドラー，ブース，シービオク

詩人

ドミン，ファルディ，ヘクト，ストランド

視覚芸術家・建築家

バスキン，N・ホルトン，ジョンソン，黒川，ラニョン，スミス，スノウ，ザイゼル

作家

R・デイヴィス，ゴーディマー★，レンゲル，レヴァトフ，S・レヴァイン，リビ，マフフーズ★，アートン，スターン

科学

生物学者・物理学者

コモナー，グールド，クライン，レダーバーグ★，メイヤー，ソルク，B・スポック，ウィルソン，ヤロー★

化学者

アイゲン★，I・カール，J・カール★，ポーリング★★，プリゴジン★

経済学者

K. ボールディング，スティグラー，ホイットマン

物理学者・天文学者

バーディーン★★，ベーテ★，バービッジ，バトラー，チャンドラセカール★，ダイソン，G・ホルトン，マイヤー=ライプニッツ，パイス，ルビン，ヴァイスコップ，ホイーラー

心理学者・社会科学者

キャンベル，コールマン，R・レヴァイン，ローヴィンガー，ミルナー，ヌガーテン

企業・政治

活動家

E・ボールディング，ヘンダーソン，ホーニグ，M・スポック

企業家・慈善事業家

ガルビン，ハリス，マホーニー，マーフィー，ランドーネ，リード

発明家

マクリーディ，オフナー，ラビノウ

政治家

ガードナー，マッカーシー

★印はノーベル賞の受賞を意味する。

リード，ジョン　男性。1939年2月7日。銀行家，慈善事業家。アメリカ人。シティコープCEO。スローン・ケタリング癌センター運営委員，マサチューセッツ工科大学運営委員，スペンサー財団運営委員，ラッセル・セージ財団運営委員，スタンフォード大学行動科学高等研究所運営委員。キース・ソーヤーによるインタヴュー（1992年4月15日）。当時53歳。

リビ，グラツィア　女性。1932年生。作家，ジャーナリスト。イタリア人。ヴィアレッジョ・エッセイ賞（1991）受賞。著書に，*La distanza e l'amore*（1978），*L'approdo invisible*（1980），*Le letter del mio nome*（1991）を含む多数の小説や本，エッセイ。ミハイ・チクセントミハイによるインタヴュー（1991年5月15日）。当時58歳。

ルビン，ヴェラ　女性。1928年7月23日生。観測天文学者。アメリカ人。目に見える物質が全宇宙のほんの一部であることを究明したことで知られる。アメリカ科学アカデミー会員，アメリカ天文学会評議員（1977-1980），『サイエンス』編集委員（1979-）。アメリカ国家科学賞（1993）受賞。国際天文学連合の銀河委員会の元会長。『天文学ジャーナル』編集委員（1972-1977），『天体物理学会誌』編集委員（1977-1982）。銀河の変遷に関する125を超える科学論文を専門誌や本に発表。キャロル・A・モクロスによるインタヴュー（1992年10月10日）。当時64歳。

レヴァイン，サラ　女性。1940年8月14日生。作家，人類学者。アメリカ人（イギリス生まれ）。サンスクリット語とパーリ語の博士論文を執筆中。著書に *Mothers and Wives: Gusii Women of West Africa*（1979），*Dolor y Alegria: Women and Social Change in Urban Mexico*（1993）。ルイーザ・ドーキンス名義での小説に *Natives and Strangers*（1985），*Chasing Shadows*（1988）。ケビン・ラサンドによるインタヴュー（1991年2月22日）。当時50歳。

レヴァイン，ロバート・A　男性。1932年3月27日。人類学者，教師。アメリカ人。アメリカ芸術科学アカデミー研究員。キャリア科学者賞（アメリカ国立衛生研究所，1972-1976）受賞。著書に *Culture, Behaviour, and Personality*（1973），*Child Care and Culture: Lessons from Africa*（共著，1994）など。ケビン・ラサンドによるインタヴュー（1991年2月22日）。当時58歳。

レヴァトフ，デニーズ　女性。1923年10月24日生。作家。アメリカ人（イギリス生まれ）。ハリオット・モンロー記念賞（1964），レノア・マーシャル詩賞（1975），ラナン文学賞（1993）受賞。著書に *Here and Now*（1956），*The Freeing of the Dust*（1975）など。ハリー・マーテン著 *Understanding Denise Levertov*（1988）参照。ジーン・ナカムラによるインタヴュー（1995年2月27日）。当時71歳。

レヴィンジャー，ジェーン　女性。1918年2月6日生。基礎心理学者，大学教授。アメリカ人。ワシントン大学，セイントルイス大学，ミズーリ大学教授。パーソナリティ発達の有力な理論を構築。著書に，*Ego Development*（1976）や "On the Self and Predicting Behavior"（R. Zucker, J. Arnoff, and A. Rabin eds., *Personality and Prediction of Behavior*, 1984）を含む多数の本や学術論文。キャロル・A・モクロスによるインタヴュー（1992年11月6日）。当時74歳。

レーダーバーグ，ジョシュア　男性。1925年5月23日生。生物学者，教師。アメリカ人。細菌の遺伝子についての研究でノーベル生理学・医学賞（1958），アメリカ国家科学賞（1989）受賞。ロックフェラー大学学長（1978-1990）。著書に多数の科学論文。自著「細菌の遺伝的組み換え：ある発見の記録」（*Annual Review of Genetics*, 1987, vol. 21, pp. 23-46）参照。キース・ソーヤーによるインタヴュー（1992年6月15日）。当時67歳。

レングル，マデレイン　女性。1918年11月29日生。作家。アメリカ人。ニューベリー賞（1963），セコイア賞（1965），レジーナ賞（1985），アラン賞（全米英語教員協議会，1986），ケルラン賞（1990）受賞。著者に『惑星カマゾツ』（1962），*The Arm of the Starfish*（1965），『エクトロスとの戦い』（1973），*The Irrational Season*（1977），『時間をさかのぼって』（1978），*A Served Wasp*（1982），*An Acceptable Time*（1989），*Certain Woman*（1992），*Troubling a Star*（1994）などを含む40以上の作品。自伝的な情報については自著 *A Circle of Quiet*（1972），*The Summer of the Great-grandmother*（1974），*The Irrational Season*（1977）を参照。ニコール・ブロツキーによるインタヴュー（1994年5月19日）。当時75歳。

ル勲章（フランス，1985），アンドリュー・W・メロン賞（ナショナル・ギャラリー，1991）受賞。キース・ソーヤーによるインタヴュー（1992年9月24日）。当時76歳。

マフフーズ，ナギーブ　男性。1911年12月11日生。作家。エジプト人。ノーベル文学賞（1988），国家文学賞（エジプト，1957年）受賞。著書にカイロ三部作（1956，1957），*Zuqaq al Midaqq*（1947，1981年に*Midaq Alley*として英訳出版），*Miramar*（1967）。マイケル・ベアードとアドナン・ヘイダー編 *Naguib Mahfouz: From Regional Fame to Global Recognition*（1993）参照。シェラファウディン・マリクによるインタヴュー（1994年6月）。当時82歳。

マホニー，マーガレット　女性。1924年10月24日生。アメリカ人。コモンウェルス財団理事長，カーネギー財団元重役。マッカーサー基金役員（1983-），ドール財団役員（1984-）。高齢化研究調査機構委員長（1987-），米国海外開発評議会評議員（1988-）。アルファ・オメガ・アルファ賞（1985），女性のためのフォーラム賞（1989），フランク・ラヘイ賞（1992），ウォルシュ・マクダーモット賞（1992）受賞。多数の専門論文の著者。キャロル・A・モクロスによるインタヴュー（1994年4月13日）。当時69歳。

ミルナー，ブレンダ　女性。1918年7月15日生。神経心理学者。カナダ人（イギリス生まれ）。側頭葉の機能，記憶障害，片側の脳損傷が脳の構造に与える影響についての研究において功績を残す。アイザック・ウォルトン・キラム賞（1983），ヘルマン・フォン・ヘルムホルツ賞（1984），ラルフ・ジェラルド賞（1987），女性功労賞（マルタ騎士団，1985）受賞。多数の学術論文の著者。キャロル・A・モクロスによるインタヴュー（1994年1月5日）。当時75歳。

ヤロー，ロザリン　女性。1921年7月19日生。医学物理学者。アメリカ人。放射免疫測定技術の発明と発展への貢献でノーベル生理学・医学賞（ロジェ・ギルマン，アンドリュー・シャリーとの共同研究，1977），アメリカ国家科学賞（1988）受賞。アメリカ内分泌学会会長（1978-1979）。多数の科学書の著者。ミハイ・チクセントミハイによるインタヴュー（1992年3月14日）。当時70歳。

ラニョン，エレン　女性。1926年12月21日生。画家，大学教授。シカゴ・グラフィック・ワークショップ（1952-1955）創設者。F・H・アームストロング賞（1946，1955，1977），M・カーン賞（1961）受賞。フルブライト財団フェローシップ（1950），カサンドラ財団の助成金（1971），全米芸術基金の助成金（1974，1987），ヒアウッド・レスター・クック基金（1981）を獲得。10回以上の回顧展，40回以上の個展，多数のグループ展を開催。作品は，シカゴ美術館，ニューヨーク近代美術館，アメリカ議会図書館，デンバー美術館などの常設展で展示。A・エイドリアン著 *A Women's Sensibility* 参照。キャロル・A・モクロスによるインタヴュー（1993年3月19日）。当時66歳。

ラビノウ，ジェイコブ　男性。1910年1月18日生。電気技師，発明家。アメリカ人（ロシア生まれ）。エドワード・ロングストレス・メダル（フランクリン研究所，1959），ハリー・ダイアモンド賞（電気電子技術家協会，1977）受賞。光学文字認識技術や郵便物仕分け機，自動制御装置や発動機を含む異なる分野で200を超える特許を持つ。自著 *Inventing for Fun and Profit*（1990）参照。ジーン・ナカムラによるインタヴュー（1993年5月16日）。当時83歳。

ランドーネ，エンリコ　男性。1910年12月21日生。弁護士，保険会社社長。イタリア人。ゼネラリ保険会社に勤務（1937-），1979年から社長兼会長。C・リンダーとG・マズッカ著 *Il Leone di Trieste*（1990）参照。ミハイ・チクセントミハイによるインタヴュー（1991年5月13日）。当時80歳。

リースマン，デイヴィッド　男性。1909年9月22日生。社会科学者，弁護士，教師。アメリカ人。トクヴィル賞受賞（アカデミー・フランセーズ，1980）。ハーバード大学社会学教授。著書に『孤独な群衆』（ルーエル・デニー，ネイサン・グレイザーとのコラボ，1950），『大学革命』（クリストファー・ジェンクスとの共著，1968），*The Perpetual Dream*（ジェラルド・グラントとの共著，1978）など。自著「学術界の人になる」（Bennet M. Berger ed., *Becoming an Academic Man in Authors of Their Own Lives: Intellectual Autobiographies of Twenty American Sociologists*, 1990, pp. 22-74）参照。ミハイ・チクセントミハイによるインタヴュー（1990年6月20日）。当時80歳。

（アメリカ科学史学会，1989），アンドリュー・ゲマント賞（アメリカ物理学協会，1989）受賞。著書に *Thematic Origins of Scientific Thought: Kepler to Einstein*（1973。第 2 版は，1988），*The Advancement of Science, and Its Burdens*（1986）など。ケビン・ラサンドによるインタヴュー（1991 年 2 月 25 日）。当時 68 歳。

ホルトン，ニーナ　女性。1924 年生。彫刻家。アメリカ人（オーストリア生まれ）。ハーバード大学のカーペンター視覚芸術センターでミルコ・バサデッラに師事。ローマではディミトリ・ハッジに師事。ボストン，サンフランシスコ，ワシントン DC で約 30 回のグループ展と 1 回の個展を開催。フォッグ美術館やヴァン・リー・エルサレム基金コレクションなどに作品が収蔵されている。『レオナルド』〔芸術における科学技術の使用に焦点を当てた学術雑誌〕に記事を多数執筆。ケビン・ラサンドによるインタヴュー（1991 年 2 月 25 日）。当時 66 歳。

マイヤー，エルンスト　男性。1904 年 7 月 5 日生。動物学者，キュレーター，教師，作家。アメリカ人（ドイツ生まれ）。さまざまな国（7 カ国）の多数（10）の大学から複数の名誉学位を受賞。ライディ賞（1946），ダーウィン=ウォレス・メダル（1958），アメリカ国家科学賞（1970），グレゴール・メンデル・メダル（1980），ダーウィン・メダル（王立協会，1987）受賞。オランダ領ニューギニアへのロスチャイルド遠征へ参加（1928）。コロンビア大学講師（1941 年）。アメリカ自然史博物館キュレーター（1944-1953），ハーバード大学アレキザンダー・アガシー動物学教授（1953-1975），ハーバード大学比較動物学博物館館長（1961-1970）。著書に *Systematics and Origin of Species*（1942），*Animal Species Evolution*（1963），*Principals of Systematic Zoology*（1969），*One Long Argument*（1991）。グラント・リッチによるインタヴュー（1994 年 10 月 21 日）。当時 90 歳。

マイヤー=ライプニッツ，ハインツ　男性。1911 年 3 月 28 日生。物理学者，教師，作家。ドイツ人。フランスのグルノーブルにあるヨーロッパで初の研究炉の所長。オットー・ハーン賞，大功労十字星賞，プール・ル・メリット勲章受賞。科学に関する多数の本の著者。著書に *Zwischen Wissenschaft und Politik*（1979）など。ポール・キンル編集 *Wie Kommt man auf einfaches Newes ? der Forscher, Lehrer, Wissenschaftspolitiker und Hobbykoch Heinz Maier-Leibneitzz* 参照。ミハイ・チクセントミハイによるインタヴュー（1990 年 8 月 29 日）。当時 79 歳。

マクニール，ウィリアム　男性。1917 年 10 月 31 日生。歴史家，教師。アメリカ人（カナダ生まれ）。シカゴ大学教授（1947-1987）。フルブライト財団，ロックフェラー財団，グッゲンハイム財団の特別研究員。アーサー・S・デモス財団理事（1968-1980），アメリカ歴史学会理事（1985）。全米図書賞受賞（1964）。著書に *The Uprising West*（1963），『疫病と世界史』（1976），『戦争の世界史』（1982）。ケビン・ラサンドによるインタヴュー（1990 年 8 月 10 日）。当時 72 歳。

マクリーディ，ポール　男性。1925 年 9 月 29 日生。航空技師。アメリカ人。エドワード・ロングストレス賞（フランクリン研究所，1979），リード航空学賞（アメリカ航空宇宙協会，1979）受賞。アメリカ機械工学会より世紀の技術者に選ばれる（1980）。人力飛行のクレーマー賞を受賞したチームのリーダーを務める。著書に，科学論文多数。ジーン・ナカムラによるインタヴュー（1993 年 6 月 13 日）。当時 67 歳。

マッカーシー，ユージーン　男性。1917 年 10 月 13 日生。政治家，作家，小説家。アメリカ人。連邦下院議員（1949-1959）。連邦上院議員（1959-1970）。民主党大統領候補（1972）。無所属大統領候補（1976）。著書に *The Limits of Power*（1967），*The Ultimate Tyranny*（1980）など。自著 *Up 'Til Now*（1987）参照。ケビン・ラサンドによるインタヴュー（1990 年 11 月 16 日）。当時 73 歳。

マーフィー，フランクリン　男性。1916 年 1 月 29 日生―1994 年 6 月 16 日没。メディア，大学，芸術の行政官。アメリカ人。カンザス大学医学部長（1948-1951），カンザス大学学長（1951-1960），カリフォルニア大学学長（1960-1968），タイムズ・ミラー社会長兼 CEO（1968-1981），ナショナル・ギャラリー運営委員会委員長，ロサンゼルス・カウンティ美術館運営委員会委員長，カーネギー教育振興財団理事長。勲一等瑞宝章（日本，1982），ドイツ連邦共和国功労章（1983），レジオンヌドール」, 1986）など。ジェレミー・バーンスタイン著 *Hans Bethe, Prophet of Energy*（1980）を参照。ジーン・ナカムラによるインタヴュー（1993年3月29日）。当時86歳。

ヘンダーソン，ヘイゼル　女性。1933年3月27日生。エコノミスト，作家。アメリカ人（イギリス生まれ）。きれいな空気を求める市民の会の設立における役割によって，ニューヨーク医学会より名誉市民オブザイヤー（1967）受賞。著書に『エントロピーの経済学』（1978），*The Politics of Solar Age: Alternatives to Economics*（1981），『地球市民の条件』（1991）など。ケビン・ラサンドによるインタヴュー（1990年6月19日）。当時57歳。

ホイットマン，マリーナ　女性。1935年3月6日生。経済学者，教員。アメリカ人。ゼネラル・モーターズ社の副社長兼チーフエコノミスト（1979-1985），副社長兼グループ役員（1985-1992）を歴任。カタリスト賞（1976），コロンビア大学優秀賞（1984）受賞。経済諮問委員会委員（1972-1973）。著書に *Government Risk-Sharing in Foreign Investment*（1965），*Reflections of Independence: Issues for Economic Theory and U. S. Policy*（1979）など。ジーン・ナカムラによるインタヴュー（1994年5月25日）。当時59歳。

ホイーラー，ジョン・A.　男性。1911年7月9日生。物理学者，大学教授。アメリカ人。ブラックホールの研究で知られる。グッゲンハイム財団特別研究員（1949-1950）。モリソン賞（1947），アルバート・アインシュタイン賞（1965），エンリコ・フェルミ賞（1968），フランクリン・メダル（1969），アメリカ国家科学賞（1971），ハーツフェルト賞（1975），ニールス・ボーア国際賞受賞（1982），エルステッド・メダル（1983），オッペンハイマー記念賞（1984）受賞。無数の専門論文に加えて，主な著書に *Geometrodynamics*（1962），『時空の物理学』（1966），*Gravitation*（C・ミスナー，K・スローンとの共著，1972年），*Frontiers of Time*（W・ズーレックとの共著，1979），*Quantum Theory and Measurement*（1983）。キャロル・A・モクロスによるインタヴュー（1992年11月17日）。当時81歳。

ホーニグ，ウィリアム　男性。1937年4月23日生。教育管理者，弁護士。アメリカ人。カリフォルニア最高裁判所書記官，カリフォルニア州教育長。カリフォルニア大学理事。著書に *Last Chance for Our Children*（1985）など。キース・ソーヤーによるインタヴュー（1992年9月29日）。当時55歳。

ポーリング，ライナス　男性。1901年2月28日生—1994年8月19日没。化学者，活動家，教師。アメリカ人。化学結合の特性とその複合的な物質の応用に関する研究でノーベル化学賞（1954），ノーベル平和賞（1962）受賞。著書に『化学結合論入門』（1939），『ライナス・ポーリングのビタミンCとかぜ，インフルエンザ』（1971），*No More War!*（1958）。アンソニー・セラフィニ『ライナス・ポーリング：その実像と業績』（1989）参照。ケビン・ラサンドによるインタヴュー（1990年11月20日）。当時89歳。

ボールディング，エリース　女性。1920年7月6日生。社会学者，活動家，教師。アメリカ人（ノルウェー生まれ）。テッド・レンツ平和賞（1977），全国良心の女性賞（1980），ジェシー・バーナード賞（アメリカ社会学会，1981）。著書に *The Underside of History*（1976），*Building a Global Civic Culture: Education for an Independent World*（1988）など。ケビン・ラサンドによるインタヴュー（1991年8月1日）。当時71歳。

ボールディング，ケネス　男性。1910年1月18日生—1993年3月19日没。経済学者，哲学者，教師，作家（詩人）。アメリカ人（イギリス生まれ）。ジョン・ベイツ・クラーク賞（アメリカ経済学会，1949），テッド・レンツ国際平和研究賞（1976）受賞。アメリカ経済学会会長（1968），平和研究学会会長（1969-1970）などを歴任。学術雑誌『紛争解決研究』を共同で創刊（1957）。著書に，『平和の経済学』（1945），『ザ・イメージ』（1956），『経済学を超えて』（1968）など。シンシア・カーマン著 *Creative Tension*（1974）を参照。ケビン・ラサンドによるインタヴュー（1991年8月1日）。当時81歳。

ホルトン，ジェラルド　男性。1922年5月23日生。物理学者，科学史家，教師。アメリカ人（ドイツ生まれ）。エルステッド・メダル（アメリカ物理学教師学会，1980），ジョージ・サートン・メダル

『ダウンビート』賞（13回），『メトロノーム』賞（1953-1954），エジソン賞（1962），カナダ勲章（1974），カナダ芸術会議名誉賞（1975），4度のグラミー賞受賞。ボストンのバークレー音楽学校にオスカー・ピーターソン奨学金制度を設立（1982）。「カナダ組曲」「自由への讃歌」，映画 *Fields of Endless Day* サントラ，「街の灯」の作曲者。著書に『ピアノソロ　オスカー・ピーターソンのジャズ・ハノン』。グラント・リッチによるインタヴュー（1994年9月20日）。当時69歳。

ファルディ，ゲオルク　男性。1910年9月22日生。詩人，翻訳家。カナダ人（ハンガリー生まれ）。名誉博士（トロント大学，1978）。著書（英訳）に *Selected Poems*（1985）など。著書（ハンガリー語）に *Villon Ballads*（1937。1944年ナチスに焚書され，1947年版は共産党員が1948年にざら紙に印刷），*A Keepsake Book of Red Byzantium*（1961）など。自著 *My Happy Days in Hell*（1962）参照。ミハイ・チクセントミハイによるインタヴュー（1991年6月5日）。当時80歳。

ブース，ウェイン　男性。1921年2月22日生。文芸評論家，教師。アメリカ人。クリスチャン・ガウス賞（ファイ・ベータ・カッパクラブ，1962），デイヴィッド・H・ラッセル賞（全米英語教員協議会，1966）受賞。米国現代語学文学協会会長（1981-1982）。著書に『フィクションの修辞学』（1961），*The Company we keep: An Ethics of Fiction*（1988）など。自著 *The Vocation of a Teacher*（1988）参照。ミハイ・チクセントミハイとケビン・ラサンドによるインタヴュー（1990年6月7日）。当時69歳。

ブラックウッド，イーズリー　男性。1933年4月21日生。作曲家，教育者。アメリカ人。14歳の時にインディアナポリス交響楽団でソリストとしてデビュー。バークシャー・ミュージックセンターでオリヴィエ・メシアンに（1949），イェール大学でパウル・ヒンデミットに（1950-1954），パリでナディア・ブーランジェに師事（1954-1957）。シカゴ大学に就職（1958）。クーセヴィツキー音楽財団優秀賞（交響曲第1番，1958），ブランダイス大学クリエイティブ・アーツ賞（1968）受賞。シカゴ交響楽団とアメリカ議会図書館から仕事を受託。作曲に4つの交響曲，交響的幻想曲（1965），ピアノのための3つの短い幻想曲（1965），10人の奏者によるソプラノのための「シテール島への船出」（1966），シンセサイザーのための12の微分音エチュード（1982）。グラント・リッチによるインタヴュー（1995年5月23日）。当時62歳。

フランクリン，ジョン・ホープ　男性。1915年1月2日生。歴史家，教師。アメリカ人。クラレンス・L・ホルト文学賞（1986），シドニー・フック賞（ファイ・ベータ・カッパ，1994）受賞。著書に『アメリカ黒人の歴史』（1947。第7版は1994），George Washington Williams: A Biography（1985），*Race and History*（1990）など。自著「John Hope Franklin: A Life of Learning」*Race and History*（pp. 277-91）参照。ケビン・ラサンドによるインタヴュー（1991年9月1日）。当時76歳。

プリゴジン，イリヤ　男性。1917年1月25日生。化学者。ベルギー人（ロシア生まれ）。非平衡熱力学への貢献によりノーベル化学賞受賞（1977）。ランフォード・メダル（ロンドン王立協会，1976）受賞。芸術文化勲章の騎士団長を受章（フランス，1984）。多くの専門書や専門記事の著者。著書（科学読み物）に『存在から発展へ：物理化学における時間と発展性』（1980），『混沌からの秩序』（イザベル・スタンジェールとの共著，1984）。ジーン・ナカムラによるインタヴュー（1995年10月29日）。当時78歳。

ヘクト，アンソニー　男性。1923年1月16日生。詩人，批評家，教師。アメリカ人。アメリカ国会図書館の詩についての相談員（1982-1984）。ピュリツァー賞・詩部門（1968），ボーリンゲン賞（1983），ルース・B・リリー詩賞（1988）受賞。著書に *The Hard Hours*（1968），*The Venetian Vespers*（1977）など。ノーマン・ジャーマン著 *Anthony Hecht*（1989）参照。ミハイ・チクセントミハイによるインタヴュー（1993年12月10日）。当時70歳。

ベーテ，ハンス　男性。1906年7月2日生。物理学者，教師。アメリカ人（ドイツ生まれ）。恒星エネルギーの研究でノーベル物理学賞（1967），アメリカ国家科学賞（1976），アルバート・アインシュタイン平和賞（1992）受賞。著書に *Basic Bethe: Seminal Articles on Nuclear Physics 1936-1937*（ロバート・F・ベーカーとM・スタンリー・リビングストンとの共著――核物理学世代にむけた「ベーテのバイブ

『ニールス・ボーアの時代』(1991),『神は老獪にして:アインシュタインの人と学問』(1983),『アインシュタインここに生きる』(1994) がある。キャロル・A・モクロスによるインタヴュー(1994年4月13日)。当時75歳。

バスキン, レオナード 男性。1922年8月15日生。彫刻家, グラフィックアーティスト(版画・絵画)。アメリカ人。グラフィックアートの有功章受賞(全米芸術文化協会, 1969)。メトロポリタン美術館, ニューヨーク近代美術館, アメリカ議会図書館, ナショナル・ギャラリーなどで常設展示されている。ゲヘナ出版の創立者。著書に *Iconologia* (1988) など。ジョージ・ブラジラー著 *Baskin: Sculpture Drawings and Prints* (1970) を参照。ショーン・ケリー, グラント・リッチによるインタヴュー(1995年4月8日)。当時72歳。

バーディーン, ジョン 男性。1908年5月23日生—1991年1月30日没。物理学者, 教師。アメリカ人。半導体の研究とトランジスター効果の発見でノーベル物理学賞(1956, ウォルター・ブラッテンとウィリアム・ショックレーとの共同研究), 超伝導理論の共同開発でノーベル物理学賞(1972, レオン・クーパーとJ・ロバート・シュリーファーとの共同研究)受賞。著書に多数の科学論文。ミハイ・チクセントミハイとケビン・ラサンドによるインタヴュー(1990年6月14日)。当時82歳。

ハート, キティ・カーライル 女性。1915年5月21日生。芸術管理者, 女優, 歌手。アメリカ人。アメリカ国民芸術勲章受賞(1991)。女性の機会を監視する会特別顧問(1966), 国立芸術基金を評価する独立委員会(1990), ニューヨーク州芸術評議会の副議長(1971)および議長(1976-現在)。*Champagne Sec* (1933),『ルクレティアの凌辱』(1948),『こうもり』(1966-1967),『オン・ユア・トウズ』(1984)など, 25を超える舞台で主役を演じる(ミュージカルコメディ, オペラ, オペレッタ, ドラマ)。主演映画に『彼女は僕を愛さない』(1934),『わが胸は高鳴る』(1934),『マルクス兄弟 オペラは踊る』(1935)。主演テレビ番組に *Who Said That?* (1948-1955), *I've Got a Secret* (1952-1953), *What's Going On?* (1954), *To Tell the Truth* (1956-1967)。自著 *Kitty: An Autobiography* (1988) 参照。ニコール・ブロツキーによるインタヴュー(1995年2月8日)。当時79歳。

バトラー, マーガレット 女性。1924年3月27日生。数学者, コンピューター科学者。アメリカ人。1950年代初頭に最初のデジタルコンピューターの開発を担当する数学者として貢献。女性として初めてアメリカ原子力協会の会員に当選。女性化学者協議会理事。ミハイ・チクセントミハイ, キャロル・A・モクロス, ケビン・ラサンドによるインタヴュー。当時77歳。

バービッジ, マーガレット 女性。1919年8月12日生。観測天文学者, 大学教授。アメリカ人(イギリス生まれ)。準恒星状天体と活動銀河の物質組成, エネルギー源, 放射機構を研究。天体物理および宇宙科学研究センター所長(1978-1984)。ヘレン・B・ワーナー賞(1959), ブルース・メダル受賞(太平洋天文学会, 1982), ラッセル・リーダーシップ賞(1984), アメリカ国家科学賞(1984), アルバート・アインシュタイン・メダル(1988)など受賞多数。著書に *Quasi Stellar Object* (G・バービッジとの共著, 1967), 300を超える研究論文。キャロル・A・モクロスによるインタヴュー(1995年10月3日)。当時76歳。

ハリス, アーヴィング・ブルックス 男性。1910年8月4日生。会社社長, 慈善事業家。アメリカ人。複数の名誉学位を授与。子どもの世界賞(シカゴ・ユニセフ, 1985), 名誉会員賞(シカゴ小児科学会, 1986)受賞。ジレット社取締役(1948-1960), 科学調査協会会長(1953-1958), マイケル・リース病院院長兼医療センター長(1958-1961), エリクソン研究所名誉所長, 1オンスの予防基金の代表兼共同創立者(1982-)。イェール大学にてクリフォード・ビアーズ記念講義を行う(1987)。ミハイ・チクセントミハイによるインタヴュー(1991年5月21日)。当時80歳。

ピーターソン, オスカー 男性。1925年8月15日生。ジャズピアニスト, 作曲家。カナダ人。現代音楽の上級学校の創設者, ヨーク大学学長(1991-)。ジョニー・ホームズ・オーケストラで演奏(1944-1949), カーネギー・ホールでジャズ・アット・ザ・フィルハーモニックに出演(1949), 合衆国とヨーロッパをツアー(1950-), ソビエト連邦をツアー(1974)。複数の名誉学位。ピアノ演奏で,

ス，パルム・アカデミック，1976)。アメリカ歴史学会会長（1987)。著書に『愚者の王国　異端の都市』（1975)，『マルタン・ゲールの帰還』（1983)，*Fiction in the Archives*（1987)。彼女のインタヴュー（Henry Abelove et al. eds., *Visions of History*, 1983, pp 99-122）参照。ケビン・ラサンドによるインタヴュー（1991 年 6 月 28 日)。当時 62 歳。

デイヴィス，ロバートソン　男性。1913 年 8 月 28 日生—1995 年 12 月 3 日没。作家，ジャーナリスト。カナダ人。ルイ・ジュベ賞（ドミニオン演劇祭，1949)，ローン・ピアスメダル（カナダ王立協会，1961)，総督文学賞（フィクション分野，カナダ，1973）受賞。ピーターボロ・エグザミナー紙（オンタリオ）の編集・発行人（1942-1962)。著書に *Deptford Trilogy*（1970，1972，1975)，*What's bred in the Bone*（1985)。エルスペス・キャメロン編 *Robertson Davis: An Appreciation*（1991）参照。ミハイ・チクセントミハイによるインタヴュー（1994 年 5 月 11 日)。当時 80 歳。

ドミン，ヒルデ　女性。1912 年 7 月 27 日生。詩人，エッセイスト，翻訳家。ドイツ人。リルケ賞（ドイツ，1976 年)，ドイツ連邦共和国功労章（1983 年）受賞。著書（詩）に *Nur eine Rose als Stutze*（1959)，*Ich will dich*（1970）など。自著 *Von der Natur nicht vorgeshen*（1974）参照。ミハイ・チクセントミハイによるインタヴュー（1990 年 9 月 9 日)。当時 78 歳。

トラシンガー，ロバート　男性。1923 年 11 月 26 日生。放送会社役員，教育者。アメリカ人。ABC テレビ副社長（1978-1985)。エミー賞ドキュメンタリー部門（1966-1968）受賞。ビデのスローモーションと手持ち水中カメラを初めてテレビ放送で利用し，発展させた。カリフォルニア大学でコミュニケーション学の教授を 23 年間勤める。講演者，コンサルタントとして国際的に活躍。フルブライト海外派遣研究者（1985-1986)。ケビン・ラサンドによるインタヴュー（1990 年 11 月 20 日)。当時 66 歳。

ニューガーテン，バーニス　女性。1916 年 2 月 11 日生。社会科学者，大学教授。アメリカ人。成人の発達と加齢に関する研究のパイオニア。多くの諮問会議の委員を歴任，米国教育協議会特別研究員（1939-1941)，アメリカ老年学会元会長。クリーマイヤー賞（国際老年学協会，1972)，ブルックデール賞（1980)，サンド国際賞（1987)，生涯功労賞（アメリカ心理学会，1994）受賞。編著に *Society and Education*（1957)，*Personality in Middle and Late Life*（1964)，*Middle Age and Aging*（1968)，*Adjustment to Retirement*（1969)，*Social Status in the City*（1971)，*Age or Need ? Public Policies for Older People*（1982）など。キャロル・A・モクロスによるインタヴュー（1993 年 1 月 20 日)。当時 76 歳。

ノエル=ノイマン，エリザベス　女性。1916 年 12 月 16 日生。通信研究者，会社社長，教師。ドイツ人。ドイツ連邦共和国功労勲章（ドイツ，1976)，ヘレン・S・ディナーマン賞，（世界世論調査学会，1990）受賞。マインツ大学ジャーナリズム学科教授。ドイツ初の調査研究所であるアレンスバッハ研究所の創設者，所長（1947-)。著書に *The Germans: Public Opinion Polls, 1967-1980*（1981)，『沈黙の螺旋理論』（1980，*The Spiral of Silence* として 1984 年に英訳）など。ミハイ・チクセントミハイによるインタヴュー（1990 年 4 月 28 日)。当時 73 歳。

ノーマン，ドナルド・A　男性。1935 年 12 月 25 日生。認知科学者，作家。アメリカ人。優秀研究賞（カリフォルニア大学，1984）受章。カリフォルニア大学サンディエゴ校心理学部教授（1966-)，カリフォルニア大学サンディエゴ校認知科学学部教授にして創立時の議長（1988-)。アメリカ認知科学学会理事長，創立メンバー。著書に『認知心理学入門』（1982)，『情報処理心理学入門』（第 2 版，1977)，『誰のためのデザイン？』（1989)，『テクノロジー・ウォッチング』（1992)。Lawrence Erlbaum Associates 社の認知科学シリーズ編集長（1979-)，『認知科学研究』誌編集長（1981-1985)。キース・ソーヤーによるインタヴュー（1992 年 9 月 25 日)。当時 56 歳。

パイス，アブラハム　男性。1918 年 5 月 19 日生。物理学者，大学教授。アメリカ人（オランダ生まれ)。素粒子物理学の創始者の一人。オッペンハイマー賞（1979)，オランダ物理学賞（1992)，アンドリュー・ゲーマン賞（1993)，科学メダル（オランダ王立アカデミー研究所，1993）受賞。多くの学術論文の著者であり，ボーアとアインシュタインの伝記の著者でもある。著書に *Inward Bound*（1986)，

ストランド，マーク　男性。1934 年 4 月 11 日生。作家。アメリカ人（カナダ生まれ）。アメリカ合衆国桂冠詩人（アメリカ議会図書館，1990–1991）。エドガー・アラン・ポー賞（1974，アメリカ詩人アカデミー），ボーリンゲン詩人賞（1993）受賞。著書に *Sleeping With One Eye Open*（1964），*The Continuous Life*（1990）など。ケビン・ラサンドによるインタヴュー（1991 年 7 月 4 日）。当時 57 歳。

スノウ，マイケル　男性。1929 年 10 月 10 日生。芸術家，ジャズ・ミュージシャン，撮影監督。カナダ人。イェール大学映画学教授（1970）。グッゲンハイム財団特別研究員（1972）。オンタリオ州のブロック大学（1976），ノバスコシア美術デザイン大学（1987）から名誉学位。カナダ勲章（1983）受賞。モントリオール万国博覧会（1967），オンタリオ美術館，ナショナル・ギャラリーなどで絵画作品を展示。ピアノソロやバンド演奏を CCMC レーベルなどでレコーディング。*The Michael Snow Project*（1993），*Presence and Absence: The Films of Michael Snow, from 1956 to 1991*（1995）。ミハイ・チクセントミハイによるインタヴュー（1994 年 5 月 11 日）。当時 64 歳。

スポック，ベンジャミン　男性。1903 年 5 月 2 日生。小児科医，精神科医，作家，活動家。アメリカ人。オリンピック金メダル（1924，ボート競技エイトの一員），家庭生活書賞（1963），トーマス・ペイン賞（1968，国家緊急事態市民自由委員会）受賞。著書に『スポック博士の育児書』（1946。第六版は 1992，マイケル・ローゼンバーグとの共著），*A Better World for Our Children*（1994）など。人民党から大統領候補として立候補（1972）。自著 *Spock on Spock: A Memoir of Growing Up with the Century*（メアリー・モーガン・スポックとの共著，1989）参照。ケビン・ラサンドによるインタヴュー（1991 年 7 月 13 日）。当時 88 歳。

スポック，メアリー・モーガン　女性。1943 年 11 月 27 日。作家，活動家。アメリカ人。著書に *Stepparenting*（1986），*Spock on Spock: A Memoir of Growing Up with the Century*（ベンジャミン・スポックとの共著，1989）。ケビン・ラサンドによるインタヴュー（1991 年 7 月 13 日）。当時 47 歳。

スミス，ブラッドリー　男性。1910 年 6 月 30 日生。フォトジャーナリスト，作家。アメリカ人。ニューヨーク近代美術館などで写真を展示。『ライフ』『パリ・マッチ』『タイム』などに寄稿するフリーの写真家（1942–1965）。著書に『美と日本人の歴史』（1964），*Erotic Art of the Masters*（1974），*France: A History of Art*（1984）など。ミハイ・チクセントミハイによるインタヴュー（1991 年 4 月 17 日）。当時 80 歳。

ソーク，ジョナス　男性。1914 年 10 月 28 日生—1995 年 6 月 23 日没。生物学者，哲学者，作家。アメリカ人。議会名誉黄金勲章（1955），大統領自由勲章（1977）受章。ポリオに対して有効な初めてのワクチンを開発（1955）。多くの科学論文を執筆。著書（哲学）に *The Survival of the Wisest*（1973），*Anatomy of Reality*（1983）など。リチャード・カーター著 *Breakthrough: The Saga of Jonas Salk*（1965）を参照。ケビン・ラサンドによるインタヴュー（1991 年 5 月 1 日）。当時 76 歳。

ダイソン，フリーマン　男性。1923 年 12 月 15 日生。物理学者，教師。アメリカ人。マックス・プランクメダル（ドイツ，1969），エンリコ・フェルミ賞（1994），全米批評家協会賞（1984）受賞。著者に多数の科学論文。著書（科学読み物）に『核兵器と人間』（1984），*From Eros to Gaia*（1992）など。自著『宇宙をかき乱すべきか』（1979）参照。ケビン・ラサンドによるインタヴュー（1991 年 9 月 1 日）。当時 67 歳。

チャンドラセカール，スブラマニアン　男性。1910 年 10 月 19 日生—1995 年 8 月 21 日没。天体物理学者，作家，教師。アメリカ人（インド生まれ）。ノーベル物理学賞（1983，ウィリアム A. ファウラーとの共同研究），ゴールド・メダル（イギリス王立天文学会，1953），アメリカ国家科学賞（1966）受賞。著書に *An Introduction to the Study of Stellar Structure*（1939），*Radiative Transfer*（1950），*The Mathematical Theory of Black holes*（1983），『真理と美：科学における美意識と動機』（1987）。カメシャワール・C・ワリ著 *Chandra*（1991）参照。ケビン・ラサンドによるインタヴュー（1991 年 3 月 26 日）。当時 80 歳。

デイヴィス，ナタリ　女性。1928 年 11 月 8 日生。歴史家，教師。アメリカ人。騎士の勲章（フラン

（1991年1月28日）。当時84歳。

サートン，メイ　女性。1912年5月3日生―1995年7月16日没。作家。アメリカ人（ベルギー生まれ）。詩に与えられる黄金のバラ賞（1945），詩に与えられるレヴィンソン賞（1993）受賞。著書に *Selected Poems of May Sarton*（1978），『ミセス・スティーヴンソンは人魚の歌を聞く』（1965）など。自著 *Plant Dreaming Deep*（1967）や『独り居の日記』（1973）などを参照。ジーン・ナカムラによるインタヴュー（1994年4月25日および26日）。当時81歳。

シービオク，トマス　男性。1920年11月9日生。言語学者，教員。アメリカ人（ハンガリー生まれ）。インディアナ大学言語学教授。アメリカ人類学学会より功労賞（1984）受賞。アメリカ言語学学会会長（1975），アメリカ記号学会会長（1984）。著書に『動物の記号論』（1972），*Structure and Texture: Selected Essays in Cheremis Verbal Art*（1974），*The Play of Musement*（1981）など。編著に *Style in Language*（1960）など。キース・ソーヤーによるインタヴュー（1992年8月28日）。当時71歳。

シャンカル，ラヴィ　男性。1920年4月7日生。シタール奏者，作曲家。インド人。全インド放送局音楽監督（1949-1956）。世界を広く回ってツアー演奏。ロサンゼルスにあるキンナラ・インド音楽学校の設立者。カリフォルニア大学，インディラ・カラ音楽大学，インド国立音楽芸能アカデミー（1962），インド国立記録芸術科学アカデミー（1966）より名誉学位を受賞。ユニセフ友愛賞，パドマ・ブーシャン賞受賞。作曲に，シタールとオーケストラのための二つの協奏曲（1970，1976）。バレエ音楽や映画音楽を複数作曲。*Raga*（彼の人生と音楽についての長編映画，1972），『ラヴィ・シャンカル：わが人生，わが音楽』（自伝，1978），*The Great Shankars: Uday, Ravi*（1983）参照。グラント・リッチによるインタヴュー（1994年5月2日）。当時74歳。

シュラー，ガンサー　男性。1925年11月22日生。作曲家，指揮者，作家，教育者。アメリカ人。マンハッタン音楽学校教員（1950-1963），タングルウッド音楽センター作曲科長，ニューイングランド音楽院院長（1967-1977），二つの音楽レーベルの創設者。代表曲に，『ダブルベース四重奏曲』（1947），『パウル・クレーの主題による7つの習作』（1959），『スペクトラ』（1960），*The Visitation*（オペラ，1966），『ホルン協奏曲第2番』（1976），*On Light Wings*（ピアノ四重奏曲，1984），*A Bouquet for collage for clarinet, flute, violin, cello, piano and percussion*（1988）。複数の名誉学位，ブランダイス大学クリエイティブ・アーツ賞（1960）受賞。グッゲンハイム財団助成（1962，1963）獲得。ロジャース＆ハマースタイン賞（1971），フリードマン賞（1988），ピューリッツァー賞音楽部門（1994）受賞。著書に *Musings: The Musical Worlds of Gunther Schuller*（1985），*The String Era: The Development of Jazz, 1930-1945*（1989）。グラント・リッチによるインタヴュー（1994年11月17日）。当時68歳。

ジョンソン2世，J・シュアード　男性。1930年4月16日生。彫刻家，経営者。アメリカ人。作品は，アメリカ合衆国（25を超える州），バミューダ諸島，カナダ，旧西ドイツで収蔵されたり展示されたりしている。彫刻はおおむね実物大の銅製であり，ハイパー・リアリズムという手法を用いている。鋳物工場（ジョンソン・アトリエ）の設立者。自著 *The Sculpture of J. Seward Johnson, Jr.: Celebrating the Familiar*（1987）参照。ケビン・ラサンドによるインタヴュー（1990年8月13日）。当時60歳。

スターン，リチャード　男性。1928年2月25日生。作家，教員。アメリカ人。全米芸術文化協会文学賞（1968），小説に対する功労章（1985，アメリカ芸術文学アカデミー）受賞。著書に『ゴーク』（1960），*Natural Shocks*（1978），*Noble Rot*（1990）など。ジェームス・シッファーの *Richard Stern*（1993）を参照。ニコール・ブロツキー，ミハイ・チクセントミハイ，ショーン・ケリーによるインタヴュー（1994年2月11日）。当時65歳。

スティグラー，ジョージ　男性。1911年1月17日生―1991年12月1日没。経済学者，教員。アメリカ人。シカゴ大学経済学教授。情報の経済理論と公的規制の経済理論によりノーベル経済学賞（1982），アメリカ国家科学賞（1987）受賞。著書に『産業組織論』（1968），*Essays in the history of economics*（1965）など。自著『現代経済学の回想』（1988）参照。ミハイ・チクセントミハイ，ケビン・ラサンドによるインタヴュー（1990年6月7日）。当時79歳。

作家，教師。アメリカ人。20に近い名誉学位を授与。優秀賞（コロンビア大学，1982），銀メダル（ロンドン動物学会，1984），エディンバラメダル（エディンバラ市，1990），ブリタニカ賞と金メダル（1990）受賞。マッカーサー財団研究員（1981-1986）。ヒューマニズム・アカデミーより桂冠ヒューマニスト（1983）受賞。著書に『個体発生と系統発生』（1977），*Panda's Thumb*（1980，受賞），『人間の計りまちがい』（1981，受賞），『ニワトリの歯』（1983，受賞），『がんばれカミナリ竜』（1991）など。グラン・リッチによるインタヴュー（1995年4月10日）。当時53歳。

グルーネンバーグ，ニーナ　女性。1936年10月7日生。ジャーナリスト，編集者。ドイツ人。『ディー・ツァイト』紙（ハンブルク）のコラムニスト，政治記者，共同編集者。ドイツにおいて最も影響力のある女性の41位に選ばれる。ミハイ・チクセントミハイによるインタヴュー（1990年9月18日）。当時53歳。

黒川紀章　男性。1934年4月8日生。建築家，作家，都市設計家。日本人。ゴールドメダル（フランス建築アカデミー），日本文芸大賞（1993）受賞。設計に，中銀カプセルタワー（1972），広島市現代美術館（1989）など。著書に『メタボリズム：1960年代・日本の建築アヴァンギャルド』（共著，東京，1960），*The Philosophy of Symbiosis*（London，1994）など。自著 *Kisho Kurokawa: From Metabolism to Symbiosis*（London，1992）を参照。ジーン・ナカムラによるインタヴュー（1994年9月12日）。当時60歳。

ゴーディマ，ナディン　女性。1923年11月20日生。作家。南アフリカ共和国。ノーベル文学賞（1991），ブッカー賞（イギリス，1974），大鷲賞（フランス，1975）受賞。著書に *The Conservationist*（1974），『バーガーの娘』（1979），*Something Out There*（1984）。ジュディー・ニューマン著 *Nadine Gordimer*（1988）参照。ジーン・ナカムラによるインタヴュー（1994年11月21日）。当時71歳。

コナー，ジョアン・ウェイナー　女性。1931年2月24日生。大学役員，放送会社社長，テレビプロデューサー。アメリカ人。コロンビア大学大学院ジャーナリズム研究科教授・研究科長。『ビル・モイヤーズ・ジャーナル』製作責任者（1978-1981）。エミー賞12回とエドワード・マロー賞などを受賞。ケビン・ラサンドによるインタヴュー（1992年5月19日）。当時61歳。

コモナー，バリー　男性。1917年5月28日生。生物学者，教師，活動家。アメリカ人。ニューカム・クリーブランド賞（アメリカ科学振興協会，1953），ファイ・ベータ・カッパ賞（1972）受賞。著書に『何が環境の危機を招いたか』（1971），『エネルギー大論争』（1979），『地に平和を』（1990）。市民党から大統領候補として出馬（1980）。シャーリー・チゾム著「バリー・コモナー：アジテーターとしての科学者」（*Philosophers of the Earth*, 1972, pp. 122-39）参照。ケビン・ラサンドによるインタヴュー（1991年5月7日）。当時73歳。

コールマン，ジェイムズ　男性。1926年5月12日生―1995年3月25日没。社会学者，教師。アメリカ人。ポール・ラザースフェルド賞（米国評価学会，1983），出版賞（アメリカ社会学会，1992）受賞。著書に *Introduction to Mathematical Sociology*（1964），*Equality and Achievement in Education*（1990。教育機会の均等性に関する1966年の『コールマンレポート』の要約を含む），*Foundations of Social Theory*（1990）。自著「1950年代のコロンビア」（Bennett M. Berger ed., *Authors of Their Own Lives: Intellectual Autobiography of Twenty American Sociologist*, 1990, pp. 75-103）参照。ミハイ・チクセントミハイによるインタヴュー（1990年4月20日）。当時63歳。

ザイゼル，エヴァ　女性。1906年11月11日生。陶芸家。アメリカ人（ハンガリー生まれ）。全米芸術基金シニア研究員（1983）。星勲章賞（ハンガリー人民共和国，1987）受賞。モーリス・ドュフレン博物館とスミソニアン博物館の企画で，アメリカとカナダでの巡回回顧展（1984）。ニューヨーク近代美術館でキャッスルトン社食器セットを展示（1946）。プラット・インスティテュートで陶芸講師（1939-1953），A・T・ヘイシー［ガラス工場］のアートディレクター（1953），ロードアイランドデザイン学校で工業デザイン講師（1959-1960）。マーティン・P・アイデルバーグ著 *Eva Zeisel: Design for Industry*（1984）参照。ミハイ・チクセントミハイ，ケビン・ラサンドによるインタヴュー

南部自由主義の重荷」（*The American Historical Review*, 1973）参照。キャロル・A・モクロスによるインタヴュー（1993年3月15日）。当時84歳。

オフナー，フランク　男性。1911年4月8日生。電気技師，発明家，実業家。アメリカ人。おもな業績に，トランジスタを搭載した計測装置の応用と差動増幅器の開発，つまり心電図，脳電図，筋電図の作製を可能にした医療器具の開発。第二次世界大戦で唯一成功した熱探査ミサイルの開発。仕事の成果功労賞（1991）受賞。ミハイ・チクセントミハイ，キャロル・A・モクロス，キース・ソーヤーによるインタヴュー（1992年2月19日）。当時80歳。

ガードナー，ジョン・W　男性。1912年10月8日生。心理学者，作家，教師。アメリカ人。多数の大学から名誉学位を授与。米国空軍特別功労賞（1956），大統領自由勲章（1964），公共福祉メダル（米国科学アカデミー，1966），社会正義賞（全米自動車労働組合，1968），マレー・グリーンメダル（アメリカ労働総同盟・産業別組合会議，1970），クリストファー賞（1971）受賞。全米都市連合議長（1968-1970）。コモン・コーズ〔市民団体〕の創立者にして議長（1970-1977）。ケネディ大統領とジョンソン大統領政権下で教育対策委員会のメンバー。タイム社取締役（1968-1972）。著書に『卓越性』（1961，1984），『自己革新』（1964, 1981），『リーダーシップの本質』（1990）。ミハイ・チクセントミハイによるインタヴュー（1991年8月18日）。当時78歳。

カール，イザベラ　女性。1921年12月2日生。実験化学者，結晶学者。アメリカ人。米海軍優秀文民賞（1964），年間功労賞（全米女性技術者団体，1967），化学パイオニア賞（1984），特別功労賞（科学技術に従事する女性たち，1986），ミシガン大学（1987），名誉会長賞（アメリカ結晶学会，1987），グレゴリー・アミノフ賞（スウェーデン王立科学アカデミー，1988），バイヴート賞（1990）受賞。250を超える科学論文や書籍掲載論文やレビューを執筆。キャロル・A・モクロスによるインタヴュー（1992年5月8日）。当時70歳。

カール，ジェローム　男性。1918年6月18日生。理論化学者，結晶学者。アメリカ人。海軍研究試験所物質構造研究所所長。マンハッタン計画研究員（1943-1944），国際結晶学連合会長（1981-1984），ノーベル化学賞受賞（1985）。アメリカ国家研究会議のメンバーを19年間務める。アメリカ科学アカデミー化学部門議長（1988-）。多数の学術論文の著者。キャロル・A・モクロスによるインタヴュー（1992年5月8日）。当時73歳。

ガルビン，ロバート　男性。1922年10月9日生。電子機器会社社長。アメリカ人。ゴールデン・オメガ賞（アメリカ電子工業会，1981），アメリカ国家技術賞（1991），バウアー賞（フランクリン研究所，1993）受賞。1940年から現在までモトローラ社に在籍（1956-1990　社長，1964-1986　CEO）。モトローラ社はマルコム・ボルドリッジ国家品質賞を受賞［第一回の1988年に］。著書に *The Idea of Ideas*（1991）。ミハイ・チクセントミハイとケビン・ラサンドによるインタヴュー（1991年9月10日）。当時68歳。

キャンベル，ドナルド　男性。1916年11月20日生。心理学者，教師。アメリカ人。心理学への貢献に対する科学賞（アメリカ心理学会，1970），教育研究に対する偉大な貢献に対する賞（アメリカ教育研究協会，1980）受賞。アメリカ心理学会会長（1975）。著書に *Methodology and Epistemology for Social Science: Selected Papers*, *Experimental and Quasi-Experimental Designs for Research*（ジュリアン・C・スタンリーとの共著，1966）など。ミハイ・チクセントミハイによるインタヴュー（1991年4月21日）。当時74歳。

クライン，ジョージ　男性。1925年7月28日生。生物学者，作家。スウェーデン（ハンガリー生まれ）。グリフュール賞（フランス，ARCがん研究財団，1974），ハーヴェイ賞（イスラエル工科大学，1975），Doublog賞（スウェーデンアカデミー，1990）受賞。800を超える科学論文を執筆。著書（哲学）に『ピエタ』（1992，スウェーデン語原著は1989年に出版）。自著『神のいない聖都』（1990年，スウェーデン語原著は1987）参照。ミハイ・チクセントミハイによるインタヴュー（1990年5月9日）。当時64歳。

グールド，スティーヴン・ジェイ　男性。1941年9月10日生。古生物学者，地政学者，科学史家，

付録A

この研究でインタヴューされた
研究協力者たちの短い伝記的スケッチ

アイゲン，マンフレート　男性。1927年5月9日生。化学者。ドイツ人。高速化学反応の研究でノーベル化学賞受賞（1967，ロナルド・ノーリッシュとジョージ・ポーターとの共同研究）。著書に『自然と遊戯』（ルーチルト・ヴィンクラーとの共著，1981），*Steps Towards Life*（ルーチルト・ヴィンクラー・オスワチッシとの共著，1992）など。ミハイ・チクセントミハイによるインタヴュー（1990年9月17日）。当時63歳。

アズナー，エドワード　男性。1929年11月15日生。俳優。アメリカ人。ゴールデングローブ賞（5回），エミー賞（7回）受賞。映画俳優組合会長（1981-1985）。『メアリー・タイラー・ムーア・ショー』（TVシリーズ，1970-1977），『ルーツ』（TVミニシリーズ，1977），『事件記者ルー・グラント』（TVシリーズ，1977-1982）を含む舞台，映画，テレビに出演。ケビン・ラサンドによるインタヴュー（1991年4月30日）。当時61歳。

アドラー，モーティマー・J.　男性。1902年12月28日生。哲学者，作家。アメリカ人。アクイナス賞（アメリカカトリック教会哲学会，1976）受賞者。アスペン人文科学研究所名誉理事（1973-）。著書に『本を読む本』（チャールズ・ヴァン・ドーレンとの共著，1940），*Six Great Ideas*（1981），『教育改革宣言』（1984）。『ブリタニカ国際大百科事典』編集委員会委員長（1974-）。共編著に *Great Books of the Western World*（1945-。1990年の第2版では編集長），*Syntopicon*（1952，1990）。*The Annals of America* 編集長（全21巻，1968）。自著 *Philosopher at Large*（1977）を参照。ケビン・ラサンドによるインタヴュー（1991年1月17日）。当時88歳。

アンダーソン，ジャック　男性。1922年10月19日生。ジャーナリスト，作家，小説家。アメリカ人。ピューリッツァー賞（国際報道部門，1972）受賞。著書に *The Anderson Papers*（ジョージ・クリフォードとの共著，1973），『フィアスコ：「油断」への道』（ジェームズ・ボイドとの共著，1983）など。*Confessions of a Muckraker*（ジェームズ・ボイドとの共著，1979）を参照。ケビン・ラサンドによるインタヴュー（1991年5月6日）。当時68歳。

ヴァイスコップ，ビクター　男性。1908年9月19日生。物理学者，作家，教員。アメリカ人（オーストリア生まれ）。マックス・プランクメダル（ドイツ，1956），アメリカ国家科学賞（1980），エンリコ・フェルミ賞（1988）受賞。欧州原子核研究機構事務局長（1961-1966）。多数の科学書を出版。著書（科学読み物）に *Knowledge and Wonder*（1962）など。自著 *The Joy of Insight*（1991）参照。ケビン・ラサンドによるインタヴュー（1991年2月22日）。当時82歳。

ウィルソン，エドワード・O.　男性。1929年6月10日生。生物学者，教員。アメリカ人。アメリカ国家科学賞（1990），WWFゴールドメダル（1990），ピューリッツァー賞一般ノンフィクション部門（1979，1991）受賞。著書に『社会生物学』（1975），『人間の本性について』（1978），*The Ants*（1990，バート・ヘルドブラーとの共著）など。自著『ナチュラリスト』（1994）参照。グラント・リッチによるインタヴュー（1994年12月2日）。当時65歳。

ウッドワード，コマー・ヴァン　男性。1908年11月13日生。歴史家，作家，大学教授。アメリカ人。アメリカ南部についての代表的な歴史家。バンクロフト賞（1951），アメリカ芸術文化アカデミー文学賞（1954），ピュリツァー賞（1982），ライフワーク賞（アメリカ歴史学会，1986），歴史学ゴールドメダル（1990）。アメリカ芸術文化アカデミー会員。著書に *Tom Watson, Agrarian Rebel*（1938），『アメリカ人種差別の歴史』（1951），*The Strange Career of Jim Crow*（1955）を含む11の本と多くの学術論文がある。編著に *Mary Chestnut's Civil War*（1981）。M・オブライエン「C・ヴァン・ウッドワードと

Journal 7: 391–405.

Zuckerman, H., and J. Lederberg. 1986. Forty years of genetic recombination with bacteria: A post-mature discovery. *Nature* 324: 629–31.

————. 1986. A triarchic theory of intellectual giftedness. In *Conceptions of giftedness,* edited by R. J. Sternberg and J. E. Davidson. New York: Cambridge University Press, pp. 223-43.

Sternberg, R. J., ed. 1988. *The nature of creativity.* New York: Cambridge University Press.

Sternberg, R. J., and J. E. Davidson, eds. 1995. *The nature of insight.* Cambridge, Mass.: MIT Press.

Sternberg, R. J., and T. I. Lubart. 1991. An investment theory of creativity and human development. *Human Development* 34: 1-31.

Stevenson, H. W, and J. W Stigler. 1992. *The learning gap: Why our schools are failing.* New York: Touchstone.（『小学生の学力をめぐる国際比較研究：日本・米国・台湾の子どもと親と教師』北村晴朗・木村進監訳，金子書房）

Sue, S., and S. Okazaki. 1990. Asian-American educational achievements: A phenomenon in search of an explanation. *American Psychologist* 45: 913-20.

Teilhard de Chardin, P. 1965. *The phenomenon of man.* New York: Harper & Row.

Terman, L. M. 1925. *Genetic studies of genius.* Stanford, Califfs, N. J.: Stanford University Press.

Therivel, W A. 1993. The challenged personality as a precondition for sustained creativity. *Creativity Research Journal* 6: 413-24.

————. 1995. Long-term effect of power on creativity. *Creativity Research journal* 8: 173-92.

Torrance, E. P. 1962. *Guiding creative talent.* Englewood Cliffs, N. J.: Prentice-Hall.

————. 1988. Creativity as manifested in testing. In *The nature of creativity,* edited by R. J. Sternberg. New York: Cambridge University Press, pp. 43-75.

Treisman, A. M., and G. Gelade. 1980. A feature integration theory of attention. *Cognitive Psychology* 12: 97-136.

Vaillant, G. E. 1993. *The wisdom of the ego.* Cambridge, Mass.: Harvard University Press.

Vasari, G. [1550] 1959. *Lives of the most eminent painters, sculptors, and architects.* New York: The Modern Library.

Wachhorst, W. 1981. *Thomas Alva Edison: An American myth.* Cambridge, Mass.: MIT Press.

Wallas, G. 1926. *The art of thought.* New York: Harcourt-Brace.

Watson, J. 1980. *The double helix: A personal account of the discovery of the structure of DNA.* New York: Norton.（『二重らせん』江上不二夫・中村桂子訳，講談社／『二重螺旋　完全版』青木薫訳，新潮社）

Weber, R. J., and D. N. Perkins. 1992. *Inventive minds.* New York: Oxford University Press.

Wells, A. 1988. Self-esteem and optimal experience. In *Optimal experience: Psychological studies of flow in consciousness,* edited by M. Csikszentmihalyi and I. Selega Csikszentmihalyi. New York: Cambridge University Press, pp. 327-41.

Westby, E. L., and V. L. Dawson. 1995. Creativity: Asset or burden in the classroom ? *Creativity Research Journal* 8: 1-10.

Westfall, R. S. 1980. *Never at rest: A biography of Sir Isaac Newton.* New York: Cambridge University Press.

White, R. W. 1959. Motivation reconsidered: The concept of competence. *Psychological Review* 66: 297-333.

Wigner, E. 1992. *The recollections of Eugene P. Winger.* New York: Plenum Press.

Wilson, E. O. 1975. *Sociobiology: The new synthesis.* Boston: Belknap Press.（『社会生物学』伊藤嘉昭監修，新思索社）

————. 1984. *Biophilia: The human bond with other species.* Cambridge, Mass.: Harvard University Press.（『バイオフィリア：人間と生物の絆』狩野秀之訳，ちくま学芸文庫）

Winner, E. 1996. *Gifted children: Myths and realities.* New York: Basic Books.

Zajonc, R. B. 1976. Family configuration and intelligence. *Science* 192: 227-35.

Zuckerman, H., and J. R. Cole. 1994. Research strategy in science: A preliminary inquiry. *Creativity Research*

———. 1990. Creativity, mental health, and alcoholism. *Creativity Research Journal* 3: 179–201.
Rudmin, F. W., ed. 1991. *To have possessions.* Corte Madera, Calif.: Select Press.
Rumelhart, D. E., J. L. McClelland, and the PDP Research Group, eds. 1986. *Parallel distributed processing: Explorations in the microstructure of cognition.* Vol. 1, Foundations. Cambridge, Mass.: MIT Press.
Runco, M. A. 1991. *Divergent thinking.* Norwood, N. J.: Ablex.
Runco, M. A., ed. 1994. *Problem finding, problem solving, and creativity.* Norwood, N. J.: Ablex.
Russ, S. W 1993. *Affect & creativity.* Hillsdale, N. J.: Lawrence Erlbaum.
Ryback, J. M., P. A. Roodin, and W. J. Hoyer. 1995. *Adult development and aging.* 3d ed. Dubuque, Iowa: Brown & Benchmark.
Salk, J. 1983. *Anatomy of reality: Merging intuition and reason.* New York: Columbia University Press.
Schaie, K. W. 1990. The optimization of cognitive functioning in old age: Prediction based on cohort-sequential and longitudinal data. In *Longi-tudinal research and the study of successful (optimal) aging,* edited by P. B. Baltes and M. Baltes. Cambridge, UK: Cambridge University Press, pp. 94–117.
———. 1994. The course of adult intellectual development. *American Psychologist* 49: 304–13.
Schiefele, U. 1991. Interest, learning, and motivation. *Educational Psychologist* 26: 299–323.
Schiefele, U., and M. Csikszentmihalyi. 1994. Interest and the quality of experience in classrooms. *European Journal of Psychology of Education* 9(3): 251–70.
Schneider, B. J. A. Hieschima, S. Lee, and S. Plank. 1992. East Asian academic success in the United States: Family, school, and community explanation. In *Cross-cultural roots of minority child development,* edited by P. M. Greenfield and R. R. Cocking. Hillsdale, N. J.: Lawrence Erlbaum, pp. 323–50.
Schweber, S. S. 1994. *QED and the men who made it: Dyson, Feynman, Schwinger, and Tomonaga.* Princeton, N. J.: Princeton University Press.
Sears, P., and R. R. 1980. 1, 528 little geniuses and how they grew. *Psychology Today,* Feb., pp. 29–43.
Semenzato, C. 1964. *Giotto.* New York: Barnes & Noble.
Simon, H. A. 1969. *Sciences of the artificial.* Boston: MIT Press.（『システムの科学』稲葉元吉・吉原英樹訳，パーソナル・メディア）
———. 1988. Creativity and motivation: A response to Csikszentmihalyi. *New Ideas in Psychology* 6: 177–81.
Simonton. D. K. 1975. Sociocultural context and individual creativity: A transhistorical time-series analysis. *Journal of Personality and Social Psychology* 32: 1119–33.
———. 1984. *Genius, creativity, and leadership: Historiometric inquiries.* Cambridge, Mass.: Harvard University Press.
———. 1988. Age and outstanding achievement: What do we know after a century of research? *Psychological Bulletin* 104: 163–80.
———. 1990a. *Scientific genius: A psychology of science.* New York: Cambridge University Press.
———. 1990b. Political pathology and social creativity. *Creativity Research Journal* 3: 85–99.
———. 1990c. Creativity and wisdom in aging. In *Handbook of the psychology of aging.* 3d ed. Edited by J. E. Birren and K., W Schaie. San Diego, Calif.: Academic Press, pp. 320–29.
Smith, R. A., ed. 1989. *Discipline-based art education.* Urbana: University of Illinois Press.
Spence, J. T., and R. L. Helmreich. 1978. *Masculinity and Femininity.* Austin: University of Texas Press.
Stayer, M. S., ed. 1988. *Newton's dream.* Kingston, Ont.: McGill-Queen's University Press.
Stein, M. 1953. Creativity and culture. *Journal of Psychology* 36: 311–22.
Sternberg, R. J. 1985. Implicit theories of intelligence, creativity, and wisdom. *Journal of Personality and Social Psychology* 49: 607–27.

Mockros, C., and M. Csikszentmihalyi. 1995 (in press). The social construction of creative lives. In *Social creativity.* Vol. 1. Edited by R. Purser and A. Montuori. Creskill, N. Y.: Hampton Press.

Moneta, G., and M. Csikszentmihalyi. 1995 (in press). The effect of perceived challenges and skills on the quality of subjective experience. *The Journal of Personality.*

Noelle-Neumann, E. 1985. Identifying opinion leaders. Paper presented at 38th ESOMAR Conference, Wiesbaden, Germany.

Oden, M. H. 1968. The fulfillment of promise: 40-year follow-up of the Terman gifted group. *Genetic Psychology Monographs* 77: 3-93.

O'Neil, J. 1993. *The paradox of success.* New York: G. P. Putnam's Sons.（『成功して不幸になる人びと：ビジネスの成功が，なぜ人生の失敗をよぶのか』神田昌典監訳，ダイヤモンド社）

Ornstein, R. 1986. *Multimind: A new way of looking at human behavior.* Boston: Houghton Mifflin.

Over, R. 1989. Age and scholar impact. *Psychology of Aging* 4: 222-25.

Parnes, S. J. 1967. *Creative behavior guidebook.* New York: Scribners.

Peirce, C. S. 1931-35. *The collected works of Charles Sanders Peirce.* Vols. 1-6. Edited by C. Hartshorne and P. Weiss. Cambridge, Mass.: Harvard University Press.

Perkins, D. N. 1981. *The mind's best work.* Cambridge. Mass.: Harvard University Press.

Piechowski, M., and K. Cunningham. 1985. Patterns of overexcitability in a group of artists. *Journal of Creative Behavior* 19: 153-74.

Policastro, E. 1995. Creative intuition: An integrative review. *Creativity Research Journal* 8: 99-113.

Popper, K. 1959. *The logic of scientific discovery.* New York: Basic.（『科学的発見の論理』大内義一・森博訳，恒星社厚生閣）

Rathunde, K. (in press). Family context and talented adolescents' optimal experience in school-related activities. *Journal of Research in Adolescence.*

Rathunde, K., and M. Csikszentmihalyi. 1993. Undivided interest and the growth of talent: A longitudinal study of adolescents. *Journal of Youth and Adolescence* 22: 1-21.

Reigber, D. 1995. *Glück im Gartenda——Erfolog in Market.* Offenburg: Burda.

Renninger, K. A., S. Hidi, and A. Krapp, eds. 1992. *The role of interest in learning and development.* Hillside, N. J.: Erlbaum.

Reti, L., ed. 1974. *The unknown Leonardo.* New York: McGraw-Hill.

Robinson, R. 1988. Project and prejudice: Past, present, and future in human development. *Human Development* 31: 158-72.

Roe, A. 1946. The personality of artists. *Educational and Psychological Measurement* 6: 401-8.

————. 1951. A psychological study of physical scientists. Genetic *Psychology Monographs* 43: 123-235.

————. 1952. *The making of a scientist.* New York: Dodd, Mead.

Rogers, C. 1951. *Client-centered therapy.* Boston: Houghton Mifflin.（『クライアント中心療法』保坂亨・諸富祥彦・末武康弘訳，岩崎学術出版社）

Róheim, G. 1945. *The eternal ones of the dream: A psychoanalytic interpretation of Australian myth and ritual.* New York: International Universities Press.

Root-Bernstein, R. S. 1989. *Discovering, inventing, and solving problems at the frontiers of science.* Cambridge, Mass.: Harvard University Press.

Root-Bernstein, R. S., M. Bernstein, and H. C. Garnier. 1995. Correlations between avocations, scientific style, work habits, and professional impact of scientists. *Creativity Research Journal* 8: 115-37.

Rothenberg, A. 1979. *The emerging goddess: The creative process in art, science, and other fields.* Chicago: University of Chicago Press.

Lehman, H. C. 1953. *Age and achievement.* Princeton, N. J.: Princeton University Press.

LeVine, R. 1991. Cultural environments in child development. In *Child development today and tomorrow,* edited by W Damon. San Francisco: Jossey-Bass, pp. 52–68.

Levinson, M. 1994. Citi comes in from the cold. *Newsweek,* September 26, p. 50.

Lorenz, K. 1966. *On aggression.* New York: Harcourt, Brace and World.（『攻撃：悪の自然誌』日高敏隆・久保和彦訳，みすず書房）

Lovelock, J. E. 1979. *Gaia: A new look at life on earth.* New York: Oxford University Press.（『地球生命圏：ガイアの科学』スワミ・プレム・プラブッダ訳，工作舎）

MacKinnon, D. W. 1962. The nature and nurture of creative talent. *American Psychologist* 20: 484–95.

————. 1963. Creativity and images of the self. In *The study of lives,* edited by R. W. White. New York: Atherton, pp. 251–78.

————. 1964. The creativity of architects. In *Widening horizons in creativity,* edited by C. W. Taylor. New York: J. Wiley and Sons.

Magyari-Beck, I. 1988. New concepts about personal creativity. *Creativity and Innovation Yearbook, 1,* Manchester, England: Manchester Business School, pp 121–26.

————. 1994. *Múzsák a Piacon.* Budapest: Aula Kiadó.

Martindale, C. 1989. Personality, situation, and creativity. In *Handbook of Creativity,* edited by J. Glover R. Ronning, and C. R. Reynolds. New York: Plenum, pp. 211–32.

————. 1990. *The clockwork muse: The predictability of artistic change.* New York: Basic Books.

Maruyama, M. 1980. Mindscapes and science theories. *Current Anthropology* 21(5): 589–600.

Maslow, A. 1971. *The father reaches of human nature.* New York: Viking.（『人間性の最高価値』上田吉一訳，誠信書房）

Massimini, F. 1979. *I Presupposti teoretici e osservativi del paradigma della selezione culturale. Primo contributo: n doppio sistema ereditario.* Milan: Ghedini.

————. 1993. I presupposti teoretici del paradigma della selezione culturale umana. In *La selezione psicologica umana: Teoria e metodo di analisi*, edited by F. Massimini and P. Inghilleri. Milano: Cooperativa Libraria Iulm.

Massimini, F., and C. Calegari. 1979. Il contesto normativo sociale. Milano: F. Angeli.

Massimini, F., and A. Delle Fave. 1991. Religion and cultural evolution. *Zygon* 26: 27–48.

Massimini, F., and P. Inghilleti. 1986. *L'Esperienza quotidiana: Teoria e metodo di analisi.* Milano: Angeli.

————. 1993. *La Selezione psicologica umana: Teoria e metodo di analisi.* Milano: Cooperativa Libraria Iulm.

Massimini, F., M. Csikszentmihalyi, and A. Delle Fave. 1988. Flow and biocultural evolution. In *Optimal experience: Psychological studies of flow in consciousness*, edited by M. Csikszentmihalyi and I. Selega Csikszentmihalyi. New York: Cambridge University Press, pp. 60–84.

Mayr, E. 1947. *Systematics and the origin of species.* New York: Columbia University Press.

McKay, M., and P. Fanning. 1988. *Self-esteem.* New York: St. Martin's Press.

Medawar, P. 1967. *The Art of the soluble.* Chicago: University of Chicago Press.

Milgram, R. 1990. Creativity: An.idea whose time has come and gone ? In *Theories of creativity,* edited by M. A. Runco and R. S. Albert. Newbury Park, Calif.: Sage, pp. 215–33.

Miller, G. A. 1983. Informavore. In *The study of information,* edited by F. Machlup and U. Mansfield. New York: J. Wiley and Sons.

Mockros, C. 1995. The social construction of extraordinary selves: A lifespan study of creative individuals. Unpublished doctoral dissertation, The University of Chicago.

Hidi, S. 1990. Interest and its contribution as a mental resource for learning. *Review of Educational Research* 60: 549–71.

Horn, J. L. 1970. Organization of data on life-span development of human abilities. In *Life-span developmental psychology: Research and theory*, edited by L. R. Goulet and P. B. Baltes. New York: Academic Press, pp. 423–66.

Humboldt, A. von. 1891–93. *Cosmos: A sketch of the physical description of the universe.* Translated by E. C. Otte. London: George Bell & Sons.

Huntington, E. 1945. *Mainsprings of civilization.* New York: J. Wiley and Sons.

Inghilleri, P. 1995. *Esperienza soggettiva, personalità, evoluzione culturale.*

Torino: UTET.

Isaksen, .S. G., K. B. Dorval, and D. J. Treffinger. 1994. *Creative approaches to problem solving.* Dubuque, Iowa: Kendall-Hunt.

James, W. 1890. *Principles of psychology.* Vol. 1. New York: Henry Holt.（『心理學の根本問題』松浦孝作訳，三笠書房）

Jamison, K. R. 1989. Mood disorder and patterns of creativity in British writers and artists. *Psychiatry* 52: 125–34.

John-Steiner, V. 1985. *Notebooks of the mind.* Albuquerque: University of New Mexico Press.

Johnson-Laird, P. N. 1988. Freedom and constraint in creativity. In *The nature of creativity,* edited by R. Sternberg. New York: Cambridge University Press, pp. 202–19.

Joseph, L. E. 1990. *Gaia: The growth of an idea.* New York: St. Martin's Press.

Jung, C. G. 1946. The fight with the shadow. *Listener,* Nov. 7.

————. 1968. *Analytical psychology: Its theory and practice.* New York: Vintage.（『分析心理学』小川捷之訳，みすず書房）

————. 1969. *On the nature of the psyche.* Princeton, N. J.: Princeton University Press.

————. 1973. *Memories, dreams, reflections.* New York: Pantheon.

Kahneman, D. 1973. *Attention and effort.* Englewood Cliffs, N. J.: Prentice-Hall.

Klein, G. 1992. *Pietà.* Cambridge, Mass: MIT Press.（『ピエタ：死をめぐる随想』小野克彦訳，紀伊國屋書店）

Klein, G., and E. Klein. 1989. How one thing has led to another. *Annual Review of Immunology* 7: 1–33.

Klein, G., ed. 1990. *Om Kreativitet och Flow.* Stockholm: Brombergs.

Koestler, A. 1964. *The Act of creation.* New York: Macmillan.

Kosoff, J. 1995. Explaining creativity: The attributional perspective. *Creativity Research Journal* 8: 311–66.

Krebs, H. A., and J. H. Shelly. 1975. *The creative process in science and medicine.* Amsterdam: Elsevier.

Kris, E. 1952. *Psychoanalyutic explorations in art.* New York: International Universities Press.

Kubey, R., and M. Csikszentmihalyi. 1990. *Television and the quality of life.* Hillsdale, N. J.: Lawrence Erlbaum.

Kuhn, T. S. 1970. *The structure of scientific revolutions.* Chicago: University of Chicago Press.（『科学革命の構造』中山茂訳，みすず書房）

Labouvie-Vief, G. 1985. Intelligence and coalition. In *Handbook of the psychology of aging.* 2d ed. Edited by J. E. Birren and K. W. Schaie. New York: Van Nostrand Reinhold.

Lambert, F. L. 1995. Thermodynamics can be obstructed, the Second Law be damned. Los Angeles, California.

Langley, P., H. A. Simon, G. L. Bradshaw, and J. M. Zytkow. 1987. *Scientific discovery: Computational exploration of the creative process.* Cambridge, Mass.: MIT Press.

Laumann, E. O., J. H. Gagnon, R. T. Michael, and S. Michaels. 1994. The social *organization of sexuality: Sexual practices in the United States.* Chicago: University of Chicago Press.

Gedo, J. 1990. More on creativity and its vicissitudes. In *Theories of creativity,* edited by M. Runco and R. Albert. Newbury Park, Calif.: Sage Publications, pp. 35–45.

Getzels, J. W. 1964. Creative thinking, problem-solving, and instruction. In *Theories of learning and instruction* (63rd yearbook of the National Society for Education), edited by E. R. Hilgard. Chicago: University of Chicago Press, pp. 240–67.

————. 1975. Problem finding and the inventiveness of solution. *Journal of Creative Behavior* 9: 12–118.

————. 1982. The problem of the problem. In *Question-forming and response consistency,* edited by R. M. Hogarth. San Francisco: Jossey-Bass, pp. 37–44.

Getzels, J. W., and M. Csikszentmihalyi. 1968. On the roles, values, and performance of future artists: A conceptual and empirical exploration. *Sociological Quarterly* 9: 516–50.

————. 1976. *The creative vision.* New York: Wiley Interscience.

Getzels, J. W., and P. Jackson. 1962. *Creativity and intelligence: Explorations with gifted students.* New York: J. Wiley and Sons.

Gilardoni, L. 1988. *Bellagio*: An historical perspective. Milan: A. Pizzi Editore.

Gilligan, C., J. V. Ward, and J. M. Taylor. 1988. *Mapping the moral domain: A contribution of women's thinking to psychological theory and education.* Cambridge, Mass.: Harvard University Press.

Goertzel, V., and M. G. Goertzel 1962. *Cradles of eminence.* Boston: Little, Brown.

Gribbin, J., and M. Rees. 1989. *Cosmic coincidences: Dark matte, mankind, and anthropic cosmology.* New York: Bantam.（『宇宙の暗闇・ダークマター：暗黒物質が解く宇宙進化の謎』佐藤文隆・佐藤桂子訳，講談社）

Grotevant, H. D. 1991. Child development within the family context. In *Child development today and tomorrow,* edited by W. Damon. San Francisco: Jossey-Bass, pp. 34–51.

Gruber, H. 1981. *Darwin on man.* Chicago: University of Chicago Press.

Gruber, H., and S. N. Davis. 1988. Inching our way up Mount Olympus: The evolving systems approach to creative thinking. In *The nature of creativity,* edited by R. J. Sternberg. New York: Cambridge University Press, pp. 243–70.

Guilford, J. P. 1950. Creativity. *American Psychologist* 14: 205–8.

————. 1967. *The nature of human intelligence.* New York: McGraw-Hill.

Habermas, J. 1970. On systematically distorted communication. *Inquiry* 13: 360–75.

Hadamard, J. 1949. *The psychology of invention in the mathematical field.* Princeton, N. J.: Princeton University Press.（『数学における発明の心理』伏見康司ほか訳，みすず書房）

Hamilton, W. D. 1964. The genetic evolution of social behavior. *Journal of Theoretical Biology* 7: 1–52.

Harrington, D. M. 1990. The ecology of human creativity: A psychological perspective. In *Theories of creativity,* edited by M. Runco and R. S. Albert. Newbury Park, Calif.: Sage Publications, pp. 143–69.

Harrington, D. M., J. H. Block, and J. Block. 1992. Testing aspects of Carl Rogers's theory of creative environments: Child-rearing antecedents of creative potential in young adults. In *Genius and eminence,* edited by R. S. Albert. New York: Pergamon Press, pp. 195–208.

Hasher, L., and R. T. Zacks. 1979. Automatic and effortful processes in memory. *Journal of Experimental Psychology* 108: 356–88.

Hauser, A. 1951. *The social history of art.* New York: Vintage.

Heath, S. B., and M. W. McLaughlin, eds. 1993. *Identity and inner city youth: Beyond ethnicity and gender.* New York: Teacher's College.

Hersh, R. and V. John-Steiner. 1993. A visitor to Hungarian mathmatics. *Mathmatical Intelligencer* 19, no. 2: 13–26.

Heydenreich, L. H. 1974. *Il Primo Rinascimento.* Milano: Rizzoli.

Delle Fave, A., and F. Massimini. 1992. The ESM and the measurement of clinical change: A case of anxiety disorder. In *The experience of psychopathology: Investigating mental disorders in natural settings*, edited by M. W. de Vries. Cambridge, UK: Cambridge University Press, pp. 280-99.

Dennett, D. C. 1991. *Consciousness explained.* Boston: Little, Brown.（『解明される意識』山口泰司訳，青土社）

Dennis, W 1966. Creative productivity between the ages of twenty and eighty years. *Journal of Gerontology* 21: 1-18.

deVries, M. W., ed. 1992. *The experience of psychopathology: Investigating mental disorders in natural settings.* Cambridge, UK: Cambridge University Press.

Diamond, J. 1992. *The third chimpanzee.* New York: HarperCollins.（『人間はどこまでチンパンジーか？：人類進化の栄光と翳り』長谷川真理子・長谷川寿一訳，新曜社）

Dobbs, S. M. 1993. *The DBAE handbook.* Santa Monica, Calif.: The J. P. Getty Trust.

Dozier, R. W., Jr. 1992. *Codes of evolution.* New York: Crown.

Dreistadt, R. 1969. The use of analogies in incubation in obtaining insight in creative problem solving. *Journal of Psychology* 71: 158-75.

Dweck, C. S. 1986. Motivational processes affecting learning. *American Psychologist* 41: 1040-48.

Eco, U: 1994. *Six walks in the fictional woods.* Cambridge, Mass.: Harvard University Press.（『エーコの文学講義：小説の森散策』和田忠彦訳，岩波書店）

Eiduson, B. T. 1962. *Scientists: Their psychological world.* New York: Basic Books.

Erikson, E. H. 1950. *Childhood and society.* New York: Norton.（『幼児期と社会』仁科弥生訳，みすず書房）

———. 1968. *Identity: Youth and crisis.* New York: Norton.（『アイデンティティ：青年と危機』岩瀬庸理訳，金沢文庫）

Eysenck, H. J. 1952. *The scientific study of personality.* London: Routledge & Kegan Paul.

———. 1973. *Eysenck on extroversion.* New York: John Wiley and Sons.

Feldman, D. H. 1980. *Beyond universals in cognitive development.* Norwood, N. J.: Ablex.

———. 1986. *Nature's gambit.* New York: Basic Books.

———. 1994. Creativity: Proof that development occurs. In *Changing the world: A framework for the study of creativity*, by D. H. Feldman, M. Csikszentmihalyi, and H. Gardner. Westport, Conn.: Praeger, pp. 85-102.

Feldman, D. H., M. Csikszentmihalyi, and H. Gardner. 1994. *Changing the world: A framework for the study of creativity.* Westport, Conn.: Praeger.

Ford, C. M., and D. A. Gioia, eds. 1995. *Creative action in organizations.* Thousand Oaks, Calif.: Sage Publications.

Freeman, M. 1993. *Finding the muse: A sociopsychological inquiry into the conditions of artistic creativity.* New York: Cambridge University Press.

Freud, S. 1947. *Leonardo da Vinci: A study in psychosexuality.* New York: Random House.（「レオナルド・ダ・ヴィンチの幼年期の想い出」『フロイト全集 11』高田珠樹ほか訳，岩波書店）

———. [1908] 1955. The Moses of Michelangelo. Edited and translated by J. Strachey. *The Standard Edition* 8: 211-38.

Gajdusek, D. C. 1995. Ear1y inspiration. *Creativity Research Journal* 7: 341-49.

Gallagher, W 1993. *The power of place: How our surroundings shape our thoughts, emotions, and actions.* New York: HarperPerennial.

Gardner, H. 1988. Creativity: An interdisciplinary perspective. *Creativity Research Journal* 1: 8-26.

———. 1993. *Creating minds.* New York: Basic Books.

———. 1994. More on private intuitions and public symbol systems. *Creativity Research Journal* 7: 265-75.

methode, befunde, edited by J. Wilke. Freiburg: Verlag Karl Alber, pp. 31–40.

———. 1992b. Imagining the self: An evolutionary excursion. *Poetics* 21: 153–67.

———. 1993. *The evolving self: A psychology for the third millennium.* New York: HarperCollins.

———. 1994. Memes vs. genes: Notes from the culture wars. In *Changing the world,* edited by D. H. Feldman, M. Csikszentmihalyi, and H. Gardner. Westport, Conn.: Praeger, pp. 159–72.

Csikszentmihalyi, M., and O. Beattie. 1979. Life themes: A theoretical and empirical investigation of their origins and effects. *Journal of Humanistic Psychology* 19: 45–63.

Csikszentmihalyi, M., and I. Selega Csikszentmihalyi, eds. 1988. *Optimal experience: Psychological studies of flow in consciousness.* New York: Cambridge University Press.

———. 1993. Family influences on the development of giftedness. In *The origins and development of high ability.* Chichester, UK: Wiley (Ciba Foundation Symposium 178), pp. 187–206.

Csikszentmihalyi, M., and J. W. Getzels. 1973. The personality of young artists: A theoretical and empirical exploration. *British Journal of Psychology* 64: 91–104.

Csikszentmihalyi, M., and R. Larson. 1978. Intrinsic rewards in school crime. *Crime and Delinquency* 24: 322–25.

———. 1984. *Being adolescent: Conflict and growth in the teenage years.* New York: Basic Books.

Csikszentmihalyi, M., and F. Massimini. 1985. On the psychological selection of bio-cultural information. *New Ideas in Psychology* 3: 115–38.

Csikszentmihalyi, M., and J. Nakamura. 1989. The dynamics of intrinsic motivation. In *Handbook of motivation theory and research.* Vol. 3, Goals and cognitions, edited by R. Ames and C. Ames. New York: Academic Press, pp. 329–64.

Csikszentmihalyi, M., and K. Rathunde. 1993. The measurement of flow in everyday life. *Nebraska Symposium on Motivation* 40: 58–97.

Csikszentmihalyi, M., and E. Rochberg-Halton. 1981. *The meaning of things.* New York: Cambridge University Press.（『モノの意味：大切な物の心理学』市川孝一・川浦康至訳，誠信書房）

Csikszentmihalyi, M., and K. Sawyer. 1995. Creative insight: The social nature of a solitary moment. In *The nature of insight,* edited by R. J. Sternberg and J. E. Stevenson. New York: Cambridge University Press, pp. 329–64.

Csikszentmihalyi, M., and U. Schiefele. 1992. Arts education, human development, and the quality of experience. In *Arts in education. The ninety-first year book of the Society of Education,* edited by G. Reimer and R. A. Smith. Chicago: University of Chicago Press, pp. 169–91.

Csikszentmihalyi, M., and M. Wong. 1991. The situational and personal correlates of happiness: A cross-national comparison. In *The social psychology of subjective well-being,* edited by F. Strack, M. Argyle, and N. Schwartz. London: Pergamon Press, pp. 193–212.

Csikszentmihalyi, M., K. Rathunde, and S. Whalen. 1993. *Talented teenagers.* New York: Cambridge University Press.

Damon, W. 1995. *Greater expectations: Overcoming the culture of indulgence in America's homes and schools.* New York: The Free Press.

Dawkins, R. 1976. *The selfish gene.* New York: Oxford University Press.（『利己的な遺伝子』日高敏隆ほか訳，紀伊國屋書店）

Deci, E. L., and M. Ryan. 1985. *Intrinsic motivation and self-determination in human behavior.* New York: Plenum.

Delespaul, P. A., and E. G. 1995. *Assessing schizophrenia in daily life: The experience sampling method.* Maastricht: UPM.

ターネットへ』瀬戸千也子，三田出版会）

Burckhardt. J. 1926. *Die Kultur der Renaissance in Italien.* Leipzig.（『イタリア・ルネサンスの文化』新井靖一訳，筑摩書房）

Calvino, I. 1985. *Difficult loves.* New York: Harcourt, Brace, Jovanovich.（『むずかしい愛』和田忠彦訳，岩波文庫）

Campbell, D. T. 1960. Blind variation and selective retention in creative thought as in other knowledge processes. *Psychological Review* 67: 380-400.

————. 1974. Evolutionary epistemology. In *The philosophy of Karl Popper,* edited by P. A. Schlipp. La Salle, Ill.: Open Court, pp. 413-63.

————. 1995. In what sense does a selectionist model provide epistemological "justification" for scientific belief? Paper presented at The Epistemology Group meeting, The Evolution of Knowledge and Invention, Royal Society of Arts, London, United Kingdom, May 24.

Castaneda, C. 1971. *A separate reality.* New York: Simon & Schuster.（『分離したリアリティ』真崎義博訳，太田出版）

Cattell, R. B., and J. E. Drevdahl. 1955. A comparison of the personality profile (16PF) of eminent researchers with that of eminent teachers and administrators. *British Journal of Psychology* 46: 248-61.

Cellini, B. 1952. *The autobiography of Benvenuto Cellini.* Translated by D. B. Guralnik. Cleveland, Ohio: Fine Editions Press.

Claridge, G. 1992. Great its and madness. In *Genius and eminence.* 2d ed. Edited by R. S. Albert. New York: Pergamon Press, pp. 329-50.

Costa, P. T., Jr., and R. R. McCrae. 1978. Objective personality assessment. In *The clinical psychology of aging,* edited by M. Storandt, I. C. Siegler, and M. F. Elias. New York: Plenum.（「客観的人格検査」『老人の臨床心理学』下仲順子・中里克治訳，誠信書房）

————. 1984. Personality as a lifelong determinant of well-being. In *Emotion in adult development,* edited by C. Z. Malatesta and C. E. Izard. Beverly Hills, Calif.: Sage, pp. 141-58.

Cropley, A. 1990. Creativity and mental health in everyday life. *Creativity Research journal* 3: 167-68.

Cross, P. G., R. B. Cattell, and H. J. Butcher. 1967. The personality pattern of creative artists. *British Journal of Educational Psychology* 37: 292-99.

Csikszentmihalyi, M. 1975. *Beyond boredom and anxiety.* San Francisco: Jossey-Bass.（『楽しみの社会学』今村浩明訳，新思索社）

————. 1978. Attention and the wholistic approach to behavior. In *The stream of consciousness,* edited by K. S. Pope and J. L. Singer. New York: Plenum, pp. 335-58.

————. 1982. Towards a psychology of optimal experience. In *Review of personality and social psychology: 3,* edited by L. Wheeler. Beverly Hills, Calif.: Sage Publications, pp. 13-36.

————. 1985a. Emergent motivation and the evolution of the self. In *Motivation in adulthood,* edited by D. Kleiber and M. H. Maehr. Greenwich, Conn.: JAI Press, pp. 93-113.

————. 1985b. Reflections on enjoyment. *Perspectives in Biology and Medicine* 28: 469-97.

————. 1988a. Society, culture, person: A systems view of creativity. In *The nature of creativity,* edited by R. J. Sternberg. New York: Cambridge University Press, pp, 325-39.

————. 1988b. Motivation and creativity: Towards a synthesis of structural and energistic approaches to cognition. *New Ideas in Psychology* 6: 159-76.

————. 1990. *Flow: The psychology of optimal experience.* New York: HarperCollins.（『フロー体験　喜びの現象学』今村浩明訳，世界思想社）

————. 1992a. Öffentliche meinung und die psychologie der einsamkeit. In *Öffentliche meinung: Theorie,*

参照文献

Abrams, J., and C. Zweig, eds. 1991. *Meeting the shadow.* Los Angeles: St. Martin's Press.

Adlai-Gail, W. 1994. The flow personality and its correlates. Ph. D. diss., University of Chicago.

Albert, R. S., ed. 1983. *Genius and eminence.* New York: Oxford University Press.

Albert, R. S., and M. A. Runco. 1986. The achievement of eminence: A model based on a longitudinal study of exceptionally gifted boys and their families. In *Conceptions of giftedness,* edited by R. J. Sternberg and J. E. Davidson. New York: Cambridge University Press, pp. 332–60.

Alexander, K., and M. Day. 1991. *Discipline-based art education: A curriculum sampler.* Santa Monica, Calif.: Getty Center for Education in the Arts.

Amabile, T. M. 1983. *The social psychology of creativity.* New York: Springer Verlag.

———. 1990. Within you, without you: The social psychology of creativity, and beyond. In *Theories of creativity,* edited by M. A. Runco and R. S. Albert. Newbury Park, Calif.: Sage Publications, pp. 61–91.

Andreasen, N. C. 1987. Creativity and mental illness: Prevalence rates in writers and their first-degree relatives. *American Journal of Psychiatry* 144: 1288–92.

Arendt, H. 1956. *The human condition.* Chicago: University of Chicago Press.（『人間の条件』志水速雄訳，ちくま学芸文庫）

Asakawa, K., and M. Csikszentmihalyi. 1995. Quality of experience and internalization of values in Asian. American adolescents: An exploration of educational achievements. Submitted for publication.

Baer, J. 1993. *Creativity and divergent thinking.* Hillsdale, N. J.: Lawrence Erlbaum.

Barron, F. 1969. *Creative person and creative process.* New York: Holt, Rinehart, & Winston.

———. 1988. Putting creativity to work. In *The nature of creativity,* edited by J. Sternberg. New York: Cambridge University Press, pp. 76–98.

Barrow, J. D., and F. J. Tipler. 1986. *The anthropic cosmological principle.* New York: Oxford University Press.

Barsalou, L. W. 1982. Context independent and context dependent information in concepts. *Memory and Cognition* 10: 82–93.

Baumrind, D. 1989. Rearing competent children. In *Child development today and tomorrow,* edited by W. Damon. San Francisco: Jossey-Bass, pp. 349–78.

Bidwell, C., M. Csikszentmihalyi, L. Hedges, and B. Schneider. Images and experiences of work in adolescence. In press.

Block, J. 1971. *Lives through time.* Berkeley, Calif.: Bancroft Books.

———. 1981. Some enduring and consequential structures of personality. In *Further explorations in adolescence.* Edited by A. I. Rabin, J. Aronoff, A. M. Barclay, and R. A. Zucker. New York: John Wiley and Sons, pp. 27–43.

Bloom, B. 1985. *Developing talent in young people.* New York: Ballantine Books.

Bortz, W. M. 1991. *We live too short and die too long.* New York: Bantam Books.（『あなたは死に急いでいる。：人間の寿命，120 歳の実証 ボルツ博士の臨床報告』今村光一訳，経済界）

Bourdieu, P. 1980. La capital social. *Actes de la Recherche en Sciences Sociales* 31: 2–4.

Brannigan, A. 1981. *The social basis of scientific discoveries.* New York: Cambridge University Press.（『科学的発見の現象学』村上陽一郎・大谷隆昶訳，紀伊國屋書店）

Burke, J., and R. Ornstein. 1995. *The axemaker's gift.* New York: Putnam.（『400 万年人類の旅：石器からイン

や行

ら行

わ行

は行

ま行

さ行

た行

な行

索　引

・頻出する語は定義など特に重要な頁のみ示している。

あ行

か行

著者

M. チクセントミハイ（Mihaly Csikszentmihalyi）

1934 年ハンガリー外交官を父としてイタリアで生まれる。1956 年アメリカに渡り，1965 年シカゴ大学で Ph.D. 取得。シカゴ大学教授などを経て，現在クレアモント大学院大学特別栄誉教授。幸せと創造性に関する研究で有名な心理学者。「フロー」概念の提唱者でもある。
著書に『フロー体験　喜びの現象学』『フロー体験入門』『フロー体験とグッドビジネス』（いずれも世界思想社），共著に『グッドワークとフロー体験』（世界思想社）など。

監訳者

浅川希洋志（あさかわ　きよし）

法政大学教授。専門は人間発達学。

シカゴ大学大学院にてチクセントミハイのもとで Ph.D. 取得（1997 年）。

共編著に，『フロー理論の展開』（世界思想社），『フロー理論にもとづく「学びひたる」授業の創造』（学文社）。

訳者

須藤祐二（すとう　ゆうじ）

法政大学国際文化学部准教授。専門はアメリカ文学（18～19 世紀）。

法政大学大学院人文科学研究科博士後期課程単位取得満期退学（修士）。

石村郁夫（いしむら　いくお）

東京成徳大学准教授。臨床心理士。指導健康心理士。専門は健康心理学。

筑波大学大学院人間総合科学研究科修了。博士（心理学）。

著書に『フロー体験の促進要因と肯定的機能に関する心理学的研究』（風間書房）。

クリエイティヴィティ
——フロー体験と創造性の心理学

2016 年 10 月 10 日　第 1 刷発行
2020 年 3 月 20 日　第 2 刷発行

定価はカバーに
表示しています

著　者　M. チクセントミハイ
発行者　上　原　寿　明

世界思想社

京都市左京区岩倉南桑原町 56　〒 606-0031
電話 075(721)6500
振替 01000-6-2908
http://sekaishisosha.jp/

落丁・乱丁本はお取替えいたします。　（印刷・製本 太洋社）

ISBN978-4-7907-1690-7